THE ENGLISH TEXTBOOK

Prépas commerciales

2e édition

Sous la coordination de Joël Cascade

Évelyne Bataille
Michael Begley
Marie-Christine Capobianco
Oliver Carr-Forster
Anne Ciolkovitch-Chapon
George James Cliff
Jean-Christophe Coquilhat
Claude Desmoulins
Éric Dulorier
Sophie Frangin
Benjamin Fraser
Isabelle Gautheron
Fabien Gerges
Alain Goudot
Astrid d'Halluin
Cécile Hébrard
Laura Killian
Pierre Laurent
Marielle Leblanc
Jean-Marc Leduc
Anne-Sophie Leluan-Pinker
Sarah Loom
Claude Loubignac
Alison Maillard-Parker
Danielle Patin
Bernard-Jean Ramadier
Philippe Rayet
Christophe Repplinger
Julie Rigaud-Poole
Alain-Louis Robert
Nathalie Séné
Léa Thalmard
Brian Valès

Illustrations de **Laura Gautheron**

ellipses

Remerciements

Je remercie chaleureusement mon collègue **Alain Goudot**, professeur de Chaire Supérieure d'anglais en CPGE commerciale au lycée de Bellepierre à Saint-Denis de la Réunion ; **Laura Killian**, anglophone, agrégée en CPGE au lycée Louis Le Grand à Paris ; **Alain-Louis Robert**, diplômé de l'IEP de Paris (Sciences-Po Paris), agrégé en CPGE commerciales et Science-Po à Intégrale et à Prépa Commercia à Paris ; et **Michael Begley**, anglophone, agrégé d'anglais en CPGE au lycée Saint-Exupéry à Marseille, pour leur participation à la relecture du présent ouvrage, ainsi que **l'ensemble des collègues** qui ont participé à la rédaction de ce manuel de référence pour les Prépas commerciales.

Mes plus vifs remerciements également à **Barbara James** et **Jean-Pierre Bénézet** pour leurs encouragements.

Les illustrations de l'ouvrage ont été réalisées par **Laura GAUTHERON,** ancienne étudiante de Prépa HEC, diplômée de Reims Management School.

ISBN 9782340-018563

32, rue Bargue 75740 Paris cedex 15

www.editions-ellipses.fr

Les auteurs

Joël CASCADE, **coordinateur**, agrégé d'anglais, option linguistique (1998), est professeur en classe préparatoire commerciale, en ECE et ECS, au **lycée de Bellepierre à Saint-Denis-de-la-Réunion**. Il a publié plusieurs articles dans des ouvrages collectifs pour les Prépas (*Classi-Files*). Il est aussi co-auteur et directeur d'ouvrage d'un manuel de littérature de langue anglaise, *Enjoy Literature (1re et Tle L, L.E.L.E.)* et du manuel *Contrôle Continu, Terminales, toutes séries*, et a dirigé les ouvrages *Breaking News et Classi-files Les Nouveaux Dossiers*. A publié un ouvrage de grammaire anglaise et de thème grammatical, *Prêt-à-Réviser / La Grammaire Synthétique de l'Anglais*. A dirigé également l'ouvrage collectif *Culture et Civilisation en 80 fiches* et *Les Exos du bac – Anglais* aux éditions Ellipses, ainsi que le manuel *Make it pro*, BTS tertiaires et industriels aux éditions Hatier. Directeur de l'ouvrage *10 ans d'annales corrigées, Prépas commerciales* et *Prêt-à-réviser Traduction (CPGE / licence)*. En préparation, ouvrage collectif : *Les annales corrigées, Prépas scientifiques* et *Sciences Po*. Membre du jury d'Écricome et de l'Agrégation externe d'anglais de 2013 à 2016. Directeur de la collection « Prêt-à-Réviser » chez Ellipses.

Évelyne BATAILLE, professeur agrégé d'anglais est titulaire d'un DEA de littérature américaine du XIXe siècle sur H.D. Thoreau. Elle enseigne à POLYTECH à l'**Université Claude Bernard à Lyon 1** en cursus préparatoire scientifique et en École d'Ingénieurs. Auteur d'articles dans *Classi-Files* et co-auteur dans les encyclopédies *What's What?*, *Where's Where?* et *Whozzat?* aux éditions Ellipses.

Michael BEGLEY, agrégé d'anglais, enseigne en classes préparatoires commerciales au **lycée Saint-Exupéry à Marseille**, ainsi qu'à l'IEP d'Aix-en-Provence où il assure un cours sur la politique et les médias.

Marie-Christine CAPOBIANCO est Professeur de Chaire Supérieure au **Lycée Chaptal à Paris** en classes préparatoires scientifiques et commerciales. Agrégation (1978) option littérature. Titulaire d'un DEA de littérature américaine sur James Merill, elle a enseigné à tous les niveaux du primaire à l'université, dont CPGE technologiques au **Lycée du Hainaut à Valenciennes**, traduction à **l'Université de Lille III**, classes trilingues orientales, classes d'accueil des non-francophones et préparation à Sciences-Po au **Lycée Jean de La Fontaine à Paris**, Première supérieure et hypokhâgne au **Lycée Condorcet à Paris.** Formation de stagiaires CAPES et habilitation des maîtres du primaire, élaboration de sujets d'écrit (ENSI) et d'oraux (Écoles de Commerce). Elle a été correctrice d'ECRICOME. Co-auteur d'un manuel ludique d'anglais pour les enfants *Hokuspokus* aux Éditions Ellipses, elle a également collaboré à *10 ans d'Annales Corrigées aux concours des Grandes Ecoles de Commerce*, chez Ellipses. Elle est actuellement responsable de l'anglais au bureau de l'APHEC.

Oliver CARR-FORSTER, M.A., est anglophone. Il est titulaire d'une maîtrise de géographie historique de l'Université de Londres. Agrégé d'anglais, il a participé au jury de l'Agrégation externe d'anglais et enseigne en CPGE commerciales et scientifiques au **lycée Albert Châtelet à Douai**.

Anne CIOLKOVITCH-CHAPON, agrégée d'anglais, option civilisation (2004), est professeur en classes préparatoires commerciales au **lycée Michel de Montaigne à Mulhouse** depuis 2012. Titulaire d'un DESS en journalisme et communication bilingue français-anglais (Université Sorbonne Nouvelle, Paris III), elle fut journaliste de 2000 à 2004, et a collaboré à de nombreux titres dont l'Express et la BBC. Titulaire d'une maîtrise en civilisation britannique portant sur la libération camps de concentration par les troupes britanniques (Université de Reims, 1998), elle a été sollicitée par l'armée de l'air pour son magazine Air Actualités et, auparavant, par le service de communication de GIAT Industries où elle était chargée du magazine externe dans ses versions française et anglaise. En 2005-2006, elle a enseigné le droit constitutionnel anglais et américain ainsi que l'anglais juridique aux étudiants de droit de l'Université de Paris-Créteil (Paris XII).

George James CLIFF est anglophone, professeur agrégé d'anglais à l'**Université de La Réunion**. Titulaire d'un master recherche en littérature américaine, il prépare une thèse de doctorat sur l'oeuvre de John Fante. Il est membre de jury de concours nationaux.

Jean-Christophe COQUILHAT est agrégé d'anglais et docteur en didactique des langues. Sa thèse de doctorat, qualifiée aux sections 7 (sciences du langage) et 11 (anglais) du CNU, porte sur la formation ouverte et à distance en anglais de spécialité (structuration didactique des contenus et suivi de l'apprenant). Ancien formateur IUFM en formation initiale et continue pour ce qui concerne l'adaptation des TICE à l'enseignement et les projets européens, il est actuellement directeur du Département de Langues, Lettres et Communication de l'Université Bordeaux 1. Il intervient à Sciences Po de même qu'en classes préparatoires aux grandes écoles au lycée Montaigne de Bordeaux. Il a en outre participé à de nombreux jurys d'examens et concours (CAPES, Concours d'accès à l'École Nationale de la Magistrature, Jurys de 5e année à l'IEP et correction des épreuves écrites du concours ECRICOME). Il est actuellement Maître de Conférences en didactique de l'anglais et e-learning à l'**Université Michel de Montaigne Bordeaux 3**.

Claude DESMOULINS enseigne en classes préparatoires commerciales au **lycée Alexandre Dumas à Saint-Cloud.**

Éric DULORIER, agrégé d'anglais hors classe, est professeur en classes préparatoires commerciale ECS et agro-véto (BCPST) au **lycée l'Externat des Enfants Nantais**, ainsi qu'en classes préparatoires commerciales ECE au **lycée St Joseph du Loquidy, à Nantes**. Il participe aux épreuves orales de langues vivantes du concours AUDENCIA Grande École. Formateur en didactique de l'anglais à l'Institut Supérieur Ozanam de Nantes (formation première, M1, M2), il a également préparé pendant 7 ans les étudiants de l'IFUCOME (Université Catholique de l'Ouest, Angers) à l'Épreuve en Langue Étrangère du CAFEP-CAPES et du CAER. En parallèle de son enseignement, il mène une recherche en Sciences du Langage/Sciences de l'Éducation sur les enjeux et limites de l'utilisation de la chanson en cours de langue en explorant, notamment, le concept de connivence.

Sophie FRANGIN, professeur de Chaire Supérieure d'anglais, enseigne en classe de Première Supérieure (Khâgne) au **lycée Jules Guesde à Montpellier**.

Benjamin FRASER, anglophone, agrégé, diplômé de l'Université de Londres (Bachelor of Arts et PGCE – certificat post licence d'éducation) enseigne en classes préparatoires commerciales au **lycée Jeanne d'Arc à Caen** et à l'Université de Caen (ENSICAEN). Correcteur et membre du jury au concours ECRICOME depuis 6 ans. Il intervient au Collège d'Excellence de la Faculté de Droit de Caen en L1, L2 et L3, et est formateur, niveau M1 et M2, en civilisation anglophone, thème et didactique à l'Institut de Formation de l'Enseignement Catholique du Calvados. Il est également référent pour l'IFSEC, responsable des suivis de dossiers RAEP et tuteur de mémoire au sein du même établissement.

Isabelle GAUTHERON, agrégée d'anglais, option civilisation, certifiée éco/gestion option marketing, diplômée EDHEC, enseigne en classe préparatoire EC au **lycée de Bellepierre à St Denis de la Réunion** depuis 2010. Participe aux jurys de correction de concours.

Fabien GERGES, agrégé d'anglais, enseigne en classes préparatoires commerciales au **lycée Kléber à Strasbourg**. Ancien membre du jury du CAPES externe d'anglais et membre du jury Centrale Paris.

Alain GOUDOT, professeur de Chaire Supérieure en anglais, est titulaire d'un Master en linguistique anglaise sur l'enseignement de l'anglais oral en CPGE Économiques et Commerciales. Il enseigne en Classes Préparatoires Économiques et Commerciales au **lycée de Bellepierre à Saint-Denis-de-la-Réunion** depuis 1993. Responsable de la préparation académique aux épreuves de didactique et de linguistique du concours de l'Agrégation interne d'anglais depuis 1991, successivement formateur IUFM et formateur MAFPEN, il enseigne également en Master DSCG.

Astrid d'HALLUIN, agrégée d'anglais, ancienne ATER de l'Université François Rabelais de Tours. Enseignante en CPGE ECE au **lycée Saint Louis de Gonzague** (**Paris 16**) et en CPGE scientifiques (PCSI, PSI*, MP*) au **lycée Fénelon Sainte Marie** (**Paris 8**). Correctrice Essec-HEC et membre des jurys d'oraux ESC Rennes et Audencia.Membre du jury du Capes externe d'anglais.

Cécile HÉBRARD est agrégée d'anglais, option linguistique (2007) et titulaire d'un Master en linguistique anglaise sur l'anglais de spécialité et la représentation d'un milieu. Elle est professeur en classe préparatoire au **lycée Pothier d'Orléans** où elle prépare les étudiants d'hypokhâgne AL et BL aux épreuves de traduction, de littérature et de civilisation. Elle enseigne également en classe préparatoire scientifique.

Laura KILLIAN, anglophone, agrégée d'anglais, enseigne en classes préparatoires au **lycée Louis le Grand à Paris** depuis 2016. Ancien membre du jury du Concours Général et du CAPES externe.

Pierre LAURENT est professeur agrégé en classe préparatoire ECS et B/L au **lycée Jacques Amyot à Melun**.

Marielle LEBLANC, PRAG d'anglais, titulaire d'un DEA d'Études Irlandaises (Sorbonne Nouvelle), enseigne en classe préparatoire IEP Paris et Provinces à **IPESUP, à Paris**.

Jean-Marc LEDUC, agrégé d'anglais, option linguistique, est professeur en classes préparatoires commerciales option économique (1re et 2e année) au **lycée Clemenceau de Reims**. Il a aussi enseigné la traduction aux étudiants à l'Université de Reims-Champagne Ardenne. Il a été par ailleurs colleur en Prépa scientifique ainsi que formateur et professeur-tuteur des personnels de l'Éducation Nationale.

Anne-Sophie LELUAN-PINKER, est une ancienne élève de l'ENS-LSH (Lyon), agrégée d'anglais et titulaire d'un DEA de littérature britannique. Elle est professeur en classes préparatoires au **lycée Faidherbe de Lille** et membre du jury d'oral du concours ECRICOME depuis 2009. Elle a collaboré à *Classi-Files: Les Nouveaux dossiers de la presse anglaise*, Ellipses, 2015, *10 Ans d'annales corrigées aux concours des Grandes Écoles de Commerce*, Ellipses, 2016, *Traduction : Méthode et pratique*, Ellipses, 2017.

Sarah LOOM, agrégée de l'Université et titulaire du BA Hons et du MA Hons, University of Bristol (GB), est professeur en classes préparatoires au **lycée Henri Martin, Saint-Quentin** (Académie d'Amiens). Elle a publié plusieurs articles dans la série d'ouvrages collectifs *Classi-Files « Les Dossiers Classés de la Presse Anglo-Saxonne »*. Co-auteur du *Petit dictionnaire culturel britannique et américain*, du *A to Z Dictionnaire culturel britannique et américain*, et elle a publié, en collaboration, trois éditions du manuel de civilisation britannique et américaine *Definitely British, Absolutely American*, dont elle assuré la co-coordination de la 3e édition. Elle a également assuré des fonctions de relecture anglophone pour de nombreux ouvrages aux éditions Nathan (*Discovering literature*, F. Grellet & *Join the Team* 6e et 5e...) et aux éditions Ellipses (*Réussir l'épreuve d'Anglais à l'entrée de Sciences Po : Paris & province ; Just Write It! L'expression écrite en langue anglaise pour les classes préparatoires ; Anglais 10 Ans d'Annales Corrigées aux Concours des Grandes Écoles de Commerce...*) En plus de sa participation aux divers jurys des concours de l'Éducation Nationale, elle est conceptrice des sujets d'anglais pour la banque d'épreuves IENA depuis 2013 et expert judiciaire (traducteur/interprète) près la Cour d'Appel d'Amiens depuis 2000.

Claude LOUBIGNAC, chevalier des palmes académiques, a été professeur agrégé au **lycée Hoche à Versailles** de 1975 à 2007 où il a enseigné en CPGE, dans les sections préparant aux concours des écoles de commerce (prépa économique et scientifique) ainsi qu'aux écoles d'agronomie et vétérinaire. Membre des jurys des concours CCIP (écrit) et ESSEC (oral), il est professeur de chaire supérieure honoraire. Il a publié, en collaboration, divers ouvrages de civilisation aux éditions Ellipses : *What's What, Dictionnaire culturel du monde anglophone 2004, A to Z, Dictionnaire culturel britannique et américain 2004, Whozzat, Dictionnaire biographique du monde anglophone 2004, When & Where, Dictionnaire historique du monde anglophone 2006, Who knows, Dictionnaire culturel du monde anglophone 2007, Petit dictionnaire culturel britannique et américain 2007, 60 étapes-clés de la civilisation anglo-saxonne 2008 et Fiches de civilisation américaine et* *britannique (3e édition) 2014*. Il a participé à l'élaboration d'ouvrages de langue aux éditions Ellipses : *Le thème anglais grammatical 1992, La grammaire anglaise en fiches et QCM avec corrigés 2011, Grammaire anglaise, bloc-notes, fiches et QCM avec corrigés 2012, Le Thème anglais grammatical en fiches (2e édition) 2016, L'anglais aux concours post-bac 2016*.

Alison MAILLARD-PARKER, britannique, est agrégée d'anglais et enseigne en classes préparatoires commerciales au **lycée La Nativité d'Aix-en-Provence**, et également à la faculté de droit d'Aix-en-Provence. Elle a aussi enseigné l'anglais à l'école internationale de Lille. Diplômée en langues modernes de l'Université de Durham (Angleterre), titulaire du PGCE de Saint Martin's College de Lancaster (Angleterre) et d'une maîtrise de langues de l'Université d'Aix en Provence, elle a été correctrice d'ECRICOME et examinatrice de l'épreuve orale des examens de l'Université de Cambridge. Elle a aussi collaboré à des manuels d'anglais pour *Cambridge University Press*.

Danielle PATIN enseigne en classes préparatoires au **lycée Emmanuel d'Alzon à Nîmes**.

Bernard-Jean RAMADIER est Maître de conférences agrégé, habilité à diriger des recherches à l'**Université Jean Moulin Lyon 3**. Il est spécialiste de littérature et a publié des ouvrages et articles consacrés à divers auteurs, de Wordsworth à Byron et de Dickens à D.H. Lawrence. Son intérêt pour la langue de l'économie et des finances l'a conduit à collaborer depuis 1988 avec divers éditeurs, dont Ellipses.

Philippe RAYET, professeur agrégé d'anglais hors-classe et titulaire d'un DEA de culture anglaise des XIXe et XXe siècles, enseigne en CPGE économiques et commerciales au **lycée Notre-Dame-du-Grandchamp à Versailles** depuis 1987. Il a été également chargé de cours au Centre des Hautes Etudes du Ministère de l'Intérieur (CHEMI), ainsi qu'à l'ISFEC Ile-de-France pour la préparation des étudiants de M1 et M2 aux épreuves de thème du CAFEP/CAPES externe d'anglais. Il a été concepteur de sujets et membre du jury de la banque d'épreuves ECRICOME. Depuis 1999, il publie chaque année, dans les annales officielles du concours BCE, le corrigé des épreuves d'anglais de LV1 et de LV2.

Christophe REPPLINGER, ancien élève de l'ENS de Cachan, agrégé d'anglais, est professeur en classes préparatoires au **lycée Henri-IV à Paris**. Chez Ellipses, il a collaboré aux ouvrages suivants : *Breaking News* (2014), *Classi-Files* (2015), *10 ans d'annales – spécial prépas commerciales* (2016).

Julie RIGAUD-POOLE, agrégée de l'Université, enseigne en classes préparatoires commerciales (option scientifique et économique), ainsi qu'en Khâgne BL à l'**Institution des Chartreux à Lyon**.

Alain-Louis ROBERT, est agrégé d'anglais, diplômé de l'Institut d'Études politiques de Paris, titulaire d'un DEA en linguistique anglaise, grammaire comparée et traductologie (Université de Paris III), d'un DEA en Histoire contemporaine et Relations internationales (Université de Paris I). Il est professeur en classes préparatoires commerciales (ECS-ECE) et Sciences-Po (IEP de Paris et Province) et enseigne à **Intégrale et à Prépa Commercia à Paris**. Il est également consultant formateur en entreprise et a créé son propre organisme de formation A.-L. Robert Formation, agréé par la

Direction régionale du travail, de l'emploi et de la formation professionnelle. Il est l'auteur de plusieurs ouvrages aux éditions Ellipses, notamment dans les collections *Prépas Langues* et *Mise en Examen*. Il est correcteur des épreuves BCE-CCIP depuis 2006 et examinateur à l'ESSEC.

Nathalie SÉNÉ, agrégée d'anglais, enseigne en Classe Préparatoire aux Grandes Écoles au **lycée François René de Chateaubriand à Rennes**.

Léa THALMARD, diplômée de l'École Normale Supérieure de Paris (Ulm), Léa Thalmard est agrégée d'anglais et enseigne en classes préparatoires au **lycée du Parc à Lyon**.

Brian VALÈS, agrégé d'anglais et ancien élève de l'École Normale Supérieure de Fontenay Saint-Cloud, est professeur en Première Supérieure moderne au **lycée Condorcet,** en charge du cours de tronc commun et du cours de spécialité anglais, et a enseigné pendant dix ans en classe préparatoire commerciale (ECS) aux lycées Saint Louis et Paul Valéry, **à Paris**. Il est par ailleurs membre du jury de l'agrégation externe d'anglais

Avant-propos

The English Textbook, premier manuel à destination des Classes Préparatoires commerciales rédigé par une équipe de professeurs enseignant majoritairement dans les classes préparatoires commerciales, propose une couverture complète des différentes composantes rencontrées par les préparationnaires anglicistes durant leurs deux années de Prépa : de la préparation de toutes les épreuves présentes à l'écrit aux différents types d'épreuves orales que l'étudiant(e) sera amené(e) à préparer selon la Banque d'Épreuves envisagée.

Sorte de vade-mecum incluant les notions essentielles à maîtriser, allant de la grammaire aux colles d'anglais en passant par la traduction, l'expression écrite, les fiches culturelles et les dossiers de civilisation, ***The English Textbook*** est un « tout-en-un », un ouvrage de référence que tout étudiant en Prépa HEC pourra consulter fructueusement à un moment ou à un autre de sa préparation, en s'aidant de la **table des matières** très détaillée à la fin du livre. Qu'il s'agisse de réviser un point de grammaire ou de civilisation, de relire l'essentiel avant un devoir sur table ou un concours blanc, d'acquérir la méthodologie nécessaire aux différentes parties des épreuves ou mettre en place les stratégies de traduction essentielles à la réussite des épreuves de version ou de thème, de mieux s'armer pour l'expression écrite, ou encore de se doter d'une bonne maîtrise de la phonologie pour l'oral, l'étudiant pourra ainsi cibler ce qui lui convient le mieux en fonction de ses propres besoins.

L'ouvrage se compose en **dix parties**, ponctuées par une illustration :

1. S'informer sur les différentes épreuves
2. Se familiariser avec une méthodologie appropriée
3. Consolider la grammaire nécessaire pour une bonne maîtrise de la langue anglaise
4. Étudier le lexique général et les champs lexicaux de la civilisation
5. Acquérir les techniques de traduction, que ce soit en thème ou en version, littéraire ou journalistique
6. Approfondir sa connaissance du monde contemporain des pays anglophones
7. Affiner ses compétences en expression écrite
8. S'entraîner aux épreuves orales selon le type de concours visé
9. Acquérir l'essentiel de la phonétique et de la phonologie pour se rapprocher d'une expression authentique
10. Comparer sa propre production avec les corrigés pour pouvoir s'évaluer et mesurer ses progrès

Dans l'ensemble de l'ouvrage, les textes incluent des sujets proposés aux concours aux ESC, notamment les plus récents, des notes lexicales afin de permettre aux préparationnaires d'enrichir leur vocabulaire quelle que soit la partie de l'ouvrage qu'ils souhaitent travailler en priorité... bref de les guider vers plus d'autonomie sur le chemin de la réussite. Dans tous ces domaines de la langue anglaise, ***The English Textbook*** pourra apporter, tel est notre souhait le plus vif, une réponse précise aux étudiants des classes préparatoires commerciales.

Les auteurs

Chapitre 1
Présentation des épreuves d'anglais et des banques d'épreuves

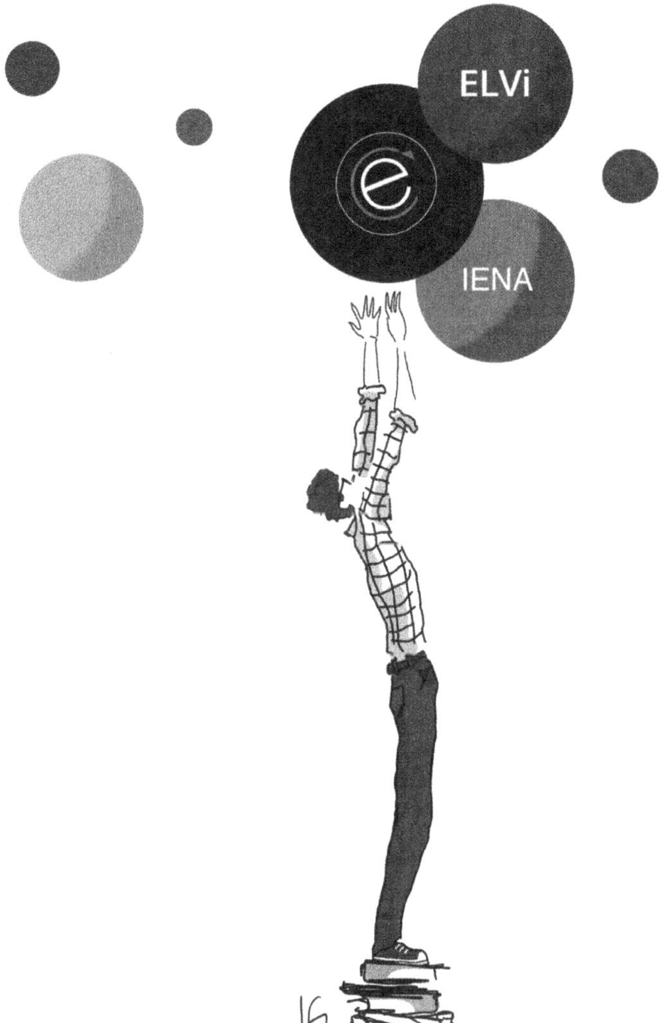

I. Présentation générale des épreuves écrites

A. Les banques d'épreuves

La Banque Commune d'Épreuves Écrites (BCE) gérée par la Direction des Admissions et Concours de la Chambre de Commerce et d'Industrie de Paris (CCIP) publie chaque année un fascicule très détaillé qui rappelle à la fois les conditions préalables à l'inscription en Classes Préparatoires aux Grandes Écoles (CPGE) et fournit des informations très précises concernant les épreuves écrites et orales. Naturellement, tout futur « Bizuth » ou étudiant en première année de classes préparatoires sait :

- que l'Option Scientifique (Voie ECS) s'adresse aux titulaires d'un baccalauréat série S, que l'Option Économique (Voie ECE) est destinée aux titulaires d'un baccalauréat série ES ou éventuellement L, spécialité Mathématiques, et que l'Option Technologique (Voie ECT) accueille les élèves issus des filières STMG ;
- que les classes préparatoires littéraires, préparant le concours d'entrée aux Écoles Normales Supérieures, peuvent aussi conduire à une École de Commerce à partir des deux filières suivantes : la filière B/L Lettres et Sciences Sociales et la filière ENS Ulm (A/L) et ENS Lyon (BEL) ;
- que deux langues vivantes (LV1 et LV2) sont exigées pour pouvoir se présenter aux concours et que l'anglais est obligatoire. Cependant, peu d'entre vous sont familiarisés avec les spécificités des épreuves écrites de langue, proposées par les différentes Banques d'Épreuves Écrites de Langues Vivantes, auxquelles se rattache telle ou telle école de commerce.

Les Banques Communes d'Épreuves Écrites de Langues (LV1 et LV2) à la session 2017

En langues vivantes, les épreuves se structurent autour de **trois grandes banques d'épreuves** suivantes :

- celles de la **Banque CCIP (CCIR en 2014 et ELVi depuis 2015), composée de 5 écoles** (HEC, ESSEC, ESCP-Europe, EM LYON, EDHEC), appelée aussi plus fréquemment Banque HEC ou les Parisiennes ;

- celles de la **Banque IENA :** à la session 2017, la Banque IENA inclut les **14** écoles suivantes : *École de Management de NORMANDIE, ESC La Rochelle, ESC St-Etienne, ESC Pau, ESC Troyes, École de Management de Strasbourg, ESC Rennes, INSEEC, ESC Dijon, Sup de Co Montpellier, ISC Paris, Télécom École de Management* ; Brest, Clermont.
- ces deux Banques (ELVi (ex-CCIP/R) et IENA) étant réunies au sein de la **BCE** (ICN Nancy rejoint la BCE à la rentrée 2017), soit **24** écoles regroupées à la session 2017 (**5** du groupe ELVi (ex-CCIP/R) + **14** IENA + **5** écoles indépendantes - Audencia Nantes, GEM Grenoble, SKEMA Business School, Toulouse Business School et Rennes School of Business - ces cinq écoles utilisent la Banque d'Épreuves ELVi (ex-CCIP/R)). En anglais, les dix écoles suivantes utilisent donc la banque d'épreuves ELVI : HEC, Essec, ESCP-Europe, EM Lyon, EDHEC, Audencia, Grenoble, SKEMA, Toulouse et Rennes School of Business. Vous trouverez un descriptif très détaillé sur le site www.concours-bce.com pour la BCE et sur www.ecricome.org pour les ECRICOME, notamment des informations complémentaires sur les admissions parallèles et le concours ECRICOME Tremplin et Bachelor, deux sites de référence à consulter régulièrement car il peut y avoir des modifications d'une année à l'autre ;
- celles de la **Banque ECRICOME :** en 2017, les **deux** écoles suivantes font partie de la **Banque ECRICOME** : Kedge Business School (Bordeaux - Marseille) ; Neoma (Reims - Rouen).

B. Les coefficients des épreuves de langue (LV1 et LV2) à l'écrit

Ci-dessous le tableau des coefficients à la session 2017 pour les Prépas commerciales :

(pour information, le total des coefficients est de 30 à la BCE (ELVi) et de 25 à ECRICOME, à l'écrit)

	BANQUE ELVi (ex-CCIP/R)						**BANQUE IENA**						**BANQUE ECRICOME**					
	ECS voie scientifique		ECE voie écono-mique		ECT voie technolo-gique		ECS		ECE		ECT		ECS		ECE		ECT	
Écoles	LV1	LV2	LV1	LV2	LV1	LV2	LV1	LV2	LV1	LV2	LV1	LV2	LV1	LV2	LV1	LV2	LV1	LV2
5 ÉCOLES ELVi (ex-CCIP) « les Parisiennes »																		
Hec	4	2	4	2	4	2												
Essec	4	2	4	2	4	2												
Escp-Europe	5	3	5	3	4	2												
Em-Lyon	5	3	5	3	4	3												
Edhec	5	2	5	2	5	3												

14 ÉCOLES BANQUE IENA																		
Normandie							7	5	6	5	3	3						
La Rochelle							7	4	6	4	3	2						
St-Etienne							7	6	6	6	5	3						
Pau							9	4	7	4	4	2						
Troyes							8	5	7	5	3	3						
Strasbourg							8	5	8	5	4	3						
Rennes							7	5	7	5	5	3						
Dijon							8	5	8	5	4	3						
Montpellier							6	4	6	4	3	3						
INSEEC							8	5	7	6	3	2						
ISC Paris							8	5	7	5	4	3						
Télécom							6	3	6	3	3	3						
Brest							7	3	7	3	3	3						
Clermont							7	5	7	5	3	2						
ICN Nancy							6	4	6	4	3	2						
5 ÉCOLES INDÉPENDANTES (ELVI)																		
Audencia	5	3	5	3	3	2												
Grenoble	6	5	4	4	2	2												
Skema	6	5	5	5	3	2												
Toulouse	5	4	4	3	3	2												
Rennes	6	5	5	5	3	2												
2 ÉCOLES ECRICOME																		
Kedge Business School (Bordeaux - Marseille)													4	3	4	3	3	1
Neoma (Reims - Rouen)													4	3	4	3	2	2

Ci-dessous le tableau des coefficients à la session 2017 pour les Prépas littéraires, B/L (Lettres et Sciences sociales) et voie BEL (ENS Ulm A/L et ENS de Lyon), dont certains khâgneux préparent, parallèlement aux concours des ENS, les épreuves d'admission dans une École de Commerce :

	BANQUE ELVi (ex-CCIP/R)				**BANQUE IENA**				**BANQUE ECRICOME**[1]			
	Filière **B/L** (Lettres et Sciences Sociales)		Filière ENS Ulm (**A/L**) et ENS Lyon (**BEL**)		Filière **B/L** (Lettres et Sciences Sociales)		Filière ENS Ulm (**A/L**) et ENS Lyon (**BEL**)		Filière **B/L** (Lettres et Sciences Sociales)		Filière ENS Ulm (**A/L**) et ENS Lyon (**BEL**)	
Écoles	LV1	LV2	LV1	LV2	LV1	LV2	LV1	LV2	LV1	LV2	LV1	LV2
5 ÉCOLES ELVi (ex-CCIP) « les Parisiennes »												
Hec	4	2	3	2								
Essec	4	2	4	2								
Escp-Europe	5	3	5	3								
Em-Lyon	5	3	4	3								
Edhec	5	3	5	3								
14 ÉCOLES BANQUE IENA												
Normandie					6	5	8	6				
La Rochelle					6	3	5	3				
St-Etienne					4	4	6	5				
Pau					5	4	7	5				
Troyes					4	4	5	4				
Strasbourg					5	5	7	6				
ICN Nancy					6	4	6	4				
Dijon					6	5	8	6				
Montpellier					5	3	3	2				
INSEEC					7	5	8	6				
ISC Paris					5	3	7	5				
Télécom					5	3	5	3				
Brest					4	4	7	3				
Clermont					5	5	6	6				
5 ÉCOLES INDÉPENDANTES												
Audencia	5	3	7	4								
Grenoble	5	3	8	4								
Skema	6	5	5	5								
Toulouse	6	3	6	2								
Rennes	6	5	5	5								
2 ÉCOLES ECRICOME												
Kedge Business School (Bordeaux - Marseille)									4		5	
Neoma (Reims - Rouen)									4		4	

1. *ECRICOME aux étudiants des prépas littéraires :*
En place depuis 2013 *pour les prépas* option B/L
« Les candidats ne passeront donc plus d'épreuves écrites spécifiques et devront effectuer une double inscription, d'abord en s'inscrivant à la BL-SES en cochant une case indiquant leur volonté de présenter le concours ECRICOME et ensuite en s'inscrivant au concours ECRICOME Prépa. [...] C'est sur la base de ces notes que les écoles d'ECRICOME déclareront les candidats admissibles. Ils devront alors présenter les épreuves orales spécifiques aux écoles de management (entretien, oral de LV1 et de LV2) »
« Les candidats littéraires ULM A/L et ENS Lyon ne passent aucune épreuve écrite spécifique à ECRICOME PRÉPA mais uniquement les épreuves du concours de la BEL ; ECRICOME utilisera les notes écrites obtenues au concours des ENS via la BEL en appliquant les coefficients pour chaque école » (source site ECRICOME)

C. La nature des épreuves écrites d'admissibilité : Banques communes d'épreuves écrites BCE-ELVi, BCE-IENA et ECRICOME pour les Prépas commerciales

1. La Banque Commune d'Épreuves BCE-ELVi (ex-CCIP/R) : *HEC, ESSEC, ESCP-Europe, EM LYON, EDHEC*

- La **première** langue ou LV1 peut être l'allemand, l'anglais, l'arabe littéral, l'espagnol, l'italien, le portugais, le russe (les candidats inscrits en filière littéraire pouvant également choisir la version latine).
- La **deuxième** langue vivante ou LV2 peut être l'allemand, l'anglais, l'arabe littéral, le chinois, le grec moderne, le danois, l'espagnol, l'hébreu, l'italien, le japonais, le néerlandais, le norvégien, le portugais, le polonais, le russe, le suédois, le tchèque, le turc ou encore le vietnamien (les candidats inscrits en filière littéraire pouvant également choisir la version latine).

BCE-ELVi – Première langue LV1		
Nature de l'épreuve	**Durée totale**	**Coefficient interne**
Sous-épreuve N° 1 : **Traductions** - Version (anglais > français) de 250 mots : 50 % - Thème (français > anglais) de 200 mots : 50 %	**4 heures**	**40/100**
Sous-épreuve N° 2 : **Expression écrite** **Texte en anglais** (800 à 900 mots), propre à chaque langue. Les réponses se font en langue étrangère (250 mots pour chaque question)		**60/100**

BCE-ELVi – Deuxième langue LV2		
Nature de l'épreuve	**Durée totale**	**Coefficient interne**
Sous-épreuve N° 1 : **Traductions** - Version (anglais > français) de 200 mots : 50 % - Thème (français > anglais) de 150 mots : 50 %	**3 heures**	**40/100**
Sous-épreuve N° 2 : **Expression écrite** Texte en anglais (600 à 700 mots), propre à chaque langue. Les réponses se font en langue étrangère (200 mots pour chaque question)		**60/100**

2. La Banque Commune d'Épreuves IENA

École de Management de NORMANDIE, ESC La Rochelle, ESC St-Etienne, ESC Pau, ESC Troyes, École de Management de Strasbourg, ESC Rennes, ESC Dijon, Sup de Co Montpellier, INSEEC, ISC Paris, Télécom École de Management, Brest, Clermont

Pour l'une des deux épreuves de langues vivantes (LV1 ou LV2), les candidats devront obligatoirement choisir l'anglais.

- **L'épreuve de première langue (LV1) de la Banque IENA dure 4 heures et comporte 3 parties :**

  – Compréhension d'un texte écrit (notée sur 40)
  À partir d'un texte d'environ 700 mots, rédigé en langue étrangère, les candidats devront répondre à **3 questions** posées en langue étrangère sur le texte. Le sujet du texte devra être d'intérêt général et portera sur le monde anglo-saxon. **Les deux premières questions** portent directement sur la compréhension du texte (réponse en 100 mots + ou – 10 % pour chacune des questions) et **une troisième question** donnera l'occasion au candidat d'exprimer ses réactions personnelles (300 mots + ou – 10 %).

  – Une version (anglais > français) (notée sur 20)
  Les candidats devront traduire une partie du texte servant de support aux questions posées (environ 150 mots).

  – Un thème (français > anglais) (noté sur 20)
  Le thème sera un texte suivi ou non (environ 150 mots) destiné à vérifier les connaissances grammaticales essentielles.

- **L'épreuve de deuxième langue (LV2) de la Banque IENA dure 3 heures et comporte 3 parties :**
  - **Compréhension d'un texte écrit (notée sur 40)**
    À partir d'un texte d'environ 350 mots, rédigé en langue étrangère, les candidats devront répondre à **2 questions** posées en langue étrangère sur le texte. Le sujet du texte devra être d'intérêt général et portera sur le monde anglo-saxon. **La première question** porte directement sur la compréhension du texte (réponse en 150 mots + ou - 10 %). **La deuxième question** donnera l'occasion au candidat d'exprimer ses réactions personnelles (250 mots + ou - 10 %).
  - **Une Version (anglais > français) (notée sur 20)**
    Les candidats devront traduire une partie du texte servant de support aux questions posées (environ 100 mots).
  - **Un Thème (français > anglais) (noté sur 20)**
    Le thème sera un composé de 10 phrases (environ 130 mots) concernant le langage usuel, destiné à vérifier l'acquisition d'expressions idiomatiques et la correction linguistique.

En Première langue comme en Deuxième langue, la note sur 80 sera divisée par 4 pour obtenir la note sur 20, les deux chiffres après la virgule arrondis au dixième supérieur.

3. La Banque ECRICOME

Kedge Business School (Bordeaux - Marseille) ; Neoma (Reims - Rouen)

Les langues admises au concours, indifféremment en Première ou Seconde langue sont : l'anglais, l'allemand, l'arabe, le chinois, le danois, l'espagnol, le grec moderne, l'hébreu moderne, l'italien, le japonais, le néerlandais, le polonais, le portugais, le russe. L'anglais est obligatoire dans l'une des deux épreuves écrites de langue pour les filières Scientifique, Économique et Technologique. La Banque ECRICOME rappelle chaque année que « l'esprit général [des épreuves LV1 et LV2] est de vérifier l'existence des bases grammaticales et de valoriser[1] la maîtrise de la langue. » [...] Le barème de notation a pour objectif de tirer les meilleures copies vers le haut, creusant ainsi les écarts.

- L'épreuve de **première** langue de la Banque ECRICOME dure 3 heures et comporte :

1. Il faut comprendre ici que des **bonus** sont accordés lorsqu'un étudiant a fait preuve d'ingéniosité dans sa traduction ou a simplement mieux traduit que l'ensemble des étudiants. Les bonus représentent un à deux points supplémentaires accordés dans la partie concernée. Ce principe de gratification est également pratiqué dans les épreuves de la BCE-CCIP et de la BCE-IENA.

- Une Version (anglais > français) d'un auteur contemporain ou extrait d'article de presse (*The Economist, Time, etc.*) d'une longueur d'une page (220 mots). En bas de page, une note explicative en anglais permettra de clarifier un terme difficile. Par exemple, pour faciliter la compréhension d'un américanisme, un terme équivalent en anglais britannique sera proposé.
- Un Thème (français > anglais) d'un auteur français contemporain ou extrait d'article de presse. La longueur du texte proposé n'excédera pas les 180 mots.
- Un Essai : Deux sujets au choix depuis la session 2008. Le candidat ne devra pas dépasser les 250 mots avec une tolérance de + ou – 25 mots[1]. Le sujet d'Essai peut ne pas traiter directement d'un point de civilisation anglo-saxonne :

  - *You can't run a country and be popular. Discuss with relation to today's US and UK?* ***(LV1 2011)***
  - *How can the phenomenal success of social networking be explained?* ***(LV1 2011)***
  - *Do you agree with what Mahatma Ghandi once said: "There's enough in the world for everyone's need; there's not enough for everyone's greed".* ***(LV1 2012)***
  - *A woman's place is in the boardroom. Discuss.* ***(LV1 2012)***

NB : La forme est notée sur 12 points sur 20 et le fond sur 8 points sur 20.

- L'épreuve de **deuxième** langue de la Banque ECRICOME dure 3 heures et comporte :

- Une Version (anglais > français) d'une longueur d'une page (220 mots) d'un auteur britannique ou américain ou encore extrait d'un article de presse. Comme en LV1, le texte sera d'une longueur d'une page (220 mots) et pourra être complété par une note explicative en anglais destinée à clarifier un terme difficile. Par exemple, pour faciliter la compréhension d'un américanisme, un terme équivalent en anglais britannique sera proposé.
- Dix phrases indépendantes (de 16 à 19 mots ; le total des mots n'excédant pas 170) faisant appel à la grammaire et au vocabulaire de base au lexique de presse.
- Un Essai : Deux sujets au choix depuis la session 2006, lequel ne traite pas directement d'un point de civilisation anglo-saxonne (le candidat ne devra pas dépasser les 250 mots avec une tolérance de + ou – 25 mots) :

  - *Drilling for oil or protecting the environment – which is more important?* ***(LV2 2011)***
  - *Travel broadens the mind. How far do you agree?* ***(LV2 2011)***
  - *Has the American Dream become a myth?* ***(LV2 2012)***
  - *Energy saved is money saved. Discuss.* ***(LV2 2012)***

1. Vous n'oublierez pas d'indiquer le nombre de mots sur votre copie quel que soit le concours. Si vous ne respectez pas ces normes, vous serez sanctionné : « *Les essais qui ne respectent pas les limites imposées (entre 225 et 275 mots) sont sanctionnés au-delà de + ou –10 %. Toutefois, les correcteurs feront preuve d'indulgence envers les candidats qui dépassent les 275 mots dans une langue correcte et agréable à lire. Pour les autres, la pénalité est d'un point tous les 10 mots manquants ou supplémentaires.* »

D. L'approche méthodologique en Classe Préparatoire ESC

En classe prépa, le travail personnel à fournir est considérable pour parvenir à maîtriser deux langues vivantes. Les épreuves sont difficiles et très éloignées des épreuves du baccalauréat. Elles exigent, au-delà même des connaissances poussées en grammaire et en vocabulaire, une pratique régulière de la traduction (Thème et Version) et de l'expression écrite. Deux années de classe prépa sont nécessaires non seulement pour consolider et surtout approfondir les bases normalement acquises à la fin de la classe terminale (grammaire, vocabulaire, civilisation) mais également pour répondre parfaitement aux exigences propres à chaque type d'épreuve. Nous reproduisons, in extenso, ce qui est rappelé dans le fascicule *Banque Commune d'Épreuves Écrites pour le Haut Enseignement Commercial aux Concours*, tant pour les épreuves écrites que pour les épreuves orales ; ces dernières seront abordées en détail plus bas :

« *L'enseignement des langues vivantes étrangères dans les classes préparatoires économiques et commerciales (Options scientifique, économique et technologique) vise à conduire les étudiants à un niveau élevé de maîtrise de la langue écrite et orale ainsi qu'à une connaissance assurée des réalités culturelles étrangères. Au long des deux années, on veillera tout à la fois à : consolider les connaissances grammaticales en vue d'une réelle maîtrise opératoire des fonctionnements syntaxiques ; accroître, diversifier et approfondir les ressources lexicales ; enrichir les capacités de compréhension de l'écrit et d'expression écrite (tant en français, par le biais de la version, par exemple, que dans la langue étrangère) ; conduire un entraînement régulier à la compréhension de messages ou documents sonores authentiques variés ; développer les capacités d'expression orale en recherchant d'une part, aisance, richesse et précision et, d'autre part, qualité de la prononciation ; assurer la mise en place des éléments indispensables à la connaissance de la civilisation et de la culture des pays étrangers, notamment dans le domaine des institutions et des réalités économiques et sociales.* »

II. Présentation générale des épreuves orales

Deux supports sont proposés aux épreuves orales de langue :

- le texte de presse (article de la presse généraliste traitant d'un thème lié au monde anglo-saxon) ;
- un document sonore (texte lu ou dialogue enregistré sur un thème d'actualité - sur CD d'une durée de 4 minutes environ).

Si votre compréhension de l'anglais parlé est médiocre, il vous faudra très vite, dès la première année en classe prépa, écouter des documents sonores (*podcasts*) à partir des sites de la BBC ou de *The Economist*. Il n'existe aucune annale sonore des documents sonores (dialogues) proposés à l'oral d'HEC ; il est donc d'autant plus conseillé de « se faire l'oreille » sur d'autres supports tout en veillant à ce que la durée d'enregistrement ne dépasse pas les 4 minutes - durée formatée. Naturellement, vous pouvez toujours utiliser les annales sonores existantes et disponibles auprès de votre établissement (CD BCE-IENA, ECRICOME) et vous entraîner **avant**, **pendant et après vos** « khôlles » programmées tout au long de l'année. La nature des épreuves est globalement la même : synthèse, suivie d'un commentaire personnel. Le tout en temps limité (environ 20 min) - format standard d'un oral de langue. Votre prestation orale sera toujours suivie de questions de la part du jury - un ou deux professeurs suivant les écoles. Généralement un examinateur en LV2 et deux examinateurs en LV1. Ces questions porteront sur le document lui-même afin de vérifier la bonne compréhension du thème abordé dans le document. Les questions viseront aussi à clarifier éventuellement certains points ; à reprendre un point que vous n'auriez pas retenu dans votre résumé/synthèse ; à comprendre pourquoi le résumé laisse dans l'ombre tel ou tel passage ou paragraphe ; sur des points de grammaire, de vocabulaire ou de civilisation. Dans le cas d'un article de presse, la relecture d'un court passage est souvent possible en LV1 et incontournable en LV2. La traduction de quelques lignes du texte demeure possible en LV1 et est inévitable en LV2.

L'entretien comprend, dans la plupart des écoles, des questions d'ordre personnel (voyages, expérience professionnelle, objectif de carrière, etc.) ou encore des questions d'actualité. Les approches et les attentes des examinateurs peuvent sensiblement varier d'une école à l'autre. Par exemple, à l'ESSEC, il s'agira « d'étudier un texte de presse en français, pour la première langue (LV1), et en langue étrangère pour la deuxième (LV2.) Dans tous les cas, on attend de vous une bonne compréhension générale du texte et une capacité à en dégager les idées principales » (Extrait du Compte Rendu du Jury ESSEC). Pour les autres écoles, le texte, tiré de la presse anglo-saxonne non spécialisée, et le dialogue enregistré en anglais (sur CD), demeurent des constantes.

Notez bien les quelques variantes possibles des épreuves orales de langue des écoles :

- **HEC (LV1)** : Support : CD en LV1 (dialogue) ; temps de préparation (20 min) pour deux écoutes successives seulement – sans arrêt ni retour en arrière ; durée de l'entretien (15 min) ; coefficient 4 en LV1. Nature de l'épreuve : Compte rendu (= synthèse) + commentaire + conversation avec le jury. En LV2, lecture obligatoire d'un passage d'un article de presse choisi par l'examinateur : temps de préparation (15 min) ; durée de l'entretien (15 min) ; coefficient 3. Nature de l'épreuve : Conversation directe + traduction d'un passage.
- **ESCP-Europe (LV1 et LV2)** : Support : 2 articles de presse au choix de l'étudiant ; temps de préparation (15 min) ; durée de l'entretien (20 min) ; coefficients 6 en LV1 et 4 en LV2. Nature de l'épreuve : Résumé linéaire et commentaire.
- **ESSEC (LV1)** : Support : Un texte de presse en français ; temps de préparation (30 min) ; durée de l'entretien (30 min) ; coefficients 6 en LV1. Nature de l'épreuve : Synthèse et Commentaire du texte suivis d'une conversation avec 2 professeurs + questions d'ordre personnel. En LV2 : Un texte de presse en anglais : temps de préparation (20 min) ; durée de l'entretien (20 min) ; coefficients 4 en LV2 : Nature de l'épreuve : Synthèse et commentaire du texte suivis d'une conversation avec 1 professeur + questions d'ordre personnel.
- **EM LYON (LV1 et LV2)** : Support : Texte de presse ; temps de préparation (20 min) ; durée de l'entretien (20 min) ; coefficients 3 en LV1 et 3 LV2. Nature de l'épreuve : Synthèse et Commentaire de texte suivis d'une conversation.
- **EDHEC** : Support : Texte de presse ; temps de préparation (20 min) ; durée de l'entretien (20 min) ; coefficients 6 en LV1 et 4 en LV2 : Nature de l'épreuve : Synthèse et Commentaire de texte suivis d'une conversation.
- **AUDENCIA-Nantes (LV1 et LV2)** : Support : Texte de la presse anglo-saxonne ; temps de préparation (20 min) ; durée de l'entretien (20 min) ; coefficients 4 en LV1 et 3 en LV2. Nature de l'épreuve : L'entretien se fait en deux parties d'environ 10 min chacune. 1) « *Présentation personnelle sans paraphrase des éléments essentiels du texte + Commentaire avec une prise de position sur le sujet ou sur un aspect du sujet. [...] Le temps de préparation ne permettant pas au candidat d'effectuer un compte rendu exhaustif du texte* ». 2) « *La deuxième partie de l'épreuve sera réservée à l'échange et à la discussion avec l'examinateur sur le sujet. Des thèmes plus larges pourront également être abordés* ».

A. La synthèse ou compte rendu synthétique

C'est la technique qu'il faudra adopter systématiquement pour les documents sonores ou écrits car la longueur de la plupart des textes est telle que vous ne pourrez que « synthétiser » – ce qui correspond globalement à l'attente des examinateurs. Maîtriser la technique de la « synthèse » s'avère donc très payant, d'autant qu'elle vous permettra d'éviter les écueils signalés dans le cas d'un résumé linéaire, ainsi que les maladresses de style, fréquentes, consistant à répéter les formules suivantes : *The journalist argues that... and he also argues that... What he says too is that...* Puisqu'il s'agit de donner le sens général du document (« *main points* ») sans s'encombrer de détails, une suite d'exemples ou de chiffres tirés du document est à proscrire. Il s'agit, on le répète, de présenter ce qui vous paraît essentiel sans tout retenir de ce qui est dit, et non d'un compte-rendu verbatim : « *Ce que nous voulons, c'est que le candidat ne raconte pas un enregistrement (qu'il reproduit souvent sans comprendre) de façon linéaire et sans distinguer l'essentiel de l'anecdotique [...] Le candidat doit reformuler le dialogue dans un ordre différent, le recomposer en utilisant peut-être d'autres termes, en montrant la ligne directrice et en dégageant les idées générales illustrées si besoin est par des exemples* » (Rapports du jury BCE).

B. Le commentaire de document

Le commentaire permet naturellement de vérifier vos connaissances purement linguistiques, c'est-à-dire vos qualités d'expression, mais aussi d'apprécier vos capacités de jugement et votre sens critique. C'est tout autant votre aptitude à maîtriser l'anglais que la manière de présenter votre argumentaire qui seront évaluées. En bref, il faut être convaincant, et pour cela, il faut disposer d'un bon bagage linguistique, culturel et rhétorique. Vouloir annoncer les points de votre commentaire avant de vous engager dans l'argumentaire en tant que tel, est une bonne chose, à condition que les points que vous annoncez soient suffisamment développés. En d'autres termes, il faudra éviter l'écueil de la coquille vide. C'est la gestion de votre temps qui vous évitera de vous retrouver « à sec » pour le commentaire. En conséquence, ne passez pas trop de temps sur le résumé ou la synthèse ; l'analyse et le commentaire sont aussi des temps forts de votre prestation orale. Sachez qu'il s'agit d'une véritable course contre la montre (vous vous en rendrez vite compte en passant vos « colles » pendant vos deux ans de prépa). Vous n'avez pas le temps de rédiger : votre résumé/synthèse, tout comme votre commentaire ne doivent pas être autre chose qu'une suite de points importants qu'il faudra ensuite développer de manière naturelle et spontanée. Imaginez-vous dans le rôle d'un journaliste – sans prompteur – qui présente les gros titres de la journée. Dans votre prestation enlevée et convaincante, vous devrez alterner coups d'œil furtifs sur vos notes et regards soutenus (et non fuyants) avec vos examinateurs, lesquels sont très sensibles à votre attitude générale. Bref, vous l'avez compris, la grande difficulté réside donc dans votre capacité en 20 min (montre sur la table) :

- à lire vite en vous concentrant au maximum et à jeter sur le papier[1] les idées essentielles soulevées dans le document (« *jotting down notes* ») ;
- à noter les quelques points (2 ou 3) qui tiendront lieu de commentaire personnel. L'objectif de l'épreuve est de tester votre aptitude à vous exprimer de manière naturelle à partir de quelques notes. N'oubliez pas que votre prestation doit

1. Préparez deux feuilles distinctes : une feuille pour la synthèse et une feuille pour le commentaire.

aussi révéler votre présence naturelle, votre aisance, voire votre charisme. Vous comprendrez que l'entraînement régulier est indispensable. N'hésitez pas non plus à vous enregistrer sur bande sonore ou à vous filmer à la vidéo pour vous auto-évaluer ou faire évaluer votre prestation par vos camarades de classe ou vos proches. Dans la perspective des épreuves orales sur CD où la bonne compréhension du document sonore sera déterminante, ne négligez aucun support (podcasts, sites, films, bulletins d'information à la radio ou sur le câble, les conversations avec des anglo-saxons, les séjours à l'étranger, etc.). Ces contacts répétés avec la langue vous donneront davantage confiance en vous et feront tomber les inhibitions.

C. La qualité de l'expression

Il ne faut pas négliger ce qui apparaît trop souvent comme accessoire. Sachez qu'une articulation peu soignée (surtout en fin de phrase) ne permettra jamais de faire illusion, mais fera toujours fort mauvaise impression. Les examinateurs sont justement là pour faire la différence entre un étudiant qui sait être précis et rigoureux, et un étudiant qui cherche (toujours maladroitement) à dissimuler ses carences. Prétendre posséder un « accent » américain pour justifier le manque d'articulation est un argument sans aucun fondement. Quelle que soit votre familiarité avec telle ou telle variété de l'anglais (anglais américain, anglais britannique, etc..), une bonne articulation doit permettre : de bien faire entendre le -S du Présent Simple (V-S) ; de bien distinguer les adjectifs possessifs des pronoms possessifs ou personnels (*His/Him ; Her/Hers*) ; de bien faire entendre les pronoms réfléchis pluriels (*ourselves, yourselves, themselves*) ; de bien marquer le son de certains verbes conjugués terminés par *-ted* ou *-ded*. Ils doivent s'entendre [-TID] et [-DID], de même qu'un certain nombre d'adjectifs : (*crooked, naked, ragged, rugged, wicked, etc*) qui s'entendront en finale [*-d*] ; de bien allonger ou non les finales *-teen/-ty* pour éviter le flou de la prononciation, comme dans : *thirteen/thirty* ; *nineteen/ninety, etc* ; d'éviter l'assimilation abusive : *I think* ne peut pas être *I thing* ; de rendre audible les consonnes qui se suivent : *In faCT* ; *aCTually*.

Voici quelques fautes et maladresses récurrentes à l'oral :

- Vous pouvez trouver la date écrite de plusieurs manières (normalement sans virgule) : *January 1st, 2013/1st January, 2016/January 1, 2016/1 January 2016*. Lorsque vous devez lire la date, sachez qu'il y a deux façons de lire : *Today is (Sunday) January (the) first/Today is (Sunday) the first of January two thousand and thirteen.* Les mois et les jours de la semaine prennent une majuscule.

- N'oubliez pas de bien revoir les nombres ordinaux et leur orthographe (*first, second, third, fourth, fifth, sixth, seventh, eighth, ninth, etc.*) Les années de l'ancien millénaire se lisent : *1887* → *eighteen/eighty-seven* ; *1900* → *nineteen/hundred* ; *1903* → *nineteen/o/three* ; *1999* → *nineteen/ninety-nine*. Les années du nouveau millénaire se liront ainsi : L'an 2000 → *The year two thousand* ; 2001 → *Two thousand and one* ; 2012 → *Two thousand and twelve*. Attention à la lecture des nombres et à l'emploi de *AND* pour les dizaines et les unités : *844 people* → *Eight hundred and forty-four people* ; 3 402 candidates → *Three thousand four hundred and two candidates*. Lisez et écrivez bien les décimales : 12,5 % (virgule en français) → 12.5 % (*twelve point five percent* en anglais).

- Enfin, revoyez bien les sigles les plus courants : *GDP* → *Gross Domestic Product ; GNP* → *Gross National Product ; WTO* → *World Trade Organisation ; UNO* → *United Nations Organisation, etc.*

D. Les coefficients des épreuves de langue (LV1 et LV2) à l'oral

En général, chaque École applique ses propres coefficients, qui sont les mêmes quelle que soit la voie (ECS, ECE, ECT, B/L, A/L) – (sauf ISC Paris, voir ci-dessous). Voici les coefficients à **l'oral d'admission en 2017 pour les 24 écoles de la BCE** :

Écoles de la BCE	LV1	LV2
HEC, Audencia Nantes, ICN Nancy	4	3
Grenoble, ESC Pau, Montpellier	5	5
Télécom EM	4	4
EDHEC, ESSEC, ESCP, Strasbourg, Skema, Rennes, Dijon	6	4
INSEEC	7	5
Toulouse, EM Normandie, La Rochelle	5	4
St-Étienne, Troyes, EM Lyon	3	3
Brest, Clermont	3	2

- Coefficients différents **à l'oral** de l'ISC Paris selon les voies :

Écoles	ECS	ECE	ECT	B/L	A/L
ISC Paris	LV1 : 8 LV2 : 5	LV1 : 7 LV2 : 5	LV1 : 4 LV2 : 3	LV1 : 5 LV2 : 3	LV1 : 7 LV2 : 8

- Coefficients 2017 pour les **épreuves orales** du concours **ECRICOME PRÉPA** :

Écoles du groupe ECRICOME	Anglais	Autre langue ou latin ou grec ancien
Kedge (Bordeaux - Marseille)	4	3
Neoma (Reims - Rouen)	4	4

Chapitre 2
Méthodologie

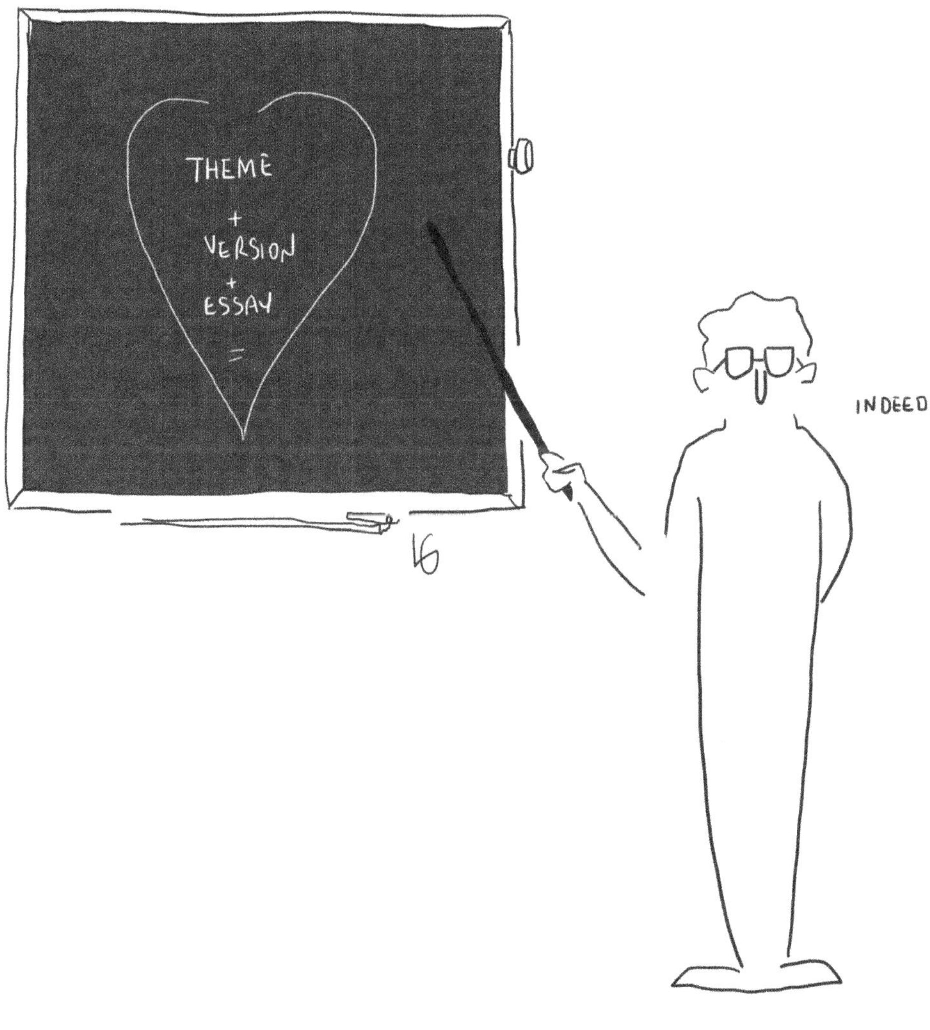

I. Méthodologie de la version anglaise littéraire et journalistique

A. Introduction

Avant toute épreuve, il convient au préalable d'être informé de la manière dont on va être évalué. La connaissance des arcanes de la correction – les barèmes, l'attribution des points fautes – de même que la conception même des sujets et de leurs corrigés méritent qu'on s'y attarde. Cela permet au candidat de contextualiser dans son ensemble le processus auquel il va être soumis. Le texte de la version est donc choisi par les concepteurs du sujet, et ces derniers vont élaborer ensemble un corrigé type après confrontation de leurs propres traductions et après concertation. Dans un second temps, les concepteurs vont élaborer, phrase par phrase, une liste assez complète des erreurs possibles de traduction. Leur expérience leur permet d'anticiper les erreurs les plus susceptibles d'être commises, et d'attribuer à chaque type d'erreur une certaine quantité de points-fautes. Suivant les années ou les types de concours, la quantité de points-fautes varie : il faut savoir qu'une note de zéro sur vingt correspond à une fourchette située entre 80 et 100 points-fautes. Comme la liste des erreurs ne peut pas être exhaustive, les concepteurs prévoient aussi un ensemble de règles génériques traitant de la non traduction du titre, du sous-titre, ou encore de l'oubli de mots, des contre-sens et des faux-sens, etc. Ils ne manquent pas aussi de donner des instructions sur la valorisation de certaines traductions.

Toutes ces instructions sont fournies aux correcteurs sous forme écrite, et passées en revue lors de réunions d'harmonisation avant que le processus de correction ne commence. Les correcteurs sont aussi des spécialistes expérimentés de la langue. Ils ne vont donc pas nécessairement corriger comme des robots, mais plutôt essayer de mesurer avec justesse le degré de compétence, la précision et la rigueur dans la traduction au regard des instructions données. Dans la dernière phase, les correcteurs saisissent les points-fautes des épreuves corrigées sur un tableur qui se charge de la transformation en note finale. On constate en général peu de disparité entre les notes de version, de thème et d'essai chez les candidats (à l'exception peut-être des candidats locuteurs natifs), ce qui est somme toute logique dans la mesure où les compétences linguistiques forment un tout.

L'exercice de **version littéraire et/ou journalistique** est tout d'abord un exercice de transposition intelligent dans la langue française, respectant à la fois l'esprit du texte, le style de l'auteur, et les impératifs liés à l'authenticité de la langue française (lexique, syntaxe, grammaire, expressions idiomatiques, collocations, etc.). On parlera de langue source pour le texte d'origine en anglais, et de langue cible pour le texte d'arrivée. S'il fallait énoncer une première règle, cela serait la suivante : il faut avoir l'impression à la relecture, que le texte a été d'abord écrit en français. Ou, en d'autres mots, il faudrait qu'un lecteur spécialiste de l'anglais ne puisse déterminer quel texte a servi d'objet de traduction à l'autre. Ce premier impératif est déterminant à plusieurs égards. Tout d'abord, il implique pour le candidat adoptant cette posture face au texte, une approche faite de rigueur, de mobilisation étendue de savoirs et de techniques, et de recul raisonné. En second lieu, ce positionnement intellectuel va pousser le candidat, lors de ses phases de préparation et d'entraînement, à adopter des réflexes d'appropriation d'une méthodologie de transposition d'une certaine sensibilité littéraire ou argumentative. En dernier lieu, cette approche ne laisse pas la place à la complaisance, et permet, dans le cadre temporel contraint des épreuves, de savoir immédiatement à quel endroit du texte traduit se trouvent les faiblesses auxquelles remédier.

Pour la majorité des étudiants, la langue cible de la version est la langue maternelle. Il faut donc bien être conscient que l'écueil premier constitue la justesse de cette langue. Avant même de considérer la qualité du travail de traduction, une bonne version est avant tout écrite en bon français. Les moindres fautes d'orthographe, fautes d'accords, fautes de temps, ou la moindre erreur de syntaxe sont impitoyablement sanctionnées. Il en est de même pour l'écriture manuscrite, qui doit être lisible.

B. Premiers éléments méthodologiques

Il serait illusoire de penser qu'il existe une seule et unique traduction parfaite d'un texte. C'est d'ailleurs la raison pour laquelle cet exercice est évalué en points-fautes : la correction sanctionne les éléments non conformes à une fourchette de tolérance. Cela implique une première règle : ne JAMAIS laisser de blanc, ni pour un mot, ni pour une phrase. Les oublis sont les plus lourdement sanctionnés. La seconde règle, déjà énoncée plus haut : rester fidèle au texte de départ (attention au niveau de langue, au respect du style, aux rapports logiques) et obtenir un texte en langue cible qui permette une lecture fluide, articulée, authentique et cohérente. Le calque sera donc sanctionné lourdement car il mène souvent à une production peu compréhensible et peu fidèle à l'esprit du texte. À l'inverse, une traduction trop éloignée du texte d'origine montre certes une restitution globale du sens du texte, mais ne répond pas au souci d'exactitude que requiert l'exercice de traduction.

La méthodologie de la traduction repose sur deux fondements intangibles :

- la compréhension du texte (vocabulaire, mais aussi et surtout trame discursive, développement des idées et progression argumentative, cohérence et cohésion du texte) ;
- la restitution, c'est-à-dire ce qui aboutit à la trace écrite rendant compte de l'exercice de traduction en lui-même.

Nos premiers conseils méthodologiques vont donc s'attacher à passer en revue ces deux aspects consécutifs de l'exercice.

1. La compréhension du texte

La pire erreur à commettre serait de se jeter tête baissée dans l'exercice de traduction au fil du texte sans avoir pris la peine de le lire plusieurs fois. La première lecture, qui doit se faire de manière calme et posée, sans fébrilité ni précipitation (sinon vous n'allez rien comprendre et cette lecture ne servira à rien), permet de bâtir un contexte. Cette contextualisation permet au candidat de se familiariser avec le type de texte (littéraire, journalistique), son origine, de même que le thème abordé (sujet, période, lieux, protagonistes), et par conséquent le genre, le style et le point de vue.

En second, lieu, cette lecture permet de repérer des éléments-clés dans la structure logique du texte, notamment les temps (chronologie, continuité temporelle, proximité temporelle), les modalités (affirmation, doute, probabilité, etc.) de même que les mots de liaison. Bien que le temps soit un facteur contraignant, les autres lectures doivent apporter leur lot d'informations complémentaires aidant à se projeter dans le travail de traduction à venir.

Contrairement à ce que l'on pourrait penser, les lacunes lexicales ne sont pas l'écueil le plus critique car le contexte permet souvent de « deviner » le sens du mot et de trouver une traduction admissible. En revanche, les difficultés grammaticales sont celles qui représentent le danger le plus important : temps, aspects, modaux, détermination nominale, les formes en *-ing*, voix passive, liaison sujet-verbe, mots de liaison, etc. Tous ces éléments sont source de nombreux faux-sens ou d'erreurs de traduction.

Pour ce qui concerne le lexique inconnu, quelques stratégies simples permettent de pouvoir s'en tirer dans la majorité des cas en dehors des expressions idiomatiques. En effet, si l'on ne connaît pas les sens de *to push the envelope* ou de *the buck stops with me*, ou encore de *the onus is on us*, pour prendre des exemples récents pris dans la presse, il y a peu de chance d'approcher une traduction correcte. On ne peut donc que conseiller aux candidats de se constituer un stock non négligeable d'expressions. Il convient de savoir que les concepteurs évitent de proposer des textes présentant des expressions dont on sait pertinemment que très peu de candidats les connaîtront.

Pour les mots inconnus, le plus simple est de revenir à la racine du mot, par exemple : ***to unearth***, ***wrongdoing***, ***unmanned spaceflights*** sont des mots dont on peut retrouver le sens par un détourage sémantique simple. (*earth*/terre, *to unearth*/déterrer ; *wong + doing*/mal faire, *wrongdoing*/un méfait ; *unmanned/un + man*, *unmanned spaceflights*/vols spaciaux non habités). C'est ce que l'on appelle un principe de dérivation.

En ce qui concerne les noms propres, ceux-ci sont à conserver à l'exception de ceux qui ont un équivalent en français (*The White House*/la Maison-Blanche). Une autre exception porte sur le sens ou l'influence du nom propre sur le texte (dans *Robinson Crusoë*, Friday se traduit par Vendredi).

Les unités se traduisent aussi, système métrique oblige (traduire les miles en kilomètres), mais pas les devises (la livre Sterling, le dollar). Attention aussi au rapport tutoiement-vouvoiement : le contexte est crucial pour déterminer la justification du recours au tutoiement (par exemple, un adulte qui s'adresse à un enfant au style direct).

2. La restitution : priorité au bon sens

Il s'agit d'adopter un état d'esprit particulier qui dépasse peut-être les recettes et les conseils glanés ici et là. Se mettre en position de restituer un texte après l'avoir compris, revient à faire preuve de bon sens dans le respect le plus strict du contexte. Les exemples suivants doivent être éclairants à ce sujet.

La phrase *CNN needs less hot air* prise dans un contexte traitant des diffusions de reportages (on connaît l'expression « ON AIR » pour les diffusions en direct) ne saurait se comprendre comme « *CNN a besoin de moins d'air chaud », mais plutôt s'interpréter comme « CNN devrait faire moins de reportages en direct ».

Attention aussi au double sens de mots dont on croit qu'ils ont un sens unique : *a school of fish, to hunt game* ne signifient pas une « école de poissons » ou « la chasse au jeu » ! Si la traduction n'a aucun sens, il ne faut pas se contenter d'une traduction littérale qui va à l'encontre du bon sens le plus élémentaire (un banc de poissons ; chasser du gibier).

La fonction des mots (opposition, renforcement, cause, conséquence) peut permettre une traduction proche du sens :

> *The European Consumers'Organisation denounces "copyright shackles" on online content, and berates the European Commission for having "dallied" on ruling whether DRM is unfair.*

On comprendra que le candidat ne puisse connaître le sens des mots *shackles* (entraves, fers), *to berate* (admonester) et *to dally* (lambiner, tergiverser). Mais le contexte englobant des paragraphes précédents et des idées développées (ici, il s'agit des DRM) doit permettre d'obtenir une restitution cohérente et peu coûteuse en points-fautes. De plus, les guillemets utilisés dans le texte source doivent être restitués et permettent de rendre compte soit d'une reprise exacte de mots prononcés, soit d'un sens étendu de l'expression. On pourrait donc avoir la restitution suivante :

> Le Centre Européen des Consommateurs dénonce le « carcan des droits d'auteurs » pesant sur les contenus en ligne et blâme la Commission Européenne pour n'avoir pas « statué dans les temps » à propos du caractère abusif des DRM.

On le voit ici, la traduction peut dépasser la nomenclature du dictionnaire pour rendre un contenu intelligible et authentique.

Un autre exemple :

> *We never stop creating garbage.* ***That's what makes us human.***
> → Nous ne cessons de produire des ordures. C'est ce qui fait de nous des humains.

Ici encore, il faut aller au-delà du sens des mots et essayer de restituer l'esprit de cette phrase. Dire « C'est ce qui fait de nous des humains » revient à instaurer une clause selon laquelle on se définit comme être humain parce que l'on génère des ordures. Or, c'est absolument faux. En revanche, traduire par « **c'est dans la nature humaine** » rend compte de manière exacte de l'idée énoncée par l'auteur.

Au service de ce bon sens à adopter tout au long de l'exercice, nous allons maintenant un aborder l'arsenal des techniques de traduction qui peuvent grandement aider le candidat à déjouer les pièges de la version.

C. Les procédés de traduction en version

1. La traduction littérale

Un cas, trop rare sans doute au goût des candidats, où l'on calquera la langue cible sans aucun changement par rapport au texte de départ. On ne saurait trop mettre en garde les candidats quant à cette tentation. Avant d'opter pour la traduction littérale, il faut être absolument certain que le texte d'origine ne contient pas de faux-amis ni d'expressions idiomatiques.

2. L'équivalence

On trouve l'expression idiomatique équivalente en français.

3. L'adaptation culturelle

Dans la majorité des cas, les décalages interculturels peuvent poser problème. Le plus évident concerne les sigles (UNO/ONU, OPEC/OPEP, OECD/OCDE). En revanche, on peut avoir des difficultés face à une phrase comme *a serious attempt to downsize the dole queue*, qui fait référence aux files d'attente des chômeurs au pôle emploi. On n'utilise plus le terme ANPE depuis 2008, mais si le texte fait référence à une époque située entre 1967 et 2008, on peut utiliser le sigle. En cas de doute, on peut toujours parler des « files de chômeurs » et éviter une avalanche de points fautes.

Un autre exemple délicat : *a real health scare* (à propos des prothèses PIP) ne peut se traduire correctement que par comparaison à *bomb scare* (une alerte à la bombe). On aura donc l'expression « alerte sanitaire » comme recours, alors qu'une * « terreur de santé », ne signifierait rien.

4. L'emprunt exolangagier

Utilisé lorsqu'il n'y a pas d'équivalent dans la langue cible. Attention néanmoins de bien s'assurer qu'il s'agit bien d'un terme non traduisible. Cela fonctionne pour *a rave party*, mais pas pour *challenge* (défi) même si ce terme est souvent considéré comme faisant partie de la langue française !

5. La transposition grammaticale

On traduit par une autre catégorie grammaticale. On essaiera toutes les combinaisons possibles afin de rendre le texte le plus judicieusement possible (verbe à substantif, verbe à préposition, participe-passé à substantif, adjectif à substantif, verbe à expression adverbiale, préposition à proposition relative).

Exemples

du verbe au substantif :	*what politicians do on a daily basis.* ➜ l'activité quotidienne des politiques. *when he got back* ➜ à son retour
du substantif au verbe :	*the admittance that...* ➜ on admet que...
du verbe à la préposition :	*President Obama thinks that...* ➜ Selon le Président Obama...
du participe passé au substantif :	*increased costs* ➜ l'augmentation des coûts
de l'adjectif au substantif :	*attempted burglaries* ➜ les tentatives de cambriolages
de l'adjectif à l'adverbe :	*it has caused deep change in the perception of...* ➜ cela a profondément changé la perception de...
de la préposition au participe-passé :	*Elderly people over the age of 85* ➜ Les seniors ayant dépassé l'âge de 85 ans
du verbe à l'expression adverbiale :	*He rushed out of the room* ➜ Il sortit précipitamment de la pièce
de l'adverbe au verbe :	*She nearly passed the test* ➜ Elle a failli réussir le test *They eventually decided to* ➜ Ils ont fini par décider de
de l'adjectif au verbe :	*the item come in a vacuum pack* ➜ l'article est livré sous-vide

La transposition peut recouvrir des cas particuliers comme l'amplification ou le chassé-croisé :

a. L'amplification (ou étoffement)

We Americans → nous **autres** Américains
according to an article in the Economist → selon un article **publié** dans *the Economist*

b. Le chassé-croisé

Dans ce cas précis, il y a à la fois changement de catégorie grammaticale et recombinaison syntaxique.

The last boy in the class ***finally scrapes through****.*
→ Le dernier garçon de la classe **finit par s'en tirer aux forceps.**
He ***coaxed her into going to the dance****.*
→ **À force de flatteries**, il l'a convaincue d'aller danser.
The daily papers ***were clamouring*** *for the game to be banned.*
→ Les quotidiens **réclamaient tous en chœur** que le jeu soit interdit.

6. La modulation ou variation

On cherche l'authenticité sans véritable changement de sens. Le cas le plus commun est la suppression de la négation au profit d'un mot contraire : *It is not difficult* devient « Il est facile ».

7. La périphrase

Elle est souvent perçue par le correcteur comme un signe de faiblesse du candidat qui n'a pas su trouver la meilleure solution possible, et qui s'en tire par une pirouette périphrastique. Ce n'est qu'en dernier recours qu'il faut choisir cette option.

8. La collocation

(Du latin *collocare*, qui signifie « placer ensemble »)
La collocation est une sorte de « mariage heureux » entre les mots qui parfois peut se figer dans un processus de lexicalisation. ex : *to suffer heavy losses* à subir des pertes importantes. Attention, parfois une collocation ne se justifie pas dans la langue cible : *a positive identification*. Si il y a identification, il y a redondance à dire qu'elle est positive.

D. La relecture

La relecture est le moment de la tolérance zéro au niveau de la justesse de la langue (fautes d'accord, d'orthographe, de grammaire), et de la non-complaisance envers sa propre traduction. Pour cela, relisez plusieurs fois votre texte et vérifiez la manière dont il « sonne ». Ensuite, texte d'origine à l'appui, reprenez phrase par phrase chaque paragraphe et vérifiez s'il n'y a pas d'oublis volontaires ou involontaires. Vérifiez que les temps sont respectés, et faites attention à la détermination nominale (articles définis et indéfinis, quantifieurs). Faites vite et bien. Si votre travail préparatoire a été sérieux, la relecture ne portera que sur des détails.

E. Exemple d'approche de la version

> *Steve Koenig, senior analyst for NPDTechworld, a market tracking group in Port Washington, N.Y., said Dataplay could face the same sort of limited adoption that Sony's MiniDisc faced for years in North America. "I think it will probably remain a niche product for the time being until it gets some kind of large catalog of music selection in place," he said.*

Ce court extrait foisonne de petits pièges gourmands en points-fautes. Voici une technique d'approche qui va décomposer des procédures habituellement automatiques afin de clarifier les micro-tâches requises dans ce type d'exercice.

1. Élucidation du lexique

- *senior analyst* → analyste en chef (senior ne peut vouloir dire « vieux » ici)
- *for NPDTechworld* → « chez » NPDTechworld fonctionne mieux que « pour »
- *a market tracking group* → un cabinet d'étude de marché. Ici, la transposition de « *group* » en « cabinet », permet à un lectorat français de mieux saisir de quoi il s'agit.
- *in Port Washington, N.Y.* → situé à Port Washington, dans l'État de New York.
- *said* : reporter en début de phrase et dire « selon ». Il nous reste d'autres possibilités pour éviter les répétitions si le cas se représente : « d'après untel », « pour untel ».
- *Dataplay could face the same sort of limited adoption that Sony's MiniDisc faced for years in North America* : phrase complexe à travailler en profondeur afin que le rendu soit authentique. → « Dataplay pourrait bien être en butte au même succès limité qu'a connu le MiniDisc de Sony en Amérique du Nord pendant des années ».

- *I think it will probably remain a niche product for the time being* : report du déictique temporel en début de phrase. = « en l'état actuel des choses, je pense que le produit (*it* peut difficilement être rendu par « cela », et la reprise nominale du produit « Dataplay » serait rendondante) va probablement rester/se cantonner à un produit de niche (expression passée dans la langue). »
- *until it gets some kind of large catalog of music selection in place* : transposition → tant qu'il ne disposera pas d'un vaste catalogue de sélection musicale.
- *he said* : inutile de traduire puisque l'on a dit « selon Steve Koenig » et que les guillemets indiquent explicitement que c'est lui qui parle.

2. Relecture

> Selon Steve Koenig, analyste en chef chez NPDTechworld, un cabinet d'étude de marché situé à Port Washington, dans l'état de New York, Dataplay pourrait bien être en butte au même succès limité qu'a connu le MiniDisc de Sony en Amérique du Nord pendant des années. « En l'état actuel des choses, je pense que le produit va probablement rester/se cantonner à un produit de niche tant qu'il ne disposera pas d'un vaste catalogue de sélection musicale ».

3. Corrections mineures

On peut remplacer « situé » par « **basé** », rajouter un article sur le nom du produit « **le** DataPlay », « qu'a connu » peut se transformer en « **qu'a rencontré** », « pendant des années » peut se modifier en « **pendant de nombreuses années** », on garde le verbe « **rester un produit de niche** » car le verbe « se cantonner » impliquerait un complément verbal « se cantonner à rester », un peu lourd.

4. Relecture de la version corrigée

On relit la version corrigée, et on passe au segment suivant. À la fin, on relit la totalité du texte traduit pour vérifier la cohérence du tout, notamment au niveau du lexique employé, des temps (éviter les contradictions temporelles), et des redondances possibles. On cherche à élucider les derniers points qui ne semblent pas satisfaisants.

F. Exercice de version

Traduire en employant le procédé de traduction indiqué.

➲ Corrigé en fin d'ouvrage.

1. *He* ***tiptoed across the corridor****, then* ***hurried down*** *the stairs.* (chassé-croisé)
2. *After his failure, he drank himself to death.* (transposition)
3. *(on the radio)* ***That was*** *the National Orchestra, conducted by Alasdair Munro.* (étoffement)
4. *Fort Sumter is a sea fort* ***off*** *the coast of South Carolina.* (étoffement)
5. *My mother is amazing: after the accident, she remained* ***as cool as a cucumber****.* (équivalence)
6. *The gate* ***creaked open****.* (chassé-croisé)
7. *He* ***elbowed his way through*** *the crowd.* (chassé-croisé)
8. *Young girls fainted as the actor* ***drove by****.* (transposition)
9. *The lecturer was a woman in her* ***mid-forties****.* (transposition)
10. ***How rich*** *is he?* (transposition)
11. *The train* ***from*** *Aberdeen is late.* (étoffement)
12. *Let me* ***out****!* (étoffement)
13. *He showed me an article* ***on how to*** *build a violin* ***out of*** *garbage.* (étoffement)
14. *Then one day, years after* ***she'd left****, she turned up* ***out of the blue****.* (transposition/équivalence)
15. *You don't have to tell me now.* ***Sleep on it****, and let me know when you feel ready.* (équivalence)
16. *The children loved comic books,* ***toffees*** *and chocolates.* (adaptation)
17. ***Put yourself in her shoes****! It was very difficult for her to take the right decision.* (équivalence)
18. *She* ***sang her way to*** *the office.* (chassé-croisé)
19. *Her trousers were* ***soaked from the knees down****.* (modulation)
20. ***As he got older****, he* ***grew less*** *impatient.* (transposition/modulation)
21. *She was* ***rather plain****.* (modulation)
22. *The volcano* ***erupted*** *after years of* ***dormancy****.* (transposition)
23. *She cleared* ***her throat*** *and started singing.* (modulation)

24. *He left* ***with*** *a sigh.* (étoffement)

25. *He was expelled, and* ***rightly so****.* (étoffement)

26. *The firemen were called to* ***where*** *the accident had happened.* (étoffement)

27. *The old woman* ***merely nodded****.* (transposition).

28. *A woman in an* ***Edwardian dress*** (adaptation)

29. ***Have*** *another* ***drink****!* (modulation)

30. *She* ***looked up*** *as her daughter came into the room.* (modulation)

31. *The gunman* ***was reportedly*** *killed by the police.* (transposition)

32. *She stumbled and* ***almost fell****.* (transposition)

33. *He was a man* ***with*** *a soft voice and green, dreamy eyes.* (modulation)

34. *A customer came* ***for*** *a book she had ordered the previous week.* (étoffement)

35. ***Not surprisingly****, he* ***did not remember*** *to call me.* (modulation)

36. *He* ***boiled the kettle****, then took a book* ***from*** *the stack on the table.* (transposition/étoffement).

37. *She cried* ***herself to sleep****, but once asleep* ***she slept like a log****.* (transposition/équivalence)

38. *(Hercule Poirot is requested to investigate the disappearance of a dog). A Pekinese* **dog***! A* **Pekinese** *dog!* (étoffement pour traduire l'italique emphatique dans le texte original)

39. *She took the shortest way* ***to*** *the station* ***through*** *a maze of streets.* (étoffement)

40. *He* ***drove through sleeping*** *villages.* (chassé-croisé/modulation)

II. Méthodologie du thème littéraire et journalistique

A. Remarques générales et méthodologie

En traduction, la nature des textes proposés (textes littéraires ou textes de presse - ce qu'on appelle le *paratexte*) déroute les étudiants non anglicistes ou non spécialistes, peu habitués à ce type d'exercice. La richesse du lexique et les complexités grammaticales et morphosyntaxiques pouvant conduire à des contresens fâcheux et fort pénalisants.

En ce qui concerne le **thème journalistique**, une révision systématique du vocabulaire *économique, social et politique*, vous évitera de *sécher* sur des termes rudimentaires comme « projet de loi » (→ *bill*) ou « député de base » (→ *backbencher*). Dans le cas du **thème littéraire**, votre révision portera sur le vocabulaire dit *général et littéraire* dans des manuels de vocabulaire ; vous éviterez ainsi la méconnaissance de termes rudimentaires comme « mouchoir » (→ *handkerchief*), ou encore *coffre de voiture* (→ *boot* ou *trunk*). En effet, dans tous les concours post classes préparatoires (BCE-CCIP, ECRICOME, BCE-IENA, etc.) une bonne maîtrise du vocabulaire journalistique et littéraire est indispensable pour aborder l'exercice avec confiance. Même si les traductions qui vous sont proposées aux concours sont d'un format très court, vous devrez être rapide et efficace dans le choix des mots au moment de traduire. Cette véritable course contre la montre doit donc être préparée très sérieusement en respectant un certain nombre de consignes.

Pour progresser en traduction, il faut s'entraîner régulièrement sur des formats de concours mais aussi lire beaucoup dans les deux langues. En ce qui concerne le **thème journalistique** une lecture assidue de la presse économique française et anglo-saxonne - véritable *étude comparative* de la syntaxe et du lexique - doit se faire crayon en main. Il faudra noter et mettre à jour vos connaissances en établissant des fiches lexicales thématiques. (Catégories de mots regroupés par **thème** : *US Politics ; British Politics ; the EU and European issues ; Globalisation and Emerging Economies ; Education issues ; Social issues ; Environnemental Issues, etc.*). Le travail reste le même pour le **thème littéraire,** cette fois-ci à partir des épreuves d'annales et des extraits de textes d'auteurs proposés en cours d'année par votre professeur, vous établirez des fiches lexicales par thème : *Feelings and Emotions ; Thought and Intellect ; Action and Motion ; Body and Health ; Family ; Housing ; Food and Cooking, etc.* En vous entraînant sur les épreuves des années antérieures, vous vous rendrez vite compte que ce sont souvent les mêmes structures qui reviennent : *Elle haussa les épaules* ; *Il soupira* ; *Ils murmurèrent*, etc. Il est également conseillé de lire une œuvre ou deux (roman, nouvelles) d'auteurs contemporains (David Lodge, Raymond Carver, etc.), crayon en main et de compléter éventuellement vos fiches de vocabulaire.

Pour le thème grammatical dans les Banques BCE–IENA LV2 et ECRICOME LV2 (10 phrases), les mêmes phrases reviennent très souvent, avec les mêmes difficultés grammaticales ou lexicales d'une année sur l'autre : « Cela faisait quinze ans qu'on n'avait pas vu de telles inondations... » (BCE-IENA 2011) ; « Cela faisait un certain temps que les députés lui reprochaient sa politique fiscale injuste » (BCE-IENA 2012) ; « Cela fait des années que les gouvernements européens s'attaquent à la montée du chômage » (ECRICOME 2012). Même en LV2, le vocabulaire peut s'avérer relativement complexe : « le pouvoir d'achat des ménages » (BCE-IENA 2012).

Quelques conseils s'imposent avant de vous lancer dans la traduction des thèmes

- Vous devrez prioritairement **lire très attentivement tout le passage** pour essayer d'en saisir le sens et la logique. Il va sans dire qu'un texte mal compris - même en français - peut donner lieu à des contre-sens graves. Sachez cependant qu'en traduction, les ignorances lexicales sur des termes difficiles ou techniques (programmes de sauvetage → *bailout plans* ; obstruction parlementaire → *filibustering*) sont toujours moins lourdement pénalisées qu'une omission ou qu'une incohérence liée à la **syntaxe** et aux **temps grammaticaux** (choix entre le *Present Perfect* et le *Past*). Dans le cas d'un thème de presse (ECRICOME LV1), le titre de l'article - inclus dans votre traduction - est bien évidemment essentiel, car il synthétise le contenu du passage à traduire :

  > Le débat sur l'appartenance à l'UE refait surface en Grande-Bretagne. (ECRICOME LV1, 2012).

  Dans le cas des thèmes littéraires, puisqu'il s'agit d'un court passage et que l'histoire racontée n'est pas toujours facile à saisir, il faut redoubler d'attention. Voici le début du texte de l'épreuve de thème littéraire de la BCE-CCIP 2012 en LV1 :

  > Me voici à Paris depuis onze jours déjà ! J'avoue ne pas encore y avoir été heureuse. Je n'ai aucune joie. Aucune. J'ai appris l'autre jour la mort de Jock. Je ne peux dire combien, cela m'a fait de la peine.

- N'hésitez pas à essayer de **visualiser** clairement les scènes ou les situations, à identifier précisément les personnages et leur rôle respectif - *Qui fait quoi ? Où et à quel moment ?* L'extrait peut faire alterner des passages **diégétiques** (la narration, l'histoire contée par le narrateur) et **mimétiques** (dialogues entre des personnages, c'est-à-dire des paroles rapportées au discours direct) - et qu'il faudra traduire en respectant à la fois *le registre de langue* (style littéraire soutenu, prose familière, voire vulgaire) et le ton - ironique, comique ou tragique, etc. Dans tous les cas, un texte mal compris, même en français - *a priori* la langue maternelle de l'étudiant-traducteur - est un texte mal traduit dans lequel les contre sens graves risquent de s'accumuler et conduire à une note très faible.

- En aucun cas vous ne proposerez plusieurs variantes possibles de votre traduction sur la copie d'examen - il vous appartient de choisir la solution qui vous semble la plus juste sans imaginer pouvoir laisser ce choix au correcteur !

- On l'a dit, les omissions sont à bannir ; ayez toujours le réflexe de traduire un mot inconnu par **l'hypéronyme** - c'est-à-dire, en proposant soit un terme *générique*, soit une *périphrase*. Par exemple, l'ignorance de **l'hyponyme** « allocation » (→ *allowance*) traduit *in fine* par **l'hypéronyme** *help* ou encore **l'hyponyme** « aubépine » (→ *hawthorn*) traduit *in fine* par *flower* est un réflexe de prudence et préférable à un *blanc* sur votre copie, lequel correspondra à une pénalité lourde dans le système des points-fautes établi par le jury. Si traduire **l'hyponyme** « Produit national brut » (→ *Gross National Product*) vous semble insurmontable, optez alors pour une formulation, sinon techniquement juste, du moins approchante sémantiquement (*national wealth*). Enfin, si traduire le mot « perron » (concours BCE-CCIP LV1, 2011) vous semble également insurmontable, optez alors pour un terme simple (→ *the steps, the front steps*).

- **La plus grande authenticité** de la langue traduite - la langue cible étant l'anglais dans le cas du thème - demeure une nécessité absolue ainsi que la correction grammaticale minimale, c'est-à-dire la maîtrise des bases de l'anglais. Les fautes les plus grossières - trop souvent dues à l'inattention - seront toujours lourdement pénalisées [Verbes irréguliers ; oubli du *-s* à la 3e personne du présent simple ; les pluriels irréguliers (*foot > feet*) ; les collectifs (*fish, cattle, police, etc.*) ; les noms indénombrables - qui ne se limitent pas à *information, advice* ou *produce* - certains ayant une orthographe traître : *news* (indénombrable, donc singulier)...]. Sachez que les temps grammaticaux (*Tenses*) et les formes verbales simples ou composées (avec *Have, Be + V-ing,* un modal) doivent être maîtrisés. Comment traduisez-vous un Passé composé en anglais ? Le prétérit (*Past*) sera-t-il traduit par un imparfait, un passé composé ou encore par un plus que parfait ? Comment employer le *Present Perfect* et le *Past Perfect* avec *Be + V-ing* ? Comment exprimer la futurité en anglais ? Par un présent dit simple ou en *Be + V-ing* ? Un *shall* et un *will* feraient-ils l'affaire ? Qu'avez-vous retenu de la modalité et de l'emploi des modaux ?

Le passé composé

Il peut correspondre soit à un Prétérit (*Past*) soit à un *Present Perfect*. Lorsqu'il s'agit d'un récit, le passé composé remplace souvent le passé simple dont l'emploi est aujourd'hui réservé à la prose littéraire. Ce passé composé narratif sera donc traduit par un *Past* - temps privilégié de la narration en anglais :

Il a été tué en Italie, dans la région de Cassino, je crois (BCE-CCIP LV1, 2012)
→ *He was killed in Italy, in the Cassino region, I think.*

Les députés britanniques ont rejeté, lundi soir 24 octobre, un amendement proposant un référendum sur le maintien de la Grande-Bretagne dans l'UE (ECRICOME LV1, 2012).
→ *On the evening of Monday 24th October, MPs rejected an amendment calling for a referendum on Britain remaining in the E.U.*

Naturellement les circonstants de temps (hier, la semaine dernière, il y a vingt ans, etc.) ou une date précise, sont là pour indiquer une rupture avec le moment d'énonciation (le présent). Ils demeurent des marqueurs fondamentaux qui conduiront au déclenchement du *Past*. C'est uniquement lorsqu'il exprime un *bilan présent* (= un relevé des faits passés au moment présent) que le passé composé se traduira par un *Present Perfect* (*Have + V-en*) :

La crise qui frappe l'Europe **a ravivé** un débat déjà ancien en Grande-Bretagne, entre europhiles et eurosceptiques. (ECRICOME LV1, 2012).
→ *The crisis affecting Europe* ***has rekindled*** *an already long-running debate in Britain between Europhiles and Eurosceptics.*

Je crois que le PDG a enfin signé le contrat ! Tu es au courant ?
→ *I think the CEO has signed the contract at last! Have you heard about it?*

Notez que dans ce cas, le passé simple et le passé composé ne sont absolument pas interchangeables : Je crois que le PDG *signa enfin le contrat ! T'es au courant ? (*Énoncé non recevable).

L'imparfait

Pour traduire l'imparfait, vous éviterez d'employer systématiquement *Be + V-ing* au passé. Sachez que *was/were + V-ing* se déclenche lorsqu'il s'agit pour l'énonciateur (celui qui parle ou écrit) de filtrer son discours, c'est-à-dire de porter un jugement, d'apporter un éclairage personnel à son discours. La simple narration des faits (au prétérit simple) est dépassée pour laisser place au commentaire, à la justification du propos. Naturellement, c'est tout le contexte qu'il faut prendre en considération et des marqueurs de subjectivité se trouvent souvent dans l'énoncé :

Le PDG a expliqué qu'il quittait l'entreprise pour de bon parce que cela faisait des années qu'il n'avait pas reçu d'augmentation de salaire.
→ *The CEO explained that he was leaving the firm for good because he had been having no pay rise for years.*

L'orthographe

L'orthographe des mots usuels et moins usuels concerne aussi l'écriture (et la lecture au moment de l'oral) **des dates**, **des chiffres**, **des pourcentages**, etc. Les dizaines et les unités ajoutées à *hundred*, à *thousand* et à *million* sont toujours précédées de *and* (sauf en anglais américain) : 7 553 202 livres sterling → *£7,553,202* → *Seven million five* *hundred **and** fifty-three thousand two hundred **and** two pounds*. N'oubliez pas le **trait d'union** entre les **dizaines** et les **unités** uniquement. Le symbole de l'unité monétaire (€, $, ¥, etc.) se place devant le nombre et sans espacement : *$250,000*.

La ponctuation

La ponctuation, dans le registre journalistique, concerne surtout l'écriture des **milliers** qui comportent une **virgule** : 3 000 manifestants sont descendus dans les rues. → *3,000 protesters took to the streets*. Là où le français laisse un blanc pour séparer **les milliers des centaines**, l'anglais insère une virgule : 75 950 → *75,950*.

L'anglais omet l'espacement dans les pourcentages et les degrés de température : 3,5 % → *3.5%* ; 35,5 °C → *35.5°C*.

> Le nombre de pauvres vivant en banlieue a fait un bond de 37,4 % pour atteindre le chiffre de 13,7 millions de personnes.
> → *The number of poor people in the suburbs has jumped by 37.4 % to 13.7m*

D'une manière générale – qu'il s'agisse d'un thème de presse ou d'un thème littéraire, *la virgule* s'emploiera moins fréquemment en anglais qu'en français :

> En juin dernier, le président a refusé le plan de paix.
> → *Last June the president turned down the new peace plan.*

Absence de virgule en anglais après le circonstant de temps *last June*, alors qu'on aura une virgule en français, dans la plupart des cas.

Dans les cas où le français opte pour **la juxtaposition** (= absence de coordination), l'anglais préfère souvent tout à la **fois *juxtaposer et coordonner, ou coordonner (and)*** :

> Elle rit, leva la tête et le regarda.
> → *She laughed **and** raised her head **and** looked at him.*
> Les filles de cuisine et les commis allumaient les feux, faisaient chauffer l'eau et préparaient le porridge.
> → *Scullury maids and apprentice boys lit fires **and** heated water **and** made porridge.*

Ou encore plus nettement **intégrer** les éléments de la phrase en rétablissant **l'ordre canonique** de la phrase anglaise, c'est-à-dire, respecter l'ordre **sujet – verbe – objet** :

> Malade depuis plusieurs mois, il mourut à l'âge de soixante-huit ans.
> → *He had been ill for several months **and** died aged* 68.

Les adjectifs et la virgule

Dans le cas où plusieurs adjectifs en fonction attribut se complètent – sont sur le même plan – on pourra relier le dernier avec *and*, même si la virgule reste possible. Les successions d'adjectifs qualificatifs devront être traduits avec soin :

> C'est un bel homme, grand, jeune, en pleine santé
> → *He is a handsome, healthy, tall young man/He is a handsome, healthy and tall young man.*

Les points de suspension

Les points de suspension (marque d'hésitation, discours inachevé) sont assez peu employés en anglais. Néanmoins, ils sont maintenus dans la traduction en anglais lorsqu'il s'agit d'un texte littéraire et surtout d'un style propre à un auteur :

> – J'ai commencé trop tôt, dis-je, la fatigue… (Marguerite Duras, *Le Marin de Gibraltar*)
> → *"I started too soon," I said. "Well, you know you get tired…"*
>
> – Vous êtes… vous êtes inconscient tout simplement. (Irène Némirovski, *Suite française*)
> → *"It is just… thoughtless of you."*

Les deux-points

Les deux-points (*colon*) sont plutôt remplacés par **le tiret** (***dash***). Ils ne s'utilisent pas en anglais – contrairement au français – lorsqu'il s'agit de relier deux idées ou d'exprimer un lien de causalité. Utilisez alors, une conjonction de subordination (*that*, *which*, *because*, as, etc.) ou un tiret :

> Ce modèle présente un autre avantage : il peut être facilement et rapidement copié à moindre coût grâce à la mobilisation des enseignants bénévoles
> → *Another advantage of this model is that it can easily, quickly and cheaply be replicated by the use of volunteer teachers.* (Le Monde, novembre 2012)

Mais les deux-points peuvent être maintenus (ou remplacés par un tiret) s'ils annoncent une énumération ou ont le sens de *c'est-à-dire* :

> Le nouveau programme comporte trois axes : évacuation, démolition, reconstruction.
> → *The new plan consists of three points: evacuation, demolition and reconstruction.*

Les points de suspension

Il est préférable de remplacer les points de suspension par un simple point ou par un tiret ou encore en reliant les mots :

> Personne ne serait aussi efficace… ou du moins aussi utile que lui… C'est mon avis…
> → *No one would be as efficient – or at least as useful as he is. This is my point of view.*
>
> Croître… pour un progrès partagé. (Le Monde, octobre 2012)
> → *Growth for shared progress.*

La typographie

Dans le respect de la **typographie française**, en thème, les *inverted commas* que les Américains appellent aussi *quotes*, remplaceront donc les guillemets chevrons et les tirets. Observez ces exemples :

« Ses parents lui ont peut-être demandé de promener des invités de la dernière heure, dit Bertille sans me quitter des yeux.
– Il serait venu s'excuser **»**, **dit Salomé**. (BCE-CCIP 2011)
"Maybe his parents have asked him to take some last-minute guests for a walk," said Bertille, looking at me all the time / without taking her eyes off me.
"He would have come to apologise," ***Salomé said****.*

« Voulez-vous que je parte à pied ?
– Retournez immédiatement au garage, vous ne voulez jamais m'écouter.
– Ne soyez pas avare, promettez-leur ce qu'ils voudront, la voiture sera réparée. »
(*Suite française*, Irène Némirovski)
"Do you want me to leave on foot?"
"Will you never listen to me? Go back to the garage at once."
"No matter how much money they want, give it to them and the car will be repaired."

En français comme en anglais, il convient de distinguer **les guillemets de premier et de second niveau. Les guillemets français en forme de chevrons** étaient auparavant seuls utilisés, même pour un discours inclus dans un premier discours rapporté. Il est d'usage d'employer les **guillemets anglais doubles** pour cette **citation de second niveau** :

« Comme Paul me disait "Va-t'en", je suis resté », déclarait Pierre.

L'anglais utilisera indifféremment les ***inverted commas*** **simples ('... ') ou doubles ("...")** pour les deux niveaux de discours. Notez bien la place des signes de ponctuation qui se trouveront, en anglais, **à l'intérieur des guillemets simples (') ou doubles (")** :

– Ne t'inquiète pas, chérie, dis-je. Tu n'as rien fait de mal !
"Don't worry, sweetheart," I said. "You haven't done anything wrong!"

Dans **le discours direct**, la virgule remplace les deux-points le plus souvent :

Elle lui dit : « Laisse-moi partir ».
She said to him, "Let me go."

Le président Obama a déclaré : « Je me refuse à signer ».
President Obama declared, "I will not sign."

B. Techniques de traduction

D'une manière générale, par rapport à la phrase française, la phrase anglaise suit beaucoup plus strictement ***l'ordre dit canonique*** **: Sujet** (Il est mentionné plus tôt dans la phrase ; l'inversion sujet/verbe étant plus rare en anglais qu'en français[1]) **+ Verbe + Complément d'objet direct + Complément d'objet indirect + Compléments circonstanciels** (parfois devant le sujet). En traduisant vers l'anglais, il faudra donc être vigilant pour éviter de **calquer** la syntaxe française au moment de traduire. Notez les changements syntaxiques :

> La nouvelle proposition, le conseil d'administration accepta de la signer avec soulagement.
> → *The management board agreed to sign the new proposal with a sign of relief.*
>
> Les investissements, dans l'entreprise, dépassent les trois millions d'euros.
> → *In the company investment exceeded 3 million euros.*
>
> L'expert-comptable vous dira, plus tard, quels sont les résultats financiers de notre entreprise.
> → *The chartered-accountant will tell you later what the financial results are/what the financial performance is.*
>
> L'argent, dans leur famille, dépassait l'entendement.
> → *In the family money exceeded/was beyond human understanding.*
>
> Je te dirai, plus tard, quand je le déciderai, toute la vérité.
> → *I will tell you the whole truth later when I decide.*

On l'a dit, contrairement au français, **le sujet** est mentionné plus tôt dans la phrase anglaise :

> Sa nouvelle proposition, il l'accepta avec soulagement.
> → *He accepted his new proposal with relief.*

En français, dans un énoncé assertif (= affirmatif) comportant **un sujet et un verbe** (sans complément), ces derniers ne peuvent être inversés dans la traduction anglaise :

> Suivirent deux mois de révolte et de violence.
> → *Two months of revolt and violence followed*

De même, certains cas d'inversion, possibles en français, ne le sont pas en anglais après **certains adverbes placés en début d'énoncé** (*perhaps*, *maybe*, *no doubt*, *probably*, *so*, *thus*, *therefore*, *consequently*, *at least*, etc.) :

> Au moins acceptera-t-il de lui parler.
> → *At least he will agree to talk to her.*

1. L'ordre auxiliaire/sujet peut varier également dans le cas de certains adverbes :
Peut-être devrait-il.../ *Perhaps he should...* (Pas d'inversion en anglais) ;
À peine avait-il été réélu... que.../ *Hardly had he been reelected... when...* (Inversion dans les deux langues).

Dans le cas du **discours rapporté** (= **discours indirect**), il est préférable de maintenir l'ordre sujet + verbe. Observez néanmoins les alternances possibles dans les exemples qui suivent :

> – Je suis venu parce que vous me l'avez demandé, dit le directeur commercial.
> → *"I came because you asked me," said the Sales manager.*
>
> (Verbe + sujet : Cas d'inversion fréquent dans le cas du verbe *say*, surtout en anglais américain)
>
> – Cela n'est absolument pas excusable, dit le patron d'un ton vif.
> → *"No excuse for it,"* ***the boss said*** *crisply.*
>
> (**Sujet + verbe : Ordre canonique**)

Afin de préserver l'agencement de la phrase anglaise, **l'antéposition** (= **apposition placée devant le sujet en français**) est souvent remplacée par une **proposition relative en anglais** :

> Érigée en 1934, notre maison de campagne à toit de chaume et colombage a été détruite par l'orage.
> → *Our thatched, half-timbered cottage, which was built in 1934, was destroyed by the storm.*

L'apposition en français peut aussi être évitée en anglais en liant les phrases (avec un cordonnant et/ou un subordonnant) :

> Il la regarda, les yeux pleins d'effroi.
> → *He looked at her* ***with*** *fear in his eyes*

Un verbe en anglais est préférable à un nom ou une structure nominale en français (procédé de traduction dit de « transposition ») :

> Quels que soient les propos (nom) du Tea Party, notre avenir n'est pas hypothéqué. C'est notre présent qui est en danger. (nom)
> → *Whatever the Tea Party says* (verbe), *we haven't mortgaged* (verbe) *our future* (nom). *We've endangered* (verbe) *our present.*

La dernière étape tout aussi essentielle que la première lecture du passage à traduire : **la relecture**. Il est en effet impératif de relire votre traduction plusieurs fois pour éliminer les inévitables scories de toutes sortes (orthographe, verbes irréguliers, temps grammaticaux, pluriels, etc.)

III. Méthodologie des questions portant sur le texte écrit : questions de compréhension sur le texte et phrases à expliquer

A. Question de comprehension – Banques IENA (LV2 uniquement) et ELVi (LV1 et LV2)

Nous allons consacrer cette partie aux épreuves d'expressions écrites des épreuves IENA LV1 et LV2 ainsi qu'à l'épreuve ELVi. Pour l'épreuve de la banque IENA, notre attention se portera uniquement sur l'épreuve consistant à répondre à la question de compréhension pour les candidats de LV2 et pour les explications de phrases pour les candidats LV1. Vous trouverez les conseils méthodologiques portant sur l'essai dans une autre section de cet ouvrage. Quant à l'épreuve ELVi pour les candidats de LV1 comme pour ceux de LV2 à laquelle nous consacrerons cette partie, elle se présente comme l'épreuve LV2 de la banque IENA ; il s'agit d'une question de compréhension portant sur l'ensemble de l'article ; ici également, vous trouverez des conseils portant sur l'essai, dans une autre section.

1. IENA LV2

→ Question de compréhension en 150 mots. (+ ou – 10% ; sur 20 points)

2012: According to the journalist, what is controversial about the way people gain work experience today?

2011: What recent experiment has been carried out in England to deal with homelessness?

2010: What advice is given to US students and why?

2009: How is the development of information technology changing the nature of intellectual property?

Comme on peut le constater à la lumières de questions posées au cours des quatre dernières années, les textes ont toujours trait à des sujets d'actualité qui ont évidemment un rapport direct avec les thèmes abordés aux cours des deux années de classe préparatoire et touchant aux faits de société majeurs du monde anglo-saxon. Autrement dit, plus le travail aura été régulier et approfondi, plus la lecture et la synthèse en seront facilitées. Un entraînement régulier est tout aussi indispensable afin d'être en mesure de répondre aux critères d'évaluation, en particulier respecter le nombre de mots imposés, entre 135 et 165. Ce n'est pas tant la compréhension que la capacité à relever et synthétiser les informations pertinentes qui peut être source de difficulté. Nous ne nous attarderons pas sur le fait que vous disposer de 3 heures pour 4 exercices...

Il va également de soi qu'il s'agit d'un exercice en langue étrangère et qu'à ce titre, vos connaissances lexicales ainsi que votre maîtrise des notions grammaticales contribueront à valoriser votre expression.

Les questions portent sur la compréhension globale d'un document proposé comportant environ 400 mots et tiré de la presse au cours de l'année. Il s'agit en quelque sorte d'une synthèse écrite « guidée » telle qu'elle peut être livrée lors de l'épreuve orale de langue étrangère à la différence qu'ici, on vous met sur la voie ; on vous demande alors de retrouver dans le seul document tous les éléments qui vont contribuer à répondre à la question, à la lumière de votre culture générale. La question est en général, une question plutôt ouverte et la réponse ne doit pas être un résumé mais bien une synthèse, une remise en forme concise et organisée des idées fondamentales du document. Il est peut être souhaitable de lire la question qui vous est soumise avant de commencer la lecture. En effet, cette question une fois en tête, vous permettra, dès la première lecture, d'effectuer un premier repérage des idées-clés.

Voici, à titre d'exemple, le **document de l'épreuve de 2012** :

No such thing as a free lunch?

Internships are now embedded in the culture of working life and most young people are desperate to collect them, as they feel they will be unemployable if they can't show they have done a string of unpaid or underpaid jobs by the time they leave education. Perhaps because the concept of the intern is a recent US import, it remains poorly defined. Some sectors, such as banking, provide well-structured, properly paid internship schemes. High-demand, glamour industries such as the music business and fashion have become **notorious**. For instance, Miloco, which runs a chain of recording studios, was lambasted earlier this year for advertising for people to do unpaid work experience. Duties would include making "tea, tea, tea" and "cleaning up kitchens; emptying dishwashers; checking toilets have handwash, toilet rolls and clean towels; wiping down surfaces, windows, etc."

To illustrate how tough the job would be, an intern was photographed cleaning a gutter on the studio's roof. Miloco has since reviewed its policy on work experience and young people who take up the "jobs" now do so as "volunteers". The studio argues that the original advertisement was designed to **be unappealing to all** but the most committed candidates—and it has a point: the jobs market is so tough that young people are prepared to do almost anything to get a job.

With one in five under-25s out of work, the situation is unlikely to improve in the near future unless minimum wage legislation is enforced. [...] We now find ourselves in a situation where certain industries are **closed to all but** the most privileged: those who can afford to work for free for a substantial period of time, ideally with free accommodation at their parents'home in a major urban centre.

It is possible to unblock this impasse. [...] Paying people a fair day's pay for a fair day's work is a start. An independent evaluation of our scheme, which used the Future Jobs Fund to put more than 800 people into paid work placements for six months, showed that 60% came from black and ethnic minority backgrounds. Nearly 90% of people on the scheme said they could not have taken up the opportunity without being paid. As a result, 70% have gone on to find full-time work or gone back into education. This is not just about social justice. We have to ask ourselves if it is healthy for some of our most high-profile industries to be recruiting from such a shallow talent pool.

Sujet IENA, LV2, 2012 : Martin Bright – *The Observer*, Sunday 9 October 2011

La question était libellée ainsi : *"According to the journalist, what is controversial about the way people gain work experience today?"*

Il faut à présent s'intéresser de près aux termes de cette question ; on s'aperçoit qu'il est précisé *"According to the journalist"*, qui indique que seul le texte doit être pris en compte. L'adjectif *"controversial"*, ensuite nous invite à dégager dans le texte deux positions contradictoires, à mettre en avant dans notre réponse, dans le traitement réservé aux stagiaires, *"work experience"*, de nos jours.

Le vocabulaire du document doit enfin être soigneusement élucidé afin de ne pas négliger un terme important ou pire de tomber dans le contre-sens : *"notorious"*, par exemple, est un faux-ami ! Un peu plus loin dans l'article, on peut lire *"be unappealing to all but"* puis *"closed to all but"* ; la méconnaissance de cette tournure syntaxique, qui revient à deux reprises, aurait des conséquences désastreuses sur la compréhension de ces segments essentiels.

Il reste désormais à nous plonger dans le texte afin d'y relever les éléments de réponses à mettre en forme et à ordonner au moment de la rédaction sans tomber dans la paraphrase. Les exemples n'ont pas lieu de figurer dans la réponse. Ils ne constituent qu'une illustration à n'exploiter qu'au besoin. Quelles idées directrices émanent de cet article ?

a. La situation telle qu'on la décrit dans l'article (les faits) :

1. On a encore du mal à bien définir la notion de stage (*remains poorly defined*),
2. Ces stages font partie intégrante de la formation des étudiants d'aujourd'hui (*Internships are now embedded in the culture of working life)*

3. Les étudiants sont persuadés que sans une telle expérience leur avenir professionnel à peu de chances d'être couronné de succès (*young people feel they will be unemployable*).
4. De plus, la situation économique peu favorable pousse les jeunes à saisir toutes les opportunités (*the jobs market is so tough that young people are prepared to do almost anything to get a job).*

b. Quelle est la problématique soulevée par l'article (*controversial*) ? :

A. Il existe des différences notoires selon les secteurs d'activités ; certains offrent des conditions d'accueil et de salaire satisfaisantes (*Some sectors, provide well-structured, properly paid internship schemes)*

B. Alors que d'autres (*notorious),* plus recherchés par les étudiants (*High-demand, glamour industries),* ne mettent pas tout en œuvre pour que cette expérience profite aux stagiaires ou bien ne versent aucun salaire (*unpaid work experience).*

C. Même si certains travers ont été dénoncés (*lambasted)* et partiellement corrigés (*reviewed its policy),* il ressort que bon nombre de stages, parmi les plus valorisants mais non rémunérés demeurent inaccessibles (*Certain industries are closed to all but the most privileged*), en particulier pour ceux issus des minorités.

D. Cela pénalise l'économie du pays dans son ensemble (*ask ourselves if it is healthy for some of our most high-profile industries to be recruiting from such a shallow talent pool)*

E. Finalement, la seule solution préconisée par le journaliste est d'avoir recours à la législation (*legislation is enforced).*

C. Proposition de réponse

Dans la proposition de réponse ci-dessous, les lettres et chiffres correspondent aux idées relevées à travers le document et listées.

In today's highly competitive work market (4), learning a job through work placement has become of major importance in the eyes of college students before graduating (2). Since internship is not clearly defined from a legal viewpoint (1), unfair treatment of students has been denounced (C), not in all sectors though (A). Not only are they deprived of a genuine work experience, spending days on end working on worthless or even degrading tasks but they are also denied a decent salary (B). All this seems to result in a form of discrimination, only enabling better-off students from wealthy backgrounds to accept training periods without expecting any form of financial compensation or accommodation facilities (C). A study shows that besides preventing social mobility, this unfair system makes things worse for the country as a whole by barring real talent from emerging (D). Not until strong law is implemented, will this situation improve (E). (143 mots)

2. ELVi (ex-CCIP/R)

→ **Question de compréhension demandant une réponse en 250 mots pour la LV1, en 200 mots pour la LV2**

Cette épreuve est de même nature que celle proposée par la banque IENA pour les candidats de LV2, à la différence que le texte est sensiblement plus long : autour de 900 mots en LV1, autour de 700 mots en LV2. Nous ne reprendrons pas les différentes remarques déjà formulées plus haut et nous ajouterons simplement une synthèse des conseils des membres du jury que vous trouverez quelques lignes plus bas à la suite du document de l'épreuve 2017.

Voici l'**épreuve CCIP-LV1 de 2012** :

Shame was the first response of many people in Britain to the riots that started in the Tottenham neighbourhood of London on August 6th and spread to Manchester, Birmingham and many other cities. Alongside the shame, there was a jolting bafflement. The law-abiding majority suddenly saw that some of their compatriots were happy to torch cars and buildings, loot shops, and attack firemen and ambulance crews. [...]

The world watched London in fascinated amazement. Other nations tend to regard Britain as enviably orderly and law-abiding, at least compared with many of its more excitable continental neighbours. That peaceable image is only partly justified: contagious rioting has broken out before, typically during the summer, including in the 1980s, when Tottenham and some of the other flashpoint areas this week last erupted. This time, however, the complexion of the trouble is different from those earlier flare-ups. In its sheer mindlessness, it was, in a way, even more depressing.

This week's multiplying riots had some common features-looting, arson, attacks on the police-but they spanned different places, races, ages and sexes. Race was net the defining issue, as it was in many of the disturbances of the 1980s. One of the first to appear in court for looting was a 31-year-old teaching assistant: hardly an identikit hooligan. That left politicians free to project their own rationales on the carnage.

For some on the left, the real villain was the government's public-spending cuts. This view is given superficial support by the fact that the 1980s outbreaks happened during the "Thatcher cuts". But it is still a lazy fantasy. It might be comforting to think of the riots as an extension of a familiar debate-and to argue that the underlying ills can be easily remedied with a little more state largesse-but there is little reason to do so. Unlike the riots in Britain in the 1980s, Los Angeles in 1992 or France in 2005, these were net overtly political or racial. And since the cuts have barely bitten yet, that explanation doesn't wash.

But the right's knee jerk response-that this is criminality, pure and simple, and that to seek a deeper explanation is to excuse the culprits-is also wrong. There is clearly a cadre of young people in Britain who feel they have little or no stake in the country's future or their own. The barriers that prevent most youngsters from running amok-an inherent sense of right and wrong; concern for their job and education prospects; shame-seem not to exist in the minds of the rioters. Britain needs to try to understand why that is so.

It is unlikely that the closure of, say, a local youth club has caused that alienation. Perhaps it has something to do with the changing nature of the economy and consequent shortage of low-skilled jobs, or the long crumbling of family structures and discipline. Technology, too, may have had a role, for BlackBerrys were widely used to summon mobs. [...]

If technology is a major factor, perhaps such scenes will be replicated in other countries. On the other hand, a peculiarly British set of conditions may be at work. Near-American levels of inequality may have combined with laxer European attitudes to criminal justice to create an incendiary mix of rage and boldness. Whatever the reasons, a moral malaise has gripped a minority of young Britons, a subgroup that is nevertheless big enough to terrorise and humiliate the country.

David Cameron, the prime minister, recalled Parliament to discuss the crisis, declaring that pockets of Britain were "frankly sick". Politicians will no doubt come up with all manner of responses over the weeks to come. Job-creation and welfare schemes will surely play a part in the debate. But the immediate focus was on policing, and why. especially on the first few nights of trouble and particularly in London, the police seemed unable to cope.

The spark far the initial incident in Tottenham was a fatal shooting by police officers; some hooligans cited resentment of the police as a motive. But as the violence spiralled and spread, the main criticism levelled at them-particularly London's Metropolitan Police-was that they were too soft. That criticism was partly justified. The Met was caught out by the scale of the unrest and unable to respond quickly enough. [...]

With suitable reinforcements and better tactics, they and other forces performed better on subsequent nights. Nevertheless, there were widespread calls for much more draconian measures. [...] The imposition of curfews and the deployment of the army were discussed but thankfully not implemented.

Thankfully, because that sort of response would make Britain a different place from the open, liberal country most of its citizens want it to be. Yet one message of this week's events is that the reality of modem Britain doesn't quite live up to that hope. [...] The cracks in British society—economic and moral-have opened up, and they are deeper than they seemed.

The riots have been bad for Britain's already stuttering economy. They have been ruinous for the people whose homes and businesses have been damaged and destroyed. They have tarnished Britain's image around the world. But most of all, they have been desperately disorienting for the country's own sense of itself.

Sujet CCIP, LV1, 2012 : *The Economist*, August 13th 2011

La question était libellée ainsi : "*What reasons are given in the text to account for the violence that broke out in Britain in August 2011?* ***Answer the question in your own words***"

Voici à présent deux propositions de réponse :

Proposition 1

The August 2011 riots in Britain's streets caught everyone off guard, leaving politicians scrambling[1] to explain how such uncharacteristic unrest could come about in peaceful, stoic Albion.

Predictably, left wing politicians have blamed poverty, claiming that the economic hardship brought about by austerity measures drove hapless[2] youths to protest their plight[3] through violence. While budget cuts have hardly had time to pinch[4] yet, and it is folly to think that a little more public spending on entitlement and training would address the deeper problem, recent economic shifts have no doubt played a role. Jobs requiring little qualification have dried up and income inequality has skyrocketed, fueling[5] a sense of hopelessness among working class youth.

And while technology may have helped mobsters[6] organize, the right has been quick to denounce rampant[7] moral depravity and call for a general crackdown[8]. Such reactionary rhetoric is wrongheaded[9], yet it is true that law enforcement was found sorely wanting[10] in this case. And the sheer pointlessness of the rampage[11] does suggest a wider breakdown in the moral fiber of society.

The truth of the causes behind the mayhem[12] likely lie somewhere in the middle, and may in fact be endemic to Britain. A widening wealth gap has fostered[13] class anger and resentment as in America. But Europe has a more lenient approach to crime and punishment, a fact that may have emboldened[14] rioting youths. In the end, a severe lack of both economic prospects and moral structure seems to be at the root of Britain's youth problem. (252 words)

Vocabulary

1. ***to scramble*** **:** batailler (fig.)
2. ***hapless*** **:** malheureux
3. ***plight*** **:** sort (difficultés)
4. ***to pinch*** **:** se faire ressentir
5. ***to fuel*** **:** alimenter (fig.), provoquer
6. ***mobsters*** **:** la foule déchainée
7. ***rampant*** **:** à l'œuvre, qui sévit
8. ***crackdown*** **:** mettre un terme à, réprimer
9. ***wrongheaded*** **:** fait erreur
10. ***wanting*** **:** faire cruellement défaut
11. ***rampage*** **:** saccages
12. ***mayhem*** **:** désordre, pagaille
13. ***to foster*** **:** engendrer, susciter
14. ***bold*:** courage
    ***to embolden*:** donner le courage de

Proposition 2

The riots in Britain last summer gave rise to many questions among which: what may have caused such violence for so many days. The answer is still missing and the document seeks to shed some light on this issue.

Right from the outset, comparing the recent riots in the UK with other previous ones in the USA or in France, the journalist refuses to put them down[1] to some form of demonstration against racism spiralling out of control[2] while admitting that the behaviour of the police might be partly blamed[3] for starting these riots and paradoxically enough also for not being tough enough to stop them. On the other hand, he alludes to a similarity in the way Europe has followed in the footsteps of the US as regards the leniency[4] of criminal justice not cracking down[5] on crime.

What he rather focuses on is the blatant[6] lack of sense of moral values among those taking part in the looting and the violence. Even though the left and the right wing are still at odds[7] to come up with[8] a suitable[9] explanation, the economic and social context cannot but have driven the mob, mostly young Britons, to their wit's end[10]. Young Britons have had to face growing social inequality and an ailing[11] economy resulting in a loss of faith in a British model in which even families have lost their bearings[12] and sway[13]. Without a promising future, British youth seems to be drifting away[14] and resorted[15] to violence so that politicians heed[16] their call for more job opportunities and a fairer society. (260 words)

Vocabulary

1. ***to put something down*** : expliquer
2. ***to spiral out of control*** : échapper au contrôle
3. ***to be blamed for*** : être responsable (fautif)
4. ***leniency*** : indulgence
5. ***to crack down*** : réprimer
6. ***blatant*** : criant, qui saute aux yeux
7. ***at odds*** : ne sont pas d'accord
8. ***to come up with*** : parvenir à (trouver)
9. ***suitable*** : approprié
10. ***to drive to one's wit's end*** : pousser à bout, faire craquer
11. ***ailing*** : en berne (fig.), qui souffre
12. ***to lose one's bearings*** : perdre ses repères
13. ***sway*** : influence
14. ***to be drifting*** : partir à la dérive
15. ***to resort to*** : avoir recours à
16. ***to heed*** : tenir compte

Voici l'épreuve ELVi LV1 de 2017 :

Hillary Clinton won the popular vote by more than two million, and she would probably be president-elect if the director of the F.B.I. hadn't laid such a heavy thumb on the scales, just days before the election. But it shouldn't even have been close; what put Donald Trump in striking distance was overwhelming support from whites without college degrees. So, what can Democrats do to win back at least some of those voters?

Recently Bernie Sanders offered an answer: Democrats should "go beyond identity politics." What's needed, he said, are candidates who understand that working-class incomes are down, who will "stand up to Wall Street, to the insurance companies, to the drug companies, to the fossil fuel industry."

But is there any reason to believe that this would work? Let me offer some reasons for doubt.

First, a general point: Any claim that changed policy positions will win elections assumes that the public will hear about those positions. How is that supposed to happen, when most of the news media simply refuse to cover policy substance? Remember, over the course of the 2016 campaign, the three network news shows devoted a total of 35 minutes combined to policy issues – all policy issues. Meanwhile, they devoted 125 minutes to Mrs. Clinton's emails.

Beyond this, the fact is that Democrats have already been pursuing policies that are much better for the white working class than anything the other party has to offer. Yet this has brought no political reward.

Consider eastern Kentucky, a very white area which has benefited enormously from Obama-era initiatives. Take, in particular, the case of Clay County, which the Times declared a few years ago to be the hardest place in America to live. It's still very hard, but at least most of its residents now have health insurance: Independent estimates say that the uninsured rate fell from 27 percent in 2013 to 10 percent in 2016. That's the effect of the Affordable Care Act, which Mrs. Clinton promised to preserve and extend but Mr. Trump promised to kill.

Mr. Trump received 87 percent of Clay County's vote.

Now, you might say that health insurance is one thing, but what people want are good jobs. Eastern Kentucky used to be coal country, and Mr. Trump, unlike Mrs. Clinton, promised to bring the coal jobs back. (So much for the idea that Democrats need a candidate who will stand up to the fossil fuels industry.) But it's a nonsensical promise.

Where did Appalachia's coal mining jobs go? They weren't lost to unfair competition from China or Mexico. What happened instead was, first, a decades-long erosion as U.S. coal production shifted from underground mining to strip mining and mountaintop removal, which require many fewer workers: Coal employment peaked in 1979, fell rapidly during the Reagan years, and was down more than half by 2007. A further plunge came in recent years thanks to fracking. None of this is reversible.

Is the case of former coal country exceptional? Not really. Unlike the decline in coal, some of the long-term decline in manufacturing employment can be attributed to rising trade deficits, but even there it's a fairly small fraction of the story. Nobody can credibly promise to bring the old jobs back; what you can promise – and Mrs. Clinton did – are things like guaranteed health care and higher minimum wages. But working-class whites overwhelmingly voted for politicians who promise to destroy those gains.

So, what happened here? Part of the answer may be that Mr. Trump had no problems with telling lies about what he could accomplish. If so, there may be a backlash when the coal and manufacturing jobs don't come back, while health insurance disappears.

But maybe not. Maybe a Trump administration can keep its supporters on board, not by improving their lives, but by feeding their sense of resentment.

For let's be serious here: You can't explain the votes of places like Clay County as a response to disagreements about trade policy. The only way to make sense of what happened is to see the vote as an expression of, well, identity politics – some combination of white resentment at what voters see as favoritism toward nonwhites (even though it isn't) and anger on the part of the less educated at liberal elites whom they imagine look down on them.

To be honest, I don't fully understand this resentment. In particular, I don't know why imagined liberal disdain inspires so much more anger than the very real disdain of conservatives who see the poverty of places like eastern Kentucky as a sign of the personal and moral inadequacy of their residents.

One thing is clear, however: Democrats have to figure out why the white working class just voted overwhelmingly against its own economic interests, not pretend that a bit more populism would solve the problem.

Paul Krugman, *The New York Times*, November 25, 2016

According to the author of the text, what interpretations may be given for Donald Trump's victory?
Answer the question in your own words.

Voici à présent une proposition de réponse :

In November 2016, the results of the US presidential elections surprised many when Donald Trump won more electors than Hillary Clinton, who won the popular vote. Several reasons are suggested to explain this result.

Hillary Clinton was strongly criticised for using an unsecure cell phone while Secretary of State, a piece of information revealed by the FBI and which many felt made her unsuitable for the White House. Moreover, many voted against her, not aware of the future policies the candidates intended to pursue as the media devoted most of their attention to minor issues, distracting the attention of voters. Even Obama's Affordable Care Act which provided many Americans with health care, and which Trump promised to repeal, did not make voters stick to the democratic vote. Many may have felt it was too abstract and that the promise of bringing jobs back was far more important. Trump's promises, such as the redevelopment of coal mining jobs, attracted uneducated voters who felt he was closer to their preoccupations than Hillary. Getting a proper job back appealed to the many eking out a living by holding several jobs to make ends meet. Another factor that may explain Trump's election was the resentment felt by poor whites towards the communities of African or Mexican origin, who appeared to enjoy better living conditions thanks to Obama's relief measures. As most working- and middle-class white Americans fear for their jobs, when they hear that an African American is getting an advantage in landing a good job because of an injustice that they themselves never committed, resentment builds over time and turns voters away from a party they previously supported.

275 words

Voici l'épreuve ELVi LV2 de 2017 :

ANGLAIS LVII

EXPRESSION ÉCRITE

The challenge of climate change is global and it demands action on an international scale, such as the Paris Agreement. But a large part of the solution will be local, involving all of us in the way energy is produced and consumed.

The potential for citizen involvement in electricity production is considerable. A recent study showed that by 2050 half of all Europeans could produce their own electricity either at home, as part of a cooperative, or in their small business. Counting generation from wind and solar power alone, these small actors could meet almost half of Europe's total electricity needs.

Even more people could support the energy transition, and share in the benefits, by storing power in batteries, electric vehicles and smart boilers. This enables the grid to draw power when it's cheap and plentiful, and temporarily lighten the load if there's a peak in demand.

These projections may seem generous, but they must be considered in the context of the unprecedented fall in wind and solar prices. Since 2009, the price of solar panels has fallen by 80% and wind turbines by 40%. And it won't stop there. Renewable energies are becoming competitive with fossil fuels and new nuclear, such as Hinkley Point, where EDF will try to build the most expensive reactors in the world and provide electricity at an unprecedented cost.

Renewable energies and supporting technologies, like storage and demand response, are advancing in leaps and bounds. The old energy companies have been sluggish in catching up, so a regulatory framework that favours the status quo will slow the necessary change to clean energy. Conversely, the right policies can fulfil the great potential for citizen-owned energy.

Too often the debate around renewable energy focuses just on the technology. But the benefits of citizen-owned renewables are manifold. Encouraging ordinary people to invest in renewable energy taps a large source of reliable funding for projects. As local people profit from renewable energy projects, and have a say in their planning and running, opposition to developments is avoided in an equitable way.

This also builds more public support for renewable energy generally, with a positive knock-on effect for government policy. The returns on investment in these citizen-owned projects are likely to be spent in the local economies, supporting employment and businesses.

Méthodologie 2

The European commission has at least paid lip-service to the important role ordinary people have to play in energy production, as they set out their plan for an EU energy system "with citizens at its core" who "participate actively in the market". As they and our national governments develop energy policy, we should be demanding that they allow citizens to become active participants, not just passive consumers.

What rules do we need in order to unlock this potential? There should be recognition that peoples' active participation in the market doesn't just mean the ability to switch supplier – it means producing, consuming and selling their own energy either individually or collectively through cooperatives.

These new entrants need to have fair access to the market, with rules designed for small, medium and large producers alike, without discrimination. For example, the impending tax hike in the UK for owners of commercial and public sector buildings that have installed solar panels is very problematic. We need to see fair prices for the electricity people put back into the grid as well as fair access to the distribution networks. We also need to see an end to punitive taxes, charges and administrative procedures that favour the bigger established players in the energy market.

That urgent climate action needs to be taken is no longer up for debate. But we must recognise that there are opportunities as well as challenges. Millions of people are ready to transform our energy system, if the right environment is created for them to do so. We are on the cusp of true energy democracy. It is a chance we cannot miss.

Gérard Magnin, *The Guardian* online, 29 November 2016

Identify some of the opportunities and challenges for urgent climate action according to the text.

Proposition de réponse :

Based on current trends, summers in the Arctic could be largely ice-free by 2040, which would have catastrophic consequences on weather patterns and sea levels. This recent *Guardian* article makes the case for urgent climate action, highlighting the potential of a democratization of energy production and the obstacles in its way.

At the local level, citizens should take ownership of the production and consumption of energy, using renewables such as wind and solar energies. Half of Europe's needs could be covered in this way in future. In parallel, adequate supporting technology should be developed to enable producers to store electricity (for example in batteries), with the grid adapting to a fluctuating demand. As citizens become active participants in the energy market, awareness of renewables grows, and so should approval of government measures.

Creating the right technological, economic and legal environment for this energy revolution remains a major challenge. Dominant energy companies are slow to provide the right technical tools and regulations are currently unsuitable as they encourage large producers. The EU and national governments need to allow consumers to become key actors controlling the production and even the sale of their electricity (at a decent price), whilst guaranteeing them easy access to the networks. Unfair taxes and excessive administration should also be scrapped.

Energy democracy is an exciting perspective, providing the right political decisions get made and large producers accept to let go of their hegemony. 236 words

Voici les conseils prodigués par les membres du jury ELVi (ex-CCIP/R) à l'attention des candidats :

Avant tout, BIEN LIRE l'énoncé des questions avant de se lancer dans la rédaction des réponses.

- Être précis dans sa réponse en utilisant les éléments du texte qui s'y rapportent et ne pas se contenter d'une réponse évasive.
- Bien lire le texte pour éviter les contresens.
- Réorganiser intelligemment les éléments de réponse présents dans le texte et les reformuler en faisant preuve d'un raisonnement logique.
- Ne pas recopier des passages entiers du texte.
- Ne pas résumer l'intégralité du texte et risquer ainsi d'y inclure des éléments étrangers à la question posée et de traiter partiellement la seconde question.
- Éviter de rédiger une introduction trop longue (parfois 30 %, voire 50 % de la réponse) qui laisse peu de place au développement. Rappelons que l'épreuve d'expression écrite teste aussi la capacité du candidat à faire preuve de concision dans ses réponses.
- Ne pas commenter le texte : certains donnent leur avis allant parfois jusqu'à porter un jugement.

Voici une proposition pour l'épreuve IENA LV2 2017

Streets without shops

[...] We already know the impact Uber has had on taxis, Airbnb on hotels, and even, perhaps, da-ting apps for gay bars and queer culture. But apps are also taking on long-standing local indepen-dent businesses that may not be standing for much longer : everything from cobblers (with the Shoe Drop app) and barbers (Shortcut, "Uber for haircuts") to launderettes and dry cleaners (Laundrapp, ZipJet).

Should these on-demand services really catch on, it will be a serious challenge for a whole swathe of independent businesses offering everyday services that are already suffering. If we no longer need to walk to the local shops to get our groceries, drop off our dry cleaning and fix our shoes, just how long will it be before the cafes charging extortionate prices for cups of coffee swoop in to take their place ?

When you assume that no one needs laundrettes anymore because you can get your laundry pic-ked up and delivered through an app [...], you're automatically annulling a big swathe of the popu-lation who actually need them. What's more, the transformation of these services from physical spaces to simple deliveries takes away some important inclusive places for social interaction.

In New York, it is clear that neighbourhoods like the West Village gentrified long before smartpho-nes, with rents being the determining factor, but technology "might be the nail in their coffin", suggested Peter Moskowitz in the New Republic. "Apps don't start the process, but they do enable neighbourhoods to retain their real estate value without having any local value," he argued.[...]

As a thriving website and app, Airbnb is already putting a strain on rents – and some say contribu-ting to gentrification. By renting apartments out to tourists, its users are, whether they like it or not, contributing to a lack of affordable housing. Cities including Berlin and Barcelona have already taken measures like banning it altogether or heavily cracking down on illegal flats on the site. Like everything related to the g-word, these processes are far from black and white. For a lot of inde-pendent businesses, namely restaurants, getting on the app bandwagon seems to have worked well, helping them stay put and not rely solely on foot traffic. Apps like Deliveroo, the food delive-ry service that has taken the high street by storm, or Uber's food delivery branch, are only a cou-ple of years old, and are growing rapidly and employing armies of (precarious) workers. [...]

Marta Bausells, *The Guardian*, Friday, October 7th 2016

1. Question de compréhension du texte.

Explain how new technologies have redefined urban living in some areas.

(150 mots + ou – 10% ; sur 20 points)*

New on-demand services provided by applications available on smartphones are gradually chan-ging the way people live and shop in 'world' cities. It appears that the revolution these apps have already brought about, in the taxi and hotel businesses, to name the best-known examples, could also affect everyday services provided by smaller shopkeepers and thus lead to broader urban transformations. With trendy cafés replacing shops, the main risk is that city centres could become shopping deserts for ordinary people, catering exclusively to a class of rich tourists occupying rented apartments. On both sides of the Atlantic, the social fabric of these central areas will con-tinue to change as they are emptied of less affluent residents. The expansion of food delivery ser-vices, relying on a casual, low-paid workforce, poses another serious threat to independent res-taurants and food outlets. That's why some European cities are starting to introduce restrictions to on-line renting to tourists.

151 mots

B. Phrases à expliquer – Banque IENA – LV1

L'épreuve de LV1 propose un article long d'environ 750 mots dont un extrait servira à l'épreuve de version mais également à l'épreuve d'explication de phrases. Il s'agit de **deux phrases**, de longueur variable, dont il faut rendre compte en 100 mots chacune (+/- 10%) et ce, à la lumière du contexte. Tout en gardant à l'esprit les références culturelles en rapport avec le thème évoqué dans l'article, vous devez essentiellement vous appuyer sur le document fourni pour expliquer ces deux énoncés, ici soulignés en gras. L'exigence d'une réponse concise constitue une difficulté supplémentaire. Voici le sujet proposé aux candidats en 2012 et tiré de *The Economist* en août 2011. Comme le libellé l'indique, c'est avant tout une épreuve de compréhension fine et il s'agira d'apporter une réponse précise, sans entrer dans des considérations d'ordre général et d'expliciter les termes pertinents de chaque énoncé, qui ne pourront pas être repris dans la réponse.

The transportation option

For the English, there were many reasons why losing the American colonies was annoying. One was that America had been a handy place to exile convicts, some 40,000 of them over the years. George III took a personal interest in the hunt for new spots to resettle those (in his words) "unworthy to remain in this island". Gibraltar was considered, as was west Africa, before ministers plumped for newly discovered Australia.

By the time transportation ended [...], almost 200,000 men, women and children had been shipped Down Under, most never to return. Transportation was sorely missed: Parliament pondered new penal colonies in the Falkland Islands and even Antarctica, amid public panic at the idea of ex-prisoners roaming English streets. Repeatedly in history, when faced with rising crime or mob violence, respectable English citizens have yearned for those who alarm them to vanish: whether via the gallows, by removal to the edges of the earth, behind prison walls or (after race riots in the late 20th century) through calls for immigration to be curbed or reversed. Yet geography has just as often thwarted such desires: in urbanised, crowded England, the respectable have long lived cheek-by-jowl with those who alarm them. They still do. Indeed, soaring property prices—which have pushed London's middle classes into ever-edgier neighbourhoods—help explain some of the more lurid headlines during last week's disorder.

For instance, the press reported hand-to-hand combat between masked looters and staff armed with rolling pins at a 15 Michelin-starred restaurant in Notting Hill, in west London. The last time England saw such serious riots, in 1981, much of Notting Hill was a tough place, still blighted by slum housing; now it's a partly tough place, full of millionaires. A week after the riots, sharp political debate has broken out about what lies behind those four days and nights of near-anarchy, and how to fix the social failings they exposed. Much of the debate has fallen into the familiar tramlines of a clash between an authoritarian right and a compassionate left. But other ancient echoes can also be heard.

Conservative MPs have praised judges for handing down swingeing punishments, including four-year jail terms handed to two men who (unsuccessfully) tried to whip up riots via their Facebook pages. **Tory MPs have backed moves to evict the families of convicted rioters from council housing.** The home secretary, Theresa May, says officials will look at general dusk-to-dawn curfews. The conservative press is demanding the reversal of plans to scrap thousands of prison places (part of the drive to cut Britain's budget deficit). Such moves seem to chime with early public-opinion polls. YouGov, a pollster, found majorities for stripping welfare benefits from rioters, and for jailing looters, arsonists and those found guilty of violent disorder for several years. The newspapers and streets are full of voices declaring that family structures have fallen apart, and that society has been shattered by shifts in the labour market that have left England with an underclass knowing nothing of the world of work.

It is not hard to sniff the makings of an English panic. Popular responses to the 2011 riots—hefty jail terms, evictions and curfews—are all, deep down, ways of wishing scary people far away. A classic text of English criminology, Geoffrey Pearson's 1983 work "Hooligan: A History of Respectable Fears", lovingly traces repeating cycles of alarm about unprecedented crime rates and uniquely dreadful young people all the way back to the 16th century. The peak of transportation coincided with a panic brought on by the Industrial Revolution, which was held to have destroyed family structures (working mothers caused much alarm) and shattered traditional values. In 1843, at a time when about one in five of all convicted prisoners was being shipped to Australia, the House of Commons heard that the "morals of children are tenfold worse than formerly", while parents in Nottingham were frankly "vicious".

Yet even then, English reformers were buoyed by the inescapable reality that cities were thronged with both respectable folk and what were termed the "dangerous classes". **Proximity meant that questions of rehabilitation could not be avoided for ever**. Now, once again, politicians are appealing to the desire to expel and remove bad elements from society. That impulse lurks in the English urban character, but so does pragmatism. With luck, pragmatism will win. [...]The English have given themselves a shock. They must now set to work making their society better. They have no choice.

Sujet Banque IENA, LV1, 2012 : *The Economist*, 2011, August.

Les deux exemples à traiter sont de deux natures sensiblement différentes. Le premier énoncé possède une « charge » lexicale et culturelle plus importante que le second ; sans ces deux clés, l'explication de la phrase sera d'autant plus difficile. On ne peut inférer le sens des termes "*Tory MPs*", "*council housing*" au moyen du contexte seul contrairement au second où les termes semblent relativement explicites. De plus des mots comme "*moves*", "*evict*", "*convicted*", peuvent poser problème à un candidat mal préparé...

Élucidation des termes de l'énoncé 1

"Tory MPs have backed moves to evict the families of convicted rioters from council housing."

Tory MPs : Conservative Members of Parliament in the UK

Have backed : have supported/endorsed

Moves : decisions, measures

To evict families : to force to leave one's home/to remove by force from a home

Convicted rioters : people who were arrested and sentenced for causing major public disorders

Council housing : houses that are owned by the local council and rented to people on low income

Voici deux propositions de réponse pour l'énoncé 1 :

Proposition 1

When social unrest flares up[1] in any democracy, right-wing political parties tend to adopt an authoritarian hard line whereas left-wing political parties are more likely to find excuses to rioters[2].

After several riots broke out in London and in the Midlands in summer 2011, Conservative MPs made their point clear by demanding that the coalition government take radical measures against the troublemakers, a stance[3] which is reminiscent of the heavy-handed[4] transportation of unwanted convicts in the course of Britain's history.

Among harsh measures was the removal from local social housing of the people who were responsible for rioting, looting and arson[5], most of whom had a hefty[6] criminal record. (109 words)

Vocabulary

1. ***to flare up :*** éclater
2. ***a rioter :*** un émeutier
3. ***a stance :*** une posture
4. ***heavy-handed :*** sévère
5. ***arson :*** un incendie criminel
6. ***hefty :*** lourd

Proposition 2

In August 2011, the UK appalled[1] at riots and looting[2] in several major cities all over the country expected harsh responses in the wake[3] of this unbearable and unacceptable violent behaviour. Among the proposals put forward was stripping[4] the rioters who had been arrested and found guilty of arson[5] or theft, of the right to apply and rent council-owned affordable accommodation, thus targeting those mostly relying on it and largely responsible for the violence. Most Britons and an overwhelming[6] majority of conservative Members of Parliament supported this kind of measures deemed[7] necessary for anyone close to Cameron's current coalition government, advocating[8] strong action. (103 words)

Vocabulary

1. ***appalled*** : horrifié
2. ***looting*** : pillage
3. ***in the wake of*** : à la suite de
4. ***to strip*** : ôter, priver, retirer (fig.)
5. ***arson*** : incendie criminel
6. ***overwhelming*** : écrasante
7. ***to deemed*** : juger - considérer
8. ***to advocate*** : préconise

Élucidation des termes de l'énoncé 2

"Proximity meant that questions of rehabilitation could not be avoided for ever."

Comme précisé ci-dessus, ce second énoncé ne demande pas d'élucidation particulière car les termes se révèlent suffisamment transparents et les références culturelles se trouvent être moins indispensables. Les éléments présents dans l'article peuvent à eux seuls répondre à la question.

Voici deux propositions de réponse pour l'énoncé 2 :

Proposition 1

The sentence is drawing a comparison between British society in the previous centuries and today's Britain. Dealing with criminality and offenders at that time meant transporting convicts[1] to faraway destinations where by and large[2] they would end up living with respectable, law-abiding[3] citizens. The issue for Britain in the 21st century lies in finding a way to reconcile a broken society in which social injustice and the lack of opportunities lead to frustration. Only opting for exclusion today to address this issue might be pointless[4] and bound to failure[5], making things worse. The stakes are high[6] for contemporary Britain that's why the lesson must be learnt after the recent riots. (110 words)

Vocabulary

1. ***convicts*** : détenus
2. ***by and large*** : en général
3. ***law-abiding*** : respectueux des lois
4. ***pointless*** : inutile
5. ***bound to failure*** : voué à l'échec
6. ***The stakes are high*** : il y a beaucoup en jeu

Proposition 2

England is famous for its class-conscious[1] multicultural society. London, for instance, has long been characterized by exclusive districts[2] like Chelsea and working-class neighbourhoods like Brixton.

But urban property prices have increased so much that respectable citizens have had to move to rough districts[3] inhabited by so-called "dangerous classes". As they are now living side by side seeing each other's standards of living, either class is stigmatizing the other.

Not unlike their ancestors, some want illegal immigrants, criminals, rioters and looters[4] to be put behind bars or expelled from the country while others would rather opt for rehabilitation programmes, offering anti-social law-breakers another chance. (104 words)

Vocabulary

1. ***class-conscious*** **:** conscient des distinctions sociales
2. ***an exclusive district*** **:** un quartier huppé/chic
3. ***a rough district*** **:** un quartier sensible
4. ***a looter*** **:** un pilleur

Voici une proposition pour l'épreuve IENA LV1 2017

Versailles in the valley

Cupertino looks like many other small, drab cities in northern California, with serried houses and shopping centres. Later this year, however, it will become the only place to find Apple's newest creation : the enormous ring which will serve as the technology firm's headquarters. Several mon-ths before he died in 2011, Steve Jobs, Apple's founder and the mastermind of the project, predic-ted that the spaceship-like structure would become "the best office building in the world » and that people from everywhere would travel to see it.

To prove Jobs right, around 13,000 construction workers have laboured for years behind thick, high walls. The site spans several city blocks. Earlier this year, everything was hidden from view except cranes and a huge sand pile that rose a few hundred feet high, like the Great Pyramid of Giza. The scale of the project rivals the ancient Egyptians' monuments. Every piece of glass on the four-storey exterior is curved, requiring special panes to be made in Germany – the largest pieces of curved glass ever manufactured. With a price tag of around $5 billion, it may be the most ex-pensive corporate headquarters in history. [...]

"Silicon Valley is having its Versailles moment," says Louise Mozingo, a professor at the University of California, Berkeley, and the author of a fine book called "Pastoral Capitalism" about corporate headquarters. Last year Facebook opened a new, 430,000-square-foot building in Menlo Park de-signed to embody the company's informal culture. Resembling a giant warehouse, it is reputedly the largest open-plan office in the world. Meanwhile, Google is working on a zany idea for a new headquarters to replace its Googleplex, which involves constructing movable glass buildings. Other technology companies, including Nvidia, Samsung and Uber, will, collectively, spend well over $1 billion on new buildings that broadcast their success. These ambitious projects will transform a bland architectural landscape of generic-looking office parks. But they also mark a cultural shift for the Valley, whose ethos is to value garages (in which firms like Hewlett-Packard and Apple were born) over glitz. [...] Google's plans are the most audacious – on brand for a firm working on ima-ginative projects like exploring space, extending human life and creating a self-driving car. <u>As it continues to grow quickly in profits and headcount, Google has decided it wants to devise new ways to make its headquarters expandable</u>. The company has hired two architects, Thomas Hea-therwick and Bjarke Ingels, who have come up with an idea that feels as though it was concocted at an all-night party at Burning Man, the annual gathering of hippies and techies in the Nevada desert. Their plan is to construct a mobile set of glass buildings that would expand and shift like Lego blocks as different departments' space requirements changed. A specially designed crane will be needed to rearrange the structures. The proposal suggests that Google, having disrupted many industries, now wants to rethink a central tenet of architecture : that buildings are immovable.

These firms' visions for what they want to erect may differ, but they share common elements. They are designing functional, open-plan offices to increase collaboration among employees : "ac-tivity-based" working, which involves people doing their jobs from different places within an offi-ce, including outdoor benches, on-site coffee shops, napping pods and meeting rooms, is beco-ming the norm. They are also softening the buildings – and the whiff of corporate might – with greenery. Apple is using renewable energy to power its spaceship and is planting 9,000 trees. At nine acres, the roof garden on top of Facebook's Building 20 feels vast. There is a juice bar and food carts, and sprinkled throughout it are map legends, designed to look like those consulted by backpackers in a state park.

But while this wave of construction captures the optimism and wealth of a cohort of companies that are imagining and packaging our digital future, Silicon Valley could lose something in the long term. The Valley thrived because people met and shared ideas in office parks, restaurants and cafés, and talent has historically moved around easily within and between companies. As firms build self-enclosed universes, that mixing may stop. <u>Innovative architecture may attract talent and tourists initially, but it also risks altering an environment that has fostered world-beating ideas and products</u>. Cupertino and other Silicon Valley towns may come to long for the time when they had no interesting buildings to distinguish them.

Alexandra Suich, 1843 Magazine (*The Economist*), April/May 2016.

1. Question de compréhension du texte :

Explain what the following sentence means:

"As it continues to grow quickly in profits and headcount, Google has decided it wants to devise new ways to make its headquarters expandable."
(100 mots + ou – 10 % ; sur 10 points)*

Proposition

The close correlation between the number of people working in large companies and the ever-increasing workspace these employees need is amply illustrated by the tech giant Google whose offices are expanding as its business becomes ever more successful. Old-fashioned solutions like simply building corridor after corridor of identikit offices seems too old-hat for some cutting-edge firms. Massive profits plus the desire not to be strait-jacketed by traditional notions of what build-ings look and even how they function have led to creative, ground-breaking construction ideas. Innovative architects use hi-tech solutions, allowing buildings to 'grow' organically as companies' needs evolve.

98 mots

2. Question de compréhension du texte :

Explain what the following sentence means:

"Innovative architecture may attract talent and tourists initially, but it also risks altering an environment that has fostered world-beating ideas and products."
(100 mots + ou – 10 % ; sur 10 points)*

Proposition A

The boldness of all the architectural projects currently under way in Silicon Valley could prove less positive in the long run than it seems now. The immediate benefits are plain to see: in the short term, these high-tech firms will continue to draw gifted high-tech workers who tend to be seduced by an alluring work context; the area could also see more visitors. Yet in the longer term, we might see a drying up of the easy, informal and spontaneous interaction that made this area a unique breeding ground for talent. High-tech workers who live in cosy but separate worlds could well be-come less creative.

105 mots

Proposition B

Flamboyant company headquarters that use radically innovative architectural solutions, off-the-wall design or super-duper building materials are likely to prove attractive to prospective workers – and gawkers. Yet although the Silicon Valley headquarters of tech companies are a way of show-casing their financial might and boosting their corporate image, in the long run these new build-ings also run the risk of betraying what made this part of the world great to begin with. Qualities like risk-taking and creativity, suggests the journalist, may in fact be hampered rather than helped along when companies replace the simple backyard set-ups of old with glittering monuments to market domination.

103 mots

IV. Méthodologie de l'*essay*

A. Définition de l'épreuve

L'*essay à l'anglaise* est différent de la dissertation classique *à la française* dans la mesure où son but principal est de convaincre un lecteur sceptique. Oubliez l'immuable structure thèse/antithèse/synthèse pour adopter une approche vous permettant de construire une argumentation qui défend clairement votre position.

Cependant, il ne suffit pas de reprendre la question ou le sujet de l'épreuve tel quel pour ensuite se positionner. Le sujet doit d'abord faire l'objet d'une lecture attentive, puis d'une analyse rapide pour dégager les enjeux sous-jacents et construire une problématique.

B. Lecture attentive du sujet

Quelle que soit sa formulation, l'énoncé du sujet vous invitera à vous exprimer librement sur un sujet d'actualité. Néanmoins, les termes clés et les modalités de l'énoncé dicteront des paramètres qui doivent être repérés et respectés.

1. Prescription ou analyse ?

Certains sujets requièrent une réponse prescriptive. Il convient dans ce cas de suggérer et de développer des solutions envisageables à un problème évoqué, ou alors des pistes de réflexion. Parfois, ce type de question est facilement repérable grâce aux modaux de l'énoncé : *can, must, should* et leurs équivalents *have to, ought to.*

> *As the global population grows, energy demand increases. What solutions can you envisage?*
> (ECRICOME LV1 2010)

Mais la plupart du temps, l'invitation à proposer des solutions éventuelles reste implicite. Considérez la question suivante :

> *Drilling for oil or protecting the environment—which is more important?*
> (ECRICOME 2011 LV2)

D'emblée, cette question oppose deux stratégies. Une fois que vous avez repéré, décrit et analysé les enjeux, la position que vous prenez peut logiquement vous mener à trancher en faveur de l'un ou l'autre élément de cette alternative (« *Governments should do X or must do Y* ») ou éventuellement trouver un compromis.

Sachez pourtant que l'*essay* qui consisterait à énumérer une liste de conseils pour résoudre un problème évoqué serait inadéquat, voire hors sujet. Les sujets donnés doivent être soumis à une analyse approfondie, une démonstration concrète et une prise de position claire. Ainsi la question,

> *"Is it time for the US to focus on domestic issues?"* (ECRICOME LV2 2009)

doit d'abord être placée dans son contexte :

> *After nearly a decade of deploying troops in the Middle East and waging a war on terrorism internationally...*

puis problématisée :

> *Can the United States continue to assure leadership across the globe without first turning its attention to the social inequalities and political dysfunction that have grown at home during the same decade?*

Une fois que les aspects sociaux et politiques ainsi évoqués sont analysés, on peut éventuellement envisager d'inclure des recommandations de type :

> *The US government should cut military spending and channel the savings into developing quality pre-school education for children of low-income families.*

Mais dans la majorité des cas, les sujets d'épreuve se prêtent à un traitement analytique et non pas à une approche prescriptive. Considérez la question suivante :

> *"In your opinion, does the recent evolution of British and US societies necessarily engender more violence?"* (CCIP LV1 2008)

Si les massacres à Columbine, à Virginia Tech, à Aurora et à Newtown ainsi que l'inévitable et éternel débat sur le « *gun control* » aux États-Unis peuvent servir de contexte, la formulation même de la question exclut toute *prescription* de type, « *the US government should amend the Constitution and repeal the right to bear arms,* » ou « *Stricter gun control laws must be enacted.* » La question fermée « *does X engender Y?* » ne laisse pas de place aux remèdes au problème Y, seulement à l'analyse de la situation X.

2. Comparer et contraster ou donner un point de vue ?

Une question peut vous inciter à explorer deux points de vue opposés, soit de manière explicite (*what are the advantages and disadvantages of...?*), soit de manière implicite, comme pour la question suivante :

> *Travel broadens the mind. How far do you agree?* (ECRICOME LV2 2011)

La formulation de cette question en termes de degrés – *How far do you agree?* – présuppose un continuum, avec la proposition à une extrémité et sa négation à l'autre. Vous êtes invité à placer votre « curseur » sur cette échelle.

Que l'opposition de deux positions soit explicite ou implicite, il convient dans ce cas de consacrer deux parties équilibrées aux deux points de vue évoqués par la question. Pour répondre alors aux exigences de la forme – c'est-à-dire, convaincre, persuader le lecteur – terminez par le développement de l'argument le plus convaincant pour conclure clairement sur une prise de position, tranchée ou nuancée, selon vos convictions.

En revanche, si la question est plus ouverte, la structure de la réponse sera différente. Même s'il peut être très efficace d'évoquer brièvement un point de vue opposé en concédant du terrain, on évitera de consacrer toute une partie à bâtir une argumentation pour la démonter ensuite. Les deux ou trois parties de votre réponse seront alors consacrées à développer les différents axes de votre argument en prenant appui sur des démonstrations et exemples concrets.

C. Problématiser un sujet

Il convient alors de s'approprier la question d'une manière qui permettra de détailler les enjeux et les axes de développement, autrement dit : problématiser le sujet.

Problématiser n'est ni répéter ni reformuler la question *ad verbatim*.

Une problématique peut prendre la forme d'une question, mais ce n'est pas la seule possibilité. D'ailleurs, les anglophones utilisent le terme de *thesis statement*, ou encore *hypothesis* : votre problématique peut même prendre la forme d'une affirmation que l'*essay* développera ou mettra à l'épreuve par la suite.

1. Mettre au jour l'intérêt du sujet : chercher le débat, définir ses termes

Pour problématiser un sujet, il faut rechercher les intentions du jury. Si vous trouvez qu'une question n'a pas d'intérêt, vous êtes sans doute passé à côté du cœur du sujet. Vous ne pouvez pas vous permettre de balayer un sujet d'un revers de main, comme le font certains candidats, en écrivant : « *But this is not the right question ; the real question is...* » pour ensuite répondre à une question de votre choix. Vous seriez alors hors sujet.

Si le jury a jugé bon de soumettre un sujet à la considération des candidats, c'est souvent parce que la question est 1) d'actualité et 2) polémique. À vous d'identifier le débat contemporain sous-jacent ainsi que les enjeux. Prenez l'exemple du sujet suivant :

> *You can't run a country and be popular. Discuss with relation to today's US and UK*
> (ECRICOME LV2 2011)

Le sujet, ici sous forme d'affirmation, oppose deux idées : *running a country* d'une part et *being popular* de l'autre. Derrière le pronom général « *you* » se cache l'acteur principal qu'il faut expliciter : l'homme ou la femme politique, voire un chef d'État.

Ayant identifié « qui », vous devez ensuite passer en revue les questions de base – les comment et les pourquoi. Pourquoi un chef d'État efficace serait-il impopulaire ? En quoi la popularité pourrait-elle entraver la bonne gouvernance d'un pays ? Faut-il être populaire pour arriver à la tête d'un pays ? Par le biais d'un tel « brainstorming », on chemine jusqu'à une notion essentielle de la problématique : **la démocratie**.

On pourra alors commencer par une définition brève de cette notion clé :

> *A democracy is a system of government that derives authority from the people through free and fair elections.*

C'est ainsi que l'opposition au cœur du sujet trouve son sens, et les enjeux peuvent être explicités :

> *This means that politicians must take into account what voters want in order to be elected to office. Once in power, however, a leader must often make unpopular decisions, for what people want is not necessarily what is best for the country as a whole. Such measures could cost his or her re-election, so that decision makers must often choose between running the country effectively and campaigning for votes.*

Nous arrivons au cœur de notre problématique :

> *Indeed, a brief examination of current American and British political landscapes will show* ***to what extent the institution of democracy actually hinders (*****entraver*****) effective leadership and government.***

Même si cette étape préliminaire est indispensable, il se peut qu'au fil de la rédaction vous soyez amené à affiner votre problématique. N'hésitez pas à la modifier en fin de « parcours », voire rédiger votre introduction après avoir fait un premier jet au brouillon.

2. Dégager un plan : baliser un parcours

Une bonne problématique vous permet de flécher des axes de réflexion, évitant ainsi deux écueils classiques : la digression et le catalogue. Elle permet aussi au lecteur d'anticiper et donc de mieux suivre votre raisonnement. Revenons à l'exemple évoqué plus haut :

> *As the global population grows, energy demand increases. What solutions can you envisage?*

Une problématique qui souligne un débat de fond – faut-il réduire la consommation globale d'énergie (*sustainability*) ou alors chercher des nouvelles sources d'énergie (*development)* ? – peut mettre en jeu plusieurs acteurs qui ont chacun des solutions à apporter : **la science** (en ce qui concerne le développement des énergies renouvelables), **le marché** (à noter une demande accrue pour des produits et services verts, la montée en puissance de la responsabilité sociétale – *Corporate Social Responsibility* = *CSR*) et **les gouvernements** (via la réglementation et des campagnes d'éducation en faveur de la conservation d'énergie mais aussi par des subventions pour la recherche et pour des entreprises innovantes en matière d'énergie). Voici une proposition d'introduction :

> *A world population on the rise, together with growing middle classes in emerging economies, mean that energy demands will surge in the decades to come. The ecologically-minded have rightly called for measures that would cut back on energy consumption, especially from dirty, non-renewable sources. At the same time, economic development in the poorest parts of the world must be pursued.* ***Sustainable development, then, is an objective that scientists, businesses and governments must work toward hand in hand.***

Les trois parties d'un plan sont ainsi annoncées, sans avoir à recourir aux formules scolaires et maladroites telles : « *First I will deal with science, then I will talk about business and finally I will show how governments can bring solutions.* » De plus, chaque paragraphe sera construit sur une idée-clé et un développement logique, évitant l'effet catalogue ou pseudo-argumentation.

D. Rédiger l'*essay*

1. Introduction : du général au spécifique

Le premier paragraphe de votre rédaction a donc trois fonctions : a) « accrocher » le lecteur en identifiant le contexte général du sujet ; b) expliciter les enjeux grâce aux définitions des termes clés ; et c) poser la problématique sous forme de question ouverte ou une position prise de manière à donner au lecteur une vision d'ensemble du parcours que vous lui proposez. La logique d'une introduction part donc du général et avance vers le spécifique.

a. Contextualiser le sujet

Néanmoins, il faut éviter les banalités et les truismes trop généraux comme, « *Nowadays global warming poses a big problem.* » Il s'agit de cerner avec précision le contexte général dans lequel le sujet est posé, qui peut être explicite ou implicite. Prenons l'exemple suivant :

> *Do you agree with what Mahatma Ghandi once said: "There's enough in the world for everyone's need; there's not enough for everyone's greed"?* (ECRICOME LV1 2012)

Si on se lançait dans une discussion du sujet sans d'abord prendre en compte le contexte du climat économique et social actuel, on tomberait très vite dans une rédaction philosophique bien trop abstraite et vague. La toile de fond implicite du sujet est constituée de nombreux facteurs : la crise, déclenchée en 2008 par l'accumulation de prêts bancaires « subprime » dans le but d'amasser des fortunes rapidement, les scandales des PDG qui se voient attribuer des primes et salaires astronomiques alors même que leurs entreprises font faillite ou encore le fait que les inégalités se creusent depuis plusieurs dizaines d'années, et ainsi de suite.

> *Ghandi's call for greater economic equity has never sounded more urgent than today. The income inequalities within rich countries are widening at an alarming rate, and gaping disparities between developed and developing countries persist.*

b. Identifier et définir les termes clés : expliciter les enjeux

Cette étape vous permettra de préciser votre pensée pour mieux faire apparaître les enjeux derrière la question. Si les définitions de « *need* » et « *greed* » peuvent paraître évidentes, les connotations et les allusions le sont beaucoup moins. Le mot « *greed* », l'avarice ou l'avidité, porte en lui une connotation très négative voire un jugement moral, d'où la devise paradoxale du trader Gordon Gekko, personnage fictif dans le film *Wall Street* d'Oliver Stone : « *Greed is good.* » L'idée qui se dessine en filigrane est la suivante : le **libéralisme**, politique dominante aujourd'hui dont le moteur est l'intérêt personnel (« *self-interest* » – terme neutre équivalent de « *greed* » **mais sans jugement moral**), doit avoir des limites au nom d'une plus grande **équité**.

> *Rather than "trickling down" to the poorest, the wealth created by an era of unbridled capitalism has been concentrated in the hands of a few. The self-interest that is supposed to work toward the collective good thanks to market forces looks increasingly like pure greed that robs the most vulnerable.*

c. Poser la problématique

Deux termes qui s'opposent dans tout débat concernant le marché libre sont la régulation et l'auto-régulation (*Adam Smith's famous "invisible hand" vs Keynesian interventionsim*). On peut donc se donner comme objectif de placer le curseur entre deux extrémités :

> *To what extent should states now intervene in the free market to reduce global income inequalities?*

Ou alors, pour être plus provocateur :

> *Is it possible or even desirable for states to reduce income inequalities in a globalized, free market economy?*

2. *The body* : le développement

Il faut maintenant cerner d'avantage, délimiter le champ d'investigation : le temps imparti et le nombre de mots alloués obligent. On doit faire des choix, écarter certaines pistes pour ne retenir que les plus prometteuses et pertinentes.

a. *The topic sentence* : une idée-clé

Dans un *essay* relativement long, chaque partie peut comprendre plusieurs paragraphes. Cependant, l'épreuve d'expression écrite en langue est si courte que chaque partie ne doit être constituée que d'un seul paragraphe, ce qui simplifie la tâche.

Un paragraphe correspond à une seule idée-clé, pleinement développée.

Toutes les idées n'ont pas une importance égale : une hiérarchie s'impose. Au premier rang, on trouve l'idée maîtresse ou directrice (*thesis statement, hypothesis* ou la problématique) retenue pour articuler la structure même de l'*essay*. Ensuite viennent les idées-clés qui vont générer des *topic sentences* qui développent cette thèse et qui annoncent le thème abordé dans chaque partie/paragraphe. Par analogie, la *topic sentence* est au paragraphe ce que le *thesis statement* est à l'*essay*.

À l'intérieur de chaque paragraphe se trouvent des propositions ou des phrases qui sont entièrement subordonnées à la *topic sentence*. Elles ne serviront qu'à illustrer ou à développer cette dernière. À ce stade il est impératif de différencier l'exemple de l'idée, car **une erreur très répandue dans les copies de candidats consiste à confondre description et analyse.** L'idée se situe à un autre niveau d'abstraction : elle est le fruit de la réflexion, elle commente les faits, alors que l'exemple n'est que la description des faits.

b. Trouver des exemples concrets : l'illustration

Si les exemples sont secondaires, ils sont néanmoins indispensables. La vision anglo-saxonne du monde est avant tout pragmatique. On évitera les envolées philosophiques en faveur d'un traitement du sujet sur le mode de la démonstration. Préférez des illustrations concrètes suivies d'explicitation.

Cela implique que les connaissances de la civilisation anglo-saxonne, de l'actualité et de culture générale sont indispensables. Les jurys se plaignent souvent des lacunes des candidats en la matière. Vous avez tout intérêt à lire régulièrement la presse anglophone et à travailler à partir de fiches qui résument les aspects saillants non seulement des cultures britannique et américaine, mais aussi des cultures d'Irlande du Sud, d'Australie, de Nouvelle-Zélande, d'Inde, du Canada et d'Afrique du Sud.

Illustrer

Observons la question suivante :

> *Does the quest for greater security compromise civil liberties in the UK and other English-speaking countries?* (CCIP LV1 2009)

Si on retient un *thesis statement* qui mobilise le contexte de la lutte contre le terrorisme suite aux attaques du 11 septembre (*The so-called war on terror has given governments licence to infringe on individual rights not only to crack down on potential terrorists but also to repress social unrest*), on peut envisager un premier paragraphe qui commencera par une *topic sentence* (c'est-à-dire une idée-clé) comme celle-ci :

> *Following the attacks on the World Trade Center, countries moved swiftly to implement legislation that better enabled them to keep track of citizens and illegal aliens alike in the name of the war on terror.*

Cette idée-clé doit ensuite être étayée par au moins deux exemples assortis d'un maximum de détails concrets :

> (1) *In the United States, the US PATRIOT act authorized wiretaps without warrants, while the US Military Commissions Act increased the length of detention of suspected terrorists without trial.*
> (2) *Tony Blair's government in the UK introduced an anti-terrorist bill that included placing video cameras in some Mosques and making it a crime to use speech that incites people to violence.*

Expliciter/Développer/Verrouiller

Ces illustrations, aussi pertinentes soient-elles, ne peuvent pas à elles seules faire avancer une argumentation. Elles doivent être mises au service de la trame générale : leur importance doit être explicitée, soulignée, commentée, développée et reliée à l'idée directrice (ici, *erosion of civil rights*) :

> ***As a result****, civil liberties such as privacy, free speech, the right to council and the right to a fair and speedy trial have been systematically eroded.*

En fin de paragraphe, une telle explicitation peut servir à « verrouiller » l'idée-clé du départ, préparant ainsi à l'ouverture d'un autre paragraphe et à l'introduction d'une autre idée-clé.

c. Transitions

Si on désire poursuivre avec un paragraphe consacré aux abus de ces nouveaux pouvoirs, il convient de marquer la transition entre ces deux idées clés. Pour cela, il faut déterminer la relation exacte entre elles. Le premier paragraphe ayant identifié les pouvoirs que les gouvernements se sont donnés au détriment des droits individuels, le deuxième **illustrera** les abus au sein de la société civile :

> ***Indeed**, beyond fighting terrorism, some democratic states have taken to invoking the notion of "security" in order to repress civil unrest and political dissent. (examples of "kettling" or confining protestors in Britain; evacuations of "Occupy" camps; the imprisonment and treatment of Private Bradford Manning in the US).*

C'est cet agencement des idées-clés qui permet de montrer clairement au lecteur le cheminement de votre argumentation et de ne pas perdre le fil conducteur.

Quelques mots de liaison et le lien qu'ils marquent :

- **contraste/opposition** (adverbes de phrase) : *however/nevertheless/yet/conversely/in (sharp) contrast*
- **contraste/opposition**(conjonctions de subordination) : *while/whereas/despite the fact that/in spite of the fact that* (+ proposition principale)
- **complémentarité/similitude** : *likewise/similarly/in the same way...*
- **réfuter** : *on the contrary* (faux ami ! → *bien* au contraire) */sadly/unfortunately*
- **approfondissement** : *furthermore/moreover*
- **illustration** : *indeed/in fact/for instance/for example*
- **déduction** : *so/thus/in this respect*
- **cause => conséquence** : *as a result/consequently*

3. La conclusion

a. Retrouver les termes clés (sujet + problématique)

Une conclusion doit être le fruit d'un cheminement : c'est le moment de dresser le bilan. Elle ne porte aucune information nouvelle. Elle doit relier les thèmes traités dans le développement aux enjeux et aux termes clés identifiés dans l'introduction. Si la problématique a pris la forme d'une question, une réponse claire sera donnée dans la conclusion.

La conclusion se situe au niveau des idées et non pas de la description – aucun exemple doit s'y trouver. Veillez à ne pas résumer ou répéter les arguments déjà élaborés, mais simplement à en tirer des conclusions.

b. Prendre position

Une conclusion peut aussi nuancer une position prise au départ à la lumière de ce cheminement – ou au contraire trancher – mais il faut se rappeler la première fonction d'un *essay* : **convaincre**. Vous serez d'autant plus convaincant que vous êtes convaincu : c'est le moment de vous engager, de faire part de vos convictions, de vous investir avec énergie. S'il est souhaitable de conserver une certaine distance lors de l'exposition des faits et du développement d'un argument, il est tout à fait approprié d'employer la première personne dans la conclusion.

c. Ouverture : généraliser

Le mouvement d'une conclusion est inversé par rapport à l'introduction : du spécifique au général. La dernière phrase d'un devoir devrait inscrire votre prise de position dans un contexte plus large et, si possible, s'ouvrir vers de nouvelles perspectives que votre parcours aura permis d'envisager.

E. Question liée à un texte (ELVi (ex-CCIP/R))

À la différence d'un sujet d'*essay* sans article support, le sujet lié à un article tiré de la presse anglophone vous propose de prendre en considération un point de vue sur un sujet avant de développer votre propre opinion. L'avantage de ce format, c'est qu'il vous dispense de cerner et de présenter le contexte du sujet – l'article même sert de contexte. Si vous l'avez bien compris, le risque du hors sujet est bien moindre que pour l'*essay* sans support.

En revanche, un autre écueil vous attend : bien trop de candidats se laissent influencer par les arguments du journaliste, et finissent par épouser son point de vue sans prendre de recul, sans critiquer, sans approfondir, sans élargir le champ d'investigation et sans proposer d'autres exemples que ceux trouvés dans l'article.

Il est utile de rappeler que ce type de sujet est aussi appelé « question d'expression **personnelle** ». Si vous devez tenir compte des arguments d'un autre, vous ne devez pas les reprendre à votre compte mais au contraire, faire preuve d'esprit critique en puisant dans vos ressources intellectuelles et culturelles.

1. Bien lire la question

Pour saisir l'occasion de faire entendre votre voix, prenez soin de bien analyser la question que l'on vous pose : elle est toujours formulée de manière à ouvrir la problématique du journaliste à d'autres éclairages. Cette question peut prendre plusieurs formes :

a. Invitation à prendre parti à partir d'un article/sujet polémique

In your opinion, should the labour market be ruled by the law of supply and demand alone?
(IENA LV2 2012)

b. Invitation à explorer la problématique dans un autre contexte

In your opinion, what are the main differences in the way British and French people show their "love of country"? (CCIP 2010 LV2)

c. Invitation à élargir la problématique

To what extent can the United States still be considered a land of opportunity for immigrants? (CCIP 2010 LV 1)

2. Rédiger

Introduction, développement et conclusion : reportez-vous à la rubrique précédente, p. 67.

D. Exemple : ECRICOME 2012 LV2

→ **(de 225 à 275 mots) :** ***Has the American Dream become a myth?***

1. Lecture et analyse du sujet

Il s'agit d'une **question fermée** (i.e. question dont la réponse est **oui** ou **non**) : deux positions sont certes envisageables ; il convient cependant de veiller à un traitement équitable entre pessimisme et optimisme.

Pour faire pencher la balance d'un côté ou de l'autre, il convient de procéder à une analyse approfondie des phénomènes économiques, politiques et sociaux aux États-Unis depuis plusieurs décennies. La question ne laisse pas de place aux conseils au gouvernement pour redresser la situation : aucun « *should* » ne devrait se substituer à la place de cette analyse.

2. Définir les termes-clés

Votre devoir répondra à la question si vous cernez les caractéristiques de l'*American Dream* de manière très précise. Ne perdez pas de vue cette définition et évitez de faire des digressions.

Cette définition ne doit être ni trop générale (*the American Dream is about moving up the social ladder*) ni trop restreinte (*...is about being an immigrant* ou *getting rich*).

Quant à l'autre terme clé de la question, *myth* ici s'oppose à la réalité. On n'est pas loin du mensonge. Cependant, le mot peut avoir d'autres connotations, notamment l'idée d'une histoire héritée de ses ancêtres. Il n'est pas exclu de jouer sur la polysémie d'un mot pour montrer le cheminement de sa propre pensée.

> *The American Dream has always held out the promise that if an individual works hard enough in this land of freedom and opportunity, he can achieve anything he sets his mind to.*

3. Contextualiser le sujet

Le choix du *perfect présent* ne doit pas être négligé : il s'agit bien de parcourir des événements récents pour faire un bilan.

> *The current economic crisis, however, has undermined* (saper) *this basic tenet* (principe fondamental) *to the extent that hard-working, middle class families are now struggling to make ends meet, get a decent education for their kids and in some cases, keep their homes.*

4. Problématiser

> *To what extent is this crisis—as much a crisis of faith as it is an economic one—**a fatal blow** to the American dream? Or is it, on the contrary, a **challenge** that will lead Americans to redefine and reclaim that dream?*

Ou, plus subtilement, on peut laisser en suspens la thèse négative dans un premier temps. Le développement des différentes parties va alors inverser cette thèse pour redéfinir la crise dans la conclusion en termes de défi et non pas de défaite :

> *So widespread and far-reaching are the effects of this shake-up (itself only a peak in a longer trend) that it may look as if the American Dream itself has tanked along with the economy.*

5. Développer la trame rhétorique

> *Indeed, social mobility has stagnated. Economists agree that technological change and the consequent drop in demand for middle-skilled workers have reduced opportunities to climb the social ladder. Meanwhile, semi-skilled manufacturing jobs were off-shored at a time when the rising cost of higher education was making the cost of acquiring greater skills unaffordable for many.*

6. Marquer le point de rupture, le moment où vous présentez la thèse qui sera retenue

__Yet__, the American financial system has experienced many crises, including the Great Depression, and still left the dream of self-reliance intact. Indeed, in 2012 voters returned to office the presidential candidate who made "reclaiming the American Dream" the centerpiece of his campaign. Obama has promised to "bail out" the middle class with basic health care, tax breaks for middle income families, and affordable higher education for all, thus removing financial impediments to self improvement.

7. Conclure

If the health of the American Dream is measured, then, in terms of the hope invested in and inspired by America's first African-American president—himself the embodiment of the nation's progress toward "equality and justice for all"—the dream lives on. (275 words)

Cultural background

Historian and writer James Truslow Adams coined the phrase "American Dream" in his 1931 book *Epic of America:* "The American Dream is that dream of a land in which **life should be better and richer and fuller for everyone**, with opportunity for each according to ability or achievement. It is a difficult dream for the **European upper classes** to interpret adequately, and too many of us ourselves have grown weary and mistrustful of it. It is not a dream of motor cars and high wages merely, but a dream of **social order** in which each man and each woman shall be able to attain to the **fullest stature of which they are innately capable**, and be recognized by others for what they are, **regardless of the fortuitous circumstances of birth or position.**"

V. Ponctuation et typographie

1. L'italique

L'italique est employé en français et en anglais pour les titres d'œuvres (*La Joconde*, *Great Expectations*), les didascalies (les indications scéniques dans une pièce de théâtre), les locutions ou mots étrangers (*a priori*), les noms d'espèces et de genres (*canis lupus*), les noms de bateaux (*Titanic*). **En anglais** c'est aussi une marque emphatique.

2. Les majuscules

Les majuscules sont employées en anglais pour : les titres de livres et d'articles, sauf mots grammaticaux comme *a*, *the*, *and*... (*Gone With the Wind*), les adjectifs dérivés d'un nom propre (Shakespearian), les adjectifs de nationalité et de religion, les titres de civilité ou de noblesse accompagnés du patronyme (Lord Byron, Professor Jones), les noms des jours et des mois.

3. Le tiret

Le tiret est beaucoup plus fréquent en anglais (*dash*) qu'en français : il marque une explicitation (et sera remplacé en français par deux points), une phrase laissée en suspens (points de suspension), un ajout à la suite de la phrase (virgule ou point-virgule) ou au milieu, entre deux tirets (virgules ou parenthèses). **En français**, il a la même valeur que les parenthèses.

4. Les guillemets

Les guillemets sont utilisés en français et en anglais pour les titres de chapitres, d'articles et de poèmes ou les citations. En anglais britannique, on emploie en général les guillemets simples (' '), tandis que l'anglais américain utilise des guillemets doubles (" ").

Conventions du dialogue en français	Conventions du dialogue en anglais
Le tiret introduit chaque réplique. **Des guillemets** encadrent les répliques à part, ouvrent le dialogue et marquent le passage du dialogue au récit. La ponctuation est en dehors des guillemets, sauf si elle fait partie du discours direct. « Il y a eu un assassinat sur la ligne… C'est l'inspecteur de Rouen qui me télégraphie. – Comment ? demanda Roubaud, un assassinat parmi notre personnel ? – Non, non, sur un voyageur, dans un coupé… […] Et la victime est un de nos administrateurs, le président Grandmorin. » À son tour, le sous-chef s'exclamait. « Le président ! Ah ! Ma pauvre femme, va-t-elle être chagrine ! » Émile Zola, *La Bête Humaine*	Des **guillemets** encadrent chaque élément de discours direct. Les incises ne sont pas entre guillemets. La ponctuation se trouve avant le guillemet fermant. 'Girl number twenty,' said Mr Gradgrind, squarely pointing with his square forefinger, 'I don't know that girl. Who is that girl?' 'Sissy Jupe, sir,' explained number twenty, blushing, standing up, and curtseying. 'Sissy is not a name,' said Mr Gradgrind. 'Don't call yourself Sissy. Call yourself Cecilia.' Charles Dickens, *Hard Times*

VI. Méthodologie de l'oral

A. Les épreuves

Sans entrer dans la description détaillée de toutes les épreuves, on peut en dégager **cinq types**, en fonction de la nature du document sur lequel repose l'épreuve :

- type ECSP : **texte** tiré de la presse (également à l'ESSEC-LV2, à l'EDHEC, à l'EM Lyon, à Audencia)
- type ECRICOME : document audio (**texte lu**)
- type IENA : document audio (**dialogue** entre deux interlocuteurs)
- type HEC : document audio (extrait d'une **émission de radio**)
- type ESSEC-LV1 : **texte en français**

En dépit de cette diversité de supports, certaines **caractéristiques communes** peuvent être mises en évidence :

- le support est toujours un document contemporain portant sur un sujet de l'**actualité politique, économique, sociale, culturelle** ;
- même si les appellations peuvent différer, l'épreuve comprend en général un **compte rendu** (parfois appelé synthèse ou résumé) du texte, suivi d'un **commentaire** (parfois appelé développement personnel ou opinion argumentée) et d'un **entretien** (conversation) avec l'examinateur, qui peut porter sur le texte, sur des sujets plus larges, sur le parcours et les projets du candidat ;
- les descriptifs insistent sur la capacité à **comprendre** le texte, l'aptitude à **s'exprimer** et à communiquer et les **connaissances de la civilisation** des pays anglo-saxons.

B. Comment se préparer

Rappelons qu'il n'est pas nécessaire d'être un locuteur natif pour obtenir une très bonne note à l'oral d'anglais. Grâce à un **travail régulier, systématique et méthodique**, vous pouvez acquérir des connaissances et une maîtrise de la langue vous permettant d'avoir une note excellente. **Les jurys n'attendent rien qui ne soit à la portée des**

candidats ayant raisonnablement travaillé : une présentation claire et structurée, dans un anglais sinon parfait, du moins sans grosses erreurs, et faisant montre d'une certaine connaissance des pays anglophones.

1. Comment progresser en compréhension des documents

Il faut bien entendu être le plus souvent possible **au contact de la langue**, en lisant régulièrement des articles, en écoutant la radio (en particulier la BBC pour l'anglais britannique, ou NPR pour l'anglais américain), en téléchargeant des podcasts, mais aussi en regardant des films en VO, en regardant des séries et des émissions télévisées. C'est uniquement ce contact régulier qui vous permettra d'être de plus en plus à l'aise avec la langue et de vous l'approprier.

De manière plus systématique, vous pouvez **lire deux articles par semaine**, stylo en main, en vous entraînant à chercher rapidement le plan, en pointant le vocabulaire inconnu et en prêtant une attention particulière aux notions de civilisation qui interviennent. Vous pouvez vous intéresser particulièrement aux éditoriaux de *The Economist*, et au site du *Guardian* (la totalité des articles est en accès libre), très pratique pour effectuer une recherche thématique et donc réaliser des dossiers de presse sur des sujets particuliers.

Pour vous préparer aux sujets audio de type ECRICOME, vous pouvez aussi écouter régulièrement les sujets donnés les années précédentes, ainsi que les sujets donnés aux Concours Communs Polytechniques, qui sont au même format. Sur le site de la BBC, on trouve de courts enregistrements accompagnés de transcriptions. Le site internet de *The Economist* propose quant à lui la version audio des articles de chaque numéro.

2. Comment progresser dans la recherche des idées de commentaire

Il convient tout d'abord de développer vos **connaissances en civilisation**. Vous devez maîtriser les grandes notions politiques, économiques et sociales indispensables à la compréhension des textes de la presse. À l'aide d'un ou plusieurs manuels de civilisation et d'une encyclopédie, faites-vous des fiches sur des notions telles que : *public schools*, *life peer* ou *quality press*. Si vous rencontrez ces termes dans un article, vous serez ainsi en mesure d'en comprendre le sens exact et d'en faire ressortir les enjeux.

Il faut également se tenir au fait des principales **questions d'actualité**. Dans cette perspective, il peut être intéressant de travailler de manière thématique en prenant appui sur les **sujets les plus récurrents** dans les concours. Ceux-ci étant relativement limités, il est possible d'en établir une liste et de les travailler en amont. Bien sûr, il est toujours possible de tomber sur un sujet original et déstabilisant, mais vous pouvez limiter l'effet du hasard. En voici quelques exemples :

- sujets de société : inégalités hommes-femmes, immigration et intégration, éducation, avortement, peine de mort, euthanasie, mariage gay, santé publique (alcoolisme, tabagisme, obésité, drogue) ;
- sujets économiques : mondialisation, dette publique, rôle des pays émergents ;
- sujets « civilisationnels » : élections, forces politiques, réformes institutionnelles, droits civiques et libertés, rôle de la presse, systèmes éducatifs, systèmes de santé ;
- sujets scientifiques et techniques : internet, environnement, énergie, bioéthique, recherche médicale.

Pour chaque sujet, notez les principales **problématiques** et cherchez quelques idées et arguments qui s'y rapportent. Par exemple, sur internet : la protection de la vie privée ; les conséquences sur le droit d'auteur ; la domination du marché par une poignée d'acteurs et ses conséquences ; l'émergence de nouvelles formes d'expression liées aux nouveaux supports ; le rôle des réseaux sociaux dans les entreprises, à l'école, en politique ; l'émergence du *cloud computing* et les problèmes de sécurité des données, la question de leur propriété, les conséquences de la dématérialisation.

Vous devez enfin faire en sorte d'élargir votre **culture générale**. Commencez par apprendre à mettre en relation les différentes matières que vous étudiez au lycée et à réutiliser ici ce que vous avez appris là. Faites en sorte de connaître les grands classiques de la littérature et du cinéma, en particulier ceux qui ont une dimension politico-sociale et que vous pourriez utiliser comme exemples à l'écrit ou à l'oral. Allez voir des expositions, ou à tout le moins, renseignez-vous sur les expositions en cours et allez vous balader sur les sites internet des grands musées ou sur le Google Art Project.

3. Comment améliorer son expression orale

L'expression orale est la compétence qu'il est le plus difficile de travailler en autonomie. C'est pourquoi il est essentiel de profiter au maximum des **cours** (participez le plus possible ; même si vous êtes d'un tempérament réservé, forcez-vous et vous verrez que cela sera de plus en plus facile, une fois les premières appréhensions dépassées) et des **colles** (tenez compte des conseils de vos professeurs et des « colleurs » ; utilisez un cahier de colles rassemblant toutes vos colles et où l'examinateur notera directement ses remarques ; demandez si vous pouvez enregistrer votre colle pour pouvoir la réécouter chez vous et mieux vous rendre compte de vos difficultés).

En dehors des cours et des colles, vous pouvez également organiser des **colles entre élèves**, par exemple en constituant des binômes comprenant un élève plus fort et un plus faible. Vous pouvez également vous entraîner à **lire des textes à voix haute**, surtout quand ce sont des textes dont vous possédez l'enregistrement (voir plus haut). Vous pouvez utiliser des épisodes d'une série télévisée que vous aimez particulièrement et prendre un ou deux épisodes que vous allez regarder en boucle jusqu'à ce que vous les connaissiez par cœur et soyez capable de les jouer comme une pièce de théâtre.

C. La méthode

1. Introduction

L'introduction doit d'abord amener le sujet du texte de la façon la plus naturelle possible. Il faut à tout prix éviter de commencer par les sempiternels *This text deals with...* et *The article we have here is taken from...* Vous pouvez donc commencer par une ou deux phrases de **contextualisation** qui vont vous permettre de situer l'article par rapport à une problématique plus générale. Pour cela, vous pouvez prendre appui sur un mot-clé ou une notion centrale du texte, et vous demander de quel problème global cet article est l'illustration, ou bien encore prendre comme point de départ un paradoxe.

Exemple 1 (texte sur Wikipedia)

The Internet has become an almost unlimited source of information where anybody can have access to countless resources. The main difficulty one is confronted with in such a maze is the question of reliability. This is particularly true for Wikipedia, the collaborative online encyclopaedia.

Exemple 2 (texte sur la construction de nouvelles centrales nucléaires au Royaume-Uni)

In the context of increasing environmental concern and the necessity to answer growing needs for energy, some countries have decided to stop their nuclear programs and focus instead on renewable energies. It's an option that the UK has refused to take on as the Government has decided to issue a call for tender for four nuclear plants, and that's what the text is about.

Il convient ensuite de donner de manière très concise l'**idée principale** du texte. Que doit-on retenir de l'article en question si l'on n'a qu'une seule phrase à sa disposition ?

On peut également ici faire référence à la **nature du texte**, dans la mesure où celle-ci présente un intérêt particulier, notamment si c'est un article d'opinion (*an opinion-oriented article, a leader, a leading article, an editorial*), écrit par un éditorialiste ou par un expert.

Il s'agit enfin de donner le plan du texte, de présenter sa **structure logique** en faisant ressortir la méthode utilisée par le journaliste. Cette étape permet de montrer que vous avez compris comment l'article s'organise logiquement et quelles sont les différentes étapes du raisonnement. Il faut viser la **simplicité**. Il ne s'agit pas de faire un commentaire littéraire, ni d'énoncer un plan subtil et détaillé, mais d'organiser votre compte rendu de la manière la plus claire possible. La plupart des articles commencent par une **anecdote** ou un cas particulier qui permet de faire apparaître le problème traité. Sont souvent ensuite abordées les **causes** et/ou les **conséquences**. L'analyse débouche enfin généralement sur la ou les **solutions** possibles, ou les **réactions** des différents acteurs. Bien sûr ce ne sont là que des indications très générales et des possibilités, mais ces catégories sont très utiles pour repérer très rapidement la structure d'un texte. Pour cette étape, éviter les formules du type : « *we have...* », et utiliser plutôt des verbes abstraits tels que : *to define, to present, to explain, to list, to detail, to analyse, to contend, to describe, to make it clear.* Expression à bannir : *the author talks about...*

Exemple 1 (texte sur le mouvement Occupy Wall Street)

The text first presents the latest demonstrations that have taken place in New York, and then analyses the reactions of both the authorities and the population.

Exemple 2 (texte sur les vingt ans des SMS)

The journalist first briefly sums up the history of the creation of SMS, then he underlines the extent of its use in today's society, and finally analyses its consequences on the way people communicate.

Il est tout à fait **inutile d'indiquer la source** (nom du journal, date de publication) du document, car l'examinateur l'a sous les yeux tout comme le candidat, sauf dans deux cas : cette source présente un intérêt particulier sur lequel on reviendra dans le commentaire ; il s'agit non pas d'un texte sur support papier mais d'un enregistrement, et dans ce cas, il peut être judicieux de montrer que l'on a compris ces indications.

Il convient enfin d'éviter le méta-langage : il est inutile de décrire ce que vous êtes en train de faire, cela doit être évident. Ne pas dire : *First I'm going to sum up this text, and then I shall comment upon it* ou bien *That's it for the summary, now I'm going to make my commentary.* À éviter absolument : *In a first part we can see that...* ; *the article falls into three parts.*

2. Compte rendu

Ce que l'on appellera compte rendu par commodité recouvre diverses appellations selon les concours : résumé, compte rendu structuré, courte présentation personnelle des idées du texte, synthèse ou restitution synthétique.

Il ne s'agit pas d'une simple forme abrégée et succincte du texte, mais plutôt :

- de **faire ressortir la structure logique** du texte ;
- de **reformuler les idées principales** et les exemples les plus significatifs avec vos propres mots, sans vous contenter de répéter les expressions du texte ;
- d'**expliquer le sens** des passages particulièrement complexes ou dont le sens n'apparaît pas immédiatement sans expliciter l'implicite.

Le but n'est pas de rendre le contenu du texte en aussi peu de mots que possible. C'est pourquoi le compte rendu ne doit pas être trop court (cette remarque devra être relativisée en fonction des exigences de chaque concours) : il doit occuper environ 30 à 40 % de votre temps de parole, c'est-à-dire, pour un oral typique de 20 min où le candidat doit parler une douzaine de minutes, le résumé peut durer de 4 à 5 minutes.

Le compte rendu doit être **structuré** : il est donc indispensable de faire ressortir le **plan** le plus clairement possible. Pour cela, il faut reprendre ce qui a été annoncé en introduction (si possible en utilisant les mêmes mots pour l'annonce de chaque partie), et développer chaque point.

Exemple

The first point in this article is a brief summary of the history of the creation of SMS. The journalist indeed starts with an anecdote to explain how software engineer Neil Papworth sent the first text message that he typed on a computer before sending it out onto one of his friends'mobile as an early Christmas greeting. Actually, Papworth turned out to be working for a Vodaphone team that aimed at developing a text message service for internal use. But it took seven years for the service to gain momentum and become extensively used among customers, because phone companies were quite reluctant and didn't believe in its potential. Only the introduction of pay-as-you-go enabled it to take off, which leads then the journalist to examine the extent to which text messaging is used today, and this is the second point.

La plupart du temps, il convient de suivre le déroulement de l'article, de **suivre l'ordre du texte**. Cependant, dans certains cas, notamment lorsque sont présentées deux séries d'arguments opposés, il peut être intéressant de réorganiser l'article et de regrouper certains éléments. Dans ce cas, il peut être judicieux d'expliciter sa démarche d'entrée de jeu (*I've decided to... because...*).

Quels éléments du texte faut-il retenir pour le résumé ?

- Concernant les **noms** propres (personnes, lieux, entreprises) : ne les mentionnez que s'ils sont largement connus, ou qu'ils occupent une place centrale dans le texte ; pour les personnes, c'est davantage leur fonction qui importe plutôt que leur nom.
- Concernant les **chiffres** (dates, pourcentages ou autres) : contentez-vous d'en citer quelques-uns, d'une part pour ne pas brouiller le message par une avalanche de chiffres, d'autre part pour montrer que vous êtes capable de les comprendre (dans le cas d'un enregistrement) sans vous tromper et de les exprimer oralement.
- Essayez de bien repérer les **notions essentielles** dans le texte, sur lesquelles vous pourrez revenir et prendre appui dans le commentaire. Pour reprendre l'exemple cité plus haut du texte sur Occupy Wall Street, il fallait s'arrêter sur des notions telles que : *global financial system*, *solidarity*, *activism* et bien sûr le terme même de *occupation*. Expliquez rapidement (car vous serez amené à les développer davantage dans le commentaire) les notions de civilisation telles que *partisanship*, *filibuster*, ou *conservatism*.

Aspects pratiques

Que ce soit un texte écrit ou un document audio, **il ne faut surtout pas chercher à rédiger** votre compte rendu, mais vous contenter de **prendre des notes succinctes** sur une feuille de brouillon ou directement sur le texte (penser alors à souligner, surligner, noter le plan dans la marge, résumer chaque paragraphe d'un mot). Vous improviserez ensuite à partir de ces notes. Faites en sorte d'avoir des notes aérées et claires, et essayez de ne pas dépasser deux pages : un recto pour le compte rendu et un autre recto pour le commentaire.

Vous pouvez commencer par prendre appui sur le paratexte (titre, sous-titre, intertitres, photo, tableau etc.).

La **première lecture ou écoute** sert à comprendre le sens général et à déterminer le plan du texte, et à noter la source et la date dans le cas d'un sujet audio.

La **deuxième lecture ou écoute** doit permettre de noter les éléments les plus importants : arguments et notions, exemples.

Deux lectures ou écoutes doivent suffire si vous ne voulez pas trop empiéter sur le temps nécessaire à la préparation du commentaire.

3. Commentaire

Entre le résumé et le commentaire, n'hésitez pas à faire une pause de quelques secondes pour montrer qu'une nouvelle étape est franchie. Attention à l'intonation : ne terminez pas votre résumé sur une intonation montante, sauf si c'est une question fermée, sinon l'effet sera désastreux.

Il faut également penser à une **transition**, qui ne doit pas être un très maladroit : *Now my commentary!* ni un plus élaboré mais tout aussi maladroit : *That's all for the summary, now I'm going to comment upon the text.*

Préférez des formules du type : *Now I'd like to discuss a few issues that are at stake in the text. Now I'd like to come back on one particular problem raised in the article. Now it might be interesting to focus on a few points that are particularly relevant in the text.*

Mais l'idéal est que la transition s'appuie sur une notion centrale dans l'article, que l'on va ensuite discuter dans le commentaire et que donc le lien entre le résumé et le commentaire soit **fondé sur le contenu plutôt que sur une transition purement formelle**.

Par exemple (texte sur l'obsolescence programmée des produits technologiques)

> *The article contends that improving the quality of products and putting an end to built-in obsolescence may help preserve the panet's resources. In this respect, one may wonder about the role and limits of innovation and obsolescence in the technology industry.*

Le commentaire doit être **clairement structuré**, tout comme le résumé. **Un plan** doit être annoncé. Même s'il n'y a pas de plan-type ni de méthode unique pour bâtir un commentaire, on peut cependant dégager quelques grandes lignes et mettre en évidence quelques principes :

- Il faut nécessairement **revenir sur l'idée principale du texte et la discuter** ; il ne faut pas prendre appui sur une remarque mineure ou un point secondaire du texte. Il faut s'attacher à analyser la question centrale et ne pas l'oublier au profit d'une question peut-être intéressante mais secondaire.
- Il faut toujours partir **du spécifique pour aller vers le général** : commencez par examiner le problème précis dont il est question dans l'article et élargissez peu à peu la perspective pour montrer en quoi le phénomène en question s'inscrit dans un débat plus large et débouche sur une question plus générale. Par exemple, dans un article sur les blocages politiques aux États-Unis, on pourra commencer par expliquer les raisons conjoncturelles puis les raisons institutionnelles qui permettent d'expliquer ces blocages, ce qui permettra de s'interroger sur les limites de la constitution américaine et sur le rôle des contre-pouvoirs en démocratie.
- Il faut **éviter les plans binaires** du type avantages/inconvénients ou thèse/antithèse simpliste.
- Il ne faut pas oublier de donner des **exemples**, et si possible des exemples précis et originaux ; ne vous contentez pas de mentionner le dernier film à la mode ou le dernier événement dont tout le monde parle ou la figure incontournable que tous les candidats vont citer ; d'où l'importance d'un travail de fond pour approfondir votre culture personnelle et l'importance aussi de réutiliser les connaissances acquises dans les autres disciplines (histoire-géographie, économie, littérature et philosophie).

Quant aux **approches possibles** pour le contenu commentaire, voici les principales (il s'agit ici de **pistes à explorer**, il ne s'agit en aucun cas d'appliquer toutes ces approches à chaque texte ou des les prendre les unes après les autres pour en faire plan) :

- **Éclairer le contexte** qui permet de comprendre l'article, apporter des éléments contextuels qui permettent d'élucider l'implicite (par exemple, dans un article sur les difficultés du gouvernement britannique face au Brexit, on pourra rappeler les circonstances dans lesquelles Theresa May a accédé au poste Premier Ministre, quand ont eu lieu les dernières élections législatives et quel en a été le résultat), expliquer les notions auxquelles il est simplement fait allusion dans le texte (par exemple : *Roe v Wade, Ivy League, hung parliament*). Cette approche par les connaissances nécessite une bonne maîtrise des notions de civilisation des pays anglo-saxons et une bonne culture générale.

- **Mettre à jour les informations** contenues dans l'article à la lumière des événements qui se sont déroulés depuis sa publication.
- **Compléter l'analyse** du journaliste en faisant ressortir les causes et les conséquences du phénomène décrit ou en en mentionnant d'autres que celles proposées par le journaliste ; essayer d'envisager des solutions ou d'autres que celles envisagées, ou encore de définir l'évolution possible du phénomène.
- **Définir, caractériser** (point de vue libéral, progressiste, utilitariste...) **et critiquer le point de vue et le ton** (ironique, sarcastique...) **adoptés** dans l'article ou le point de vue dont l'article rend simplement compte. Il s'agit alors notamment de trouver des contre-arguments et contre-exemples ou simplement montrer les limites de ce point de vue. Il ne s'agit pas tant de défendre absolument un point de vue plutôt qu'un autre, mais de faire montre d'une **attitude critique** ainsi que d'une **prise de distance** par rapport à l'article. L'essentiel n'est pas d'affirmer ou d'énoncer des certitudes, mais de poser des questions, de s'interroger. Il s'agit avant tout de faire surgir des questions et de montrer qu'on est capable de problématiser rapidement et efficacement n'importe quel sujet.
- Faire apparaître **une question plus générale ou un problème théorique** plus large dans lesquels s'inscrit l'article. C'est ici que vos connaissances en histoire, littérature, philosophie vous seront le plus utile. Ainsi, tel article sur les droits de scolarité aux États-Unis vous amènera à réfléchir sur la finalité de l'enseignement supérieur ; tel article sur le *e-government* vous amènera à vous interroger sur le rôle de l'État ; tel article sur la réforme du mode de scrutin au Royaume-Uni vous conduira à questionner les notions de représentation et de démocratie représentative.

Le commentaire doit être **personnel**, en ce sens qu'il ne s'agit pas de plaquer des raisonnements appris par cœur ni de réciter son cours, mais de montrer que l'on est capable de réfléchir à un sujet donné de manière authentique. Le commentaire est personnel en ce sens que l'on essaie d'y développer sa propre pensée de manière argumentée et illustrée d'exemples, et non pas parce que l'on va affirmer de manière péremptoire ce que l'on « pense » sans être capable de se justifier par de solides arguments. Ce n'est pas parce que l'on va dire *in my opinion* et *I think that...* que l'on va nécessairement développer une pensée personnelle. Le commentaire est personnel parce que le raisonnement mis en œuvre est bel et bien le vôtre, il est adapté à la spécificité du texte et n'est pas une simple récitation mécanique.

Il est important d'éviter les clichés et de ne pas croire que les examinateurs attendent une sorte de prêt-à-penser de la part des candidats. Il ne faut pas avoir peur d'affirmer votre point de vue, à condition que vous soyez capable de le justifier et d'en connaître les limites.

4. Conclusion

La conclusion doit proposer une **ouverture**, c'est-à-dire montrer en quoi la question traitée débouche sur une interrogation et s'inscrit dans une problématique plus large. Par exemple, à propos d'un article sur les *free schools* britanniques, où l'on aura souligné la mise en concurrence et l'évaluation à outrance des établissements scolaires dans ce qui devient un marché de l'éducation, on peut conclure en expliquant que le phénomène touche d'autres pays (en citant l'exemple des *charter schools*) et/ou d'autres domaines, notamment la santé.

La fin de l'exposé doit être, sinon préparée, du moins anticipée. Rien ne fait plus mauvais effet qu'un *That's all*, un *I'm finished*, un *OK* gêné ou pire encore une remarque non conclusive énoncée avec une intonation montante si bien que l'examinateur s'attend à une suite et se rend compte à l'air soulagé du candidat qu'il a terminé. Il est donc essentiel de réfléchir à la façon dont vous allez terminer votre exposé, d'où l'importance de finir sur une idée ou un exemple d'ouverture.

5. Entretien

Il faut vraiment voir l'entretien comme un véritable **dialogue** entre le candidat et l'examinateur.

Les questions possibles sont de trois ordres :

- **Questions de compréhension** du texte : elles visent à corriger une erreur que vous auriez faite ou à vérifier que vous avez bien compris un point dont vous n'avez pas parlé.
- **Questions de réflexion** : elles visent à vous faire aller plus loin que ce que vous avez dit dans votre commentaire en essayant d'attirer votre attention sur des conséquences que vous n'avez pas perçues ; elles peuvent aussi viser à vérifier que vous êtes capable de défendre votre point de vue et de répondre à des objections ; elles peuvent aussi parfois chercher, à un plus haut niveau, à vous mettre face à vos contradictions.
- **Questions ouvertes** : dans certains concours (notamment HEC), les examinateurs délaissent très vite le texte et son commentaire pour poser au candidat des questions sur sa vie, ses projets, son choix d'études ; l'entretien se transforme alors en une sorte d'entretien libre où les questions peuvent porter sur **n'importe quel sujet** sur le mode de la conversation. Dans cette perspective, il peut donc être utile de vous préparer pour avoir quelque chose d'intéressant à dire sur vos dernières vacances, vos auteurs préférés, la dernière l'exposition que vous avez vue, les raisons pour lesquelles vous voulez entrer dans telle école, les sports que vous pratiquez, etc.

D. Conseils pour bien communiquer

- **Regardez l'examinateur** dans les yeux (*eye-contact*), évitez de rester tête baissée à regarder votre feuille.
- Même si vous êtes stressé ou que vous pensez ne pas avoir compris le texte ou si vous estimez faire une prestation de piètre qualité, il faut toujours garder une **attitude positive et combative** ; évitez les soupirs ; il faut savoir donner envie à l'autre d'écouter ce que vous dites et, dans le cas où votre anglais ne serait pas excellent, d'amener l'examinateur à dépasser les erreurs formelles pour se concentrer sur le contenu de ce que vous dites.
- Parlez d'une **voix claire**, en articulant bien, en parlant suffisamment fort, sur un **ton dynamique, déterminé et convaincant** ; évitez le ton monocorde et les marmonnements ; vous ne pouvez pas convaincre l'examinateur si vous n'êtes pas vous-même convaincu de ce que vous dites ; il faut avoir **confiance en soi** pour inspirer confiance aux autres !
- Montrez aussi que vous **prenez plaisir** à passer un oral, qu'il ne s'agit pas d'un calvaire.
- Évitez les mots français parasites du type : enfin, bon, zut.
- **L'humour** peut être utilisé à bon escient ; rien n'interdit de faire rire le jury, du moment qu'il rit avec vous et non pas de vous !

Il faut avoir l'air à l'aise sans être désinvolte, rigoureux sans être rigide et spontané sans être confus. Dites-vous que ce qu'on vous demande est tout à fait a votre portée et qu'il n'y a aucune raison pour que vous ne réussissiez pas si vous faites de votre mieux.

VII. Les règles du jeu : qu'en disent les jurys ?

Voici une **compilation de remarques prises dans les différents rapports de jurys** qui devrait vous servir de document de référence incontournable pour la marche à suivre. En effet, chaque année les jurys se donnent la peine de formuler les écueils à éviter absolument et les attentes précises (formelles et fondamentales) des correcteurs. Ces remarques doivent être totalement assimilées afin de ne pas perdre de points par ignorance de la règle du jeu.

Selon les banques d'épreuves certaines contraintes peuvent varier mais on note une homogénéité de fond dans plusieurs domaines.

A. La forme

Vous passez un concours, vous devez vous placer devant le plus de candidats possible, il faut donc **faire la meilleure impression possible**, la présentation de votre copie est le reflet de l'impression que vous voulez donner de vous, donc :

1. Rendre une copie propre

Sans pâtés ni ratures et si les feuilles sont de couleur (certaines écoles font rédiger sur du papier autre que blanc) ne pas utiliser trop de blanco, préférer les encres effaçables dans l'ensemble, car tous les gros blocs de blanc finissent par faire sale.

Commission Langues **ESSEC février 2013** : « la copie **doit être lisible** et [les jurys] engagent les professeurs de CPGE à **faire recopier les devoirs indéchiffrables**, dans l'intérêt même des étudiants. »

2. Ne pas économiser le papier

Ne pas hésiter à sauter des lignes, à faire des paragraphes pour que la copie soit aérée, donc beaucoup plus agréable à corriger.

3. Avoir une écriture facile à lire

Se forcer à bien former les lettres (o≠a ; t≠v etc.) si votre écriture est mal formée il faut vous entraîner, quitte à refaire des lignes comme à l'école primaire, car une copie difficile à lire, voire sujette à interprétation, ne vous rend pas service.

4. Bien signaler le nombre de mots

Pour les exercices d'expression écrite, si possible mettre les étapes de 50 en 50 dans la marge afin que la vérification éventuelle du correcteur soit facile à effectuer.

5. Votre expression écrite en paragraphes clairement démarqués

Les copies compactes, sans respirations, sans articulations évidentes, donnent l'impression d'avoir été rédigées au fil du stylo, sans réflexion, sans raisonnement, sans logique particulière.

- **ECRICOME 2012** : « Les correcteurs se doivent d'attirer l'attention des candidats sur **l'obligation d'écrire des paragraphes** (plus ou moins longs) et ce afin de mettre en valeur les différentes étapes de leur raisonnement. »
- **CCIP 2012** : « Beaucoup de **candidats ne semblent pas comprendre le sens du mot "paragraphe"** et un certain nombre n'a pas marqué le nombre de mots par question. »

B. Le fond

1. Correction de la langue française

Les jurys déplorent que le français soit mal connu, en particulier le passé simple, les accords de participes passés et les structures subjonctives. Il est IMPÉRATIF de reprendre la grammaire française et de bien revoir les points qui vous paraissent mystérieux.

2. Correction de la langue anglaise élémentaire

Les jurys déplorent (et sanctionnent lourdement... !) les fautes relevant de l'anglais élémentaire acquis (en fait non acquis) au collège : déterminants, négation, structure de la question, invariabilité des adjectifs, verbes irréguliers courants, modaux, « -s » à la 3e personne du singulier, adjectifs et pronoms possessifs, le cas possessif, *which/who*...

Les correcteurs ne cessent de se confondre en étonnement (feint) devant les fautes élémentaires mais rassurez-vous, si vous êtes dans ce cas vous êtes loin d'être le/la seul(e). Ceci dit vous ne pouvez en rester là, car vous allez perdre un nombre de points important à chacune de ces fautes.

CCIP 2012 : « Un nombre troublant de candidats **ne maîtrise pas les simples conjugaisons** au présent *a politician say* (le "'s" manquait souvent), les temps *he did took* ou le possessif *the Roosevelt's legacy* par exemple. »

3. Vocabulaire

Les **correcteurs aiment le vocabulaire un peu sophistiqué mais n'aiment pas les formules toutes faites** utilisées à l'envi et qui, dans un contexte de langue par ailleurs pauvre et incorrecte, font totalement déplacées et artificielles.

Les jurys apprécient une langue variée simple mais précise et authentique. Vous trouverez ce vocabulaire dans les listes que vous fourniront vos professeurs et dans les articles que vous allez lire (en classe ou non). Pour réellement enrichir votre vocabulaire de façon réaliste et authentique il faut lire beaucoup.

CCIP 2012 : « Les candidats sont souvent **plus occupés à placer du vocabulaire** "marquant" (souvent, d'ailleurs, mal approprié) **que de présenter une suite logique d'idées**. »

CCIP 2012 « Malheureusement les candidats **utilisent souvent des bribes de choses apprises et mal digérées** ; [...] le **vocabulaire** est souvent **pauvre, répétitif** ou trop inspiré du texte. [...] Les **phrases** sont souvent **trop longues et alambiquées**, parfois de trois et quatre lignes, voire plus. »

4. Civilisation – Culture générale

Les jurys sont également souvent déçus de constater que les **faits de civilisation les plus fondamentaux ne sont pas acquis**. Que les étudiants survolent la question qui leur est posée sans y répondre vraiment et sans chercher à la situer dans les contextes historiques et culturels qui en feraient la richesse.

CCIP 2012 « Certains [candidats] **méconnaissent** visiblement le **système politique britannique**, ainsi que **l'actualité** politique du pays. »

5. Savoir gérer son temps

Il est important de prendre l'habitude de bien gérer son temps. Il faut avoir une montre bien visible avec soi et savoir que l'on va, en général, s'accorder une heure par exercice. Bien garder un quart d'heure pour relire attentivement votre copie en fin d'épreuve.

- **CCIP** : Le concours comporte **deux épreuves de deux heures**. Une épreuve de traduction et une épreuve de compréhension écrite et d'expression.
- **ECRICOME** : L'épreuve dure trois heures ; les candidats sont censés **accorder une heure à chaque exercice**.
- **IENA** : L'épreuve dure 4 heures et comporte un thème, une version, un texte à lire, deux questions sur le texte et une question d'expression personnelle.
- **ECRICOME 2012** « Les candidats se doivent de recopier leur brouillon le plus soigneusement possible et de **lire leur copie finie avec davantage d'attention**. Une première relecture attentive de la copie permettra de relever d'éventuelles omissions, une deuxième permettra de vérifier la correction de la langue, alors qu'une troisième permettra de contrôler la cohérence de l'ensemble. Cette **relecture à trois niveaux** est indispensable. »

C. L'esprit des concours

- **CCIP 2012** : « Il s'agit, surtout, de noter dans le contexte de notre concours, c'est à dire, en faisant des **comparaisons des copies entre elles et de forcer une moyenne proche de 10 et un écart type autour de 3,5** ; ce qui se traduit par des notes très échelonnées **qui ne reflètent pas forcément le niveau réel des candidats**. »
- **ECRICOME 2012** : Les épreuves de langues ont pour but de :
  - vérifier l'existence des bases grammaticales et lexicales ;
  - valoriser la connaissance et la maîtrise de la langue.

D. Ce que disent les jurys épreuve par épreuve

1. Exercices de traduction

- **ECRICOME 2012** : « Trop de candidats semblent **traduire sans penser**, sans insérer le sens du texte dans un contexte/situation plus large, et sans chercher la façon d'exprimer telle réalité en français. »

  « Les pénalités appliquées sont fonction de la gravité de la faute commise. La sanction la plus sévère est appliquée au contresens et au non-sens. Viennent ensuite, par ordre décroissant, le faux-sens grave, le faux-sens et l'impropriété. »

  « Une même faute n'est sanctionnée qu'une fois. »

  « En version, le candidat est invité à veiller non seulement à l'exactitude de sa traduction, mais également au **respect des règles de la langue française**. Une **omission**, volontaire ou non, est toujours pénalisée comme la **faute la plus grave**. »

  Un lexique de « base » est attendu : « Il s'agit de **mots que l'on rencontre régulièrement dans la presse écrite**, par exemple, que l'on entend à la radio ou que l'on rencontre sans arrêt sur Internet. »

  « Les **noms propres**, eux, ne doivent **pas être traduits**, sauf lorsque l'endroit a un nom en français. Les chiffres ne doivent en aucun cas être écrits en toutes lettres. »

- **IENA 2012** : « Il semble que **l'entraînement systématique** à ce type d'épreuve soit déterminant pour la réussite des candidats. Une pratique de **lecture d'articles de presse** et **d'acquisition de vocabulaire** usuel est jugée indispensable. La traduction systématique doit accompagner la lecture de textes, car la compréhension globale n'est pas suffisante à ce niveau d'exigence. »

2. Questions de compréhension

Il s'agit de répondre à une ou deux questions, en ne prenant en aucun cas parti. Ces questions ont pour but de vérifier votre compréhension réelle de l'extrait proposé.

IENA 2012 : « Les correcteurs soulignent le **manque d'aisance** de certains candidats pour reformuler le texte sans faire de la paraphrase. »

« Les correcteurs ont parfois constaté des prises de position personnelles sur le texte, alors qu'il est exigé de **répondre de manière synthétique à la question sans ajouter** ici des éléments **de commentaire** personnel. »

3. Essai

- **ECRICOME 2012** : « Le fond est noté sur 8, la forme sur 12. La norme est de 250 mots avec une marge de ± 10 % ; en cas de non-respect de cette norme, une pénalité d'un **point par tranche de dix mots** est appliquée. »

  « Sont **valorisées** les rédactions dans lesquelles les arguments sont présentés avec **cohérence et** illustrés **d'exemples probants. »**

  « Sensibles à la qualité de la pensée et à la maîtrise de l'expression, les correcteurs **bonifient les trouvailles et tournures de bon aloi** au cas par cas, ce qui rend possibles d'excellentes notes, même si un exercice n'est pas parfait. »

  ECRICOME 2012 : « L'essai doit comporter une **introduction,** courte et pertinente, mais qui **en aucun cas ne doit servir à annoncer un plan**. Elle posera en revanche une problématique, mais ne la déformera pas ; elle **ne donnera pas la réponse à la question posée** et ne se substituera en aucun cas à la conclusion. Vient ensuite le **développement** avec des **exemples probants** à l'appui, glanés dans le monde anglo-saxon et l'essai se termine sur une **conclusion**, courte et pertinente, elle aussi – et indispensable, car c'est elle qui va apporter la **réponse finale à la question posée**. »

  Ils tiennent à souligner également la nécessité de produire un ensemble équilibré : « l'introduction ne doit pas être excessivement longue par rapport au développement ou à la conclusion. »

  « Par définition, l'essai se veut une réflexion personnelle sur un sujet donné, il convient d'aller vers l'essentiel et non **pas se laisser enliser dans des considérations secondaires**, voire des spéculations **superficielles**. La philosophie dite "de bas étage" n'est certainement pas à sa place ici. »

  « L'essai ne doit servir de prétexte non plus pour "caser" à tout prix des mots, des expressions ou encore des phrases entières appris par cœur pour être "recyclés" le jour de l'épreuve, très souvent à mauvais escient. Les correcteurs voient également d'un **très mauvais œil les tentatives d'introduire des "pavés" entiers**, ces morceaux de bravoure vraisemblablement préparés à l'avance. »

  « Un nombre important de candidats ont la **fâcheuse tendance à confondre liste d'exemples et argumentation**. »

- **CCIP 2012** : « Il ne s'agit pas de trouver la "bonne réponse" à la question, ni de placer du vocabulaire appris pour l'occasion ni même d'étaler ses connaissances ; il s'agit de **construire un propos bien logique et argumenté** moyennant un **anglais** bien maîtrisé, varié et surtout **naturel** et d'incorporer quelques exemples bien trouvés. »

- **IENA 2012** : « Les correcteurs ont apprécié les copies qui définissaient bien les thèmes centraux, posant une **problématique cohérente** et s'y tenant. Certains candidats omettent de proposer un plan construit, et répondent tout de suite à la question en donnant leur avis, alors que **l'on attend une exposition équilibrée qui pèse les termes du sujet**. »
- **CCIP 2009** : « Les correcteurs invitent les candidats à **prendre plus de risque** dans cette épreuve, en ne se réfugiant pas derrière des propos de café de commerce, et en utilisant une langue simple qui **bannit toute expression soi-disant idiomatique**. Les correcteurs ont pour consigne de **bonifier** (prime à cette sorte de risque) **l'expression personnelle et de sanctionner une langue lisse ainsi que des propos convenus**. »

  « **Malheureusement**, trop d'étudiants s'en tiennent aux **clichés et aux idées reçues** pour donner un semblant d'argumentation à leurs propos. »

  « **Les meilleures copies,** en revanche, **ont été celles qui collaient vraiment au sujet et analysaient des exemples pertinents et qui n'assenaient pas des banalités.** »

  Ci-dessous un extrait du document donné aux correcteurs de la version ECRICOME 2012 :

  « Il convient de sanctionner lourdement le "franglais" : il faudrait aller jusqu'à **5 points-fautes pour des choses "monstrueuses"**. (Décision collégiale prise le 3 mai 2007) Dans la mesure du possible, toujours **valoriser la prise de risque** [...]**Ne pas frapper trop fort** au niveau de l'"**esquive**" si le candidat procède **intelligemment** ! »

  Depuis 2012 pour ECRICOME : **100pfs = 00/20 donc 50pfs = 10/20**

VIII. Barèmes de correction

A. Barème de correction de la version

Texte original

The magician

The revolution that Steve Jobs led is only just beginning

When it came to putting on a show, nobody else in the computer industry, or any other industry for that matter, could match Steve Jobs.

Corrigé proposé

Le magicien

La révolution menée par Steve Jobs n'en est qu'à ses débuts.

Lorsqu'il s'agissait de faire le spectacle, personne d'autre dans le secteur informatique comme d'ailleurs dans tout autre secteur ne pouvait rivaliser avec Steve Jobs.

Barème de correction faute par faute

Titre non traduit = 2pf

Sous-titre non traduit = 6pf

only just = rendu par **ne que + seulement* : 1pf.

it came to = structure mal perçue - contresens : 2pf

putting on a show = voc : 1pf

the computer industry = *industrie* et *secteur* acceptés

for that matter = de 1 à 2pf, selon gravité

match = voc : 1pf

B. Barème de correction du thème

Texte original

Le débat sur l'appartenance à l'UE refait surface en Grande-Bretagne

La crise qui frappe l'Europe a ravivé un débat déjà ancien en Grande-Bretagne, entre europhiles et eurosceptiques.

Corrigé proposé

Debate on EU membership resurfaces in Britain

The crisis affecting Europe has rekindled an already long-running debate in Britain between Europhiles and Eurosceptics.

Barème de correction faute par faute

Titre non traduit = 6pf

Bonifier le style « télégraphique » de + 2pts (= connaissance de la presse britannique).

Le débat = la suppression de l'article défini est acceptable dans ce contexte précis/ appartenance = voc : 1pf.

l'UE = inconnue ou rendue * *the UE* : 3pf ; absence de déterminant : 2pf. Bonifier la traduction *EU membership* de + 1pt.

refait surface = accepter le présent simple et le présent continu ; le « *re* » non rendu : 1pf.

Grande-Bretagne = **Great-Britain* : 1pf ; **the Great Britain* : 3pf (faute de civilisation et de grammaire) ; **Grand Britain* : 3pf ; *Brittany* : 3pf : *Britain* tout court, accepté ; *the United Kingdom* : 2pf (fait de civilisation).

La crise = voc : de 1 à 2pf, selon gravité (*crises*) ; faute de détermination : 2pf.

frappe = *hit* accepté.

l'Europe = **the Europe* = 3 pf.

a ravivé = faute d'aspect du groupe verbal : 2pf. Accepter le prétérit (usage américain) si l'ensemble correspond à 100 % aux normes américaines (lexique, orthographe, syntaxe et grammaire) ; voc : 1pf ; *revive* accepté.

déjà = omis : 1pf ; calque **a debate already old* : 2pf.

ancien = *ancient* : 2pf ; *former* : 2pf.

europhiles = voc : 1pf ; *Europhiles* et *europhiles* acceptés.

eurosceptiques = voc : 1pf ; *Eurosceptics* et *eurosceptics* acceptés.

Chapitre 3
Grammaire

I. 30 fiches de grammaire

A. Fiches de grammaire

Fiche 1	Le présent simple et le présent en *be* + *-ing*	112
Fiche 2	La référence au passé – Le prétérit	114
Fiche 3	Le prétérit modal	116
Fiche 4	Les aspects *be* + *-ing* et *have* + *-en*	118
Fiche 5	Référence à l'avenir	120
Fiche 6	*Would* : le conditionnel et autres emplois (fréquentatif et après *wish*)	122
Fiche 7	Les modaux (forme simple, modal + base verbale)	124
Fiche 8	Les modaux (forme en modal + *have* + participe passé)	126
Fiche 9	La voix passive	127
Fiche 10	L'interrogation ou l'art de (se) poser des questions	128
Fiche 11	La proposition infinitive	130
Fiche 12	La proposition relative	132
Fiche 13	Les structures résultatives (et leur traduction en français)	135
Fiche 14	Les subordonnées de temps	136
Fiche 15	Les phrases complexes	137
Fiche 16	*For/since/ago*	142
Fiche 17	*For/during/while*	144
Fiche 18	*Had better* et *would rather*	146
Fiche 19	Traduction de *faire faire*	147
Fiche 20	Emploi de l'article défini *the*	149
Fiche 21	Les quantifieurs	151
Fiche 22	Nature et place de l'adjectif, l'adjectif composé, l'adjectif substantivé	153
Fiche 23	Le comparatif et le superlatif des adjectifs	155
Fiche 24	Les noms composés	157
Fiche 25	*As* ou *like*	159
Fiche 26	Le génitif	161
Fiche 27	Discours direct et discours indirect	162
Fiche 28	Les prépositions	163
Fiche 29	Les particules adverbiales	165
Fiche 30	Tableau des verbes irréguliers les plus courants	168

Fiche 1

Le présent simple et le présent en *be + -ing*

1. Le présent simple

Le présent simple est souvent appelé « présent d'habitude » car on l'emploie effectivement pour parler de choses qui ont lieu habituellement, des généralités, comme dans les phrases suivantes :

> *Brian is a postman, so he **delivers** letters.*
> *Nurses **work** in hospital and **look** after patients.*
> *He always **goes** to the cinema on Sundays.*
> *I **work** on Mondays but I **do not work** on Saturdays.*

Notez la présence de l'adverbe *always*, *on Sundays*, *on Saturdays*, qui indiquent bien que l'événement dont on parle se répète, par habitude.

À la forme affirmative, il ne faut pas oublier le **-S** de la 3e personne et les formes négative et interrogative se forment avec l'auxiliaire *do* (*does* à la 3e personne du singulier), comme suit :

> *He always **works** on Mondays/**Does he work** on Fridays?/He **does not work** on Sundays*

En termes d'aspect (voir fiche 4), notons pour terminer que le présent simple ne porte pas de marque d'aspect en *be* + *-ing* ni *have* + *-en* par définition, on dira donc que le présent simple indique un aspect 0 : l'énonciateur ne repère pas l'événement par rapport au moment de l'énonciation, contrairement aux formes aspectuelles.

2. Le présent en *be + -ing*

Souvent appelé, parfois à tort, « présent progressif » ou « présent continu », ces dénominations soulignent en fait que l'événement dont on parle est *en train* de se dérouler, mais nous verrons aussi que le présent en *be* + *-ing* est aussi employé dans d'autres circonstances, c'est pourquoi les linguistiques préfèrent la terminologie « présent en *be* + *-ing* » à celle de « présent progressif » ou « présent continu ».

> *What **is** he do**ing**? He **is** writ**ing** a letter in his study room.*
> *Listen! John **is** play**ing** the piano.*
> *Mary is in Japan at the moment. She **is** learn**ing** Japanese.*

Les emplois ci-dessus ne posent guère de problème. Ce sont des exemples classiques. Notons maintenant d'autres emplois du présent en *be* + *-ing* :

> *He is always complaining. I'm fed up!*

Ici, bien que nous ayons l'adverbe de fréquence *always*, il faut la forme en *be + -ing* et non pas le présent simple, où le présent en *be + -ing* souligne l'irritation de celui qui parle, d'où l'accentuation forte sur *always* et « j'en ai marre !/*I'm fed up!* ». Valeur de commentaire des énoncés en *be + -ing*

Ce type de présent (en *be + -ing*) est aussi employé pour référer au futur s'il est accompagné d'un marqueur de temps futur, comme dans :

He is leaving for London tomorrow.

Pour exprimer l'intention, l'anglais a aussi recours au présent en *be + -ing*, même avec un verbe comme to *see*, qui a le sens à ce moment-là de « *I have an appointement with...* », par exemple :

*I **am** see**ing** the boss tomorrow afternoon.*

ou dans les phrases parfois appelées « futur proche » telles que « Elle va étudier en Angleterre » / *She **is** go**ing** to study in England.*

Remarque sur le présent de narration en français :

Pensez à traduire par **un prétérit de narration** en anglais. (Notez cependant que dans les didascalies – indications scéniques au théâtre – le présent simple, dont le rôle est de poser l'événement de façon neutre, est possible. On retrouve ce rôle essentiel du présent simple, par exemple, dans *Here comes the bus!* (présent simple qui « pose » l'événement, par rapport à *Look! The bus is coming!* où le présent en *-ing* « reprend » l'événement, l'explicite en contexte).

Exemple donné à CCIP

Le téléphone **sonne**. Je **m'essuie** les mains et je **décroche**.
Allô ? C'est qui ?
Martine ? C'est Germaine. Il est parti, le médecin ?
Je **jette** un œil par la fenêtre.

Nous traduirons par le prétérit de narration. (Le présent simple reste possible dans les textes modernes).

*The telephone **rang**. I **wiped** my hands and **picked** up the receiver. I **looked** out of the window.*

Fiche 2

La référence au passé – Le prétérit

Le temps grammatical (*tense*) par excellence pour parler de faits qui ont lieu dans le passé est le prétérit, qui exprime ce qu'on appelle le révolu, c'est-à-dire une rupture par rapport au moment de l'énonciation. Souvent, le prétérit est accompagné de marqueurs de temps indiquant que l'action ou l'événement a bien eu lieu dans le passé, tels que *yesterday, two days ago, in 1999, when I was a child...* etc.

> *I bought a new car yesterday.*
> *I decided to cancel my flight two days ago.*
> *I lived in Bristol when I was a child.*

Si *decided* et *lived* portent la marque classique du prétérit anglais des verbes réguliers (base verbale + *ed*), *went* est le prétérit irrégulier du verbe *to go*. À toutes fins utiles, la liste des verbes irréguliers se trouve sur la fiche n° 30.

À la forme interrogative et négative, l'opérateur *did* est utilisé :

> *Did you see the film yesterday?*
> *She did not organise her trip successfully.*

Le prétérit anglais peut apparaître sous sa forme simple ou la forme *be* + *-ing*. Examinons la différence.

1. Le prétérit simple

> *He moved to Bath when he was 18.*
> *She sent the letter to her boss two days ago.*
> *They **took** a shower when they **came** back home.*

Le prétérit simple indique tout simplement que les événements appartiennent au passé, au révolu, autrement dit, il établit une rupture par rapport au moment de l'énonciation.

Analysons maintenant le **prétérit en *be* + *-ing*** :

> *They **were** hav**ing** a shower when the phone rang.*
> *She **was** writ**ing** a letter when she heard a strange noise.*

Were having et *was writing* sont des formes de prétérit en *be* + *-ing*, qui indique que l'action de prendre une douche et d'écrire une lettre était en cours dans le passé au moment où l'événement ponctuel le téléphone a sonné et elle a entendu un bruit a eu lieu. C'est l'imparfait français qui rendra bien ces deux prétérits en *be* + *-ing* ici :

Ils *prenaient* un bain (*étaient en train* de prendre un bain) quand le téléphone a sonné/sonna.

Elle *écrivait* une lettre quand elle a entendu/entendit un bruit étrange.

La forme ***used to*** est employée parfois pour référer au passé :

Comparons les deux phrases suivantes :

> *There was a tree opposite the post office.*
> *There **used to** be a tree opposite the post office.*

Dans la première phrase, le prétérit simple *was* indique qu'il y avait un arbre dans le passé (je le savais avant, j'avais eu connaissance de cet arbre), mais la phrase ne dit rien sur l'existence ou non de cet arbre au moment où je parle, autrement dit, il est possible que cet arbre existe encore. En revanche, si le locuteur a recours à la forme *used to* pour se référer au passé, il ajoute une information supplémentaire : l'arbre n'existe plus maintenant. ***used to*** est donc employé pour indiquer que la situation actuelle a changé. Ainsi, dans les phrases *He used to smoke two packets of cigarettes a day*, il faut comprendre qu'il ne fume plus deux paquets par jour maintenant ; *They used to spend their holidays in Spain*, il faut comprendre qu'ils ne vont plus en Espagne maintenant.

C'est pourquoi en version, l'idée véhiculée par **used to** est très bien rendue par les adverbes *avant* ou *autrefois*.

> ***Autrefois*** *(avant), il fumait deux paquets de cigarettes par jour.*
> ***Autrefois*** *(avant), ils passaient leurs vacances en Espagne.*

2. Le discours indirect et la concordance des temps

Le prétérit est aussi employé dans le cadre de la concordance des temps classique que l'on doit opérer lors du passage du discours direct au discours indirect si le verbe d'introduction est lui-même au prétérit.

Exemple d'illustration :

> *"I am tired, so I can't come to the party" she said.*

Discours indirect :

> *She said (that) she **was** tired and **could** not come to the party*, où ***was*** et ***could*** sont des prétérits d'ajustement syntaxique dus au discours rapporté introduit par ***said*** au prétérit.

Le prétérit modal

Que veut dire “prétérit modal” ? Si l’on dit *If he came, we would play tennis* ou *Suppose he didn’t do it*… ici, le prétérit *came* et *didn’t do* ne réfère pas au passé, mais établit une hypothèse, la mise en place d’une situation irréelle. Dans ce type d’occurrence, on dit alors que le prétérit a une valeur modale.

Divers emplois de prétérit modal :

1. L’irréel et l’hypothèse

If she came, we would go to the cinema.

Il faut comprendre que *came* dans le sillage de *if* n’a pas la valeur de prétérit temporel comme dans, *when she came* back *to London, she visited all the sights*. *If* introduit *de facto* une hypothèse, une situation irréelle, *si elle venait*, indiquant par là-même une incertitude : je ne sais pas si elle viendra mais si c’était le cas, voila ce que nous pourrions faire en quelque sorte.

Le prétérit modal, tout comme le prétérit temporel, établit bien une **rupture**, mais d’un autre ordre.

Le prétérit temporel établit une rupture par rapport au moment présent de l’énonciation, alors que le prétérit modal met en place une rupture par rapport au réel en nous projetant dans une situation hypothétique, irréelle.

Autres exemples avec :

As if

He spoke as if he ***were*** *the president* : comme s’il était président, donc il n’est pas président. *Were* (*was* est possible dans la langue moins soutenue) est donc un prétérit modal.

Imagine

De par son sémantisme, qui réfère à l’imaginaire, *imagine* est un verbe qui introduit aussi un prétérit à valeur modale, situation irréelle par excellence.

Imagine you ***won*** *the lottery, what would you do ?*

2. L’expression du souhait

If only

If only I ***knew*** *where he was!*

Ici encore, *knew* n’a pas de valeur de prétérit temporel, c’est bien un prétérit modal exprimant le souhait du locuteur.

Wish

Le souhait est souvent introduit par le verbe *wish*, qui va donc générer un prétérit à valeur modale, comme dans

> *I wish the children* ***were*** *there. I miss them so much!*
> *She wishes her parents always* ***told*** *her the truth!*

Après *I'd rather*

La préférence peut être exprimée par *I'd rather* (qui est en fait la contraction de *I would rather*) suivi d'un prétérit modal :

> *I'd rather she* ***phoned*** *me later this afternoon* → je préférerais qu'elle m'appelle plus tard dans l'après-midi

Après *it's time* et *it's high time*

(à ne pas confondre avec *it's the first time* + *present perfect*, voir fiche 4)

Les expressions *it's time*/il est temps que et *it's high time* régissent également un prétérit modal :

> *It's time he* ***took*** *a decision* → il est temps qu'il se décide.

⚠ *It's (high) time* + prétérit est un classique des concours !

Fiche 4

Les aspects *be* + *-ing* et *have* + *-en*

1. Qu'appelle-t-on « aspect » ?

L'aspect grammatical est le point de vue que l'énonciateur émet par rapport à son énoncé. Ce point de vue peut être la marque d'un aspect inaccompli (*be* + *-ing*) ou d'un aspect accompli (*have* + *-en* où *-en* indique le participe passé). Ces deux aspects peuvent se combiner comme on le verra plus loin. Il y a donc trois aspects possibles en anglais :

Aspect 0 (absence d'aspect, cas du présent simple où il n'y a pas de marque d'aspect), l'aspect *be* + *-ing* et l'aspect *have* + *-en*. Pour mémoire, rappelons ici que l'anglais n'**a** que deux temps (au sens de *tense*), le présent et le passé.

2. Aspect 0 (absence d'aspect) (voir fiche 1) = le présent simple

Aspect *be* + *-ing*

Possible au *présent, au prétérit*, au *present perfect* et au *pluperfect*

> *He **is sleeping** in his bedroom* (présent en ***be*** + ***-ing***) (en ce moment-même)
> *He **was sleeping** in his bedroom when the thief broke into his house* (prétérit en ***be*** + ***-ing*** → le cambriolage a eu lieu alors qu'il (était en train de dormir) dormait dans sa chambre)

Remarque : (ne pas **systématiquement** traduire les formes *be* + *-ing* par un lourd et souvent inutile « en train de... »)

> *He has been studying Chinese for three years* (combinaison des deux aspects ***be*** + ***-ing*** et ***have*** + ***-en*** → cela fait trois ans qu'il étudie le chinois/il étudie le chinois depuis trois ans)
> *She had been living in England for five years when she got married* (le bilan est calculé par rapport à un événement lui-même au passé ***got married***) → Cela faisait cinq ans qu'elle vivait en Angleterre quand elle s'est mariée.

Les deux aspects *be* + *-ing* et *have* + *-en* peuvent donc se combiner.

Aspect *have* + *en*

Possible au *present perfect* et au *pluperfect*

I have lost my keys (qui permet d'établir un bilan dans le présent, le résultat est que je ne peux pas ouvrir la porte au moment où je parle car je n'ai plus de clés)

> *She arrived in New Orleans in 2008. She **had lived** in New York before deciding to move to Louisiana.* (pluperfect ***had lived*** antérieur à un événement passé) → d'abord elle avait vécu à New York, puis elle s'est installée à La Nouvelle-Orléans

L'aspect *have* + *-en* permet à l'énonciateur d'établir un bilan par rapport à une autre situation d'énonciation, présente (cas du *present perfect*) ou passée (cas du *pluperfect*). À ce titre, on peut comprendre aisément la présence du present perfect obligatoire que suit l'expression *it's the first time* en anglais, car il s'agit bien pour l'énonciation de faire un bilan de l'événement en question par rapport à la situation actuelle : c'est la première fois que cet événement a lieu :

⚠ ***It's the first time + Present Perfect*** (exemple classique aux concours !)

« C'est la première fois qu'il prend l'avion » se traduit donc par :

It's the first time he ***has taken*** *the plane.* (à ne pas conforme avec *it's time + prétérit*... voir fiche 3)

Fiche 5

Référence à l'avenir

Quelle est la différence entre *tense* et *time* ?

- *tense* : le temps grammatical. Il n'y a que deux temps en anglais (au sens de *tense*), le présent et le passé.
- *time* : le temps chronologique, qui se décompose entre passé, présent et futur.

⚠ Il n'existe pas de temps futur (au sens de *tense*) en anglais ; cependant, il y a bien entendu plusieurs façons de se référer au futur en tant que temps chronologique (*time*).

1. Le modal *will*
2. La construction *is going to*
3. La forme *be + -ing*
4. La forme simple
5. Le modal *will + be + -ing*
6. Autres possibilités pour référer à l'avenir

1. Le modal *will*

C'est la première façon de faire référence au futur à laquelle on pense en général.

> *I **will** go to the Netherlands next month.*
> *She **will** give you a ring tomorrow.*

Next month et *tomorrow* qui accompagnent chacune de ces phrases montrent bien que « aller aux Pays-Bas » et « te téléphoner » auront lieu dans le futur, un moment postérieur par rapport au moment de l'énonciation.

will est aussi employé lorsque l'énonciateur réagit à une situation, comme par exemple.

*Don't worry, **I'll** do it for you or **I'll** help you* peut être entendu pour apporter son aide immédiate à quelqu'un en difficulté, réaction spontanée à une situation précise.

2. La construction *be going to*

Parfois appelé **futur proche**, similaire au français « je vais faire... » / *I am going to do...*

> Je vais acheter deux livres et un dictionnaire cet après-midi → ***I am going to buy two books and a dictionary this afternoon*** (expression d'une quasi-certitude), je vais le faire, je sais que je passe à la librairie cet après-midi pour acheter ces trois ouvrages.

3. La forme en *be + -ing*

*I **am taking** the dog to the vet this afternoon.* C'est ce que j'ai projeté de faire : j'emmène/je vais emmener le chien chez le vétérinaire cet après-midi. La référence au futur ici souligne donc une **intention** de faire quelque chose.

4. La forme simple + marqueur temporel

The train arrives at 17.35. L'arrivée du train est bien postérieure par rapport au moment d'énonciation. Cette arrivée est indépendante de ma volonté, c'est prévu par les horaires de train tout simplement.

5. Le modal *will + be + -ing*

Cette combinaison du modal *will* et de la forme en *be + -ing* insiste sur le *déroulement* de l'événement dont on parle, comme par exemple :

*Tomorrow afternoon, I **will be playing** tennis* (c'est ce que je serai en train de faire demain après-midi)

6. Autres possibilités pour référer à l'avenir (liste non exhaustive)

To be about to do something → être sur le point de faire quelque chose
To be set to do something → être prêt à faire quelque chose
to be to → pour ce qui est prévu/doit arriver
When is the Prime Minister to arrive? → Quand le Premier ministre doit-il arriver ?

Remarque après *when/as soon as*

C'est un autre classique des concours : lorsque *when/as soon as* est une conjonction de temps introduisant donc une subordonnée temporelle, il n'est pas possible d'employer ***will***.

Observons :

*We will go to the market **when he arrives*** (quand il arrivera/à son arrivée)
I will take a decision when I have read the letter → je prendrai une décision quand j'aurai lu la lettre
Peter will send me a message as soon as his parents phone him (dès que ses parents lui téléphoneront)

La traduction de « Dès qu'il aura fini son devoir, il pourra quitter la salle » sera donc :
*As soon as he **has finished** his test, he will be able to leave the classroom*

En revanche, dans les **interrogatives**, il est possible de trouver *when* et *will* comme dans :

***When will** you come back to visit us ?* → Quand reviendras-tu nous rendre visite ?

Fiche 6

Would : le conditionnel et autres emplois (fréquentatif et après *wish*)

Le conditionnel se construit avec *would* suivi de la base verbale.

1. Le conditionnel présent ou l'irréel du présent

> *I **would** take a year off if I had more money*
> → Je prendrais une année sabbatique si j'avais plus d'argent

would apparaît dans la phrase principale alors que la subordonnée en ***if*** est suivie du prétérit : c'est la construction d'une phrase classique exprimant l'irréel du présent, la réalisation de la phrase principale « prendre une année sabbatique » étant tributaire de « avoir plus d'argent ».

De même, on a :

> *They **would** drive to the museum if they **knew** the (right) way.*
> *If the manager **met** you, he **would** give you the report immediately.*

Notons que le prétérit employé dans la subordonnée en ***if*** n'est pas un prétérit temporel : il s'agit de prétérit modal (voir fiche 3)

2. Le conditionnel passé ou l'irréel du passé

> *If I had known that there was a bus strike, I **would not have waited** for the bus.*
> *If they had seen the accident, they **would have been shocked.***
> *If she had invited me to come to her birthday party, I **would have come** of course!*

Les formes de conditionnel passé sont ici respectivement, en gras :

> Je n'aurais pas attendu le bus
> Ils auraient été choqués
> Je serais venu bien sûr

La subordonnée en ***if*** est suivie du *pluperfect* (plus-que-parfait en français, soit si j'avais su/s'ils avaient vu/si elle m'avait invité.), alors que le conditionnel passé apparaît dans la phrase principale.

Récapitulatif du système hypothétique au conditionnel

	Condition	Conséquence
Irréel du présent	*If* + prétérit *If I **had** more money*	Phrase principale avec *would* + base verbale *I **would go** to the States*
Irréel du passé	*If* + pluperfect *If I **had known***	Phrase principale avec *would* + *have* + participe passé du verbe *I **would** not **have come***

Autres emplois de *would*

***would* dit « fréquentatif »**	*When I was a child, I **would** go fishing with my father every other Sunday*/Enfant, j'allais à la pêche avec mon père un dimanche sur deux	Répétition d'une action dans un contexte passé/imparfait en français
would* après le verbe *wish	*I wish she **would** accept this proposal*/ Je souhaiterais qu'elle accepte cette proposition	*wish* + *would* pour exprimer le souhait (NB. Un prétérit modal est possible également, voir fiche n° 3 Prétérit modal)

Fiche 7

Les modaux (forme simple, modal + base verbale)

Pour commencer, observons ce tableau récapitulatif

Modal	Exemples	Traduction en français
Can/ Could	I **can't** play tennis	*Je ne sais pas jouer au tennis* (= je n'ai jamais appris, j'ignore les règles)
	I **can't** see the bird up in the tree	Impossibilité = *je n'arrive pas à voir l'oiseau dans l'arbre*
	I **could** not understand why he refused this position !	Impossibilité dans le passé (***could***, passé de ***can***) : *je ne pouvais pas comprendre pourquoi il a refusé ce poste*
May/ Might	I **may** come to this exhibition, I don't know yet !	*Il se peut que je vienne à cette exposition, je ne sais pas encore/ Peut-être que je viendrai*
	May I open the window ?	*Puis-je ouvrir la fenêtre ?* = demande polie/expression de la permission
	He **might** accept the proposal	*Il se pourrait qu'il accepte la proposition*
Must	I **must** finish this task by next Friday	*Il faut que je termine cette tâche d'ici vendredi prochain* = obligation
	You **mustn't** come into this room	*Tu ne dois pas entrer dans cette pièce/Il ne faut pas entrer dans cette pièce* = c'est interdit = ***must*** + ***not***, expression de l'interdiction, l'absence d'obligation étant rendu par ***needn't*** (semi-modal)
Needn't	You **needn't** fill in the form !	*Il n'est pas nécessaire de remplir le formulaire* = absence d'obligation
Will/ Would	I **will** send you a message as soon as I arrive	*Je t'enverrai un message dès mon arrivée* = modal ***will*** pour exprimer un événement au futur
	If I were you, I **would** not resign	*A ta place, je ne démissionnerais pas* = ***would*** + **base verbale**, conditionnel présent
Shall/ Should	I **shall** give you an answer by tomorrow	*Promis, je te donnerai une réponse d'ici demain* (futur + idée de promesse, d'engagement)
	You **shall not** kill !	*Tu ne tueras point !* (biblique) = ***shall*** + ***not*** (interdiction)
	You **should** report this crime to the police	*Tu devrais signaler ce délit à la police* (expression du conseil)

Remarques sur le tableau ci-contre :

Les auxiliaires de modalité sont, comme l'indique cette terminologie, avant tout des **auxiliaires**, c'est-à-dire qu'ils accompagnent des verbes ; ils expriment en même temps une **valeur modale**, dans la mesure où ils peuvent indiquer le point de vue de l'énonciateur qui évalue les chances de réalisation d'un événement, du moins certain avec *might*, au plus certain avec *must*, comme dans :

> *Take your umbrella! It* ***might*** *rain*
> *He* ***must*** *have left his book at school! He can't find it in his bag.*

Tous les auxiliaires de modalité du tableau, au nombre de 9, sont en outre **suivis de la base verbale** (donc sans *to* de l'infinitif) ; ils ne s'accordent pas à la troisième personne du singulier (donc absence de S) ; par ailleurs, deux modaux ne peuvent en aucun cas se suivre, c'est pourquoi il existe des **équivalents des modaux**, auxquels on a recours notamment pour référer à l'avenir :

> Il devra signer son contrat d'ici demain → *he* ***will have to*** *sign up his contract by tomorrow.*
> Elle pourra lui téléphoner dans le bureau → *she* ***will be able to*** *phone him in the study room.*
> Il pourra quitter le commissariat à 17 heures → *he will be allowed to leave the police station at 5 o'clock*

Modaux	Équivalences
can	*(to) be able to*
may (permission)	*(to) be allowed to*
must	*(to) have to*

Remarques sur *should* et *ought to* :

Il est possible de dire que *should* exprime davantage la relation entre le locuteur et l'interlocuteur en soulignant les rapports intersubjectifs (i.e. le conseil émane directement de la personne qui parle), alors que *ought to* renvoie davantage à l'usage, à ce qu'il convient de faire dans un cas précis : l'énonciateur s'en remet à une norme ; *should* a donc une valeur plus subjective, alors que *ought to* a une valeur plus objective. D'ailleurs, en présence d'un adjectif appréciatif (dont la valeur est donc ouvertement subjective), seul *should* est possible :

Par exemple : *It is strange/surprising that he should come to this party.*

On ne pourra pas dire: **It is strange/surprising that he ought to come to this party,* alors que *ought to/should* peuvent tous les deux être utilisés pour exprimer le conseil.

You ***should*** *apologise immediately* (+ subjectif) ou *you* ***ought to*** *apologise immediately* (+ objectif/ norme)

Par ailleurs, *should* et *ought to* ne sont absolument pas interchangeables dans des énoncés du type : *If it should rain tomorrow/Should it rain tomorrow, I'd stay home.*(seul *should* est possible ici.)

Les modaux (forme en modal + *have* + participe passé)

Modal	Exemples	Traduction en francais
Can't have **+ participe passé** ***Could have*** **+ participe passé**	You **can't have seen** him at the library, he's abroad at the moment You **could have told** him that we didn't miss him at all !	*Il est impossible que tu l'aies vu à la bibliothèque, il est à l'étranger en ce moment* = déduction par rapport à une situation *Tu aurais pu lui dire qu'il ne nous avait pas du tout manqué*
May have **+ participe passé** ***Might have*** **+ participe passé**	The plane **may have been** delayed by the bad weather He **might have forgotten** to send the letter	*Il est possible que l'avion ait été retardé par le mauvais temps* *Il se pourrait qu'il ait oublié d'envoyer la lettre*
Must have **+ participe passé**	You **must have met** his parents at the party. They were there !	*Tu as sûrement (certainement) rencontré/tu as dû rencontrer ses parents à la soirée. Ils y étaient !*
Needn't have **+ participe passé**	They **needn't have worried** about their son's results. He's passed his exams with flying colours !	*Ce n'était pas la peine qu'ils se fassent du souci au sujet des résultats de leur fils. Il a réussi ses examens avec brio* = ils se sont effectivement inquiétés mais ce n'était pas nécessaire
Will have **+ participe passé** ***Would have*** **+ participe passé**	You **will have written** 100 pages when you start chapter 5 I **would have chosen** a school in Paris	*Tu auras écrit 100 pages quand tu commenceras le chapitre 5* *J'aurais choisi une école à Paris*
Should have **+ participe passé**	They **should have told** us that they were away. We wouldn't have waited for them !	*Ils auraient dû nous dire qu'ils étaient absents. Nous ne les aurions pas attendus !* = expression d'un reproche = ***should*** + ***have*** + participe passé

Remarques sur le tableau ci-dessus :

Cas de ***need***, semi-modal : *need* est appelé semi-modal car il peut être considéré comme un verbe – et donc recours à *do/does/did* à la forme négative, comme dans *I don't need that calculating machine* ! – ou comme un modal, suivi donc de la base verbale seule, par exemple : *you needn't worry*

Différence de sens importante à saisir entre les deux phrases suivantes :

He didn't need to bring a cake to the party	Explications : effectivement, il n'a pas apporté de gâteau puisque ce n'était pas nécessaire
He needn't have brought a cake to the party	Explications : il a bel et bien apporté un gâteau, mais ce n'était pas nécessaire

La voix passive

Le passif est composé du participe passé du verbe (régulier en ***-ed*** ou voir la liste des verbes irréguliers, fiche 30) et de l'auxiliaire ***to be*** (être), qui peut être conjugué à tous les temps. Le complément d'agent est exprimé par ***by***, mais bien souvent, il n'est pas mentionné. Il indique que le sujet du passif a subi l'action exprimée par la phrase à la voix passive.

Exemples :

> *The mouse **was eaten** by the cat* (prétérit, ici avec complément d'agent exprimé).
> *The Christmas tree **will be decorated** at the beginning of December.* (référence au futur avec *will*)
> *The safe **has been stolen**.* (present perfect)
> *This castle **was built** in the eighteenth century.* (prétérit)
> *His bike must **have been stolen**, he can't find it again !* (avec le modal *must*)
> *It can't **be denied** that she has improved her English.* (avec le modal *can*)

Il faut bien comprendre que l'auxiliaire être (= *to be*), est obligatoire, comme en français.

Cas particulier de la forme passive des verbes suivis d'une postposition (appelés aussi *phrasal verbs*) ou d'un complément indirect :

Observons :

> *Someone has broken into the house.*
> *The nurse looks after the patients.*
> *Someone has slept in the bed.*

Voici ces mêmes phrases à la voix passive :

> *The house **has been broken into**.*
> *The patients **are looked after**.*
> *The bed **has been slept in**.*

On note donc que la postposition ou la préposition qui introduit le complément indirect est maintenue à la voix passive.

On utilise le passif pour traduire le pronom impersonnel **On** en français :

> *It can't be denied that... :* **on** ne peut nier le fait que...
> *They **are advised** to wait :* **on** leur conseille d'attendre.
> *This bridge **is being built** :* **on** est en train de construire le pont
> *We **were told** that the plane was going to land at terminal 2 :* **on** nous a dit que...

Forme passive pour traduire le conditionnel journalistique :

> *The swindler **is reported to** have been arrested in the carriage of a train from London.*
> → L'escroc **aurait été** arrêté dans le wagon d'un train en provenance de Londres.
> *The unemployment rate **is said to** have decreased* → Le taux de chômage aurait baissé
> *The president **is thought to** have resigned* → Le président aurait démissionné

Fiche 10

L'interrogation ou l'art de (se) poser des questions

1. Les questions qui admettent une réponse en OUI ou NON

La règle fondamentale consiste à faire monter l'auxiliaire (*to be* ou *to have*) ou le modal en tête de phrase. Si la question comporte un verbe (*understand, eat, drink*. etc..) sans auxiliaire, l'anglais a recours à ce moment-là à *do/does/did*. Il faut opérer l'inversion entre le sujet et l'auxiliaire, c'est-à-dire que l'auxiliaire (ou *do/does/did*) se place avant le sujet :

> ***Are*** *you hungry?*
> ***Have*** *you understood this rule?*
> ***Do*** *you want to travel business class?*
> ***Does*** *she spend all her holiday at the seaside?*
> ***Did*** *they send their report on time?*
> ***Can*** *you speak Spanish?*
> ***May*** *I open the window?*

2. Cas de la formation des questions portant sur un élément de la phrase

Élément – sujet

Who *is coming this afternoon ?* : lorsque la question porte sur le sujet, l'interrogatif *who* occupe cette position (en tête de phrase), suivi du verbe conjugué à la troisième personne du singulier.

Élément – objet

> ***What*** *do you want?*
> ***What*** *did you write yesterday?*
> ***What*** *are you looking at?*

What, interrogatif qui porte sur une chose ou un inanimé, en tête de phrase est à nouveau accompagné de *do/does/did* s'il s'agit d'un verbe comme *want, write*... etc. ou de l'auxiliaire s'il y en a un. Notez qu'il faut garder la préposition à la fin de la question si la question porte sur le nom introduit par la préposition (*What are you looking at? Who are you waiting for? Who does she look after? Who are you laughing at?*, etc.)

3. Relation de possesseur – chose possédée

> ***Whose*** *car is parked opposite the school?* (la voiture de qui?)

- **Question portant sur un complément de lieu**

> ***Where*** *do you live?*

Question portant sur un complément de temps

When *did you buy this tape recorder?*

Notez ici que le prétérit – et non pas le present perfect – est systématiquement utilisé lorsque *when* porte sur un complément de temps.

Question portant sur la manière

How *did you manage to put all these things into such a small suitcase?*

Question portant sur la durée

How long *have you been waiting for the bus?* (Depuis combien de temps...)

Question portant sur le nombre de fois

How many times *have you seen this thriller?* (combien de fois...)

Question portant sur la fréquence (*tous les combien*)

How often *do you go to the hairdresser's?*

Question portant sur le coût

How much *did you spend?*

Question portant sur l'âge

How old *are you?*

Question portant sur la distance

How far *is it to reach the bus station?*

Question portant sur le choix entre deux ou plusieurs choses

Which *one do you prefer?*

Question portant sur la longueur ou la largeur

How long/how wide *is this swimming pool?*

Fiche 11

La proposition infinitive

1. La proposition infinitive suivie d'un infinitif en *to*

On trouve la plupart du temps une proposition infinitive en *to* après un verbe exprimant une **visée**, c'est-à-dire une action ou un événement que l'on souhaite voir se réaliser ou pas.

- Tout naturellement, une proposition infinitive en *to* suivra les verbes dont le sémantisme couvre une définition de visée, soit :

  To want, to order, to ask
  I want you ***to read*** *the first paragraph.*
  I ask you ***to send*** *me a copy of your thesis.*
  I order you ***to stand up****.*

- Après des verbes exprimant une invitation de la part de l'énonciateur :

  To invite, to advise, to allow, to enable
  I invite you ***to come*** *to my birthday party*
  I advise you ***to take*** *some warm clothes if you go to Canada*
  The teacher allows the pupils ***to use*** *a dictionary for this translation*
  A computer enables us ***to work*** *more efficiently*

- Après les constructions exprimant le souhait :

  I wish ***to spend*** *a couple of days in a tropical country for a change.*
  I would like ***to move*** *to a much larger house than mine.*

- Après un verbe exprimant une cause dont la source est le sujet

  The hurricane caused the tin roof ***to collapse****.* → L'ouragan est à l'origine de la chute du toit
  The police got the thieves ***to get inside*** *the van* → à la demande des policiers

- Après les constructions des verbes introduisant une déclaration ou une croyance, telles que *say* or *believe* à la voix passive :

  She is said ***to be*** *intelligent* → on dit qu'elle est intelligente
  He is believed ***to be*** *guilty* → on croit qu'il est coupable

Il convient de noter aussi les constructions de l'infinitif en *to* introduit par *for + someone*, souvent après un adjectif d'ordre appréciatif, comme dans :

It's difficult ***for him to recover*** *from the jet lag.*
It's unusual ***for her to arrive*** *late.*
It's important ***for a diver to control*** *his oxygen tank regularly.*

2. La proposition infinitive suivie de la base verbale (infinitif sans *to*)

- La proposition infinitive sans *to* (donc uniquement la base verbale seule) suit après les verbes *make* et *let* dans les constructions suivantes :

> *The teacher* ***made*** *the pupils* ***work*** *on this wonderful project.*
> *The parents* ***let*** *their children* ***play*** *in the courtyard.*

- Notez que, à la voix passive, il faut à nouveau employer une infinitive en *to*, comme par exemple pour la phrase ci-dessus :

> *The pupils* ***were made to work*** *on this wonderful project.*

Après les verbes de perception tels que *hear, see, watch*, l'infinitif sans *to* apparaît (en concurrence cependant avec la forme en *-ing*) comme dans :

> *I heard them climb up the steps late in the evening.*
> *I saw them steal the bike.*

où l'énonciateur fait référence à la notion de « monter les marches » par rapport à une autre action possible par exemple *get out of the car*, et à la notion *steal the bike* par rapport à un autre événement possible *sleep* : voila ce qu'il ont fait : ils ont monté les marches de l'escalier tard dans la soirée, ils ont volé le vélo.

Si l'on souhaite insister sur le déroulement de l'action, le forme en *-ing* est alors préférable. En utilisant le modal (*can* ou *could*), l'énonciateur se focalise sur le sujet grammatical et constate effectivement son aptitude à faire telle ou telle chose dans telle ou telle situation.

> *I could hear them climbing up the steps late in the evening.*
> *I could see them stealing the bike.*

Grammaire 3

Fiche 12

La proposition relative

La proposition relative est introduite par un pronom relatif tel que *who, whom, which, that...*, elle se place généralement juste après un nom qui est appelé *antécédent*.

Exemple :

> ***The car that*** *was parked opposite the police station was my neighbour's.*

où ***that*** est un pronom relatif qui a pour antécédent le nom *car*.

Il est d'usage de distinguer deux grands types de proposition relative, celle qui décrit son antécédent, soit la **relative descriptive** (parfois appelée relative appositive), et le deuxième cas qui est la relative qui définit l'antécédent, soit la relative déterminative.

1. La proposition relative descriptive

> ***The table, which*** *he bought this morning, is large enough for the living-room.*
> ***The pilot, who*** *flew over this country, is well-known worldwide.*
> ***This student, whose father*** *lives in China, speaks Chinese very well.*

Notons la présence de *which* si l'antécédent est une chose (ou un inanimé), de *who* si l'antécédent est une personne (ou un animé), et de *whose*, génitif de *who* établissant un lien de possession entre l'antécédent et le nom qui suit *whose*, ainsi que la présence de la virgule dans ce type de proposition relative.

Dans ces trois exemples, on a affaire à une relative qui apporte un commentaire sur l'antécédent, une sorte d'information supplémentaire, mais en aucun cas une information essentielle pour déterminer cet antécédent. *The table, the pilot* et *this student* peuvent être identifiés sans la présence de la proposition relative, apposée à l'antécédent déjà déterminé par la situation d'énonciation. C'est pourquoi l'on peut supprimer la proposition relative descriptive ou appositive sans conséquence majeure sur l'identification de l'antécédent :

> *The table is large enough for the living-room.* (information complémentaire, mais non nécessaire : il a acheté cette table ce matin)
> *The pilot is well-known worldwide.* (information en supplément : il a survolé ce pays)
> *This student speaks Chinese very well.* (autre information à titre indicatif : son père habite en Chine)

2. La proposition relative déterminative

La proposition relative déterminative est parfois appelée relative restrictive.

Observons ces trois phrases pour déduire ce que révèle une telle terminologie :

> ***The students that*** *had been delayed by the bus strike were given some extra time to finish their English tests.*
>
> ***The nurses who*** *had been working in the hospital for 15 years were given a promotion.*
>
> *She sat down in* ***the armchair that/which*** *was just before the fireplace to enjoy the warmth of the fire because she was cold.*

Que faut-il constater ici ?

Tout d'abord, notons l'absence de la virgule, contrairement aux relatives descriptives. Les antécédents *students, nurses et armchair* sont en effet antéposés aux relatifs *that, who,* et *which* sans qu'une virgule vienne les séparer, comme s'ils faisaient bloc, qu'ils formaient un tout : de fait, la relative apporte un trait définitoire aux antécédents, elle les détermine avec précision. Autrement dit, les relatives déterminatives (comme c'est le cas dans nos trois exemples) sont nécessaires à l'identification de l'antécédent. Il ne s'agit pas de n'importe quel étudiant, mais de ceux qui sont arrivés en retard à cause de la grève des bus, il ne s'agit pas de toutes les infirmières mais de celles qui ont 15 ans d'ancienneté à l'hôpital. De même, elle s'est assise précisément dans le fauteuil qui se trouve le plus proche de la cheminée car elle avait froid. Cette information est essentielle pour comprendre l'énoncé. La relative déterminative apporte donc un caractère restrictif en singularisant l'antécédent par rapport à des autres éléments. Elle ne peut être omise.

Dans cette troisième phrase par exemple, on obtiendrait un énoncé étrange si l'on omettait la proposition relative.

> *? she sat down in the armchair because she was cold.*

On ne comprendrait pas la relation entre **avoir froid et s'asseoir dans un fauteuil**. Il est nécessaire de préciser que le fauteuil qu'elle a choisi n'est pas n'importe quel fauteuil qui se trouve dans le salon, mais précisément celui qui se trouve le plus près de la cheminée pour se réchauffer.

Dans ce type de relative, le pronom relatif *that* est souvent préférable à *which* : *the armchair that was just before the fireplace.* C'est pourquoi le pronom relatif *that* sera aussi préféré à *which* dans les cas d'énoncés qui soulignent *de facto* une restriction par rapport à une situation, comme c'est le cas avec la présence de *only*, du superlatif et de la construction en *that's all...* :

> *It's the* ***only*** *bag* ***that*** *is big enough for my tennis racquet.*
>
> *It was* ***the most*** *appalling film* ***that*** *I have ever seen!*
>
> ***That's all that*** *I have to say!*

Omission du pronom relatif en position COD (complément d'objet direct) :

> *The car which he bought yesterday is a four wheel drive.*
> *The woman whom she saw at the market place works in a clinic.*

Dans les deux cas ci-dessus, *which* et *whom* sont en position COD, on peut donc en faire l'ellipse et il est donc tout à faire possible de dire :

> *The car he bought yesterday is a four wheel drive.*
> *The woman she saw at the market place works in a clinic.*
> Cas d'un pronom relatif suivi d'une préposition:
> *The man to whom she was talking was responsible for the accident.*

Ici, on a deux possibilités : si l'on fait l'ellipse du pronom relatif, il est alors obligatoire de garder la préposition après le verbe *talking* et dire :

> *The man she was talking to was responsible for the accident.*

Si l'on garde la préposition avant *talking*, l'ellipse est impossible et il faut obligatoire introduire *whom* (who est impossible ici après la préposition) :

The man to whom she was talking... (*to whom*, langue plus soutenue, l'anglais courant préférant la formule ***the man she was talking to***)

Les pronoms relatifs *which, what, where, when* :

Which : relatif de phrase, qui reprend, valeur anaphorique (i.e. Reprise)

> *The play lasted three and a half hours, which was quite tiring !* (..., ce qui était très éprouvant)

What : relatif sans antécédent en tête d'énoncé, valeur cataphorique (i.e. Annonce)

> ***What*** *is interesting is that you can have an option.* → **Ce qui** est intéressant, ce que tu/vous...

→ Moyen mnémotechnique pour mieux se repérer : *whIch* avec un I comme dans « reprIse » / *whAt* avec un A comme dans « Annonce »

All (that) : tout ce que

Attention à la traduction de **où** :

l'endroit où il a acheté cet objet → *the place* **where** *he bought this object*	car *où* précédé d'un lieu
le jour où il a visité → *the day* **when** *he visisted...*	car *où* à sens temporel

Les structures résultatives (et leur traduction en français)

Les structures dites « résultatives » peuvent être variées en anglais de par leur formation, cependant elles partagent toutes la structure suivante :

On considère le résultat qui résulte de l'action du verbe, qui indique donc le processus qui conduit à ce résultat, comme dans :

> *The thief broke into the office*
> Le résultat : il est entré dans le bureau (*into*)
> Comment ? par effraction (*broke*)

On constate donc que le chassé-croisé est la technique employée ici pour traduire cette phrase :

> Il est entré dans le bureau par effraction.

Quelle différence entre l'anglais et le français ?

En anglais, la phrase suit **l'ordre chronologique** de l'événement, contrairement au français qui préfère produire d'abord le résultat, puis le moyen, à savoir :

D'abord, il casse la serrure de la porte ou la fenêtre (1. *broke*), ensuite il peut rentrer dans le bureau (2. *into*).

Observons d'autres possibilités de formation de structures résultatives :

> *He flew around the world* : il a fait le tour du monde en avion.
> *The horse neighed to a halt* : le cheval s'est arrêté en hennissant.
> *The homeless starved to death* : les sans-abris sont morts de faim.
> *The dog licked the saucer clean* : le chien a nettoyé la soucoupe à coups de langue.
> *The babysitter rocked the baby asleep* : la baby-sitter a endormi le bébé en le berçant.
> *He shrugged off the proposal* : il a refusé la proposition d'un haussement d'épaule
> *She drank herself sick at the party* : elle est tombée malade à force de boire à la soirée.

Les subordonnées de temps

- **Un point de clarification pour bien comprendre tout d'abord :** observons ces deux phrases

> *I don't know* ***when he will be back*** (interrogative indirecte)
> ***When he is back,*** *we will be able to sign up the contract.*
> → À son retour (lorsqu'il sera de retour), nous pourrons signer le contrat

Dans la première phrase, on a affaire à une interrogative indirecte, le modal *will* est donc possible : cette phrase peut se comprendre comme suit :

Question (interrogative directe) : « *When will he be back ?* » *he asks*

Interrogative indirecte : *he asks when he will be back*. De même, on aura, *I don't know when he will be back*

De même, il est possible de trouver *will* après *when* lorsqu'il est pronom relatif, par exemple :

> Le jour viendra où tu comprendras la situation → *The day will come when you will understand the situation* (qui est équivalent à *the day when you will understand the situation will come*)

Dans la deuxième phrase ci-dessus, *when he is back, we will be able to sign up the contract*, le modal *will* est impossible après *when* :

- **La règle fondamentale**, c'est que dans le cas de **subordonnées circonstancielles de temps**, introduites par *when* (ou *as soon as, until, as long as*...), **il est impossible d'employer le modal *will*.** Les correspondances temporelles d'une langue à l'autre vont donc se décliner comme suit :

Français	Anglais
Quand il **décidera** (futur), nous...	*when he* ***decides*** (présent simple), *we*...
Quand il **aura décidé** (futur antérieur),	*when he* ***has decided*** (present perfect)
Quand il **déciderait** (conditionnel présent)	*when he* ***decided*** (prétérit)
Quand il **aurait décidé** (conditionnel passé)	*when he* ***had decided*** (pluperfect = plus-que-parfait)

Notez la différence de construction après *hardly... when* et *no sooner... than* pour exprimer le français **à peine... que** : inversion si placé en tête de phrase

HARDLY had they left *the city* ***WHEN*** *it started to rain*	*Ils avaient à peine quitté la ville qu'il se mit à pleuvoir*
NO SOONER had they finished *their meal* ***THAN*** *the phone rang*	*Ils avaient à peine fini leur repas que le téléphone sonna*

Les phrases complexes

Qu'entend-on par « phrase complexe » ?

La phrase simple de base en anglais peut être considérée la phrase déclarative du type S-V-O (sujet - verbe - objet), par exemple :

> *I am taking the dog to the vet*

Dès lors, toute dépendance créée à partir d'une phrase simple conduira à un énoncé complexe, dont la structure syntaxique sera dépendante d'un verbe ou d'un groupe principal. Si l'on dit :

> *He said that he was taking the dog to the vet*

on obtient déjà un premier niveau de complexification d'énoncé avec une subordonnée complétive. La phrase :

> *I am taking the dog to the vet this afternoon, provided I can leave the office earlier*

est également une phrase complexe, où apparaît une proposition circonstancielle exprimant la condition (*provided* = *on condition that*...). Il existe plusieurs catégories de phrases complexes, dont les principales sont :

1. Les subordonnées complétives

Les subordonnées complétives suivent les verbes déclaratifs tels que *say, believe, think, add, contend, declare*... etc. + *that* (facultatif), conjonction que introduit la subordonnée. Sur le plan syntaxique, la subordonnée sera donc COD (complément d'objet direct) du verbe qui l'introduit, et répond à la question *What* ? comme dans notre exemple ci-dessus :

> *What did he say?*

Réponse : *He said (that he was taking the dog to the vet)* = complément d'objet direct de *said*, au même titre que *something* dans *he said something*, qui a aussi la fonction COD du verbe *said*. La subordonnée complétive *that he was taking the dog to the vet* dépend donc du verbe principal *said* sur le plan syntaxique.

Le discours indirect, qui introduit une subordonnée complétive, est traité sur la fiche 27.

2. Les subordonnées relatives (voir fiche 12)

3. Les subordonnées circonstancielles les plus courantes

a. Les subordonnées exprimant la condition, l'hypothèse

Sur la fiche 6, vous trouverez les phrases en *-If* en relation avec le conditionnel présent et passé.

> *If I have the time, I will take the children to the cinema.*

En complément de *if* introduisant une subordonnée de condition, il existe d'autres variantes similaires à cette valeur de condition, en particulier avec les conjonctions suivantes : *unless, so long as/as long as, provided/providing*

soit

> *I will take the children to the cinema,* ***provided*** (= ***providing***) *I have the time,* où *provided* (= *providing*) est l'équivalent de *on condition that...*

Autres exemples :

> *I can lend you my car,* ***provided*** (ou ***providing*** ou ***on condition that***) *you fill it up*
> → Je peux te prêter ma voiture, à condition que tu fasses le plein

Attention au sens de *unless*, qui veut dire **à moins que + subjonctif** et qui nécessite donc un sens négatif dans la phrase principale, par exemple pour l'exemple ci-dessus :

> *I will* ***not*** *take the children to the cinema,* ***unless*** *I have the time* (à moins que je n'aie le temps)
> ***As long as*** *the children play silently in the courtyard, there's no need to worry about them* → **aussi longtemps que** (= tant que) les enfants jouent tranquillement dans la cour, il n'y a pas lieu de s'inquiéter.

Note sur l'inversion possible avec les subordonnées en *-If* dans la langue soutenue :

> *If I had known that she was at the hospital, I would have visited her of course!*

Qui devient après inversion :

> ***Had I known that*** *she was at the hospital, I would have visited her of course!*

b. Les subordonnées circonstancielles de temps

Sur la fiche 14, les subordonnées de temps sont traitées par rapport au temps nécessaire dans la subordonnée introduite par *when* (absence de *will*).

As peut avoir une valeur temporelle ou causale, à l'instar de *comme* en français :

> ***As*** *he was coming back from the city centre, he came across an old friend of his.*
> → Comme il rentrait du centre-ville = au moment où il rentrait...

While, qui veut dire **alors que** ou **pendant que** insiste sur la simultanéité de deux événements, qui ont donc lieu au même moment :

He improved his English very well ***while*** *he was in England* (**pendant** son séjour en Angleterre)

Whenever, autre conjonction de temps alliant *when* + *ever* en un seul mot, insiste sur la réitération, la répétition d'une action :

> ***Whenever*** *I go to England, I bring back some English tea* → Chaque fois que je pars en Angleterre...

No sooner... than **et** ***hardly... when***, qui syntaxiquement génèrent une ***inversion*** sujet-auxiliaire s'ils ces conjonctions sont placés en tête, insistent sur la quasi-simultanéité de deux actions différentes, l'une suivant l'autre de près :

> ***No sooner*** *had we left the town* ***than*** *it started to rain* → À peine avions-nous quitté la ville qu'il s'est mis à pleuvoir (ou ordre classique : *we had* ***no sooner*** *left the town* ***than*** *it started to rain*)

Cette même phrase peut se réécrire avec l'alternative qu'offre *hardly... when* :

Inversion si placé en tête :

> ***Hardly*** *had we left the town* ***when*** *it started to rain*
> Ordre classique : *we had* ***hardly*** *left the town* ***when*** *it started to rain*

c. Les subordonnées circonstancielles de concession

La conjonction à laquelle l'on pense immédiatement est *although* (*though* possible également), qui veut dire **bien que** (+ subjonctif en français), mas il en existe d'autres :

Exemples :

> *They want to spend another week in this holiday flat, although it is quite expensive* → bien que ce soit cher (même si c'est cher)

Conseil : en version, si vous avez un doute sur la forme du subjonctif à employer après **bien que**, il est préférable à ce moment-là d'opter pour **même si** qui lui est suivi de l'indicatif.

Bien entendu, on aurait pu avoir *even though* ou *even if* à la place de *although* :

> *They want to spend another week in this holiday flat,* ***even though/even if*** *it is expensive*

Notez la différence de construction sur le plan syntaxique entre *despite* et *in spite of* (**en dépit de**), où *despite* est suivi immédiatement d'un nom, alors que *in spite* doit être suivi de la préposition *of*, puis d'un nom.

> ***Despite*** *all the problems she had been going through, she managed to recover from her depression.*
> ***In spite of all the problems...***

d. Les subordonnées circonstancielles de contraste ou d'opposition

- ***Whereas*** (→ tandis que) permet de comparer deux situations pour mieux les contraster, comme par exemple :

> *Jane is interested in literature,* ***whereas*** *her brother is keen on science*

- ***While***, conjonction qui peut vouloir dire **pendant que** (voir ci-dessus au point des subordonnées circonstancielles de temps), peut aussi avoir ce sens de contraste, au sens de **alors que**.

- ***whether... or*** va permettre d'opérer une alternative, c'est-à-dire un choix entre deux polarités, souvent une opposition entre le négatif et le positif, comme dans :

> ***Whether*** *you like it* ***or*** *not, you will have to wait another twenty minutes to go onboard.*
> → **Que vous le vouliez ou pas**, il vous faudra attendre encore vingt minutes avant de monter à bord

e. Les subordonnées circonstancielles de cause et de conséquence

> *He did not take part in the project* ***because*** *he did not have the time* → **parce qu'il** n'avait pas le temps (***because***, valeur causale)
>
> ***As*** *he did not have the time, he did not take part in the project* → **Comme** il n'avait pas le temps, il n'a pas participé au projet (***as***, valeur causale = équivalent de **parce qu'il** n'avait pas le temps → ***because*** *he did not have the time*)
>
> ***Since*** *he did not have the time, he did not take part in the project* → Puisqu'il n'avait pas le temps, il n'a pas participé au projet. (Attention : ne pas confondre ***since*** causal, qui veut dire **puisque**, avec *since* + expression de durée, qui veut dire *depuis*, voir fiche 16) : ici ***since***, valeur causale, **puisque**
>
> *He refused to join the team* ***insofar as*** *he knew that he would not be there during the whole semester.* ***insofar as*** → dans la mesure où (***insofar as***, valeur causale)
>
> *She had left her passport at her place,* ***so that*** *the customs officer refused to let her go on board the plane* (*so that* → de telle sorte que/si bien que..., introduit une subordonnée de conséquence)

f. Les subordonnées circonstancielles de lieu

> *Waterstones is the only place* ***where*** *you can find this book.*
> ***Wherever*** *you go, take your student's discount card with you!*
> → *Où que tu ailles*/quel que soit l'endroit où...

g. Les subordonnées circonstancielles de but

in order to **et** ***so as to*****, au même titre que** ***to*** expriment le but en anglais, par exemple :

> *I sent a letter to his insurance company* ***in order to/so as to/to*** *report the theft*

4. Verbes à plusieurs constructions

Certains verbes comme *to mean, to regret, to remember, to stop, to try*... admettent deux constructions possibles, suivis soit d'un verbe en *-ing*, soit de l'infinitif en *to*. Il importe donc de pouvoir les différencier et d'en saisir les différences de sens dans le tableau suivant :

Verbe suivi de	*-ing*	*to*
mean	*Preparing the competitive exams to enter a Grande École* ***meant*** *revis**ing** every night*	*He* ***meant to*** *study English in England to become a teacher*
regret	*I* ***regret*** *send**ing** him this letter*	*I* ***regret to*** *tell you that you have failed the exam*
remember	*I* ***remember*** *meet**ing** her at the party*	*You must* ***remember to*** *post the letter*
stop Erreur fréquente : bien noter les **deux sens différents selon la construction après *to stop***	*I* ***stopped*** *listen**ing** to the birds and kept on walking in the park* → i.e. j'ai cessé d'écouter ***Stop* + V-*ing* = fin de l'activité en cours**	*I* ***stopped to*** *listen to the birds in the park* → i.e. je me suis arrêté pour écouter les oiseaux ***Stop* + *to*-infinitif = début de l'activité**
try	*He was out of breath and suffocated. He* ***tried*** *open**ing** the door to breathe some fresh air, but that didn't help him (i.e. he did open the door)*	*He* ***tried to*** *sell all his second hand books at the car boot sale, but was not successful* *I will* ***try to*** *explain to you why you are wrong*

a. Adjectif appréciatif + *should*

It's ***surprising*** *that he* ***should come*** *to this exhibition*	C'est surprenant qu'il vienne à cette exposition
It is ***strange*** *that he* ***should have stayed*** *two weeks in such a boring place*	C'est étrange qu'il soit resté deux semaines dans un endroit aussi ennuyeux

For/since/ago

1. La traduction de *depuis* par *for/since*

Type de verbe de la phrase principale + depuis	Français	Anglais
Verbe d'état au présent (par exemple *to be/être*) + depuis	Il **est** malade **depuis** trois jours/depuis lundi	*He **has been** ill **for** three days/ **since** Monday* soit ***for*** + expression de durée ***since*** + point de depart de l'événement = **Verbe principal au Present perfect**
Verbe d'activité au présent (par exemple *to work* → travailler) + depuis	il **travaille** sur ce projet **depuis** cinq semaines	***He has been working** on this project **for** five weeks* **Verbe principal au Present perfect en *-ing***
Verbe d'état au passé (par exemple *to be* → être) + depuis	il **était** absent **depuis** deux jours	***He had been** away **for** two days* **Verbe principal au Pluperfect (i.e. plus-que-parfait)**
Verbe d'activité au passé (par exemple *to work* → travailler) + depuis	il **travaillait** sur ce projet **depuis** Noël	***He had been working** on this project **since** Christmas* **Verbe principal au Pluperfect en *-ing* (i.e. plus-que-parfait)**

Commentaires

a. Traduction depuis seul, souvent en tête de phrase :

Exemple :

Depuis, il habitait à Londres → ***Since then**, he had been living in London*

b. Quel temps dans la phrase qui suit depuis dans les propositions depuis que + sujet + verbe ?

Exemple :

Il étudie l'anglais depuis qu'il est arrivé à Oxford/depuis son arrivée à Oxford → *He has been studying English **since he arrived** in Oxford* (ici, *since* suivi du prétérit car l'arrivée est révolue, c'est-à-dire terminée et appartient au passé)

Mais observez la phrase suivante :

Il étudie l'anglais depuis qu'il est à Oxford → *He has been studying English **since he has been** in Oxford* (ici, *since* suivi du present perfect car il y est toujours)

Ici, *for* + durée se traduit par depuis. À ne pas confondre avec ***for*** **+ verbe principal au prétérit** dans le sens de « pendant » traité sur la fiche suivante (voir fiche n° 17)

2. Emploi de *ago* + prétérit

Placé à la fin de la phrase, par exemple *two weeks ago*, ***ago*** indique que l'on se situe complètement dans le passé, sans lien avec le présent.

Par exemple :

Il est allé à Tokyo **il y a deux mois**
→ *He* ***went*** *to Tokyo* ***two months ago.*** **(Prétérit *went* + *two months ago*)**

For/during/while

1. Utilisation de *for* + verbe de la phrase principale au prétérit

Il s'agit de la traduction de **pendant (+ prétérit dans la phrase principale), à ne pas confondre avec *for* qui veut dire « depuis » dont le verbe de la phrase principale est toujours un present perfect ou un pluperfect** (voir fiche précédente n° 16).

Exemple :

> Il a travaillé en Allemagne pendant trois ans → *He **worked** in Germany **for** three years.*
> Ils ont habité à Marseille pendant sept ans → *They lived in Marseilles for seven years*

For + prétérit est suivi d'une expression qui indique une durée (pendant trois ans, pendant sept ans... etc..)

2. Comparaison entre *during* et *while*

During **(pendant) + nom (pas de verbe conjugué)**	***While*** **(pendant que) + sujet + verbe conjugué**
They visited the Eiffel Tower during their holiday in Paris	*They visited the Eiffel Tower while they were on holiday in Paris*
She heard a strange noise during her sleep	*She heard a strange noise while she was sleeping*
He fell asleep during the exam	*He fell asleep while he was doing the exam*

Commentaires

a. Quelle différence entre *for* (pendant) et *during* (pendant) ?

During répond à la question ***when?*** (quand l'événement a eu lieu) et non pas à la question *how long?* → **depuis combien de temps ?**, alors que ***for*** répond précisément à la question ***how long?*** (donc interroge sur la durée)

C'est pourquoi ***for*** est suivi d'une expression indiquant une durée (une semaine, un mois, un an, cinq ans → *for a week, for a month, for a year, for five years*... etc), alors que ***during*** est suivi d'un mot qui correspond à lui seul à une période dans le temps, à un moment précis (quand ?), sans indication de durée explicite (pendant la nuit, pendant les années 1930, pendant les vacances, pendant la récréation, pendant le film, pendant le voyage → *during the night, during the 1930s, during the holiday, during the break, during the film, during the journey*)

Exemple :

> *He stayed in Manchester **for 3 weeks*** → Il est resté à Manchester pendant 3 semaines
> *He improved his English **during his stay*** → Il a amélioré son anglais pendant son séjour
> ***During** the summer I worked **for** two weeks* → Pendant l'été, j'ai travaillé deux semaines

Remarque complémentaire :

During peut aussi être suivi d'une quantité chiffrée mais n'exprime pas la durée contrairement à *for* + quantité chiffrée :

President Reagan was president for *8 years* (durée – statut posé) *and* during *those 8 years he travelled all over the world.* (statut repris = rappel de la période chiffrée préalablement par *for* + *8 years* + reprise par le démonstratif *those*)

b. Quelle différence entre *during* (pendant) et *while* (pendant que) ?

During est suivi d'un nom (pas de phrase derrière *during*), alors que *while*, conjonction de temps, au sens de pendant que introduit une proposition temporelle, c'est-à-dire que *while* doit être suivi d'un sujet et d'un verbe conjugué (i.e. *while* + phrase avec un sujet et un verbe conjugué).

> *She cried* ***during*** *the film.* → Elle a pleuré pendant le film
> *She cried* ***while*** *she was watching the film.* → Elle a pleuré en regardant le film (= pendant qu'elle regardait)

Fiche 18

Had better et *would rather*

Notez tout d'abord que les formes contractées sont ***I'd better*** et ***I'd rather***, mais le premier *'d* (dans *I'd better*) est la contraction de *had* (= ***I had better***), alors que le deuxième *'d* est la contraction de *would* (= ***I would rather***).

You'd better** = **you had better **pour le conseil → tu ferais mieux de/vous feriez mieux de...**	***I'd rather** = **I would rather*** **pour la préférence → Je préférerais**
You'd better take *an umbrella if you go to England* → Tu ferais mieux de prendre **un parapluie** *You'd better* est suivi de la base verbale (donc sans *to*) *You'd better not wait for him* → Tu ferais mieux de ne pas l'attendre	***I'd rather go*** *to the cinema* ***than stay*** *at home* → ***Je préférerais aller*** *au cinéma plutôt que de rester à la maison* *I'd rather* est suivi de la base verbale (donc sans *to*) et de *than* + base verbale s'il y a une comparaison, comme dans la phrase ci-dessus (***than stay***). Avec *I'd rather*, la préférence peut porter sur un événement visé par quelqu'un d'autre (i.e. deux sujets différents dans la phrase), par exemple si l'on dit : Je préférerais qu'il parte tout de suite. → *I'd rather he went right now* *I'd rather* est alors suivi du sujet + prétérit modal Autres exemples : Je préférerais que tu ne téléphones pas pendant la nuit → *I'd rather you didn't phone during the night* (le prétérit modal est traité sur la fiche n° 3) Je préférerais ne pas attendre → *I'd rather not wait* Je préfèrerais que tu viennes demain après-midi → *I'd rather you came tomorrow afternoon*

Traduction de *faire faire*

La traduction de **faire faire** est un classique des concours, notamment dans la partie portant sur les phrases grammaticales en LV2. Il existe différentes façons de traduire **faire faire**, mais l'on peut noter cependant quelques règles qui se dégagent, selon que l'on mentionne l'exécutant ou pas, comme dans le tableau suivant :

faire faire avec mention de l'exécutant : sens actif → faire faire quelque chose à quelqu'un	**faire faire sans mentionner l'exécutant : sens passif → faire faire quelque chose par quelqu'un d'autre sans mentionner nécessairement l'exécutant**
1. ***To MAKE someone DO something*** Exemples : Le professeur fait travailler les élèves → *The teacher makes the pupils work* La police lui a fait ouvrir le capot → *The police made him open the bonnet* Je lui ai fait repeindre le mur car il l'avait abîmé → *I made him paint the wall again because he had damaged it* Le douanier lui a fait ouvrir sa valise → *The customs officer made him open his suitcase* (attention au passif : *He was made* ***to*** *open his suitcase* – présence de ***to*** obligatoire à la voix passive) Dans tous les exemples ci-dessus, on retrouve la présence de l'exécutant (*pupils, him*), les personnes qui font l'objet de la contrainte initiée par le sujet de la phrase. 2. ***To have someone DO something*** *He had his English friend do this translation* → il a fait faire cette traduction par son ami anglais : ici, absence de contrainte 3. ***To GET someone TO DO something*** *He got her to come to the party he had organised* : idée d'effort, d'où *il est parvenu à la convaincre pour qu'elle vienne à sa soirée*	***To HAVE something DONE*** Exemples : J'ai fait réparer ma voiture hier → *I had my car repaired yesterday* Je viens de faire repeindre ma maison → *I have just had my house painted again* J'ai fait nettoyer le garage il y deux semaines → *I had the garage cleaned two weeks ago* Exemples avec se faire faire : Je me suis fait couper les cheveux → *I have had my hair cut* Je me suis fait voler mon téléphone portable hier → *I had my mobile phone stolen yesterday*

Commentaires

a. Se faire comprendre : *to make oneself understood*

> Il avait du mal à se faire comprendre → *He had trouble making himself understood*

b. Notez qu'il existe des locutions françaises qui sont traduites en anglais non pas avec les deux structures mentionnées dans le tableau ci-dessus, mais tout simplement en employant en verbe seul, par exemple :

> **Faire appeler** (un médecin) :
> Ils ont fait appeler un médecin → *They* ***sent for*** *a doctor*
>
> **Faire pousser** (des légumes) :
> Ils font pousser les carottes dans leur potager → *They* ***grow*** *carrots in their kitchen garden*
>
> **Faire bouillir** (l'eau)
> N'oublie pas de faire bouillir l'eau ! → *Don't forget* ***to boil*** *the water!*
>
> **Faire démarrer** la voiture → ***to start*** *the car*
>
> **Faire entrer** quelqu'un → ***to show*** *someone* ***in***

Emploi de l'article défini *the*

1. Avertissement

Le titre choisi pour cette fiche part d'un constat : encore trop souvent, certaines copies abusent de l'utilisation de l'article ***the***, là où l'absence d'article (Ø) est la règle, si l'on dit par exemple :

> Il s'intéresse à **la publicité** → *He is interested in Ø* ***advertising***.
> Il aime **les voitures allemandes** → *He likes Ø* ***German cars***.
> **Le tourisme** connaît un nouvel essor → *Ø* ***Tourism*** *is enjoying a new boom.*

Dans le tableau ci-dessous, on s'intéresse essentiellement aux contextes les plus courants où il faut employer l'article défini, ***the***.

Cas où il faut employer l'article *the*	Exemples d'illustration
1. Si l'on reprend un élément déjà repéré dans la situation d'énonciation	*I saw a cat in the street.* ***The*** *cat was black.*
2. Pour des éléments déjà repérés dans la situation	Si vous êtes à table par exemple, on dira : *Could you pass me* ***the*** *wine please ?*
3. Cas de relatives déterminatives	*I like* ***the*** *tea that my grandmother bought in England two months ago.*
4. Structure en *of* si cela détermine le nom	L'Angleterre → *England* sans article, mais on dira : ***The*** *England of the eighteenth century*
5. Pour tous les instruments de musique	*He plays* ***the*** *piano/****the*** *guitar/****the*** *clarinet*
6. Certains noms de pays et de régions, ainsi que les noms de fleuves	Nom de pays en général sans article, sauf pour ***the*** *United States* + singulier, ***the*** *Netherlands* (les Pays-Bas) + singulier, ***the*** *Soviet Union*, ***the*** *United Kingdom*, ***the*** *HK*, ***the*** *USA*, ***the*** *Transvaal*, ***the*** *Crimea*, ***the*** *Sahara*, ***the*** *Saar*, ***the*** *USRR*, ***the*** *Ukraine*, ***the*** *Congo*, ***the*** *Ruhr*, ***the*** *(French) Riviera* (→ la Côte d'Azur), ***the*** *Philippines*, ***the*** *Canaries*, ***the*** *Bahamas*, ***the*** *British Isles* Fleuves : ***the*** *Thames*, ***the*** *Hudson*, ***the*** *Seine*, ***the*** *Rhine*, ***the*** *Nile*
7. Astres	***the*** *earth*, ***the*** *sun*, ***the*** *moon*
8. Temps	*I don't like* ***the*** *cold* → *je n'aime pas le froid* Saison en général sans article : *in winter, in summer, in autumn, in spring*
9. Moyens de transport	*I'll take* ***the*** *plane* → *je prendrai l'avion*
10. Adjectifs substantivés	***the*** *rich, the poor,* ***the*** *blind,* ***the*** *unemployed,* ***the*** *homeless,* ***the*** *underprivileged...* etc + accord au pluriel
11. Animal	***the*** *horse/****the*** *dog is a faithful animal*
12. Les mots suivants	On dira : ***the*** *Internet*, ***the*** *environment*

2. Cas particuliers lors du thème anglais : traduction des noms de rue français

Le titre de la nouvelle d'Edgar Allan Poe, *Murders in **the** Rue Morgue* (1841) (*Double Assassinat dans la Rue Morgue*) indique bien qu'il est nécessaire en général d'employer l'article défini ***the*** lorsque l'on traduit un nom de rue en anglais, en thème. On traduira donc :

> Elle habite dans la rue Petit
> → *She lives in **the** Rue Petit*
>
> Ils ont acheté un appartement dans la rue de la Paix
> → *They have bought a flat in **the** Rue de la Paix*
>
> Il a visité un studio dans la rue Lecourbe
> → *He has visited a studio flat in **the** Rue Lecourbe*

Les quantifieurs

quantifieur anglais	équivalent français	nom au singulier	nom au pluriel
some	**des** (quantité non précisée)	*I've bought some milk* ➜ j'ai acheté du lait	*I've bought some books* ➜ j'ai acheté des livres
any	1. négation en *not... any* 2. n'importe quel	1. *I haven't bought any milk* ➜ je n'ai pas acheté de lait 2. *Any student knows that it is important to revise the lessons* ➜ n'importe quel étudiant sait qu'il est important de réviser les cours	1. *I haven't bought any books*
no	négation pleine	*There's no tea left !* ➜ il ne reste plus de thé	*no books* ➜ pas de livres
none	aucun		*none of them has phoned* ➜ aucun d'entre eux
either	ou	1. *there are jams on either side of the road (on both sides)* ➜ de chaque côté de la rue 2. *Either will do* ➜ l'un ou l'autre	
neither	ni/négation de *either*		*neither of us arrived on time* ➜ aucun d'entre nous
little	peu de	*There's little milk left* ➜ peu de lait	
a little	un peu de	*There's a little milk left* ➜ un peu de lait	
few	peu de		*There were few cars on the motorway* ➜ peu de voitures
a few	quelques		*There were a few cars* ➜ quelques voitures
much	beaucoup de	*He hasn't got much money* ➜ pas beaucoup d'argent	
many	beaucoup de		*He hasn't got many friends* ➜ pas beaucoup d'amis. Dans la langue littéraire, la tournure *Many a student* + verbe au singulier ➜ bien des étudiants
a lot of	beaucoup de	*He has a lot of courage* ➜ beaucoup de courage	*She has a lot of jewels* ➜ beaucoup de bijoux

several	plusieurs		*I saw several birds in the garden* → plusieurs oiseaux
most	la plupart des		*Most people don't smoke* → la plupart des gens
all	tous		*She was still suffering after all these months !* → après tous ces mois
every/each	tous/chaque	*every* + accord au singulier/*each employee has signed up the contract* → tous les employés ont signé le contrat/chaque employé	
too much	trop de	*too much sugar* → trop de sucre	
too many	trop de		*too many cars* → trop de voitures

Nature et place de l'adjectif, l'adjectif composé, l'adjectif substantivé

1. Nature et place de l'adjectif au sein d'un groupe nominal

Article	Adjectif = invariable, donc pas de « -s », avant le nom dans un groupe nominal	Nom
some	*red*	*flowers*
a	*new*	*house*
some	*new*	*houses*
some	*intelligent*	*pupils*
a	*huge*	*room*
	la place de l'adjectif est invariable, donc il en est de même pour les constructions suivantes qui occupent la position de l'adjectif invariable (pièges en thème anglais !) : notez les **tirets** obligatoires dans les adjectifs composés	
a	*ten-dollar*	*banknote* → un billet de 10 dollars
a	*four-hour*	*exam* → un examen de 4 heures
a	*two-day*	*journey* → un voyage de 2 jours
the	*thirty-five-hour*	*week* → la semaine de 35 heures
a	*ten-year old*	*child* → un enfant de 10 ans
a	*thirty-thousand*	*people* → trente mille personnes
a	*two-million*	*people* → deux millions de personnes
a	*three billion*	*people* → trois milliards de personnes

2. Ordre des adjectifs en cas de succession

Les adjectifs se placent **du plus subjectif** (le plus éloigné du nom) **au plus objectif** (le plus près du nom), comme indiqué dans le tableau suivant à titre d'exemple : un moyen mnémotechnique pour se repérer, c'est de retrouver l'ordre à partir des premières lettres dans : un [OTAFCOMUN]

Opinion : adjectif appréciatif	Taille	Âge	Forme	Couleur	Origine	Matériau	Usage destiné	Nom
awful	large			white		cotton		T-shirts
gorgeous	large		round			mahogany		table
wonderful				red	Italian		sports	car

Soit, *d'horribles grands T-shirts blancs en coton !*
une magnifique grande table ronde en acajou !
une superbe voiture de sport italienne de couleur rouge

3. L'adjectif composé

Nature du deuxième mot de l'adjectif composé	Exemples
Un participe présent en *-ing*	*a wine-producing region* → une région viticole *a heart-breaking story* → une histoire à vous briser le cœur
Un participe passé en *-ed* ou irrégulier	*home-made jam* → confiture fait maison *the Star-Spangled Banner* → la bannière étoilée (drapeau américain)
Un nom + la marque *-ed*	*a fair-haired woman* → une dame blonde *a three-legged stool* → une table à trois pieds *silver-framed spectacles* → des lunettes à monture en argent
Un autre adjectif	*a brick-red roof* → un toit rouge brique *a bottle green tank* → un réservoir vert bouteille

4. L'adjectif substantivé (= employé comme nom)

Adjectif substantivé (sens pluriel) + accord du verbe au pluriel	Français	Comment dit-on ?	Anglais
the blind (are) *the rich* *the unemployed* *the homeless*	les aveugles (sont) les riches les chômeurs les sans-abri	un aveugle un riche un chômeur un sans-abri	*a blind man* *a rich man* *an unemployed person/worker* *a homeless person/man/woman*

Le comparatif et le superlatif des adjectifs

1. Le comparatif : règle générale

Type de comparatif	Adjectif court	Adjectif long (+ de deux syllabes)
Comparatif de supériorité	*big(g)* + ***er than****/bigger than* → plus grand que comparatifs irréguliers : *good et well/****better than*** *bad/****worse than*** *far/****farther than*** (sens de distance) et ***further*** (sens figuré, par exemple *further education* → enseignement supérieur)	***more*** *comfortable* ***than***
Comparatif d'égalité	***as*** *big* ***as*** → aussi grand que Emploi pour exprimer la proportion : deux fois plus grand que → *twice as big as*	***as*** *comfortable* ***as*** → aussi confortable que trois fois plus cher que → *three times as expensive as*
Comparatif d'infériorité	***less*** *big* ***than*** → moins grand que	***less*** *confortable* ***than*** → moins confortable que

Commentaires

Les adjectifs de deux syllabes peuvent former leur comparatif en *-er* (donc sur le modèle des adjectifs courts) s'ils sont terminés par *-er* (*clever*), par *-y* (*happy*), *-le* (*gentle*) ou *-ow* (*narrow*). Cependant, on trouve également les comparatifs et superlatifs *more happy/the most happy/more gentle/the most gentle*... etc., beaucoup plus courants. On préférera donc *more gentle/more clever* à *gentlerer* ou *cleverer*, relativement rares.

Notez la traduction des structures telles que : le plus précis possible → *as accurate as possible*, le plus tôt possible → *as early as possible*, le plus vite possible → *as quick as possible*.

2. Le superlatif

	Adjectif court	Adjectif long
Superlatif	***the*** *biggest* → le plus grand	***the most*** *comfortable* → le plus confortable
Superlatifs irréguliers	*good et well/the best* *bad/the worst* (le pire) *far/the farthest* (distance) ou *the furthest* (sens figuré) (le plus loin)	

3. Autres emplois

a. Forme dite d'accroissement ou de diminution parallèle

Plus il travaille, plus il est fatigué → ***The more*** *he works,* ***the more*** *tired he is*

Plus c'est grand, plus c'est cher ! → ***The bigger*** *it is,* ***the more*** *expensive it is!*

Plus il boit, moins il comprend la situation → ***The more*** *he drinks,* ***the less*** *he understands the situation*

b. Traduction de *d'autant plus que...* (souvent en thème grammatical !)

...d'autant plus qu'il... → ***...all the more so as*** (possible *since* [puisque] ou *because* à la place de *as*)

S'il y a un adjectif :

Ce fauteuil est d'autant plus confortable qu'il est tout neuf !
→ *This armchair is all the more comfortable as it is brand new!*

Je suis d'autant moins surpris qu'il avait déjà refusé trois fois cette proposition
→ *I am* ***all the less surprised as*** *he had already refused that proposal three times*

c. Le danger de la concordance des temps

(piège fréquent en LV2 aux concours ECRICOME et IENA - cf. annales ECRICOME LV2 2013 page 408, phrase 2) dans des phrases du type - construction parallèle :

Moins il y **aura** de véhicules dans nos villes, plus la vie **sera** agréable pour nos concitoyens.
→ The *fewer vehicles/cars there* **are**[1] *in our cities,* the *more pleasant/enjoyable life* **will be** *for our fellow citizens.*

1. Emploi de *will* ou de *would* exclus dans cette première partie de phrase, car il s'agit avant tout de **faire une hypothèse**. On est proche de la structure hypothétique en *if* : ***If*** *there were fewer vehicles in our cities, life would be more pleasant for our fellow citizens.*

Les noms composés

Formation des noms composés	Exemples	Pluriel des noms composés
nom + nom	*a teacup* *a goalkeeper* *a toothbrush* *a woman driver* → une automobiliste *a manservant* → domestique Plus de 2 éléments : *mother-in-law* → belle-mère *brother-in-law* → beau-frère *a merry-go-round* → un manège	*teacups* *goal-keepers* *tooth-brushes* *women drivers* *menservants* *mothers-in-law* *brothers-in-law* *merry-go-rounds*
gérondif + nom	*a washing machine* → un lave-linge *a sewing machine* → machine à coudre *a dancing club* → club de danse	*washing machines* *sewing machines* *dancing clubs*
nom + gérondif	*word-processing* → traitement de texte *windsurfing* → la planche à voile	
particule + nom	*outbreak* → début, déclenchement *outcry* → tollé général, huées	*outbreaks* *outcries*
nom/verbe + particule	*a passer-by* → un passant *a looker-on* → un badaud (cependant, *onlooker* est plus courant) *handout* → prospectus *check-in* → enregistrement à l'aéroport *breakdown* *a take-away* → un plat à emporter	*passers-by* *lookers-on* *handouts* *check-ins* *breakdowns* *take-aways*
cas particuliers des noms composés dont le premier nom est au pluriel (+ **-s**)	*a drinks machine* → un distributeur de boisson *a savings-bank* → une caisse d'épargne *a goods-train* → train de marchandise *a careers adviser* → un conseiller d'orientation *a clothes-hanger* → un cintre *a customs officer* → un douanier *a clothes shop* → un magasin de vêtements *a sports car* → une voiture de sport *a winter sports resort* → une station de sports d'hiver	*drinks machines* *savings-banks* *goods-trains* *careers advisers* *clothes-hangers* *customs officers* *clothes shops* *sports cars* *winter sports resorts*

Commentaires

1. Bien comprendre la différence entre *horse-race* et *racehorse*

   *horse-**race*** et *race**horse***

   En caractère gras se trouve la racine du mot-pivot porteur du sens principal, ou nom noyau :

   *Horse-**race*** désigne une **course** (course de cheval) alors que *race**horse*** réfère à un cheval (un cheval de course) : il vaut donc être particulièrement vigilant en version anglaise par exemple afin d'éviter tout contresens inutile. Dans le mot composé, c'est le deuxième mot (à la fin du mot composé) qui est donc porteur du sens principal et c'est lui qui doit donc être traduit en premier.

2. Entre *a tea**cup*** et *a cup of tea* (ou *a whisky glass* et *a glass of whisky*)

   Teacup → une tasse à thé

   A cup of tea → une tasse de thé

   > *I have bought some nice **teacups** in England to make myself **a cup of tea!***

   De même, vous pouvez acheter des verres à whisky au supermarché (*whisky glasses*), mais dans un pub, on peut commander un verre de whisky (*a glass of whisky*).

As ou *like*

Observons les exemples dans le tableau suivant pour commencer :

As	Like
Exemples 1 ***As*** *I said, I am sorry for being late !* → comme je l'ai dit ***As*** *you say, it will depend on the situation !* → comme tu dis/vous dites ***As*** *they had plenty of time, they decided to visit an old friend of theirs* → comme ils avaient beaucoup de temps **Exemples 2** *you can rent a bike,* ***as*** *in Paris* *You have the right to vote* ***as*** *a citizen* ***As*** *a surgeon, I cannot operate without the patient's agreement* *He acted* ***as*** *an umpire* → un arbitre *He ignored my question,* ***as if*** *he had listened to what I was saying.* *Shakespeare and Dickens can be regarded/considered* ***as*** *the two most famous British writers* ***as*** *always* → comme toujours ***as*** *usual* → comme d'habitude ***as*** *a rule* → comme règle générale ***as*** *before* → comme avant	***like*** *father,* ***like*** *son* *He looks* ***like*** *his father* *She speaks Spanish* ***like*** *a Spaniard* *She is keen on flowers,* ***like*** *daffodils, tulips, daisies... etc* ***Like*** *his sister, he has joined the local tennis club*

Commentaires du tableau

Règle générale : il est coutume de dire que *like* est suivi d'un nom (***like his father***), alors que *as* est suivi d'une phrase conjuguée (i.e. une proposition composée d'un sujet suivi d'un verbe conjugué, comme dans ***as I said***) (voir les exemples 1 du tableau). Certes, ***like*** est effectivement toujours suivi d'un nom seul (pas de phrase conjuguée derrière *like*). Qu'en est-il de ***as*** ?

- Il faut tout d'abord noter que **as** est la forme grammaticale correcte pour introduire une phrase conjuguée, ***comme*** dans *as I said* (même si dans la langue parlée on entend parfois **like I said*, qui est incorrect. Toujours dire, *as I said.*)
- Examinons maintenant les autres utilisations de ***as*** du tableau (les exemples 2) : *you can rent a bike,* ***as*** *in Paris* : ***as*** apparaît toujours devant une préposition

as** a citizen/**as** a surgeon/**as** an umpire* : ici, ***as indique que la personne qui parle est bien citoyen, chirurgien ou arbitre. ***As*** peut être traduit dans ces trois exemples par **en tant que citoyen/chirurgien/arbitre**, ce qui montre que ***as,*** dans ces trois exemples, établit une identité complète avec le locuteur. D'où cette différence fondamentale de sens des deux phrases suivantes :

> *He speaks **like** the President* : il faut comprendre qu'il n'est pas président
> *He speaks **as** the President* : il est bien président

Notons enfin la présence de ***as*** de façon systématique dans la tournure, **comme si → *as if*** ou ***as though***, dans les locutions suivantes, ***as always***, ***as usual***, ***as a rule***, ***as before*** (car ***as*** est obligatoire avec une préposition), ainsi que dans **considérer comme → *to consider as*** ou ***to regard as***.

➲ Autres emplois de ***as***, voir fiche n° 15 – Les phrases complexes

Le génitif

Observons le tableau suivant pour bien comprendre les diverses utilisations du génitif saxon (*'s*) :

Divers types d'emploi possible du génitif	
Avec un nom propre ou un mot au singulier :	*Tom's book - The lady's bag*
Avec un mot au pluriel se terminant par un **-s** :	*The authors'articles*
Avec un pluriel irrégulier :	*The children's toys*
Avec un nom propre se terminant par un **-s** :	*St James's park – Thomas's book*
Avec des noms anciens se terminant par un **-s** :	*Socrates'philosophy – Sophocles'plays*
Avec un double génitif :	*My father's brother's son*
Avec des noms de lieu :	*I went to the chemist's yesterday – I visited St Paul's when I was in London*
Avec une expression de temps :	*In a week's time – In two weeks'time*
Autres emplois du génitif dans certaines expressions :	*A bird's eye view* → vue à vol d'oiseau *At arm's length* → à bout de bras *For heaven's sake* → pour l'amour de dieu *The country's best scientists* *The government's decision*

Notes complémentaires

Quand faut-il ne pas opter pour un génitif ?

The corner of the wall
The garden of the house
The handle of the door

En règle générale, on évitera la formation d'un génitif avec un nom commun, on dira donc ***the corner of the wall,*** sans génitif

Le statut de *Whose*

Whose car is it? It's my parents'car.

Whose permet d'interroger sur le possesseur : À qui est cette voiture ?

Notez que la réponse peut être elliptique, comme dans l'exemple suivant :

Whose book is it?
Réponse : *It's Brian's !* (sous-entendu : *it's Brian's book !*)

Discours direct et discours indirect

Au discours rapporté, des ajustements syntaxiques sont à opérer si le verbe de la phrase principale qui introduit le discours indirect est au prétérit ou s'il s'agit d'un impératif :

Discours direct	Discours indirect introduit par un verbe au prétérit
Présent : *I am working in this factory.*	**Devient prétérit** : *s/he said* that she **was working** in this factory*
Present perfect : *I have seen this film.*	**Devient pluperfect** : *s/he said that s/he **had seen** this film*
Will : *I will go abroad for 2 years*	**Devient would** : *s/he said that s/he **would** go abroad for 2 years*
Prétérit : *I saw him at the library.*	**Devient pluperfect** : *s/he said that s/he **had seen** him at the library*
Impératif : *Stop making such a noise !*	Devient *tell someone* + infinitive en ***to*** : *s/he **told*** him/her/them **to** stop making such a noise*

* Notez la différence d'emploi entre *say* et *tell* : *tell* doit être suivi de la personne à qui l'on s'adresse obligatoirement, contrairement à *say*. Toutefois, *to say to someone* reste possible.
Il est aussi nécessaire d'opérer des changements sur d'autres segments de la phrase **lorsque le verbe qui introduit le discours indirect est au prétérit**, dont les principaux sont dans le tableau des correspondances ci-dessous

Tableau des correspondances

Discours direct	Discours indirect
les pronoms ***I, my***	*he or she, his or her*
here	*there*
today	*that day*
now	*then*
tomorrow	*the next (following) day*
yesterday	*the day before or the previous day*
last night	*the night before*
Do you understand the lesson ?	*he asked him/her if s/he understood the lesson*
Stay in the waiting room !	*s/he told me/her/him to stay in the waiting room*
Request : could you turn off the light ?	*s/he told me to turn off the light*
*Where **are you** going ?*	ordre des mots à nouveau comme dans n'importe quelle phrase déclarative sujet + verbe : *s/he asked him/her/us where s/he/**we** was/**were going***

Les prépositions

Les verbes prépositionnels sont composés d'un verbe suivi d'une préposition, inaccentuée en général, qui introduit un groupe nominal, par exemple *he is interested in music*. Notez que si un verbe suit la préposition, ce verbe doit à ce moment-là apparaître sous la forme du gérondif, soit en **V-*ing***, comme dans *he is keen on learning languages*.

Liste des verbes prépositionnels les plus courants :

IN

To be interested in → être intéressé par
To believe in → croire en
To consist in → consister à
To delight in → se réjouir de
To indulge in → s'adonner à
To invest in → s'investir dans
To persist in → s'obstiner à
To result in → avoir pour résultat, aboutir à
To succeed in → réussir à

BY

To abide by → respecter

ON

to be based on → être basé sur
to be keen on → aimer bien
to comment on → commenter
to congratulate on → féliciter
to decide on → décider de
to depend on → dépendre de
to live on → vivre de
to rely on → compter sur

WITH

To agree with → être d'accord avec
To be associated with → être associé à
To be compared with → être comparé à
To be confronted with → être confronté à
To disagree with → ne pas être d'accord avec
To be disappointed with → être déçu par
To be happy with → être content de
To be satisfied with → être satisfait de
To be synonymous with → être synonyme de
To begin with → commencer par
To comply with → se conformer à
To cope with → faire face à
To deal with → traiter de
To interfere with → se mêler de
To reproach someone with → reprocher à quelqu'un de

OF

To accuse someone of → accuser de
To approve of → approuver
To be ashamed of → avoir honte de
To be confident of → être certain de
To be deprived of → être dépourvu de
To be tired of → être fatigué de
To beware of → se méfier de
To despair of → désespérer de
To disapprove of → désapprouver
To dream of → rêver de
To get rid of → se débarasser de
To remind someone of → rappeler à quelqu'un
To suspect someone of → soupçonner de

FOR

To account for → expliquer
To apologise for → s'excuser de
To be responsible for → être responsible de
To blame somebody for... → blamer quelqu'un pour...
To call for → appeler, demander
To care for → se soucier de
To feel guilty for → se sentir coupable de
To hope for → espérer
To long for → désirer
To look for → chercher
To make for → se diriger vers
To provide for → pourvoir aux besoins de
To wait for → attendre

AT

To aim at → viser
To be surprised at → être surpris par
To glance at → jeter un coup d'œil à
To laugh at → se moquer de
To look at → regarder

TO

To amount to → revenir à
To apply to → s'appliquer à
To be assimilated to → être assimilé à
To be compared to → être comparé à
To be opposed to → être opposé à
To be used to → être habitué à
To belong to → appartenir à
To correspond to → correspondre à
To listen to → écouter
To object to → avoir des objections contre
To propose to someone → demander en marriage
To refer to → se référer à
To reply to → répondre à
To see to → veiller à
To submit to → se soumettre à

FROM

To be different from → être différent de
To hear from → avoir des nouvelles de
To keep/refrain from → s'abstenir de
To prevent someone from... → empêcher quelqu'un de
To recover from → se remettre de
To suffer from → souffrir de

INTO

To break into → entrer par effraction

Les particules adverbiales

Les particules adverbiales permettent de former ce que l'on a coutume d'appeler les *phrasal verbs* (verbes à particule, parfois appelée postposition*), c'est-à-dire des verbes dont le nouveau sens est modifié par rapport au sens original. Par exemple : *to give* veut dire « donner », mais *to give up* signifier « renoncer à ». Il convient de les apprendre par cœur car il est parfois difficile d'en deviner le sens uniquement à partir de la préposition ou particule adverbiale. La différence entre une particule et une préposition, c'est qu'une particule, faisant partie intégrante du verbe dont elle modifie le sens, peut être déplacée après l'objet, par exemple lorsque l'on pronominalise l'objet qui accompagne le verbe transitif (*I gave it up, I took it off* = verbe à particule), alors que la préposition ne peut être déplacée et suit le verbe pour introduire un groupe nominal (*to look for something* : *to look for it* = verbe prépositionnel).

Autre exemple : *The lorry ran over the children* : *the lorry* ***ran them over*** → renverser = verbe à particule (ou *phrasal verb*). Sur le plan syntaxique, *the lorry ran them over* est possible, même si l'on rencontre la plupart du temps *the lorry ran over them* (i.e. *to run over* + COD ou pronom).

The students ran over the bridge : *the students* ***ran over it*** (**et non pas** ****ran it over***) : verbe prépositionnel : ils ont traversé le pont en courant (et non pas renverser le pont)

Ci-dessous les principales particules :

* notez que sur le plan phonologique, une différence fondamentale est à noter entre postposition/préposition : la postposition (contrairement à la préposition) est toujours accentuée.

Particule	Verbes transitifs	Verbes intransitifs (sans objet)	Particule séparable
By		*To come by* → dénicher	
On	*turn on*	*To go on* → continuer *He slept on* → il continua de dormir	*To turn on* = *turn it on* → allume-le
Away	*To put away* → ranger *Clear away the table* → débarasser la table		*Put away* = *put it away* → range-le *clear it away !*
In		*To give in* → céder	
Together	*To bring together* → réconcilier		
Back	*call someone back*	*To answer back* → rétorquer, répliquer	*Call someone back* → rappeler quelqu'un

Off	*To take off* → enlever (vêtement) *To turn off* → éteindre *To put off* → repousser	*To take off* → décoller *To show off* → se vanter	*To take off* → enlever (vêtement) *To turn off*
Along		*To get along* → s'entendre	
Up	*To pick up* *To bring up* *To look up* → chercher dans un dictionnaire *To back up* → épauler, aider *To brush up* → réviser *Wake up*	*Shut up* → se taire *Get up* → se lever *Hang up* → raccrocher le téléphone *Hurry up* → se dépêcher *Wake up !* → Réveille-toi, réveillez-vous !	*Look up a word* → chercher un mot *Look it up in the dictionary* *Make up a story* → *inventer* *Give up* *Pick up* *Back it up*
Out	*To bring out* *To put out* *To sort out* → trier, résoudre (*a problem*)	*Look out* = be careful *To drop out* → quitter l'école *To break out* → éclater	*Put out* → éteindre *To bring out* → sortir
Down	*To let someone down* → laisser tomber quelqu'un	*To break down* → tomber en panne *To slow down*	
Through		*To come through* → s'en sortir *To get through* → réussir à un examen	

Exemple de *to bring* : *bring* suivi de 8 particules différentes

To bring in → introduire	*To bring together* → réconcilier	*To bring back* → rapporter, ramener	*To bring off* → réussir, mener à bien
To bring along → apporter, amener	*To bring up* → élever (enfants)	*To bring out* → faire ressortir, mettre en relief	*To bring down* → s'effondrer, abaisser

Phrasal verbs

Certains *phrasal verbs* sont suivis de deux particules qui vont à nouveau modifier le sens du verbe original : Là aussi, il faut apprendre les plus courants par cœur, car il peut s'avérer difficile d'en deviner le sens :

Exemple :

To put : mettre/poser, mais *to put up with something/someone* : supporter quelque chose/quelqu'un.

Voici les principaux dans le tableau ci-joint :

Anglais	Traduction en français	Exemples
catch up on (work)	rattraper (le travail)	*I have to catch up on work*
catch up with (someone)	rattraper quelqu'un	*You're walking too fast, I can't catch up with you!*
come down with the flu	attraper un rhume	*The child came down with a flu last winter*
come up with	trouver (une idée)	*He came up with a brilliant idea!*
drop out of	quitter (*school*/école)	*he dropped out of school at 15*
face up to	faire face à	*The firm faced up to many difficulties*
get away with	s'en tirer	*You won't get away with it!*
go out with	sortir avec	*Mary has been going out with Peter for two months*
get on with	s'entendre avec	*I usually get on well with my neighbours*
live up to your expectations	correspondre à vos attentes	*I hope this hotel will live up to your expectations*
look forward to	attendre avec impatience/se réjouir de/se faire une joie à l'idée de	*I look forward to hearing from you*
look up to	admirer	*She looks up to this scientist*
look down on someone	mépriser quelqu'un	*he looks down on this criminal*
to make up for	compenser	*You will have to work on Sunday to make up for lost time*
put up with	supporter, endurer	*I can't put up with that noise*
stand up for	défendre par le discours	*The trade unionist stood up for those who were made redundant*

Fiche 30

Tableau des verbes irréguliers les plus courants

Base verbale	prétérit	Participe passé	Traduction en français
arise	*arose*	*arisen*	se lever
awake	*awoke*	*awoken*	se réveiller
be	*was/were*	*been*	être
bear	*bore*	*borne*	porter
beat	*beat*	*beaten*	battre
become	*became*	*become*	devenir
beget	*begot*	*begotten*	engendrer
begin	*began*	*begun*	commencer
behold	*beheld*	*beheld*	contempler
bend	*bent*	*bent*	se courber
bet	*bet*	*bet*	parier
bid	*bid*	*bid*	offrir
bid	*bade*	*bidden*	ordonner
bind	*bound*	*bound*	lier
bite	*bit*	*bitten*	mordre
bleed	*bled*	*bled*	saigner
blow	*blew*	*blown*	souffler
break	*broke*	*broken*	briser
breed	*bred*	*bred*	élever
bring	*brought*	*brought*	apporter
broadcast	*broadcast*	*broadcast*	diffuser (radio)
build	*built*	*built*	construire
burn	*burnt/burned*	*burnt/burned*	brûler
burst	*burst*	*burst*	éclater
buy	*bought*	*bought*	acheter
cast	*cast*	*cast*	jeter
catch	*caught*	*caught*	attraper
chide	*chid*	*chid/chidden*	gronder
choose	*chose*	*chosen*	choisir
cling	*clung*	*clung*	s'accrocher
come	*came*	*come*	venir
cost	*cost*	*cost*	coûter
creep	*crept*	*crept*	ramper
cut	*cut*	*cut*	couper
deal	*dealt*	*dealt*	distribuer
dig	*dug*	*dug*	creuser
do	*did*	*done*	faire
draw	*drew*	*drawn*	dessiner
dream	*dreamt/dreamed*	*dreamt/dreamed*	rêver

drink	*drank*	*drunk*	boire
drive	*drove*	*driven*	conduire
dwell	*dwelt*	*dwelt*	demeurer
eat	*ate*	*eaten*	manger
fall	*fell*	*fallen*	tomber
feed	*fed*	*fed*	nourrir
feel	*felt*	*felt*	sentir, éprouver
fight	*fought*	*fought*	combattre
find	*found*	*found*	trouver
fit	*fit/fitted*	*fit/fitted*	aller bien
flee	*fled*	*fled*	fuir
fly	*flew*	*flown*	voler
forbid	*forbade*	*forbidden*	interdire
forecast	*forecast/-ed*	*forecast/-ed*	pronostiquer
foresee	*forsaw*	*foreseen*	prévoir
forget	*forgot*	*forgotten*	oublier
forgive	*forgave*	*forgiven*	pardonner
forsake	*forsook*	*forsaken*	abandonner
forswear	*forswore*	*forsworn*	renoncer à
freeze	*froze*	*frozen*	geler
get	*got*	*got*	obtenir
give	*gave*	*given*	donner
go	*went*	*gone*	aller
grind	*ground*	*ground*	moudre
grow	*grew*	*grown*	croître
hang	*hung*	*hung/hanged* [exécutions capitales uniquement]	suspendre
have	*had*	*had*	avoir
hear	*heard*	*heard*	entendre
hew	*hewed*	*hewn*	tailler
hide	*hid*	*hidden*	cacher
hit	*hit*	*hit*	frapper
hold	*held*	*held*	tenir
hurt	*hurt*	*hurt*	faire mal
keep	*kept*	*kept*	garder
kneel	*knelt*	*knelt*	s'agenouiller
knit	*knit/knitted*	*knit/knitted*	tricoter
know	*knew*	*known*	connaître
lay	*laid*	*laid*	étendre
lead	*led*	*led*	conduire
lean	*leant/leaned*	*leant/leaned*	se pencher
leap	*leapt/leaped*	*leapt/leaped*	sauter
learn	*learnt/learned*	*learnt/learned*	apprendre
leave	*left*	*left*	quitter

lend	*lent*	*lent*	prêter
let	*let*	*let*	laisser/louer
lie	*lay*	*lain*	être allongé
light	*lit/lighted*	*lit/lighted*	éclairer
lose	*lost*	*lost*	perdre
make	*made*	*made*	faire
mean	*meant*	*meant*	signifier
meet	*met*	*met*	(se) rencontrer
mistake	*mistook*	*mistaken*	se méprendre
mow	*mowed*	*mown*	faucher
outbid	*outbid*	*outbid*	surenchérir
outgrow	*outgrew*	*outgrown*	devenir trop grand
outrun	*outran*	*outrun*	distancer
overcome	*overcame*	*overcome*	surmonter
overdo	*overdid*	*overdone*	exagérer
overhear	*overheard*	*overheard*	entendre par hasard
oversee	*oversaw*	*overseen*	superviser
overtake	*overtook*	*overtaken*	dépasser
overthrow	*overthrew*	*overthrown*	renverser
pay	*paid*	*paid*	payer
proofread	*proofread*	*proofread*	relire/corriger
prove	*proved*	*proven/proved*	prouver
put	*put*	*put*	mettre
quit	*quit*	*quit*	cesser
read	*read*	*read*	lire
rewind	*rewound*	*rewound*	rembobiner
rid	*rid*	*rid*	débarrasser
ride	*rode*	*ridden*	aller à cheval/ à bicyclette
ring	*rang*	*rung*	sonner
rise	*rose*	*risen*	se lever
run	*ran*	*run*	courir
saw	*sawed*	*sawn/sawed*	scier
say	*said*	*said*	dire
see	*saw*	*seen*	voir
seek	*sought*	*sought*	chercher
sell	*sold*	*sold*	vendre
send	*sent*	*sent*	envoyer
set	*set*	*set*	fixer
sew	*sewed*	*sewn/sewed*	coudre
shake	*shook*	*shaken*	secouer
shear	*shore/sheared*	*shorn/sheared*	tondre
shed	*shed*	*shed*	verser (des larmes)
shine	*shone*	*shone*	briller

shoot	*shot*	*shot*	tirer (fusil)
show	*showed*	*shown/showed*	montrer
shrink	*shrank*	*shrunk*	rétrécir
shut	*shut*	*shut*	fermer
sing	*sang*	*sung*	chanter
sink	*sank*	*sunk*	s'enfoncer, couler
sit	*sat*	*sat*	être assis
slay	*slew*	*slain*	tuer
sleep	*slept*	*slept*	dormir
slide	*slid*	*slid*	glisser
slit	*slit*	*slit*	fendre
smell	*smelt/smelled*	*smelt/smelled*	sentir (odorat)
sow	*sowed*	*sown*	semer
speak	*spoke*	*spoken*	parler
spell	*spelt*	*spelt*	épeler
spend	*spent*	*spent*	dépenser
spill	*spilt/spilled*	*spilt/spilled*	répandre
spin	*spun*	*spun*	filer
spit	*spat*	*spat*	cracher
split	*split*	*split*	(se) fendre
spoil	*spoilt/spoiled*	*spoilt/spoiled*	gâter
spread	*spread*	*spread*	étaler
spring	*sprang*	*sprung*	sauter, jaillir
stand	*stood*	*stood*	être debout
steal	*stole*	*stolen*	voler, dérober
stick	*stuck*	*stuck*	coller
sting	*stung*	*stung*	piquer
strew	*strewed*	*strewn/strewed*	joncher
stride	*strode*	*stridden*	marcher à grands pas
swear	*swore*	*sworn*	jurer
sweep	*swept*	*swept*	balayer
swell	*swelled*	*swollen/swelled*	gonfler
swing	*swung*	*swung*	(se) balancer
take	*took*	*taken*	prendre
teach	*taught*	*taught*	enseigner
tear	*tore*	*torn*	déchirer
tell	*told*	*told*	raconter
think	*thought*	*thought*	penser
thrive	*throve*	*thriven*	prospérer
throw	*threw*	*thrown*	jeter
thrust	*thrust*	*thrust*	pousser, fourrer
tread	*trod*	*trodden*	fouler aux pieds
undergo	*underwent*	*undergone*	subir
underlie	*underlay*	*underlain*	sous-tendre

understand	*understood*	*understood*	comprendre
uphold	*upheld*	*upheld*	soutenir
upset	*upset*	*upset*	renverser
wake	*woke*	*woke/woken*	s'éveiller
wear	*wore*	*worn*	porter (vêtement)
weave	*wove*	*woven*	tisser
weep	*wept*	*wept*	pleurer
win	*won*	*won*	gagner
wind	*wound*	*wound*	remonter
withdraw	*withdrew*	*withdrawn*	retirer
withstand	*withstood*	*withstood*	résister
wring	*wrung*	*wrung*	tordre
write	*wrote*	*written*	écrire

II. Entraînement à la grammaire par les exercices (sur les 30 fiches)

➲ Corrigé en fin d'ouvrage

1. Présent simple et présent en *be + -ing*

Use the *present simple* and *present be + -ing* to complete the blanks in this interview with Robin Thompson of International Microcredit Solutions.

Interviewer : Tell me, where .... (to be) IMS' headquarters ?

Mr. Thompson: Our head office .... (to be) in London but because we .... (to conduct) most of our business in sub-Saharan Africa and Asia we .... (to create) new branches. Next month, we .... (to open) offices in Cameroon and Mumbai.

Interviewer: Who .... (you lend) money to generally?

Mr. Thompson: We .... (to try) to be socially conscious. We .... (to aim) to help those who .... (to live) in rural areas, particularly women, who rarely .... (to default) on their loans and .... (always look) for ways that they .... (to be able) improve living conditions, not only for themselves but also for their villages. One woman in Nkuv, Cameroon, now .... (to own) a mobile phone which she .... (to charge) a small fee to use because nobody else in her village .... (have) one. She .... (to pay) off her loan next week, then she .... (to take) out another loan for a second mobile phone. Business .... (to boom)!

2. Référence au passé

Finish the interview using the *preterit, was/were + -ing,* or *used to.*

Interviewer: What .... (to be) your goals when you .... (to found) IMS? .... (you expect) to be so successful?

Mr. Thompson: We .... (to want) to change the lives of poor, rural inhabitants. Big commercial banks .... (to turn) a blind eye to their plight because they .... (not represent) a lucrative investment. However, we .... (to believe) that this was inherently wrong. Our founder, Samuel Gibbings, who .... (to die) in 2001, ... (to insist) that small investments .... (to change) lives in big ways. Things .... (to be) very different then. Developed countries .... (to distribute) aid to the governments of developing countries. The people who most .... (to need) help never .... (to receive) a penny. When we .... (to launch) IMS fifteen years ago, the world .... (to experience) a period of relative prosperity. Companies .... (to become) interested in reinvesting their profits in a way that .... (to seem) more socially responsible. IMS .... (to provide) the ideal solution and .... (to achieve) instant success. At a time when foreign aid .... (to consist) of giving people in developing countries a fish, we .... (to loan) them the money to buy themselves a fishing rod!

3. Le prétérit modal

Transform the sentences using the *modal preterit.*

1. I don't understand why you are so kind to him, he's so rude to you !
   If I .... (to be) you, I .... (to be) so kind to him!

2. I don't have enough money to buy designer labels.
   I wish I ....

3. I'm so thirsty but I don't have anything to drink.
   If only I ....

4. Please don't eat that cream cake in front of me. I'm on a diet.
I'd rather you ....

5. She's so annoying. She's always complaining about everything. She must stop!
It's high time she ....

6. You often dream about living in Canada.
Imagine you ....

7. He behaves so arrogantly. He obviously thinks he's the boss.
He behaves as if ....

8. He doesn't understand me. Shall I try speaking to him in Spanish?
Suppose I ....

4. Les aspects *be + -ing* et *have + -en*

Choose the correct answer.

1. Can I have my textbook back, please? Not yet, ... my homework.
   a. I have done b. I'm still doing c. I was doing

2. His book was finally published last week. It .... him twenty years to write.
   a. had been taking b. was taking c. had taken

3. .... to New York before? No, it's first time .... to America.
   a. Have you been/ I have been b. Are you going/ I am going c. Had you gone/ I go

4. I .... my bedroom when I suddenly realised that I .... the wrong colour.
   a. was painting/ had been using b. had painted/used c. have painted/have used

5. He .... English for years and today he .... an exam.
   a. had studied/ was finally taking b. is studying/ is finally taking c. has been studying/ has finally taken

5. Référence à l'avenir

Put the verbs in brackets () into the correct *future time clauses*.

1. Those boxes look very heavy. Here, I .... (to help) you carry them upstairs.
2. I think I .... (to start) work on my project. I .... (to finish) by Friday.
3. I .... (to spend) my summer in Australia. Look, here are the tickets. My flight .... on 23rd June.
4. .... (you watch) the new Hollywood blockbuster at the cinema? Yes, I .... (to see) it as soon as I .... (to finish) all my work.
5. .... (you drive) me to the airport tomorrow at 7a.m.? Sorry, I .... (sleep)!

6. Le conditionnel

***What would you do ?* Finish these sentences with your own ideas.**

1. If I had enough money I ....
2. If I had remembered my umbrella ....
3. I would judge myself successful if I ....
4. I wouldn't have been so late if ....
5. Often, when I was a child I ....

7. Les modaux (forme simple, modal + base verbale)

Complete the sentences using the correct word from the list. Use each word only once.

would • shall • could • might • must • needn't •
will • should • can't • mustn't • may

1. I really wish I .... go to the party tonight but I .... I'm far too tired.
2. .... I make some sandwiches? It's possible we .... feel hungry later.
3. Please .... you come with me when I go to see the boss? You .... say anything but I .... feel so much better if you were there by my side.
4. I really think you .... send your CV to that headhunter. You're exactly the kind of applicant they're looking for!
5. All candidates .... arrive on time. Candidates .... use a dictionary during the exam. Candidates .... leave the examination room early if they have finished.

8. Les modaux (forme + have + participe passé)

Complete the sentences with the correct word from the list in exercise 7 then conjugate.

1. I really wish I .... (go) to the party last night but I .... I was far too tired.
2. .... I .... (make) some sandwiches? It was possible we .... (feel) hungry yesterday evening.
3. I'm glad you decided you .... come with me when I went to see the boss. I told you, you .... (say) anything but I .... (feel) so much worse if you hadn't been there by my side.
4. I really think you .... (send) your CV to that headhunter. You were exactly the kind of applicant they were looking for!

5. The candidates .... (arrive) on time, their train was not late. They .... (use) a dictionary during the exam, they made too many mistakes. Some candidates .... (leave) the examination room early because they had finished.

9. La voix passive

Rewrite the sentences using the *passive voice*.

1. The voters didn't choose him as president.
   → He .... as president.
2. The founding fathers signed the Declaration of Independence in 1776.
   → The Declaration of Independence .... in 1776.
3. Construction workers have built a memorial called "Reflecting Absence" on the site of the Twin Towers.
   → A memorial called "Reflecting Absence" .... on the site of the Twin Towers.
4. He is interviewing a highly-experienced candidate for that position.
   → A highly-experienced candidate .... for that position.
5. They will not repair the car before the weekend.
   → The car .... before the weekend.
6. The maids were still cleaning the hotel room when the rock star arrived.
   → The room .... when the rock star arrived.
7. No one had ever opened that door.
   → That door ....
8. They will have to find effective regulations to combat global warming soon.
   → Effective regulations to combat global warming .... soon.

10. L'interrogation

Read the answers and then ask the questions using the words in the list.

who • what • where • when • whose • which • how • often • how • much • how • many

1. There is a cap on CO^2 emissions. One CO^2 allowance is equivalent to **one metric ton**.
   ?
2. The government is calling an early election on **May 10th.**
   ?
3. Please **say** that again. I didn't hear you.
   ?
4. Almost **3000 people** died during the 9/11 terrorist attacks.
   ?
5. This masterpiece was painted by **Vincent Van Gogh.**
   ?
6. **Sir Joseph Wilson Smith's light bulb** was invented before that of Thomas Edison.
   ?
7. With a surface area of 17,080,000km^2, **Russia** is the biggest country in the world.
   ?
8. Earthquakes are commonplace in Southeast Asia. Around 25 occur **per week**.
   ?
9. The 2012 climate conference took place in **Doha**.
   ?

This time ask the questions *without* using the words in the list. Instead use *auxiliaries*.

10. She **lives** in Sydney, Australia.
    ?
11. I **witnessed** the accident. The red car crashed into the white one.
    ?
12. I'**ve never seen anything** so breathtakingly beautiful!
    ?

13. We **can find a solution** to world poverty if developed countries work together.

?

14. Everybody **wants** to be rich and famous.

?

15. They still **hadn't arrived** by the time I left.

?

11. La proposition infinitive

Finish the sentences using the phrases in the brackets ().

1. The First Lady was invited ....
(she inaugurated a new community centre last week)
2. Talking to the doctor about cancer convinced ....
(I quit smoking)
3. That teenager stole some lipstick. I saw ....
(she put it in her handbag)
4. Union leaders advised the Prime Minister ....
(he didn't raise the retirement age)
5. She's a household name. She is said ....
(they say she is the most famous person in the world)
6. The third world can't fight poverty on its own, it needs ....
(developed countries help)
7. He has always been my best friend so I asked ....
(he was best man at my wedding)
8. The investment banker had embezzled billions. He was made ....
(he paid it back)

9. The Greenpeace activists thought they were doing the right thing. It was very difficult for ....
(they admitted they were wrong).

10. Tax reductions enabled ....
(the company hired extra staff)

12. La proposition relative

Use *who, whom, whose* and *which* to reformulate the sentences.

1. An NGO is a legally established organisation. It functions independently from any government ties.
   An NGO is a legally established organisation ....
2. The soprano sang so beautifully during the opera. She was given a standing ovation.
   The soprano ....
3. I borrowed the book from that student.
   That is the student from ....
4. That's a gorgeous car! Is it yours?
   I wonder .... is.

13. Les structures résultatives

Put the sentences into the correct order.

1. going/of/the management team/on strike/the workers/out/has talked
2. to/moved/tears/their story/me

3. at/shouted/the football supporters/hoarse/the cup final/themselves

4. to death/goes off/worry/to university/myself/when/I will/my daughter

5. would fulfil/the populace/believing/the government/that they/their campaign promises/deluded/into

6. into/the jeans/returning/his mother/him/he had stolen/shamed

14. Les subordonnées de temps

Choose the correct answer.

1. You just won't believe me when I **will tell/tell/told** you what I saw!
2. No sooner **did they sit/they had sat/had they sat** down than they realised they were on the wrong train.
3. I won't be able to call her until I **am getting/get/will get** home. My mobile phone is out of battery.
4. As long as you **tell/will tell/will have told** the police the truth you won't get into any trouble.
5. Next time we **will meet/are going to meet/meet** you won't recognise me. I've been on a diet and I've lost 15kg!
6. I will send you an email as soon as I **finish/will finish/will have finished** working on the reports.

15. Les phrases complexes

Find the mistake and correct.

1. Nowadays cancer is not necessarily a death sentence provided doctors caught it early.

   ....

2. Her little brother was following her wherever she went.

   ....

3. I've stopped to try to understand Contract Law. I'll never get it!

   ....

4. I really must remember paying that bill or they'll cut my water off.

   ....

5. The manager thought it was being a good idea insofar as no one had thought of a better one.

   ....

6. Would I have known that I had accidentally friended my boss on Facebook, I would never have posted those photos!

   ....

7. I can't say I believed him when he declared that I was see my investment double.

   ....

8. Whether she got the job or not, the interview experience will have been invaluable.

   ....

9. How odd that the CEO would make the announcement on the same day that 150 workers were let go.

   ....

16. *For/since/ago*

Conjugate the verb and choose *for, since* or *ago.*

One of our third-year students, Simon, decided to do his work placement at a London-based MNC. He .... (to start) work ten months **for/since/ago** and the MD .... (already offer) him an entry level position after graduation. When he .... (to move) to London a year **for/since/ago,** he .... (to rent) a flat in Croydon but **for/since/ago** Christmas he .... (to live) in Knightsbridge which is much closer to work. **For/since/ago** the last few months, he .... (to work) with the Asia Team, so he .... (to take) Mandarin lessons **for/since/ago** July.

17. *During/for/while*

Continue: conjugate the verb and choose *for, during* or *while.*

For/during/while his year's work placement, Simon .... (to travel) to the four corners of the Earth. He .... (to attend) a convention in Beijing **for/during/while** seven days. **For/during/while** he was there he .... (to visit) the Great Wall of China. **For/during/while** his first weeks with the firm, Simon .... (to do) little else but make coffee and file paperwork but after systematically offering to help on any project and staying late every night **for/during/while** a month, Simon soon .... (to find) himself being offered more challenging tasks.

18. *Had better* et *would rather*

Fill in the blanks with *'d/had better* or *'d/would rather.*

1. Developed countries .... find a solution to global warming before it's too late.

2. I find email too impersonal. I .... talk to someone face to face.

3. You .... get an early night; you have to get up early tomorrow.

4. They .... have everything ready when the clients arrive or I'll be furious!

5. Shall we get started or .... you .... have a coffee first?

19. Traduction de *faire faire*

Reformulate the sentences using *make, have* or *get*.

1. The lawyer requested a copy of the report so I **asked** the courier to take it over to her.

   ....

2. He **asked** his secretary to push the appointment back to three o'clock.

   ....

3. I finally **convinced** her to **ask** the hairdresser to cut her hair.

   ....

4. I just don't know how she **forces** her children to keep their rooms so tidy.

   ....

5. **Someone has just replaced** my car's windscreen. It was cracked.

   ....

20. Emploi de l'article défini *the*

Fill in the blanks in this postcard with *the* or ø.

Hi Dave! We arrived in .... UK on .... Saturday morning. We came by .... train, it only took an hour, ... train was so fast. .... hotel we stayed at was right next to .... Millennium Eye, on .... banks of .... Thames. What a view! At .... night, we can see .... London skyline all lit up from .... window of our room. We go sightseeing every .... morning, we both love .... culture, ... history and .... art so we tend to visit lots of galleries and museums before lunch back at .... hotel. In .... afternoon, we mix things up a bit, visiting .... homes of .... rich and famous, for example, or learning to play .... bagpipes! After .... dinner, we go to .... pub for a pint or two and we spend .... evening planning .... next day's programme. I think we'll visit .... Houses of .... Parliament and .... Big Ben later on in .... week. See you soon, Tim and Anna.

21. Les quantifieurs

Fill in the blanks. Use each word from the list once.

some ▪ any ▪ none ▪ neither ▪ little ▪ a little ▪ few ▪ a few ▪ much ▪ no ▪ several ▪ most ▪ every ▪ each ▪ too much ▪ all ▪ too many ▪ either

1. The British monarchy no longer has .... power but .... British people still support the institution although .... argue it should be reformed.

2. With just .... international cooperation, we could end world hunger forever. If .... the inhabitants of the Earth pooled their resources there wouldn't be .... famines.

3. Far .... households have been affected by the economic downturn. .... families have emerged unscathed, with their purchasing power unaffected.

4. .... man, woman and child must join the fight against global warming. If .... of us makes a small effort the worldwide impact will be considerable.

5. Although only .... politicians prioritise global warming .... would deny its existence. .... money is spent on electoral campaigns and very .... on the environment.

6. We were expecting to see .... the President or the First Lady at the fund-raiser but in the end .... of them came. It didn't matter because .... celebrities attended and there were .... disappointed benefactors.

22. Place de l'adjectif, l'adjectif composé et l'adjectif substantive

Grammaire 3

Place the *adjectives* in the sentences in the correct order or as *compound adjectives*.

1. .... immigrants arrive in London every year looking for work. (young, East European, hundreds of)
2. This is a .... issue. (global, new, serious)
3. This .... politician (45 years of age, with blond hair) is a serious contender in the .... elections. (general, coming up)
4. The judge listened to the victim's .... (felt in his heart) plea and gave the criminal a .... (prison, severe, of twenty years) sentence.
5. This .... car (electric, friendly to the environment) promises new hope for .... transport. (free of pollution)

23. Le comparatif et le superlatif des adjectifs

Put the adjectives into the *comparative* or the *superlative*.

Leaving Guizhou, my village in rural China, was the .... (hard) thing I've ever done but .... (hard) still would have been staying put and becoming a farmer. The .... (young) people tend to leave while the .... (old) generation stays behind. So the population of the village is getting .... and .... (small) as well as .... and .... (ancient). The .... (old) of my brothers had already left so I had to choose between the .... (good) thing for me and the .... (practical) thing for my elderly parents. In the end, they made the choice for me, buying me the .... (expensive) train ticket ever bought by someone from our village. I have never been .... (happy) than when I first stepped off the train in Beijing Central Station. I'd never seen anywhere like it! Beijing was much .... (big), ...(busy), ... (lively) and far .... (exciting) than Guizhou, but it was also ....

(noisy), ... (smelly) and .... (scary). In fact, after three months in Beijing, I think it is the .... (fascinating) as well as the .... (frightening) place on Earth!

24. Les mots composés

Find the *compound noun.*

1. A licence you need to drive a car: ....
2. When the hairdresser cuts your hair: ....
3. A man who does sports: ....
4. Someone who saw a crime: ....
5. A negotiator who acts as a link between parties: ....

25. *As or like*

Cross out the word which is incorrect.

1. It has been described **as/like** the most groundbreaking innovation since the Internet.
2. I don't want to live in a house **as/like** the one I grew up in.
3. Downloading illegally from the Internet is **as/like** stealing.
4. They chose Paris **as/like** the site of their company HQ because of its ideal location.
5. **As/like** a rule, Republicans are pro-life while Democrats are pro-choice.
6. Good news **as/like** that is rare nowadays! It's **as/like** a dream come true.
7. **As/like** a union leader, he must be made to see that strikes **as/like** those of the past fortnight are damaging to the economy and should only be used **as/like** a last resort.

26. Le génitif

Rewrite the phrases with *'s* if possible.

1. The relationship of France with Britain. ....
2. The very top of the cupboard. ....
3. A holiday of a fortnight. ....
4. The sustainable development policy of the government. ....
5. The toys of my children. ....
6. The university of Eddington. ....
7. The church of Saint James. ....
8. An agreement of gentlemen. ....
9. A project of economists. ....
10. The bark of a willow tree. ....

27. Discours direct et discours indirect

Transform the sentences using *indirect speech*.

1. "How long have you been working here?"
   → She asked me ....
2. "We're not leaving until tomorrow."
   → They told us that ....
3. "Shall I go over the paperwork with you?"
   → She offered ....
4. "The contract was signed last week."
   → He informed me that ....
5. "When will you be leaving?"
   → She wondered ....

6. "Stop shouting this very instant!"
→ The teacher ordered us ....

7. "We had such fun last night!"
→ They said ....

8. "When is he going to call?"
→ The PA enquired ....

28. Les prépositions

Choose the correct *preposition*.

1. Cold calling consists **with/of/on/about** contacting clients without an appointment.
2. Children are the future. Governments must invest **about/for/in/on** education.
3. Nothing can compensate **in/over/on/for** the absence of a close-knit family
4. My team leader accused me **by/of/in/with** not giving my all.
5. I can't say I wholly approve **with/of/on/about** his decision to quit his job.
6. The President was asked to comment **over/for/on/with** US economic growth.
7. Many management school candidates find it hard to cope **of/for/with/in** the stress.
8. Benefit fraud amounts **of/by/from/to** stealing from the taxpayer.
9. No one knows how to account **for/of/in/over** his sudden change in fortune.
10. Although it can be expensive, no one can object **of/in/to/for** carbon offsetting.
11. You should always be able to count **with/from/on/over** your friends.
12. She did her best to prevent her son **from/with/by/in** ruining his life.
13. Compared **by/with/in/for** Hurricane Sandy, Katrina was far more destructive.
14. I am accustomed **to/by/with/for** working long hours.
15. The company was threatened **of/with/by/on** a fine for dumping waste in the river.

29. Les particules adverbiales

Fill the blanks with: *of, on, to, up, for, off, out, down, with, away, along, against, through*

1. I call .... the Chief of Staff to kick .... the debate
2. The problem all boils .... a lack of time and money.
3. I know I can count .... you to carry .... my wishes.
4. The police are clamping .... speeding in city centres.
5. I'll vouch .... him. I've known him for years. You'll get .... well with him.
6. She really wanted the job but came .... some stiff competition.
7. My New Year's resolution is to cut .... alcohol and cigarettes.
8. Have a leaf .... our catalogue and see if there are any clothes you want to try ....
9. The company needs a bail .... since their big deal fell ....
10. Governments would like to get rid .... the debt ceiling forever.
11. I didn't feel like going .... but I went .... her plans because I didn't want her to have to call things ....
12. The stock market panic is dying .... gradually.
13. Whenever you come .... a problem, just face .... it, you'll figure it ....!
14. She has narrowed .... her house hunt to a flat in Kent and a cottage in Surrey.
15. I don't know how she puts .... that annoying little brother of hers!
16. Would you just pop .... to the shops for me? We've run .... milk.

17. Don't just go .... the first car you see; shop .... the best deal.

18. I've been taking care .... my younger sisters since my mother passed ....

30. Tableau des verbes irréguliers

Conjugate the verbs, use the *preterit* or *have/had* + *-en*.

I .... (wake) up late. Morning .... (break) and I .... (sleep) like a baby. I .... (sit) up and .... (become) aware that I .... (feel) hungry. I .... (get) up, ... (take) a look across the room to where my brother .... (lie) fast asleep and .... (creep) to the door. The door .... (swing) open and after I .... (slide) through onto the landing, I .... (shut) it silently behind me. The sun .... (rise) so light .... (shine) through the window and .... (light) the stairs. I .... (run) down them two at a time. Feeling energetic, I .... (catch) hold of the railing and .... (leap) over it. Someone .... (make) breakfast and .... (leave) some toast and eggs on the table for me. I .... (be) famished so I .... (eat) it all. I .... (find) some orange juice in the fridge and .... (drink) two glasses. The phone .... (ring) and I .... (hear) my father as he .... (speak) to someone on the line. He .... (hang) up and .... (come) into the kitchen. He .... (stand) in the doorway, ... (see) my empty plate and he .... (shake) his head. "I see you .... (feed) yourself!" he .... (say) with a grin. ".................... you .... (forget) that I make myself eggs on toast on Sunday? I should .... (know) that I .... (can) not leave my breakfast unattended!"

III. QCM de structures grammaticales et lexicales (QCM N° 1 à QCM N° 7)

➲ Corrigé en fin d'ouvrage

QCM N° 1

1. My boyfriend is always so busy and never seems to ...... time for me.
   a. do
   b. make
   c. use
   d. play

2. I don't have much ...... for stupid people like you!
   a. times
   b. timing
   c. time
   d. timer

3. I'll take care of the garden while you ...... the whole house.
   a. re-do
   b. will re-do
   c. would re-do
   d. re-done

4. She always puts two ...... of sugar in her coffee.
   a. lumps
   b. pieces
   c. items
   d. spoon

5. Don't count your ...... before they hatch.
   a. birds
   b. doves
   c. chickens
   d. crows

6. I made this dress myself without ...... help at all.
   a. any
   b. no
   c. some
   d. many

7. In the following list of words, 3 words rhyme. Which is the "odd man out"?
   a. eight
   b. freight
   c. height
   d. weight

8. In the following list of words, 3 words rhyme. Which is the "odd man out"?
   a. rough
   b. sew
   c. though
   d. throw

9. The trees overhanging the remote country road made things look even blacker. Pick out a synonym for remote:
   a. tranquil
   b. quiet
   c. isolated
   d. frightening

10. One of the most urgent problems facing us now is the need to control population growth ...... people in the next century stand a chance of survival.
a. in order
b. so that
c. for
d. although

11. Please don't let me disturb you. Carry ...... with your work.
a. on
b. in with
c. none of these
d. away

12. You'll fail the exam ...... you start revising.
a. if
b. until
c. when
d. unless

13. There was an accident on the road, and we were ...... for over an hour.
a. held down
b. held up
c. put back
d. put

14. It was such a funny sight that we couldn't stop ....
a. laughing
b. to laughing
c. laugh
d. to laugh

15. Don't tell him off! He is very ...... and he may start to cry.
a. responsive
b. sensible
c. sensitive
d. responsible

16. If I breathe in, I get a sharp ...... in my chest.
a. hurt
b. wound
c. pain
d. ache

17. When he ...... all the letters, he took them to the post-office.
a. had been writing
b. had written
c. wrote
d. has written

18. I really need your help, so don't ......, please.
a. let me through
b. let me down
c. let me in
d. let me off

19. There are a number of ways in which technology can be applied sensibly ...... there are limits to what can be done.
a. despite
b. though
c. while
d. even

20. The first group of prisoners had ...... arrived in the country's most modern prison than they started a riot.
a. immediately
b. no sooner
c. only
d. just.

21. He is old enough to ...... his own living by now.
a. gain
b. win
c. earn
d. charge

22. He was ...... from school for stealing.

a. discharged
b. expelled
c. dismissed
d. evicted

23. The temperature dropped ...... freezing point.

a. below
b. beneath
c. under
d. on

24. The unflattering reviews that his latest recording received were ...... by his fans, who believe that everything he performs is a triumph of artistic creativity.

a. hailed
b. dismissed
c. suppressed
d. accepted

25. Charles Lindbergh told reporters ...... never been deterred from attempting to cross the Atlantic alone even though others had failed.

a. that he had
b. that he had it
c. had it
d. his having

26. The early work of Edith Wharton ...... the relationship between the individual and the community.

a. focuses attention on
b. focusing the attention on
c. the attention is focused on it
d. the attention and focus

27. Geysers have often been compared to volcanoes ...... they both emit hot liquids from below the Earth's surface.

a. due to
b. because
c. in spite of
d. regardless of

28. During the early period of ocean navigation ...... any need for sophisticated instruments and techniques.

a. so that hardly
b. when there hardly was
c. hardly was
d. there was hardly

29. Alice Jemison acquired a self-confidence that ...... in her later crusades.

a. her served well
b. served her well
c. served well her
d. her well served

30. It's high time you ...... to your senses.

a. came
b. have come
c. would come
d. will come

QCM N° 2

1. Please call me at this number and we will ...... all the necessary arrangements.
   a. do
   b. set
   c. make
   d. put up

2. There have been many murders, ... of which have ever been solved.
   a. any
   b. some
   c. neither
   d. none

3. The reform bills have tried to ...... these issues.
   a. address
   b. focus
   c. concentrate
   d. aim

4. We were prevented ...... the private part of the manor.
   a. to visit
   b. visiting
   c. from visiting
   d. of visiting

5. They did nothing but ....
   a. complain
   b. complaining
   c. to complain
   d. complained

6. ...... the economy was doing reasonably well in 1996, which explains Clinton's re-election.
   a. By all means
   b. By all accounts
   c. By all respects
   d. By any means

7. If last year's chaos is any guide it will be difficult to take Afghanistan out of this ....
   a. amnesia
   b. spree
   c. rampage
   d. quagmire

8. Under the CAP French farmers eat up some 50 % of the ...... EU budget.
   a. appointed
   b. allotted
   c. addresse
   d. attended

9. Some economists suggest the currency ...... the share price of a country.
   a. is as though as
   b. is compared to
   c. should be thought of as
   d. should be as

10. Giovanni Agnelli appeared ready to expend ...... of his clout to save Fiat.
    a. every last ounce
    b. any ounce
    c. all ounces
    d. many ounces

11. Cell phones allow you to ...... the latest information on football matches.
    a. access on to
    b. access through
    c. access on
    d. access

12. Matisse once said that he and Picasso were ...... the North Pole is from the South Pole.
    a. far as
    b. so far as
    c. as far apart as
    d. apart as

13. The thing I like about him is that he is so ...... If he tells you he'll do something, then he always does it.
a. confident
b. outspoken
c. self-reliant
d. reliable

14. Having passed what I considered the worst obstacle, our spirits ......
a. raised
b. arose
c. roused
d. rose

15. I loved the way of life in France, the ......, the whole thing.
a. two-hour lunches
b. two hours lunch
c. lunch of two hours
d. two long hour lunch

16. What holds the reader ...... are the dialogues.
a. from scratch
b. from attention
c. from start to finish
d. from boredom

17. That was the way you came to know people, by the stories they told and the ......
a. style in telling
b. telling style
c. manner of their telling
d. manner of its telling

18. The ad said: "the benefits of owning a spa ...... the health benefits".
a. go far beyond
b. overgo
c. go round
d. overgrow

19. Polls reveal that British politicians do not ...... in people's esteem.
a. rank
b. rate highly
c. regard
d. record highly

20. The US Catholic church has reportedly spent a lot of money ...... sexual-abuse cases.
a. setting
b. settling
c. settling up
d. setting down

21. He had clocked ...... 200, 000 miles before he decided to buy a new car.
a. out
b. over
c. in
d. up

22. He ought to cut ...... drinking and smoking if he wants to keep fit.
a. up
b. away
c. through
d. out

23. The two countries thought they could ...... a deal.
a. patch out
b. patch off
c. patch up
d. patch over

24. The soldiers showed ...... courage on the battlefield.
a. a great
b. many
c. quite a
d. great

25. The military has been cooperating with Hollywood ...... nearly a century.

a. since
b. in
c. for
d. about

26. The film industry and the military establishment know exactly how to help-and use ....

a. themselves
b. another
c. one other
d. each other

27. Fields once terraced with grape and olives are now sloped to ...... for tractors.

a. grant
b. allow
c. afford
d. agree

28. Since the 1990s, about 70 % of applicants to vet schools ...... women.

a. are
b. have been
c. were
d. had been

29. If you can't stand the heat, ...

a. leave the furnace
b. keep cool
c. get out of the kitchen
d. drop the hot potato

30. It never rains but ....

a. it pours
b. it drips
c. it drenches
d. it floods

QCM N° 3

1. If Bobby ...... so much money on records, we would be able to go on holiday.

a. spent
b. will not spend
c. did not spend
d. had spent

2. At no time ...... the Washington Post reporter ...... President Obama.

a. did/ever talk to
b. might/never talk to
c. ever/talked to
d. at all/did talk to

3. Why not ...... a sports car?

a. to buy
b. buying
c. buy
d. having bought

4. She has been writing poems since ...... twelve years old.

a. has been
b. had been
c. is
d. was

5. He hasn't been heard ...... for ....
a. off/ever
b. by/ages
c. of/Christmas
d. from/two days

6. The supporters wanted ...... the score.
a. the referee should change
b. that the referee change
c. the referee to change
d. the referee change

7. The Prime Minister has ......, but he is willing to ...... new ideas.
a. little experience/try out
b. little experiment/experience
c. few experiment/try
d. many experience/experiment

8. When people go ......, there is a lot of ...... on the road.
a. in holiday/traffic jam
b. on holiday/traffic
c. on holidays/traffic
d. in holiday/circulation

9. There are several huge ...... making high quality ....
a. companies/laptops
b. societies/flaptops
c. enterprises/toplaps
d. start-ups/slaptops

10. We no longer get our spare parts from them because we never could get them to ...... delivery ....
a. meet/deadlines
b. respect/delays
c. abide by/engagements
d. conform to/line-ups

11. This ...... has a wide ...... of goods on display.
a. branch/series
b. retail outlet/range
c. grocery store/shelf
d. shopkeeper/survey

12. ...... all her courage Mary failed the English test dismally.
a. In
b. On
c. After
d. For

13. The new president said that there was not much room for other reforms, ...
a. were there?
b. was there?
c. is there?
d. there were?

14. She seemed to suggest that none of them had anything left, ...
a. did she
b. didn't she
c. had they
d. hadn't they

15. "Have you been to the theatre lately?" – "Yes, I ...... two weeks ago."
a. have
b. had
c. did
d. was

16. The new agreement leaves something ....
a. to desire
b. to be desiring
c. to be desired
d. on desire

17. Paul and Emma said that with a musician ...... a son they needed a house not a flat.
a. with
b. as
c. as for
d. for

18. Russia in 2009 is a country that has changed ...... all recognition.
 a. from
 b. out of
 c. over
 d. above

19. Half way ...... the first article he realized the newspaper was not worth ...... at all.
 a. through/read
 b. by/reading
 c. through/reading
 d. into/reading

20. Before ...... for the station, remember ...... the garage door.
 a. you will leave/locking
 b. you have left/that you should lock
 c. leaving/to lock
 d. left/lock

21. The guide ...... us how to get there.
 a. told
 b. explained
 c. said
 d. spoke

22. We were worried about you. You ...... have called sooner.
 a. must
 b. ought
 c. should
 d. may

23. Someone should talk to him as soon as ...... at his hotel.
 a. he will arrive
 b. he arrives
 c. he is getting
 d. he will get

24. They have ...... modern furniture.
 a. a few
 b. few
 c. little
 d. little of

25. ...... weeks ...... I last met him.
 a. It has been/since
 b. It has been/that
 c. It is/that
 d. There is/since

26. Which date is properly written?
 a. 30 June 2013
 b. June 30, 2013
 c. 6/30/2013
 d. a, b, c are correct

27. So far, 225 people ...... in the crash.
 a. have died
 b. were dead
 c. die
 d. are dying

28. His ambition is to spend ...... possible time; ....
 a. as little/working
 b. the least/working
 c. the least/to work
 d. least/work

29. Scotland and Wales ...... have a developed Parliament.
 a. together
 b. both
 c. in unison
 d. the both

30. A nightingale's song is more beautiful than ...... of a blackbird.
 a. that
 b. these
 c. this
 d. those

QCM N° 4

1. It's no use ....
   a. trying
   b. to try
   c. tried
   d. trial

2. The unemployed can go on the ....
   a. dole
   b. lookout
   c. relief
   d. benefits

3. Peter tends to exaggerate, so whatever he says ought to be taken with ....
   a. pincers
   b. a ten-foot-pole
   c. scissors
   d. a pinch of salt

4. Steven's new job was a bit hard for him at first, but he soon got ....
   a. the hang of it
   b. ahead of it
   c. the head for it
   d. the hand for it

5. His boss went ...... to make him feel welcome
   a. at pains
   b. out of his way
   c. forward
   d. his utmost

6. Unfortunately, he earned just enough to ....
   a. tie his shoestrings
   b. make ends meet
   c. be hard up
   d. reach the end of his tether

7. When something sounds familiar, it rings ....
   a. a doorbell
   b. a toll
   c. a bell
   d. a jingle

8. If they keep ...... fares, their company ....
   a. lowering/will go bust
   b. lowing/will go bang
   c. dropping/goes bankrupt
   d. dropping/had gone bust

9. Never again ...... drive that fast.
   a. I shall
   b. want I to
   c. I will
   d. will I

10. If you try to "keep up with the Joneses", you ....
    a. compete with your neighbours
    b. remain in contact with your friends
    c. look after the Joneses
    d. none of the answers

11. Are you familiar with the man ...... car has just broken down?
    a. of which
    b. whose
    c. which
    d. whom

12. Please tell me how ...... their new apartment.
    a. much cost them
    b. much has cost them
    c. much they paid
    d. much they paid for

13. They plan to fly to Rome ...... there is a strike.

a. until
b. provided
c. unless
d. providing

14. He said he would finish the job by tomorrow, but I don't ....

a. think he will
b. think
c. think he did
d. think that

15. "The PO's check books are decorated with cartoon characters". ....

a. That's a great news
b. That's great news
c. Those are good news
d. These are very good news

16. "Have you heard of Peter Sloane?" – Is he the writer who ...... the Nobel prize last year?

a. has been awarded
b. has won
c. owned
d. was awarded

17. Over ...... people died in the earthquake.

a. than two thousand
b. than two thousands
c. two thousand
d. two thousands of

18. It has been almost five years since I ...... to the cinema.

a. have last gone
b. last went
c. have not gone
d. didn't go

19. The secretary is not responsible ...... the accounts straight.

a. for keeping
b. to keeping
c. to keep
d. of keeping

20. They used to go to the restaurant ...... week.

a. either
b. the other
c. every other
d. the past

21. He explained ....

a. to the tourists how difficult the climb was
b. the tourists how difficult the climb was
c. the tourists how the climb was difficult
d. to the tourists how the climb was difficult

22. ...... people love chocolate.

a. The most
b. The larger number of
c. Most of
d. Most

23. Lots of people take the test, but ...... than 10 % pass.

a. little
b. lower
c. few
d. fewer

24. The press was given ....

a. all informations
b. information's
c. the whole information
d. all the information

25. The eighty-five ...... man died peacefully.
a. years-old
b. years'
c. year-old
d. years

26. It's high time you ...... these books to the library.
a. should return
b. return
c. returned
d. had returned

27. "Let's set traps!" "Oh no, that's cruel!" " ...... you rather there ...... mice".
a. Would/were
b. Hadn't was
c. Will/is
d. Won't/are

28. He knows the city inside out, he ...... lost his way.
a. must have
b. can't have
c. needn't
d. mustn't have

29. Try as we ......, the key was nowhere ....
a. might/to be found
b. could/to find
c. would/found
d. would/to find

30. The cat could not resist ...... the cream.
a. lapping
b. to lap
c. leaping
d. to slurp

Grammaire 3

QCM N° 5

1. I wish he ...... louder; I can't hear what he is saying.
a. had spoken
b. spoked
c. has spoken
d. could speak

2. We would have helped you if we ...... you were in such dire straights.
a. were told
b. are told
c. had been told
d. be told

3. Jack has been in the Fire Brigade since he ...... the Army.
a. leaves
b. has left
c. is leaving
d. left

4. We ...... here since the beginning of the month.
a. were
b. have been
c. are
d. were being

5. It's sure to rain soon. We ...... a drop for over a month.
a. are not having
b. were not having
c. have not been having
d. have not had

6. "I do wish you ...... so much, dear. You really are overdoing it, you know."
a. did not smoke
b. would not smoke
c. smoked
d. did smoke

7. Would you please give her this note the moment she ....
a. has arrived
b. will arrive
c. has been arriving
d. arrives

8. He has taken part ...... for the tenth consecutive time.
a. at
b. in
c. for
d. with

9. We have ...... in depth research into Molecular Biology.
a. did
b. done
c. made
d. conduct

10. Jack, you're back again at last! We ...... you for such a long time.
a. have seen
b. saw
c. have not been seeing
d. have not seen

11. The dictator held on to power for years, until he was forced to step ....
a. up
b. down
c. for
d. out

12. Which American political party is designated by the nickname GOP?
a. the Libertarian party
b. the Liberal Party
c. the Republican Party
d. the New Left

13. In the UK, the Chancellor of the Exchequer is in charge of ....
a. justice
b. finances
c. culture
d. home affairs

14. John bought two ...... oysters for New Year's Eve
a. dozens
b. dozen of
c. dozen
d. dozens of

15. If ever your sister ...... forget my phone number please ask her to stop by my place.
a. has
b. will
c. would
d. should

16. The new waitress saw ...... that the guests at the hotel were served on the spot.
a. to them
b. to it
c. to that
d. Ø

17. He can't tell which side his piece of bread has been buttered ....
a. with
b. for
c. on
d. over

18. One person ...... fifteen will break the law at one time in their lives.
a. in
b. from
c. out
d. on

19. He finally realized that by ...... him a favour he had ...... a mistake.
a. doing/made
b. doing/done
c. making/made
d. giving/done

20. He disapproves ...... such exercises, as a rule.
a. of
b. Ø
c. with
d. on

21. It is really not the best way to proceed, ... it?
a. won't it
b. is
c. isn't
d. wasn't

22. Your boss can reach me ...... 0611162135.
a. with
b. by
c. in
d. on

23. If the new syllabus ...... changed again, we would progress in marketing much faster
a. is to be changed
b. has been
c. were
d. be

24. I've no money now. John, can you ...... me some?
a. borrow
b. lend
c. refund
d. reimburse

25. Why on earth can't you stop ...... like a child?
a. behaving
b. behaved
c. behave
d. to behave

26. I'm sorry but I do not have ...... at this point in time.
a. information
b. any information
c. informations
d. an information

27. After making such a mess, ... you could do is tidy up.
a. the last
b. the least
c. least
d. the less

28. ...... James ...... waiting for him?
a. Did/be
b. Will/is
c. Will/be
d. Does/be

29. He ...... already ...... the party when they ....
a. had/left/had arrived
b. had/left/arrived
c. did/leaved/arrived
d. Ø/left/arrived

30. I ...... her quite a lot since she ...... close by last month.
a. have been seeing/moved
b. have seen/has moved
c. saw/has moved
d. have been seeing/has been moving

QCM N° 6

1. Instant coffee ...... taste pleasant, but they must have changed the manufacturing process.
   a. was used to
   b. is used to
   c. used to
   d. usually

2. Frank will not put on the heating ...... his visitors feel cold.
   a. because
   b. provided
   c. if
   d. unless

3. The police are making very careful enquiries as this is clearly a ...... of murder.
   a. accusation
   b. case
   c. doubt
   d. charge

4. The completion of the new Town Hall has been ...... owing to a strike.
   a. held off
   b. held down
   c. held in
   d. held up

5. When his father died, John ...... a great deal of money.
   a. went into
   b. looked into
   c. made into
   d. came into

6. He moved his glass violently as he spoke and some of the beer still remaining in it ...... on to the floor.
   a. dropped
   b. overflowed
   c. fell
   d. spilt

7. Do you think there is any hope ...... of getting help?
   a. anyhow
   b. for certain
   c. whatever
   d. whichever

8. He told me that he ...... building his garage.
   a. had finished
   b. has finished
   c. will have finished
   d. finishes
   e. is finishing

9. She is ...... kind-hearted woman she would give away her last penny.
   a. too
   b. so a
   c. so
   d. such a

10. The grass is dry enough ....
    a. for us to sit on
    b. that we sit on
    c. so we sit on
    d. then we sit on

11. If a driver knocks down a pedestrian and then does not stop, it is a ...... accident.
    a. hit or miss
    b. hit and run
    c. hit and drive
    d. hit and escape

12. It was a ...... for her that the party was cancelled but she soon cheered up.
    a. deception
    b. disappointment
    c. discontent
    d. disgust

13. The farmer promised that his boys ...... to mend the puncture.
a. will help me
b. would help me
c. helped me
d. have helped me

14. When two colours go with each other, we say they ....
a. match
b. suit
c. accord
d. correspond

15. There is a great deal ...... for this book.
a. to be said
b. to have said
c. saying
d. having said

16. That man is as greedy as anyone possibly ....
a. is
b. could be
c. ought to be
d. will be

17. We ...... the whole area for hours but could find no trace of them.
a. chased
b. enquired
c. looked
d. searched

18. He was certainly there last night ...... that I come to think of it.
a. so
b. now
c. actually
d. however

19. If you take a dim view of something, you ....
a. are going blind
b. disapprove of it
c. are short-sighted
d. are long-sighted

20. Her health has been much better since she ....
a. stopped to smoke
b. has stopped to smoke
c. has stopped smoking
d. stopped smoking

21. If I ...... the key, I wouldn't have been able to open the safe.
a. 'd lose
b. would lose
c. lost
d. had lost

22. Your friend says he doesn't remember ...... lending him any money.
a. your
b. of you
c. hers
d. that I had

23. What a bright future you would envision ...... you just to be more optimistic.
a. were
b. ought
c. would
d. should

24. There is ...... the problem, we have to face it.
a. not to bypass
b. no bypass
c. not any bypass
d. no bypassing

25. During the ten years ...... his wife's death, he tried to kill himself twice and he stayed in hospital ...... a year.

a. during/for
b. for/since
c. since/for
d. since/during

26. His invitation, attractive ...... it may seem, must hide a trap.

a. although
b. however
c. though
d. no matter how

27. Since the Opposition ...... power, Britain's recession ....

a. have taken/has worsened
b. took/worsened
c. took/has worsened
d. have taken/worsened

28. That politician is strongly committed on the side of the ....

a. poor and weak ones
b. poor and weaks
c. poors and weaks
d. poor and weak

29. The company started manufacturing cars ...... the turn of the century.

a. as early as
b. early as
c. in the early
d. as soon as

30. The soldiers made the rebels ....

a. to kneel down
b. kneeling down
c. to kneeling down
d. kneel down

QCM N° 7

1. The news got ...... before the official announcement by the PM.

a. up
b. away
c. out
d. on

2. He is used to ...... with computers.

a. working
b. work
c. to work
d. work

3. Chinese economic growth has ...... 9 ½ per cent a year over the past two decades.

a. averaged
b. been averaged
c. averages
d. none of these

4. ...... works hard will succeed.

a. Him that
b. The one
c. He who
d. Him who

5. It's anything ...... clear ...... treatment is best in this case.

a. but/which
b. save/the
c. except/that
d. none of these

6. The disastrous crop has coincided with the best harvest Italy has ...... had.

a. still
b. ever
c. once
d. still

7. Are you sure that snake is ...... dead?
a. fairly
b. rather
c. quite
d. none of the above

8. Mary needs ...... more work if she is going to pass the test.
a. to make
b. making
c. to do
d. doing

9. Since he had to learn German in six weeks, he went on a ....
a. crash course
b. spot check
c. summer school
d. sandwich course

10. That was a ......! I thought we would never be able to land the aircraft safely.
a. dry run
b. close shave
c. hot potato
d. powder keg

11. It was decided that the match ...... owing to the bad weather conditions.
a. was postponed
b. should be postponed
c. be postpone
d. would be postponed

12. ...... asking your father, he's got no clue on the subject!
a. There's no chance
b. It's no wonder
c. It's no use
d. There's no hope

13. He is ...... painter to me.
a. not
b. Ø
c. none
d. no

14. There was ...... on the carpet; it had been torn to pieces.
a. a child book
b. a child's book
c. a book child
d. a children book

15. I'll say as ...... words as possible.
a. Little
b. less
c. lesser
d. few

16. Henry James, ... short stories I like so much, is undoubtedly one of the greatest writers of his generation.
a. of which
b. whom
c. whose
d. which

17. ...... party comes to power at the election will face major political problems.
a. What ever
b. Whatever
c. Which
d. Whoever

18. Gianni Corriano, ... house the banknotes were found, has been arrested by the police.
a. whose
b. in whose
c. where
d. which

19. ...... drought had ...... severe impact on ...... agriculture.

a. a/a/the
b. the/Ø/the
c. the/Ø/Ø
d. the/a/Ø

20. She ...... a new car by her father.

a. talked of buying
b. was talked of buying
c. was talked to buying
d. was talked into buying.

21. ...... over a thousand participants in last week's contest.

a. There were
b. They was
c. There have been
d. There has been

22. ...... stopping for lunch?

a. What about (est la seule solution correcte)
b. What about/How about (les 2 réponses sont correctes)
c. How about (est la seule solution correcte)
d. What about/How of (les 2 réponses sont fausses)

23. He was about ...... and suggested he should take an old raincoat ....

a. to leave/of mine
b. to leaving/of me
c. leaving/of my own
d. leave/on him

24. What business is it ......? I don't think he has something to do with it.

a. of his
b. with him
c. for him
d. to him

25. The brother and the sister kept arguing about ...... option, his or hers.

a. what was best
b. how was the best
c. whether it was the better
d. which was the better

26. Turnout has increased ...... over the past twenty years.

a. fourfold
b. of four times
c. of four
d. in four

27. They had three friends, only ...... were close ones.

a. two of which
b. two of whom
c. whose two
d. the two

28. No sooner ...... into the apple ...... the worm.

a. he bit/that he was seeing
b. he was biting/that he was seeing
c. he had bitten/than he saw
d. had he bitten/than he saw

29. Everyone should avoid ...... and ....

a. drink/driving
b. to drive/drink
c. drinking/driving
d. to drink/drive

30. People should ...... use public transportation.

a. forcibly
b. be made to
c. make
d. for finding

IV. Le prêt-à-réviser

Tableau de 25 points de grammaire de base qui font partie des « common mistakes » – à lire, relire toute l'année pour être **prêt** pour vos devoirs sur table et le jour J !

1	comparatif et superlatif	**Ce fauteuil est bien plus confortable que cette chaise** → *This armchair is **much more** comfortable **than** that chair* **Les élèves les plus méritants réussissent toujours leurs examens avec brio** → ***The most** deserving students always pass their exams with flying colours*
2	pronom relatif	**Les enfants dont les parents habitent à la campagne prennent le bus pour aller à l'école** → *The **children whose parents** live in the countryside take the bus to go to school* **Les employés qui travaillent dans cette usine sont satisfaits de leurs conditions de travail** → *The **employees who** work in this factory are satisfied with their working conditions*
3	soit... soit/ ni... ni	**Soit ils acceptent de signer le contrat, soit ils renoncent aux avantages** → ***Either** they agree to sign the contract or they give up the advantages* **Il veut étudier ni en Chine ni au Japon** → *He wants to study **neither** in China **nor** in Japan*
4	Plus..., plus	**Plus j'y réfléchis, plus je suis convaincu que c'est la meilleure solution** → ***The more** I think about it, **the more** I am convinced that it is the best solution* **Plus il mange, plus il grossit** → ***The more** he eats, **the fatter** he gets/**the more** weight he puts on*
5	traduction de "il y a"	**Il y a deux arbres devant la poste** → ***There are** two trees outside the post office* **Il a acheté sa nouvelle voiture il y a trois semaines** → *He **bought** his new car **three weeks ago***
6	on, impersonnel	**On dit que les épinards sont bons pour la santé** → *Spinach **is said to** be good for your health* **On dit que le voleur est entré dans le salon par effraction** → ***They** say that the thief broke into the living-room*
7	jour et date	**L'exposition a eu lieu à Londres le 7 novembre 2011** → *The exhibition **took** place in London **on November 7th 2011*** **Il ne travaille pas le mardi** → *He does not work **on Tuesdays***

8	le passif	**La maison a été détruite par l'ouragan l'année dernière** → *The house **was destroyed by** the hurricane last year* **La ligne téléphonique a été coupée** → *The telephone line **has been cut off***
9	depuis	**Il travaille dans cette usine depuis cinq ans** → *He **has been working** in this factory **for five years*** **Depuis, elle pense à son père tous les jours** → ***Since then**, she **has been thinking** about her father every day*
10	quantifieurs	**Dans mon école il y a plusieurs étudiants allemands, quelques élèves anglais, mais peu d'Italiens** → *In my school there are **several** German student**s, a few** English student**s** but **few** Italians* **J'ai mis très peu de lait dans mon café** → *I have put very **little** milk in my coffee*
11	l'obligation	**Je suis désolé. J'aurais bien aimé rester, mais je dois malheureusement partir car j'ai un autre rendez-vous** → *I am sorry. I would have liked to stay, but unfortunately I **have to** go because I have another appointment* **Je dois absolument finir ce devoir avant vendredi** → *I **must** finish this homework by Friday*
12	le but	**Elle envisage de prendre une année sabbatique pour aller en Angleterre** → *She is planning to take a year off **to** go to England* **Je suis en train de lire la notice pour comprendre comment cette nouvelle machine à laver fonctionne** → *I am reading the instructions **to** understand how this new washing machine works*
13	vouloir	**Je veux que Marie me téléphone après 17 h 00** → ***I want Marie to phone me** after five o'clock* **Il veut écrire une lettre en anglais sans utiliser de dictionnaire** → ***He wants to** write a letter in English without using a dictionary*
14	subordonnée hypothétique en si → *if*	**Si elle achetait son billet pour Bordeaux, elle aurait une réduction** → ***If** she **bought** her ticket to Bordeaux, she **would get** a discount* **Si elle avait su qu'ils étaient absents, elle ne les aurait pas attendus** → ***If** she **had known** that they were not there, she **would not have waited for them***
15	subordonnée temporelle (introduite par quand/dès que)	**Nous organiserons un tournoi quand tous les joueurs seront là** → *We will organize a tournament **when** all the players **are** here* **Je te téléphonerai quand j'aurai terminé mon exercice** → *I will give you a ring **when I have finished** my exercise*

16	structure de la phrase anglaise de base = SUJET-VERBE-OBJET = SVO	**J'ai vu, ce matin en venant au lycée, deux chiens enragés** → ***I saw two mad dogs as I was coming to school*** *this morning* **Elle posa, sur le lit, deux oreillers et une couverture** → ***She put two pillows and a blanket*** *on the bed*
17	structure de phrases = les doublons à éviter	**Les enfants, je les ai vus dans le jardin** → ***I saw the children*** *in the garden* **Pierre, il conduit plus vite que Marie** → ***Pierre drives*** *faster than Marie*
18	plus-que-parfait *HAD* + participe passé du verbe	**Elle avait laissé ses clés à la cafeteria** → *She* ***had left*** *her keys in the cafeteria* **Il était tombé d'un arbre** → *He* ***had fallen*** *from a tree*
19	***as*** *or* ***like*** ?	**Comme je vous l'ai dit, je serai en retard, mais je viendrai** → ***As*** *I told you, I will be late but I will come* **En tant qu'artiste du vingtième siècle, il est célèbre dans le monde entier** → ***As*** *a twentieth century artist, he is famous throughout the world* **Elle peut être considérée comme l'une des pianistes les plus renommées** → *She can be* ***regarded as*** *one of the most famous pianists* **C'est sa deuxième année de guitare, mais il joue comme un débutant** → *He has been playing the guitar for two years, but he plays* ***like*** *a beginner*
20	la position invariable de l'adjectif en anglais	**Deux cents personnes sont attendues au salon de l'automobile** → ***Two hundred people*** *are expected to come to the car show* **Deux voitures blanches et trois vélos bleus sont garés devant la mairie** → ***Two white cars*** *and* ***three blue bikes*** *are parked outside the town hall*
21	modal + base verbale	**Il devrait venir** → *he* ***should come*** **Elle doit partir tout de suite** → *she* ***must leave*** *at once* **Ils auraient dû nous téléphoner** → *they* ***should have*** *phoned us*
22	les prépositions	**La situation est différente des problèmes que l'on a connus l'année dernière, donc notre projet dépendra des nouvelles données** → *The situation is* ***different from*** *the problems we* ***were faced with*** *last year, so our project will* ***depend on*** *the new data* **Elle est intéressée par l'équitation, mais elle aime aussi la natation** → *She is* ***interested in*** *horseriding, but she is also* ***keen on*** *swimming*
23	permettre de	**Cette analyse permet au dirigeant de mieux comprendre ce qui se passe** → *This analysis* ***enables/allows the manager to*** *better understand what is going on* (**cela permet de**... → *it allows* ***you*** *to*...) : il faut donc un pronom entre ***allow/enable*** et *to*. Pensez aussi à une tournure plus impersonnelle : *it makes it possible to*...

24	texte au présent simple avec marqueur de passé	**En 2004, il intègre une école de commerce. En 2010, il travaille chez Siemens. En 2011 il est licencié !** → ***In 2004*** *he* ***entered*** *a business school.* ***In 2010*** *he* ***worked*** *with Siemens. He* ***was laid off in 2011*** **En 2006, nous partons pour l'Inde, en quête d'une destination exotique ! Arrivés à Bombay, nous sommes heureux de découvrir toutes les choses à visiter dans cette ville surprenante.** → ***In 2006*** *we* ***left*** *for India, in search of an exotic destination!* ***When*** *we* ***arrived*** *in Bombay, we* ***were*** *happy to discover all the sights in that impressive city*
25	***without, after, before, instead of*** + Verbe en *-ing* (gérondif)	**Il a traduit ce texte sans utiliser le dictionnaire** → *He translated this text* ***without*** *us**ing** the dictionary* **Après avoir lu le document, il téléphona à son associé** → ***After*** *read**ing** the document he phoned his partner* **Avant de venir à la soirée, il est allé à une exposition** → *He went to an exhibition* ***before*** *com**ing** to the party* **Essaie de te concentrer sur ton travail au lieu de te plaindre tout le temps !** → *Try and concentrate on your work* ***instead of*** *complain**ing** all the time!*

Chapitre 4
Vocabulaire

I. Lexique : mémento des mots utiles et des mots outils

Ce glossaire a été établi en fonction de termes utilisés dans la presse anglo-saxonne de manière récurrente. Ils sont donc susceptibles d'être rencontrés dans les textes proposés aux concours. Cette liste n'est évidemment pas exhaustive et se veut un complément du vocabulaire spécialisé abordé en cours. Elle donne des pistes à explorer par vous-mêmes, non seulement au niveau du lexique et des expressions, mais aussi en ce qui concerne l'aspect culturel (expressions latines, d'origine biblique ou même shakespearienne). La presse anglo-saxonne foisonne de références de ce type et un bon entraînement ne saurait faire l'impasse sur ces aspects très utiles en traduction.

Ce mémento vise donc à vous présenter une sélection de termes souvent ignorés des étudiants. Les mots ou expressions les plus usités n'y figurent donc pas : ils sont censés faire déjà partie de votre vocabulaire.

A. Mots utiles

1. Économie

agenda : ordre du jour

asset-stripping : cannibalisation d'une entreprise

balance sheet : bilan

board room : salle du Conseil

board of directors : Conseil d'Administration

bond (debenture) : obligation

brokerage : courtage

capital gains tax : impôt sur les plus-values

clout : poids, influence (*to have clout* : avoir le bras long)

corporate planning : planification concertée

depreciation : moins-value (des actions) ; par extension : amortissement

fact-finding : commission d'enquête

field survey : étude de marché

graft : corruption administrative

greenmail : chantage à l'OPA

invoice : facture

junk bond : obligation « de pacotille » (à haut rendement mais à risque élevé)

leveraged buyout : rachat de société par endettement

limited company : société anonyme

loophole : abri fiscal

management buyout : rachat d'une entreprise par ses salariés

operating costs : frais d'exploitation

patent : brevet

payroll : feuille de salaire

pension scheme : caisse de retraite

pension fund : assurance vieillesse

profit-sharing : intéressement

a pure player : entreprise se concentrant sur un seul secteur d'activité. À l'origine, une entreprise exerçant uniquement dans le numérique

red ink : déficit

redundancies : licenciements

SEC : (Securities Exchange Commission) Commission des Opérations en Bourse

turnover : chiffre d'affaires. Recouvre aussi la rotation du personnel.

scab : un jaune (personne refusant de faire la grève)

streamline : rénover, rationaliser, dégraisser

subsidiary : une filiale

subsidise : subventionner

syndicate : coopérative

takeover bid : Offre Publique d'Achat

write off : perte sèche

savings and loan bank : société de crédit immobilier

venture capital : capital-risque

wheeling and realing : brassage d'affaires louches

2. Lexique communément utilisé par les journalistes

be up for grabs : être jeté en pâture au plus offrant

blooper : une gaffe

brush-off (to get the) : se faire envoyer sur les roses

cold feet (to get) : avoir la trouille

dither : hésiter ou paniquer

donnybrook : dilemme

henchman : acolyte, partisan, adepte

hype : battage publicitaire ou médiatique

knee-jerk : réaction instinctive

linchpin : cheville ouvrière

logjam : impasse

malarkey : balivernes

nip and tuck election : élection très serrée

get the rap : écoper ou trinquer pour quelque chose

sleazy : louche, sordide

a shoo-in : quasiment sûr

smarmy : doucereux, flatteur, obséquieux

skulduggery : maquignonnage, procédés malhonnêtes

thingummy : truc, machin

a tub-thumper : un démagogue

to vet : examiner de près

whammy : la poisse, le mauvais sort (= *jinx*)

gas guzzler : une voiture qui consomme énormément

glitch : pépin, problème technique

pushover : un jeu d'enfant

ruckus : chahut, grabuge

snide : faux, factice/insidieux

a walkover (a cinch) : c'est du gâteau

a white elephant : réalisation couteuse et peu rentable

a zombie bank : banque mort-vivante (dont les actifs sont nuls mais qui continue à exercer car ses dettes sont couvertes par le gouvernement)

B. Mots outils

1. L'articulation du discours

Pour introduire le discours

(paragraphe argumenté, essai, réponse à une question ouverte) : ***To begin, to start with, first, firstly, first of all, first and foremost.***

ATTENTION : ne jamais dire * *in a first time*

Pour conclure

To conclude, in conclusion, as a conclusion, in brief, in short, to put it in a nutshell, at last, finally, eventually.

Pour étayer le discours

At first sight/on second thoughts : à première vue/à la réflexion

As a matter of fact, in fact : en fait

Indeed : effectivement

In most cases : dans la plupart des cas

To a certain extent, to some extent : dans une certaine mesure

As far as... is concerned : en ce qui concerne...

It is all the more + adjectif + since, as, because : c'est d'autant plus + adjectif + que...

albeit : (souvent suivi d'un adjectif) : quoique

Pour exprimer le but

To, in order to, so as to : afin de

so that : (+ modalité de préférence) : afin que

Éviter ***for*** **+ verbe +** ***-ing*** car cela exprime souvent quelque chose de déjà fait (ex : ***thank you for coming***) et non le but.

Pour ajouter un élément

What is more : de plus

Besides, moreover, furthermore : de plus, en outre, par ailleurs

Similarly : de même

2. Donner des arguments allant dans le même sens

To cop to (let's cop to that) : admettre (il faut bien admettre)

To approve of : approuver

To agree with : approuver (ne JAMAIS utiliser avec le verbe être)
* « *I am agree* » est très lourdement sanctionné

to aknowledge : reconnaître

to be in agreement, not in argument : être dans l'accord et non dans le désaccord

It is commonly admitted that : Il est communément admis que

3. Donner des arguments contre ou restrictifs

Whereas, while : tandis que

Conversely : inversement

Unlike : à la différence de

On the contrary : au contraire

Contrary to : contrairement à
In contrast to : en contraste avec
As against : en opposition
Or else : ou alors
Otherwise : autrement
On the one hand... : d'une part...
On the other hand... : d'autre part...

Pour exprimer la restriction

Although, though : bien que
Yet, still : pourtant
As though, as if : comme si
However : cependant
Even though, if : même si
Nevertheless : néanmoins
No matter : peu importe
Despite, in spite of : en dépit de
However + adj : si + adj soit-il/elle
Unless : à moins que
For all I know : à ma connaissance
Whether... or... : que... ou que...

4. Faire des comparaisons

It mirrors : cela reflète
It compares to : cela est comparable à
Similarly : pareillement
To be is on a par with : Être au même niveau
To be tantamount to : Être équivalent à

5. Exprimer la cause, la conséquence, la condition

Pour exprimer la cause

Because of : à cause de
Owing to : en raison de
Thanks to : grâce à
Since : dans la mesure où
Due to : du fait de
On account of : étant donné

Pour exprimer la conséquence

Therefore : c'est pourquoi
Accordingly : en conséquence
So much so, that : à tel point que
Consequently : par conséquent
So, thus : ainsi
As a result of : en conséquence de

Pour exprimer la condition

If : si
In case : au cas où
Suppose, supposing : à supposer que
On condition that : à condition que
So long as, as long as : tant que

6. Donner des exemples

For instance, for example : par exemple
To put in perspective : pour relativiser
In that respect : à cet égard
In some respect : à certains égards
In many respects : à de nombreux égards

7. Insister sur un point particulier

It is important to point out that : il est important de souligner que

To highlight the fact that : mettre en valeur le fait que

To shed some light on : faire ressortir

To be seen in the same light : être jugé à la même aune

8. Donner son opinion

To my mind : à mon avis

in my opinion : à mon sens

Éviter : *according to me* qui, s'il est correct grammaticalement, ne se dit pas pour des raisons évidentes de modestie (cela fonctionne pour les autres pronoms personnels compléments)

Dans le même ordre d'idées, il convient de « neutraliser » l'expression de l'opinion personnelle et d'utiliser des expressions qui permettent une sorte de distanciation afin d'éviter d'entrer dans des considérations trop orientées ou catégoriques. Évitez le « *Personally, I think that* » par exemple.

The least that we can say is : le moins que l'on puisse dire est que

It can be admitted that : on peut admettre que

To speak bluntly : pour parler en termes crus

One can think that : on peut penser que

Obviously, it appears that : il apparaît de manière évident que

C. Expressions

1. Expressions d'ordre général

It is no wonder that...: ce n'est pas étonnant que

The onus is on X : la responsabilité incombe à X

The buck stops with X : c'est la responsabilité de X

To be at his wits'end : ne pas savoir à quel saint se vouer

There were no flies on him : il n'est pas né de la dernière pluie

To beat about the bush : tourner autour du pot

It's a cinch : c'est du gâteau

No cigar : pas question

Out of the blue : soudainement

Once in a blue moon : très rarement

Tit for Tat : œil pour œil

Life is not all beer and skittles (is not a bed of roses) : la vie n'est pas un long fleuve tranquille

To talk the hind legs off a donkey : être un moulin à paroles

Let the cat out of the bag : vendre la mèche

To smell a rat : quelque chose ne tourne pas rond ; il y a anguille sous roche

Ways and means : modalités

To get the kudos : obtenir tous les lauriers

To pass with flying colours : être reçu avec brio

Straight from the horse's mouth : de source sûre

2. Expressions latines souvent employées en anglais journalistique

pro domo : pour sa propre cause

cum laude : avec les honneurs

per capita : par tête

per se : en soi

i.e. = id est : c'est-à-dire (*that is to say*)

e.g. = exempli gratia : par exemple

pro tempore : pour une période limitée

3. Expressions d'origine biblique

A cross to bear : porter sa croix

A drop in the bucket : une goutte dans l'océan

A fly in the ointment : un grain de sable (dans l'engrenage), un cheveu dans la soupe

A sign of the times : un signe des temps

A thorn in the flesh : une épine dans le pied

A double-edged sword : une arme à double tranchant

A wolf in sheep's clothing : un loup dans la bergerie

All things must pass : rien n'est éternel

As old as Methuselah : vieux comme Mathusalem

As you sow so shall you reap : on récolte ce que l'on a semé

Bite the dust : mordre la poussière

Faith will move mountains : la Foi déplace les montagnes

Fall from grace : tomber en disgrace

Feet of clay : aux pieds d'argile

Fire and brimstone : les flammes de l'enfer

Flesh and blood : en chair et en os

Forbidden fruit : le fruit défendu

From strength to strength : de plus en plus fort

Gird your loins : préparez-vous

Go the extra mile : faire plus que ce qui est demandé

Good Samaritan : un bon Samaritain

He who lives by the sword, dies by the sword : qui vivra par l'épée, périra par l'épée

In the beginning was the word : au commencement était le verbe

In the twinkling of an eye : en un clin d'œil

Lamb to the slaughter : le veau à l'abattoir

Let there be light : que la lumière soit

Living off the fat of the land : vivre grassement

Love of money is the root of all evil : l'argent est source de tous les maux

Love thy neighbour as thyself : aime ton prochain comme toi-même

Man does not live by bread alone : on ne vit pas d'amour et d'eau fraîche

Manna from Heaven : une manne tombée du ciel

O ye, of little faith : Oh vous, gens de peu de Foi

Reap the whirlwind : récolter ce que l'on a semé

Sour grapes : ces raisins sont trop verts

Spare the rod and spoil the child : qui aime bien châtie bien

Strait and narrow : selon l'intégrité morale

Tender mercies : (*to leave to* : soumettre) à la dicrétion de quelqu'un

The apple of his eye : la prunelle de ses yeux

The writing is on the wall : un signe avant-coureur

Three score and ten : la durée d'une vie

To everything there is a season : il y a un temps pour tout

Wash your hands of the matter : on s'en lave les mains

White as snow : blanc comme neige

Woe is me : pauvre de moi

4. Expressions d'origine shakespearienne

Ces expressions sont souvent utilisées dans les titres d'articles. Les connaître donne un avantage dans la compréhension des références utilisées par les journalistes.

A plague on both your houses : la peste sur vos deux maisons, soyez maudits (*Roméo et Juliette*)

A foregone conclusion : une décision précipitée (*Othello*)

All that glitters is not gold : tout ce qui brille n'est pas or (*Le Marchand de Venise*)

At one fell swoop : tout à coup (*Macbeth*)

Beware the ides of March : méfie-toi des ides de Mars (*Jules César*)

Even at the turning of the tide : quand la roue tourne (*Henry V*)

For ever and a day : éternellement (*La Mégère Apprivoisée*)

Foul play : de la tricherie (*La Tempête, Henry IV, Pericles, Le Prince de Tyr*)

Good riddance : bon débarras (*Le Marchand de Venise*)

It beggar'd all description : les mots manquent (*Antoine et Cléopâtre*)

Lie low : faire profil bas (*Beaucoup de bruit pour rien*)

Milk of human kindness : de la compassion pour autrui (*Macbeth*)

More fool you : que tu es bête ! (*La Mégère Apprivoisée*)

Much Ado about Nothing : beaucoup de bruit pour rien (pièce du même nom)

Night owl : un noctambule, un couche-tard (*La Nuit des Rois*)

Now is the winter of our discontent/ Made glorious summer : Voici l'hiver de notre déplaisir mué en radieux été, les mauvais jours sont terminés (*Richard III*)

Pound of flesh : une livre de chair (*Le Marchand de Venise*)

Vanish into thin air : disparaître en fumée (*Othello, la Tempête*)

Wild goose chase : une quête sans espoir (*Roméo et Juliette*)

II. Lexique des proverbes et citations

A. Expressions et proverbes français et leurs équivalences en anglais

Mise en garde : il ne s'agit pas d'apprendre par cœur cette liste pour la ressortir lors d'un oral ou d'un devoir sur table de façon peu naturelle, mais d'avoir à votre disposition des expressions, citations et des proverbes français et anglais les plus courants, ainsi que leurs équivalences, afin de pouvoir déceler un jeu de mots ou une référence explicite ou implicite à ces citations, notamment dans la presse écrite.

Advienne que pourra
→ *Come what may*

Après la pluie le beau temps
→ *Every cloud has a silver lining*

Aux grands maux les grands remèdes
→ *Desperate times call for desperate measures*

Ce n'est pas à un vieux singe qu'on apprend à faire des grimaces
→ *You can't teach an old dog new tricks*

C'est dans le besoin qu'on reconnaît ses vrais amis
→ *A friend in need is a friend indeed*

C'est en forgeant qu'on devient forgeron
→ *Practice makes perfect*

Charbonnier est maître chez lui
→ *An Englishman's home is his castle*

Charité bien ordonnée commence par soi-même
→ *Charity begins at home*

Chat échaudé craint l'eau froide
→ *Once bitten, twice shy*

Deux avis valent mieux qu'un
→ *Two heads are better than one*

Il faut battre le fer quand il est chaud
→ *Strike while the iron is hot or Make hay while the sun shines*

Il faut de tout pour faire un monde
→ *It takes all sorts to make a world*

Il faut que jeunesse se passe
→ *Boys will be boys/Youth will have its fling*

Il ne faut pas mettre la charrue avant les bœufs
→ *Don't put the cart before the horse*

Il ne faut pas mettre tous ses œufs dans le même panier
→ *Don't put all your eggs in one basket*

Il ne faut pas se fier aux apparences
→ *Don't judge a book by its cover*

Il ne faut pas vendre la peau de l'ours avant de l'avoir tué
→ *Don't count your chickens before they're hatched*

Il n'y a jamais de fumée sans feu
→ *There's no smoke without fire*

La fin justifie les moyens
→ *The end justifies the means*

La vengeance est un plat qui se mange froid
→ *Revenge is a dish best served cold*

L'avenir appartient à ceux qui se lèvent tôt
→ *The early bird catches the worm*

Loin des yeux, loin du cœur
→ *Out of sight, out of mind*

L'oisiveté est mère de tous les vices
→ *Idle hands are the devil's workshop*

L'union fait la force
→ *United we stand, divided we fall*

Le silence est d'or
→ *Silence is golden*

Les grands esprits se rencontrent
→ *Great minds think alike*

Les mauvais ouvriers ont toujours de mauvais outils
→ *A bad workman blames his tools*

Mieux vaut tard que jamais
→ *Better late than never*

Œil pour œil, dent pour dent
→ *An eye for an eye, a tooth for a tooth*

On n'arrête pas le temps qui passe
→ *Time waits for no man*

On ne peut avoir le beurre et l'argent du beurre
→ *You can't have your cake and eat it*

On récolte ce que l'on sème
→ *You reap what you sow*

Pas de nouvelles, bonnes nouvelles
→ *No news is good news*

Pierre qui roule n'amasse pas mousse
→ *A rolling stone gathers no moss*

Plus on est de fous, plus on rit
→ *The more, the merrier*

Quand le chat n'est pas là, les souris dansent
→ *When the cat's away, the mice will play*

Quand on parle du loup, on en voit la queue
→ *Speak of the devil and he's sure to appear*

Quand on est à Rome, il faut faire comme les Romains
→ *When in Rome, do as the Romans do*

Qui ne tente rien n'a rien
→ *Nothing ventured, nothing gained*

Qui se ressemble s'assemble
→ *Birds of a feather flock together*

Rien ne vaut son chez soi
→ *There's no place like home*

Rira bien qui rira le dernier
→ *He who laughs last laughs longest*

Tel père, tel fils
→ *Like father, like son*

Tout ce qui brille n'est pas de l'or
→ *All that glitters is not gold*

Tout est bien qui finit bien
→ *All's well that ends well*

Tout vient à point à qui sait attendre
→ *All things come to him who waits*

Une de perdue, dix de retrouvées
→ *There are plenty of fish in the sea*

Un malheur n'arrive jamais seul
→ *It never rains but it pours*

Un tiens vaut mieux que deux tu l'auras
→ *A bird in the hand is worth two in the bush*

Une hirondelle ne fait pas le printemps
→ *One swallow doesn't make a summer*

Vouloir, c'est pouvoir
→ *Where there's a will, there's a way.*

B. Expressions et proverbes anglais et leurs équivalences en français

His bark is worse than his bite.
→ Chien qui aboie ne mord pas

Absence makes the heart grow fonder.
→ Loin des yeux, près du cœur.

A drop in the ocean.
→ Une goutte d'eau dans la mer.

It's water under the bridge.
→ Beaucoup d'eau est passée sous le pont.

An apple a day keeps the doctor away.
→ Qui a de la sauge dans son jardin, n'a pas besoin de médecin

And pigs might fly.
→ Quand les poules auront des dents.

Looks can be deceiving.
→ Il ne faut pas se fier aux apparences.

As the crow flies.
→ À vol d'oiseau.

A storm in a teacup.
→ Une tempête dans un verre d'eau.

Beauty is in eye of the beholder.
→ La beauté est affaire de goût.

Better late than never
→ Mieux vaut tard que jamais.

Better safe than sorry.
→ Prudence est mère de sûreté.
→ Deux précautions valent mieux qu'une.

Brevity is the soul of wit.
→ Les plaisanteries les plus courtes sont les meilleures.

Once bitten twice shy.
→ Chat échaudé craint l'eau froide.

By the skin of one's teeth.
→ À un poil près.

Call a spade a spade.
→ Appeler un chat un chat.

Look before you leap.
→ Tourner sa langue sept fois dans sa bouche avant de parler.

Divide and conquer.
→ Diviser pour régner.

Dressed up to the nines.
→ Tiré à quatre épingles. / Être sur son trente-et-un.

Back someone into a corner.
→ Mettre quelqu'un au pied du mur.

Every cloud has a silver lining.
→ Après la pluie, le beau temps.

From the horse's mouth.
→ De source sûre.

Give credit where credit is due.
→ À tout seigneur, tout honneur.

The grass is always greener on the other side.
→ L'herbe est toujours plus verte chez le voisin.

Half a loaf is better than none.
→ Faute de grives, on mange des merles.

The road to Hell is paved with good intentions.
→ L'enfer est pavé de bonnes intentions.

In for a penny, in for a pound.
→ Qui vole un œuf vole un bœuf.

Nothing ventured nothing gained
→ Qui ne risque rien n'a rien

Hope springs eternal.
→ Là où il y a de la vie, il y a de l'espoir.

If at first you don't succeed, try, try, try again.
→ Dix fois sur le métier, remettre son ouvrage.

It's as easy as falling off a log.
→ C'est simple comme bonjour.

It never rains but it pours.
→ Tout arrive en même temps.

It's six of one and half dozen of the other.
→ C'est bonnet blanc et blanc bonnet.

It's the last straw that breaks the camel's back.
→ C'est la goutte d'eau qui fait déborder le vase.

Kill two birds with one stone.
→ Faire d'une pierre deux coups.

A leopard never changes its spots.
→ Chassez le naturel, il revient au galop.

Let the cat out of the bag.
→ Vendre la mèche.

Like a bull in a china shop.
→ Comme un chien dans un jeu de quilles.

Like father, like son. / The apple doesn't fall far from the tree
→ Tel père, tel fils.

More haste, less speed.
→ Se hâter lentement.

Never is a long time.
→ Ne jamais dire : Fontaine je ne boirai pas de ton eau.

Necessity is the mother of invention
→ Vouloir c'est pouvoir.

No sooner said than done.
→ Aussitôt dit, aussitôt fait.

Not for all the tea in China.
→ Pas pour tout l'or du monde.

Not to pull one's punches.
→ Ne pas prendre de gants (avec quelqu'un).

One man's trash is another man's treasure.
→ Le malheur des uns fait le bonheur des autres.

Out of sight, out of mind.
→ Loin des yeux, loin du cœur.

Out of the frying pan into the fire.
→ Tomber de Charybde en Scylla.

Rome wasn't built in a day.
→ Paris ne s'est pas fait en un jour.

Actions speak louder than words.
→ Il y a loin du dire au faire.

(To) Sell like hot cakes.
→ Se vendre comme des petits pains.

Slow and steady wins the race.
→ Rien ne sert de courir, il faut partir à point.

Take the bull by the horns.
→ Prendre le taureau par les cornes.

That's a different kettle of fish. / That's a horse of a different colour.
→ C'est une autre paire de manches.

There is no smoke without fire.
→ Il n'y a pas de fumée sans feu.

Honour among thieves.
→ Les loups ne se mangent pas entre eux.

There is no accounting for taste.
→ Les goûts et les couleurs, ça ne se discute pas.

There is nothing new under the sun.
→ Rien de nouveau sous le soleil.

The tip of the iceberg.
→ La partie visible de l'iceberg.

They are all tarred with the same brush.
→ Ils sont tous à mettre dans le même panier.

Look before you leap.
→ Tourner sa langue sept fois dans sa bouche avant de parler.

Time flies.
→ Le temps fuit.

Time heals all wounds.
→ Le temps guérit toutes blessures.

To be a flash in the pan.
→ N'être qu'un feu de paille.

To bear a grudge against someone.
→ Avoir une dent contre quelqu'un.

To be as good as gold.
→ Être sage comme une image.

To be like two peas in a pod.
→ Se ressembler comme deux gouttes d'eau.

To be as fit as a fiddle.
→ Avoir bon pied bon œil.

To be as thick as thieves.
→ S'entendre comme deux larrons en foire.

To beat about the bush.
→ Tourner autour du pot.

To be between the devil and the deep blue sea (GB)/ To be between a rock and a hard place (US)
→ Être entre l'enclume et le marteau.

To be in the same boat.
→ Être logés à la même enseigne.

To be left high and dry.
→ Se retrouver le bec dans l'eau.

To be at the end of your tether.
→ Être au bout du rouleau.

To be on top of the world.
→ Être comme un coq en pâte.

To bite off more than one can chew.
→ Avoir les yeux plus gros que le ventre.

To bring home the bacon.
→ Faire bouillir la marmite.

To catch someone red-handed.
→ Prendre quelqu'un la main dans le sac.

To cost an arm and a leg.
→ Coûter les yeux de la tête.

To pull the rug out from under.
→ Couper l'herbe sous le pied.

To each his own.
→ Chacun voit midi à sa porte.

To have more than one string to his bow.
→ Avoir plus d'une corde à son arc.

To have other fish to fry.
→ Avoir d'autres chats à fouetter.

To kill the goose that lays the golden eggs.
→ Tuer la poule aux œufs d'or.

To kill two birds with one stone
→ Faire d'une pierre deux coups.

To make no bones about it.
→ Ne pas y aller par quatre chemins.

To make the best of a bad deal.
→ Faire contre mauvaise fortune bon cœur.

Tomorrow is another day.
→ À chaque jour suffit sa peine.

To overstep the mark.
→ Dépasser les bornes.

(To promise) pie in the sky
→ Promettre monts et merveilles.

To put the cart before the horse.
→ Mettre la charrue devant les bœufs.

To take the wind out of one's sails.
→ Couper l'herbe sous les pieds.

To throw a spanner in the works. (GB)
→ Mettre des bâtons dans les roues.

To throw in the towel.
→ Donner sa langue au chat.

To throw money down the drain.
→ Jeter l'argent par la fenêtre.

Travel broadens the mind.
→ Les voyages forment la jeunesse.

Violence begets violence.
→ La violence engendre la violence.

We're not out of the woods yet.
→ On n'est pas sorti de l'auberge.

III. Liste des faux-amis les plus courants

Mot en anglais	Traduction en français	À ne pas confondre avec le mot français	Qui se dit en anglais
abuse	insultes, mauvais usage	abus	*misuse, excessive use, overuse*
abuse (to)	insulter	abuser	*to take advantage of, to overuse*
accessory to a murder	complice d'un meurtre	accessoires	*props, toilet requisites, accessory*
accommodate (to)	loger, recevoir quelqu'un	accommoder	*to prepare (meals), to combine, to arrange*
accommodation	logement	accommodement	*arrangement, compromise*
achieve (to)	réaliser	achever	*to complete*
achievement	réussite, exploit	achèvement	*completion*
actual	réel	actuel	*current*
actually	en fait	actuellement	*currently, at present*
advertise (to)	faire de la publicité	avertir	*to warn*
advertisement	publicité	avertissement	*warning*
advocate	défenseur	avocat	*lawyer*
affluence	richesse, prospérité	affluence	*rush, crowds*
affluent	riche, prospère	affluent	*tributary*
agenda	ordre du jour	agenda	*diary*
aggravate (to)	agacer, exaspérer	aggraver	*to worsen*
agree (to)	être d'accord	agréer	*to accept*
agreement	accord	agrément	*charm, attractiveness, pleasantness*
amenities	équipements	aménité	*affability, amiability*
apology	excuse	apologie	*praise, apology*
appeal	attrait, séduction	appel	*call*
application	candidature	application	*enforcement, implementation, industry*
appointment	nomination	appointements	*salary*
argue (to)	1. se disputer 2. argumenter	arguer	*to deduce, put forward the reason that, to protest*

articulate	qui s'exprime avec beaucoup d'aisance	articulé	*jointed, articulated*
assume (to)	supposer, présumer	assumer	*accept (to), to take it upon oneself to...*
attend (to)	assister à	attendre	*to wait for*
balance	équilibre	balance	*scales*
ballot	vote, scrutin	ballot	*bundle*
barracks	caserne	baraque	*shed, hut*
benefit	allocation, prestation sociale	bénéfice	*profit*
bias	préjugé	biais	*device, angle, way*
bid	offre, enchère	bide	*belly, flop*
bond	lien, titre côté en Bourse	bond	*leap*
border	frontière	bord	*side, edge, shore*
bribe	pot-de-vin	bride	*bridle, strap*
brief	dossier, affaire	bref	*short*
caution	prudence	caution	*deposit*
chance	hasard	chance	*luck*
change	monnaie	changer	*to alter, to change*
character	personnage	caractère	*nature*
charge	chef d'accusation	charge	*load*
chat	bavardage	chat	*cat*
check	contrôle	chèque	*cheque*
close	proche	clos	*closed*
coin	pièce de monnaie	coin	*corner*
college	établissement d'enseignement supérieur	collège	*junior high school, collège*
comfort	réconfort	confort	*comfort*
commodity	produit, marchandise	commodité	*convenience*
complete (to)	achever	compléter	*supplement (to), complete (to)*
comprehensive	exhaustif, polyvalent (lycée)	compréhensif	*understanding*
conductor	chef d'orchestre, receveur (bus), chef de train (US)	conducteur	*driver*
confection	friandise	confection	*ready-made clothes*
confidence	confiance	confidence	*secret*
consistent	cohérent	consistant	*solid, thick*

corporation	grande entreprise	corporation	*corporate body*
crane	grue	crâne	*skull*
cry (to)	pleurer	crier	*shout (to)*
current	actuel	courant	*common*
currently	actuellement	couramment	*fluently, commonly*
deceive (to)	tromper	décevoir	*disappoint (to)*
deception	tromperie, duperie	déception	*disappointment*
defendant	accusé, inculpé	défenseur	*defender, champion*
dejection	découragement	déjection	*evacuation*
delay	retard	délai	*time limit*
delay (to)	retarder		
demand (to)	exiger	demander	*ask (to)*
demonstrate	manifester	démontrer	*prove (to)*
demonstration	manifestation	démonstration	*show, proof*
deputy	adjoint, suppléant	député	*Member of Parliament*
destitution	misère	destitution	*dismissal, discharge*
differ (to)	différer = être en désaccord	différer	*vary (to), postpone (to), defer (to)*
digital	numérique	digital	*digital,* empreintes digitales = *fingerprints*
dilapidation	délabrement	dilapidation	*squandering, wasting, misappropriation*
dispute	conflit	dispute	*quarrel, argument*
distracted	fou	distrait	*absent-minded*
domestic	intérieur	domestique	*servant*
dramatic	spectaculaire	dramatique	*tragic*
drug	médicament, drogue	drogue	*drug*
editor	rédacteur en chef	éditeur	*publisher*
effective	efficace, frappant	effectif	*real, positive*
engaged	occupé	engagé	*committed*
entail (to)	entraîner, impliquer	entailler	*cut (to), gash (to)*
entertain (to)	divertir, recevoir	entretenir	*maintain (to)*
estate	domaine	état	*state, condition*
eventually	finalement	éventuellement	*possibly, perhaps*
evidence	témoignage	évidence	*obviousness, the obvious*
executive	cadre	exécutif	*the executive*
expertise	compétence	expertise	*expert's report*
expose (to)	dévoiler, dénoncer	exposer	*exhibit (to), put on display (to), show (to)*

extravagant	exorbitant, dépensier	extravagant	*crazy, wild*
fabric	tissu	fabrique	*factory*
facilities	équipements	facilité	*ease, ability, aptitude*
fail (to)	échouer	faible	*weak*
figure	silhouette, chiffre	figure	*face*
file	dossier, lime	file	*line*
fine	amende	fine	*thin*
forgery	faux, contrefaçon	forge	*smithy*
formidable	redoutable	formidable	*wonderful*
fortunate	chanceux	fortuné	*wealthy, well-off*
furniture	meubles	fournitures	*office supplies, stationery*
genial	sympathique	génial	*fantastic*
graduate	diplômé	gradué	*graded, graduated*
graduation	remise des diplômes	graduation	*graduation*
grand	grandiose	grand	*tall*
grapes	raisins	grappe	*bunch of grapes*
grief	chagrin	grief	*grievance*
habit	habitude	habit	*clothes, garment*
harassment	harcèlement	harassement	*exhaustion*
hazard	risque, danger	hasard	*chance*
hurt	blesser, faire mal	heurter	*hit*
immaterial	négligeable	immatériel	*ethereal*
inconvenient	inopportun	inconvénient	*drawback*
indulge (to)	laisser aller	indulgence	*leniency*
inhabited	habité	inhabité	*uninhabited*
injure (to)	blesser	injurier	*abuse (to), insult (to)*
instalment	mensualité	installations	*setting up, fittings, installations*
instance	exemple	instance	*authority, proceedings*
intelligence	espionnage, renseignement	intelligence	*intelligence, wit, to be clever*
intoxication	ivresse	intoxication	*poisoning*
invaluable	inestimable	non valable	*invalid*
isolation	isolement	isolation	*insulation*
issue	problème, publication	issue	*way out*
labour	main d'œuvre, travail	labour	*ploughing, digging*
lack	manque	lac	*lake*
large	grand, vaste	large	*wide, broad*

lecture	conférence	lecture	*reading*
lecturer	conférencier	lecteur	*reader*
libel	procès en diffamation	libellé	*wording*
location	emplacement	location	*renting, lease*
luxury	luxe	luxure	*lust*
malice	méchanceté	malice	*mischief*
maniac	fou	maniaque	*fussy, finicky*
mechanic	mécanicien	mécanique	*engineering*
medecine	médicament	médecin	*doctor*
mercy	pitié	merci	*thankyou*
mundane	banal, prosaïque	mondain	*society, fashionable*
notice	avis, préavis	notice	*instructions, note*
novel	roman	nouvelle	*short-story*
nurse	infirmière	nurse (nounou)	*nanny*
offence	délit, infraction	offense	*insult*
offensive	choquant, repoussant	offensive	*attack*
office	bureau	office	*duties, office, service*
opportunity	occasion, chance	opportunité	*timeliness, appropriateness*
outrage	scandale	outrage	*insult*
pace	rythme	pas	*step*
pain	douleur	pain	*bread*
parcel	colis, paquet	parcelle	*plot of land, fragment*
parole	liberté conditionnnelle	parole	*word*
partition	séparation	partition	*musical score*
pathetic	minable	pathétique	*moving, pathetic*
patron	client, habitué, mécène	patron	*boss*
pensioner	retraité	pensionnaire	*boarder*
petrol	essence (GB)	pétrole	*oil*
petty	mesquin	petit	*small, little*
photograph	photographie	photographe	*photographer*
phrase	locution	phrase	*sentence*
physician	médecin	physicien	*physicist*
piece	morceau	pièce	*room*
placate (to)	calmer, apaiser	plaquer	*veneer (to)* (bois), *plate (to)* (bijoux)
plant	plante, usine	plante	*plant*
plate	assiette	plat	*dish*

plummet (to)	s'effondrer	plumer	*pluck (to)*
policy	une politique	politique	*politics*
positive	catégorique	positif	*definitite, positive*
prejudice	préjugé	prejudice	*loss, damage*
premier	Premier ministre	premier	*first*
premises	locaux	prémisse	*premise*
prevent	empêcher	prévenir	*warn*
pretend	faire semblant	prétendre	*claim (to)*
promiscuous	aux mœurs légères	promiscuité	*lack of privacy*
proper	approprié, convenable	propre	*clean*
propriety	bienséance	propriété	*ownership*
propose (to)	demander en mariage	proposer	*offer (to)*
purchase (to)	acheter	pourchasser	*pursue (to)*
queue	file d'attente	queue (animal)	*tail*
race	course	race	*breed, race*
raffle	tombola	rafle	*roundup*
rampant	déchainé, endémique	rampant	*crawling*
range	gamme, éventail	rangée	*row*
rape	viol	râpe	*grater*
rate	taux, pourcentage	rate	*spleen*
recipient	destinataire, bénéficiaire	récipient	*container*
reclaim (to)	récupérer, défricher	réclamer	*claim (to)*
recoup (to)	se dédommager, récupérer	recouper	*cut again (to)*
recover (to)	se remettre	recouvrir	*cover (to)*
redress	dédommagement	redressement	*setting upright, straightening*
redundancy	licenciement	redondance	*redundancy, superfluous expression*
refuse	déchets	refus	*refusal*
regard	considération	regard	*look*
relative	membre de la famille	relative	*relative to, relating to, connected with*
relieve (to)	soulager	relever	*raise (to)*
report	compte rendu, détonation	report	*postponement, putting off*
resign (to)	démissionner	résigné	*resigned*
resort	lieu de vacances, recours	ressort	*spring*

rest	repos	reste	*remainder, rest, left-overs (repas)*
resume (to)	reprendre (une activité)	résumer	*sum up (to)*
résumé	curriculum vitae	résumé	*summary*
retire (to)	prendre sa retraite	retirer	*remove (to), take off (to)*
route	itinéraire	route	*road*
rude	grossier	rude	*rough*
salvaged	sauvé, récupéré	sauvage	*wild*
sanguine	optimiste	sanguin	*fiery, passionate, ruddy*
saucy	impertinent	souci	*worry*
save (to)	économiser, sauver	sauver	*rescue*
scholar	érudit, personne cultivée	scolaire	*school*
sensible	sensé, raisonnable	sensible	*sensitive*
sever (to)	couper, rompre	sévère	*strict*
slip	fiche	slip	*briefs*
sober	pondéré, posé, réfléchi	sobre	*temperate, frugal*
socialite	personne mondaine	socialiste	*socialist*
socket	douille	socquette	*sock*
sort (to)	trier	sort	*lot, fate*
spirited	plein d'énergie	spirituel	*witty, sacred (music)*
stage	étape, scène	stage	*placement, internship*
station	gare	station	*underground, bus stop, taxi rank*
stationery	fournitures de bureau	stationnaire	*stationary*
statute	texte juridique	statue	*statue*
store	stock, provisions	store	*blind*
stranger	inconnu	étranger	*foreigner*
sue (to)	poursuivre en justice	suer	*sweat (to)*
suit	costume, procès	suite	*sequel, series*
supply (to)	fournir	supplier	*to implore*
support (to)	soutenir, aider, subventionner	supporter	*bear (to), stand (to)*
surname	nom	surnom	*nickname*
sympathetic	compatissant, bienveillant	sympathique	*nice*
tablet	comprimé	tablette	*shelf*
tailor (to)	adapter	tailler	*cut (to), carve (to)*
tank	réservoir	tank	*tank*
tape	bande, ruban	tape	*slap*
tentative	provisoire, indécis	tentative	*trial*

tier	rangée, gradin	tiers	*third*
toil	travail dur	toile	*cloth, canvas*
touchy	susceptible	touché	*moved, struck*
train (to)	s'entraîner	traîner	*drag (to)*
tour	circuit, voyage	tour	*stroll, drive, turn*
trainee	stagiaire	traînée	*trail, streak*
trap	piège	trappe	*trap door*
trivial	banal, anodin	trivial	*coarse, commonplace*
truant	absentéiste	truand	*villain, crook*
urbane	courtois, poli	urbain	*urban*
utilities	services publiques	utilité	*use*
vacation	vacances	vacation	*session, sitting*
valid	valable	valide	*fit, well*
vault	cave, caveau, voûte	veau	*calf*
venture	entreprise risquée	aventure	*adventure*
verbalise (to)	Traduire en paroles	verbaliser	*fine (to)*
versatile	aux talents variés	versatile	*changeable*
villain	scélérat	vilain	*ugly*
vindication	défense, justification	vindicte	*prosecution and conviction*
waggon	chariot	wagon	*carriage*

Liste non exhaustive à compléter pendant votre année scolaire

Mot anglais	**Traduction en français**	**À ne pas confondre avec le mot français**	**Qui se dit en anglais**
Par exemple : ***inner city*** (voir explications page 266)	quartier pauvre/ défavorisé (situé au cœur des villes)	centre-ville	*city centre*

IV. Formation des mots : préfixes et suffixes

Dans la formation des mots, les *préfixes* (placés avant le mot) et *suffixes* (placés après le mot) jouent un rôle important sur le plan lexical, car ils permettent d'effectuer des dérivations intéressantes. C'est pourquoi il est important de savoir décomposer un mot afin de pouvoir deviner le sens si le mot vous est inconnu. Notez dans les deux tableaux suivants leurs principales utilisations, par ordre alphabétique.

A. Tableau des préfixes

Notez que les préfixes modifient le sens du mot auquel ils sont accolés, mais pas la catégorie grammaticale [i.e. préfixe + adjectif = on obtient à nouveau un adjectif, contrairement aux suffixes, qui la plupart du temps vont transformer une catégorie grammaticale vers une autre catégorie (par exemple, un adjectif en un nom etc..)]

Préfixe	Sens/idée en français	Par exemple
anti +	idée d'opposition/against	*antisocial*, *anticlockwise* (dans le sens inverse des aiguilles d'une montre), *anti-rust* (antirouille), *anti-skid* (antidérapant)
co +	idée d'être ensemble	*co-worker* (collègue de travail), *co-writer* (co-auteur), *co-driver* (co-pilote)
dis +	sens négatif	*dislike* (ne pas aimer), *dishonest* (malhonnête), *dishonour* (déshonneur)
il +	sens négatif	*illiterate* (illettré), *illegal* (illégal), *illegible* (illisible)
im +	sens négatif	*impossible*, *impracticable* (impraticable), *imprecise* (imprécis)
in +	sens négatif	*inordinate* (démesuré), *inoffensive* (inoffensif), *inseparable* (inséparable)
inter +	entre	*intercollegiate* (entre collègues), *intercommunication* (communication réciproque), *interconnect* (connecter entre eux/elles)
ir +	sens négatif	*irreversible* (irréversible), *irrational* (dépourvu de raison), *irrefutable* (irréfutable)
mis +	idée de mal faire	*misunderstanding* (incompréhension), *misbehave* (mal se comporter), *misprint* (imprimer mal)
over +	idée d'excès	*overdo* (exagérer), *overreaction* (réaction disproportionnée), *overtime* (heures supplémentaires)

out +	idée de dépasser, plus de	*outnumber* (dépasser en nombre), *outcry* (tollé général), *outdo* (surpasser, l'emporter sur)
post +	après	*postdate* (postdater), *postgraduate* (étudiant de troisième cycle, après la licence), *postwar* (l'après-guerre)
pre +	avant	*predate* (antidater, avoir lieu avant), *predetermine* (déterminer au préalable), *pre-establish* (préétablir)
pro +	qui est favorable à	*Pro-European* (favorable aux Européens), *pro* + nom = favorable à/partisan de
sub +	idée d'au-dessous, subalterne	*sub post office* (petit bureau de poste secondaire, de quartier), *subsystem* (sous-système), *subtenant* (sous-locataire)
super +	idée de superlatif, être plus grand que	*superman* (surhomme), *supernatural* (surnaturel), *supernormal* (au-dessus de la normale)
trans +	idée de passer à travers, traverser, de transformation	*transcontinental*, *transmogrify* (métamorphoser, transformer en, transplantation)
un +	sens négatif	*unhappy* (malheureux), *uninhabited* (inhabité), *unrecorded* (non enregistré)
under +	idée de manque, de pas assez	*underestimate* (sous-estimer), *undernourish* (sous-alimenter), *undermanned* (à court de personnel)

Exercice sur les préfixes

➲ Corrigé en fin d'ouvrage

Trouvez le contraire des mots suivants. Puis traduisez le nouveau mot en français

Mot anglais	Nouveau mot obtenu avec un préfixe	Traduction en français
Exemple : *approve*	***disapprove***	désapprouver (attention à la construction : *to disapprove* ***of*** *something*)
agree		
do		
legal		
regard		
possess		
handle		
number		
literate		
direct		
interpret		
work		
right		
lock		
cook		
look		
moral		
climax		
night		
break		

B. Tableau des suffixes

Notez que les suffixes, très souvent, modifient la catégorie grammaticale du mot auquel ils sont accolés : transformation d'un nom en verbe, d'un adjectif en nom... etc.

Suffixe par ordre alphabétique	Sens/idée en français	Mot + suffixe	Nouveau mot obtenu
+ able	possible d'être/ qui peut être	*break + able* *unbelieve + able* *drink + able*	breakable (cassable, qui peut être cassé) unbelievable (incroyable) drinkable (potable, buvable)
+ ache	qui fait mal à	*head + ache* *toothache*	*headache* (mal de tête) *toothache* (mal de dents)
+ al	qui est qui a la propriété de	*economic + al* *physic + al* *lyric + al*	*economical* (économique = bon marché, à ne pas confondre avec *economic* = relatif à l'économie) *physical* (physique) *lyrical* (lyrique)
+ ance	du domaine de	*govern + ance* *assist + ance*	*governance* *assistance*
+ ation	nom formé à partir d'un verbe	*communicate + ation* *create + ation* *graduate + ation*	*communication* *creation* *graduation*
+ dom	qui relève du domaine de	*king + dom* *free + dom* *martyr + dom*	*kingdom* (royaume) *freedom* (liberté) *martyrdom* (martyre, calvaire)
+ ed	qui a les caractéristiques du verbe	*amaze + ed* *scare + ed* *please + ed*	*amazed* (surpris) *scared* (effrayé) *pleased* (content, satisfait)
+ ee	qui fait, qui pratique	*employ + ee* *train + ee* *divorce + ee*	*employee* (employé) *trainee* (stagiaire) *divorcee* (divorcé)
+ en	1. qui est en pour un matériau 2. qui fait, qui devient	*wood + en* *length + en* *strength + en*	*wooden* (en bois) *lengthen* (allonger/rallonger) *strengthen* (renforcer)
+ ence	à l'état de/relatif à	*exist + ence*	*existence, reference, preference*

+ er	qui fait	*drive + er* *drink + er* *think + er*	*driver* (chauffeur) *drinker* (buveur) *thinker* (penseur)
+ ese	adjectif de nationalité/ qui est originaire de	*Chin(a) + ese* *Vietnam + ese* *Portugu + ese* (majuscule obligatoire à tous les adjectifs de nationalité en anglais)	*Chinese* (chinois) *Vietnamese* (vietnamien) *Portuguese* (portugais)
+ ful	qui possède les qualités	*care + ful* *wonder + ful* *law + ful*	*care + ful* (soigneux) *wonderful* (merveilleux) *lawful* (licite, légal, permis)
+ hood	qui a le statut de	*child + hood* *mother + hood* *neighbour + hood*	*childhood* (enfance) *motherhood* (maternité) *neighbourhood* (voisinage)
+ ian	quelqu'un qui pratique/ nom de métier	*physic + ian* *music + ian* *library + ian*	*physician* (médecin) *musician* (musicien) *librarian* (bibliothécaire)
+ ing	forme de gérondif	*mean + -ing* *paint + -ing* *swim (m) + -ing* *franchise + -ing*	*meaning* *painting* *swimming* *franchising*
+ ion	pour former un nom à partir d'un verbe (même champ lexical)	*exhibit + ion*	*exhibition*
+ ish	négatif, qui a les défauts	*child + ish*	*childish* (puéril)
+ ism	croire en/croyance/foi dans un domaine	*social + ism* *Catholic + ism* *ideal + ism*	*socialism* *Catholicism* *idealism*
+ ity	souvent un domaine	*available + ity* *puerile + ity*	*availability* *puerility* (puérilité)
+ ive	état	*create + ive*	*creative*
+ ize	qui permet/ fait/a pour résultat	*real + ize* *global + ize*	généralement *realize* (anglais US)/anglais GB = *realise* - on aura aussi *analyse* (GB) et *analyze* (US)

+ less	idée de sans, qui n'a pas les qualités de/qui est dépourvu de	*care + less* *home + less* *penny + less*	*careless* (négligent, qui manque de soin) *homeless* (sans foyer, sans abri) *penniless* (sans le sou, sans ressources)
+ ly	qui est/qui relève de	*friend + ly* *quarter + ly* *week + ly*	*friendly* (amical) *quarterly* (trimestriel) *weekly* (hebdomadaire)
+ ment	nom formé à partir d'un verbe	*disappoint + ment* *measure + ment* *appoint + ment*	*disappointment* (déception), *measurement* (mesures, dimensions) *appointment* (nomination, rendez-vous)
+ ness	à l'état de	*aware + ness* *bleak + ness* *sad + ness*	*awareness* (conscience) *bleakness* (austérité, aspect morne ou sombre) *sadness* (tristesse)
+ or	souvent, une personne, nom formé à partir d'un verbe par exemple	*act + or* *conduct + or* *profess + or*	*actor* *conductor* *professor*
+ ship	qui a la qualité/statut de	*hard + ship* *friend + ship*	*hardship* *friendship*
+ wards	vers la direction de	*back + wards* *for(e) + wards*	*backwards* *forwards*
+ wise	qui relève du domaine/ en matière de	*career + wise* *clock + wise*	*careerwise* (en ce qui concerne la carrière, professionnellement), *clockwise* (dans le sens des aiguilles d'une montre)

Exercice sur les suffixes

➲ Corrigé en fin d'ouvrage

Trouvez le contraire des mots suivants. Puis traduisez le nouveau mot en français

Mot anglais	Nouveau mot obtenu avec un suffixe	Traduction en français
Exemple : *approve*	**approval**	approbation
agree		
license		
legal		
hinder		
sever		
star		
sharp		
orphan		
address		
seep		
Protestant		
citizen		
bitter		
kind		
short		
book		
spoon		
forget		
leaf		

V. Travail sur la richesse lexicale

A. Some adjectives to avoid "good", "bad", "big", "interesting"

Rappel

Bad

- Opponents believe that the increase in university tuition fees is a **bad** measure because it could put an end to social diversity. → **unfair (an unfair measure)**
- Cap-and-trade is regarded as a **bad** system in that it has failed to solve the emission problem. → **ineffective (an ineffective system)**
- The Kyoto Protocol was a **bad** treaty as there was no penalty for those who failed to respect the targets. → **flawed**
- Many Republicans are convinced that eco-friendly measures are **bad for** the economy. → **detrimental to**
- Putting criminals behind bars is increasingly considered a **bad** solution as it does not address the root of the problem. → **inappropriate**
- Environmentalists are convinced that congestion is mainly due to **bad** urban planning. → **ill-designed/inadequate**
- Shale gas could turn out to have **bad** consequences on human health. → **harmful**
- Some primary schools are in **bad** condition not least in inner cities. → **poor**

Good

- Most analysts agree that bailing out the car industry was **good** for the economy. → **beneficial to**
- Whether shale gas is a **good** alternative to coal remains to be seen. → **suitable**
- The Chancellor's assessment of the situation was fairly **good.** → **accurate**

- The NHS will ensure that the new guidelines are implemented in a **good** way. → **effective (an effective way)**
- The CEO has agreed that staff needed to be given **good** training to be more efficient. → **adequate**
- A **good** business plan is the key to the long-term success of any company. → **well-thought-out**
- The EU has agreed to review some of its regulations, which was a **good** decision. → **wise**

Big

- Most climate experts forecast that climate change could have **big** consequences for some countries. → **far-reaching**
- There is no denying that under Obama healthcare has undergone **big** change. → **significant**
- **Big** amounts of money have been pumped into urban revival. → **huge**
- The private sector has a **big** influence on the mainstream media. → **widespread**
- The devolution of Scotland was a **big** issue during the 1997 campaign. → **major**

Interesting

- The IPCC's latest report on climate change is **interesting.** → **thought-provoking**.
- Rudi Giuliani's broken windows approach was quite **interesting** because he was one of the first mayors to implement it. → **ground-breaking**
- It is **interesting** to mention that an increasing number of gun owners in the US are women. → **noteworthy**
- Microsoft has taken an **interesting** approach to tackle the shortage of computer science graduates in the US. → **unusual**

Exercice 1

Replace the adjectives in bold with one of the above.

1. Appointees will be given **good** training before they start work.
2. The subprime crisis had **big** consequences on the global economy.

3. Stiglitz's latest book was really **interesting**.

4. Many Labour MPs stressed that this measure was **bad** for national cohesion.

5. Apple has always been praised for its **good** marketing strategy.

6. Providing shelters to homeless people is a **bad** solution in the long term.

7. Many experts highlight that hybrid cars are **good** for the environment.

8. Students decided to stage **big** demonstrations across the country.

9. Authorities have failed to provide a **good** response to the NHS deficit.

10. The implementation of CCTV provides an **interesting** example of state surveillance.

B. Some specific verbs to remember

Rappel

- After the increase in university tuition fees, Canadian students **staged** huge demonstrations.
- The newly-appointed CEO **delivered** a comprehensive speech to reassure shareholders.
- The Met Office has **issued** a severe weather warning.
- Hopefully both countries will **abide by** the UN ceasefire.
- Some studies have shown that prevention has little influence on teenagers who **break** the law.
- New cars have to **comply with** environmental standards.
- The coalition government is determined to **enforce** these new laws.
- In the run-up to the presidential election, President Obama had promised to **implement** a French-style healthcare system.
- In the wake of the economic crisis, the EU has **enacted** a series of banking reforms.
- Some Western countries are considering **introducing** legislation on same-sex marriage.
- The State of Massachusetts has decided to **hold** a referendum about assisted suicide.

- The traders involved in the money-laundering scandal have decided to **hold** a press conference.
- Syria has decided to retaliate. The President himself **broke** the news.
- The EPA is expected to **release** a report about the impact of shale gas extraction on drinking water.
- The Home Secretary is determined to **curb** juvenile crime in the UK.
- The Welfare State was originally designed to **narrow** the gap between the rich and the underprivileged.
- Japanese officials and environmentalists have failed to **strike** a deal to curb whale hunt.
- Some companies are making it easier for women to **strike** a balance between working life and family life.
- Clint Eastwood's declaration during the Super Bowl **sparked** a huge controversy.
- The coalition government's decision to streamline the NHS has **drawn** a lot of criticism.
- One of the main criticisms **levelled** against President Obama is his aloofness.
- For some teenagers it is increasingly difficult to **draw** the line between real and virtual life.
- The Chancellor's attention was **drawn** to the plight of asylum seekers.
- Many left-wing analysts were quick to **draw** the parallel between David Cameron and Margaret Thatcher.
- There is no consensus about what conclusions to **draw** about London's 2012 summer riots.
- PepsiCo has **devised** a new strategy to regain market shares.
- Mitt Romney has promised that he would **repeal** what he calls "Obamacare" as soon as he was elected.
- The so-called "climategate" scandal has **sown** the seeds of doubt about the reality of climate change.
- Making a promise **entails** the risk of not being able to fulfill it.
- The real challenge for politicians is to **bridge** the gap between their political agenda and the people's expectations.

Exercice 2

Complete the following sentences with the missing verbs.

1. Students who fail to .... with the rules will be suspended.
2. Same-sex marriage is .... a huge debate in many Western countries.
3. Unemployment figures are expected to be .... next week.
4. Google will .... new changes in Gmail to improve security.
5. The French government banned vending machines in school in an effort to .... childhood obesity.
6. When it comes to immigration, it is essential to .... the line between legal and illegal aliens.
7. Sarah Palin was accused of .... the seeds of hatred.
8. Engineers are .... new strategies to reduce greenhouse gas emissions.
9. After Hurricane Sandy hit New York City, the President .... a statement to reassure the population.
10. In Arizona, authorities have decided to .... strict dress code for voters.
11. The USA and China .... their differences at the Cancun climate talks.
12. The guide was right to .... our attention to the need to protect the site.
13. It is unsure whether the newly elected President will .... his predecessor's reform.
14. Chicago's teachers .... a huge rally in order to put an end to the strike.
15. The coalition government's NHS reform would certainly .... benefit cuts.

C. Use phrasal verbs

- It is virtually impossible **to come up with** a solution to illegal immigration.
- The EU economy is struggling **to keep up with** emerging countries.
- Local residents have decided **to set up** an association against the third runway.
- The newly-elected President seems determined **to crack down on** tax evasion.
- So far, the UN has failed **to draw up** a lasting peace plan.
- Greenwashing is an excellent way for companies **to brush up** their image.
- After the riots, local residents spontaneously **set about** cleaning the city.
- Women now **account for** more than half of the world population living with HIV.
- The Police are still trying **to figure out** what happened.
- Representatives are expected **to stand up for** their constituents'rights.
- The First Lady made it clear that the President **stands for** solidarity.
- Libertarians argue that because of CCTV, the UK **is turning into** a surveillance state.
- Many city-dwellers can no longer **put up with** the constant noise pollution.
- Their unprecedented profit can be **put down to** their record exports.
- This new reform should **bring about** an improvement in air quality.
- Uranium demand is expected **to pick up** as emerging markets demand more and more energy.
- Studies show that people who **have dropped out of** school are more likely **to end up** being unemployed.
- In his leading article, the journalist **looks into** the reasons **accounting for** this worrying trend.
- Doomsayers may not like it, but thanks to shale gas, the US is not about **to run out of** energy.
- Most Western governments do not really know how **to go about** reducing the deficit.

Exercice 3

Replace the verbs in bold with a phrasal verb.

1. Thanks to the Internet, you can **follow** all the latest developments.
2. The USA is increasingly **becoming** a polarized country.

3. People living near Heathrow can no longer **bear** the constant noise.

4. The governor of Arizona accused the federal government of failing to **find** a lasting solution to illegal immigration.

5. Financial analysts do not expect the economy to **get better** before the end of next year.

6. Student unions encouraged students to **defend** their rights.

7. In the US, shale gas should **represent** 35 % of energy production by 2035.

8. The fast food industry is determined to **improve** its bad image.

9. The Serious Fraud Office will **investigate** into what happened.

10. The Conservative contender promised that, once elected, he would **start** reforming the NHS.

11. The earlier you **stop** school, the more unlikely you are to find a good job.

VI. L'anglais de l'actualité dans les médias : politique, économie et faits de société

Exercices

Exercice 1

Compléter les phrases à l'aide des mots suivants

politics* ▪ *policy* ▪ *political* ▪ *politician* ▪ *policymaker* ▪ *policy wonk

1. Most people do not trust .... anymore.
2. His .... message was very clear.
3. Romney went with Paul Ryan, a .... known for talking at length about debt-to GDP ratios.
4. Officials seek a clear .... to traffic cameras.
5. .... plays a crucial role with infrastructure.
6. Bank of England .... David Miles said officials were right to loosen .... to aid an "anemic" economy.

Exercice 2

Compléter les phrases suivantes à l'aide des mots suivants

economics* ▪ *economy* ▪ *economist* ▪ *economical* ▪ *economic

1. South Africa, though still a treasure trove of minerals with the most sophisticated .... on the continent is on the slide both economically and politically.
2. They should understand basic .... to make good candidates.
3. Most .... back him as his programme is very likely to boost employment.
4. Commuting is the .... move today.
5. The party bets on .... reforms, but many people think it is too late.

Exercice 3

Compléter les phrases avec les verbes suivants :

lag* ▪ *deter* ▪ *outstrip* ▪ *resume* ▪ *juggle

1. Men's earnings start to .... women's from the age of 29.
2. In the developed world women still .... behind men in pay and political power.
3. It is difficult for women to .... work and children.
4. Many companies .... women from reaching top jobs and breaking the glass ceiling.
5. A lot of women are ready to .... work full time after their maternity leave.

4 Vocabulaire

QCM

1. Today the growth machine is in trouble. It all but exploded in the financial crisis of 2007-2008. But before then it had been **juddering**.
   a. shaking
   b. moving
   c. building up
   d. weakening

2. Venture capitalists have **slashed** their spending, **dumping** more adventurous companies in the process

a. increased	a. getting rid of
b. cut	b. boosting
c. changed	c. advising
d. crashed	d. multiplying

3. Attempts to deal with the economic downturn and climate change have turned into an intractable **stalemate.**
   a. agreement
   b. deadlock
   c. discussion
   d. deal

4. All sorts of entrepreneurs are finding it hard to obtain **seed money** and to take their companies public
   a. financing
   b. capital venture
   c. loans
   d. counterfeit money

5. Young immigrants protests and pressure helped push President Obama to offer many of them **reprieves** from deportation
   a. threats
   b. temporary relief
   c. enticement
   d. alternatives

6. New companies are **withering on the vine** or selling themselves to incumbents
   a. vanishing slowly
   b. flourishing
   c. getting subsidies
   d. going public

7. Its less lucrative publishing business will be **hived off**
   a. auctioned
   b. set apart
   c. smashed up
   d. advertised

8. The shirts, **churned out** by these factories account for 80 % of the country's exports
   a. manufactured
   b. designed
   c. sold
   d. sorted out

9. He promised to **wield** technology's wonders to raise health care's quality and lower its costs
   a. brandish
   b. create
   c. put up with
   d. bring to an end

10. And all this in spite of a far bigger **hike** in the federal debt than we were promised
    a. decrease
    d. hole
    c. increase
    d. improvement

11. Not only did the initial fiscal stimulus **fade** after the sugar rush of 2009, but the President has done absolutely nothing to close the long term gap between spending and revenue
    a. increase
    b. push
    c. weaken
    d. give a boost

12. The president just kept **ducking** the fiscal issue
    a. hunting for
    b. dodging
    c. tackling
    d. solving

13. Obama effectively **sidelined** its recommendations
    a. ignored
    b. emphasized
    c. criticized
    d. underlined

14. Yet by fall 2011 this approach had been **jettisoned**
    a. discarded
    b. approved
    c. encouraged
    d. improved

15. From the **vantage point** of Beijing, neither approach had credibility
    a. superior attitude
    b. viewpoint
    c. geographical position
    d. angle

16. Replace Medicare with a **voucher** program
    a. better
    b. coupon
    c. cheaper
    d. tough

17. There are parts of his plans that he is **soft-pedaling** right now
    a. minimizing
    b. erasing
    c. hiding
    d. removing

18. The candidate **blew me away**
    a. killed me
    b. insulted me
    c. dumfounded me
    d. injured me

19. The **sugar-rush** was brought on by the European Central Bank
    a. emergency plan
    b. stimulus
    c. sweet talk
    d. advice

20. They are **urging euro-zone countries to write off some of their loans** to Greece
   a. euro-zone countries are encouraged to lend money to Greece
   b. It is urgent that Euro-zone countries should claim money from Greece
   c. They are enticing Euro-zone countries to nullify the Greek debts
   d. Euro-zone countries are encouraged to make void some of the Greek debts

21. Germany and other creditor countries are **backtracking** on last June's summit deal to create a new euro-zone bank supervisor.
   a. reversing their previous position
   b. reinforcing
   c. disagreeing with
   d. moving forward

22. They decided to **forgo** public financing for both the primary and the general election
   a. find
   b. abandon
   c. authorize
   d. limit

23. David Cameron announced a **crackdown** on binge drinking
   a. severe measures
   b. a change
   c. a new bill
   d. a delay

24. His policy could provoke public **mayhem.**
   a. congestion
   b. enthusiasm
   c. chaos
   d. meltdown

25. Jobs lost during the **downturn** were mostly skilled jobs
   a. economic decline
   b. layoffs
   c. foreclosures
   d. development

26. There is a lot of budgetary **flimflam**
   a. nonsense
   b. cheating
   c. increase
   d. lies

27. Mining, once the economy's engine has been battered by **wildcat strikes**
   a. violent attacks
   b. natural catastrophes
   c. unofficial work stoppage
   d. robberies

28. He talked about **streamlining** job-training programmes
   a. increasing
   b. shifting
   c. cutting back
   d. planning

29. Many economists are talking about the **demise** of capitalism these days
   a. death
   b. coming up
   c. revival
   d. decrease

30. Britain's immigration policy is **crippling** business and the economy
   a. boosting
   b. weakening
   c. changing
   d. making up

31. The more **scrumptious** the food, the more dopamine it produced
   a. energetic
   b. delicious
   c. organic
   d. unsavory

32. Many firms are now conflicted, continuing to **hawk** unhealthy products yet also **touting** elaborate plans to improve nutrition.

a. manipulate	a. promote
b. advertise	b. try
c. sell	c. make up
d. focus on	d. finance

33. Every year British households shamelessly end up **chucking away** a mountain of surplus festive food.
a. swallowing
b. throwing away
c. distributing
d. selling off

34. Not one large-scale carbon capture and storage (CCS) project has yet been **implemented** anywhere in the world.
a. carried into effect
b. experimented
c. challenged
d. banned

35. The economic downturn has increased demand for higher education, as people seek **to sit out the doldrums** in college rather than on the dole.
a. to get bored
b. to work hard
c. to feel depressed
d. to endure the economic crisis.

36. For those who believe that the State should generally keep its nose out of people's private affairs, obesity presents **a quandary**.
a. an opportunity
b. a bet
c. a boon
d. a dilemma

37. As chief executive, from 1994, he began to see steel and mining as **millstones** but he viewed tourism as a growing industry.
a. burdens
b. assets
c. advantages
d. factories

38. **Nudging** holds particular promise for fighting obesity.
a. advertising
b. Abusing
c. Gently encouraging
d. Criticizing

39. They were involved in the death of Serge Magnitsky, a **whistle-blowing** lawyer who had announced a $ 230m fraud;
a. artistic
b. corrupted
c. incompetent
d. informing

40. Many Britons think there are too many **scroungers taking them for a ride**.
a. politicians who lie
b. people always complaining about something
c. parasites cheating on them
d. comedians making fun of them

41. In Hamburger University managers learn Mc Donald's **lore** and way of doing business
a. tricks
b. cooking
c. traditions
d. secrets

42. On signing the referendum agreement, Mr. Cameron called on Scots in favour of more **devolution** to vote to stay in the UK.

a. decentralization
b. financial help
c. power
d. sympathy

43. Sniffing an opportunity **to mint money**, venture capitalists have been pouring cash into start-ups.

a. to steal
b. to forge
c. to hide
d. to make

44. How can business prosper when their customers are **feeling the pinch**?

a. careless
b. saving money
c. laid off
d. struggling to make a living

VII. Lexique et mémento de civilisation

Abortion (= Avortement), **Roe v. Wade ruling** (1973)

During the 1999 presidential campaign G. W Bush fudged (= brushed aside, evaded → *écarter*) the issue of abortion (→ *avortement*). He made it clear that he would not try to overthrow (= overturn → *casser une décision de justice*) Roe V Wade (1973), the ruling (→ *décision de justice*) that underpins (= supports) legal abortion. Roe v. Wade is the historic Supreme Court decision overturning a Texas interprÉtation of abortion law and making abortion legal in the United States. Roe v. Wade was decided primarily on the Ninth Amendment to the United States Constitution, a part of the Bill of Rights (= the first 10 amendments). The Court's decision in this case was that the Ninth Amendment, in stating that "the enumeration in the Constitution, of certain rights, shall not be construed (→ *interpréter*) to deny (→ *nier*) or disparage (→ *dénigrer*) others retained by the people," protected a person's right to privacy. The alias "Jane Roe" was used for Norma McCorvey, on whose behalf (→ *au nom de laquelle*) the suit was originally filed (= file or bring a suit → *intenter un procès*), alleging (→ *alléguer, prétendre*) that the abortion law in Texas violated her constitutional rights and the rights of other women. The defendant was the district attorney of Dallas County, Texas, Henry B. Wade. Today, 40 years later, most Americans remain opposed to overturning the controversial Supreme Court decision in Roe v. Wade, which 40 years ago legalized abortion at least in the first three months of pregnancy.

Act of Parliament (UK Politics), **Public Bills**

When a government MP or a frontbencher MP (Member of Parliament → *député avec portefeuille ministériel*) or a backbencher MP (→ *député sans portefeuille ministériel*) wishes to change the law it/he introduces draft proposals—a draft proposal is known as a White Paper (→ *Livre blanc*), which then takes the form of a bill (= a new piece of legislation is proposed → *projet de loi*). Bills are discussed in detail, and usually amended in both the House of Commons and, in most cases, the House of Lords. If both MPs and Peers (→ *Pairs à la Chambre des Lords*) agree to the proposals contained in a bill, it will be sent to the monarch (= Queen Elizabeth II) for final approval and become an Act of Parliament and law of the land. Most important bills are introduced by a government minister and relate to public policy. Such bills are known as public bills.

Affirmative Action in the US

It is originally an American scheme (→ *projet*) dating back to the 1960s whereby (→ *par lequel*) blacks (= African Americans) were given special consideration for university places and jobs in companies—among many other advantages—to try to redress (→ *corriger*) a grievous (→ *affligeant*) discrimination. Affirmative action—or positive discrimination in favour of the black minority was a success in the sense that it helped to create a growing black middle class in the US. Over the years the programme has been extended to other minorities such as Latinos, Pacific Islanders or even women. Today affirmative action is denounced as being illiberal (→ *étriqué; qui manque d'ouverture d'esprit*) often unfair (→ *injuste*), outdated (→ *dépassé*) because based on racial preferences and eventually (→ *finalement*) often ineffective (→ *inefficace*). Although "diversity" is bitterly (→ *âprement*) defended by many in the US, more and more people now accept that the historical argument for racial preference is over (→ *terminé; révolu*). Slavery (→ *esclavage*) and Jim Crow, ghastly (→ *épouvantable; effrayant*) though they were (→ *aussi épouvantable que cela ait été*) took place too long ago to justify rejecting a poor white student in order to let in a rich black or a Latino one.

American exceptionalism, The Declaration of Independence (1776), the American Revolutionary War (1776-83), the US Constitution (1787)

Sometimes American exceptionalism is inferred from (= is deducted, is deduced, is derived from) the nature of American political institutions founded in the 1776-89 period: The Declaration of Independence (1776), the American Revolutionary War (= The American War of Independence) (1776-83), the US Constitution (1787). More specifically American exceptionalism refers to the special character of the United States as a uniquely free nation based on democratic ideals and personal liberty. This observation can be traced to Alexis de Tocqueville, the first writer to describe the United States as exceptional. President Obama's speech on Libya in 2011 clearly rested on an affirmation of American exceptionalism. He claimed: "America's responsibility as a leader" adding that "some nations may be able to turn a blind eye to (→ *fermer les yeux sur*) atrocities in other countries. The United States of America is different."

American political structures

Powers are constitutionally divided between the executive, legislative and judicial branches, and between the federal and state governments. The president heads the executive branch. The federal legislature, Congress, consists of a House of Representatives, whose members are elected for constituencies based on population, and a Senate, whose members are elected state-wide (two per state). The president is elected every four years and House members every two years. Senators serve a six-year term, with one-third elected at each congressional election.

Backbenchers, Private Members, Shadow Cabinet, Party Whips (UK Politics)

The vast majority of MPs (= Members of Parliament) do not hold ministerial or shadow ministerial office and are known as backbenchers (→ *député de base*). They are so-called because they sit on the back benches of the Commons whereas ministers and their opposition counterparts in the Shadow Cabinet (→ *Cabinet de l'Opposition*) sit on the front benches in the lower chamber (= The House of Commons). Backbenchers are also sometimes known as Private Members and thus a backbencher can introduce an original idea for legislation in the form of a Private Members'Bill. Backbenchers have more freedom to speak as they are not constrained by loyalty to the government. This can also pose problems for the party whips (= MPS who try to impose party discipline).

Battleground states, Stump Speeches (US Politics)

Battleground states (→ *les états où les candidats doivent se battre car le vote est indécis*) are the American states where mobilising the electorate is essential for winning elections. The African American electorate or other ethnic minorities may make a big difference in the battleground states where things are neck and neck (→ *au coude à coude*). In presidential elections, battleground states such as Ohio, Florida and Pennsylvania candidates put all their energy through a host of (→ *toute une série de*) stump speeches (→ *discours de campagne*) to get their vote out (→ *faire en sorte que les électeurs votent pour leur parti respectif*).

Beltway (US Politics), **Westminster Bubble** (UK Politics)

In the US, the slang word (→ *argot*) Beltway refers to politics conducted inside the Beltway in Washington, DC. The phrase is a form of metonymy—the use of a single characteristic to identify a more complex entity. It is so well known in the US that the mere (= sole) word Beltway is used in various combinations for discussions about national politics, including newspaper, TV shows, web sites and blogs. Westminster Bubble or Westminster village is a term for a similar concept in the UK.

Beveridge Report (The), **Clement Attlee, Aneurin Bevan**

Plans for a health service had been made during the years of the Second World War, 1939-1945. Both the major political parties had schemes (→ *plans*)—Churchill and the Tories (= the Conservatives); Attlee and Labour, but the one adopted was that of the new Labour administration (Clement Attlee's first Labour government—1945-1951) and Aneurin Bevan (Health and Housing minister). The 1944 report, Full Employment in a Free Society by William Beveridge, an eminent economist, proposed that all people of working age should pay a weekly contribution. In return, benefits (= allocations, prestations) would be paid to people who were sick, unemployed, retired (→ *à la retraite*) or widowed (→ *veuve/veuf*). Beveridge argued that this system would provide a minimum standard of living "below which no one should be allowed to fall". As early as 1945 the new Labour Government began the process of implementing (→ *mettre en oeuvre)* Beveridge's proposals that provided the basis of the modern Welfare State (→ *État-providence*).

Bible Belt (US)

The Bible Belt is a slang term (→ *terme d'argot*) used for a geographical region in the South and the midsection of the United States—areas that host (→ *accueillir*) large groups of fundamentalist Christians. The Great Awakening was the beginning of the movement. If there was a Bible Belt in America before then, it was located in the North with such groups as the Massachusetts Puritans and the Pennsylvania Quakers. Towards the end of the 17th Century religious fervour grew and America experienced its first great revival and today's fundamentalist Bible Belt is a direct result.

Bill of Rights, 1689 (UK)

The Bill of Rights is an English Act of Parliament with the full title "An Act Declaring the Rights and Liberties of the Subject and Settling the Succession of the Crown" and also known by its short title, the Bill of Rights. It is one of the basic documents of English constitutional law, alongside Magna Carta, the Act of Settlement and the Parliament Acts. The Bill of Rights 1689 is largely a statement of certain positive rights that its authors considered that citizens and/or residents of a free and democratic society ought to have. It asserts the Subject's right to petition the Monarch (→ *déposer une requète*) and the Subject's right to bear arms for defence. It also sets out certain constitutional requirements where the actions of the Crown require the consent of the governed as represented in Parliament. In this respect, it differs from other Bills of rights, including the United States Bill of Rights, though many elements of the first eight amendments to the US Constitution echo its contents. This is in part due to the uncodified constitutional traditions of the UK, whereby (→ *par le/laquel(le)* the English Bill of Rights forms a list of rights in respect of the people as represented in Parliament, in addition to those rights already provided for individuals as set out in Magna Carta.

Bill of Rights (The first 10 amendments to the US Constitution)

On December 15, 1791, the new United States of America adopted the Bill of Rights, the first ten amendments to the US Constitution, confirming the fundamental rights of its citizens:

1. Freedom of worship (→ *liberté de culte*), freedom of speech (→ *liberté d'expression*), freedom of the press, the right of peaceful assembly, the right to petition the government
2. Right of citizens to bear arms
3. Troops may not be quartered in private homes without owner's consent
4. Guards against unreasonable searches, arrests, seizures of property
5. Requires indictment (→ *inculpation*) by a grand jury for major crimes before trial, prohibits repeated trials for the same offense, forbids punishment without process & that you don't have to testify against yourself
6. Guarantees a speedy public trial for criminal offenses, trial by an unbiased jury, legal counsel for the accused, and that witnesses must attend the trial in the presence of the accused
7. Guarantees trial by jury in civil cases in anything valued at more than 20 US dollars
8. Forbids excessive bail (→ *caution*) or fines (→ *amende, contravention*) and cruel or unusual punishment
9. People have other rights than those mentioned in the Constitution
10. Powers not delegated to the federal government belong to the states or the people.

Blair (Tony), New Labour, the Third Way

Born in 1953 in Edinburgh, Scotland, Tony Blair started leading the Labour party in 1994 following the sudden death of its leader John Smith. He won an overwhelming (= landslide → *écrasante*) victory in the 1997 general election, replacing John Major (= Conservative) as Prime Minister and ending 18 years of Conservative government since Margaret Thatcher (1979). Tony Blair was the Labour party's longest-serving Prime Minister, and the only person to have led the party to three consecutive general election victories (1997-2001-2005) just as Margaret Thatcher was the only Conservative Prime Minister to win three consecutive general elections. Tony Blair stepped down in June 2007 and was replaced by Gordon Brown. In the 2010 general election Gordon Brown lost to David Cameron (Conservative).

Brown v. Board of Education of Topeka (US)

In 1954, the US Supreme Court in Brown v. Board of Education of Topeka ruled that Linda Brown could not be barred (→ *exclure*) from a decent school because she was black, paving the way (= making progress easier) for school desegregation (→ *déségrégation*).

Buppies, Yuppies, Dinks, Woofs (US)

The traditional definition of the middle-class American family—two parents with children—changed drastically at the end of the twentieth century. Women now constitute 50 % of the work force, up from 38 % in 1970. In 2011, 69 % of the nation's children lived with both parents. A high divorce rate, delayed marriages, and extended schooling have resulted in more people than ever before living alone. On the other hand, households (→ *foyers*) of extended families, same-sex unions, belief communities, and other lifestyles have altered (= changed) forever the meaning of family. Such drastic change in Americans'lifestyles have provoked both celebration and criticism from political and religious leaders as well as social critics. Yuppies (Young Upwardly-mobile Professionals) satirized by Oliver Stone in his film *Wall Street* as shallow, sushi-eating, fast-living types, Bobos (short for Bourgeois Bohemians), Buppies (Black Upwardly-mobile Professionals), Dinks (Double Income, No kids"), Woofs (Well Off Old Folks") and Ricers (predominantly Chinese-American youths obsessed with putting garish (→ *voyant*) paint jobs and coffee can-sized exhausts) (→ *pot d'échappement de la taille d'une boite à café*) on Honda Civics—all describe the cultural awareness of the nation's shifting (= changing) demographics.

By-elections, Writ (UK Politics)

A by-election (→ *élection partielle*) is held for a Parliamentary seat when a vacancy occurs during the life of a Parliament—between general elections (= parliamentary elections). It is a special election held to fill a political office that has become vacant when the incumbent (→ *titulaire d'un poste*) has died or resigned (→ *démissioner*); but it may also occur when the incumbent becomes ineligible to continue in office, for example because he or she has been convicted of a felony (= a serious crime → *infraction majeure*[1]). A legal document known as a writ (→ *assignation*) must be issued by the monarch to authorise the holding of a by-election. The Speaker issues the writ in the Commons Chamber on the application of a whip from the party which held the now-vacant seat.

1. A felony is a serious crime such as murder or armed robbery ; a misdemeanour is a less serious offence.

Cameron, David

David William Donald Cameron (born October 1966) became the youngest British Prime Minister in almost 200 years in May 2010 after his Conservative party formed a Coalition government with the Liberal Democrats led by Nick Clegg. Mr Cameron entered parliament in 2001 as the MP (= Member of Parliament) for Witney and became leader of the Conservatives, then in opposition, in 2005.

Caucuses, precinct, county, state-level conventions, national convention, primary elections (US Politics)

Literally, a caucus means a meeting, and it is one of the main mechanisms used by modern American political parties to nominate their candidate for president. In the presidential nomination process, it denotes a meeting of local party activists at the precinct (= an election district) level (→ *au niveau de la circonscription*) who select, in an open forum, delegates to county meetings (→ *réunions au niveau du conté*). These delegates in turn select delegates to state meetings (→ *réunions au niveau de l'état*); and these state-level conventions select delegates to the party's national convention. From February to June of a presidential election year, the major political parties of every state conduct either caucuses or primary elections ("primaries"). By tradition, the rural, midwestern state of Iowa has the first set of caucuses in the nation (even before the first primary in New Hampshire), and so it has a big impact on the race, even though it is a small state with few delegates.

Checks and Balances (US Politics)

Classical political philosophers from Aristotle onward favored a mixed government combining the elements of monarchy, aristocracy, and democracy. The English theorist James Harrington in his Oceana (1656) derived a theory akin to (= close to) separation of powers from the old idea of mixed government. Later, John Locke, in his second treatise, Of Civil Government (1690), urged that the best way to avoid a perverted government was to provide constitutionally for separation of the legislative and executive powers. Montesquieu, in his Spirit of the Laws (1748), added the third power of the judiciary to this concept, and the modern expression of separation of powers came into being. The mechanics of checks and balances were refined by the founders of the American republic. With checks and balances, each of the three branches of government (the Executive, the Legislative and the Judiciary) can constitutionally limit the powers of the others. Each branch checks the power of the other branches to make sure that the power is balanced between them.

CIA (Central Intelligence Agency)

The CIA is also called "the company" by CIA staff. The agency was caught napping (= as if the CIA were sleeping and thus inactive and inefficient → *somnoler*) by the September 11 attacks on New York City and Washington. In fact, the CIA is banned (→ *interdire*) by its own charter from carrying out operations inside the US. That has been left to the FBI. The two agencies have been rivals for decades; the enmity dates back to the creation of the CIA in 1947. Nevertheless, in the context of terrorism, Mr Mueller, the FBI started to cooperate with the CIA. The first step was to have 25 CIA officers detailed (→ *affecter; détacher*) to the FBI to help with intelligence (→ *renseignement secret*) analysis. In 2002, a new Homeland Security Department was created to try to respond to the terrorist threats hovering (→ *planer*) over the USA.

Civil List (UK)

The civil list is the annual grant of money (→ *subvention annuelle*) by Parliament to the monarch and other members of the royal family. Specific sums are allocated to named members. In 1993, following some pressure from public and Parliamentary opinion, the Queen limited the payments from the list further so that only Her Majesty, the Duke of Edinburgh and the Queen Mother were eligible. In the same year it was also announced that the Queen would pay income tax on her personal income.

College (US), College (UK)

A College in the US: In American English, the word college usually refers to liberal arts colleges (= The contemporary liberal arts comprise studying art, literature, languages, philosophy, politics, history, mathematics, and science). College provides education primarily at the undergraduate level. In popular usage, the word college is the generic term for any post-secondary undergraduate education. Americans go to college after high school (→ *le lycée*), regardless of whether the specific institution is formally a college or a university.

A college in the UK: In relation to universities, the term college normally refers to a part of the university which does not have degree-awarding powers in itself. Degrees (→ *diplômes*) are always awarded by universities whereas colleges are institutions or organisations which prepare students for the degree. In some cases, colleges prepare students for the degree of a university of which the college is a part (e.g. colleges of the University of London, University of Cambridge, etc.) In other cases, colleges are independent institutions which prepare students to sit as external candidates at other universities or have authority to run courses that lead to the degrees of those universities (e.g. many higher education colleges and university colleges).

Commonwealth of Nations (The) – **54 members**

When capitalised (*C majuscule*), "Commonwealth" refers to the Commonwealth of Nations—formerly the "British Commonwealth" (established at the Imperial Conference in 1926 in reference to the Balfour Declaration). This loose (→ *souple*) confederation of nations formerly (→ *autrefois*) members of the British Empire (with some exceptions: Papua New Guinea, Mozambique) was formalised by the Statute of Westminster in 1931. The modern Commonwealth—since 1950 and the London Declaration—includes both republics and monarchies and the (appointed, not hereditary) head of the Commonwealth of Nations is Queen Elizabeth II. She also reigns as monarch directly in a number of states, known as Commonwealth Realms, notably the United Kingdom, Australia, Canada, New Zealand, Jamaica and others. The Commonwealth is primarily an organization in which countries with diverse economic backgrounds have an opportunity for close and equal interaction. The primary activities of the Commonwealth are designed to create an atmosphere of economic cooperation between member nations, as well as the promotion of democracy, human rights, and good governance in them. The Commonwealth is not a political union of any sort, and does not allow the UK to exercise any power over the affairs of the organisation's other members. While some nations of the Commonwealth, known as Commonwealth Realms, recognize the British Monarch as their head of state, the majority do not. The most recent member is Rwanda, which joined on 29 November 2009.

Congress (US) (= Capitol Hill), **Congressional districts**

The Congress of the United States in Washington is the legislative branch of the federal government of the United States. It is bicameral, comprising the House of Representatives (the Lower House) and the Senate (the Upper House).

The Senate (100 Senators)

Each state has two Senators, regardless of its population (= not in accordance with the number of people in the state as is the case for the Representatives in the House of Representatives). There are a total of 100 senators, who serve six-year terms. In order to be elected to the Senate, there are some requirements a candidate must meet. These qualifications are established in Article I, Section 3 of the Constitution (see below: Qualifications for Entering Congress). Article I, Section 3 of the Constitution also divides the Senate into three groups. Every 2 years, one of the three groups (one-third of the Senate) is up for reelection. Both representatives and senators are directly elected by the people, but in some states the governor may appoint a temporary replacement when a Senate seat is vacant. The Vice President of the United States is the presiding officer of the Senate but is not a senator.

The House of Representatives (435 Representatives)

Each state is represented in the House in accordance with the size of its population. Each state is entitled to (→ *avoir droit à*) at least one Representative member (for two-year terms). In order to be elected to the House of Representatives, there are some requirements (→ *exigences*) a candidate must meet. These qualifications are established in Article I, Section 2 of the Constitution. The total number of Representatives is fixed by law at 435. Since representation in the House is based on a state's population, every 10 years the US Bureau of the Census counts how many people live in each state of the United States. Each state is broken down into (→ *répartir en*) congressional districts (= A division or part of a state; each district elects one person to the House of Representatives). Every state has at least one congressional district. With each new census (→ *recensement*), the number of districts (and representatives) in each state is then adjusted. For example, the 1990 Census increased the number of California representatives from 45 to 52 and the 2000 census from 52 to 53.

Conservative (The Conservative party) (UK Politics)

The Conservative Party (the Tories), was founded almost 200 years ago. It is the right-wing party in Britain. It has long been identified with the Establishment and the upper layers of society. David Cameron is now the Conservative party leader and has been Prime Minister since 2010—in a Coalition government with the Lib Dem Nick Clegg. The outcome of the 2010 election brought about the first hung parliament (→ *parlement sans majorité*) since 1974 and forced the victorious Conservative Party to accept the Liberal Democrats as their coalition partner. Like Tony Blair for the Labour party (changed into the New Labour Party), Cameron—before his election as PM—has changed the party's image, has modernized its communication and tried to appeal to new social groups and tackle (= deal with) more social issues. Conservative Party policies are in favour of slightly smaller government than Labour. They are also noted for their Eurosceptic stance—there are continued internal tension between supporters of the European Union and Eurosceptics. In January 2013 David Cameron promised to give Britons a referendum choice on whether to stay in the European Union or leave if he wins an election in 2015, placing a question mark over Britain's membership for years. Cameron announced the plan for a vote sometime between 2015 and the end of 2017, shrugging off (= ignoring) warnings that this could imperil (= endanger) Britain's economic prospects and alienate its biggest trading partner.

Constitution (The US)

The US Constitution is the central instrument of government and the "supreme law of the land". It is the oldest written Constitution in the world that is in force. It was written in 1787 in Philadelphia by the Continental Congress of the new American republic and was officially adopted in 1789. The objective of the writers was to outline the structure of a new, strong central government after the years of weakness and chaos resulting from the preexisting "Articles of Confederation and Perpetual Union" which loosely (→ de manière lâche, souple) bound the colonies together since 1778. The US Constitution outlines the structure and powers of the 3 branches of government (executive, legislative, judicial) and the 3 levels of government (federal, state, local).

The US Constitution: The Basic Principles

The basic principles of the Constitution are the same today as when it was written:

1. The 3 branches of government (executive, legislative, judicial) are separate and each is checked and balanced off by the power of the other two,
2. The US Constitution is supreme,
3. All persons are equal before the law, as are all states and each state must be democratic and respect the law of others,
4. The people can change the US Constitution by the methods outlined within it.

Amendment of the US Constitution may be initiated by a 2/3 vote in each chamber of congress, or 2/3 of the states calling for a national convention. In either case a vote of 3/4 of the states is required to actually make an amendment. The interprÉtation of the Constitution has changed over time without amendment by various pieces of legislation and judicial decisions. The US Constitution has had 27 amendments.

Convention (US Politics)

In modern US presidential politics, convention usually refers to the national conventions of the Democratic and Republican parties, held every four years, during the summer before the general election (which is held in November). These conventions, which include delegates from all states of the Union, the District of Columbia, and US territories, formally nominate the presidential candidate.

Creationism, Darwinism, Evolutionism

This doctrine holds that the origins of humanity and the Earth are recent and divine. This doctrine is taking an inoxerable grip (→ *s'emparer; s'implanter; avoir la mainmise*) on the US and more and more states are restricting the teaching of evolution (= Darwinism, Evolutionism) in schools. In northern states such as Illinois, Ohio and Wisconsin, creationism has taken a strong grip on education at local level, despite each state's liberal tradition. Even New York and Massachusetts are turning against evolution. According to the journal Scientific American, 45 % of Americans now believe that God created life in the past 10,000 years, despite research that has established the universe as being 13bn years old and that men and women are descended from apelike ancestors.

Cronyism, Cronies

Cronyism applies to long-standing friends (= cronies) and former associates rather than exclusively to relatives (→ *parents de la famille*) who are promoted or appointed to offices. Governments are particularly susceptible to accusations of cronyism as they spend public money. Many have accused US President George W. Bush of repeated cronyism. In October 2005, Ms. Harriet Miers, later replaced by Samuel Alito, was the legal adviser of president Bush at the White House before he tried to nominate her to the Supreme Court. All countries have their cronies: e.g. Tony Blair is so surrounded by them that they are called "Tony's cronies". Most presidents surround themselves with a "regional clique": Jimmy Carter's Georgians or Ronald Reagan's Californians or Bill Clinton's Arkansans.

Declaration of Independence (The American)

On July 4, 1776, Congress adopted the Declaration of Independence in Philadelphia. Twenty-four copies are known to exist. Extracts: "When in the Course of human events it becomes necessary for one people to dissolve the political bands which have connected them with another and to assume among the powers of the earth, the separate and equal station to which the Laws of Nature and of Nature's God entitle them, a decent respect to the opinions of mankind requires that they should declare the causes which impel them to the separation. We hold these truths to be self-evident, that all men are created equal, that they are endowed by their Creator with certain unalienable Rights that among these are Life, Liberty and the pursuit of Happiness. That to secure these rights, Governments are instituted among Men, deriving their just powers from the consent of the governed."

Democratic Party (The), **the Corporate Democrats and the Progressives** (US Politics)

The Democratic Party is one of the two current major political parties along with the Republican Party. The origins of the Democratic Party origins lie in the original Republican Party founded by Thomas Jefferson in 1794. After the disintegration of the Federalist Party, the Republicans were the only major party in American politics. The Presidency of Andrew Jackson, however, destroyed the unity of the Party, with the Jacksonians forming the Democratic-Republican faction, opposed by the National Republicans, led by John Quincy Adams. The Jacksonian "Democratic-Republicans" soon became known as simply "Democrats." From 1833 to 1856, the Democratic Party was opposed chiefly by the Whig Party. From 1856 onward its main opposition has come from the modern Republican Party. The first Democratic president, Andrew Jackson, was elected in 1828, as the seventh US president.

For the most part, particularly since the early 1930s and F. D Roosevelt, the Democrats have been considered the party of less affluent (= rich) people, and have supported an activist role for the federal government in the economic and social sectors. The political platform (→ *programme, plate-forme politique*) of the Democratic Party is usually described as left-wing (= liberal → progressive = de gauche), as the platform of the Republican Party has generally and especially recently been characterized as right-wing. Indeed, of the two major US parties, the Democratic Party is said to be to the left of the Republican Party, although its politics are not as consistently leftist or socialist as the traditional social democratic and labor parties in much of the rest of the world.

In the 20th century and early 21st century onwards, its primary political ideologies have been its commitment to tempering (= moderating) capitalism with programs of social welfare (→ *aide sociale*). Some other issues have included support for labor unions (→ *syndicats*), civil rights (→ *droits civiques*) under the Johnson administration in the 1960s, multilateralism, secularism (→ *laïcité*), multi-culturalism, governmental and private sector actions to create new jobs, environmentalism, public education, progressive taxation, gun control, reproductive rights (→ *droits en matière de procréation)* and gay rights (= same-sex rights).

As President Obama starts his second mandate (2013-2016), the divisions within the Democratic Party over wealth inequality and social justice are boiling to the surface. He presides over a party that has largely papered over (= brushed aside) its divisions for the past four years thanks to the president's commanding popularity. But Democrats are going to have to face a central and unresolved question about their political identity: Will they become a center-left or return to a populist, left-leaning approach between Corporate Liberals and Progressives. The former who believe that the growth of Corporate Power in American society is not only a positive development but necessary for progress, and the latter who believe that the power of capital—particularly finance capital—has grown to the point of suffocating democracy and the possibility for progress.

The "donkey" (→ *âne*) has been a long-time unofficial symbol of the United States Democratic Party.

Devolution, Scottish Parliament, Welsh Assembly (UK Politics)

Since 1999, the way the United Kingdom is run has been transformed by devolution—a process designed to devolve (= decentralise) government and give more powers to the three nations which, together with England, make up the UK: England, Wales, Scotland and Northern Ireland. Devolution essentially means the transfer of powers from the UK parliament in London to Assemblies in Cardiff and Belfast, and the Scottish Parliament in Edinburgh. Public votes were held in 1997 in Scotland and Wales, and a year later in both parts of Ireland. This resulted in the creation of the Scottish Parliament, the National Assembly for Wales and the Northern Ireland Assembly. Devolution applied in different ways in each nation due to historical and administrative differences.

The UK government is responsible for national policy on all powers which have not been devolved. These are known usually as "reserved powers" and include foreign affairs, defence, international relations and economic policy. The Westminster Parliament is technically still able to pass laws for any part of the UK, but in practice only deals with devolved matters with the agreement of the devolved governments.

Downing Street, Number 10 (UK Politics)

Downing Street is a street in central London. "Downing Street" or "Number 10" is often used as short-hand for the Prime Minister or his or her office, whilst (= while) "Number 11" is likewise a term for the Chancellor of the Exchequer or his or her office.

Electoral College, Electors (US Politics)

An American president is not chosen directly by the people. Instead, an Electoral College is used. Each state has a number of electors (→ *grands électeurs*) in the Electoral College equal to the total of its US senators (always two) and its representatives, which are determined by the size of the state's population. Technically, Americans vote for the electors not the candidate. California, the most populous state, has 55 electoral votes. A few small states and the District of Columbia have only three. There are 538 electors in the College. In all but two states, Maine and Nebraska, the College works on a winner-takes-all basis: The winner of the popular vote in a state gets all the Electoral College votes in that state. To become president, a candidate needs 270 Electoral College votes. The winning candidate does not need to win the national popular vote.

Entitlement program (US Politics)

An entitlement program is a mandatory (= obligatory) government program. Such a program provides individuals with personal financial benefits to which an indefinite number of potential recipients (= bénéficiaries) have a legal right whenever they meet eligibility conditions (→ *remplir les critères d'allocation*). The most important examples of entitlement programs at the federal level in the United States are Social Security, Medicare, and Medicaid, most Veterans'Administration programs, federal employee and military retirement plans, unemployment compensation, food stamps, and agricultural price support programs. Congress's efforts aim to control the exact size of the budget deficit or surplus (→ *excédent*) through the annual appropriations process[1].

E pluribus Unum (US)

"E Pluribus Unum" was the motto proposed for the first Great Seal of the United States by John Adams, Benjamin Franklin, and Thomas Jefferson in 1776. A Latin phrase meaning "One from many," the phrase offered a strong statement of the American determination to form a single nation from a collection of states (The 13 states). Over the years, "E Pluribus Unum" has also served as a reminder of America's bold attempt to make one unified nation of people from many different backgrounds and beliefs. The challenge of seeking unity while respecting diversity has played a critical role in shaping US history, literature, and national character.

Evolutionism, Evolutionists (US)

An evolutionist is someone who accepts the Darwinian argument—developed in Charles Darwin's Evolution of Species, 1859—according to which natural selection and environmental factors combine to explain the diversity of life on earth and does not believe that evolution is a Divine matter. Evolutionism generally teaches that the creatures of today gradually developed into existence through billions of years of natural processes.

FBI (Federal Bureau of Investigation)

The FBI is in charge of operations inside the US in contrast with the CIA whose charter bans (→ *interdire*) all domestic action. The FBI enforced Prohibition and fought organised crime in its heyday (→ à son apogée) under J. Edgar Hoover. It investigated civil rights abuse (→ *le non respect des droits civiques*) in the South, went to war (→ *entrer en*

1. **Appropriation** : *crédit budgétaire.*

guerre) against drugs and took on (→ *s'attaquer à*) the right-wing militias. In the context of terrorism reforms have been initiated. The FBI used to tie their enquiries (→ *enquête*) to crimes that had already taken place. Today the "new" FBI will have to deal with prevention (potential terrorist threats) not prosecution. FBI agents will be allowed to trawl (→ *aller à la pêche à l'information*) for intelligence (→ *renseignements*) without the requirement (→ *nécessité*) of a probable cause for investigation. For example, FBI agents will be allowed to enter mosques (→ *mosquée*) or other religious buildings or to surf chatrooms on the Web merely on the basis of a hunch (→ *sur simple intuition*).

Filibustering, Talking Out a Bill, Cloture (US Politics)

Filibuster, Filibustering or Talking out a bill, is an informal term for any attempt by a senator, or a series of senators to block or delay Senate action on a bill (→ *projet de loi*) or other legislative matter by debating it at length (= to speak for as long as they wish and on any topic they choose) by offering numerous procedural motions, or by any other delaying or obstructive actions. Senate rules allow filibustering unless "three-fifths of the Senators duly chosen and sworn" (usually 60 out of 100 senators) bring debate to a close by invoking cloture under Senate Rule XXII.

First-Past-The-Post Electoral System (The) (UK Politics)

The First-Past-The-Post electoral system is a voting system for single-member districts (= single constituency member), variously called First-Past-The-Post (FPTP or FPP), or "winner-takes-all". In FPTP systems, the winning candidate is simply the person who wins most votes and represents the entire electoral district.

General Elections (US and UK Politics)

- **In US Politics,** a general election is a state or national election, as opposed to a local election. The 2012 United States elections were held on Tuesday, November 6, 2012. The 57th quadrennial presidential election was held on this date, coinciding with Senate elections where 33 races occurred, as well as House of Representatives elections to elect the members for the 113th Congress. This election year also encompasses thirteen state and territorial governors'races, many state and territorial legislature races, special elections, and various other state, territorial, and local races.
- **In British Politics,** a general election (also commonly referred to as a national election) occurs after Parliament has been dissolved, either through Royal Proclamation upon the advice of the Prime Minister or because the five-year

maximum term of Parliament has expired. The effect of the Proclamation is to vacate all the seats in the House of Commons—each constituency (= a geographical area of the UK → *circonscription*) elects one MP (= Member of Parliament) to a seat in the House of Commons. A General Election is held for all 650 seats in Parliament and the political party that wins the most seats then goes on to form the government. There are no set timetables (→ *calendrier fixé à l'avance*) for when an election should be held, other than the requirement (= absolute necessity) that it occur (= no *-s* = subjunctive) within the five-year maximum life of Parliament. As a result (= therefore), the Prime Minister has a political and tactical advantage to a certain degree due to the discretion that he has when calling an election.

The last general election in the UK took place on 6 May 2010. On April 6, 2010, Prime Minister Gordon Brown announced that a General Parliamentary Election would be held on May 6, 2010. The date of the next general election is set at 7 May 2015 after the Fixed Term Parliament Act was passed on 15 September 2011.

Great Society (President Johnson's) (US Politics)

In the wake of (= following) President Kennedy's assassination in 1963, President Johnson passed a number of the Kennedy Administration proposals including the Civil Rights Act of 1964 but also introduced his own vision for America: "The Great Society"—in which America ended poverty, promoted equality, improved education, rejuvenated cities, and protected the environment. This became the blueprint (→ *programme*) for the most far-reaching agenda of domestic legislation since F. D Roosevelt's New Deal—legislation that has had a profound effect on American society.

Johnson's ambitions for a Great Society were checked (= stopped) by his ambitions in Vietnam. The cost of the war in Vietnam along with the costs of his domestic programs strained (= stretched to limit) the economy. Moreover, as the war became more and more unpopular, Johnson lost the political capital needed to continue these reforms. Critics of the Great Society also charged that these programs just created bureaucracies and threw money at problems without producing results. Still others rejected the notion that the federal government should be undertaking these tasks at all.

Gun Rights, The National Rifle Association (US)

Gun rights = The debate over gun ownership (→ *possession d'armes à feu*) is centered on the Second Amendment to the Constitution, which protects "the right of the people to keep and bear arms." Gun control advocates (→ *ceux qui prônent le contrôle des armes*) believe that right does not extend to ownership of military-style firearms that are otherwise known as assault weapons. They point to incidents—such as the

Columbine high school massacre in 1999, which resulted in the deaths of 14 students and a teacher, or more recently in December 2012 in Newtown, Connecticut when a lone gunman killed 26 people, including 20 children—in support of banning assault weapons. They also support measures intended to curb (→ *endiguer*) gun-related violence, such as mandatory (→ *obligatoire*) child safety locks (= or locking device with each handgun purchased to protect children), background checks (→ *recherches d'antécédents; vérifications*) on those wishing to purchase (= buy) a gun, limits on the number of guns a person can buy and raising the age limit for gun ownership. Gun rights groups, led by the National Rifle Association, argue that these and other proposals infringe on (= impinge on/encroach on → *empièter sur*) the constitutional rights of law-abiding (= qui respecte la loi) citizens.

4 Vocabulaire

Habeas corpus

Habeas corpus (ad subjiciendum) is Latin for "you may have the body" (subject to examination). It is a writ (→ *ordre écrit*) which requires a person detained by the authorities be brought before a court of law so that the legality of the detention may be examined. The name is taken from the opening words of the writ in medieval times. Although rarely used nowadays, it can theoretically be demanded by anyone who believes they are unlawfully detained and it is issued by a judge. It does not determine guilt or innocence, merely whether the person is legally imprisoned. If the charge is considered to be valid, the person must submit to trial but if not, the person goes free. The Habeas Corpus Act passed by Parliament in 1679 guaranteed this right in law, although its origins go back much further, probably to Anglo-Saxon times.

Hustings

The activities involved in political campaigning, especially when candidates deliver political speeches at the rostrum (→ *à la tribune*). "Backbench MPs were divided as to who performed best at the hustings." (*The Guardian Weekly*)

Impeachement (The) (US Politics)

In the US impeachment (→ *destitution*) can occur both at the federal and state level (→ *au niveau fédéral et au niveau de chacun des états*). The American Constitution defines impeachment at the federal level only and limits impeachment to "The President, Vice President, and all civil officers of the United States" who may only be impeached (→ *destituer*) and removed (→ *perdre ses fonctions*) for "treason, bribery, or other high crimes and misdemeanors (→ *délit*)." The removal of such officers takes place automatically upon conviction (→ *condamnation*). Congress (= The Senate and the House of Representatives) regards impeachment as a power to use only in extreme cases. The House of Representatives has initiated impeachment proceedings only 62 times since 1789. Impeachments of only sixteen federal officers have taken place. Among Presidents, Andrew Johnson and Bill Clinton were both acquitted; Richard Nixon resigned in 1974 after impeachment hearings (→ *auditions*) against him started.

Independence Day, the Fourth of July (US Politics)

Independence Day, commonly known as the Fourth of July, is a federal holiday in the United States commemorating the adoption of the Declaration of Independence on July 4, 1776, declaring independence from the United-Kingdom. It is a day of picnics, barbecues, carnivals, fairs (→ *foires*), baseball games, a night of concerts and fireworks (→ *feux d'artifice*), family reunions, political speeches, ceremonies, patriotic parades and a reason to fly the American flag.

Inner-city

The inner city is the central area of a major city or metropolis. In the US, Canada, the UK and Ireland, the term is often applied to the poorer parts of the city centre and is sometimes used as a euphemism with the connotation of being an area, perhaps a ghetto or slum, where residents are less educated and more impoverished and where there is more crime. The Spanish and French words for suburb (*suburbio* and *banlieue* respectively) often have a negative connotation similar to that of the English term inner city, especially when used in the plural (the inner-cities).

Jackson Era (The), **Manifest Destiny**

Andrew Jackson—the seventh President of the United States (1829-1837), was a staunch (= faithful) champion of states'rights against federalism and rejected the creation of the Bank of the United States. He promoted the strength of the executive branch and the Presidency at the expense of Congressional power. President Jackson favored geographical expansion, sometimes justifying it in terms of Manifest Destiny and his administration was marked by expansion in Texas and wars with the Indians. The Jacksonian Era lasted roughly from Jackson's election until the slavery issue became dominant after 1850 and the American Civil War (1861-1865).

Jim Crow Laws, Brown v. Board of Education of Topeka (US)

Until the 1960s black Americans were systematically discriminated against in the Southern part of the US. Jim Crow laws aimed at denying civil rights (→ *droits civiques*) to blacks and enforcing (→ *faire appliquer*) the policy of segregation. The illegality of such laws was denounced by non violent actions led by Martin Luther King, Jr and several cases were taken to the Supreme Court—the most important case (→ *affaire*) is Brown v. Board of Education of Topeka—and the civil rights legislation of the 1960s. In 1964 a Civil Rights Act was passed making unequal treatment of races illegal, and in 1965, the Johnson administration banned (→ *interdire*) the last tests and restrictions which some states had used to stop blacks from voting.

Labour Party (The), Ed Miliband (UK Politics)

With the help of the Fabian Society and the Trades Union Congress, the Independent Labour Party in 1900 set up the Labour Representation Committee, renamed the Labour party in 1906. The new party's strength lay in the industrial North and in Welsh mining areas. Founded by socialists and trade-union activists who sought political representation, the Labour Party used to champion public ownership of key industries and spoke a lot about socialism in Britain.

Not until 1945 did the party win an overwhelming electoral victory, and Clement Attlee became PM in Labour's first majority government. The new government nationalized the Bank of England, the fuel and power industries (coal, electricity, gas, and atomic energy), transportation, and most of the iron and steel industry. It also enacted a comprehensive social security system, which included a National Health Service.

In the areas of colonial and foreign policy, it granted independence to India and Pakistan, Burma (Myanmar), and Ceylon (Sri Lanka), and allied itself with the United States in a strong anti-Communist posture. From 1964 to 1970, Harold Wilson's government was marked by a continued decline in Britain's international political and economic position. In 1974, the party returned to power but as a minority government. Wilson's second administration began renegotiation of the terms of Britain's membership in the European Community and announced plans for large-scale nationalization. Despite continuing economic difficulties he called new elections in Oct., 1974, and Labour won a small majority. James Callaghan took over as prime minister following Wilson's resignation in 1976.

The party lost power to the Conservatives under Margaret Thatcher in the 1979 elections and remained in the opposition until 1997. Under Blair's leadership, the party formally abandoned traditional socialism in 1995 and subsequently won consecutive victories at the polls (1997, 2001, 2005). When Tony Blair became the party leader, he invented "the third way", letting go of the socialist ideology and promoting instead a free-market economy. Today, it is commonly admitted that Tony Blair continued the job started by Margaret Thatcher (PM between 1979 and 1990).

The party moved from left to centre-left, lost some of its working-class roots, but gained a new following among the middle class. Labour scored a landslide victory in 1997 and was fortunate in presiding over the ten-year period when Britons enjoyed exceptional prosperity. The Labour government has achieved the reform of the National Health Service, the NHS, imperfect though it may be. It has also developed a tough-love policy towards welfare recipients (→ *titulaires d'allocations; d'aides sociales*).

Ed Miliband is the current leader of the Labour Party, after beating his brother David Miliband in the leadership race. Labour not the Conservatives are now the party of "one nation Britain", Ed Miliband asserted in October 2012, as he set out his vision for how the country could look under a future Labour Government. Mr Miliband appropriated the slogan "one nation Britain", first used by Conservative Prime Minister Benjamin Disraeli to define Labour's ideology under his leadership. He claimed David Cameron has lost the right to call himself a one nation Prime Minister because of the way he has governed for the rich while cutting services and benefits for the poor.

Liberals, American liberalism (US Politics)

In American politics, liberals tend to be people who are somewhat ideologically left-of-center. They tend to favour more power at the federal level and federal intervention to regulate economic issues and certain social issues, particularly social issues involving civil liberties, and the rights of minority groups. Of the two major parties, the Democrats are generally considered more liberal. Traditionally, the bases of liberal support have been among minorities, urban voters, unions and academics (→ *universitaires*)." ... if by a liberal they mean someone who looks ahead and not behind, someone who welcomes new ideas without rigid reactions, someone who cares about the welfare of the people—their health, their housing, their schools, their jobs, their civil rights, their civil liberties—if that is what they mean by a "liberal," then I am proud to be a liberal."—John F. Kennedy.

The Liberal Democrats (UK Politics)

The Liberal Democrats, often called Lib Dems, were born in 1988 after a fusion of the old Liberal party with the Social Democrats—who had left Labour a few years earlier. Up until recently they were considered a minority party, the party there was not much to write home about—despite their 20 per cent votes in the 2005 election. But the notion of the two-party system (→ *bipartisme*) was so entrenched (= rooted) in mentalities that nobody saw the storm coming in the 2010 general election (→ *élections législatives*). The Lib Dems define themselves as social liberals. They have long been identified as left-wing, though today they would be identified as centrist. They are clearly more pro-European Union than either of the two major parties—despite the turmoil in the EU and Greece's default payments in 2010-2011 onwards. They want a leaner (= smaller) state bureaucracy, more respect for civil liberties. They favour the welfare state (→ *État providence*) and a greener economy. The Lib Dem electorate tends to be young, live in wealthy suburbs or in the countryside—in those parts of the country where Tories are most popular. Understandably, they are strong supporters of a reform of the electoral system (in 2005, 20 per cent of votes allowed them to win 62 seats, a mere ten per cent of the seats in the Commons). In a referendum in May 2011 the British rejected the reform. The referendum concerned whether to replace the present "first-past-the-post" (→ *système uninominal majoritaire à un tour*) simple plurality) system with the "alternative vote" (AV) method.

The Liberal Democrat Party is currently led by Nick Clegg, the Deputy Prime Minister in the Conservative-Lib Dem Coalition in office since 2010.

Magna Carta (1215), **King John**

King John was born in 1167 and died in 1216. He was the youngest son of Henry II and his wife Eleanor of Aquitaine. Henry II left no land to John when he died so John was given the nick-name John Lackland (→ *Jean Sans Terre*). In 1189, all of Henry's territory went to his oldest son, Richard I, better known as Richard the Lionheart (→ *Richard Coeur de Lion*). Like William I (William the Conqueror), King John is one of the more controversial monarchs of Medieval England and is most associated with the signing of the Magna Carta in 1215. In 1213, John lost another battle to the French at Bouvines. This defeat resulted in England losing all her possessions in France. This was too much for the powerful barons in England. In 1214, they rebelled. John was forced to sign the Magna Carta (Latin for "Great Charter") at Runnymede in 1215. This Magna Carta Libertatum limited the power of English Monarchs, specifically King John, from absolute rule. and guaranteed the people of England political and civil rights that the king could not go back on. Magna Carta is widely considered to be the first step in a long historical process leading to the rule of constitutional law.

Midterm elections, Senators, Governors (US Politics)

This term refers to elections held in-between presidential elections—that is, two years after the previous, and two years before the next, presidential elections. Each midterm election (→ *élection de mi-mandat*) selects one-third of the 100 members of the US Senate (34 out of 100) and all the 435 members of the House of Representatives, as well as many state and local officials—Governors for example (two thirds = 36 out of 50).

Monarchy (The British monarchy), the Queen's powers, the Queen's personal prerogatives

Elizabeth II became queen of the United Kingdom of Great Britain and Northern Ireland in 1952 upon the death of her father, George VI. She is also head of state of 16 independent countries including Canada and Australia. She was crowned in 1953.

The Queen's powers

As a constitutional monarch, her role in the legislative process is largely ceremonial. The Queen reigns but doesn't rule. The British monarchy is a system of government in which a hereditary monarch is the sovereign of the United Kingdom and its overseas territories, and holds the now constitutional position of head of state. According to convention (→ *comme le veut l'usage*), the Queen's powers are exercised upon the advice of her prime minister. She does however possess certain reserve powers which she may exercise at her own discretion. In the UK, the Queen has numerous theoretical personal prerogatives. In practice, however, with the exception of the appointment of a prime minister, which is done with every prime minister, there are few circumstances in modern British government where these could be justifiably exercised. These powers could be exercised in an emergency such as a constitutional crisis.

The monarch's personal prerogatives are

- The refusal to dissolve Parliament when requested by the Prime Minister.
- To appoint a Prime Minister of her own choosing.
- The dismissal of a Prime Minister and his Government on the Monarch's own authority.
- The refusal of the Royal Assent (= The granting of royal assent) refers to the method by the monarch formally approves and promulgates an act of parliament (→ *loi formelle du parlement*) of her nation's parliament, thus making it a law (→ *loi officielle*).
- The refusal of the "Queen's Consent," where direct monarchical assent is required for a bill (→ *projet de loi*) affecting, directly or by implication, the hereditary revenues.
- It has long been established in the uncodified Constitution of the United Kingdom that political power is ultimately exercised by the Parliament of the United Kingdom, of which the Sovereign is a non-partisan component, along with the House of Lords and the House of Commons, and by the Prime Minister and Cabinet. Thus, as the modern British monarchy is a constitutional one, the Sovereign's role is in practice limited to non-partisan functions (such as being the fount of honour = the British crown conceived as the source of all justice, honors, dignities, titles). In practice, political power is exercised today through Parliament and by the Prime Minister and Cabinet.

- The sovereign also holds the title of Supreme Governor of the established Church of England.
- The monarch holds a weekly audience with the Prime Minister, as well as regular audiences with other members of the Cabinet. The monarch may express her views, but, as a constitutional ruler, must ultimately accept the Prime Minister's and Cabinet's decisions.

Queen Elizabeth II in 2012

Elizabeth II celebrated her Diamond Jubilee in 2012, marking 60 years as Queen. She does not intend to abdicate, though the proportion of public duties performed by Prince Charles[1] may increase as Elizabeth reduces her commitments. She opened the 2012 Summer Olympics on July 27th and the Paralympics on August 29th in London. Her father, George VI, opened the 1948 London Olympics, and her great-grandfather, Edward VII, opened the 1908 London Olympics. Elizabeth also opened the 1976 Games in Canada, and Prince Philip opened the Melbourne Olympics in 1956.

1. Note that Prince George of Cambridge, who was born on July 22nd 2013, is third in line to the throne after his father, Prince William and grandfather, Prince Charles.

Oxbridge (Oxford, Cambridge)

Oxbridge refers to the two elite universities (Oxford and Cambridge) in the UK. Most top-job holders in politics, the judiciary, the civil service (→ *le service de l'état*), business, the church, the arts and the military have been educated at public schools (= smart private secondary schools → *écoles privées chics*) and at Oxford or Cambridge, although the public schools and Oxbridge are losing their hold (→ *perdre de son emprise*) on power.

Pork Barrel, Appropriation Bills (US Politics)

Pork barrel (or pork barrel politics → *électoralisme*) is a derogatory (= pejorative) term describing government spending that is intended to benefit constituents of a politician (→ *électeurs de la circonscription d'un élu local*) in return for their political support, either in the form of campaign contributions or votes. The term is thought to have originated on Southern plantations, where slaves were allocated the unwanted remainder of slaughtered pigs (→ *cochons tués*), or the "pork barrel". Typically it involves funding (→ *financement*) for government programs whose economic or service benefits are concentrated in a particular area but whose costs are spread among all taxpayers. Public works projects and agricultural subsidies are the most commonly cited examples, but they do not exhaust the possibilities. "Pork barrel" spending is often allocated through last-minute additions to Appropriation Bills (→ *projets de loi de finances* = Money bills in UK politics).

President (The US President), **22nd Amendment, Veep**

The President of the United States (often abbreviated "POTUS") is the head of state of the United States. Under the US Constitution, the President is also the chief executive of the federal government and Commander-in-Chief of the armed forces. The United States was the first nation to create the office of President, the head of state in a modern republic. The President is limited to two terms in office by the 22nd amendment to the Constitution. He serves with the Vice-President (the Veep) who is also President of the Senate and is the next in line to the Presidency, with the rest in succession set forth by the Congress. The President and the VP are not directly elected by the American people. Their names appear on the electoral ballot, but in fact the public vote for members of an electoral college (= the electors → *les grands électeurs*) who in turn vote for a President. The Presidential terms begin on Jan. 20th.

vThe US President has broad powers, National Guard

In addition to managing the federal government and requiring his signature on all new United States laws, the President can by himself issue executive orders (rules, regulations, & instructions) which have the force of law on government agencies and do not have to be approved by Congress. He is Commander-in-Chief of the armed forces and may call the state National Guard into federal service. (→ *dans chaque état existe une armée de volontaires intervenant à la demande du gouvernement fédéral en cas de crise majeure: protection du président, catastrophe naturelle, etc.*) In times of crisis Congress may grant him broader powers. The President also nominates the head of government departments, agencies, and other high ranking officials including federal judges and Supreme Court judges all of whom in turn must be confirmed by the Senate. He may also propose legislation but it is always initiated in a chamber of Congress, which he may call into special session. The President also has the power to pardon (→ *gracier*) criminals. He has primary responsibility for foreign relations including recognizing new nations and signing treaties (requires 2/3 Senate approval), and "executive agreements" which do not. All laws must be signed by the President and be passed by both chambers of Congress. The Senate and House can override (→ *passer outre*) the Presidential veto (= rejection) of a bill by passing it with a 2/3 vote.

Prime Minister (The) (UK Politics)

The Queen alone appoints the Prime Minister and all other ministers are appointed by her on the Prime Minister's recommendation. Most ministers are members of the Commons, although the Government is also fully represented by ministers in the House of Lords. The Prime Minister's unique position of authority comes from majority support in the House of Commons and the power to appoint and dismiss ministers. He is also, by tradition, First Lord of the Treasury and Minister for the Civil Service. The Prime Minister always sits in the Commons. The current Prime Minister is David Cameron (Conservative).

Racial Profiling (US)

Teachers and school officials are accused of practicing racial profiling (→ *profilage racial*) when, for example, they discipline black students more often and more harshly than whites. More generally, racial profiling may concern all ethnic minorities.

Republican Party (The), **the GOP** (US Politics)

The Republican Party was organized in 1854, as a party opposed to slavery. Since its inception (= beginning), its chief opposition has been the Democratic Party, which supported slavery, with occasional factional disagreement. The first Republican president was Abraham Lincoln, the 16th US president, elected in 1860. The Republicans emerged in a major party realignment, replacing the now defunct (= dead) Whig Party as a major US party. During the 20th century, the Republican party has generally been the party of more affluent (= wealthy) and conservative voters, and has favored economic and social policies that are somewhat less re-distributive than Democratic party policies. Today, the Republicans still stand for small government, individual freedom and free-market (= free enterprise) capitalism along with national security, family values, the reinvention of social security (→ *système des retraites*), a Pro-Life stance on abortion (→ *contre l'avortement*). The nickname, often used in newspaper headlines or when a commentator wishes to abbreviate, is GOP" (pronounced gee-oh-pee, not GOP) which stands for a now antiquated and little-used term, "Grand Old Party." The elephant is the symbol for the United States Republican Party.

Shadow Cabinet (The) (UK Politics)

The shadow cabinet is the name given to the group of senior members from the chief opposition party who would form the cabinet if they were to come to power after a general election. Each member of the shadow cabinet is allocated responsibility for "shadowing" the work of one of the members of the real cabinet. The Party Leader assigns specific portfolios according to the ability, seniority and popularity of the shadow cabinet's members.

State legislatures (US Politics)

State legislatures are the lawmaking bodies (→ *corps législatifs*) of the 50 states in the United States of America. They are the legislative branch at the state level of government, and (generally) perform many of the same duties on the state level that the US Congress performs on the federal level. As a rule (→ *en règle générale*), state legislative branches are checked in power (→ *contrôler*) by a state executive officer (= a governor) and a state judiciary.

Swing States (US Politics)

The swing states (→ *les états indécis*) stretch (→ *s'étendre*) in an arc from the Rust Belt of Pennsylvania through Ohio and down into the Midwest. Presidential candidates focus their time and money there to get out their vote. (→ *Amener les électeurs indécis* = the "Undecided voters" *à voter pour eux*).

Supreme Court (The) (US Politics)

The Supreme Court of the United States is the highest federal court in the United States of America. It consists of the Chief Justice of the United States and eight Associate Justices, who are nominated by the President and confirmed with the "advice and consent" of the Senate. Justices of the Supreme Court are appointed to serve for life, and they can only be removed by resigning or by Congress through the Impeachment process. No justice has ever been successfully removed from office by Congress, though many have resigned before death. The Supreme Court is the only court established by the United States Constitution; all other federal courts are created by Congress. The Court holds both original and appellate jurisdiction, but the latter (= the second) is by far used more often. Like other federal courts, the Supreme Court may exercise the power of judicial review, or the power to declare federal or state laws, as well as the actions of federal and state executives, unconstitutional. The decisions of the Supreme Court may not be appealed to any other body. The court is sometimes referred to by the acronyms SCOTUS (Supreme Court of the United States) and USSC (US Supreme Court).

Thatcher, Margaret (UK Politics)

Margaret Thatcher was Britain's first female prime minister and served three consecutive terms (→ *mandat*) in office (1979-1990). She died on April 8th 2013 at the age of 87.

Domestic policies

Margaret Thatcher was an advocate of privatising state-owned industries and utilities (= services publics), reforming trade unions (→ *syndicats*), lowering taxes and reducing social expenditure across the board (→ à tous les niveaux, *de manière généralisée*). Thatcher's policies succeeded in reducing inflation, but unemployment dramatically increased during her years in power. In the 1980s the victory in the Falklands War (→ *la guerre des Malouines*) in 1982 and a divided opposition helped Thatcher win a landslide (= overwhelming) victory (→ *victoire écrasante*) in the 1983 general election (→ *élections législatives*). In 1984, she narrowly escaped death when the IRA (= Irish Republican Army) planted a bomb at the Conservative party conference in Brighton.

Foreign policy

In foreign affairs, Margaret Thatcher cultivated a close political and personal relationship with US president Ronald Reagan, based on a common mistrust of communism, combined with free-market economic ideology. Thatcher was nicknamed the "Iron Lady" by the Soviets. She warmly welcomed the rise of reformist Soviet leader Mikhail Gorbachev.

Thatcher's last term (1987-1990)

In the 1987 general election, Thatcher won an unprecedented third term in office. But controversial policies, including the poll tax[1] and her opposition to any closer integration with Europe, produced divisions within the Conservative Party which led to a leadership challenge. In November 1990, she agreed to resign and was succeeded as party leader and prime minister by John Major.

Margaret Thatcher from 1990 onwards

In 1992, Thatcher left the House of Commons. She was appointed a peeress in the House of Lords (→ *pairesse à la Chambre des Lords*) with the title of Baroness Thatcher of Kesteven and continued giving speeches and lectures across the world. She also founded the Thatcher Foundation, which aimed to advance the cause of political and economic freedom, particularly in the newly liberated countries of central and eastern Europe. In 1995 she became a member of the Order of the Garter (→ *ordre de la Jarretière*), the highest order of knighthood (→ *ordre de chevalerie*) in England. After a series of minor strokes (→ *attaques cérébrales, AVC*), Baroness Thatcher retired from public speaking in 2002. In 2008 it was disclosed that she is now suffering from Alzheimer's disease. In 2011 Meryl Streep played Margaret Thatcher in the film "The Iron Lady". Still today Margaret Thatcher remains one of the dominant political figures of 20th century Britain, and Thatcherism continues to have a huge influence.

Tory (UK Politics)

The word Tory refers to a British political party founded in 1689. Today the term is still used to refer to a Conservative member or to the Conservative party. Having captured 306 seats in the general election of 2010 (→ *élections législatives*), the Conservatives became the largest party in the House of Commons, but their failure to win an outright majority (→ *majorité absolue*) led to a hung Parliament (→ *parlement sans majorité*). Conservative

1. The word poll is an English word that once meant "head", hence (→ *d'où*) the name poll tax for a per-person tax. In the 1980s Mrs Thatcher replaced the unpopular local government rates tax with the even less popular Community Charge, known as the poll tax. This poll tax is a head tax or capitation—a tax of a uniform, fixed amount per individual (as opposed to a percentage of income).

and Labour Party leaders met with the Liberal Democrats over the ensuing days in an effort to secure enough seats to form a new government. When it appeared that those talks would result in a formal "Lib-Con" coalition, Gordon Brown (Labour) announced his resignation as Prime Minister and David Cameron was confirmed as prime minister of Britain's first coalition government since World War II. In midterm local elections in 2012, however, neither the Conservatives nor their coalition partners (the Lib Dems) fared well (→ *bien s'en sortir, tirer son épingle du jeu*), with the Conservatives losing more than 400 seats in England, Scotland, and Wales.

Wetbacks, Mojados (US)

The term Wetbacks or "mojados" is usually used pejoratively to refer to Mexican immigrants who enter the United States illegally. The term derives from the fact that a part of the US-Mexican border is the Rio Grande, sometimes swum by Mexican immigrants to avoid border checkpoints (→ *poste de contrôle à la frontière*) for legal immigration.

Whips (UK Politics)

Each political party in Parliament appoints a team of MPs as whips (→ *un* "Whip" *est un chef de file parlementaire chargé de la discipline des MPs de son parti*). Each of the two main parties will have about fourteen MPs appointed to their whips'office. The smaller parties may only have two or three whips. There are also smaller teams of whips working in the House of Lords.

White Paper (UK Politics)

Before Bills are introduced into Parliament, there has often been consultation or discussion with interested parties such as professional bodies, voluntary organisations and pressure groups. Proposals for legislative changes may be contained in government White Papers (→ *Livre blanc*). These may be preceded by consultation papers, sometimes called Green Papers, which set out government proposals that are still taking shape and seek comments from the public. There is no requirement for there to be a White or Green Paper before a bill is introduced into Parliament.

Chapitre 5
Traductions

I. La version littéraire

La version littéraire concerne essentiellement la Banque BCE CCIP. Sur les quatre textes d'entraînement hors annales, une approche originale des contextes et des points récurrents rencontrées en version a été adoptée, afin de permettre de faire des parallèles transposables à d'autres textes similaires et de mettre en place les bons réflexes de traduction. Sont proposées ensuite les versions littéraires corrigées et tombées aux concours BCE CCIP de 2010 à 2013. Toutes les versions sont accompagnées de propositions de traduction.

A. Versions commentées et corrigées hors annales

Extrait 1

She stumbled over a root, picked herself up and ran on blindly. There was nowhere to run, but she went on running. The crash of foliage grew louder behind her, for they were men, and could not run faster. Even if she reached the end of the wood there would be more soldiers waiting to shoot her, but these few extra moments of life were precious. Only they were not enough. There was no escape except to become one of the trees. She would gladly give up her body, her rich life, to become a tree, frozen in humble existence, the home of spiders and ants. So that the soldiers would rest their rifles against the tree, and feel in their pockets for cigarettes. They would shrug away their mild disappointment, saying, "One did not matter," and they would go home; [...]

At last she collapsed in the bitter earth. Her hand touched something hard and cold; when she cleared away the leaves she found the iron ring of a trap door. She pushed herself up on to her knees, and tore at the ring [...] but it would not give. A shadow fell across the fallen leaves. She closed her eyes, expecting everything to explode inside her head.

D.M. Thomas, *The White Hotel*, 1981

Commentaires

Règle d'or : lire le texte au moins **trois fois** en surlignant **avant** de proposer votre traduction. Les relectures devraient vous aider à éviter bien des erreurs en étudiant le contexte, la situation d'énonciation... en **visualisant** la scène, surtout dans les textes descriptifs. « *What can you **see**?* »

Cerner la situation et visualiser la scène

Il s'agit ici d'un texte essentiellement descriptif d'une course effrénée du personnage principal sur le mode onirique (il est en train de rêver) ; ce texte **narratif** comporte plusieurs verbes de mouvement ou d'action ponctuels qui mettent en avant les diverses séquences de cette course. Ces différentes étapes étant rapides, il n'y a donc pas lieu d'utiliser l'imparfait pour rendre ces verbes : le **passé simple** s'impose pour traduire ces **mouvement très brefs** : « trébucha », « se releva », « continua », « s'effondra », etc. Pour ces verbes, l'imparfait insisterait ici sur l'aspect duratif. En revanche, il vous faut **employer l'imparfait** lorsque vous avez à traduire un prétérit à l'intérieur d'un **système hypothétique introduit par *if*** (voir « *if she reached* »), ainsi que pour les verbes auxiliaires (« *they **were** men* ») qui décrivent une réalité.

Faire la différence entre postposition et préposition

(voir fiches de grammaire n° 28 sur les propositions et n° 29 sur les particules adverbiales)

La **préposition** introduit un groupe nominal ou pronom, alors que la **postposition**, appelée aussi **particule adverbiale**, accompagne un verbe et modifie le sens de celui-ci : dans le texte, « *over a root* » a un statut prépositionnel, alors que « *picked up* », « *ran on* », « *went on* », « *give up* » sont des postpositions qui fournissent une cartouche sémantique au verbe-support, par exemple, *to look* = regarder, *to look up* = lever les yeux. Il faut donc veiller impérativement à bien rendre ces « petits-mots » souvent vite oubliés dans votre version, car ils sont porteurs de sens ! (up : idée de « vers le haut », on : « idée de continuité », into : « idée de passage d'un lieu à un autre »).

Procédés de traduction : le *chassé-croisé – la transposition*

Le **chassé-croisé** consiste à donner la priorité à la préposition ou postposition dans votre traduction, le verbe accompagnant celles-ci étant souvent traduit par une expression (i.e. d'un pas mal assuré) indiquant la manière dont telle action est effectuée ; souvent les prépositions sont **étoffées**, c'est-à-dire traduites par une formule plus développée dans la langue d'arrivée :

La transposition consiste à traduire une catégorie grammaticale par une autre catégorie grammaticale dans la langue d'arrivée, par exemple un verbe (*ran*) par un nom (course) :

ran on : chassé-croisé + transposition = continua sa course

Autres exemples :

to swim across → traverser (à la nage)
To stagger into the room → entrer en titubant/d'un pas mal assuré
To shrug away → écarter d'un haussement d'épaules

Analyser les valeurs de « *would* » avant de traduire

Ce texte offre plusieurs occurrences du modal *would*, qui seront donc à traduire en tenant compte du contexte d'énonciation, car deux valeurs du modal peuvent être représentées :

a. valeur de visée dans un contexte hypothétique

Dans le sillage d'une proposition de subordination introduite par « *if*, » explicite ou implicite : *if she reached... there would be* : nous trouvons là la valeur du conditionnel classique, expression d'une condition introduite explicitement ici par *if she reached* ; *she would give up her body* est également sur le même plan syntaxique et est donc à traduire par un conditionnel français ; ces occurrences de *would* dépendent d'un hypothétique implicite, à savoir *if she were a tree*, ce qui permet de construire : *if she were a tree, they would rest..., they would shrug away..., they would go...* Le modal *would* exprime une visée et sera traduit par le conditionnel en français.

b. valeur de volonté dans un contexte passé

but it would not give

On comprend que l'action de tirer sur l'anneau en fer est bel et bien effectuée par la présence de *she tore* au prétérit ; l'opposition marquée par but introduit ici une valeur différente de *would* : *would* (sémantisme de base de *will* + *-ed*) exprime en quelque sorte la volonté du sujet grammatical, ici le refus de celui-ci de céder ; c'est pourquoi il convient d'exprimer dans votre traduction cette valeur de volonté de façon explicite, par exemple : elle ne voulait pas bouger/elle ne bougea pas

Autre exemple d'illustration :

I asked him to help me but he ***wouldn't do*** *it* → Je lui ai demandé de m'aider mais il **a refusé**.

Cerner les possessifs en anglais pour bien traduire

She closed ***her*** *eyes* → Elle ferma **les** yeux

L'anglais établit une relation étroite entre la personne et les parties du corps - mise en relation matérialisée par le recours systématique à un adjectif possessif, là où le français emploie l'article défini :

Autre exemple :

The soldier came into the room, with his hands on his head.
→ Le soldat entra dans la pièce, **les** mains sur **la** tête.

Bien comprendre le fonctionnement des noms composés

Iron ring : c'est le deuxième mot qu'il faut traduire en premier, *iron*, occupe en quelque sorte une position adjectivale, qualifiant le deuxième mot qui constitue le noyau-support.

Proposition de traduction

Elle trébucha sur une racine, se releva et continua aveuglément sa course, continua à courir mais sans but précis. À leur passage, le bruit des feuilles écrasées lui parvint plus fortement : c'étaient des hommes et ils pouvaient courir plus vite. Même si elle atteignait la lisière du bois, il y aurait davantage de soldats l'attendant pour l'abattre, mais ces quelques instants de vie supplémentaires étaient précieux. Sauf qu'ils n'étaient pas suffisants. La seule fuite consistait à devenir l'un des arbres. Elle abandonnerait volontiers son corps, sa vie opulente pour devenir un arbre, figé dans son humble existence, l'abri des araignées et des fourmis. Ainsi les soldats poseraient leurs fusils contre l'arbre et fouilleraient dans leurs poches à la recherche de cigarettes. D'un haussement d'épaules, ils chasseraient leur faible déception en disant : « un seul ne compte pas, » puis ils rentreraient chez eux ; [...]

Elle s'effondra enfin dans la terre au goût amer. Sa main toucha quelque chose de dur et de froid ; après avoir dégagé les feuilles, elle trouva l'anneau en fer d'une trappe. Elle se mit péniblement à genoux et tira sur l'anneau, [...] mais ce dernier ne céda point. Une ombre apparut en travers des feuilles jonchant le sol. Elle ferma les yeux, s'attendant à ce que tout l'intérieur de sa tête explose.

Extrait 2

"It is so very queer," she said. "The way it all just happened."

"Happened? Happened?" said Berenice.

John Henry listened and watched them quietly.

"I have never been so puzzled."

"But puzzled about what?"

"The whole thing," Frankie said. [...]

Frankie herself almost admitted maybe so. It was four o'clock in the afternoon and the kitchen was square and gray and quiet. Frankie sat at the table with her eyes half closed, and she thought about a wedding. She saw a silent church, a strange snow slanting down against the colored windows. The groom in this wedding was her brother, and there was a brightness where his face should be. The bride was there in a long white train, and the bride also was faceless. [...]

"Look here at me," said Berenice. "You jealous?"

"Jealous?"

"Jealous because your brother going to be married?"

Carson McCullers, *The Member of the Wedding*, 1946

Commentaires

Définir les relations inter-subjectives et le niveau de langue

Le texte proposé est composé essentiellement d'un dialogue, entrecoupé par deux brèves incursions de texte narratif entre Frankie et Berenice évoquant le mariage prochain du frère de Frankie, adolescente qui s'ennuie. Pour tout passage dialogué à traduire, il faut se poser la question des relations entre les personnages en présence, relations dites « inter-subjectives », afin d'opter pour le **tutoiement** ou le **vouvoiement**. S'agissant ici *a priori* d'un échange entre une adolescente (Frankie) et Berenice, le tutoiement s'impose. À noter également les traits d'oralité marqués par la présence d'ellipses ou de grammaire de l'oral, tels que « (*You're*) *jealous because your brother* (*is*) *getting married* » : en français, il faudra bien entendu rendre ces marqueurs de la langue orale, en transposant les marqueurs de l'oralité sur le même segment ou ailleurs dans la phrase. Nous proposons ici de dire, « t'es jaloux parce que ton frère y va se marié » – utilisation de l'ellipse de « tu es » qui devient « t'es » et adjonction de « y ».

Mélange de niveau de langue : cependant, il faut noter que le **registre de langue familier** est essentiellement présent dans les **parties dialoguées** du texte, la partie narrative ayant recours à un registre plus soutenu : pas de formes contractées dans la **partie narrative**, présence d'**allitération** en « *-s* » dans « *She* ***s****aw a* ***s****ilent church, a* ***s****trange* ***s****now* ***s****lanting*... » : il n'est pas nécessaire de passer beaucoup de temps à rendre cette allitération, surtout si vous travaillez en temps limité – c'est déjà bien de l'avoir repérée et d'éviter par conséquent toute traduction par trop familière, là où l'anglais a recours à une allitération : dans notre proposition de traduction, nous gardons partiellement cette allitération en **[-s]**, « une égli**s**e **s**ilencieu**s**e, et de la neige qui, in**s**olite, **s**'écra**s**ait... », transposée sur les sons **[-s]** et **[z]** en phonétique.

Apprendre à maîtriser la ponctuation des dialogues

(voir ponctuation dans le chapitre II Méthodologie, page 76)

Il convient de manier avec précaution les différences qui existent entre la ponctuation des dialogues en français et en anglais :

L'anglais a recours aux guillemets, comme dans le texte de Carson Mc Cullers ci-dessus, alors que le français utilise des tirets. (et non pas de double signe de ponctuation comme on trouve dans les copies !) : il convient donc de **remplacer les guillemets des dialogues anglais par des tirets en français**. Il faut cependant noter que les dialogues des pièces de théâtre ne comportent pas de tirets, les dialogues étant alors systématiquement accompagnés des noms des personnages en scène.

Cerner les noms propres de personnes

Trois noms de personnes, Frankie, Berenice, et John Henry, qu'il faut garder dans le texte français : pas d'accent sur Berenice donc. Il serait aberrant de traduire John Henry par Jean-Henri ; on perdrait la couleur locale due précisément à l'utilisation de prénoms anglo-saxons.

Repérer les verbes rapporteurs tels que *say*

L'anglais a tendance à multiplier les emplois du verbe ***say*** comme verbe rapporteur pour introduire le discours direct, même lorsqu'il s'agit d'une question, comme le démontre la présence de *said Berenice* (l.2), après « *Happened? Happened?* » ; or, le français, dans ce domaine, adopte une stratégie différente :

Il a recours à d'autres variantes telles que demanda-il, répliqua-il, fit-il, interrogea-t-il à utiliser selon les contextes, ou même à l'ellipse du verbe introducteur du discours direct si le contexte est suffisamment clair pour déterminer le locuteur et l'interlocuteur de l'échange. C'est pourquoi il faut penser à traduire *said*, dans « *Happened ? Happened ?* » *said Berenice*, par « demanda » (et non pas « dit ») puisqu'il s'agit explicitement d'une question posée par Berenice. De même, il convient de songer à une traduction du ***say*** après une négation telle que ***no*** par le verbe « répliquer » par exemple, en français.

Quelques mots de plus près

Wedding/marriage : notez la différence entre *wedding* et *marriage*. *Wedding* réfère à la cérémonie du mariage, à l'événement à l'église, à la mairie , alors que *marriage* renvoie à la notion de mariage dans la durée, à la vie de couple marié.

Proposition de traduction

- C'est quand même bizarre comment tout ça s'est passé, dit-elle.

- Quoi, qu'est-ce que tu racontes ? demanda Berenice.

John Henry écoutait et les regardait sans rien dire.

- J'ai jamais vu çà.

- De quoi tu parles ?

- Ben, de tout ça, répondit Frankie. [...]

Frankie elle-même n'était pas loin d'être de leur avis. Il était quatre heures de l'après-midi et la cuisine était carrée, grise et tranquille. Assise à la table, les yeux mi-clos, elle songeait à un mariage. Elle imaginait une église silencieuse, et de la neige qui, insolite, s'écrasait contre les vitraux. C'était son frère qui se mariait et, à la place de son visage, il y avait une tache lumineuse. La mariée avait une longue traîne blanche, et la mariée, elle aussi, était sans visage. [...]

- Dis, regarde moi, tu ne serais pas un peu jalouse ? demanda Berenice.

- Moi jalouse ?

- T'es jalouse parce que ton frère y va se marier ?

Extrait 3

On the slopes of the down the grass grew in long tufts, so that each foot that fell was clogged as though it had been plunged in treacle. The down all around him was empty and refreshingly safe, and though danger might be lurking in the world below, it was dwarfed by distance. Somewhere twelve miles away lay Lewes, but for a little he need not have care of that. He clung hard to that instance, the feel of warmth creeping from neck to spine. In that long wash of sun, which left the moon an indistinct wraith in the fragile blue, lay a first hint of spring, and in the breeze, salt from the Channel, hidden from sight by yet another ridge of down, gorse-laden, prophesying green. There was no green yet in the coppice, which lay like a band of soft brown fur fringing the hill, but green crept cautiously, afraid still of an ambush from winter, into the fat ploughed fields below. Dotted across the distance were toy farms. Along a white road a scarlet cart crawled like a ladybird along the rim of a leaf. The Surrey hills peered through a silver veil. A cock a mile away crowed with frosty clarity and a lamb bewildered and invisible cried aloud.

Graham Greene, *The Man Within*, 1929

Commentaires

Visualiser la description littéraire d'un paysage

Il s'agit ici d'un texte littéraire essentiellement descriptif, où le narrateur, avec minutie et poésie, dépeint les moindres détails d'un paysage par petites touches : tout ce foisonnement d'éléments naturels et l'émotion ressentie par le narrateur sont rendus par l'auteur grâce à un style que l'on peut qualifier d'« hypotaxique » : i.e. présence de nombreuses subordonnées et d'une syntaxe plutôt complexe qu'il faudra garder dans la traduction d'arrivée. La description elle-même est bâtie autour d'un réseau de répétition de certains phonèmes qui participent à tisser, à créer un texte proche du **texte poétique** : allitérations (répétition de sons consonnes) et assonances (répétition de sons voyelles) sont nombreuses – *grass/grew, foot/fell/refreshingly safe, lurking/world/below, dwarfed/distance, somewhere/twelve/Lewes, away/lay, down/around* : s'il est vrai que c'est difficile, voire impossible, de retrouver ces allitérations et assonances dans le texte-cible, il n'en demeure pas moins vrai que les repérer lors de la lecture du texte, c'est déjà comprendre qu'il va falloir soigner le style et le lexique utilisés, c'est-à-dire avoir recours à un style soutenu, en évitant tout registre familier.

Comment bien traduire les distances

twelve miles away
a mile away

Il convient de convertir les distances exprimées en miles par des kilomètres dans votre version, afin que ces mesures correspondent davantage à une réalité plus parlante pour le lecteur français. Cependant, il faut éviter toute traduction « mathématique » trop précise, peu naturelle.

Rappel : 1 mile = 1 609,33 mètres ; 1 foot = 0,3048 mètre ; 1 inch = 2,54 centimètres

a. Traduire par une valeur rapprochée

Exemple :

> *a 50-mile journey* → un trajet de plus de 80 km
> (et non pas 80,4665 ou 80 km 400 qui serait une traduction peu naturelle également)

Dans notre texte : *twelve miles away* → (soit 19,31 km) donc traduire par à une vingtaine de kilomètres de là, et *a mile away* peut correspondre tout simplement à une traduction approximative telle que à moins de deux kilomètres dans la langue d'arrivée.

b. Traduire de façon précise (taille sur les passeports par exemple)

Exemple :

> un mètre soixante-dix-huit

c. emplois idiomatiques de « miles »

> *Not a hundred miles from here* → sans aller chercher bien loin
> *You could smell it a mile off* → ça se sentait d'une lieue
> *You were miles off the target* → vous étiez bien loin du but
> *He's miles taller than you* → il est bien plus grand que toi

d. Traduire « miles » dans des textes non contemporains

Pensez à traduire par « lieues » :

> *They live miles away* → ils habitent à cent lieues d'ici

Procéder à l'analyse logique des phrases complexes

Problèmes de syntaxe :

a. À noter : l'inversion sujet-verbe

> *Somewhere twelve miles away **lay Lewes***
> *In that long wash of sun, which left the moon an indistinct wraith in the fragile blue, **lay a first hint of spring***
> *Dotted across the distance **were toy farms***

Inversion rendue possible par la présence de circonstants de lieu en tête d'énoncé.

> **b. syntaxe complexe :**

Pensez à faire **l'analyse logique** avant de traduire une phrase qui peut sembler déroutante au premier abord, afin de déterminer les contraintes syntaxiques qui vont faire jaillir le sens en contexte : ***In** that long wash of sun* (complément circonstanciel de lieu), ***which** left the moon an indistinct wraith in the fragile blue* (proposition relative introduite par *which* et ayant pour antécédent un inanimé *sun*), *lay a first hint of spring* (phrase principale avec inversion sujet-verbe), *and **in** the breeze, salt from the Channel* (deuxième complément circonstanciel de lieu), ***hidden** from sight by yet another ridge of down* (apposition au deuxième complément circonstanciel de lieu, comprendre *the Channel which was hidden by...*), ***gorse-laden**, prophesying green* (apposition à *down*, comprendre... *down which was gorse-laden and which was prophesying green* avec ellipse du pronom relatif et de l'auxiliaire ***be***)

Utilisation de l'imparfait pour traduire le prétérit anglais : comment savoir ?

Comme vous pouvez le constater, le prétérit simple peut être traduit par un imparfait en français – il n'est pas nécessaire d'avoir l'aspect *be + -ing*. L'imparfait convient en effet pour traduire tout passage purement descriptif – comme c'est le cas ici – en revanche, cela n'empêche pas de recourir épisodiquement à un passé simple dans le même extrait, pour traduire « *clung hard* » par exemple « s'accrocha de toutes ses forces », car on peut considérer ici qu'il s'agit d'une occurrence unique.

Quelques mots de plus près

Down : ici colline, plutôt que dune ; en effet, Lewes est situé au nord de Brighton, et dans cette région de l'Angleterre, il s'agit de colline herbeuse, alors que « dune » sera employé pour la région de Douvres. Pour un travail en temps non limité (préparation à la maison), il faut donc consulter rapidement une encyclopédie ou une simple carte d'Angleterre pour localiser Lewes (pendant l'année scolaire, n'hésitez pas à utiliser encyclopédies et dictionnaires – unilingues d'abord, puis bilingues – car cela vous permet d'approfondir vos connaissances tant lexicales que culturelles). Le Robert et Collins fait bien cette distinction : « **a.** *hill* → colline dénudée. (*Brit*) ***the Downs*** → les Downs (collines crayeuses dans le sud de l'Angleterre). **b.** (*Brit Geog: Straits of Dover*) ***the Downs*** → les Dunes »

Scarlet : écarlate (pensez au roman de Hawthorne, *La Lettre Écarlate* → *The Scarlet Letter*), autre nuance de rouge → *red* : *crimson* → cramoisi (« qui est d'une couleur rouge foncé, tirant sur le violet, » Le Petit Robert 1)

Proposition de traduction

Sur les pentes de la colline, l'herbe poussait en longues touffes, de sorte que chaque fois que le pied s'y posait, il était bloqué comme s'il avait été plongé dans la mélasse. La colline tout autour de lui était déserte et d'une sécurité apaisante, et bien que le danger pût encore rôder dans le monde qui s'étendait en contre-bas, il était réduit par la distance. Quelque part, à une vingtaine de kilomètres de là se trouvait Lewes, mais pour l'instant il n'avait pas besoin de s'en soucier. Il s'accrocha de toutes ses forces à cet instant, une sensation de chaleur l'envahissant lentement du cou jusqu'au bas du dos. Dans cette vaste étendue baignée de soleil, qui réduisait la lune à l'état de spectre indistinct dans ce bleu délicat, on percevait les premiers signes avant coureurs du printemps, ainsi que dans la brise, à laquelle la Manche donnait un goût salé, la Manche cachée à la vue par la crête d'une autre dune toute recouverte d'ajoncs, laissant présager la verdure. Il n'y avait pas encore de traces de verdure dans le taillis qui s'étendait comme un ruban de douce fourrure marron, qui frangeait la colline, mais craignant encore une embuscade de l'hiver, la verdure se glissait précautionneusement dans la terre grasse des champs labourés qui se trouvaient en contre-bas. Parsemés dans le lointain se trouvaient des fermes miniature. Le long d'une route blanche, une charrette rouge vif avançait comme une coccinelle le long du contour d'une feuille. Les collines du Surrey apparaissaient à travers un voile argenté. A moins de deux kilomètres, un coq chantait d'une voix cristalline et un agneau désorienté que l'on ne pouvait voir poussa des bêlements sonores.

Extrait 4

Beatie: Mother, where's the bakin'tin?

Mr Bryant: When we gonna eat that?

Beatie: You ent! It's for Jenny Beales.

Mr Bryant: You aren't making that for Jenny are you?

Beatie: I promised her.

Mr Bryant: Not with my electricity you aren't.

Beatie: But I promised, Poppy.

Mr Bryant: That's no matters. I aren't spendin'money on electricity bills so's you can make every Tom, Dick 'n' Harry a sponge cake, that I aren't.

Mrs Bryant: Well, don't be so soft, man, it won't take more'n half-hour's bakin.

Mr Bryant: I don't care what it'll take I say. I aren't lettin' her. Jenny wants cakes, she can make 'em herself. So put that away Beatie and use it for something else.

Mrs Bryant: You wanna watch what you're sayin'of 'cos I live here too.

Arnold Wesker, *Roots*, Penguin, 1959

Commentaires

Registre de langue et discours oralisés

Situation énonciative spécifique

Une étude intersubjective succincte du passage à traduire fait apparaître qu'il s'agit d'un dialogue entre une adolescente (Beatie), sa mère et son père (Mr et Mrs Bryant), Beatie s'adressant à ses parents en utilisant à la fois *Mother* et *Mummy* pour sa mère, et *Poppy* pour son père.

Ce texte se caractérise par la présence systématique d'énoncés transcrits en **langue familière** – famille d'exploitants agricoles dans la région du Norfolk, en Angleterre – une sorte de transcription phonétique d'un discours oralisé qui a recours à un **registre familier** de langue : cette **oralisation** du dialogue se caractérise par des formes tronquées ou elliptiques telles que « *bakin'tin, so's, 'n', more'n, 'em, sayin', of'cos, an'...* », des contractions de formes auxiliaires comme « *where's, aren't, it'll, you're...* », des formes agrammaticales mises en évidence, par exemple, par « *I aren't spendin', I aren't...* », des transcriptions de l'oral matérialisées par des réalisations phonétiques telles que « *em, 'cos* ».

Il faut noter que cet échange oralisé est matérialisé d'un bout à l'autre du discours écrit en anglais, là où **l'édition française peut se contenter de rendre compte de quelques réalisations significatives uniquement.** Autrement dit, il convient de colorer le passage dans la langue cible en tenant compte de la **situation énonciative spécifique de la langue d'arrivée**, en ayant recours à des énoncés plausibles : par exemple, une forme oralisée comme '*bakin 'tin'* du début de l'échange peut se rendre tout simplement par « moule à gâteau » sans chercher à faire une erreur orthographique sur ce terme, puisque la mise en relief soulignera davantage la marque de l'oralité ici, soit présence à la fois d'un pronom « *l* » et du nom mis en relief à la fin de l'énoncé, « le moule à gâteau », ce qui donne « *tu l'as mis où, le moule à gâteau ?* », où la question-écho vient renforcer l'oralité du passage (*tu l'as mis **où***, plutôt que ***où** l'as tu mis*).

Notez par conséquent que **les équivalences dans la langue d'arrivée n'appartiennent pas forcément à la même catégorie grammaticale**, l'essentiel, encore une fois, étant de **viser la plausibilité**, c'est-à-dire d'obtenir un passage le plus naturel possible en français, une version la plus authentique possible ! Dans le cas présent, traduire ce texte en français standard sans tenir compte des structures agrammaticales, c'est occulter la spécificité même du texte, le dénaturer.

Donc, il faut transposer le texte-source en français en utilisant des formes elliptiques quand cela est possible, par exemple : « C'est pas pour toi, » et non pas « ce n'est pas pour toi », « pas ça », et non pas « pas cela », « j'm'en fiche », et non pas « je m'en fiche », etc.

Exemples de mots appartenant au **registre familier** avec leurs équivalences :

bloke : *man*
booze : *drink*
bucks *(US)* : *dollars*
crap : *rubbish*
fag : *cigarette*
flicks : *cinema*
grub : *food* (voir texte)
loony : *madman*
mate : *friend*
pal : *friend*
quid *(GB)* mot invariable, pas de - *-s* : *pounds*

Adopter une traduction par équivalence

...you can make every Tom, Dick 'n'Harry a sponge cake...

Il convient ici de traduire en proposant deux équivalences

1. *every Tom, Dick 'n'Harry* → Pierre, Paul, Jacques
2. *a sponge cake* : Bien que le dictionnaire Robert et Collins traduise *sponge cake* par « gâteau de Savoie », le terme de « génoise » paraît plus plausible ici.

Là encore, l'équivalence « génoise » permet de ne pas rester prisonnier d'une traduction type - dictionnaire, peu authentique, de prendre quelques libertés justifiées ici par la simple règle de plausibilité qui doit vous guider à faire le bon choix, surtout lorsqu'il s'agit de traduire un discours oralisé : il faut donc veiller particulièrement à l'authenticité de la langue d'arrivée.

Comment traduire les noms des personnages ?

Dans cet extrait de pièce de théâtre (choisi ici non pas en tant que genre représentatif mais pour l'oralité et la familiarité du discours, à transposer sur tout texte empreint de marqueurs d'oral **en analysant le contexte soigneusement)**, il convient de garder « Mr » et « Mrs » dans votre traduction : il faut en effet maintenir la spécificité anglo-saxonne, « Monsieur » et « Madame » renverrait à une réalité trop française. De même, on dira « Miss Marple », et non pas « Mademoiselle Marple. » Notez également l'existence de « Ms », employé par une femme qui ne souhaite pas indiquer si elle est mariée (Mrs) ou pas (Miss).

Traduire les devises étrangères

Nous avons dans le texte « *four pounds ten* » : il s'agit ici de quatre livres et dix shillings, qu'il ne faut bien évidemment pas traduire... en euros ! Il faut garder les devises étrangères dans votre traduction, car elles renvoient à une caractéristique essentielle d'un pays donné.

So... So... So... : comment ne pas se tromper

Plusieurs occurrences de *so* dans notre texte :

« ***so****'s you can make* », « ***so*** *soft* », « ***So*** *put that away* »,

L'analyse contextuelle est capitale : ***soft* est un adjectif**, *so* va donc porter sur cet adjectif, et, en sa qualité d'intensifieur, se traduira par « **si** » en français ; *put* est un **verbe** à la forme impérative, *so* ne joue pas le même rôle ici : il exprime ici la **conclusion** qu'a atteinte Mr Bryant, à rendre en contexte donc. « *so's you can make* », derrière une explication – dépense de l'argent pour l'électricité – exprime ici une **idée de but** « pour que tu fasses des génoises. » « *so much* ».

D'où les propositions de traduction différentes des trois occurrences de *so* :

> *I aren't spendin'money on electricity bills* ***so****'s you can make every Tom, Dick 'n'Harry a sponge cake* → J'paie pas les factures d'électricité **alors que toi, tu** fais des génoises pour Pierre, Paul, Jacques, ça non ! (pour garder l'opposition)
> *Well, don't be* ***so*** *soft, man* → Voyons, **ce que** tu peux être injuste (pour mettre en exergue la structure *tu peux être injuste*)
> ***So*** *put that away Beatie and use it for something else* → **Toi, tu ranges** et t'as qu'à utiliser ces ingrédients pour autre chose par exemple, l'emphase (insistance par le doublon, *toi/tu*) tournure possible qui pourra tout aussi bien rendre cette conclusion (*so* → donc).

Encore une fois, il faut **viser la plausibilité** en « visualisant » la situation d'énonciation.

Proposition de traduction

Beatie : Maman, tu l'as mis où, le moule à gâteau ?

Mr Bryant : On va manger ça quand ?

Beatie : C'est pas pour toi ! C'est pour Jenny Beales !

Mr Bryant : Tu fais quand même pas ça pour Jenny, non ?

Beatie : Je lui ai promis.

Mr Bryant : Pas question ! Pas avec mon électricité.

Beatie : Mais je lui ai promis, p'pa.

Mr Bryant : Eh ben, j'm'en fiche. J'paie pas les factures d'électricité alors que toi, tu fais des génoises pour Pierre, Paul, Jacques, ça non !

Mrs Bryant : Voyons, ce que tu peux être injuste, ça va prendre pas plus de trente minutes.

Mr Bryant : Je m'en fous, que ça dure trente minutes ou plus. Je lui interdis, un point c'est tout. Si Jenny a envie de faire des gâteaux, elle a qu'à se les faire elle-même. Toi, tu ranges et t'as qu'à utiliser ces ingrédients pour autre chose.

Mrs Bryant : Toi, fais bien attention à ce que tu dis parce que moi aussi je suis chez moi ici.

Versions corrigées

Extrait 5

The morning of the Tilney-Studdart wedding, rain fell steadily from before daylight, veiling trees and garden and darkening the canvas of the marquee that should have caught the earliest sun in happy augury. The bride's relations frowned in sleep and were roused with a sense of doom by rain's inauspicious mutter on roofs and window-sills. Clouds with their reinforcements came over the Malvern hills. Till quite late, the rooms at Corruna Lodge were dusky as though morning had been delayed.

Laurel Studdart herself was not concerned with weather and gave the windows hardly a glance. She and Colonel Studdart, both embarrassed by idleness, frequently met throughout the morning as, straying from room to room, they attempted to efface themselves. Her father had the afternoon on his mind—he had not yet given away a daughter; for her, these hours before the wedding were like a too long wait on the platform of some familiar station from which, virtually, one has already departed.

Elizabeth Bowen, *Friends and Relations*, 1931

Proposition de traduction

Le jour des noces de Tilney et Studdart, il ne cessa de pleuvoir pendant toute la matinée et même bien avant la pointe du jour. Les arbres et le jardin étaient ainsi dissimulés par un rideau de pluie. La toile du chapiteau que les premiers rayons de soleil auraient dû capter, comme signe de bon augure, s'assombrit sous l'effet de la pluie. Les personnes de la famille de la mariée dormaient d'un profond sommeil et furent réveillées, pleins de sombres pressentiments, par le murmure peu propice de la pluie sur les toits et les rebords de fenêtres. Une kyrielle de nuages vint couvrir les collines de Malvern. Jusqu'à très tard, les chambres de la résidence Corruna étaient plongées dans l'obscurité. On eût dit que le lever du jour tardait à venir. Laurel Studdart, quant à elle, ne s'intéressait guère au temps qu'il faisait. C'est à peine si elle osa jeter un coup d'œil aux fenêtres. Le Colonel Studdart et elle-même, tous deux gênés, n'ayant rien de particulier à faire, se rencontraient souvent le matin alors qu'ils erraient discrètement de pièce en pièce, cherchant à ne pas se faire remarquer. Son père était préoccupé ; il pensait à la cérémonie de l'après-midi. C'était la première fois qu'il donnait une fille en mariage. Quant à Laurel, les heures écoulées avant son mariage lui semblaient être une très longue attente sur le quai d'une gare quelconque que l'on a pratiquement quittée.

C'est à vous ! Versions d'entraînement

➔ Corrigé en fin d'ouvrage

Extrait 6

Mrs Thompson was rolling some pastry when I went downstairs. The kitchen was large and clean and bright with an electric oven which had a control panel like a bomber's. All the canisters, one felt certain, contained exactly what their labels stated, all the knives would be sharp, all the implements, from egg-whisk to orange-squeezer in perfect working order. And yet the room was as gay as Mrs Thompson's flowered apron, it would, just as it was, have served as a film set for any middle-class comedy. It didn't make one feel an intruder; there were no squalid little secrets like stopped-up sinks and dirty dishcloths.

"I'm off to do some shopping, Joan," I said, "Is there anything I can bring back to you?"

"Nothing, thanks," she said. "You'll find most of the best shops around the market-place. The Modley bus will take you there—the stop's at the bottom of the road. Going back, it's on the half-hour at the bus-station. The Food Office is at the Town Hall, by the way. Aren't I a mine of information?" She unwrapped a piece of cheese and began to grate it.

John Braine, *Room at the Top*, 1957

Extrait 7

They skirted the Southern rim of the town. No one was abroad at this nearly midnight hour, and nothing was open except a string of desolately brilliant service stations. Dick turned into one—Hurd's Philips 66. A youngster appeared, and asked, "Fill her up?" Dick nodded, and Perry, getting out of the car, went inside the station, where he locked himself in the men's room. His legs pained him, as they often did; they hurt as though his old accident had happened five minutes before. He shook three aspirins out of the bottle, chewed them slowly (for he liked the taste), and then drank water from the basin tap. He sat down on the toilet, stretched out his legs and rubbed them, massaging the almost unbendable knees. Dick had said they were almost there—"only seven miles more". He unzippered a pocket of his windbreaker and brought out a paper sack; inside it were the recently purchased rubber gloves. They were glue-covered, sticky and thin, and as he inched them on, one tore—not a dangerous tear, just a split between the fingers, but it seemed to him an omen.

The doorknob turned, rattled. Dick said, "Want some candy? They got a candy machine out here."

"No."

Truman Capote, *In Cold Blood*, 1963

1. *Food Office* : bureau de rationnement

Extrait 8
BCE CCIP LV1 2012

"Here," she said, handing him a faded color picture in a leather frame.

He recognized Corrine immediately, despite the riding helmet and the fact she must've been a teenager, her hair a more vivid carroty shade than he was familiar with, standing beside a younger version of Casey, both of them captured in that transitional stage of adolescence. He gazed at the face, with its smattering of freckles and her thrilling smile, studying it for its predictive qualities, savoring its resemblances to that of the woman he loved, happy to discover that he preferred the latter, which seemed to have gained in refinement and character than it had lost in freshness.

"I thought you'd get a little kick out of that."

He would have studied it longer had he been alone, but now he returned it to the desk.

Since she had broached the subject, he said, "I want to thank you for the house. I only wish–"

"Please," she said, brushing this away with one sweep of her hand and indicating the love seat with another. "I talked to her last night. I'm sure I don't have to tell you her heart is with you." She took a seat beside him. "This may not be the time or place," she said, putting a hand on his knee, "but I don't know when I've seen her as happy as she's been these last few weeks. [...] I've known Corinne since she was a girl, but I've never seen her like *this*."

Jay McInerney, *The Good Life*,
Vintage Books, 2007

Proposition de traduction

– Tiens, lui dit-elle en lui tendant une photo aux couleurs défraîchies dans un cadre en cuir.

Aussitôt, il reconnut Corrine, malgré la bombe d'équitation qu'elle avait sur la tête et le fait qu'à l'époque, elle devait être adolescente, avec une tignasse plus rouquine que celle qu'il lui connaissait. Elle était debout à côté de Casey, elle aussi plus jeune, toutes deux photographiées à cette période de transition qu'est l'adolescence. Il contempla ce visage avec ses quelques taches de rousseur et son sourire éblouissant, examinant chaque détail pour y déceler, en herbe, les futures qualités de Corrine, et savourant les similitudes qu'il présentait avec celui de la femme qu'il aimait. Il fut heureux de découvrir qu'il préférait ce dernier, qui semblait avoir gagné en raffinement et en caractère plus qu'il n'avait perdu en fraîcheur.

– Je me suis dit que tu allais adorer ce cliché ! (fit-elle)

S'il avait été seul, il aurait volontiers examiné la photo plus longtemps, mais, pour l'heure, il la reposa sur le bureau.

Puisqu'elle avait abordé la question, il lui dit :

– Je tiens à te remercier pour la maison. J'aurais seulement aimé que...

– Je t'en prie, répondit-elle en écartant le sujet d'un revers de main tout en lui indiquant, dans la foulée, la causeuse [le petit canapé]. J'ai discuté avec elle hier soir. Inutile de te dire qu'elle est de tout cœur avec toi.

Elle s'assit auprès de lui.

– Ce n'est sans doute ni l'endroit ni le moment, poursuivit-elle en lui posant la main sur le genou, mais je ne me rappelle pas l'avoir vue aussi heureuse qu'elle l'a été ces dernières semaines. [...] Je connais Corrine depuis son enfance mais jamais je ne l'ai vue comme ça.

Source : Annales BCE, Éditions Studyrama 2012.

Extrait 9
BCE CCIP LV2 2012

"Nicholas wants me to marry him," said Sally.

"What do you want to do?" asked Elena

"Everyone asks your advice, don't they?"

"It's because they think I know what I'm doing. Actually I don't. It's just that I don't talk about myself. Which looks like self-possession."

"So people try to tap your secret."

"They want confirmation. Advice is the last thing they want. It might go against their interests. I let them go on and on talking until they make their minds up and then I agree with them."

"I don't want to get married."

"Then don't."

"*You* did it."

"It was a hundred years ago and you can't possibly imagine how different my life was from yours. There was nothing resembling freedom for women in Italy then. There were no trials, only errors. My father was a rich old fool so I rebelled by getting married to a rich young fool. Disaster."

"What happened?"

"Everything. At least I didn't do so badly as my poor demented sister. *She* rebelled with a rich young communists who eventually got himself killed trying to bomb a post office. As if an Italian post office needed any more confusion."

Clive James, *Brilliant Creatures*, Picador edition, 1984, p. 179

Proposition de traduction

– Nicholas veut que je me marie avec lui, dit Sally.

– Et toi, tu comptes faire quoi ? s'enquit Elena.

– Tout le monde te demande conseil, non ?

– C'est parce qu'on croit que je sais bien gérer ma vie, mais, en fait, c'est faux. Je ne parle tout simplement pas de moi, ce qui donne l'impression que je garde toujours mon sang-froid.

– C'est pour ça que les gens cherchent à percer ton secret.

– Ce qu'ils veulent, c'est une confirmation. Les conseils, c'est bien la dernière chose qu'ils cherchent. Ça pourrait jouer contre leurs intérêts. C'est pour ça que je les laisse tout déballer jusqu'à ce qu'ils prennent eux-mêmes leur décision, et ensuite, je leur dis que je suis de leur avis.

– Moi, je veux pas me marier.

– Alors ne le fais pas.

– Tu t'es bien mariée, toi.

– Ça, c'était il y a des lustres. Et t'as aucune idée de ce que ma vie a été comparée à la tienne. À l'époque, en Italie, on pouvait pas vraiment parler de liberté pour les femmes. Pas de mariage à l'essai, seulement « erreur sur la personne ». Mon père n'était qu'un vieux crétin plein aux as, et j'ai épousé, par réaction, un jeune abruti plein aux as : ça a été la cata !

– Qu'est-ce qui s'est passé ?

– La totale ! Sauf que je me suis un peu mieux débrouillée que ma pauvre débile de frangine. Elle, par réaction, elle s'est mise avec un jeune communiste friqué qui a fini par se faire descendre en essayant de faire sauter un bureau de poste. Comme s'il y avait pas assez de bazar dans les bureaux de poste italiens.

Source : Annales BCE, Éditions Studyrama 2012.

Extrait 10
BCE CCIP LV1 2013

When the telephone rang Gill was outside, raking the leaves into coppery piles, while her husband shovelled them on to a bonfire. It was a Sunday afternoon in late autumn. She ran into the kitchen when she heard its shrilling, and immediately felt the warmth of inside enfold her, not having realized, until then, how chilly the air had become. There would most likely be a frost that night.

Afterwards, she walked back up the path towards the little bonfire, from which blue-grey smoke was spiralling into a sky already beginning to darken.

Stephen turned as he heard her approach. He saw bad news in her eyes, and his thoughts flew, at once, to their daughters: to the imagined dangers of central London, to bombs, to once-routine tube and bus journeys suddenly turned into wagers with life and death.

"What is it?"

And when Gill told him that Rosamond had died, finally, at the age of seventy-three, he was unable to ward off a shameful flood of relief. He took Gill in his arms, and they embraced gently, in a silence broken, for a minute or more, only by the crackling of burning leaves, the call of a wood pigeon, the murmur of distantly passing cars.

"The doctor found her," Gill said, easing away. "she was sitting up in her armchair, stiff as a board." She sighed. "Well, I shall have to go to Shropshire tomorrow and talk to the lawyer. Start fixing up the funeral."

"Tomorrow? I can't come," Stephen said quickly.

"I know."

Jonathan Coe, *The Rain Before It Falls*. Viking, 2007

Proposition de traduction

Au moment où le téléphone sonna, Gill était dehors. Elle ratissait les feuilles mortes dont elle faisait des tas aux couleurs cuivrées tandis que son mari les ramassait à la pelle pour les jeter sur un feu. C'était un dimanche après-midi à la fin de l'automne. Elle entra dans la cuisine en courant quand elle entendit la sonnerie stridente et sentit immédiatement la chaleur de l'intérieur de la maison l'envelopper ; elle ne s'était pas encore rendu compte à quel point l'air s'était rafraîchi. Il allait très probablement geler cette nuit-là.

Puis, elle remonta le chemin en direction du petit feu d'où une fumée bleu-gris s'élevait en spirales vers un ciel qui commençait déjà à s'obscurcir.

Stephen se retourna en l'entendant approcher. Il vit dans les yeux de sa femme qu'il s'agissait d'une mauvaise nouvelle et pensa tout de suite à leurs filles, aux dangers supposés que représentait le centre de Londres, aux bombes, aux trajets en métro ou en bus, autrefois routiniers, devenus brusquement des paris sur la vie et la mort.

– Qu'y a-t-il ?

Quand Gill lui annonça que Rosamond avait fini par mourir, à l'âge de soixante-treize ans, il ne put s'empêcher de réprimer un énorme soulagement dont il n'était pas fier. Il prit Gill dans ses bras, et ils s'étreignirent tendrement, dans un silence que seul le crépitement des feuilles qui brûlaient, l'appel d'un pigeon ramier et le bourdonnement des voitures qui passaient au loin, rompaient l'espace d'un instant.

– Le médecin l'a trouvée, dit Gill en se dégageant doucement. Elle était assise bien droite dans son fauteuil, raide comme un piquet. Elle poussa un soupir.

– Bon, il va falloir que je me rende dans le Shropshire demain pour m'entretenir avec le notaire et commencer à organiser les obsèques.

– Demain ? Je ne peux pas venir, s'empressa de répondre Stephen.

– Je sais.

Extrait 11
CCIR LV1 2014

All the years that I taught in a high school I didn't teach literature, as you might expect, but mathematics. Then staying home I grew restless and undertook something else – writing tidy and I hope entertaining biographies of Canadian novelists who have been undeservedly forgotten or have never received proper attention. [...] I liked the work, I thought it worthwhile, and after years in classrooms I was glad of the control and the quiet. But there might come a time, say around four in the afternoon, when I just wanted to relax and have some company. And it was around that time on a dreary closed-in day when a woman came to my door with a load of cosmetics. At any other time I wouldn't have been glad to see her, but I was then. Her name was Gwen, and she said she hadn't called on me before because they had told her I wasn't the type. "Whatever that is," she said. "But anyway I had the idea, just let her speak for herself, all she has to do is say no." I asked her if she would like a cup of the coffee I had just made and she said sure. She said she was just getting ready anyway to pack it in. She set her burdens down with a groan. "You don't wear makeup. I wouldn't wear none neither if I wasn't in the business." Maybe it had made her uneasy, to be asked in. She kept taking jumpy little looks around.

Alice Munro, *Dolly, in Dear Life: Stories*

Proposition de traduction

Pendant toutes ces années où j'ai enseigné dans un lycée, ce n'est pas la littérature que j'enseignais, comme on pourrait s'y attendre, mais les mathématiques. Puis, à force de rester à la maison, ne tenant plus en place, j'ai entrepris de faire autre chose – écrire des biographies bien écrites et, je l'espère, distrayantes, de romanciers canadiens injustement oubliés ou n'ayant jamais reçu l'attention qu'ils méritaient. Ce travail me plaisait. Je trouvais que cela en valait la peine, et après des années passées dans des salles de classe, j'étais contente de voir que je maîtrisais la situation et j'appréciais d'être au calme. Pourtant, il pouvait se trouver un moment de la journée, disons vers les quatre heures de l'après-midi, où j'avais tout simplement envie de me détendre et d'avoir quelqu'un à qui parler. Et c'est à peu près à cette heure là, par un jour sinistre où j'étais restée cloîtrée chez moi, qu'une femme se présenta à ma porte chargée de produits de beauté. En temps ordinaire, je n'aurais pas été contente de la voir, mais cette fois-là, ce fut différent. Elle s'appelait Gwen. Elle me dit qu'elle ne m'avait pas rendu visite avant parce qu'on lui avait dit que ce n'était pas mon style. « Peu importe votre style », dit-elle. « Bref, je voulais juste l'entendre me le dire ellemême ; tout ce qu'elle a à faire c'est de refuser. » Je venais de faire du café et lui ai demandé si elle en voulait une tasse. Elle accepta. Elle me dit que de toute façon qu'elle s'apprêtait à tout remballer. Elle posa son barda sur le sol, tout poussant un grognement. « Vous mettez pas de maquillage. Moi aussi j'en mettrais pas si je faisais pas ce boulot. » Le fait que je la laisse entrer l'avait sans doute mise mal à l'aise. Elle n'arrêtait pas de jeter des petits coups d'oeil nerveux autour d'elle.

Extrait 12
ELVi LV1 2015

Rolling silently off the bed and creeping across the corridor. Kit threw on a pair of flannels and a sports jacket, detached his cell-phone from its charger and dropped it into his jacket pocket. Pausing at the door to Emily's bedroom for sounds of waking, and hearing none, he tiptoed down the back staircase to the kitchen to make himself a pot of coffee, an essential prerequisite for putting his master plan into effect: only to hear his daughter's voice addressing him from the open doorway leading to the orchard. "Got a spare mug on you, Dad?" Emily, back from her morning run with Sheba. At any other time, Kit would have relished a cosy chat with her: not just on this particular morning, though he was quick to sit himself opposite her at the pine table. As he did so, he caught sight of the purpose in her face and knew she had turned back from her run when she spotted the kitchen lights on her way up Bailey's Hill. "Mind telling me what's going on exactly, Dad" she enquired crisply, every bit her mother's child. "Going on?" – lame smile. "Why should anything be going on? Your mum's asleep. I'm having a coffee." But nobody fobs off Emily. Not these days. Not after that scoundrel Bernard two-timed her. "What happened at Bailey's yesterday?" she demanded. "At the leather stall. You knew the man but you wouldn't acknowledge him. He called you Paul and left some foul note in Mum's handbag."

John Le Carré, *A Delicate Truth*, Viking, 2013

5 Traductions

Proposition de traduction

Sans faire de bruit, Kit se laissa glisser hors de son lit et traversa le couloir à pas de loup, puis il enfila à la [en toute] hâte un pantalon de toile [de flanelle] et une veste sport, débrancha son téléphone portable du chargeur et le fourra dans la poche de sa veste. Il s'arrêta devant la porte de la chambre d'Emily et tendit l'oreille pour savoir si elle était réveillée. N'entendant pas de bruit, il descendit l'escalier de service sur la pointe des pieds et alla à la cuisine se faire du café – condition *sine qua non* de la mise en œuvre de son plan –, mais il entendit la voix de sa fille s'adresser à lui par la porte ouverte qui donnait sur le verger :

« T'en aurais pas une tasse en rab pour moi, Papa ? »

C'était Emilie, qui revenait de son (petit) jogging matinal avec Sheba (sur les [ses] talons).

À tout autre moment, Kit eût [aurait apprécié] été heureux de faire un brin de causette avec sa fille mais vraiment pas* ce matin-là. Pourtant, il s'installa aussitôt en face d'elle à la table en (bois de) pin. Ce faisant, il remarqua son air résolu et comprit qu'elle avait rebroussé chemin quand elle avait aperçu la lumière de la cuisine alors qu'elle gravissait la colline de Bailey.

« Ça t'ennuierait de me dire ce qui se passe au juste [exactement], Papa ? lui demanda-t-elle sèchement [d'un ton sec], en digne fille de sa mère.

– Ce qui se passe ? répéta-t-il avec un semblant de sourire [en esquissant un sourire]. Pourquoi se passerait-il [Pourquoi voudrais-tu qu'il se passe] quelque chose ? Ta mère dort et moi, je bois un café.

Mais on n'embobinait pas Emilie comme cela. Plus maintenant. Plus depuis que ce salaud de Bernard l'avait trompée.

– Qu'est-ce qui s'est passé, hier, à la foire de Bailey ? insista-t-elle. Au stand de la maroquinerie. Tu connaissais cet homme mais tu as fait comme si ce n'était pas le cas. Il t'a appelé Paul et a laissé un mot insultant [choquant] dans le sac à main de Maman. »

*« not just » dans le sujet du concours semble incohérent. On lit, en effet, « just not » dans l'ouvrage original

Source : Annales BCE, Éditions Studyrama 2015.

Extrait 13
ELVi LV1 2016

Her father was not waiting for her.

She looked up the track toward the station and saw a tall man standing on the tiny platform. He jumped down and ran to meet her.

He grabbed her in a bear hug, put her from him, kissed her hard on the mouth, then kissed her gently. "Not here, Hank," she murmured, much pleased.

"Hush, girl," he said, holding her face in place. "I'll kiss you on the courthouse steps if I want to."

The possessor of the right to kiss her on the courthouse steps was Henry Clinton, her lifelong friend, her brother's comrade, and if he kept on kissing her like that, her husband. Love whom you will but marry your own kind was a dictum amounting to instinct within her. Henry Clinton was Jean Louise's own kind, and now she did not consider the dictum particularly harsh.

They walked arm-in-arm down the track to collect her suitcase. "How's Atticus?" she said.

"His hands and shoulders are giving him fits today."

"He can't drive when they're like that, can he?"

Henry closed the fingers of his right hand halfway and said, "He can't close them any more than this. Miss Alexandra has to tie his shoes and button his shirts when they're like that. He can't even hold a razor."

Jean Louise shook her head. She was too old to rail against the inequity of it, but too young to accept her father's crippling disease without putting up some kind of fight. "Isn't there anything they can do?"

Harper Lee, *Go Set A Watchman*, Heinemann, 2015

Proposition de traduction

Son père n'était pas venu la chercher [ne l'attendait pas].

Elle regarda en direction de la gare en suivant des yeux la voie ferrée*, et aperçut [vit], sur le minuscule quai, un homme de grande taille qui sauta sur la voie et courut à sa rencontre [vers elle].

Il la serra très fort dans ses bras, l'écarta de lui, puis l'embrassa sur la bouche d'abord avec fougue et ensuite avec douceur. « Pas ici, Hank ! », murmura-t-elle, ravie.

« Chut, ma jolie ! dit-il en prenant son visage entre ses mains. Je t'embrasserai sur les marches du palais de justice si ça me chante [si j'en ai envie] ! »

L'homme qui détenait le droit de l'embrasser sur les marches du palais de justice était Henry Clinton, son ami de toujours, camarade de son frère, et, s'il continuait à l'embrasser ainsi [comme cela], son (futur) mari. Le dicton [La maxime] *« Aime qui tu veux, mais marie-toi devant ta porte avec quelqu'un de ta sorte*** »* était profondément ancré[e] en elle. Henry Clinton étant quelqu'un « de sa sorte », elle trouvait à présent ce dicton beaucoup plus acceptable.

Ils marchèrent bras dessus, bras dessous sur la voie ferrée pour aller récupérer sa valise.

– Comment va Atticus ? demanda-t-elle [s'enquit-elle].

– Il a maintenant de violentes crises (de rhumatismes) dans les mains et les épaules.

– Et quand il est dans cet état, il ne peut pas conduire, c'est (bien) ça ?

Henry replia à moitié les doigts de sa main droite et dit :

– Il ne peut pas les fermer plus que ça. C'est Miss Alexandra qui doit lui lacer ses chaussures et lui boutonner ses chemises quand il a ses crises. Et il n'arrive même pas à tenir un rasoir.

Jean Louise secoua la tête. Elle avait passé l'âge de pester [fulminer] contre une telle injustice mais elle était (encore) trop jeune pour accepter la maladie handicapante [invalidante] de son père sans réagir d'une manière ou d'une autre.

– Et il n'y a (vraiment) rien que l'on puisse faire ?

* La situation présentée n'est pas des plus courantes : le conducteur du train ayant oublié d'arrêter sa machine au niveau de cette petite gare, le train s'arrête finalement beaucoup plus loin, ce qui explique que J. Louise et son prétendant doivent marcher directement sur la voie ferrée pour se rejoindre.

** Il existe un proverbe canadien que l'on peut ici utiliser : *« Marie-toi devant ta porte avec quelqu'un de ta sorte »*. Autre possibilité (traduction littérale) : *« Épouse quelqu'un de ton milieu »*.

Source : Annales BCE, Éditions Studyrama 2016.

Extrait 14
ELVi LV1 2017

It must have been ten in the evening when her husband stumbled through the door. From the corridor he actually called: "Honey, I'm home."

In the living room, he stopped and stared, as if he were in the wrong place. He slapped his pockets like he might find a different set of keys there.

"Is something wrong?" he said to Claire.

He looked as if he could have aged some and then stepped right out of the portrait on the wall.

His tie was a little askew but his shirt was buttoned up to the neck. The bald dome shone. He carried a leather briefcase with a silver snap. Claire introduced me. He pulled himself together and walked across to shake my hand. [...] "Pleasure to meet you," he said, in the sort of way that meant he had no idea whatsoever why it might be a pleasure, but he had to say it anyway; he was bound to by pure politeness. His hand was chubby and warm. He placed his briefcase at the foot of the table and frowned at the ashtray.

"Girls' night out?" he said.

Claire kissed him high, on the cheek, near his eyelid, and loosened his tie for him.

"I had some friends over." [...]

"Come sit with us," she said.

"I'm going to run and have a shower, hon." [...]

He was undoing the buttons on his shirt and for a moment I thought he might take the shirt off in front of me, stand in the middle of the room like some round white fish.

Colum McCann, *Let the Great World Spin*, Bloomsbury, 2009

Proposition de traduction

Il devait être dix heures du soir lorsque son mari passa la porte en titubant. De fait, depuis le couloir, il cria :

- Chérie, je suis rentré.

Dans la salle de séjour, il s'arrêta net, le regard fixe, comme s'il s'était trompé d'endroit. Il tâta ses poches comme s'il s'attendait à y trouver un trousseau de clés différent.

- Quelque chose ne va pas ? demanda-t-il à Claire.

S'il avait eu quelques années de plus, il aurait ressemblé au portrait accroché au mur. Sa cravate était légèrement de travers mais sa chemise était boutonnée jusqu'en haut. Son crâne chauve était luisant. Il portait un porte-documents en cuir avec un fermoir en argent. Claire me présenta. Il se ressaisit et traversa la pièce pour me serrer la main. [...]

- Enchanté de vous rencontrer, dit-il, d'un air qui laissait supposer qu'il ne savait pas du tout pourquoi il pouvait être enchanté, mais il devait le dire quand même ; il y était tenu par pure politesse. Il avait la main boudinée et chaude. Il posa son porte-documents au pied de la table et fronça les sourcils à la vue du cendrier.

- Soirée entre filles ? dit-il.

Claire l'embrassa sur la pommette, près de la paupière, et desserra sa cravate.

- J'ai invité quelques amies. [...]

- Viens t'assoir avec nous, dit-elle.

- Je file prendre une douche, chérie. [...]

Il déboutonnait sa chemise et, pendant un instant, j'ai cru qu'il allait l'enlever devant moi, et se tenir tel un gros poisson blanc au milieu de la pièce.

Extrait 15
ELVi LV2 2017

Marcus looked over at the very small group dancing in the corner where the TV usually was. There were four people, three women and a man, and only one of them seemed to be having a good time: she was sort of punching the air with her fists and shaking her hair. Marcus guessed that this had to be Ellie's mum – not because she looked like her (no adult looked like Ellie, because no adult would chop her hair up with kitchen scissors and wear black lipstick, and that was all you saw), but because Ellie was clearly embarrassed, and this was the only dancer who would embarrass anyone. The other dancers were embarrassed themselves, which meant that they weren't actually embarrassing; they weren't doing much more than tapping their feet, and the only way you could tell they were dancing at all was that they were facing each other but not looking at each other and not talking.

"I wish I could dance like that," said Marcus.

Ellie made a face. "Anyone can dance like that. All you need is no brain and crap music."

"I think she looks great. She's enjoying herself."

Nick Hornby, *About a Boy*, Riverhead Books, 1998

Proposition de traduction

Marcus lança le regard en direction d'un petit groupe de danseurs dans le coin où se trouvait habituellement la télévision. Il était constitué de quatre personnes, trois femmes et un homme, et seule l'une d'entre elles semblait passer un bon moment : on eût dit qu'elle décochait des coups de poing dans le vide en secouant sa chevelure. Marcus devina qu'il devait s'agir de la maman d'Ellie, non pas parce qu'elle lui ressemblait (aucun adulte ne ressemblait à Ellie, parce qu'aucun adulte ne se serait coupé les cheveux avec des ciseaux de cuisine et n'aurait porté de rouge à lèvres noir, et c'est ce qui vous sautait tout de suite aux yeux) mais parce qu'Ellie avait visiblement l'air gêné, et cette danseuse était la seule qui pût mettre quiconque dans l'embarras. Les autres danseurs avaient eux aussi l'air embarrassé, ce qui signifiait qu'ils n'avaient en fait rien de gênant ; ils se contentaient de taper des pieds, et la seule chose qui permettait d'affirmer avec certitude qu'ils dansaient, c'est qu'ils se faisaient face mais sans se regarder ni s'adresser la parole.

– Qu'est-ce que j'aimerais savoir danser comme ça ! lança Marcus.

Ellie fit la moue.

– Tout le monde est capable de danser comme ça. Tout ce qu'il faut, c'est un petit pois à la place du cerveau et de la musique de merde.

– Moi, je trouve qu'elle est magnifique. Elle s'éclate.

II. La version journalistique

A. Versions commentées et corrigées hors annales

Extrait 1

During the third presidential debate Barack Obama said that Americans had heard "way too many TV commercials" about the race. Yet that has not stopped his campaign from continuing to bombard voters with advertisements depicting Mitt Romney as a devious, tax-dodging[1] outsourcer[2], hell bent on raising taxes on the struggling middle class, gutting[3] government programmes and undermining[4] women's rights. "Romney's never stood up to[5] China," claims one, as an image of a sweatshop[6] appears on the screen. "All he's done is send them our jobs."

Mr Romney, for his part, suggests that Mr Obama is an unprincipled incompetent, who has allowed debt to balloon[7], jobs to evaporate and religious freedom to be trampled[8]. "Doesn't America deserve better", one commercial asks, as Mr Obama grins widely, "than a president who will say or do anything to stay in power?"

American elections are fought mainly on the airwaves[9]—and every four years, the combat becomes more intense and more gruesome[10]. This year Borrell Associates, a research firm, expects some $7.4 billion to be spent on television and radio advertising tied to all this year's elections. The advertisements are increasingly concentrated in the ten or so swing states, and the vast majority of them are negative, a trend that becomes more pronounced with each election. In the three weeks to the end of September, just 8 % of the ads in the presidential race were devoted to praising a candidate, rather than denigrating him.

Adapted from : *The Economist*, October 27, 2012

Vocabulary

1. ***to dodge taxes :*** pratiquer l'évasion fiscale
2. ***to outsource :*** délocaliser
3. ***to gut :*** étriper, vider
4. ***to undermine :*** saper, ébranler
5. ***to stand up to :*** tenir tête à
6. ***a sweatshop :*** atelier de misère
7. ***to balloon :*** gonfler
8. ***to trample :*** piétiner
9. ***the airwaves :*** les ondes
10. ***gruesome :*** horrible

Commentaires

Ce texte revient sur le ton envenimé de la campagne présidentielle de 2012, le rôle croissant joué par la publicité et, surtout, la publicité audiovisuelle négative dans la vie politique américaine. Les principales difficultés de compréhension tiennent au caractère parfois elliptique de références culturelles exigeant de la part des candidats de bons repères en la matière, et qu'ils aient suivi de près les événements en question... Ce qui, aux yeux du jury d'anglais serait un minimum, tant l'élection présidentielle américaine a dominé l'actualité politique du monde anglophone au cours de l'année ! Il faut donc disposer d'un bon « bagage culturel » pour comprendre des notions telles que « *government programmes* » (les services fédéraux de protection sociale) et « *swing state* » (État indécis susceptible de basculer d'un camp à l'autre), ainsi que des emplois appartenant à la vulgate politique tels que « *race* » (métaphore de la course pour désigner l'élection elle-même) ou « *his campaign* » (équipe ou structure de campagne de M. Obama). Les autres difficultés lexicales du texte tiennent à la relative technicité du vocabulaire économique et fiscal (« *tax-dodging* », « *outsourcer* », « *raising taxes* », « *sweatshop* »), ainsi qu'au grand nombre de verbes employés au sens figuré tels que « *ballon* », « *evaporate* » et « *trampled* ».

D'autre part, il faut aussi veiller à rendre de la façon la plus authentique possible, et avec une ponctuation adéquate, les portions de discours direct du texte, qu'il s'agisse de la citation du président américain dans la première phrase ou des publicités citées par la suite. Attirons également l'attention sur les deux longues phrases énumérant les attaques des deux candidats l'un contre l'autre dans les deux premiers paragraphes, qui nécessitent d'être rendues avec clarté et, si possible, concision. On alertera enfin sur le problème de ponctuation posé par l'emploi d'un point pour marquer les décimales dans le monde anglophone (« *$7.4 billion* »), qu'il faudra traduire par une virgule en français.

Proposition de traduction

Lors du troisième débat présidentiel, Barack Obama a déclaré que les Américains avaient entendu « beaucoup trop de pubs à la télé » consacrées à l'élection. Cela n'empêche pas pour autant son équipe de campagne de continuer à bombarder les électeurs de publicités décrivant Mitt Romney comme un personnage sournois, adepte de l'évasion fiscale et de la délocalisation, et déterminé à augmenter les impôts d'une classe moyenne en difficulté, à démanteler les services publics et porter atteinte aux droits des femmes. « Romney n'a jamais tenu tête à la Chine, affirme l'une de ces publicités, alors que l'image d'un atelier de misère apparaît à l'écran. Tout ce qu'il a fait, c'est délocaliser nos emplois là-bas. »

De son côté, M. Romney présente M. Obama comme un incompétent sans scrupules qui a laissé la dette gonfler, les emplois disparaître et la liberté de culte être bafouée. « L'Amérique ne mérite-t-elle pas mieux qu'un président prêt à tout pour rester au pouvoir ? s'interroge l'une de ces publicités montrant M. Obama en train d'arborer un large sourire. »

Les élections américaines se disputent avant tout sur les ondes. Et, tous les quatre ans, le combat est d'une intensité toujours plus féroce. Cette année, le cabinet de recherche Borrell Associates prévoit que les dépenses publicitaires télévisuelles et radiophoniques liées à la totalité des élections organisées en 2012 devraient atteindre environ 7,4 milliards de dollars. Ces publicités sont de plus en plus concentrées dans les dix et quelque « États bascule », et une très large majorité d'entre elles sont négatives, une tendance qui s'accentue à chaque élection. Lors des trois dernières semaines de septembre, seulement 8 % des publicités de l'élection présidentielle étaient destinées à faire l'éloge d'un candidat, plutôt qu'à le dénigrer.

Extrait 2

Europe's British problem

The rest of the European Union wants Britain in—but not at any cost

Are the British leaving the European Union? Hardly a conversation passes in Brussels without somebody asking. Britain's friends are alarmed, some rivals gleeful[1]. Angela Merkel, the German chancellor, says she cannot imagine the EU without Britain. But Michel Rocard, a former French prime minister, speaks for many when he says that "the United Kingdom, which has blocked all progress on European integration since 1972, has distanced itself from the euro zone. Let's take advantage of that."

In many ways, the British have only ever been half-in; they are not part of the euro or the Schengen passport-free travel zone. The prime minister, David Cameron, says that he wants to stay in the EU and its single market. But some recent moves[2] give the impression that Britain is on its way out. Its plan to opt out of justice and police co-operation is one example. Another is Mr Cameron's threat to veto the EU's next budget unless it is frozen[3]. Most worrying is the drum-roll[4] of Eurosceptic MPs seeking an in-or-out referendum.

This creates a dangerous cocktail of resentment[5] and unpredictability. Two summits—one on November 22nd to decide the budget, and another on December 13th to forge a euro-zone banking union—may determine whether the EU moves towards a new kind of "variable geometry", or Britain drifts away altogether.

Adapted from: *The Economist*, November 17, 2012

Vocabulary

1. ***to be gleeful :*** jubiler
2. ***a move :*** une démarche, une manœuvre
3. ***to freeze :*** geler, figer
4. ***a drum-roll :*** roulement de tambour, branle-bas de combat
5. ***resentment :*** ressentiment

Commentaires

Ce texte est consacré aux atermoiements de la politique étrangère du Royaume-Uni vis-à-vis de l'Europe et aux incertitudes liées à son éventuel départ de l'Union. Si les enjeux analysés ici sont précis, voire techniques, on peut constater que le vocabulaire lié à la construction européenne est souvent transparent et que, d'un point de vue culturel, les préparationnaires au concours ne devraient pas être déstabilisés par les références à des structures européennes bien connues telles que « *the Schengen passport-free travel zone* » ou « *euro-zone banking union* », et savoir que c'est à Bruxelles que siège l'exécutif européen. Sur le plan culturel toujours, il est également attendu que les candidats sachent que « *MP* » est l'abréviation de « *Member of Parliament* », appellation des membres de la Chambre des Communes. Par ailleurs, l'une des difficultés de traduction réelles réside dans les variations utilisées pour qualifier la position britannique par rapport à l'Europe à partir des prépositions « *in* », « *ou* » et « *out of* » : « *to be in* », « *half-in* », « *on its way out* », « *opt out of* », « *in-or-out referendum* », autant d'expressions devant être transposées et étoffées. Dans le dernier cas, il faut bien comprendre qu'il s'agit d'un référendum qui demanderait aux électeurs britanniques s'ils veulent ou non rester à l'intérieur de l'Union européenne.

Sur le plan grammatical, la deuxième phrase est d'autant plus complexe qu'elle s'appuie notamment sur le faux ami « *hardly* » (« à peine ») et se prolonge par un gérondif. Attirons aussi l'attention sur l'utilisation elliptique du superlatif dans la dernière phrase du deuxième paragraphe, « *Most worrying is...* », qu'il faut comprendre comme synonyme de « *The most worrying thing is...* ». Enfin, notons l'emploi dans la dernière phrase de la conjonction hypothétique « *whether* » qui, à la différence de « *if* », insiste sur le fait qu'il s'agit d'une alternative, et dont la traduction peut être étoffée (« si oui ou non... »). Pour conclure, on rappellera que, contrairement à l'anglais (« **E**uropean », « **B**ritish », « **G**erman », « **F**rench »), les adjectifs de nationalité ne portent pas de majuscule en français. C'est également le cas des mois de l'année.

Proposition de traduction

Le problème britannique de l'Europe

Le reste de l'Union européenne veut que la Grande-Bretagne reste en son sein... mais pas à n'importe quel prix

Les Britanniques sont-ils en train de quitter l'Union européenne ? Il n'y a pratiquement pas une conversation à Bruxelles sans que quelqu'un pose la question. Les amis de la Grande-Bretagne s'en inquiètent ; certains de ses rivaux jubilent. La Chancelière allemande Angela Merkel déclare qu'elle ne s'imagine pas l'UE sans la Grande-Bretagne. Mais Michel Rocard, ancien premier ministre français, exprimé la pensée de beaucoup de gens quand il déclare que « le Royaume-Uni, qui bloque tout progrès de l'intégration européenne depuis 1972, s'est mis à l'écart de la zone euro. Il faut en profiter. »

À bien des égards, les Britanniques n'ont jamais été membres à part entière, dans la mesure où ils ne font partie ni de l'euro ni de la zone de libre circulation de Schengen. Le premier ministre David Cameron affirme qu'il souhaite rester au sein de l'UE et de son marché commun. Mais certaines démarches récentes donnent l'impression que la Grande-Bretagne est sur le départ. Un premier exemple en est donné par sa volonté de ne plus avoir à participer à la coopération judiciaire et policière. Un autre en est la menace brandie par M. Cameron d'opposer un véto au prochain budget de l'UE s'il n'est pas gelé. Et le plus inquiétant, ce sont les roulements de tambour des parlementaires britanniques eurosceptiques cherchant à organiser un référendum sur le maintien ou non du Royaume-Uni dans l'Union.

Tout ceci constitue un dangereux mélange de ressentiment et d'imprévisibilité. Deux sommets, l'un se tenant le 22 novembre pour fixer le budget, et l'autre le 13 décembre, afin de forger une union bancaire au sein de la zone euro, décideront peut-être si l'UE évolue vers un nouveau type d'union « à géométrie variable », ou si la Grande-Bretagne prend complètement ses distances avec elle.

Extrait 3

Neil Armstrong's death prompts[1] yearning for[2] America's past glories

The death of Neil Armstrong, the first man to walk on the moon, has prompted a bout[3] of national soul-searching[4] in America as well as mourning[5] for an icon of the 20th century. As tributes continued to pour in on Sunday for the former astronaut who died aged 82 there were also expressions of regret that no human has been back to the moon since 1972, just three years after Armstrong set foot on it and gave his famous "giant leap for mankind" speech.

Elliot Pulham, chief executive of the Space Foundation, decried[6] today's lack of backing for America's space agency NASA, compared with the vast resources devoted to the moon landing programme in the 1960s. "In this age of timid exploration goals and paltry[7] NASA budgets, Armstrong looms as a larger-than-life reminder of what our nation was once capable of," he said. Pulham added that the real-time feat[8] of Armstrong's moon landing—watched by a fifth of the world's population—was unlikely to be repeated now except fictionally in some summer blockbuster[9] or another: "In an age when Hollywood and professional sports manufacture so-called 'heroes', Armstrong exemplified the right stuff. He was the real deal."

Adapted from: Paul Harris, *The Guardian,* August 27, 2012

Vocabulary

1. ***to prompt :*** susciter
2. ***to yearn for :*** aspirer à
3. ***a bout :*** une période, un accès
4. ***soul-searching :*** introspection, examen de conscience
5. ***mourning :*** le deuil
6. ***decry :*** décrier, dénigrer
7. ***paltry :*** insignifiant, dérisoire
8. ***a feat :*** un exploit, une prouesse
9. ***a blockbuster :*** un film à grand succès

Commentaires

Publié peu après sa mort, ce texte revient sur les hommages rendus à Neil Armstrong, premier homme à avoir posé le pied sur la lune, mais aussi sur le sentiment d'amertume inspiré par la disparition de ce grand « héros américain » alors que les États-Unis semblent perdre toute ambition en matière d'exploration spatiale, du fait, notamment, de contraintes budgétaires. Certaines des difficultés du texte sont d'ordre culturel. Outre les diverses références à l'alunissage de Neil Armstrong en 1969, à son « petit pas pour un homme » mais son « bond de géant pour l'humanité » (fin du premier paragraphe), il est aussi fait allusion à la fin du texte à « l'étoffe des héros » (« *the right stuff* »), une expression popularisée aux États-Unis par l'écrivain Tom Wolfe, puis au cinéma, pour louer l'intrépidité des astronautes américains.

Sur le plan lexical, on notera aussi que le texte contient de multiples verbes à particule adverbiale et emplois prépositionnels dont l'interprétation et la traduction doivent être conçues en contexte. C'est notamment le cas de « *yearn for* » qui, dans le titre, désigne une aspiration dirigée vers le passé et qui doit donc être interprétée comme de la nostalgie. D'autres expressions idiomatiques nécessitent également un effort de réflexion, par exemple l'expression figurée « *to loom large* » dans la deuxième phrase du deuxième paragraphe, expression qui sert habituellement à évoquer une perspective inquiétante, et qui exprime ici aussi la stature pratiquement surhumaine (« *larger-than-life* ») du personnage de Neil Armstrong. Enfin, attirons également l'attention sur l'utilisation de l'expression familière « *the real deal* » à la toute fin du texte, qu'il convient de traduire de la façon la plus authentique possible.

Sur le plan grammatical, on peut remarquer que le texte contient des phrases relativement longues qui, sans pour autant être très complexes, exigent quelques aménagements syntaxiques. Parmi les difficultés spécifiques, indiquons que la traduction de « *prompt* » dans le titre peut s'effectuer par le biais d'une modulation (« *après* », « *suite à* ») qui sera d'autant plus pertinente que, dans la presse française, les titres des articles journalistiques sont traditionnellement des phrases nominales. Autre problème classique, on notera qu'il est préférable d'étoffer la traduction d'un complément circonstanciel tel que « *In this age of timid exploration goals and paltry NASA budgets* » (dans le deuxième paragraphe), ne serait-ce qu'en rétablissant un groupe verbal.

Proposition de traduction

Après la mort de Neil Armstrong, une Amérique nostalgique de ses prouesses passées

En Amérique, la mort de Neil Armstrong, premier homme à avoir marché sur la lune, a donné lieu à une période de deuil en souvenir d'une icône du XXe siècle, mais aussi d'introspection nationale. En effet, alors que les hommages continuaient d'affluer ce dimanche pour saluer l'ancien astronaute décédé à l'âge de 82 ans, il s'exprimait également le regret qu'aucun être humain n'est retourné sur la lune depuis 1972, trois ans seulement après qu'Armstrong a posé le pied sur la lune et fait son célèbre discours sur le « bond de géant pour l'humanité ».

Elliot Pulham, directeur général de la Fondation Spatiale a déploré le manque de soutien dont dispose aujourd'hui la NASA, l'agence spatiale américaine, par rapport aux énormes ressources consacrées au programme d'alunissage dans les années soixante. « En cette époque où les objectifs d'exploration sont timorés et les budgets de la NASA dérisoires, la figure écrasante d'Armstrong nous rappelle ce dont notre nation était jadis capable, a-t-il déclaré. » Il a ajouté que l'exploit de l'alunissage d'Armstrong, suivi en direct à la télévision par un cinquième de la population mondiale, avait peu de chances de se reproduire aujourd'hui, sauf de façon fictionnelle dans quelque film à grand succès de l'été : « En une époque où Hollywood et les sports professionnels fabriquent de soi-disant « héros », Armstrong, lui, en avait vraiment l'étoffe. C'était un héros, un vrai. »

Extrait 4

Energy Drinks Promise Edge[1], but Experts Say Proof Is Scant[2]

Energy drinks are the fastest-growing part of the beverage industry, with sales in the United States reaching more than $10 billion in 2012—more than Americans spent on iced tea or sports beverages like Gatorade.

Their rising popularity represents a generational shift[3] in what people drink, and reflects a successful marketing strategy to convince consumers, particularly teenagers, that the drinks can provide a mental and physical edge.

The drinks are now in the Food and Drug Administration's sights[4] after reports of deaths and serious injuries that may be linked to their high caffeine levels. But however the FDA's inquiry ends, one thing is clear: the energy drink industry, interviews with researchers and a review of available scientific studies show, uses a brew[5] of ingredients that, apart from caffeine, have little, if any benefit for consumers.

"If you had a cup of coffee you would affect metabolism in the same way," says Dr. Robert W. Pettitt, an associate professor at Minnesota State University, who has looked into the case.

Energy drink companies have marketed their products not as caffeine-fueled concoctions but as scientifically-engineered blends that provide something more. For example, producers claim that "Red Bull gives you wings," that Rockstar Energy is "scientifically formulated" and Monster Energy is a "killer energy brew." Representative Edward J. Markey of Massachusetts, a Democrat, has asked the government to investigate the industry's advertising claims.

Adapted from: Marry Meier, *The New York Times*, January 1, 2013

Vocabulary

1. ***an edge :*** un coup de pouce, un atout
2. ***scant :*** insuffisant
3. ***a shift :*** une modification
4. ***to be in somebody's sights :*** être dans le viseur, le collimateur de quelqu'un
5. ***a brew :*** une mixture

Commentaires

Le texte porte sur l'essor du secteur des boissons énergétiques aux États-Unis, sujet économique et de santé publique qui pose aussi la question du contrôle de la publicité mensongère. Le texte n'est pas d'une grande difficulté sur le plan grammatical, à l'exception de la construction complexe de la deuxième phrase du troisième paragraphe : outre l'utilisation de la conjonction « *however* » (« quelle que soit la manière... »), attirons en effet l'attention sur la longue proposition incise dans la seconde partie de la phrase qu'il est préférable de supprimer lors du passage au français. On notera également que, dans cette même phrase, « *little* » doit être interprété en tant que quantifieur de l'emploi indénombrable de « *benefit* » (équivalent à « peu de »), et non dans son utilisation habituelle d'adjectif synonyme de « petit ». Alertons également les candidats sur le problème posé par les différences de ponctuation du discours direct entre les deux langues, et le fait que, en français, le traducteur n'est pas censé placer de virgule à l'intérieur des guillemets, contrairement à ce qui se pratique en anglais.

Les problèmes lexicaux du texte concernent principalement certaines tournures figurées telles que « *edge* », mais aussi l'emploi familier « *killer* » pour laquelle une traduction littérale (« un breuvage mortel ») serait très maladroite, et pourrait même être interprétée comme un contresens. Comme toujours, les préparationnaires doivent également veiller à ne pas calquer des faux amis tels que « *serious injuries* » et, dans la mesure du possible, avoir à l'esprit qu'il est préférable d'éviter des anglicismes comme « marketing » ou même « interviews ». Dans le domaine culturel, enfin, les candidats aux concours doivent se préparer à traduire correctement les fonctions et titres des intervenants, qu'il s'agisse, comme ici, d'un universitaire ou d'un élu au Congrès américain.

Proposition de traduction

Le coup de pouce promis par les boissons énergétiques laisse les experts sceptiques, faute de preuves

Les boissons énergétiques sont la part du secteur des boissons dont la croissance est la plus rapide, les ventes aux États-Unis dépassant les dix milliards de dollars en 2012, soit plus que ce que les Américains ont dépensé en thé glacé ou en boissons pour le sport comme le Gatorade.

Leur popularité croissante signale un changement générationnel dans le type de boissons que les gens consomment. Elle marque aussi la réussite d'une stratégie de commercialisation destinée à convaincre les consommateurs, particulièrement les adolescents, que ces boissons peuvent leur donner un coup de pouce sur le plan mental et physique.

Ces boissons sont désormais dans le collimateur de l'agence alimentaire américaine, la Food and Drug Administration, après l'annonce de décès et de blessures graves qui pourraient être liés au taux de caféine élevé qu'elles contiennent. Mais quelle que soit l'issue de l'enquête de la FDA, une chose est sûre : lorsque l'on interroge les chercheurs et que l'on fait le tour des études scientifiques disponibles sur la question, il s'avère que le secteur des boissons énergétiques utilise un mélange d'ingrédients qui, à part la caféine, apporte peu au consommateur, voire ne lui apporte rien.

« En prenant un café, vous auriez le même effet sur votre métabolisme, dit le docteur Robert W. Pettitt, professeur associé à l'Université d'État du Minnesota, qui s'est penché sur le dossier. »

Les entreprises de boissons énergétiques commercialisent leurs produits non pas comme des breuvages riches en caféine mais comme des mixtures de composition savante qui apportent quelque chose en plus. Par exemple, les fabricants affirment que la « Red Bull vous donne des ailes », que la Rockstar Energy repose sur une « formule savante » et que Monster Energy est « un breuvage énergétique du tonnerre ». Edward K. Markey, élu Démocrate du Massachusetts à la Chambre des Représentants, a demandé au gouvernement d'enquêter sur les allégations publicitaires du secteur.

5 Traductions

C'est à vous ! Versions d'entraînement

➲ Corrigé en fin d'ouvrage

Extrait 5

The British public should be persuaded of the benefits of genetically modified food, the environment secretary[1] will tell representatives of the UK's farming industry on Thursday, in a key signal of the government's intent to expand agricultural biotechnology and make the case for[2] GM food in Europe.

Owen Paterson, the Conservative secretary of state who has chosen to highlight GM technology in his first major speech to farmers, will tell the Oxford Farming Conference: "We should not be afraid of persuading the public about the potential benefits of GM not just for the food chain[3] but also to reduce the use of pesticides. I believe that GM offers great opportunities but I also acknowledge[4] that we owe a duty to the British people to reassure them that it is a reliable innovation. As well as making the case at home, we also need to go through the rigorous processes that the EU has in place to ensure the safety of GM crops."

The secretary's speech is likely to dismay[5] many green campaigners who argue against GM development or for tighter controls.

Clare Oxborrow, of the Friends of the Earth NGO, said: "GM crops are not the solution to the food challenges we face. They are developed to benefit multinational biotech firms that are gaining control of the seed[6] industry, not to feed the poor in developing countries. World food production needs a radical overhaul[7], but this should be based on less intensive practices that improve agricultural diversity, help resilience to the impacts of climate change and benefit local communities."

Adapted from: Fiona Harvey, *The Guardian*, January 3, 2013

Vocabulary

1. ***a secretary :*** un ministre
2. ***to make the case for :*** défendre la cause de
3. ***the food chain :*** la chaîne alimentaire
4. ***to acknowledge :*** reconnaître
5. ***to dismay :*** consterner
6. ***a seed :*** une semence
7. ***an overhaul :*** une révision, un remaniement

Extrait 6

The Most Wanted Gun in America

The phone rings again, and the same question comes down the line: "Got any ARs?"

The answer is no. Pasadena Pawn and Gun, a gun retailer and pawnshop[1] 15 miles south of Baltimore, is pretty much sold out[2] of America's most wanted gun, the AR-15-style semiautomatic rifle. Since the massacre in Newtown, Conn., in December, the AR-15, the military-style weapon that the police say was used in the shootings, has been selling fast here and across the nation.

Before Newtown, the rifles sold for about $1,100, on average. Now some retailers charge[3] twice that. At Pasadena Pawn, on the wall behind glass counters of handguns, are three dozen or so AR-15-style rifles. Dangling from nearly every one is a tag that says "Sold."

"The AR-15 is fashionable," says Frank Loane, the proprietor. "The young generation likes assault-looking guns."

On one level, what is happening here and elsewhere simply reflects supply and demand[4]. After the mass killings in Aurora, Colo., and Newtown, President Obama wants to reduce the supply. He has asked Congress for tougher controls, including a ban on what are commonly called "military-style assault weapons"; the Senate Judiciary Committee[5] held a hearing[6] on gun violence last Wednesday. Many enthusiasts are rushing to buy one of the rifles now, in case the president prevails[7].

Adapted from: Natasha Singer, *The New York Times*, February 2, 2013

Vocabulary

1. ***a pawnshop :*** un prêteur sur gages
2. ***to be sold out :*** être en rupture de stock
3. ***to charge :*** facturer
4. ***supply and demand :*** l'offre et la demande
5. ***a Committee :*** une commission
6. ***a hearing :*** une audition
7. ***to prevail :*** obtenir gain de cause, parvenir à ses fins

5 Traductions

Extrait 7
Sujet ECRICOME LV1 2012

The magician

The revolution that Steve Jobs led is only just beginning

When it came to putting on a show, nobody else in the computer industry[1] or any other industry for that matter, could match[2] Steve Jobs. His product launches[3], at which he would stand alone on a black stage and conjure up[4] an "incredible" new gadget in front of an awed[5] crowd, were the performances of a master showman. All computers do is fetch and shuffle[6] numbers, he once explained, but do it fast enough and "the results appear to be magic". Mr Jobs, who died this week, aged 56, spent his life packaging that magic into elegantly designed, easy-to-use products.

The reaction to his death, with people leaving candles and flowers outside Apple stores and the internet humming[7] with tributes[8] from politicians, is proof that Mr Jobs had become something more significant than just a clever money-maker. He stood out in three ways—as a technologist, as a corporate leader and as somebody who was able to make people love what had previously been impersonal, functional gadgets. Strangely, it is this last quality that may have the deepest effect on the way people live. The era of personal technology is in many ways just beginning.

As a technologist, Mr Jobs was different because he was not an engineer—and that was his great strength. Instead he was obsessed with product design and aesthetics, and with making advanced technology simple to use.

The Economist, October 8, 2011

Vocabulary

1. ***an industry :*** un secteur (économique)
2. ***to match :*** être l'égal de
3. ***a launch :*** un lancement
4. ***to conjure up :*** faire apparaître
5. ***to be awed :*** être impressionné
6. ***to shuffle :*** brasser
7. ***to hum :*** fredonner, vrombir, s'animer
8. ***a tribute :*** un hommage

Commentaires

Tiré d'un portrait de Steve Jobs paru peu après sa disparition, cet extrait rend hommage aux talents d'entrepreneur et de communicant du créateur de la marque Apple, rendus notamment célèbres par la théâtralité des lancements de produit dont il est question dans le premier paragraphe, et à la façon dont il a révolutionné l'image et l'utilisation des appareils informatiques. Certains des champs sémantiques du texte sont particulièrement riches, notamment le vocabulaire du théâtre et de la magie, des affaires et de l'informatique. Pour des raisons historiques et économiques, ce sont des domaines où les anglicismes abondent, or il est important d'avoir à l'esprit que de tels anglicismes doivent être évités en version. Par exemple, l'expression « *to put on a show* » ne doit en aucun cas donner lieu au franglais « faire le show » ; de même, on se gardera de traduire « *showman* » par « showman », ou « *packaging into* » par « packager ». Dans ce dernier cas, la meilleure solution consiste à réaliser une transposition croisée, en transposant l'idée de transformation contenue dans la préposition « *into* », et en rendant ensuite celle d'emballage contenue dans le mot « *packaging* ». En revanche, faute d'équivalent exact en français, on pourra s'autoriser à maintenir l'expression « *design* ».

Outre les difficultés de compréhension que peuvent poser des expressions idiomatiques telles que « *when it comes to* » et « *for that matter* », attirons également l'attention sur certains problèmes de grammaire, notamment l'emploi fréquentatif de « *would* » dans la deuxième phrase du texte, qu'il convient d'étoffer (par exemple grâce à des expressions telles que « avait pour habitude »), mais surtout la construction complexe de la troisième phrase du premier paragraphe. Avec l'utilisation du discours indirect libre, la proposition principale « *he once explained* » est placée en incise ; puis, l'impératif « *do it fast enough* » doit être compris comme une hypothèse fictive, que l'on pourra traduire à l'aide du pronom impersonnel « on », voire de la deuxième personne du pluriel.

Proposition de traduction

Le magicien

La révolution que Steve Jobs a menée ne fait que commencer

Quand il s'agissait de faire le spectacle, personne dans le secteur informatique, ni dans quelque autre secteur que ce soit, d'ailleurs, n'arrivait à la cheville de Steve Jobs. Ses lancements de produit, pendant lesquels il avait coutume de se tenir seul sur une scène plongée dans le noir et de faire apparaître un nouveau gadget « incroyable » devant un public médusé, étaient des prestations de grand homme de spectacle. Les ordinateurs ne font rien d'autre que chercher et brasser des chiffres, expliqua-t-il un jour, mais si on le fait suffisamment vite, « on a l'impression que les résultats relèvent de la magie. » M. Jobs, qui est mort cette semaine à l'âge de 56 ans, a consacré sa vie à commercialiser cette magie sous la forme de produits au design élégant et d'un emploi facile.

Les réactions à sa mort, qu'il s'agisse de gens déposant des cierges et des fleurs devant des magasins Apple ou d'hommes politiques rivalisant d'hommages sur internet, montrent bien que M. Jobs avait atteint un statut plus important que la seule habilité à faire de l'argent. Il sortait du lot de trois façons : en tant qu'innovateur technologique, en tant que grand chef d'entreprise et par sa capacité à faire aimer aux gens ce qui n'était auparavant que des gadgets impersonnels et fonctionnels. Curieusement, c'est cette dernière qualité qui pourrait avoir l'effet le plus profond sur la manière dont vivent les gens. À bien des égards, l'ère de la technologie individuelle ne fait que commencer.

En tant qu'innovateur technologique, M. Jobs se démarquait des autres parce qu'il n'était pas ingénieur, et c'était sa grande force. Au lieu de quoi, il était obsédé par l'esthétique et le design du produit, et par l'idée de rendre la technologie de pointe facile d'utilisation.

Extrait 8
Sujet ECRICOME LV2 2012

Why I'm becoming an American

My love affair with America began with a vast disappointment, back in 1959. My father had been offered a job as an engineer in Tulsa, Okla. My mother and I, overjoyed[1] at the idea of exchanging our shabby[2] little life in North London for the magic of the prairies [...] sold the house, packed up our belongings, booked[3] ourselves on an ocean liner[4]. And then, the night before sailing, my father got cold feet[5] and canceled everything.

I was crushed[6]—but vowed[7] to go, one day, to see for myself what had been so cruelly snatched away. Four years later, I seized the opportunity. I took a year off[8] before Oxford, bought the cheapest ticket to Montreal, traveled to Vancouver, and then crossed the American frontier...

All told, I hitched 38,000 American highway miles, and it cost me just $18. I had entered at Blaine with 200 crisp bills in my pocket; and when six months later I left for Canada, I had 182 of them left. Such kindness I had never known.

The experience changed me, profoundly. That summer, somewhere inside me was germinated the vague idea that one day I might make common cause with these kindly, warm, open folk, and eventually become (as I had heard it was possible to do) one of them.

By Simon Winchester, *Newsweek*, July 4, 2011

Vocabulary

1. ***To be overjoyed :*** être ravi, enchanté
2. ***shabby :*** minable, miteux, médiocre
3. ***to book :*** faire une réservation
4. ***a liner :*** un paquebot
5. ***to get cold feet :*** perdre son enthousiasme, avoir la frousse, se raviser
6. ***to be crushed :*** être anéanti, effondré
7. ***to vow :*** faire le serment, promettre
8. ***a year off :*** une année de congé, sabbatique

Commentaires

Publié le jour de la fête nationale américaine, ce texte est un hommage rendu aux États-Unis par un journaliste britannique retraçant avec enthousiasme les circonstances de son premier voyage en Amérique. Le texte ne présente pas de difficultés grammaticales majeures, et se caractérise même par un grand nombre de phrases simples. Certaines constructions peuvent néanmoins déstabiliser, notamment les mises en relief de la dernière phrase du troisième paragraphe (« *Such kindness I had never known* ») et surtout celle de la toute dernière phrase du texte (« *somewhere inside me was germinated the vague idea* ») où la mise en relief s'accompagne d'une inversion de l'ordre sujet-verbe.

C'est surtout du fait de ses multiples références géographiques et culturelles que le texte peut poser des problèmes de traduction : l'abréviation conventionnelle pour se référer à l'Oklahoma, l'allusion à l'Université d'Oxford (et non à la ville elle-même), les références aux grandes villes canadiennes : Montréal, Vancouver et surtout Blaine, qu'il faut bien situer du côté canadien de la frontière, sans quoi des erreurs risquent d'être commises dans la traduction du trajet effectué. Mais ce qui peut rendre ce texte difficile à traduire, c'est aussi le grand nombre d'expressions idiomatiques, des verbes tels que « *hitch* », des verbes à particule adverbiale comme « *pack up* » et « *snatch away* », exigeant une bonne connaissance du vocabulaire courant. Il convient également de faire attention à des expressions telles que « *to get cold feet* » ou « *crisp bills* », avoir la lucidité de comprendre qu'il s'agit d'expressions figurées et en aucun cas opter pour des traduction littérales qui ne pourraient être qu'absurdes.

Enfin, ce texte est également une affaire de chiffres. Il faut noter que, traditionnellement, les distances doivent être adaptées en unités métriques, au moins approximativement : ici, les 38 000 miles donneront 60 000 kilomètres environ. En revanche, il n'est pas attendu de conversion des monnaies, ici des dollars en euros, surtout lorsqu'il s'agit d'un texte dans lequel la « couleur locale » est importante. Il faut également veiller à ne pas reproduire l'usage de la virgule marquant les milliers dans le monde anglophone... Et ne pas commettre d'erreur de calcul dans la traduction d'un texte comme celui-ci dont le raisonnement repose sur une addition !

Proposition de traduction

Pourquoi je deviens américain

Mon histoire d'amour avec l'Amérique a débuté par une immense déception qui remonte à 1959. Mon père s'était vu proposer un poste d'ingénieur à Tulsa, dans l'Oklahoma. Fous de joie à l'idée d'échanger la petite vie médiocre qui était la nôtre dans le nord de Londres contre la magie des prairies, ma mère et moi avons vendu la maison, fait nos bagages et réservé nos places sur un paquebot transatlantique. Et là, la veille du départ, mon père a eu la frousse et a tout annulé.

J'étais anéanti, mais je me suis promis que, un jour, je découvrirais par moi-même ce qui m'avait été si cruellement arraché. Quatre ans plus tard, l'occasion s'est présentée. J'ai pris une année sabbatique avant d'entrer à Oxford, acheté le billet le moins cher pour Montréal, fait le voyage jusqu'à Vancouver, et puis franchi la frontière américaine...

Au total, j'ai parcouru quelque 60 000 kilomètres d'autoroute américaine en auto-stop, et cela ne m'a coûté que 18 dollars. J'étais arrivé par Blaine avec 200 dollars tout neufs en poche et quand, six mois plus tard, je suis reparti au Canada, il m'en restait 182. Jamais je n'avais connu une telle gentillesse.

Cette expérience m'a changé, et ce profondément. Cet été-là, a germé quelque part en moi la vague idée qu'un jour je pourrais peut-être faire cause commune avec ces gens aimables, chaleureux et ouverts et, ayant entendu dire qu'il était possible de le faire, finir par devenir l'un d'entre eux.

Extrait 9
Sujet BANQUE IENA LV1 2012

[...] By the time transportation ended [...], almost 200,000 men, women and children had been shipped Down Under, most never to return. Transportation was sorely missed: Parliament pondered new penal colonies in the Falkland Islands and even Antarctica, amid public panic at the idea of ex-prisoners roaming English streets. Repeatedly, in history, when faced with rising crime or mob violence, respectable English citizens have yearned for those who alarm them to vanish: whether via the gallows, by removal to the edges of the earth, behind prison walls or (after race riots in the late 20th century) through calls for immigration to be curbed or reversed. Yet geography has just as often thwarted such desires: in urbanized, crowded England, the respectable have long lived cheek-by-jowl with those who alarm them. They still do. Indeed, soaring property prices—which have pushed London's middle classes into ever-edgier neighbourhoods—help explain some of the most lurid headlines during last week's disorder. [...]

The Economist, August 20th 2011

Proposition de traduction

Lorsque la période de déportation cessa, environ 200 000 hommes, femmes et enfants avaient été transportés en bateau en Australie, la plupart ne devaient jamais revenir. On regretta alors fortement la déportation : le parlement envisagea l'implantation de nouvelles colonies pénitentiaires aux Îles Malouines et même en Antarctique alors que la panique gagna le public à l'idée que d'anciens détenus allaient roder librement dans les rues.

À plusieurs reprises dans l'histoire de l'Angleterre, quand les citoyens honnêtes ont été confrontés à la montée de la criminalité ou à la violence des foules, ils ont ardemment désiré que les responsables de leurs peurs disparaissent : soit en les envoyant à la potence, soit en les expédiant aux confins de la terre, soit en les écrouant, ou bien après les émeutes raciales de la fin du XXe siècle, en exigeant que l'immigration soit restreinte ou inversée.

Pourtant la géographie a tout aussi souvent contrecarré de tels désirs : dans l'Angleterre urbaine peuplée, les gens respectables et ceux qui les inquiètent ont longtemps vécu côte à côte. Il en est toujours ainsi. En réalité, la flambée des prix de l'immobilier - qui a contraint les classes moyennes de Londres à s'installer dans des banlieues toujours plus agitées - explique en partie certains des titres à sensation qui ont paru lors des désordres de la semaine passée.

Extrait 10
Sujet BANQUE IENA LV2 2012

Internships are now embedded in the culture of working life and most young people are desperate to collect them, as they feel they will be unemployable if they can't show they have done a string of unpaid or underpaid jobs by the time they leave education. Perhaps because the concept of the intern is a recent US import, it remains poorly defined. Some sectors, such as banking, provide well-structured, properly paid internship schemes. High demand glamour industries such as the music business and fashion have become notorious. For instance, Miloco, which runs a chain of recording studios, was lambasted earlier this year for advertising for people to do unpaid work experience. Duties would include making "tea, tea, tea" and cleaning up kitchens; emptying dishwashers; checking toilets have handwash, toilet rolls and clean towels; wiping down surfaces, windows, etc. [...]

Martin Bright, *The Observer*, Sunday 9 October 2011

Proposition de traduction

Les stages en entreprise font maintenant partie intégrante de la culture de la vie professionnelle et la plupart des jeunes sont prêts à tout pour les collectionner car ils comprennent qu'ils ne seront pas employables s'ils ne peuvent prouver qu'ils ont effectué une série de stages non rémunérés ou sous-payés au sortir de leurs études.

C'est peut-être parce que le concept de stagiaire est une importation récente des États-Unis qu'il reste mal défini. Certains secteurs comme la banque offrent des formats de stage bien structurés et décemment payés. Les industries de prestige à forte demande comme la musique et la mode sont devenues tristement célèbres. La société Miloco, par exemple, qui gère une chaîne de studios d'enregistrement a été fustigée en ce début d'année pour des annonces visant à recruter des stagiaires non rémunérés. Les tâches demandées incluaient invariablement la préparation du thé le matin, à la mi-journée et à 17 heures et le nettoyage des cuisines ; il fallait vider les lave-vaisselle, vérifier l'approvisionnement des toilettes en savon liquide, papier hygiénique et serviettes propres, balayer les sols et nettoyer les fenêtres, etc.

Extrait 11
Sujet ECRICOME LV1 2013

The pay-gap debate has long centred on the premise that although matters have improved since the 1960s, women still earn less than men doing the same work. The economics of this claim are most dubious. Were it the case, the best thing an entrepreneur could do would be to appoint an all-female staff and then watch their profits outstrip those of their competitors. In reality, the disjuncture reflects many things: women moving in and out of the workplace more in the course of a career; part-time employment, undertaken to accommodate family life; and the reluctance of some women to ask for high pay coupled with an equal reluctance of (mainly male) managers to hand it out. But could this be changing, at least in some demographics? Until now the data have shown that women in Britain consistently under-earn relative to their male colleagues. According to the Office of National Statistics, the gap now stands at 10.5% [...].But new research indicates that the future of women's pay may be rosier than this figure suggests. An article in the *Spectator* by Liza Mundy predicts that in a generation's time, British women will be the richer sex. Pointing to the rising levels of female graduates, more stay-at-home fathers and a generation of more career-minded females, Ms Mundy says that women born after 1985 have caught up with men.

The Economist, Sept. 7th 2012

Proposition de traduction

Le débat autour de l'écart de salaires entre hommes et femmes repose depuis longtemps sur l'idée reçue qu'en dépit des améliorations survenues depuis les années 60, les femmes continuent à gagner moins que les hommes à emploi égal. La réalité économique sur laquelle est fondée cette assertion est pour le moins douteuse. Si c'était réellement le cas, la meilleure chose qu'un entrepreneur pourrait faire serait de n'embaucher que du personnel féminin, puis de regarder leurs bénéfices dépasser ceux de leurs concurrents. Dans les faits, cette apparente contradiction englobe de nombreuses réalités différentes : le fait que les femmes ont tendance à interrompre momentanément leurs carrières davantage, qu'elles travaillent à temps partiel afin d'être disponible pour leur vie de famille ; que certaines sont réticentes à demander de gros salaires, réticence partagée par les dirigeants d'entreprises (en majorité des hommes) de les leur donner. Mais un changement ne serait-il pas en cours, pour certains groupes démographiques en tout cas ? Jusqu'à présent les chiffres montrent que les femmes en Grande-Bretagne gagnent systématiquement moins que leurs collègues masculins. D'après l'Office National des Statistiques, l'écart se situe à l'heure actuelle à 10,5%. Cependant de nouvelles études montrent qu'il se pourrait que l'avenir des salaires des femmes soit beaucoup plus rose que ce chiffre ne le suggère. Liza Mundy, dans un article paru dans le Spectator, prévoit qu'en l'espace d'une génération, les femmes britanniques deviendront le sexe riche. S'appuyant sur les nombres croissants de femmes diplômées de l'enseignement supérieur et de « pères au foyer », ainsi que sur le fait que les femmes de cette génération sont davantage tournées vers leur carrière, Mme Mundy affirme que les femmes nées après 1985 ont rattrapé les hommes.

Extrait 12
Sujet Sujet IENA LV1 2015

Senior[1] Tories acknowledge the problem. When Mr Cameron, in opposition, pledged[2] to bring annual net migration below 100,000, Britain's net immigration from EU countries, which it cannot control, was around 60,000. Because of the euro crisis, it has soared[3], to around 130,000 immigrants this year, forcing the Tories to squeeze[4] non-EU immigration in a failing effort to keep their pledge. This is self-defeating[5]. On his first visit as prime minister, Mr Cameron dared to imagine a new "special relationship" with India; on two later trips he was barracked[6] over visas. Viewed generously, his recent pledge to curtail[7] EU freedom of movement is an effort to fix[8] this. "If we have fewer low-skilled Europeans we'll have more high-skilled Indians," says a Tory minister. But that is not straightforward. With other European governments primed to slam[9] Mr Cameron's proposals, which he promises to unveil shortly, it risks leading Britain out of the EU.

The Economist, November 22, 2014

Vocabulary

1. ***senior :*** *haut placé*
2. ***to pledge :*** *promettre*
3. ***to soar :*** *monter en flèche*
4. ***to squeeze :*** *restreindre, resserrer*
5. ***self-defeating :*** *contre-productif*
6. ***to barrack :*** *chahuter, conspuer*
7. ***to curtail :*** *réduire, rogner*
8. ***to fix :*** *réparer, résoudre*
9. ***to slam :*** *fustiger, battre en brèche.*

Commentaires

Publié dans l'hebdomadaire britannique « The Economist » en novembre 2014, soit trois mois avant que le Premier ministre Conservateur David Cameron annonce qu'il organiserait un référendum sur le maintien ou non du Royaume-Uni au sein de l'Union européenne en cas de victoire de son parti lors des élections législatives de mai 2015, le texte porte sur la politique migratoire britannique et les rapports ambivalents du pays vis-à-vis de l'UE. Le texte se penche en effet sur l'incapacité du gouvernement Cameron à tenir son engagement de réduire le niveau d'immigration au Royaume-Uni du fait de l'afflux de ressortissants européens, ceux-ci étant protégés par les principes de liberté de mouvement régissant l'UE. Pour y remédier, mais aussi pour consolider ses relations avec d'autres partenaires tels que l'Inde, le gouvernement a donc été conduit à remettre en cause ces principes, premier pas dans la direction d'un Brexit que le texte finit par anticiper.

Le champ lexical politique est le plus riche du texte, et ce dès les tout premiers mots qui font mention de « *senior Tories* », c'est à dire de membres éminents du Parti conservateur, l'adjectif « senior » dénotant un rang politique élevé. Il est aussi question de l'époque où David Cameron appartenait encore à l'opposition parlementaire (« *in opposition* »), avant qu'il ne devienne Premier ministre en mai 2010, et de l'allusion du Premier ministre à la « relation spéciale » (« *special relationship* ») entre le Royaume-Uni et les États-Unis, concept que David Cameron vise ici à transposer à l'Inde.

Le vocabulaire est par ailleurs tout à fait courant. L'article emploie des expressions journalistiques habituelles pour évoquer la restriction d'un phénomène (« *squeeze* », « *curtail* ») et sa croissance fulgurante (« *soared* »). La seule exception réside dans l'emploi, soutenu, rare et spécifiquement britannique du verbe « *barrack* » qui peut être traduit par « conspuer, malmener, chahuter ».

Sur le plan grammatical, les préparationnaires devront notamment être attentifs à l'emploi dans le texte de propositions relatives sous la forme d'incises, dans la première phrase (« *which it cannot control* ») et dans la dernière (« *which he promises to unveil shortly* »), portant l'une et l'autre sur un antécédent situé immédiatement avant la virgule qui les précède (« *immigration from EU countries* » et « *Mr Cameron's proposals* » respectivement), et devant être traduites avec autant de limpidité syntaxique que possible. L'impératif de clarté exigera également que soit étoffée la traduction de plusieurs déterminants et pronoms ambigus, notamment les quatre emplois de « this », « that » et « it » dans les quatrième, sixième, huitième et neuvième phrases.

Proposition de traduction

Des ténors du parti conservateur conviennent du problème. Lorsque, à l'époque où il était encore dans l'opposition, M. Cameron a promis d'abaisser l'immigration annuelle nette sous la barre des 100 000, l'immigration nette en provenance des pays de l'UE, sur laquelle la Grande Bretagne ne peut agir, s'élevait aux alentours de 60 000. A cause de la crise de l'euro, elle est montée en flèche, pour atteindre environ 130 000 cette année, ce qui a forcé les Conservateurs à comprimer l'immigration en provenance des pays extérieurs à l'UE pour tenter en vain de tenir leur promesse. Cette politique est contre-productive. Lors de sa première visite en Inde en tant que Premier ministre, M. Cameron s'était risqué à imaginer la naissance d'une nouvelle « relation spéciale » entre la Grande Bretagne et l'Inde; lors de deux visites ultérieures, il s'est fait chahuter sur la question des visas. Sa promesse récente de restreindre la liberté de mouvement des ressortissants de l'Union européenne vise à résoudre cette situation. « Si nous accueillons moins d'Européens non qualifiés, nous aurons davantage d'Indiens qualifiés, affirme un ministre Conservateur. » Mais les choses ne sont pas aussi simples que cela. Tandis que d'autres gouvernements européens sont en passe de fustiger les propositions de M. Cameron, qu'il s'est engagé à rendre publiques d'ici peu, cette politique risque de conduire la Grande Bretagne vers la sortie de l'UE.

Extrait 13
Sujet ECRICOME LV1 2016

When Greg Brundage bought his condo[1] on Lombard Street in the mid-'90s, he felt like he was getting a home above the Spanish Steps* of Rome, with views of white sailboats slipping across San Francisco Bay. Now, he says, a place that once saw "a few cars on the weekends" feels more like Disneyland. The tourist season brings an unending parade of cars, buses, strollers[2] and selfie sticks. And the people themselves have started changing diapers in his carport[3] and climbing onto his roof to stage photo shoots[4]. "As the crowds have increased, the attitudes and the behavior have worsened," says Brundage, a retired investment banker. "It's just chaos." Recently, some residents have even suggested in earnest that San Francisco straighten out America's "crookedest" street, which is one of the city's most popular attractions.

Since the dawn of modern tourism, governments have struggled to balance the interests of people who live in or near interesting places and the desires of those willing to pay money to visit – and buoy the local economy [5]. But unlike, say, Malibu beachfront or canal-lined Venice, Lombard Street is compact and completely residential; the single block is home to 71 houses and condos, many valued at over $1 million. It's novel, but "this is not an amusement park," says Mark Farrell, a city supervisor[6]. "This is a neighborhood where real people live."

Adapted from an article in *Time*, September 21, 2015

*Aide à la traduction : Spanish Steps – escalier de la Trinité des Monts

Vocabulary

1. ***a condo :*** *un appartement, un immeuble d'appartements en copropriété*
2. ***a stroller :*** *une poussette*
3. ***a carport :*** *un auvent pour voiture, un garage*
4. ***a photo shoot :*** *une séance de photos*
5. ***to buoy the local economy :*** *stimuler l'économie locale*
6. ***a city supervisor :*** *un conseiller municipal.*

Commentaires

Tiré de l'hebdomadaire américain « *Time* », l'article est consacré à Lombard Street, l'une des rues les plus pittoresques de San Francisco, voire des États-Unis, célèbre pour ses lacets, ses bâtisses victoriennes et edwardiennes tout en couleur – les fameuses « *Painted Ladies* » – mais aussi ses hordes de touristes et les nuisances qu'ils infligent aux riverains. A partir de cet exemple, le texte esquisse une réflexion sur le tourisme de masse à l'époque contemporaine, et la difficulté qu'ont les pouvoirs publics à concilier attractivité commerciale et protection patrimoniale, les envies des visiteurs et la qualité de vie des habitants des sites touristiques eux-mêmes.

L'une des difficultés du texte réside dans la variété des références culturelles qu'il mobilise, qu'il s'agisse de l'évocation de Lombard Street (nom à laisser en l'état, plutôt que de proposer une semi-traduction du type « rue Lombard »), son tracé tortueux (rendu par le superlatif « *crookedest* », c'est à dire, dans un emploi plus conventionnel, « *most crooked* ») et sa vue imprenable sur la Baie de San Francisco, de Rome et son escalier de la Trinité des Monts, de Malibu et son front de mer, ou encore de Venise (laquelle ne doit pas être confondue avec l'autre célèbre plage de Los Angeles, Venice Beach) et ses canaux. Exigeant eux aussi des connaissances d'ordre culturel, le texte contient en outre divers américanismes (« *stroller* ») et termes renvoyant à une réalité spécifique aux États-Unis (« *condo* », abréviation de « *condominium* », « *carport* ») voire à San Francisco (« *city supervisor* ») pouvant poser des problèmes.

La langue du texte est fréquemment imagée, et nécessite des ajustements et étoffements lors du passage au français. C'est le cas de l'évocation du passage des voiliers blancs dans la Baie de San Francisco dans la première phrase : le groupe verbal « *slipping across* » peut être traduit grâce une transposition croisée (« traversant la baie en glissant »), mais le verbe « *slip* » apporte une connotation élégante et vive qui mérite d'être rendue plus précisément. C'est aussi le cas de l'adjectif substantivé « *canal-lined* » faisant référence à l'entrelacs des canaux de Venise dans le deuxième paragraphe. A contrario, attirons l'attention sur les risques de maladresse, voire de faux sens, qu'entraineraient de simples calques dans le cas d'emplois oraux tels que « *It's just chaos* » (à ne pas traduire par « C'est juste le chaos ») ou de faux amis comme « *parade* » (à traduire par « défilé » et non par « parade ») et « *novel* » (à traduire par « original » et non par « nouveau »).

S'agissant enfin de la cohérence de la traduction, notons l'emploi classique de l'expression « *to feel like* » (« avoir l'impression de », « ressembler à ») dans la première phrase, qui réapparaît dans la deuxième afin de mettre en relief l'ironie de l'évolution du quartier de Lombard Street, et l'amertume de Greg Brundage. Quel que soit le choix de traduction, il est souhaitable de conserver le même emploi dans les deux phrases par souci de fidélité à ces effets voulus par l'auteur.

Proposition de traduction

En s'achetant son appartement à Lombard Street au milieu des années 90, Greg Brundage avait l'impression de s'offrir un logement donnant sur l'escalier de la Trinité des Monts à Rome, avec vue sur le ballet de voiliers blancs traversant la baie de San Francisco. Aujourd'hui, dit-il, cet endroit qui autrefois voyait passer « quelques voitures le week-end » lui donne davantage l'impression d'être à Disneyland. La saison touristique fait venir un défilé ininterrompu de voitures, d'autobus, de poussettes et de perches à selfie. Et les visiteurs eux-mêmes se mettent à changer les couches de leur bébé à l'abri de son garage et à grimper sur son toit pour réaliser des séances de photos. « Plus il y a eu de monde, plus les attitudes et le comportement des gens ont empiré, dit Brundage, banquier d'affaires à la retraite. C'est le chaos total. » Récemment, certains résidents ont même proposé sans plaisanter que San Francisco supprime les tournants de la rue « la plus tortueuse » d'Amérique, qui est aussi l'une des attractions touristiques les plus populaires de la ville.

Depuis la naissance du tourisme moderne, les gouvernements peinent à trouver l'équilibre entre les intérêts de ceux qui vivent sur ou à proximité des sites attractifs et les désirs de ceux qui sont prêts à payer pour les visiter, et à contribuer ainsi à l'économie locale. Mais contrairement au front de mer de Malibu ou à Venise et son quadrillage de canaux par exemple, Lombard Street est une rue compacte et complètement résidentielle : ce sont 71 maisons et immeubles d'appartement réunis dans le même pâté de maisons, et dont un grand nombre sont évalués à plus d'un million de dollars. C'est original mais « ce n'est pas un parc d'attractions, avertit le conseiller municipal Mark Farrell. C'est un quartier où habitent de vraies gens. »

Extrait 14
Sujet ECRICOME LV1 2017

Another week, another EU regulation: Number 1169/2011, to be exact, concerning "food information for consumers". Like much of that comes out of Brussels, it sounds innocuous, but has already had far-reaching and costly consequences. The new rules, which came into force on December 13th, specify font sizes on food labels, require details on allergens in prepared food and a lot more. They may improve safety, but they have forced producers to rejig their manufacturing processes once again.

The breadth of EU regulation in the food industry is extraordinary, covering everything from hygiene to storage, says Helen Munday, the chief scientific officer at the Food and Drink Federation, a lobby group. Conforming to these rules over the past four decades has shaped an industry that now employs 40,000 people in Britain. The Europe-wide regulations are a *faff , but they allow British firms to trade on equal terms with other companies in the EU's single market and maintain seamless supply chains across the continent, without lengthy inspections of imported Italian mushrooms at national borders.

Executives and lawyers are now scrambling to understand how Brexit, and the likely withdrawal of much EU regulatory oversight, will reshape British business. As the government prepares for divorce negotiations, firms must identify the pitfalls and opportunities presented by the coming new regulatory order.

The Economist, December 17th 2016

*Aide à la traduction : a faff = a source of bother and irritation

Proposition de traduction

Encore une semaine, encore un réglement : le numéro 1169/2011 pour être précis, au sujet de l'information des consommateurs sur les denrées alimentaires. Et comme bien d'autres décidés par Bruxelles, il semble inoffensif, mais il a déjà eu des conséquences importantes et coûteuses. Les nouvelles règles, qui sont entrées en application le 13 décembre, indiquent la taille de police sur les étiquettes alimentaires, exigent des renseignements sur les allergènes dans les plats préparés et bien d'autres choses encore. Cela améliorera peut-être la sécurité, mais cela a obligé les producteurs à revoir leurs processus de production une fois de plus.

L'étendue des règles européennes dans l'industrie alimentaire est extraordinaire, et recouvre tout depuis l'hygiène jusqu'au stockage, indique Helen Munday, principal officier scientifique à la fédération sur la nourriture et les boissons, un groupe de pression. Le fait de se conformer à ces règles au cours des quatre dernières décennies a façonné une industrie qui emploie aujourd'hui 40 000 personnes en Grande Bretagne. La réglementation européenne est un fardeau, mais elle permet aux entreprises britanniques de vendre aux autres entreprises du marché unique européen dans les mêmes conditions, et de maintenir des chaînes de production homogènes partout sur le continent, sans de longues inspections de champignons italiens importés aux frontières nationales.

Des dirigeants et des avocats se pressent désormais de comprendre comment le Brexit, et le retrait probable de beaucoup de surveillance par les instances européennes, va remodeler le commerce britannique. Alors que le gouvernement se prépare pour les négociations du divorce, les entreprises doivent identifier les pièges et les opportunités présentés par le nouveau corps réglementaire à venir.

Extrait 15
Sujet ECRICOME LV2 2017

For those looking for encouraging signs about what a Trump administration might accomplish, the nomination of Betsy De Vos as education secretary deserves a cautious welcome. The welcome is because giving parents choice over where their children are educated is a good thing. The caution because there have been enough failures in school reform to suggest that promising ideas can be discredited if done badly. Both Republicans and Democrats suffer from blind spots on education reform. On the left, there is a tendency to ignore bad public schools, *pander to unions and indulge underperforming teachers. On the right, the assumption often is that private is always better and that, once a voucher scheme has been set up, the work of school reform is done. The evidence suggests that what happens in the classroom is at least as important as the structure of the school system. This means recruiting and training teachers who give rigorous lessons and have high expectations of their pupils. Mrs De Vos has put money and effort behind vouchers, which parents can spend at private schools. In Michigan, her home state, the results have been poor. In a state where test scores have declined over the past decade, 80% of private schools are below the state average in reading and maths. This is partly because Michigan ignored lessons from elsewhere.

Adapted from an article in *The Economist*, December 3rd, 2016

*Aide à la traduction : pander = give in to

Proposition de traduction

Pour ceux qui cherchent des signes encourageants quant à ce que l'administration Trump pourrait accomplir, la nomination de Betsy de Vos au poste de Secrétaire à l'Éducation mérite qu'on lui réserve un accueil prudent. L'accueil, parce que c'est une bonne chose que de donner aux parents le choix du lieu où leurs enfants sont éduqués. La prudence, parce qu'il y a eu suffisamment d'échecs dans les réformes scolaires pour suggérer que des idées prometteuses peuvent être discréditées si elles sont mal appliquées. Les Démocrates tout comme les Républicains ne comprennent rien à la réforme de l'enseignement. A gauche, on a tendance à ignorer les mauvaises écoles publiques, à céder aux exigences des syndicats et à encourager les professeurs qui ne sont pas à la hauteur. À droite, on présume souvent que les écoles privées sont toujours meilleures, et qu'une fois qu'un système de bons a été mis en place, il n'y a plus à travailler à la réforme de l'école. Les preuves indiquent que ce qui se déroule au sein de la salle de classe est au moins aussi important que la structure du système scolaire. Cela implique de recruter et de former des professeurs qui dispensent des cours rigoureux et attendent beaucoup de leurs élèves. Madame De Vos a investi de l'argent et des efforts dans les bons que les parents peuvent dépenser dans les écoles privées. Dans le Michigan, État d'où elle est originaire, les résultats ont été médiocres. Dans un État où les résultats aux tests ont baissé au cours de la dernière décennie, 80% des écoles privées ont des résultats inférieurs à ceux de la moyenne de l'État en lecture et mathématiques. Cela est dû en partie au fait que le Michigan n'a pas tenu compte des leçons apprises ailleurs.

Extrait 16
Sujet IENA LV1 2017

Traduire à partir de "These firms' visions..." jusqu'à "...Silicon Valley could lose something in the long term."

These firms' visions for what they want to erect may differ, but they share common elements. They are designing functional, open-plan offices to increase collaboration among employees : "ac-tivity-based" working, which involves people doing their jobs from different places within an offi-ce, including outdoor benches, on-site coffee shops, napping pods and meeting rooms, is beco-ming the norm. They are also softening the buildings - and the whiff of corporate might - with greenery. Apple is using renewable energy to power its spaceship and is planting 9,000 trees. At nine acres, the roof garden on top of Facebook's Building 20 feels vast. There is a juice bar and food carts, and sprinkled throughout it are map legends, designed to look like those consulted by backpackers in a state park.

But while this wave of construction captures the optimism and wealth of a cohort of companies that are imagining and packaging our digital future, Silicon Valley could lose something in the long term.

Proposition de traduction

La vision qu'ont ces entreprises de leurs projets de construction peut diverger, mais comprend des éléments partagés. Elles conçoivent des espaces de travail fonctionnels et décloisonnés pour ac-croître la collaboration entre leurs employés. L'organisation des tâches en fonction des activités devient la règle, ce qui implique que les employés travaillent dans des espaces divers disposés au sein d'un même lieu, tels que des bancs en plein air, des cafétérias intégrées ou des alcôves de repos, ainsi que des salles de réunion. De la verdure vient également atténuer la raideur des bâti-ments et l'impression de toute puissance que dégage une grande entreprise. Apple utilise de l'énergie renouvelable pour alimenter son vaisseau spatial et prévoit de planter 9000 arbres. Avec ses 4,5 hectares, le jardin sur le toit du Bâtiment 20 de Facebook parait vaste. On y trouve un bar à jus [de fruit] ainsi que des chariots à nourriture, et par-ci par-là des schémas signalétiques qui s'inspirent de ceux que l'on trouve dans les parcs nationaux pour orienter les randonneurs.

Mais alors que cette vague de construction traduit l'optimisme et la richesse d'un ensemble d'entreprises qui se chargent d'imaginer et de mettre en forme notre avenir numérique, il se pourrait qu'à long terme la Silicon Valley y perde quelque chose.

Extrait 17
Sujet IENA LV2 2017

Traduire à partir de "Should these on-demand services really catch on..." jusqu'à "... takes away some important inclusive places for social interaction."

Should these on-demand services really catch on, it will be a serious challenge for a whole swathe of independent businesses offering everyday services that are already suffering. If we no longer need to walk to the local shops to get our groceries, drop off our dry cleaning and fix our shoes, just how long will it be before the cafes charging extortionate prices for cups of coffee swoop in to take their place ?

When you assume that no one needs laundrettes anymore because you can get your laundry picked up and delivered through an app [...], you're automatically annulling a big swathe of the population who actually need them. What's more, the transformation of these services from physical spaces to simple deliveries takes away some important inclusive places for social interaction.

Proposition de traduction

Si l'engouement pour ces services à la demande se confirme, cela posera un sérieux défi pour tout un ensemble de commerces indépendants offrant des services nécessaires à la vie de tous les jours, et qui connaissent déjà des difficultés. Et si nous n'avons plus besoin de nous rendre à pied dans ces commerces de proximité pour y faire nos courses, déposer nos vêtements au pressing ou nos chaussures chez le cordonnier, combien de temps faudra-t-il pour que viennent les remplacer sans ménagement tous ces cafés qui font payer un prix exorbitant pour un simple expresso ?

Dès que l'on part du principe que plus personne désormais n'a besoin de laveries en libre-service car on peut confier et récupérer son linge grâce à une application, on exclut automatiquement toutes ces personnes qui en ont réellement besoin. De surcroît, la disparition de ces services, qui se muent en de simples actes de livraison, supprime des lieux de convivialité qui jouent un rôle important pour cultiver le lien social.

III. Le thème littéraire

Le thème littéraire concerne essentiellement la Banque BCE ELVi.

Thèmes commentés et corrigés hors annales

Extrait 1

Monsieur Paul a pris l'habitude de « passer par hasard » devant la librairie à l'heure de la fermeture ; il est là presque chaque soir ; quand Pierre quitte son travail, il aperçoit la haute et imposante silhouette qui s'avance le long du trottoir, à sa rencontre. De toute évidence Monsieur Paul recherche sa compagnie. Pierre se dit avec modestie que l'homme doit être très seul et qu'il s'est attaché à lui faute de mieux. La fréquentation de Monsieur Paul est plutôt agréable : il parle bien, de toutes sortes de sujets, il exerce une ironie mordante au dépens des gens rencontrés, il est bien élevé. Pourtant Pierre est dérangé dans ses habitudes régulières, il arrive en retard pour le dîner et doit subir les admonestations de l'oncle, affronter l'interrogation muette de sa mère qui a ri le premier soir, mais à présent pose sur lui un regard étonné. Peut-être s'imagine-t-elle que Pierre a une aventure ? Il a bien parlé de son « client » mais il est persuadé que personne ne l'a cru. L'oncle a même grommelé qu'après tout il fallait un jour ou l'autre jeter sa gourme. Ce qu'il ne supporte pas, c'est que Pierre choisisse pour ce faire l'heure sacro-sainte du dîner.

Suzanne Prou, *Les Amis de Monsieur Paul*, 1985

Commentaires

1. Cet extrait narre essentiellement des événements « habituels », récurrents, d'où la dominance du présent simple. Notez aussi que le présent peut exprimer une caractéristique du sujet.

   « *Monsieur Paul has become used to wandering* » : bilan, changement d'état, le present perfect est donc essentiel.

Il est possible de conserver le titre de civilité français « Monsieur ». En règle générale, il est artificiel de faire suivre un titre anglais tel que « Mr. » d'un patronyme français et inversement, pour cette raison on trouvera souvent le titre utilisé dans la langue source, Notez néanmoins que Paul est transférable dans la langue cible et que le titre l'est aussi.

prendre l'habitude de = idée d'évolution → ***to get into the habit of/to become used to/to grow used to*** + **V-*ing*** ≠ *used to* + BV = prétérit = rupture avec le moment de l'énonciation/opposition passé présent

Faux-amis : *library* : bibliothèque
figure : silhouette/chiffre

every/each + nom singulier

Pensez à associer les verbes de perception au modal « ***can*** » introduisant la notion de **capacité**.

« *...coming along* » : ellipse = *that is coming along*, insistance sur le déplacement de la silhouette, son caractère exceptionnel, ce qui justifie le **V-*ing***.

***Autre possibilité de traduction :** « *It is quite obvious that Monsieur Paul is looking for his company* », la présence du groupe adverbial peut justifier la conjugaison du verbe au présent *Be + -ing*.

2. « *Pierre modestly says to himself...* » : l'adverbe se place le plus souvent entre le **sujet** et le **groupe verbal**.

« *the man must be very lonely* » : quasi-certitude = ***must*** **+ BV**, ***must*** dit "épistémique" (i.e. forte probabilité, quasi-certitude, et non pas *must* d'obligation)

****Autre possibilité de traduction :** « *...the man is most certainly very lonely...* »

lonely → **seul**, idée d'être solitaire/isolé
≠ *alone* → **seul**, sans personne autour

faute de : ***for want of/through lack of/for lack of***

3. « *Monsieur Paul's company is...* », la relation GN2's GN1 est préférable car le possesseur Paul est une personne.

*****Autre possibilité de traduction :** « *...he is bitingly ironical...* », possibilité d'opérer une transposition [procédé de traduction qui consiste à changer de catégorie grammaticale dans la langue cible], le nom « ironie » est traduit par l'adjectif « ironical », et l'adjectif « mordante » est traduit par l'adverbe « *bitingly* ».

« *...the people they meet* », pensez à étoffer, sous-entendu les gens rencontrés lorsqu'ils sont en compagnie l'un de l'autre. De plus, choix du présent simple qui s'inscrit dans la logique de la caractéristique du sujet « *he uses biting irony* ».

4. *yet* → **pourtant/cependant/toutefois/néanmoins**, lorsqu'il s'agit de la conjonction.

yet → **encore/déjà** quand adverbe.

They have not arrived yet → **encore**
Have you had your lunch yet? → **déjà**

« *He comes in late...* » : la préposition « *in* » permet de marquer le mouvement vers l'intérieur, sous-entendu « chez lui ».

« *...he has to put up with...* » : ***have to*** préférable à ***must*** car contrainte extérieure.

5. « *is having an affair* » : présent *Be + -ing* car point de vue de l'énonciateur

   « *He did talk about his customer* » : utilisation de ***do* emphatique** pour traduire l'insistence véhiculée par « bien » en français.

   Rappel : ***No one/nobody/everyone/everybody*** s'accordent avec la troisième personne du singulier, mais sont repris par le pronom sujet pluriel ***they***, etc.

6. Difficulté d'ordre lexical avec l'expression « jeter sa gourme », prenez alors appui sur le contexte pour en inférer le sens, assez évident dans cet extrait, c'est-à-dire « faire des bêtises »

   « *His uncle even grumbled...* » : prétérit car référence au soir où l'oncle a prononcé cette phrase.

   « *What he cannot stand* » : annonce ce qui va suivre ; ***which***, quant à lui, permet de reprendre ce qui a déjà été dit, Ex. : *He always comes in late, which surprises nobody!*

   « *Pierre should choose to do so* » : ici le modal ***should*** est la marque du subjonctif. Le niveau de langue de l'extrait étant assez soutenu, il est tout à fait justifié. Par ailleurs, le contexte appréciatif de cette fin d'extrait (le mécontentement de l'oncle) confirme cet emploi de *should*.

Proposition de traduction

Monsieur Paul has become used to wandering "by chance" past the bookshop at closing time; he is almost there every evening; when he leaves work Pierre can see the tall impressive figure coming along the pavement to meet him. Clearly Monsieur Paul seeks his company*. [1] Pierre modestly says to himself that the man must be very lonely** and has taken to him for lack of anyone better. [2] Monsieur Paul's company is rather enjoyable: he speaks well about all kinds of subjects. He uses biting irony*** at the expense of the people they meet. He has good manners. [3] Yet Pierre is disturbed in his regular habits. He comes in late for dinner and has to put up with his uncle's admonitions and face the silent questioning of his mother who laughed the first evening but now gazes at him with bewildered eyes. [4] She may imagine that Pierre is having an affair. He did talk about his "customer" but he is convinced that no one believed him. [5] His uncle even grumbled that after all one had to do foolish things sooner or later. What he cannot stand is that Pierre should choose to do so at the sacrosanct dinner time. [6]

Traductions 5

Extrait 2

Après avoir boutonné son imperméable, il poussa la porte de l'immeuble. C'est là qu'ils se trouvèrent à nouveau face à face. Salvatore Piracci se figea. Elle était là. Dans la même immobilité que la dernière fois. Le même visage têtu et les mêmes yeux grands ouverts qui semblaient vouloir happer le ciel. Il s'arrêta net. Il ne savait que faire. Il eut le temps de penser qu'il s'agissait peut-être d'une folle. Mais son visage, insidieusement, lui disait quelque chose. C'était très lointain et confus. Il la contempla pour tenter de trouver dans ses traits un souvenir enfoui mais n'y parvint pas. Elle n'était pas dénuée de beauté. Une femme brune. À la peau mate. Les yeux noirs et le visage émacié. Tandis qu'il l'observait, elle rompit le silence :

– Vous ne me reconnaissez pas, commandant ? demanda-t-elle.

Elle avait parlé avec un accent prononcé – turc peut-être – mais sans aucune faute. Salvatore Piracci ne savait que répondre. Il était incapable de dire qui était cette femme mais il sentait qu'effectivement il ne la voyait pas pour la première fois. Il savait qu'il ne la reconnaîtrait pas sans un peu d'aide et il pressentait que lorsqu'elle lui serait révélée, son identité allait lui causer un choc.

Laurent Gaudé, *Eldorado*, Actes Sud, 2006

Commentaires

1. « *After having buttoned up...* » : ***After*** **+ V-*ing***, pour éviter la difficulté du gérondif, vous pouvez verbaliser « *After he had buttoned up...* ». Le gérondif s'imposera également après les prépositions *before* et *without*, entre autres.

   ***Autres possibilités de traduction :** after his having buttoned...

   « *...pushed the building door open.* » : structure résultative adjectivale, bien que sous-entendu, l'accent est mis sur le résultat de l'action plutôt que sur l'expression du moyen.

   Ne pas confondre *again,* qui exprime l'idée de « répétition » et *back* qui véhicule la notion de « retour ».

2. **se figer** : ***to freeze/to come to a standstill/to stiffen*** (se tendre/se contracter)

   « *She was as motionless as the previous time* », un calque serait maladroit. Ne négligez pas la transposition, ainsi le **groupe nominal** est transposé en **groupe adjectival**.

   Rappel : « ...le/la même que... » → ***the same as***

   « *She had the same stubborn face* » : réintroduire le **GV** est préférable au calque.

   Rappel : *to want* + COD + infinitif avec *to* ; ex. : *He's always wanted her to study!*

****Autre possibilité de traduction :** « ... *looked as if they wanted to catch the sky.* »

3. *s'arrêter net* = brutalement/immédiatement → *to stop abruptly/immediately/instantly.*

   enough = un adjectif qualifie un **nom**, dans ce cas il se place devant le nom ; Ex. : *She had enough money to take the train* ; *enough* = adverbe qualifie un **GV**, dans ce cas il suit le GV ; Ex. *He earned enough to travel the world!*

   « *she might be crazy* » *:* éventualité (degré de probabilité en bas de l'échelle) assez faible de la réalisation du procès « *she* + *be* + *crazy.* »

4. *to contemplate* + *V-ing* → envisager/réfléchir à, peut aussi signifier « contempler », mais il est toujours bon d'éviter les termes transparents.

   Pour exprimer le but : *so as to/in order to/to* quand sujet unique / *so that* + modal quand 2 sujets différents : *Ex : She came home early so that the babysitter could leave*

   souvenir → *memory/reminiscence/remembrance/recollection*

   *****Autre possibilité de traduction :** *so that he could retrieve from her features a memory that was buried, but could not.*

5. *to lack Ø something* : manquer de quelque chose **mais** *a lack* ***OF*** : un manque de

   Possibilité de recourir au contraire négativé, Ex : *she was not plain* **ou** aux adverbes de degré, Ex. : *she was quite beautiful.*

   « *As he was watching her* » : point de vue de l'énonciateur + insistance sur déroulement de l'action, d'où prétérit *be* + V-*ing*

   « *their silence* » : car silence **mutuel**, article défini ***the*** reste néanmoins envisageable.

6. Ne pas oublier les règles de ponctuation du dialogue. Ouverture et fermeture systématiques des guillemets.

   « *You don't recognize me, do you, Captain?* » *:* tags très pratiques pour ces questions.

7. « *Salvatore Piracci did not know* » *:* passage narratif formes pleines préférables.

   ⚠ Les noms et adjectifs de nationalité prennent une majuscule en anglais.

   Pensez aux modaux : incapacité = ***cannot/could not*** + **BV** selon le contexte.

   être incapable de → ***to be incapable of*** **+ V-ing /** ***to be unable to*** **+ BV**

   It is (*not*) *the first time* + present perfect (bilan dans le présent)

   it was (*not*) *the first time* + past perfect (bilan dans le passé)

8. On n'utilise pas le futur ou le conditionnel dans les subordonnées de temps introduites par « ***when*** ». Dans le cas du conditionnel, la subordonnée de temps introduite par ***when*** sera conjuguée au **prétérit**, dans le cas du futur, elle sera conjuguée au présent.

Proposition de traduction

After having buttoned (up)* his raincoat, he pushed the building door open. That's where they found themselves face to face once again [1] Salavadore Piracci came to a standstill. There she was. She was as motionless as the previous time. She had the same stubborn face and the same wide open eyes that seemed to want to catch the sky**. [2] He stopped dead. He did not know what to do. He had enough time to think that she might be crazy. [3] Yet, insidiously, her face looked familiar. It was very distant and vague. He gazed at her so as to try and find some buried memory in her features, but failed***. [4] She did not lack beauty. She was dark-haired and olive-skinned. Her eyes were black and her face was gaunt. As he was watching her, she broke their silence: [5]

"You don't recognize me, do you, Captain?" she asked. [6]

She had spoken those words with a strong accent—Turkish, maybe—but without a mistake. Salvatore Piracci did not know what to answer. He could not say who that woman was but he indeed felt that it was not the first time he had seen her. [7] He knew that he would not be able to identify her if he was not given a little help and he sensed that when her identity was revealed to him, it would come as a shock to him. [8]

Extrait 3

Ça s'est décidé très vite. À cause de la neige. Depuis une semaine, il n'arrêtait pas de neiger. J'éprouvais de nouveau cette impression d'étouffement que j'avais déjà connue à Paris. Je me suis dit que si je restais plus longtemps ici, nous serions pris au piège. Je l'ai exprimé à Denise.

Wrédé est revenu la semaine suivante. Nous sommes tombés d'accord et nous avons parlé du passage de la frontière, avec lui et avec Besson. Jamais Wrédé ne m'avait semblé aussi chaleureux, aussi digne de confiance. Sa manière amicale de vous taper sur l'épaule, ses yeux clairs, ses dents blanches, son empressement, tout cela me plaisait, bien que Gay Orlow m'eût souvent dit en riant qu'avec les Russes et les Polonais, il fallait se méfier.

Très tôt, ce matin-là, nous avons bouclé nos bagages, Denise et moi. Les autres dormaient encore et nous n'avons pas voulu les réveiller. J'ai laissé un mot à Freddie.

Ils nous attendaient au bord de la route, dans l'automobile noire de Besson, celle que j'avais déjà vue, à Sallanches. Wrédé était au volant, Besson assis à côté de lui. J'ai ouvert moi-même le coffre de la voiture pour charger les bagages.

Patrick Modiano, *Rue des Boutiques Obscures*, 1978

Commentaires

1. La lecture complète de cet extrait narratif fait immédiatement comprendre qu'il y est fait référence à des événements du passé. Gardez bien à l'esprit qu'il n'existe pas de correspondance entre les temps et aspects en anglais, et les temps en français.

   Notion de bilan : présent ou passé composé en français/present perfect en anglais

   Rupture avec le moment de l'énonciation : imparfait, passé simple, passé composé en français/prétérit en anglais.

   « *We made up our minds very quickly.* » : prétérit simple car la rupture avec le moment d'énonciation est claire. Ne pas se laisser influencer par le « **passé composé** ».

   Le pronom démonstratif fait référence à ce qui est ensuite narré.

   *Autre possibilité de traduction : « *All/everything was decided very rapidly.* » + calqué

   « *It had been snowing on for a week* » : notion de durée introduite par la préposition « **depuis** ». Le verbe est conjugué au past perfect *be* + *-ing* car il y a antériorité par rapport à un fait passé. L'adverbe « ***on*** » associé à « ***snow*** » permet d'introduire l'idée de non interruption.

   Rappel : La préposition « ***for*** » introduit la durée dans sa totalité ; « ***since*** », quant à elle, marque le point de départ de l'action et correspond souvent à un moment, une date. Ex. : *He's been playing the piano since early this morning.*

2. « *...of suffocation (that) I had already experienced in Paris* » : de nouveau antériorité renforcée par l'adverbe « ***already*** ». La relation entre l'antécédent « *of suffocation* » et l'information « *...I had already experienced* » est essentielle, le pronom relatif « ***that*** » peut donc être omis.

   « *...if I stayed any longer there we would be trapped* » : subordonnée conjonctive impose concordance des temps. Ici, hypothèse à propos du passé, donc verbe de la conjonctive au prétérit, suivi d'un verbe au conditionnel dans la principale « ***would* + BV** » associé à la voix passive : *Be* + V-en, car « ***we*** » subirait l'action.

   L'adverbe « ***so*** » permet de reprendre l'idée précédente sans la répéter. Ici il se substitue à la phrase complète, mais il peut aussi ne se substituer qu'à un mot.

3. Autre possibilité de traduction : « *we spoke about the border crossing, in his and Bresson's company.* »

4. « *Never before had Wrédé seemed* » : forme d'insistance/phrase introduite par adverbe négatif ou semi-négatif implique inversion ordre du **GV**, c'est-à-dire : **auxiliaire + S + verbe** et non **S + verbe.**

   chaleureux : *hearty/warm-hearted*
   digne de confiance : *dependable/reliable*

   « *his willingness to help* » : étoffement pour phrase compréhensible langue cible.

5. Ne pas calquer la langue source, réintroduire le sujet en début de phrase évite le double-sujet, très souvent utilisé en français, mais peu en anglais.

« *The others were still asleep* » : transposition évitant la difficulté du choix du temps.

6. « *They were waiting for us...* » : description du déroulement des événements passés.

luggage : **bagages**, Non Comptable, peut être dénombrer à l'aide de « ***X piece(-s) of*** »

Proposition de traduction

We made up our minds very quickly*. Because of the snow. It had been snowing on for one/a week. [1] I felt again the impression of suffocation that I had already experienced in Paris. I told myself that if I stayed any longer there we would be trapped. I told Denise so. [2]

Wrédé came back the following week. We came to an agreement and talked about the crossing of the border, with him and Bresson. [3] Never before had Wrédé seemed so welcoming, so trustworthy. His friendly way to pat your shoulder, his clear eyes, his white teeth, and his willingness to help, I liked all of that even though Gay Orlow had often told me, laughing, that the Russians and the Poles were not to be trusted. [4]

Very early, that morning, Denise and I packed our bags. The others were still asleep and we did not want to wake them up. I left Freddie a note. [5]

They were waiting for us by the roadside, in Besson's black car, the one I had already seen in Sallanches. Wrédé was at the wheel, and Besson was seated next to him. I opened the boot of the car myself to load our pieces of luggage. [6]

C'est à vous ! Thèmes d'entraînement

➲ Corrigé en fin d'ouvrage

Extrait 4

Germaine Buge quitta l'appartement de Mlle Larrison, où elle venait de faire deux heures de ménage à fond, sous le regard critique de la vieille fille. Il était quatre heures de décembre et depuis deux jours, il gelait. Son manteau la protégeait mal. Il était d'une étoffe mince, laine et coton, mais l'usure l'avait réduit à n'être plus guère qu'une apparence. La bise d'hiver le traversait comme un grillage en fil de fer. Peut-être même traversait-il Germaine qui semblait n'avoir pas beaucoup plus d'épaisseur ni de réalité que son manteau. [...] Dans la rue, les hommes ne la voyaient pas, et rarement les femmes. Les commerçants ne retenaient pas son nom et les gens qui l'employaient étaient à peu près seuls à la connaître.

Germaine se hâta dans la montée de la rue Lamarck. En arrivant au coin de la rue du Mont-Cenis, elle rencontra quelques écoliers qui dévalaient la pente en courant. Mais la sortie ne faisait que commencer. Devant l'école, au pied du grand escalier de pierre qui escalade la colline Montmartre, les enfants délivrés formaient une troupe bruyante et encore impacte. Germaine se posta au coin de la rue Paul-Féval et chercha Antoine du regard.

Marcel Aymé, *Les Bottes de sept lieues*, 1943

Extrait 5

Dehors il pleuvait depuis un bon moment. Il ne restait que cinq bougies pour éclairer le salon. D'énormes pans demeuraient dans l'ombre et les gens, en s'agitant, y entraient ou en sortaient comme des coulisses d'un théâtre. Celui qui avait tiré, c'était le voisin de Maigret. Et, le coup à peine parti, il tendait les deux poignets vers le commissaire, en un mouvement un peu théâtral. L'huissier s'était penché vers le notaire, dont il avait agrippé l'épaule.

« Que faire ? » gémit la voix de l'avocat grassouillet. Un épais silence régnait. On eût dit que, dans ce camp-là, les choses se passaient mollement, entre mauvais acteurs. Il n'y avait que Métayer à n'être ni d'un camp ni de l'autre. Il n'avait rien pu faire d'autre que rester vissé sur son fauteuil, en proie à un tremblement grandissant. L'assassin avait dû préparer son coup, car, une fois l'arme jetée par la fenêtre, il faisait littéralement une déclaration en regardant Maigret dans les yeux.

« Ne l'avait-il pas lui-même prévu ? Il fallait qu'il meure, n'est-ce pas ? Et puisqu'il était trop lâche pour se faire justice lui-même, j'ai cru ne faire que mon devoir. La baronne est vengée. »

Georges Simenon, *L'Affaire Saint-Fiacre*, 1959

Extrait 6
CCIP LV1 2012

Me voici à Paris depuis onze jours déjà ! J'avoue ne pas encore y avoir été heureuse. Je n'ai aucune joie. Aucune.

J'ai appris l'autre jour la mort de Jock. Je ne peux pas dire combien cela m'a fait de la peine. Je savais que je ne le reverrais pas, mais j'espérais tout de même. Il a été tué en Italie, dans la région de Cassino, je crois. Il était dans une Jeep et il a été décapité. Pauvre Jock, il était, paraît-il, adoré de tout le monde. Quand les autres parlaient tranquillement de sa mort, ils ne se rendaient pas compte de ce que cela me faisait. Maintenant je suis sûre de ne plus le retrouver sur le front, de ne plus le rencontrer dans la rue, de ne plus recevoir une lettre de lui et je suis aussi triste que le premier jour. Jock est le seul être que j'aie aimé. L'autre soir, lorsque j'étais au Lido, j'avais envie de pleurer. Tous ces gens qui dansaient me donnaient mal au cœur. Je voyais Jock dans son cerceuil. Je l'imaginais comme j'en avais vu tant d'autres et je trouvais çà horrible. C'est vrai, j'ai failli pleurer.

Depuis que je suis à Paris, j'ai revu un tas de vieux amis, mais à tous j'avais envie de dire : « Ce n'est pas vous que je voudrais voir, c'est Jock. »

Anne Wiazemsky, *Mon enfant de Berlin*,
Gallimard NRF, 2009 p. 37-38

Proposition de traduction

I have been in Paris for eleven days now. I (must) admit [confess] I have not been happy here yet. I feel no joy what(so)ever. None what(so)ever.

The other day I heard that Jock had died. I cannot tell you how sad it made me. I knew that I would never see him again, but all the same I had not given up hope. He was killed in Italy, in the area around (in the vicinity of) Cassino, I believe. He was in a Jeep and was decapitated. Poor Jock. Apparently, everybody loved him. When the others were casually talking about his death, they had no idea of how it made me feel. Now I am sure I shall never see him again on the war front or run into him in the street. I shall never receive any letter from him and I am as sad as I was the day I heard of his death. Jock was the only person I have ever loved. The other evening, when I was at the Lido, I felt like crying. All those people (who were) dancing made me feel so sad. I could see Jock lying in his coffin. I imagined him looking like so many others I had seen, and I found it horrible. It's true, I was near [close] to tears [I was on the verge of tears].

Since I have been in Paris [since I arrived in Paris], I have seen lots of old friends again, but I felt like saying to them all: "It isn't you that I'd like to see, it's Jock."

Source : Annales BCE, Éditions Studyrama 2012.

Extrait 7
CCIP LV2 2012

Sheryll Cashin, ancienne conseillère du président Bill Clinton, montre, dans un ouvrage, comment la société américaine s'est muée en une multitude de groupes qui se côtoient dans l'espace public et refusent délibérément de se mêler. C'est ce que les Américains nomment le « *salad bowl* » : les communautés se côtoient sans jamais vivre ensemble.

La société américaine, qui apparaît ouverte au premier abord, demeure au contraire très fermée. Dès qu'ils franchissent le seuil de leur espace privé, les Américains s'empressent d'en clore la porte derrière eux, et à double tour. Ils n'acceptent de l'ouvrir qu'à ceux qui leur sont en tout point semblables ; ils vivent dans la peur de la différence. Leur espace privé englobe non seulement leur cercle relationnel, mais aussi les écoles que fréquentent leurs enfants. La société américaine est divisée horizontalement et verticalement. De nombreuses familles y vivent dans le quart-monde, et les classes moyennes éprouvent le plus grand mal à briser le « plafond de verre » qui les isole de la classe sociale située au-dessus d'elles.

Malika Sorel, *Le Puzzle de l'Intégration*, Mille et Une Nuits, avril 2007

Proposition de traduction

Sheryll Cashin, a former adviser to President Clinton, depicts in a book how American society has divided into a great number of social groups that live next to one another in public space and deliberately refuse to mix. That is what American people call "the salad bowl": various ethnic [culture] groups that are juxtaposed but that never merge.

American society, which at first sight appears (to be) an open society, remains, on the contrary, a very closed one. As soon as American people step into their private space, they quickly lock—or even double lock—the door behind them, accepting to open it only to those who are like them in every respect. They live in the fear of their differences. Their private space includes not only their circle [network] of contacts but also the schools (that) their children attend. American society is divided both horizontally and vertically. Many families belong to the underclass, and middle-class people find it terribly difficult to break "the glass ceiling" that cuts them off from the social class above them.

Source : Annales BCE, Éditions Studyrama 2012.

Extrait 8
CCIP LV1 2013

Cela faisait cinq ans qu'elles ne s'étaient pas vues. Jusqu'à leur dernier déjeuner. Il était à peine huit heures, Alice sortait de sa douche quand le téléphone avait sonné. Elle avait jeté un regard distrait sur l'écran et hésité à répondre en voyant s'afficher un numéro qu'elle ne connaissait pas.

– Alice ? C'est Cécile.

Elle ne disait plus : « C'est moi », mais « Cécile ». Un prénom qu'Alice avait retiré de son répertoire. Aurait-elle répondu si elle avait su qui appelait ?

– Il faut que je te voie, que je te parle, c'est très important, enfin ça l'est pour moi. Aujourd'hui, si tu as un moment.

– Qu'est-ce qui se passe ? C'est grave ? Je ne peux pas aujourd'hui.

– Tu ne peux pas t'arranger ?

Alice s'arrangea. Elles avaient convenu de se retrouver pour le déjeuner dans un restaurant que Cécile avait choisi. Alice était paisible en se rendant au rendez-vous et s'en étonna. Elle ne put s'empêcher d'alerter ses sœurs, comme si leur dire allégeait la rencontre, en faisait une anecdote parmi d'autres. Elle ne prévint pas son mari. David était déjà parti au bureau et lui aurait conseillé de ne pas y aller.

Kéthévane Davrichewy Davrichachvili, *Les Séparées*, Sabine Wespieser Éditeur, 2011

Proposition de traduction

They had not seen each other for five years. Up until that lunch. A little before eight o'clock, Alice was coming out of the shower when the phone rang. She took a look at the screen without paying much attention and hesitated to answer when she saw an unfamiliar number appear.

"Alice? It's Cécile."

She no longer said, "It's me," but "It's Cécile." A name Alice had removed from her contact list. Would she have answered if she had known who was calling?

"I've got to see you, talk to you. It's very important. Well, it is for me. Today, if you can spare me a moment."

"What's up? Is it something serious? I can't today."

"Can't you manage to make yourself free?"

Alice did. They agreed to meet for lunch in a restaurant that Cécile had chosen. On her way to meet Cécile, Alice was calm, which came as a surprise to her.

She could not help letting her sisters know, as if telling them would make meeting Cécile easier, even anecdotal. She did not tell her husband about it. David had already left for the office and would have advised her not to go.

Extrait 9
CCIR LV1 2014

Annie avait quitté N. le jour où s'était tenue la messe en mémoire de sa mère. Je savais qu'elle n'avait pas fait que fuir cette messe mais qu'elle était partie, et j'étais bien décidé à aller la chercher. Je n'avais eu aucun mal à trouver leur adresse à Paris. À la poste, un type de mon âge m'avait renseigné en me souriant bizarrement. Sur le coup, je n'avais pas compris. Il semblait très bien connaître l'endroit, du moins les alentours. Dans la rue perpendiculaire, il y avait une galerie de tableaux, il fallait que je passe devant et, après, c'était la première à droite. Au numéro 65. J'ai sonné. C'était Madame M. qui m'avait ouvert. Elle tenait le bébé dans ses bras. L'enfant d'Annie, je n'arrivais pas à le croire. Je ne pouvais pas le quitter des yeux. Elle l'avait serré plus fort contre elle. Non, Annie n'était pas là, malheureusement elle n'avait plus aucune nouvelle d'elle [...]. Je m'étais arrêté devant la galerie de tableaux, celle dont m'avait parlé le guichetier de la poste, les toiles dans la vitrine m'avaient fait penser à celles d'Annie. Mais en levant la tête pour voir le nom de ce magasin, je compris soudain ce qui s'y cachait réellement.

Hélène Grémillon, *Le Confident*, Gallimard, 2010

Proposition de traduction

Annie had left N. on the day a mass was celebrated in memory of her mother. I knew that she had not just fled from that mass, but that she was gone, and I was determined to go and look for her. I had no trouble finding their address in Paris. At the post office a guy of my age gave me the information while smiling in a strange way. At the time I did not understand why. He seemed to know the place very well, or at least the neighbourhood. There was a picture gallery in the street perpendicular to hers. I had to walk past it and then it was the first one to the right. At number 65. I rang the bell. It was Madame M. who opened. She was holding the baby in her arms. It was Annie's baby. I could not believe my eyes. I could not take my eyes off it. She tightened her hold on the child. No, Annie was not there, unfortunately, and she had not heard from her at all [...]. I stopped outside the art gallery, the one the post-office employee had told me about, and the paintings in the window reminded me of Annie's. But as I looked up to see the name of the shop, I suddenly understood what it actually concealed.

Extrait 10
ELVi LV1 2015

Ce furent de bonnes vacances. Les choses étaient plus faciles qu'à Bois-Colombes, pas seulement entre nous, en général. Sur la plage, je restais allongée près de Simone pendant que Philippe s'initiait à la plongée. Nous ne parlions à personne, ne cherchions pas à faire de nouvelles connaissances, il n'y avait pas à expliquer pourquoi cette mère passait ses vacances seule avec ses enfants, au contraire, si la situation paraissait insolite à un commerçant, à un voisin de plage, cela laissait planer sur nous un mystère peut-être douloureux et respectable. À la gare de Collioure, voyant cette mère s'épuiser à porter la lourde valise, un homme s'était offert de l'aider. Comme il avait saisi la valise et nous précédait, elle avait murmuré « Ah, quand même ! » parce qu'il est vrai, je l'avais remarqué aussi, il nous avait observés quelques secondes avant de se décider à traverser le hall pour nous rejoindre. J'avais eu peur qu'il n'ait entendu la réflexion et une fois de plus j'en voulais à ma mère d'être décidément grincheuse. Mais quand il fut parti, elle manifesta son contentement, ce n'était pas à Paris que les gens se seraient montrés aussi serviables. Et je voyais bien qu'elle était flattée d'avoir eu affaire à un homme galant.

Catherine Millet, *Une enfance de rêve*, Flammarion, 2014

Proposition de traduction

Those were nice holidays. Things were much easier than in Bois-Colombes, not only between us but in general. On the beach I would stay stretched out [lying] beside Simone while Philippe was trying to learn how to dive. We never spoke to anybody, never tried to make new acquaintances [to meet new people]. There was no need to explain why mother spent her holidays alone with her children. On the contrary, if the situation seemed (to be) unusual to a shopkeeper or a person next to us [or one of our neighbours] on the beach, it did allow some mystery around us, perhaps something painful that might earn us people's respect. At Collioure Railway Station, a man seeing that poor mother exhausting herself carrying the heavy suitcase (had) kindly offered to help (her). As he had taken [got] hold of the suitcase and was walking ahead of us, she (had) whispered, "Ah! At last!" Because actually – I had noticed it too – he had been watching us for a few moments before he finally made up his mind to cross over the hall to us. I was afraid he had overheard her words, and once again I bore [had] a grudge against my mother for always being that [so] grumpy. However, once he was gone, she showed her satisfaction; it was not in Paris that people would have proved (themselves) [would have shown themselves] (to be) so helpful. And I could perfectly see that she was (most) flattered to have been noticed by such a gallant [courteous] man.

Source : Annales BCE, Éditions Studyrama 2015.

Extrait 11
ELVi LV1 2016

Je fus interrompu au milieu de l'après-midi par mon voisin Leo Horowitz. Il était inquiet de ne pas m'avoir aperçu de la journée et venait s'assurer que tout allait bien. [...]

Il dut trouver étrange que je ne le fasse pas entrer et se douta que je lui cachais quelque chose. Il insista :

Vous êtes certain ? demanda-t-il encore d'un ton curieux.

Absolument. Rien de spécial. Je travaille.

Il vit soudain apparaître derrière moi Duke qui s'était réveillé et voulait voir ce qui se passait. Leo ouvrit de grands yeux.

Marcus, que fait ce chien chez vous ? Je baissai la tête, honteux. [...]

Je voulais aller voir Alexandra, expliquai-je. Et j'ai vu le chien qui sortait de la propriété. Je me suis dit que je pourrais l'amener ici, le garder pour la journée et le ramener ce soir en faisant croire qu'il était venu chez moi de son propre chef.

Vous êtes tombé sur la tête, mon pauvre ami. C'est un vol au sens propre du terme.

C'est un emprunt, je n'ai pas l'intention de le garder. J'en ai juste besoin quelques heures.

Leo, tout en m'écoutant, se dirigea vers la cuisine, se servit sans rien demander d'une bouteille d'eau dans le frigo et s'assit au comptoir.

Joël Dicker, *Le Livre des Baltimore,* Éditions de Fallois, 2015

Proposition de traduction

I was interrupted in the middle of the afternoon [in mid afternoon] by Leo Horowitz, my neighbour [by my neighbour Leo Horowitz]. He was worried [anxious] because he had not seen me all day, and had come to make sure [to check] that everything was all right [alright]. [...]

He probably [He must have] found it strange [odd / queer] that I did not ask him (to come) in, and suspected that I was hiding [concealing] something from him. He insisted.

"Are you sure?" he asked again in an inquisitive tone.

"Absolutely sure [positive]. Nothing special. I'm working."

Suddenly, he saw Duke appear behind me. He had just woken up and wanted to see what was going on [what was happening / what was up]. Leo opened his eyes wide (with astonishment).

"Marcus, what's that dog doing in your house?"

I hung my head [I looked down] in shame. [...]

"I wanted to go and see Alexandra [to visit Alexandra / to pay Alexandra a visit]," I explained. "And I saw the dog coming out of his mistress's [coming out of her place]. I (just) said to myself [it (just) came to my mind] that (perhaps) I could bring him here, keep him for the day and take him back tonight, pretending that he had come to my place [that he had landed up in my place] by himself [on his own]."

"You've gone bananas, my poor friend! This is stealing [It's a theft] in the literal sense of the word."

"It's only 'borrowing'. I don't intend to keep him [I don't intend keeping him / I've no intention of keeping him]. I just need him for a few hours."

While [As] Leo was listening to me, he moved [went] to the kitchen, helped himself to some water from a bottle in the fridge without asking (for) permission, and sat down at the counter.

Source : Annales BCE, Éditions Studyrama 2016.

Extrait 12
ELVi LV1 2017

Ma mère prenait le thé dans le jardin. Debout à ses côtés, légèrement incliné, une main déjà posée sur le dossier de la chaise, M. Zaremba attendait une invitation à s'asseoir qui ne venait pas. Comme il y avait un sujet de conversation qui ne laissait jamais ma mère indifférente, il n'eut aucune difficulté à éveiller son attention.

– Il y a une chose, Nina, dont je tenais à vous parler depuis quelque temps déjà. Il s'agit de votre fils.

Elle buvait toujours son thé beaucoup trop chaud, et, après s'être brûlé les lèvres, elle avait l'étrange habitude de souffler dans la tasse pour la refroidir.

– Je vous écoute.

– Ce n'est jamais bon – je dirais même que c'est dangereux – d'être fils unique. [...]

– Je n'ai aucune intention d'adopter un autre enfant, répliqua-t-elle sèchement.

– Je ne songeais à rien de ce genre, voyons ! murmura M. Zaremba qui n'avait pas cessé de contempler la chaise.

– Asseyez-vous.

Le peintre s'inclina pour la remercier et s'assit. [...]

– Je voudrais seulement vous dire que cela aiderait Romain s'il y avait un autre homme à vos côtés. À condition, bien entendu, qu'il s'agisse de quelqu'un de compréhensif et qui ne se montrerait pas trop exigeant.

Romain Gary, *La promesse de l'aube*, Gallimard, 1960.

Proposition de traduction

My mother was having tea in the garden. Mr Zaremba was standing next to her, slightly leaning forward, one hand already resting on the back of the chair. He was waiting for an invitation to sit down which was not coming. As there was one topic of conversation which never left my mother indifferent, he did not have the slightest difficulty in catching her attention.

"Nina, there is one thing I have been wanting to talk to you about for some time already. It's about your son."

She would always drink her tea much too hot, and, after scalding her lips, she had the strange habit of blowing into her cup to cool it down.

"I am listening to you."

"It's never a good thing – I would even say it's dangerous – to be an only son." [...]

"I have no intention whatever of adopting another child", she replied curtly.

"Come now! I didn't mean anything of the sort," muttered Mr Zaremba, who had kept looking at the chair.

"Sit down."

The painter bowed to thank her and sat down. [...]

"I would just like to tell you that it would help Romain if there was another man by your side, provided, of course, that this person was someone understanding who would not prove to be too demanding."

Extrait 13
ELVi LV2 2017

Ils auraient aimé être riches. Ils croyaient qu'ils auraient su l'être. Ils auraient su s'habiller, regarder, sourire comme des gens riches. Ils auraient eu le tact, la discrétion nécessaires. Ils auraient oublié leur richesse, auraient su ne pas l'étaler. Ils ne s'en seraient pas glorifiés. Ils l'auraient respirée. Leurs plaisirs auraient été intenses. Ils auraient aimé marcher, flâner, choisir, apprécier. Ils auraient aimé vivre. Leur vie aurait été un art de vivre.

Ces choses-là ne sont pas faciles, au contraire. Pour ce jeune couple, qui n'était pas riche, mais qui désirait l'être, simplement parce qu'il n'était pas pauvre, il n'existait pas de situation plus inconfortable. Ils n'avaient que ce qu'ils méritaient d'avoir. Ils étaient renvoyés, alors que déjà ils rêvaient d'espace, de lumière, de silence, à la réalité, même pas sinistre, mais simplement rétrécie - et c'était peut-être pire - de leur logement exigu, de leurs repas quotidiens, de leurs vacances chétives.

Georges Perec, *Les Choses*, Julliard, 1965

Proposition de traduction

They would have liked to have been rich. They thought they might have known how to be. They would have known what to wear, how to look around, how to smile like rich people. They would have had the necessary tact and discretion. They would have forgotten how well-off they were and would have known better than to rub people's noses in it. They would not have bragged about it. They would have exuded it. Their distractions would have been intense. They would have liked to walk, to stroll, to choose, to appreciate. They would have loved being alive. Their whole lives would have exemplified the art of living.

These things are far from easy. For this young couple, who was not wealthy but aspired to be simply because they were not poor, there could not have been a more uncomfortable situation. They only had what they deserved to have. When already they would dream of space, of light, of silence, they kept being reminded of the reality (which was not even sinister but simply shrunken, and that may have been worse) of their cramped lodgings, daily meals and meagre holidays.

IV. Le thème journalistique

Tout comme l'exercice de thème littéraire, qui requiert beaucoup de précision tant dans l'analyse du texte de départ que dans la rédaction de sa traduction, le thème journalistique est un exercice de rigueur. Même si nous constatons à l'usage quelques « souplesses » dans la manière de rendre le message dans la langue cible - nous voyons souvent des emprunts linguistiques en thème journalistique - il est évident que les choix lexicaux et la correction grammaticale sont d'une importance capitale. En effet, la copie contenant des calques syntaxiques systématiques et une absence de recherche lexicale poussée n'est que très moyennement appréciée des jurys. À l'inverse, la copie du candidat qui cherche à employer des tournures idiomatiques et qui cherche le terme le plus précis ou le moins ambigu est plus facilement bonifiée. Enfin, savoir utiliser les procédés de traduction (modulations et transpositions en particulier) à bon escient est primordial. Au cours de sa préparation aux épreuves du concours le candidat pourrait utilement avoir recours à l'ouvrage d'Hélène Chuquet et Michel Paillard : *Approche linguistique des problèmes de traduction anglais – français*[1].

Les textes choisis par les jurys de concours sont la plupart du temps des articles traitant de l'actualité, autour d'un thème particulier. Ceci suppose de la part du candidat une connaissance solide de l'actualité et un intérêt certain pour celle-ci. En effet, nous avons beaucoup de mal à concevoir qu'un futur commercial puisse ne pas se tenir au courant de ce qui l'entoure - il doit souvent s'en servir dans son discours commercial pour négocier ses contrats. Aussi, pour aller au terme le plus précis dans une traduction ou pour comprendre un phénomène particulier évoqué dans le texte, le candidat aura tout intérêt à lire régulièrement la presse en langue anglaise (britannique et américaine, et pas exclusivement...) et à s'intéresser de près à la culture/aux cultures anglo - saxone(-s). Ce n'est qu'au prix d'un effort particulier dans ce domaine que l'on s'approprie les outils nécessaires pour mieux comprendre un texte à traduire dans ses moindres détails, et d'un entraînement régulier et rigoureux au thème et à la rédaction en langue anglaise que l'on peut réussir l'épreuve redoutée du thème journalistique aux concours.

1. Chuquet H., et Paillard M., *Approche linguistique des problèmes de traduction anglais – français*, Éditions Ophrys, Paris, 1987.

A. Thèmes commentés et corrigés hors annales

Extrait 1

Philip Roth ravi de sa décision d'arrêter d'écrire

L'écrivain se réjouit d'être désormais « libre », apparemment soulagé d'une décision qui a mis un terme à la carrière d'un des auteurs américains vivants les plus adulés.

Un mois et demi après avoir discrètement annoncé qu'il n'écrirait plus, l'écrivain Philip Roth se réjouit d'être désormais « libre », apparemment soulagé d'une décision qui a mis un terme à la carrière d'un des auteurs américains vivants les plus adulés. Après 53 ans d'une carrière qui l'a rendu célèbre dans le monde entier, il ne se sentait plus, a-t-il confié, l'énergie de gérer la frustration qui accompagne la création littéraire. « Je n'ai plus l'énergie pour supporter la frustration. Écrire est une frustration quotidienne, et je ne parle pas de l'humiliation », a-t-il expliqué au *New York Times*, dans ce qu'il a présenté comme sa dernière interview. « Je ne peux plus passer des jours à écrire cinq pages que je jette ensuite », a-t-il ajouté.

L'an dernier, [celui qui fut] pressenti au Nobel de littérature, qui aura 80 ans en mars, avait pourtant affirmé qu'il ne se voyait pas arrêter d'écrire. « Écrire me tient à distance de la dépression », avait-il expliqué dans un rare entretien télévisé. Mais début octobre, il annonce à l'hebdomadaire français *Les Inrocks* qu'il n'a plus envie d'écrire. « Pour tout vous avouer, j'en ai fini », ajoute-t-il, soulignant qu'après avoir enchaîné les livres [...] il n'a plus rien écrit depuis trois ans.

D'après *Le Point*, version en ligne modifiée, publié le 21 novembre 2012

Commentaires

L'extrait proposé ci-dessus ne présente pas de problèmes lexicaux majeurs, mais nous pouvons nous interroger sur les temps qu'il convient d'employer, surtout dans le dernier paragraphe. Nous pouvons rappeler ici qu'il convient d'utiliser le prétérit lorsqu'on récite quelque chose, ce qui explique la traduction par ce temps de « il annonce » et qu'il « n'a plus envie d'écrire » dans la proposition de corrigé qui suit. Cependant, il convient de garder le présent dans ce qui précède pour des raisons évidentes de narration. Nous devons ajouter aussi que les titres dans le thème journalistique peuvent se traduire soit en faisant des phrases courtes contenant un sujet, un verbe et un objet, soit stylistiquement avec des mots clefs.

Proposition de traduction

Philip Roth Delighted about Decision to Stop Writing[1]

The writer is now overjoyed about being "free," apparently relieved since the[2] decision putting an end to the career of the most admired American writers still alive[3].

A month and a half after having discreetly announced that he would write no more, writer Philip Roth is delighted about now being "free," apparently relieved because of a decision putting an end to the career of one of the most admired American writers still alive. After 53 years in a[4] career which has made him famous throughout the world, he said that he no longer felt he had the energy to manage the frustration that goes with literary creation. "I don't[5] have the energy to put up with the frustration any more. Writing is a daily frustration, not to mention the humiliation," he explained to the *New York Times*, in what he presented as his last interview. He added, "I can't spend days writing five pages that I then throw away."

Last year, he who was considered by some[6] for the Nobel prize for literature and who will be 80 in March, had stated that he could not see himself stopping writing. "Writing keeps me away from depression," he then explained[7] in a rare televised interview. But at the beginning of October he announced in the French weekly *Les Inrocks* that he no longer wished to write. "To tell you the whole story, I've finished with it," he added, asserting that after having written book after book he had written nothing for three years.

1. Nous aurions pu imaginer la traduction par « *Philip Roth is delighted about his decision to stop writing* » mais nous avons préféré garder le style du texte de départ.
2. Il est évident que c'est Roth lui-même qui a pris la décision d'arrêter, et nous pouvons donc nous demander si une traduction par « *his decision* » serait pertinente. Cependant, nous ne prendrons pas cette liberté avec le texte de départ, qui semble vouloir distinguer entre l'auteur de la décision et la décision en elle-même.
3. Le choix de « *still alive* » peut se discuter. Nous aurions pu imaginer une traduction par « *the most admired living American writers* », mais une ambiguïté se présenterait. En effet, avec « *still alive* » nous comprenons que des auteurs américains vivants sont adulés tout comme ceux qui ne le sont plus. En utilisant l'expression « ... *living American writers* » nous excluons la possibilité que des auteurs décédés soient appréciés.
4. Nous pouvons imaginer une traduction par le déterminant fort ici, car c'est une carrière unique : c'est sa carrière d'écrivain, et non une autre, qui lui a donné sa renommée. La traduction par le possessif serait presque un contresens.
5. Il convient de limiter l'usage de la forme contractée à du discours direct. En effet, des formes contractées non nécessaires sont comptabilisées comme des fautes d'orthographe.
6. Le verbe « pressentir » est difficile à traduire. Nous avons donc préféré ici une explicitation pour ne pas utiliser à mauvais escient des verbes tels que « *to sound out* » qui véhicule également le sens de « mettre en avant » par tout le monde. Ceci serait un contresens ici.
7. Nous avons préféré ici utiliser « *then* » plutôt que de traduire par un plus que parfait. Ceci s'explique par le fait que nous sommes en train de réciter, et que nous avons des marqueurs temporels spécifiques. Nous devons cependant marquer la distinction entre « *last year* » et « *October* », ce que « *then* » nous permet de faire ; l'utilisation du plus que parfait, même s'il s'avère justifié, serait stylistiquement maladroit.

Extrait 2

Catalogne : résultats décevants pour les hommes d'Artur Mas

La coalition nationaliste conservatrice reste la première force du Parlement, mais la gauche indépendantiste obtient de bons résultats.

Un long silence. Les militants de la coalition nationaliste conservatrice du président de Catalogne Artur Mas accusent le coup de résultats décevants, même si CiU reste la première force au Parlement de cette région du nord-est d'Espagne. En fin de soirée, la gifle se confirme. Le parti d'Artur Mas, qui visait une majorité absolue en provoquant des élections anticipées, est au contraire en perte de vitesse et n'obtient que 50 sièges contre 62 actuellement.

En conflit ouvert avec Madrid qui a refusé un « pacte fiscal » offrant plus d'autonomie budgétaire à cette région, il a mené toute sa campagne sur la promesse d'un référendum sur l'autodétermination de la Catalogne, dans un contexte de forte poussée indépendantiste. Mais les militants rassemblés dans un grand hôtel de Barcelone reprennent des couleurs en voyant arriver leur chef. « Mas président, Catalogne indépendante ! » lui crient-ils, devant les drapeaux indépendantistes déroulés sur les murs de [l'établissement].

D'après *Le Point*, version en ligne modifiée, publié le 26 novembre 2012

Commentaires

Le texte proposé ci-dessus ne présente pas de difficultés lexicales majeures, même si beaucoup de mots qui paraissent transparents sont des faux-amis. De plus, différentes traductions existent pour un même mot, et il convient alors de varier les traductions là où cela est possible pour éviter des répétitions malheureuses. Enfin, il convient de faire attention aux structures nécessitant une traduction par un génitif en « 's » ou par une forme composée de type N of N, N - N, etc.

Proposition de traduction

Catalonia: Disappointing Results for Artur Mas's Team[1]

The Conservative nationalist coalition is still the major power in Parliament, but the separatist left gets a good score[2].

A long silence. The militants of Catalan President Artur Mas's conservative nationalist coalition come to terms with their[3] disappointing results, even if the CiU is still the major power in the Parliament of this north-eastern Spanish region. At the end of the evening, the slap in the face is confirmed. Artur Mas's party, which was looking for an absolute majority when it provoked early elections, is on the contrary losing steam, gaining only 50 seats compared to its present 62.

In an open clash with Madrid which has refused a "fiscal pact" giving more budgetary autonomy to the region, it conducted its entire campaign on the promise of a referendum on Catalonia's self-determination, in the midst of a strong separatist upsurge. But activists gathered at a large Barcelona hotel felt[4] better seeing their boss arrive. "Mas for President, an independent Catalonia!" they shouted to him, in front of separatist flags hanging on the walls of the establishment.

1. Il nous a semblé plus judicieux de traduire « hommes » par « *team* » plutôt que « *men* », qui aurait, entre autre, une connotation plus militaire.
2. Nous aurions pu admettre d'autres traductions : « *obtains a good score/obtains good results* » ou « *scores well in the polls* ». Il est évident toutefois que le jour du concours, vous ne devez donner qu'une seule proposition de traduction.
3. La traduction par « *their* » nous a semblé obligatoire ici. Si nous avions traduit par « *the* », cela supposerait que les résultats de l'élection seraient décevants pour tous, ce qui n'est bien sûr pas le cas. Une surinterprétation était donc nécessaire pour bien marquer cette nuance.
4. L'emploi du prétérit était obligatoire ici, car nous sommes à un moment précis le soir des élections. Nous ne pouvions garder le présent comme nous l'avions fait dans le paragraphe précédent. Attention aux surinterprétations cependant, car celles-ci sont pénalisées si elles ne sont pas justifiées.

Extrait 3

Immobilier parisien : nouveau record, mais les prix vont se stabiliser

Le prix des logements anciens à Paris ont atteint 8 440 euros par mètre carré en moyenne entre juin et août 2012.

Le prix des logements anciens à Paris ont battu un nouveau record à 8 440 euros par mètre carré en moyenne pour la période comprise entre juin et août 2012, mais ils vont se stabiliser au cours des prochains mois, a annoncé mardi la Chambre des notaires Paris-Île-de-France.

Le précédent record, à 8 410 euros/m^2, datait de la période comprise entre mai et juillet 2011. Les prix des appartements anciens à Paris devraient se stabiliser, sans baisser, « pendant les derniers mois de l'année 2012 autour de 8 500 euros le mètre carré », indiquent les notaires dans un communiqué.

« Il va y avoir un nouveau record à Paris », avait prévenu Thierry Delesalle, notaire à Paris, lors d'une conférence de presse le 13 septembre, indiquant que les indicateurs avancés pointaient une hausse des prix pour les prochains mois.

[...]

Mais ce nouveau record s'accompagne d'une chute des transactions. Entre juin et août 2012, seulement 6 800 logements anciens, essentiellement des appartements, ont été vendus [à Paris], soit une chute de 19 % par rapport à la même période de l'an dernier.

D'après *Le Point*, version en ligne modifiée, publié le 30 octobre 2012

Commentaires

Le texte ci-dessus requiert de la part du traducteur une attention particulière aux prépositions, qui sont souvent source d'erreurs dans les copies de concours. Une erreur de préposition est lourdement pénalisée, car très souvent lourde en contresens ! Un autre problème soulevé par ce texte est la manière dont on doit appréhender « Chambre des notaires », qui ne connaît pas d'équivalent exact dans le monde anglophone – les systèmes anglais et français ont leurs propres spécificités, ce qui implique soit une traduction par une périphrase assez neutre, soit le maintien du terme français entre guillemets[1]. Ceci dit, là où c'est possible de donner une périphrase sans alourdir le texte de la langue d'arrivée, mieux vaut le faire. En effet, votre correcteur pourrait croire à une tentative d'esquive de votre part ; l'erreur la plus lourdement sanctionnée est l'omission.

1. Nous tirons cette conclusion de la manière dont « Chambre des notaires » est traduit sur le site http://www.linguee.fr/francais-anglais/traduction/chambre + de + notaires.html, où le terme est soit laissé en français, soit traduit par « *board of notaries* ».

Proposition de traduction

Parisian Real-Estate: New Records, but Prices will Stabilize

Prices of old stock[1] housing in Paris reached 8,440 euros per square meter on average between June and August 2012.

Prices of old stock housing in Paris beat a new record of 8,440 euros per square meter on average during the June to August 2012 period, but will stabilize over the coming months, the Paris-Ile-de-France Board of notaries announced on Tuesday.

The former record, 8,410 euros/m^2, goes back to the period running from May to July 2011. The price of second-hand flats in Paris should stabilize, without going down, "over the last months of the year 2012, at around 8,500 euros a square meter," the notaries said in a statement.

"There is going to be a new record in Paris," Parisian solicitor Thierry Delesalle had anticipated during a press conference on September 13th, explaining that advanced indicators were pointing towards a price rise over the next few months.

[...]

But this new record also coincides with a drop in transactions. Between June and August 2012, only 6,800 second-hand properties, mainly flats, were sold [in Paris], which corresponds to a 19% drop when compared with the same period last year.

Extrait 4

Le Premier ministre britannique David Cameron a promis, s'il est réélu, d'organiser d'ici 2017 un référendum sur l'appartenance du Royaume-Uni à l'Union européenne, dans un discours mercredi au cours duquel il a appelé à recentrer la relation de son pays avec l'UE « sur le marché unique ». « Quand nous aurons négocié un nouvel accord » sur les relations de la Grande-Bretagne avec l'UE, « nous offrirons aux Britanniques un référendum avec un choix très simple : rester au sein de l'UE sur cette nouvelle base ou en sortir complètement. Ce sera un référendum sur l'appartenance ou non à l'UE », a déclaré David Cameron lors de ce discours-clé sur l'Europe.

Cette consultation interviendra dans la première moitié de la prochaine législature qui commence en 2015, a-t-il précisé. La nouvelle relation du Royaume-Uni avec l'UE « sera une relation centrée sur le marché unique », a-t-il dit. « Si nous ne répondons pas aux défis, le danger est que l'Europe échoue et les Britanniques dérivent vers la sortie », a-t-il averti. « Je ne suis pas un isolationniste », a également assuré le chef de fils conservateur. « Je ne veux pas [simplement] un meilleur accord pour la Grande-Bretagne. Je veux un meilleur accord pour l'Europe aussi », a-t-il dit.

D'après *Le Point*, version en ligne modifiée, publié le 23 janvier 2013

1. Une autre traduction possible serait « *existing housing* », mais nous n'avons pas retenu ce terme en raison de l'ambiguïté autour de l'adjectif « *existing* ». En effet, un logement construit de longue date mais non encore occupé peut correspondre à la définition d'« *existing* », alors que l'expression française renvoie à du logement construit et déjà occupé.

Commentaires

Le texte proposé ci-dessus n'est pas problématique du point de vue lexical ; l'agencement syntaxique ne présente pas de difficultés majeures non plus. Il permet toutefois de mettre l'accent sur la ponctuation, et notamment l'emploi des guillemets en anglais. En effet, bien se rappeler que l'anglais met entre guillemets que ce qui est effectivement dit, à la différence du français qui ne ferme pas les guillemets pour les incises. Cette remarque peut paraître futile, mais il faut garder à l'esprit que la ponctuation rentre également en compte dans l'appréciation de la copie, et de nombreux points peuvent se perdre par une absence de maîtrise de la ponctuation.

Proposition de traduction

British Prime Minister David Cameron[1] promised that if he is re-elected, he will organise a referendum on Britain's belonging to the European Union before 2017, in a speech on Wednesday in which he called for relations between his country and the EU to be re-centered around the "common market." "When[2] we have negotiated a new agreement" on Britain's relations with the EU, "we will propose a referendum to the British people with a very simple choice: either to stay within the EU on this new basis or to leave it completely. It will be a referendum about belonging to the EU or not," David Cameron declared during this key speech on Europe.

This consultation will come about in the first half of the next parliament which starts in 2015, he added. The new relationship between the United Kingdom and the EU "will be a relationship based on the common market," he said. "If we do not rise to challenges, the danger is that Europe will fail and the British will drift towards the exit," he warned. "I am not an isolationist," the conservative leader also hastened to add[3]. "I do not just want a better deal for Britain. I also want a better deal for Europe," he said.

1. Il faut souligner qu'ici deux constructions étaient possibles. Nous avons choisi de mettre l'accent sur la personne de David Cameron plutôt que sur sa fonction, puisque bien sûr c'est lui qui prononce le discours. Le nom propre s'autodétermine. Nous aurions pu mettre l'accent sur la fonction de premier ministre, ce qui nous aurait amené à revoir la détermination nominale : « *The British Prime Minister,* David Cameron, + verbe ». Cette solution n'a pas été retenue non plus pour ne pas séparer le sujet de son verbe. À noter toutefois que si cette solution avait été retenue, le nom de la personne aurait du se mettre entre virgules.
2. Nous pourrions envisager une traduction de « quand » par « *once* » ici. « *When* » met plus l'accent sur le temporel de manière explicite, mais « *once* » véhicule également l'idée de volonté de renégocier l'appartenance – « une fois que ».
3. Ce choix de traduction s'explique par le fait que Cameron tenait absolument à préciser cette information. En effet, il « assure » ici presque pour « rassurer ». L'expression « *hasten to add* » s'utilise pour une information rajoutée en complément d'une autre, qui n'est pas nécessairement en rapport direct avec le sujet précis, seul avec la thématique.

Extrait 5

Cinéma français

Fausses vérités et vrais enjeux

Tant mieux si le cinéma est en France un objet de passion, tant mieux s'il rassemble les publics autant qu'il divise les « professionnels de la profession ». Le débat sur les cachets des stars – aussi vieux que le cinéma – ne doit pas occulter la renaissance du cinéma français. Laissons parler chiffres et médailles : 70 % des Français vont au cinéma, plus de 200 millions d'entrées par an dont 40 % pour des films français et 140 millions d'entrées à l'étranger en 2012, le double des années passées ! Les prix obtenus sont aussi impressionnants, de Cannes à Tokyo, sans oublier les Oscars : après le sacre de *The Artist*, *Amour* est sélectionné dans cinq catégories ! La diversité est notre force et les Français excellent autant dans les films d'auteurs intimistes que dans les polars et les thrillers, les documentaires et l'animation où nous faisons jeu égal avec les États-Unis.

Cette renaissance est le fait d'une nouvelle génération de cinéastes éclectiques, audacieux, ouverts sur le monde, servis par les meilleurs techniciens du monde. Grâce à eux la France est le premier partenaire du cinéma d'auteur, nous produisons un quart de tout le cinéma européen.

D'après *Le Figaro*, version adaptée, 23 janvier 2013, par Éric Garandeau

Commentaires

Du point de vue lexical, ce passage comporte quelques mots qui nécessitent une interprétation particulière, y compris des mots assez courants comme « enjeux » dans le sous-titre. S'agit-il d'un enjeu de type « affaire », de type « faits » ou de type « défi » ? Si nous partons du principe que la renaissance du cinéma français est une simple réalité non accompagné de défis, nous pouvons proposer une traduction par « issues ». Cependant, comme il est également question pour le cinéma français de s'affirmer en Europe et surtout de se hisser au niveau du cinéma américain pour ce qui est de certains genres, nous pouvons proposer une traduction par « challenges ». Des questions similaires peuvent se poser autour du mot « médailles » dans l'expression « Laissons parler chiffres et médailles » – pouvons-nous accepter une traduction littérale en mettant l'accent sur le côté « récompense » de ce mot, ou devons-nous parler en simples termes de résultats, en proposant alors une traduction par « *prizes* » ? En tout état de cause, une traduction littérale serait totalement inappropriée ici.

Il serait peu probable qu'un candidat au concours connaisse une traduction de « cinéma d'auteur ». Ce terme serait alors sans doute soit explicité en anglais sous forme de note de bas de page dans le sujet – le candidat serait alors amené à démontrer sa capacité à expliciter succinctement le terme dans sa traduction, ou alors une traduction serait proposée par les rédacteurs du sujet. Ne pas oublier cependant que s'il y a besoin de passer par une explicitation dans la traduction, celle-ci doit être très courte pour ne pas transformer le texte traduit en définition de dictionnaire ! Les bonnes « trouvailles » issues de ce procédé de traduction sont généralement bonifiées.

Proposition de traduction

French Cinema

False truths and real challenges[1]

So much the better if the cinema is an object of passion in France, and so much the better if it brings different publics together as much as it divides the "profession's professionals." Debates over the secrets of stars—something as old as the cinema itself—must not hide the rebirth of the French cinema. Let the figures and rewards[2] speak for themselves: 70 % of French people go to the cinema, there are more than 200 million tickets sold per year with 40 % for French films, and 140 million tickets sold abroad in 2012, double previous years! The awards won are just as impressive, from Cannes to Tokyo, not forgetting the Oscars: after the triumph of *The Artist*, *Amour* has been nominated in five categories! Diversity is our strength and the French excel as much in art-house cinema as in detective films and thrillers, reports and animation where we are on an equal footing with the Americans.

This rebirth is the fruit of a new generation of eclectic, bold, open-minded film makers, aided by the best technicians in the world. Thanks to them, France is the first partner of art-house cinema, we produce a quarter of all European cinema.

1. Nous pouvions essayer d'employer des opposés tels que « *right* - *wrong* » ou « *true* - *false* » ici à l'image du français « vrai - faux » mais deux problèmes se présentaient alors. Dans le cas de « *right* - *wrong* » nous aurions une opposition trop forte entre l'adjectif « faux » et le nom « vérité » - nous pourrions difficilement imaginer une traduction par « **wrong truths* », car par définition ce qui est « *wrong* » ne constitue pas « [*the*] *truth* ». Avec « *true* - *false* » nous risquions ou bien une répétition de « *true* » avec « *false truths and true challenges* », ce qui serait lourdement pénalisé car stylistiquement maladroit, ou alors il faudrait remplacer le mot « *truths* » dans le sous-titre en courant le risque de sur-interpréter, et donc de courir vers le contresens.
2. Le mot « *rewards* » évoque des récompenses telles les Oscars, mais véhicule également le sens de gains financiers. Il peut alors s'employer avec des statistiques.

Extrait 6

> **La Chine met fin à la gratuité de ses universités**
>
> On estime que 5 millions de Chinois suivent des études supérieures dans les universités d'État chinoises. Elles vont devenir payantes et coûteront désormais entre 1 000 et 1 200 euros par an.
>
> Les universités chinoises deviendront payantes dès la rentrée 2014, a décidé [...] l'État chinois, dans un communiqué. Relayé par l'agence officielle Xinhua, il précise que cette fin de la gratuité dans les établissements sera accompagnée par un « choix plus flexible de bourses ».
>
> Selon les nouvelles règles fixées par le parti, ces frais de scolarité ne devront pas dépasser 8 000 yuans par an pour les licences et les masters (un peu moins de 1 000 euros), et 10 000 yuans par an pour les doctorats (1 200 euros). Cela représente environ six mois de salaire minimum local.
>
> Jusqu'à aujourd'hui, les étudiants suivant des programmes d'enseignement supérieur publics avaient le droit à une exemption des frais de scolarité. Cette politique a commencé à être remise en cause en 2006, lorsque le ministre chinois de l'éducation [a décidé] de rendre quelques établissements payants. Visiblement jugée convaincante, la mesure sera désormais étendue à tout le pays.
>
> D'après *Le Figaro*, version en ligne modifiée, article de Quentin Blanc, 11 février 2013

Commentaires

Cet extrait du *Figaro* reprend l'un des thèmes les plus discutés par nos étudiants, et donc ne devrait pas poser de grande difficulté lexicale ! Syntaxiquement il ne présente aucune difficulté particulière ; aussi, s'il était proposé au concours, les candidats seraient jugés plus sur la richesse de l'expression et sur leur capacité à prendre des risques utiles dans la traduction. Des déplacements d'unités de sens sont à prévoir ici pour éviter des ambiguïtés et des répétitions maladroites.

Proposition de traduction

China Ends Free Tuition in Universities[1]

5 million Chinese students are said to be[2] currently in higher education in China's state universities. Universities[3] are now going to charge, and will cost between 1,000 and 1,200 euros per year.

The State of China has decided that Chinese universities will become fee-paying as of the 2014 academic year, it has been reported[4]. Made public by the official news agency Xinhua, the statement[5] specifies that the end of free tuition in universities will be accompanied by a "more flexible choice of grants."

According to the new rules set by the party, these tuition fees must not exceed 8,000 yuan (slightly less than 1,000 euros) per year for bachelors and masters degrees, and 10,000 yuan (1,200 euros) for a doctorate. That amounts to roughly six months of the local minimum wage.

Until today, students following state higher education courses had the right to be exempted from tuition fees. This policy began being disputed[6] back in 2006, when the Chinese minister of education decided to make some establishments fee-paying. Evidently deemed convincing, the measure will now be applied throughout the country.

1. Certes, nous pouvions imaginer une traduction plus littérale par « *China puts an end to free tuition in its universities* », mais par souci de concision journalistique, nous préférons une forme plus compacte.
2. Une traduction autrement que par la voix passive nous a semblé impossible ici.
3. Cette répétition, bien que malheureuse, nous a semblé obligatoire ici. En effet, en gardant une traduction par « *they* » pour éviter la répétition, il y aurait une ambiguïté en anglais – est-ce que ce sont les universités qui vont faire payer ou alors les étudiants ? Pour lever cette ambiguïté, nous pouvions imaginer une traduction par « *these* », mais nous ne l'avons pas retenue puisqu'un démonstratif pourra difficilement être le sujet d'un verbe.
4. Une sous-traduction a été préférée ici pour garder un style simple, car nous pouvons renforcer par la suite « il précise que » dans la phrase suivante.
5. La traduction du pronom par ce nom vient suppléer la sous-traduction mentionnée en note 4.
6. Nous pouvons nous interroger sur la possibilité de proposer « *were first disputed back in 2006* » comme traduction. Nous ne l'avons pas retenue ici, car elle laisserait en suspens l'ambiguïté sur une éventuelle discontinuation du débat.

B. C'est à vous ! Thèmes d'entraînement

➲ Corrigé en fin d'ouvrage

Extrait 7

La santé au cœur de la bataille pour la Maison-Blanche

Elle a le sourire hésitant des rescapés, mais le verbe sûr de ceux qui ont décidé de se battre. « Voilà ce qui sauve tant de vies ! », lance Alliea Groupp en brandissant fièrement sa carte blanche d'affiliation à Commonwealth Choice. C'est l'un des régimes d'assurance-maladie créés dans le Massachusetts en 2006, du temps où Mitt Romney, aujourd'hui prétendant à l'investiture républicaine, en était le gouverneur. Sans ce texte controversé, cette travailleuse sociale de 39 ans ne serait peut-être même plus de ce monde pour raconter son histoire.

Quand Barack Obama, en 2009, a cherché des références pour son projet de loi sur l'assurance-santé, il s'est penché tout naturellement sur l'expérience du Massachusetts. La réforme adoptée trois ans plus tôt à Boston était née d'un accord entre le sénateur démocrate Kennedy et le gouverneur républicain d'alors, Romney, avec la bénédiction des médecins et des assureurs, dont la toute-puissance était renforcée par l'apport de nouveaux clients autrefois insolvables. « Romney devrait en être fier. Mais il ne peut l'avouer... au moins jusqu'à la fin des primaires », résume en souriant un professeur d'économie au MIT.

Soumis à la pression du mouvement extrémiste Tea Party, les barons républicains vouent désormais aux gémonies la loi Obama. Le succès de Romney s'est transformé en handicap. Lui qui, en 2006, avait signé en grande pompe la loi du Massachusetts, jure désormais solennellement qu'il abrogera l'« Obamacare » sitôt installé à la Maison-Blanche.

Adapté de *Le Monde*, 7 janvier 2012

Extrait 8

Un Brexit américain

Longtemps, les médias l'ont pris pour un clown. Et se sont gaussés de ses pitreries, synonymes de buzz et d'audience. Mais lorsqu'ils se sont réveillés, il était déjà trop tard : la fusée Trump avait déjà décollé. Le bouffon s'était transformé en démon de la politique américaine.

Bien que les révélations se soient succédé sur ses frasques sexuelles ou ses fraudes fiscales, Donald Trump a su trouver les mots et les tweets pour convaincre un peuple en colère de voter pour lui. Sa campagne, jamais dans la finesse, a été redoutablement efficace. Il fallait voir, cette nuit du 8 novembre, les visages atterrés du clan Clinton, dépassé par un phénomène que l'ex-First Lady n'a jamais su analyser. Or loin d'être le fruit du hasard, la victoire de Donald Trump sonne comme la réponse populiste au malaise profond de la société américaine, malaise soigneusement dissimulé par une croissance économique correcte et un taux de chômage inférieur à 5 %.

Mais les fractures béantes créées par la mondialisation, les trouées dans le tissu industriel du pays, l'héritage jamais soldé de la récession de 2008 ont été les puissants ressorts du ressentiment populaire. Une colère sourde, comparable à celle qui s'est exprimée en juin en Grande-Bretagne : avant de dire oui à Donald Trump, l'Amérique a surtout dit non à Hillary Clinton. Et c'est avec cette Amérique récalcitrante que le reste du monde, consterné, va devoir composer.

Adapté de Eric CHOL, *Courrier International,* 9 novembre 2016

Extrait 9
Sujet ECRICOME LV1 2012

Le débat sur l'appartenance à l'UE refait surface en Grande-Bretagne

La crise qui frappe l'Europe a ravivé un débat déjà ancien en Grande-Bretagne, entre europhiles et eurosceptiques. Les députés britanniques ont rejeté, lundi soir 24 octobre, un amendement proposant un référendum sur le maintien de la Grande-Bretagne dans l'UE, mais le vote a été l'occasion d'une rébellion massive des conservateurs eurosceptiques contre le Premier ministre David Cameron. [...]

Le vote était purement consultatif, et la motion n'avait aucune chance d'être adoptée. D'autant que l'opposition travailliste et les libéraux-démocrates - alliés des conservateurs au sein de la coalition au pouvoir, et europhiles - y étaient hostiles. Mais l'ampleur de la révolte parlementaire, sans précédent, constitue une défaite politique majeure pour M. Cameron, arrivé au pouvoir il y a dix-sept mois.

David Cameron a répété lundi devant les députés que l'intérêt national du Royaume-Uni est d'être dans l'Union européenne, d'aider à déterminer les règles qui régissent le marché unique, le plus gros marché pour les exportations puisqu'il en absorbe 50 %. « Ce n'est pas un argument abstrait, théorique, cela importe pour des millions d'emplois », a-t-il précisé.

D'après *Le Monde*, 24 octobre 2011

Proposition de traduction

Debate on E.U. Membership Resurfaces in Britain

The crisis affecting Europe has rekindled an already long-running debate in Great Britain between Europhiles and Eurosceptics. On the evening of Monday 24th October, MPs rejected an amendment calling for a referendum on Britain remaining in the E.U., but the vote led to a massive revolt by Conservative Eurosceptics against the Prime Minister, David Cameron. [...]

The vote was purely consultative and the motion stood no chance of being adopted, all the more so as the Labour Opposition and the Conservatives'Europhile coalition partners, the Liberal Democrats, were against it. But the size of the unprecedented parliamentary revolt is a major political defeat for Mr Cameron who came to power seventeen months ago.

In the Commons on Monday, David Cameron repeated that it was in the UK's national interest to be within the European Union and to help to determine the rules governing the single market, the country's biggest foreign market, since it accounts for 50% of British exports. "This is no abstract, theoretical argument. millions of jobs are at stake," he pointed out.

Extrait 10
Sujet IENA LV1 2012

Les traders n'échappent pas à la rigueur. L'affirmation peut prêter à sourire, dès lors qu'elle s'applique à ces professionnels grassement rémunérés pour prendre des risques supposés calculés sur les marchés financiers. Elle est pourtant justifiée. Depuis des mois maintenant, les plans massifs de réduction d'effectif se succèdent dans les entités qui regroupent au sein des banques les métiers de financement et d'investissement. Au niveau mondial, le seuil des 100 000 suppressions de postes a été dépassé. Et ce n'est qu'un début. Le temps des vaches grasses est fini pour les traders. C'est d'abord le prix d'un pari perdu. En 2009 et en 2010, nombre d'établissements tablant sur un redémarrage en trombe de l'économie mondiale ont recruté à grands frais. Faute de croissance durable, le soufflé est rapidement retombé et le bataillons de traders s'avèrent pléthoriques. La purge a débuté, elle n'est pas encore terminée. L'urgence est partout à l'élagage des branches d'activité les moins performantes et à la concentration des forces sur les seuls points forts.

François Vidal, *Les Échos*, 8 novembre 2011

Proposition de traduction

Traders cannot get away with austerity measures. The statement can make people smile from the moment it applies to those professionals generously paid to take supposedly calculated risks on money markets. It is however justified. For several months now, massive downsizing plans have been following on from one another in institutions that muster finance and investment-related jobs within banks. On a world scale, the threshold of 100,000 job cuts has been crossed. And that is only beginning. Prosperous times are over for traders. This is first and foremost the price they have to pay for gambling and losing. In 2009 and 2010, a number of finance institutions which predicted a fast recovery of the world economy spent fortunes on hiring new staff. But for want of sustainable growth, the economy stalled after it had picked up and the cohorts of traders have turned out to be excessive. Streamlining has started and is not over yet. Everywhere it is urgent that the least profitable fields of activity be trimmed down and that the strongest ones get all the attention.

Extrait 11
Sujet ECRICOME LV1 2013

Problème majeur qui empoisonne la vie de millions d'Américains, un foyer sur cinq devait en 2010 rembourser un prêt étudiant aux États-Unis, soit deux fois plus qu'il y a vingt ans et 15 % de plus qu'en 2007, selon une étude de l'institut Pew sur la dette étudiante : 40 % des foyers dont le chef de famille est âgé de moins de 35 ans – un record – est débiteur. Depuis 2007, la part de la dette augmente dans les dépenses de tous les foyers, quelle que soit la composition sociale, par l'effet combiné d'une charge plus lourde et de revenus en baisse. La dette moyenne est ainsi passée de 23 349 $ en 2007 à 26.682 $ en 2010. Globalement la dette étudiante a atteint en 2011 les mille milliards de dollars, alors que les experts se demandent si cette « bombe » ne sera pas la prochaine crise majeure de l'économie américaine. Le sujet s'est immiscé le mois dernier dans la campagne présidentielle, quand Barack Obama, parlant du coût des études supérieures pour les jeunes, a raconté que son épouse Michelle et lui-même avaient décroché des diplômes de prestigieuses universités grâce à des prêts qu'ils n'avaient que récemment fini de rembourser.

D'après *Le Monde*, 27 septembre 2012

Proposition de traduction

One of the major problems poisoning the lives of millions of Americans is that in 2010 one in five households in the United States had to pay back a student loan, which is twice as much as twenty years ago and 15% more than in 2007. According to a study about student debt published by the Pew institute: 40% of families whose heads are less than 35—an all time record—have loans to pay off. Since 2007, the share of debt burden in the expenses of every household has been increasing, regardless of social status, through the cumulated effects of a heavier load of expenditures and decreasing incomes. The average debt thus soared from $23,349 in 2007 to $26,682 in 2010. Overall, the amount of student loans reached one thousand billion dollars in 2011, while pundits wonder whether this "time-bomb" is not what is going to trigger the next major crisis for the American economy. The topic popped up last week in the presidential debate when, discussing the cost of higher education for young people, Barack Obama explained how he and his wife Michelle had graduated from prestigious universities thanks to loans they had only recently finished paying off.

Extrait 12
Ecricome LV1 2014

En matière de droit social, la résidence londonienne de la reine Élisabeth II n'a rien à envier aux entreprises telles que McDonald's ou Burger King. En cause, les contrats à zéro heure, que le Palais royal a gracieusement offerts à 350 saisonniers pour accueillir les touristes. Ces contrats, spécificité britannique, ne garantissent aux personnes embauchées aucune heure de travail (tout dépend de la fréquentation), et donc pas de salaire minimum, tout en leur interdisant de prendre un autre emploi ! Le plus souvent, ces salariés ne bénéficient pas de congés payés et ne sont pas rémunérés en cas d'arrêt maladie. Ces contrats ultra-précaires n'ont rien de nouveau. McDonald's, par exemple, y a recours depuis son arrivée sur le sol britannique en 1974. Très utilisés dans l'hôtellerie, la restauration, ou encore l'éducation, ils sont en principe limités aux emplois peu qualifiés, mais gagnent de plus en plus de terrain. Si la formule peut parfois convenir à certains étudiants, retraités ou femmes au foyer qui souhaitent arrondir leurs fins de mois, elle toucherait désormais plus d'un million de Britanniques, soit un cinquième des emplois créés au Royaume-Uni depuis 2008 et de 3 % à 4 % de la main-d'œuvre du pays.

D'après Louise Couvelaire
M le magazine du Monde, 16 août 2013

Proposition de traduction

In terms of social law, Queen Elizabeth's London residence is no better than firms like Mac Donald's or Burger King. At issue are the zero-hour contracts the Royal Palace has generously offered 350 seasonal employees hired to greet the tourists. These contracts, which are uniquely British, do not guarantee the new recruits any number of hours of work at all - it all depends on the number of visitors - there is no minimum wage whatsoever, while they are not allowed to take on any other job ! More often than not, these employees do not have paid days off or sick leave. These very precarious jobs are nothing new. Mc Donald's, for instance, has been operating with them ever since it set up business on British soil in 1974. Very much in use in the catering and hotel-keeping industry as well as in education for instance, they are supposed to be limited to low-skilled jobs, but are becoming more and more popular. Although they may sometimes be satisfying for students, pensioners or housewives looking for ways to make ends meet, today, 1 million British people are thought to have such contracts, which corresponds to one fifth of all the jobs created in the UK since 2008 and to 3 to 4% of the country's labour force.

Extrait 13
IENA LV1 2015

Ashford, terre d'élection pour les jeunes Français

Depuis sept ans, deux fois par jour, Fabien Henissart change de pays, traverse la mer et décale sa montre d'une heure, dans un sens puis dans l'autre. « Question d'habitude », sourit ce Boulonnais de 40 ans. Chaque matin, il saute dans sa voiture, prend quelques collègues au passage et file vers le tunnel sous la Manche. Ensemble, ils empruntent le Shuttle et, trente-cinq minutes plus tard, rejoignent Ashford, première ville britannique à la sortie du tunnel. C'est là que se trouve SBE-UK, la société d'électronique qui les emploie. « Porte à porte, c'est une heure trente de trajet : pas plus que si je devais me rendre à mon travail en région parisienne », assure Fabien, responsable technique. S'il gagne une heure à l'aller, il en perd une au retour, et rentre rarement chez lui avant 20 heures. Mais pour rien au monde il ne changerait de vie.

Le Monde, 28 août 2014

Proposition de traduction

Ashford – The Promised Land for Young French Workers

Twice a day for the last seven years, Fabien Henissart has been changing countries, crossing the Channel and changing his watch by an hour, putting it back then putting it on. "It's a question of habit," says the forty-year-old man from Boulogne with a smile. Every morning, he jumps into his car, picks up a few colleagues along his way and heads towards the Channel Tunnel. Together they take the Shuttle, and thirty-five minutes later they reach Ashford, the first town in Britain upon leaving the tunnel. That is where SBE-UK, the electronics firm which employs them, is located. "From door to door, the journey lasts an hour and a half, no more than if I had to work in the region of Paris," claims Fabien, a technical manager. If he gains an hour on the outward trip, he loses one on the return journey, and is seldom back home before 8 p.m. But for nothing in the world would he change his life.

Extrait 14
Ecricome LV1 2016

Après des décennies de tensions, les États-Unis et Cuba se sont engagés en décembre dernier à amorcer un rapprochement. Les acteurs du tourisme se préparent à l'afflux de citoyens américains à Cuba.

American Airlines vient d'annoncer l'ouverture prochaine d'un vol hebdomadaire entre Los Angeles et La Havane. La compagnie JetBlue a ouvert une liaison entre New York et la capitale cubaine le mois dernier. Cuba n'est situé qu'à quelque 160 kilomètres de la Floride.

L'embargo qui pèse sur les relations commerciales entre les deux pays depuis plus de 53 ans n'est pas encore levé, mais Barack Obama a d'ores et déjà annoncé de nombreux assouplissements. Parmi eux : la possibilité pour les Américains d'utiliser leur carte de crédit à Cuba et d'y voyager plus facilement. L'interdiction de s'y rendre reste la règle, mais une liste de douze cas exceptionnels a été introduite, qui élargit considérablement les possibilités d'aller y faire du tourisme. N'ont par exemple plus besoin d'une autorisation spéciale les Américains qui rendent visite à leur famille, ceux qui s'y rendent dans un but humanitaire, éducatif ou religieux, pour assister à une compétition sportive ou une exposition, ou simplement pour « soutenir le peuple cubain ».

D'après *lefigaro.fr*, 20 août 2015

Proposition de traduction

After decades of tension, the United States and Cuba pledged last December to begin a reconciliation. The tourist industry is getting ready for a wave of American citizens to visit Cuba.

American Airlines has just announced the forthcoming opening of a weekly flight from Los Angeles to Havana. The airline JetBlue opened a link between New York and the Cuban capital last month. Cuba is only some 160 kilometres from Florida.

The embargo which has been weighing on trade relations between the two countries for more than 53 years has not been lifted yet, but Barack Obama has already announced relaxations. For instance, these include the possibility for Americans to use their credit cards in Cuba and to travel there more easily. Though it is still the rule to forbid to go there, a list of twelve exceptional circumstances has been introduced, which considerably widens the possibilities of going there to visit. For example, Americans visiting their families there no longer require special authorization, nor do those travelling for humanitarian, educational or religious purposes, or to take part in sports competitions or exhibitions, or simply to "support the Cuban people."

Extrait 15
Ecricome LV1 2017

Ce week-end, les États-Unis se penchent sur leur passé et célèbrent leur diversité. Barack Obama inaugure samedi 24 septembre le Musée national de l'histoire et de la culture afro-américaine. Ce nouveau bâtiment abrite quelque 34 000 pièces rassemblées au cours des dix dernières années.

La visite commence symboliquement sous terre pour rendre compte de la période de l'esclavage. Elle remonte ensuite progressivement pour évoquer la ségrégation, puis les diverses contributions des Afro-Américains au patrimoine militaire, culturel et sportif jusqu'à nos jours.

Cette inauguration très attendue est d'autant plus importante qu'il s'agit d'un musée public et donc gratuit. Sa construction a coûté 540 millions de dollars, dont plus de la moitié financée par des mécènes.

« Ça n'est pas seulement important pour les Afro-Américains, mais pour tous les Américains, estime l'historienne Kellie Carter Jackson. Ce musée, c'est l'Histoire américaine. Sans la contribution des Afro-Américains, les États-Unis seraient un pays complètement différent. » Le fait qu'il soit inauguré par Barack Obama en personne renforce le symbole : « Je ne vois personne de mieux placé que le premier président noir des États-Unis pour accompagner ce moment, affirme-t-elle. Il représente tant ce que les ancêtres avaient espéré... il est l'exemple même du progrès. »

D'après Yona Helaoua, France 24, 26/09/2016

Proposition de traduction

This weekend, the United States is looking back at its past and celebrating its diversity. Barack Obama opened the National Museum of African American History and Culture on Saturday, Sep-tember 24th. This new building is home to some 34,000 artifacts collected over the last ten years.

The tour symbolically starts underground to take stock of the period of slavery. It then progressi-vely comes back up to allude to segregation, and then the diverse contributions of Afro-Americans to the military, cultural and sporting heritage up to our time.

This much-awaited inauguration is all the more important as it is a public museum, and thus one which is free. It cost 540 million dollars to build, more than half of which was paid for by sponsors.

"It is not just important for African Americans, but for all Americans," claims historian Kellie Carter Jackson. "This museum is American history. Without the contribution of the Afro-Americans, the United States would be a completely different country." The fact that it was opened by Barack Obama in person reinforces the symbol. "I cannot see a better person than the first black president of the United States to lead this event," she says. "He represents so much what the ancestors had aspired to ... he is the example itself of progress."

Extrait 16
IENA LV1 2017

En 1993, la mine de charbon de Shirebrook, dans le nord de l'Angleterre, a fermé, mondialisation oblige. À son emplacement, comme un symbole, se trouve aujourd'hui un immense hangar de 75 000 mètres carrés.

Une armée de 3 200 travailleurs y trie, emballe et distribue les produits importés directement d'Extrême-Orient par Sports Direct, la plus grande enseigne britannique de magasins de sport. Vingt-quatre heures sur vingt-quatre, chaussures de football, survêtements et autres shorts sont envoyés par milliers pour répondre aux commandes sur Internet et pour fournir les 400 magasins du groupe au Royaume-Uni.

Une chose n'a pas changé pourtant, entre la mine et l'entrepôt : les conditions de travail. « Victoriennes », a asséné, fin juillet, un rapport parlementaire britannique. Contrats précaires, brimades en tout genre, sanctions sur les salaires... Toute la panoplie des pires excès du droit du travail britannique est utilisée. La prochaine assemblée générale de Sports Direct s'annonce houleuse.

Proposition de traduction

In 1993 the Shirebrook coal mine in the north of England closed down, a casualty of globalisation. On the plot it used to occupy, a massive 75, 000-square-foot warehouse now stands, like a symbol.

An army of 3,200 [employees] works there, sorting, packing and dispatching products imported directly from the Far East by Sports Direct, Britain's largest sports-shop chain. Around the clock, football boots, track suits, shorts and other such goods are sent out by the thousand to meet in-ternet orders and to supply the group's 400 outlets across the United Kingdom.

Yet one thing hasn't changed between the mine and the depot: working conditions. 'They are Vic-torian', according to a damning parliamentary report published in late July: short-term contracts, various sorts of bullying, pay deductions, and so on. The full gamut of the worst excesses in British employment law is used. Sports Direct's next shareholders' meeting promises to be tense.

V. Entraînement à la grammaire par le thème grammatical

Notez que, pour des raisons pédagogiques évidentes, ce sont précisément les mêmes points de grammaire (30 fiches) qui font l'objet d'un entraînement sous forme de thème grammatical et que les phrases proposées contiennent souvent des faux-amis, afin de travailler en même temps le lexique. La liste des faux-amis les plus courants se trouve dans le manuel à la partie « Lexique » et les corrigés des exercices sont proposés à la fin de l'ouvrage.

1. Présent simple et présent en *be + -ing*

1. Les députés européens sont en train d'étudier un nouveau projet de loi sur le tabac.
2. Où est-il ? Il travaille, peut-être ? Ou est-ce qu'il joue dans le jardin ?
3. Tu te plains toujours de quelque chose ! J'en ai marre !
4. Plus de quatre mille personnes s'attendent à ce que le Centre des Impôts leur envoie leurs déclarations d'impôts à nouveau.
5. Je pars pour Londres demain après-midi.
6. Je ne sais pas où elle est exactement, mais je pense qu'elle travaille à la bibliothèque.
7. Il devrait faire plus attention ! Il fait toujours des erreurs !
8. Les enfants prennent leurs cours de piano tous les vendredis après-midi.
9. Le rédacteur en chef se demande s'il va faire publier cet article.
10. L'entraîneur veut que je m'inscrive dans l'équipe qui a l'intention de participer au concours l'année prochaine.
11. Je n'aime pas le thé, c'est pourquoi j'achète du café à la place quand je fais mes courses.
12. Est-ce qu'il regarde la télévision ? J'entends du bruit dans le salon.
13. Les Anglais ne mangent pas d'escargots, mais les Français adorent !
14. Tous les combien vas-tu chez le coiffeur ?
15. Je pense que je vais acheter le dernier album de ce chanteur.
16. Écoute ! Le chien mange les restes du repas dans la cuisine.

17. Les demandeurs d'emploi remplissent ce formulaire tous les quatre mois.
18. Je ne comprends pas pourquoi il se plaint toujours de sa voiture. Il devrait en acheter une autre.
19. Les enfants dorment-ils ou sont-ils en train d'écouter de la musique à l'étage ?
20. Dépêche-toi, nous prenons l'avion à 10 heures.

2. Référence au passé

1. Les athlètes étrangers défilaient devant la flamme olympique lorsqu'ils entendirent un bruit bizarre.
2. Les Jeux Olympiques se sont déroulés à Londres en 2012.
3. Il entra dans le séjour : ils étaient là, assis, en train de prendre leur petit-déjeuner.
4. En 2009, ils ont quitté la Nouvelle Orléans. En 2012, ils se sont finalement installés en Californie.
5. Il réussit le baccalauréat avec brio dans le lycée de sa ville natale en 2010. Après une année sabbatique, il intègre une Grande École à Paris en juillet 2013.
6. Quand ils ont vu qu'il était inconscient, ils ont tout de suite fait appeler un médecin.
7. Le Premier ministre a annoncé qu'il allait mettre en place de nouvelles mesures pour essayer d'aider les chômeurs.
8. Les habitués de ce pub buvaient des pintes de bière lorsque qu'un homme étrange entra dans la grande pièce située près du bar.
9. Les pays développés ont voté une loi en faveur des pays en voie de développement lors du sommet international la semaine dernière sans tenir compte du désaccord de la Chine.
10. Arrivé à New York, il a tout d'abord visité l'Empire State Building avant de prendre la navette pour se rendre à Ellis Island.
11. Le médecin prit sa température, puis lui demanda s'il avait suivi un régime particulier.
12. Cette infirmière a traduit en justice son patient pour diffamation il y a cinq ans.
13. Autrefois, il y avait plus de déchets sous les ponts de la ville car les navires qui passaient déversaient leurs ordures sans se soucier de l'environnement.
14. Elle a finalement accepté de faire des heures supplémentaires lorsqu'elle a vu qu'elle avait du mal à joindre les deux bouts.
15. Vendredi dernier, il a acheté trois meubles et cinq chaises en rotin.

16. Le Président a désapprouvé la décision prise par cette ONG la semaine dernière, même s'il a fini pour comprendre qu'elle n'avait pas le choix

17. L'inconvénient, c'est que nous avons réservé cet hôtel il y a trois mois.

18. Avant, je prenais le bus pour aller à l'école car je ne voulais pas marcher.

19. Les employés de cette entreprise faisaient grève lorsqu'ils ont reçu un appel téléphonique de leur délégué syndical.

20. Dès qu'il a reçu sa lettre de licenciement, il a appelé son syndicat.

3. Le prétérit modal

1. Si l'ensemble du personnel assistait à cette conférence, la directrice de cette école mixte serait satisfaite du rôle joué par le nouveau directeur-adjoint.
2. Il est temps qu'il cesse d'accuser les autres d'être responsables de son échec.
3. Le témoin se comportait comme s'il hésitait entre dire la vérité et protéger le suspect.
4. Imaginez une seconde que vous gagniez cent millions d'euros, que feriez-vous ?
5. Les parents de Pierre préféreraient que leur fils s'abonne à un magazine bilingue.
6. Je souhaite qu'ils me tiennent au courant dès qu'ils auront pris une décision au sujet de ce voyage organisé.
7. N'oublie pas de prendre un parapluie pour le cas où il pleuvrait.
8. Le Ministère de l'Intérieur au Royaume-Uni regrette que le travail des enfants ne soit pas à l'ordre du jour.
9. Il est grand temps que les pays en développement bénéficient des conseils d'experts internationaux afin de développer leur infrastructure.
10. Je préférerais qu'il m'envoie le dossier avant vendredi soir.
11. Au cas où nous aurions un peu plus de temps après la conférence, nous pourrions aussi discuter des points supplémentaires notés sur l'agenda de la secrétaire.
12. Si seulement il était capable de résoudre ce problème d'ici la fin du mois !
13. Je souhaiterais avoir une maison assez grande pour pouvoir inviter tous mes amis.
14. Je préférerais qu'ils respectent la règle que nous avions votée ensemble.
15. S'il venait aujourd'hui, nous pourrions aménager son nouveau logement.
16. Supposons que ton fils écrive des nouvelles en anglais, quelle serait ta réaction ?

17. Je regrette qu'il vienne si tard.

18. Imaginons que les gratte-ciel soient démolis, quelle serait la réaction de l'urbaniste ?

19. Nous serions intéressés par ce projet s'il nous conseillait davantage sur le coût de l'investissement.

20. Elle serait soulagée si elle recevait des nouvelles de ses parents.

4. Les aspects *be + -ing* et *have + -en*

1. Il neigeait depuis une demi-heure quand le vent se mit à souffler.
2. Depuis, il travaille chez IBM en tant qu'informaticien.
3. Elle vient d'envoyer sa lettre de démission à son patron.
4. Cela faisait dix ans qu'elle étudiait l'espagnol à l'université.
5. La police vient d'arrêter le coupable.
6. Cela fait sept ans qu'il attend cette promotion.
7. Les grévistes n'étaient pas contents de leurs conditions de travail depuis que cette loi avait été votée.
8. Il est malade depuis lundi dernier.
9. Le FMI attend les résultats du sondage depuis une semaine.
10. Les alpinistes escaladaient la montagne couverte de neige depuis quatre heures quand ils entendirent un coup de tonnerre effrayant.
11. Cela faisait un mois que les quartiers défavorisés londoniens étaient en crise
12. Regarde ! Le voleur vient de passer par la trappe qui est ouverte depuis le passage du plombier à la maison.
13. Ceux qui font l'école buissonnière s'inquiètent du nouveau projet de loi qui est à l'étude depuis une semaine.
14. Les pompiers essaient d'extraire les blessés de la voiture depuis quarante minutes.
15. Quand il s'est finalement décidé à chercher un nouvel emploi dans un autre secteur d'activité, cela faisait déjà huit mois qu'il était au chômage.
16. Écoute ! Les étudiants qui désapprouvent la nouvelle augmentation de leurs frais de scolarité sont en train de manifester dans la rue.
17. Les pensionnaires de ce célèbre lycée privé anglais visitent la région de Cambridge depuis une semaine.

18. Depuis, les députés examinent un nouveau texte en faveur des personnes qui sont au chômage depuis plus d'un an.

19. Ils étaient absents de leur maison depuis quinze jours.

20. Depuis qu'il est arrivé à Londres, il utilise sa carte ISC (*International Student card*).

5. Référence à l'avenir

1. Dimanche prochain à cette heure, je serai en train de jouer au tennis.
2. Il étudiera au Japon l'année prochaine car il vient d'obtenir une bourse.
3. N'oublie pas de nous passer un coup de fil dès que vous arriverez à Nice.
4. Quand ils seront là, ils pourront expliquer les raisons de leur retard.
5. J'emmène le chien chez le vétérinaire cet après-midi, ne t'inquiète pas.
6. Elle va acheter un aller-retour à la gare dès qu'elle aura reçu la confirmation de son rendez-vous.
7. Quand viendras-tu me rendre visite ? Quand tu seras à la maison, nous visiterons le nouveau musée qui vient de s'ouvrir près de la bibliothèque.
8. L'avion atterrit à 18 h 00 ce soir et redécolle demain matin à 8 h 00.
9. J'ai l'intention de passer voir l'employée qui est chargée des tickets restaurants cet après-midi.
10. Dès que les douaniers recevront le reçu, ils pourront récupérer leur colis.
11. Les fans quitteront la salle du concert dès qu'ils auront applaudi.
12. La municipalité va faire installer une clôture près du stade afin que les badauds ne puissent pas entrer sans payer.
13. Je me demande quand il me dira la vérité.
14. Quand il me dira la vérité, je serai enfin soulagé.
15. Quand comprendras-tu qu'il faut s'armer de patience pour atteindre ton objectif ?
16. Les physiciens qui travaillent dans ce laboratoire depuis 10 ans pourront partir à la retraite deux ans plus tôt.
17. Le mécanicien démissionnera dès qu'il aura trouvé un autre travail mieux payé.
18. Le Rectorat va voter une nouvelle loi sur le calendrier scolaire.
19. Le photographe profitera de son séjour aux Philippines pour faire quelques photos exotiques.
20. Dès que ce projet de loi sera voté par les députés, il entrera en vigueur.

6. *Would* : le conditionnel et autres emplois (fréquentatif et après *wish*)

1. S'il était resté plus longtemps en Angleterre, il aurait parlé couramment l'anglais.
2. S'il n'avait pas insulté son avocat, il n'aurait pas été traduit en justice.
3. Si des défenseurs des droits de l'homme n'avaient pas manifesté devant le Champ-de-Mars à Paris, ils n'auraient pas pu convaincre les gens qui étaient encore réticents à agir.
4. Après avoir été affecté au rayon friandises aux Galeries Lafayette, il serait prêt à travailler au rayon confection si son patron lui demandait.
5. Si l'entraîneur savait qu'il y a un contrôle anti-dopage obligatoire avant chaque épreuve pendant le tournoi, il ne prendrait pas de risque.
6. Lorsqu'il était enfant, il allait à la pêche avec son père un dimanche sur deux.
7. J'aimerais bien qu'il cesse de me harceler comme si j'étais responsable de son échec.
8. Supposons que vous gagniez deux millions d'euros à la loterie nationale, que feriez-vous ?
9. Je souhaiterais qu'elle envisage de repasser son permis de conduire, même si c'est son quatrième essai.
10. Enfant, je passais des heures chaque été à ramasser des coquillages dans une station balnéaire située sur la côte d'Azur.
11. Nous aurions été heureux de déménager en France si nous avions su que notre fils allait intégrer une Grande École à Paris.
12. J'aurais acheté mon billet six mois avant l'ouverture des Jeux Olympiques si on m'avait dit que les billets d'entrée étaient en vente chez WH-Smith.
13. Si l'épidémie avait été éradiquée plus tôt, des milliers de gens n'auraient pas souffert de fièvre et de vomissements.
14. Le rédacteur en chef et l'éditeur seraient satisfaits du lancement de ce nouveau magazine international si les ventes s'élevaient à deux millions d'exemplaires.
15. Si l'itinéraire jusqu'à Douvres avait été bien indiqué, nous ne nous serions pas perdus.
16. John serait plus sensible aux réunions de famille si certains membres de sa famille le contactaient plus régulièrement.
17. Il n'aurait pas été de caractère versatile si on lui avait appris l'art de pouvoir choisir une bonne fois pour toutes !
18. Les percées de la science ne seraient pas aussi formidables si l'on supprimait les nouvelles technologies numériques.

19. Elle n'aurait pas été aussi touchée si elle avait appris cette nouvelle redoutable avant l'accident.

20. Si le scrutin avait eu lieu en février, il n'aurait pas été élu.

7. Les modaux (forme simple, modal + base verbale)

1. Il se peut que le douanier exige que tous les voyageurs lui montrent leur passeport à nouveau.
2. Aussi étrange que cela puisse paraître, je sais jouer au tennis mais je ne sais pas jouer au badminton !
3. Vous devriez différer votre départ afin d'avoir plus de temps pour résoudre tous vos problèmes.
4. Ils partiront pour les États-Unis dès qu'ils auront obtenu un visa.
5. Tu n'es pas obligé de remplir ce formulaire.
6. Promis, je t'envoie mon adresse email dès que je me serai connecté à Internet.
7. Il faut que tu lui dises que la situation actuelle dépend entièrement de son soutien afin qu'il ne te déçoive pas à nouveau.
8. Je n'arrivais pas à comprendre pourquoi les marchandises avaient été livrées avec tant de retard alors que la commande avait été envoyée trois mois auparavant.
9. Il se pourrait qu'il pleuve, donc si j'ai un conseil à te donner, n'oublie pas ton imperméable !
10. Le chef d'orchestre annulerait le concert en plein air si les pianistes étaient en désaccord avec sa décision.
11. Il pourra s'en sortir à condition qu'il fasse plus attention à ses dépenses trimestrielles.
12. Il devra démontrer qu'il n'est pas responsable de l'incident qui a provoqué la baisse spectaculaire du chiffre d'affaires de son entreprise
13. Il se pourrait que je vienne à la soirée d'anniversaire de Suzanne. Cela dit, commencez sans moi car je ne suis pas sûr du tout !
14. Peut-être que l'accusé est innocent après tout.
15. Peut-être téléphonera-t-il ce soir, je ne sais pas !
16. Il faut que tu laisses une caution de 500 euros pour réserver ce trois pièces.
17. Elle sera capable de recevoir ses meilleurs amis dès qu'elle aura un appartement plus spacieux.

18. Tu ne devrais pas pleurer car il y a encore de l'espoir !
19. Sa candidature pourrait être examinée lors de la prochaine commission paritaire.
20. Tu dois absolument demander à ton médecin s'il envisage de t'envoyer à l'hôpital pour des examens complémentaires.

8. Les modaux (forme + have + participe passé)

1. Les murs de la caserne ne se seraient pas effondrés s'ils avaient été mieux construits.
2. Il est possible que le rendez-vous ait été reporté.
3. Ils auraient dû nous dire qu'ils avaient décidé de passer une nuit supplémentaire à Bath. Nous ne nous serions pas inquiétés.
4. Il aura terminé de rédiger sa thèse d'ici la fin du mois.
5. Tu as certainement dû le croiser à l'exposition : il portait une cravate verte et une veste rouge !
6. Il est impossible que le cambrioleur soit entré dans la maison par effraction : tous les volets sont toujours en bon état !
7. Vous auriez pu nous avertir qu'il y avait une flaque d'eau immense après le virage.
8. Il se pourrait que les problèmes liés au réchauffement climatique aient été exagérés.
9. Ils se sont fait du souci pour rien !
10. L'héritier, fils unique, aurait pu vendre la maison après le décès de ses parents, mais il ne l'a pas fait.
11. Merci pour les belles fleurs, mais ce n'était pas nécessaire d'apporter un cadeau.
12. Il se pourrait que la météo ait annoncé qu'une nouvelle vague de canicule se prépare.
13. Il est impossible qu'il ait vu ce film, qui ne sort que la semaine prochaine !
14. Ils ont certainement été bloqués par la nouvelle tempête de neige, c'est pourquoi ils ne sont pas encore arrivés.
15. Vous auriez dû insister pour qu'elle vienne avec son nouveau fiancé.
16. Il se peut que les jonquilles n'aient pas été arrosées par ton jardinier pendant ton absence, c'est pourquoi elles sont en train de se dessécher.
17. La tornade n'aurait pas provoqué autant de dégâts si les météorologues avaient prévenu la population.
18. Il a dû oublier sa clé à la cafétéria, il ne la retrouve plus.
19. Le témoignage de ce cadre aurait dû être pris en compte dans l'expertise.
20. Il n'aurait pas dû envoyer sa lettre recommandée sans avoir téléphoné à son assurance.

9. La voix passive

1. Les draps sont froissés : il est évident que quelqu'un a dormi dans ce lit.
2. Le château de Versailles a été habité par Louis XIV, Louis XV et Louis XVI de 1682 à 1789.
3. Il est dépensier. Il aurait dépensé 500 euros au casino en une seule journée !
4. La voiture de l'huissier a été volée, c'est un comble !
5. Sa demande sera bien entendu prise en compte dès que possible.
6. Le faussaire vient d'être envoyé en prison.
7. Big Ben sera peut-être appelé par son nouveau nom, la Tour Elizabeth, par les touristes dans les années à venir en hommage à la reine Elizabeth II dont le jubilé de diamant a été célébré en 2012.
8. On m'a donné la semaine dernière un billet de banque qui n'est pas valide.
9. Le pensionnaire aurait fait une fugue, selon les gros titres du *New York Times*.
10. Le report aurait dû être signé par tous les témoins de l'accident sans exception.
11. La statue de la liberté a été offerte par la France pour célébrer le centenaire de la déclaration d'indépendance. La cérémonie d'inauguration a été présidée par Grover Cleveland, président des États-Unis, en 1886.
12. La cérémonie d'ouverture des Jeux Olympiques de London en 2012 a été regardée par plus de 5 millions de téléspectateurs.
13. Les blessés ont dû être pris en charge par les sauveteurs dès que la mauvaise nouvelle a été révélée.
14. On dit qu'il est très intelligent, mais je ne le crois pas.
15. On est entré dans la banque par effraction il y a deux semaines.
16. L'enfant aurait pu être renversé par le chauffeur de la voiture rouge qui vient d'être arrêtée par la police.
17. Quand on a enfin repéré la pièce manquante, l'appareil a pu être réparé sans problème.
18. Ce château fort a été construit au XVIIe siècle.
19. Les soldats de l'armée étrangère se seraient rendus.
20. On ne peut nier le fait que l'environnement est en danger.

10. L'interrogation

1. As-tu vu le dernier film de ce réalisateur étranger ?
2. Comment a-t-il réussi à gravir une montagne si haute ?
3. Il y a combien de temps que l'électricien est parti ?
4. Tous les combien vas-tu chez le dentiste ?
5. Qu'as-tu vu exactement quand tu es arrivé ?
6. Depuis combien de temps attendez-vous le bus ?
7. Quel âge avait-il lorsqu'il a commencé à travailler ?
8. Paul vient avec nous ou reste-t-il à maison ?
9. C'est à quelle distance d'ici, le bureau de tabac ?
10. De quoi parliez-vous quand il est entré dans la cuisine ?
11. Combien de fois es-tu allé à Londres quand tu habitais en Angleterre ?
12. À qui est ce téléphone portable ?
13. Est-ce que vous voulez que je vous aide ?
14. Penses-tu que tu pourras préparer tout le repas avant l'arrivée des invités ?
15. Quelle est la largeur de votre piscine ?
16. Combien d'argent devrais-je prendre avec moi quand je pars à l'étranger ?
17. Quand êtes-vous allé aux États-Unis ?
18. Vladimir Poutine a-t-il assisté au sommet du G8 de 2012 à Camp David ?
19. Pourquoi dit-il que nous avons triché ? Il plaisante, n'est-ce pas ?
20. Il sait qu'il y a des restes dans le frigo ?

11. La proposition infinitive

1. Je veux que tu viennes au vernissage que j'organiserai la semaine prochaine.
2. Elle trouve qu'il est difficile de gérer son temps entre la vie professionnelle et la vie privée.
3. Laisse-le travailler en silence !
4. Elle a besoin d'un visa pour se rendre en Chine.

5. Il s'attend à ce que sa fiancée l'appelle tous les jours.
6. Il m'est difficile de parler le chinois couramment.
7. Je voudrais que les enfants fassent moins de bruit.
8. Ce n'est pas son habitude d'être en retard.
9. Il nous a conseillé de ne pas acheter cette maison car les cloisons sont en très mauvais état.
10. Il est allé à la pharmacie pour acheter des médicaments.
11. L'entraîneur fait travailler les nouveaux gymnastes avec des cerceaux.
12. Il veut que ses parents lui disent la vérité.
13. On a fait ouvrir les bagages aux passagers en transit.
14. Il a acheté une grammaire anglaise pour réviser son anglais.
15. Il semble que nous nous sommes perdus.
16. Le chirurgien voudrait que sa secrétaire envoie le rapport au patient avant lundi.
17. Hier, il m'a demandé de ne pas l'attendre car il fait des heures supplémentaires.
18. Le moniteur de ski a appris aux débutants à descendre les pistes vertes en chasse-neige.
19. Il m'a dit de ne pas m'inquiéter, même si l'entreprise traverse une crise sans précédent.
20. Il me demande de l'accompagner à son entretien d'embauche car il est trop stressé.

12. La proposition relative

1. Les voitures qui sont garées devant le bureau de poste font partie des voitures de fonction d'une entreprise étrangère qui vient d'ouvrir une succursale en France.
2. Le bilan financier, qui est un élément capital en comptabilité, est composé de l'actif et du passif.
3. La femme dont tu parles est la voisine de mon frère.
4. C'est tout ce que je peux te dire pour l'instant.
5. La fourchette dont il s'est servi est une fourchette en argent du dix septième siècle.
6. Les employés, qui travaillent de 9 heures à 17 heures, se plaignent de leurs conditions de travail qui ne cessent de se dégrader depuis un an.
7. L'endroit où se passe l'histoire de *Roméo et Juliette* est très connu : Vérone !

8. Il fut un temps où les Capulet et les Montaigu étaient les ennemis les plus célèbres.
9. Ce qu'il est important de comprendre, c'est qu'il faut que tu fasses ton choix rapidement.
10. Le retraité, dont la femme est actuellement hospitalisée, a droit à des prestations familiales de la sécurité sociale britannique.
11. Les pommes que j'ai achetées au marché ce matin sont les meilleures pommes que j'aie jamais mangées.
12. Tout ce dont il a besoin, c'est d'un dépaysement total.
13. Dans les pays tropicaux, on peut trouver la plupart des arbres fruitiers comme le bananier, le cocotier, le grenadier ou la palmier-dattier, ce qui évoque l'idée d'exotisme pour un touriste européen.
14. Les fruits et les légumes qu'il fait pousser dans son verger et dans son potager sont des framboises et des fraises, des mûres et des abricots, ainsi que des artichauts et des haricots.
15. Le chien de garde qu'il a vu ce matin en venant à l'école est un berger allemand.
16. Dans le roman de Barry Hines, l'oiseau que Billy a réussi à apprivoiser est une crécerelle (et non pas un colibri ou un pivert).
17. Cependant, dans *Roméo et Juliette*, les oiseaux dont parlent les amoureux sont l'alouette et le rossignol.
18. L'azur du ciel et les nénuphars que cet artiste suédois a utilisés dans ses tableaux nous rappellent les chefs-d'œuvre de Monet.
19. Ce qu'il veut, c'est un endroit pour dormir et quelque chose à manger.
20. Les passagers qui sont arrivés en retard à l'aéroport n'ont pas pu prendre l'avion.

13. Les structures résultatives

1. Il sortit de la pièce à tâtons.
2. Il a fait le tour du monde en avion en 2011.
3. Cependant, il est possible de faire le tour du monde à la voile : en effet, l'anglaise Dee Caffari est la première femme à avoir fait le tour de monde à la voile en 2006 sur un voilier sponsorisé par Aviva.
4. Certains Mexicains ont traversé le fleuve à la nage pour entrer illégalement au Texas, c'est pourquoi on les appelle parfois « wetbacks » (*littéralement, dos mouillés*) en anglais.
5. Il quitta la cuisine en courant.

6. Le voleur est peut-être entré dans la maison par effraction.
7. L'ivrogne monta la pente en titubant.
8. Le pièce était bondée, si bien qu'il a dû se frayer un chemin à travers la foule en jouant des coudes.
9. Il a fait sortir le chien de la maison en lui donnant un coup de pied.
10. Hier, ils l'ont persuadé à signer le contrat à force de discuter avec lui.
11. L'animal vient de traverser la pièce en rampant.
12. Ils ont réussi à la réveiller en le secouant.
13. Le toit de cette maison a été emporté par le vent en juin 2013.
14. Il est devenu aveugle à force de lire.
15. Il a ouvert la porte en donnant un coup de pied car la serrure était cassée.
16. Les ours sont morts de faim.
17. Le chien de mon voisin a nettoyé l'assiette à coup de langue.
18. C'est incroyable ! L'otage a été lapidé à mort !
19. La nourrice est parvenue à endormir le bébé en le berçant.
20. Il a été tué d'un coup de fusil en 2010.

14. Les subordonnées de temps

1. Quand il te téléphonera, dis-lui de ne pas oublier d'apporter le rapport d'expertise.
2. Le secrétaire général de la Maison-Blanche prendra une décision dès qu'il recevra la réponse de son homologue allemand.
3. J'envisage de prendre une année de césure dès que j'aurai terminé ma deuxième année.
4. Il a dit qu'il irait en Grande-Bretagne dès qu'il aurait terminé ses études.
5. Nous pourrions quitter le navire quand le capitaine donnerait le feu vert.
6. Maintenant que tu as compris le fonctionnement de la machine à laver, tu pourras laver le linge sale.
7. Quand il quitta les Pays-Bas, il n'apporta qu'une valise pleine de fromage et de sabots !
8. À peine était-il arrivé en Angleterre qu'il se mit à pleuvoir.

9. Les ventes se seraient envolées quand il aurait décidé d'accorder une réduction de 30 %.
10. Enfant, je faisais la vaisselle pendant que ma sœur préparait le repas.
11. Chaque fois que je vais faire les courses, je n'oublie pas d'apporter un cabas, ainsi qu'une pièce pour prendre un chariot.
12. Tu ferais mieux de laver tes vêtements avant qu'il ne pleuve.
13. Nous avions à peine quitté le village que la voiture tomba en panne.
14. Révise tes phrases jusqu'à ce que tu comprennes la leçon.
15. Il a dit qu'il apprendrait le mandarin dès qu'il serait à l'université.
16. Au moment même où il entra dans le vestibule, elle se mit à pleurer.
17. Ils ont déclaré qu'ils participeraient au tournoi dès qu'ils se seraient entraînés un peu plus.
18. Tant qu'il gardera son sang-froid, l'entretien se passera bien.
19. Nous avons reçu une lettre de réclamation après que nous avions quitté l'hôtel.
20. Une fois que tu seras arrivé, n'oublie pas de me passer un coup de fil.

15. Les phrases complexes

1. Les vols intérieurs et internationaux exploités par American Airlines ont été annulés, si bien que des milliers de touristes sont contraints de passer la nuit à l'aéroport.
2. Le nouveau président des États-Unis devra s'attaquer à divers problèmes tels que le chômage ou l'éducation afin d'être digne de confiance aux yeux des Américains.
3. Le procédé, dernier cri dans le domaine des nouvelles technologies, est à la fois surprenant et révolutionnaire, bien qu'il soit onéreux.
4. Certains pays en voie de développement se sont déclarés insolvables, tandis que d'autres pays jouissent d'une économie prospère.
5. Je ne pourrai pas t'accompagner au cinéma, à moins que je finisse de travailler plus tôt.
6. Puisqu'il n'a pas besoin d'argent en ce moment, tu n'es pas obligé d'aller à la banque tout de suite.
7. Quelle que soit la difficulté de trouver un travail gratifiant, il fait de son mieux pour rédiger son CV et ses lettres de motivation.
8. Le ministre des finances britannique essaiera de relever un défi parce que les Britanniques veulent que la crise actuelle soit résolue le plus rapidement possible.

9. Il est tellement prudent qu'il a mis une roue de secours supplémentaire dans le coffre de sa voiture de peur qu'il ait une crevaison sur l'autoroute.

10. Quoi que tu puisses lui dire, il n'est jamais content !

11. L'entreprise pourra surmonter ses difficultés, à condition que son résultat financier s'améliore.

12. Ils étaient si fatigués qu'ils sont immédiatement partis se coucher en arrivant à la maison.

13. Au cas où il aurait des difficultés à trouver un appartement, il pourrait rester chez moi pendant quelques jours.

14. Que vous le vouliez ou pas, il vous faudra patienter avoir de pouvoir accéder à Internet.

15. La raison pour laquelle le vice-ministre n'a pas assisté au sommet, c'est que son avion a été retardé par le mauvais temps.

16. Le PDG veut que son personnel soit plus impliqué dans le travail d'équipe.

17. Je regrette de te dire que je ne pourrai pas venir à ta soirée d'anniversaire parce que je suis on garde.

18. Tant que le chat dort, tu ne devrais pas t'inquiéter.

19. Les compressions budgétaires sont synonymes de mécontentement dans cette usine parce que les employés ne comprennent pas la situation réelle.

20. La famine dans les pays pauvres est aggravée par la sécheresse, dans la mesure où l'eau de pluie leur fournit une importante source d'eau potable.

16. *For/since/ago*

1. Il travaille dans son bureau depuis une heure/depuis 13 heures.
2. Elle est malade depuis lundi.
3. J'ai vu ce film au cinéma il y a deux semaines.
4. Les candidats aux élections présidentielles aux États-Unis parcourent le pays depuis deux mois.
5. Ils donnent des conférences depuis le début de la campagne électorale.
6. Il était au chômage depuis cinq mois.
7. Depuis combien de temps apprends-tu l'anglais ?
8. Nous habitons à Paris depuis que nous sommes arrivés en France.

9. Il est malade depuis qu'il est là.
10. Depuis combien de temps vit-il à Lyon ?
11. Tu es arrivé depuis quand ?
12. Un haut responsable de l'entreprise étudie le dossier depuis deux jours.
13. Il est en contact avec le PDG depuis mardi. Il est arrivé il y a quatre jours.
14. Les créateurs d'entreprise participaient à un congrès depuis deux jours. Ils étaient à la Défense à Paris depuis mercredi.
15. Depuis quand sont-ils partis ?
16. Les exploitants agricoles attendent la pluie depuis que la sécheresse a commencé à endommager les récoltes.
17. Un journaliste en charge du dossier des élections présidentielles américaines interroge le candidat favori depuis 40 minutes.
18. Depuis combien de temps habitent-ils dans cette grande ville ?
19. C'est une personnalité politique depuis qu'il a quitté Harvard.
20. Je suis à la maison depuis 10 minutes.

17. *During/for/while*

1. Il a rencontré les amis de ses parents pendant qu'il séjournait dans un hôtel près de la mer.
2. Leur usine a touché le fond pendant la crise économique.
3. Pendant ce temps-là, certains détaillants, qui étaient les plus touchés par la crise, ont dû être renfloués.
4. Je faisais la cuisine pendant qu'elle passait l'aspirateur sur le tapis dans le séjour.
5. Le gouvernement devrait annoncer de nouvelles mesures, telles que l'impôt sur les sociétés et le hausse spectaculaire de la taxe sur le tabac, pendant l'été.
6. Il a vécu à Bristol pendant deux ans avant de déménager pour La Nouvelle-Orléans.
7. On m'a posé beaucoup de questions pendant l'entretien.
8. Au théâtre, je suis tombé sur un de mes anciens amis pendant l'entracte.
9. J'ai entendu mon voisin manger du pop-corn pendant le film.
10. Je l'ai entendu manger des pop-corns pendant qu'il regardait le film.
11. J'ai travaillé en Angleterre pendant sept ans.

12. Nous dormions dans un dortoir pendant que d'autres randonneurs préparaient leur sac à dos.

13. Elle a appris à jouer de la guitare pendant douze ans.

14. Les candidats ne sont pas autorisés à utiliser leur calculatrice pendant l'examen.

15. Ils ont attendu dehors dans le froid pendant quarante cinq minutes.

16. Pendant la saison des pluies, les moustiques sont une vraie nuisance dans les pays tropicaux.

17. Pendant la campagne électorale, le président d'un syndicat donnait une conférence à l'université, pendant que son adversaire essayait de convaincre les indécis.

18. Pendant la guerre, cet ancien prisonnier a été contraint de collaborer avec l'ennemi pendant deux ans.

19. Elle a beaucoup parlé anglais pendant son séjour en Afrique du Sud.

20. Nous avons reçu son appel pendant le repas.

18. *Had better* et *would rather*

1. Je ferais mieux de partir maintenant si je ne veux pas être en retard.
2. Je préférerais aller en Angleterre cet été plutôt que de rester à la maison.
3. Tu ferais mieux de réfléchir à ton avenir plutôt que de rester là sans aucun travail.
4. J'aimerais mieux qu'il ne vienne pas tout de suite car je suis occupé.
5. Je préférerais qu'elle me rende visite la semaine prochaine.
6. Le parlement européen préférerait que le ministre des affaires étrangères britannique donne sa réponse ce soir.
7. Je préférerais ne pas partir au concert car je ne me sens pas bien.
8. Tu ferais mieux réviser tes dernières leçons avant ton devoir d'anglais.
9. Ne ferait-il pas mieux d'acheter un dictionnaire bilingue ?
10. Est-ce qu'on ne ferait pas mieux de ne pas attendre plutôt que de perdre du temps ?
11. J'aimerais mieux qu'il ne sache pas la vérité.
12. Je préfère remplir le formulaire dans l'avion plutôt de le faire à l'aéroport.
13. Je préférerais que vous m'appeliez demain après-midi.
14. J'aimerais mieux que le maire fasse construire des crèches et des garderies.
15. Le président ferait mieux de briguer un second mandat.

16. Nous ferions mieux de respecter les normes européennes.
17. Je préférerais qu'ils me racontent l'histoire.
18. Je préférerais ne pas prendre de risque.
19. Ce co-listier ferait mieux de ne pas être candidat pour les prochaines élections.
20. J'aimerais mieux que mon patron me tienne au courant plus tôt.

19. Traduction de *faire faire*

1. J'ai fait repeindre la maison il y a deux mois.
2. Elle a fait traduire son CV en anglais pour pouvoir postuler en Angleterre.
3. N'oublie pas de faire bouillir l'eau avant de rajouter les légumes.
4. Il est facilement influençable. Ses amis l'ont fait boire six pintes de bière quand ils sont allés au pub.
5. L'architecte a fait décorer sa maison par une décoratrice hollandaise.
6. Il a des difficultés à se faire comprendre.
7. Il a fait faire sa traduction par sa mère.
8. Dès que nous aurons notre nouvelle maison, nous allons faire pousser des légumes dans notre potager.
9. On a frappé à la porte. Ce doit être le plombier. Veuillez le faire entrer s'il vous plaît !
10. Il a réussi à leur faire acheter dix billets de loterie et cinq tiercés, ce qui est surprenant car ils n'ont pas l'habitude de parier de l'argent.
11. La police lui a fait ouvrir le coffre de sa voiture.
12. On m'a fait déplacer mon vélo car il n'était pas garé correctement.
13. Pendant les vacances, ils nous ont fait visiter l'île.
14. Je n'arrive pas à faire démarrer la voiture.
15. Il ne voulait pas que son fils participe au voyage organisé, mais sa femme a réussi à lui faire changer d'avis.
16. Le propriétaire m'a fait visiter l'appartement dès que je suis arrivé.
17. Elle va chez le coiffeur pour se faire couper les cheveux.
18. On m'a fait ouvrir la valise quand je suis arrivé aux États-Unis.

19. Tu me fais rire !

20. Elle va se faire construire une nouvelle maison.

20. Emploi de l'article défini *the*

1. Internet nous permet de rester en contact avec les gens.
2. Le chien est un animal fidèle. Le chat aussi. C'est pourquoi il aime les animaux domestiques.
3. L'argent ne l'intéresse pas. Il préfère le courage et l'honneur.
4. Les gens devraient faire attention à ce qu'ils écrivent sur Internet, d'autant plus que les internautes sont de plus en plus nombreux.
5. L'avortement est un sujet très controversé aux États-Unis.
6. Les médecins doivent faire face à de nouvelles maladies.
7. Durant l'élection de novembre 2012, le président Barack Obama a dû faire face à son rival, Mitt Romney.
8. Elle est spécialiste de l'Angleterre du dix-huitième siècle.
9. Elle joue du piano depuis l'âge de huit ans.
10. L'Amérique a été découverte par Christophe Colomb en 1492.
11. Il s'intéresse à la publicité, alors que sa femme préfère défendre l'environnement.
12. Je n'aime pas le thé, mais j'ai bien aimé le thé que ma sœur a rapporté d'Inde.
13. Il a beaucoup voyagé. Il a visité le Royaume-Uni, les États-Unis, l'Australie, la France, la Belgique, les Pays-Bas, l'Italie, la Grèce, le Japon, la Chine, le Brésil, l'Ukraine, l'Inde et les Canaries.
14. Le thé et le café sont servis dans presque tous les endroits du monde.
15. L'or et l'argent sont très utilisés par les joailliers.
16. Tu ferais mieux de ne pas rester au soleil. Cela peut être dangereux pour la santé.
17. J'ai pris le ferry et nous avons traversé la Manche pour aller en Angleterre.
18. Les étudiants qui sont en grève devront rattraper tout le travail.
19. Je suis débordé de travail en ce moment.
20. C'est le meilleur film que j'aie jamais vu.

21. Les quantifieurs

1. Il a fait installer du double vitrage dans son nouvel appartement car il y avait trop de bruit.
2. Nous avons mis moins de temps. Il y avait peu de voitures sur la route.
3. Il n'a pas beaucoup d'argent, c'est pourquoi il veut déménager pour prendre un studio moins cher.
4. La plupart des enseignants en France sont fonctionnaires.
5. Tous les charpentiers possèdent un marteau, un rabot, des tournevis, une scie et des clous bien sûr !
6. J'aimerais mieux prendre un peu de lait dans mon thé.
7. Certaines personnes ne savent pas qu'on devrait éviter de faire des randonnées à la montagne après avoir fait de la plongée sous-marine. C'est une question de pression.
8. Tu préfères quelle chemise ? Tu peux prendre soit la bleue, soit la grise.
9. Aucun des écoliers n'avait apporté leurs compas et équerres pour le cours de maths.
10. Je n'ai pas le temps. Je ne peux lire ni le roman, ni la nouvelle.
11. Si tu as du temps, passe à la papeterie acheter quelques gommes et une agrafeuse. Merci !
12. Beaucoup d'étudiants britanniques prennent une année sabbatique pour voyager dans le monde entier.
13. Plusieurs voitures avaient été mal garées devant le commissariat !
14. Il a peu de temps. Il souhaiterait avoir plus de temps pour ses loisirs.
15. Il ne reste pas beaucoup de places dans le bus. Dépêche-toi !
16. Il y a trop d'erreurs dans ta lettre. Tu devrais utiliser un dictionnaire et une grammaire.
17. Dans cette école privée anglaise, chaque demi-pensionnaire a une carte numérique de couleur rouge.
18. N'importe quel élève appliqué sait qu'il vaut mieux travailler régulièrement plutôt que de paniquer à la dernière minute.
19. Tous les étudiants ont l'habitude de recevoir leur bulletin après le premier trimestre.
20. S'il n'y pas assez de cerises pour le gâteau, tu peux remplacer par quelques fraises s'il en reste.

22. Place de l'adjectif, l'adjectif composé et l'adjectif substantivé

1. Cet enfant de 12 ans range son argent de poche dans une petite boîte en métal rouge.
2. Une pause de 30 minutes est mieux que rien du tout.
3. Ce projet à 2 millions d'euros a été sévèrement critiqué.
4. Cet écolier de 10 ans a perdu un billet de 20 euros qu'il avait économisé pour s'acheter une belle bande dessinée américaine.
5. Dans sa famille d'accueil, un gros chat noir dormait souvent au pied de la grande cheminée anglaise arrondie en marbre.
6. Elle a laissé ses chaussures de tennis vertes au vestiaire.
7. Les touristes russes et japonais ont pris une photo de ce superbe vieux bus à impériale londonien de couleur rouge.
8. Les chômeurs réclament une augmentation d'allocation-chômage.
9. Les pauvres ont du mal à joindre les deux bouts.
10. Il aimerait habiter dans une région viticole car il aime bien le vin.
11. Cet homme aux yeux verts est de mauvaise humeur. Cela fait 30 minutes qu'il se plaint !
12. Ce jeune homme écossais aux larges épaules a acheté un billet de loterie à 30 livres sterling jeudi dernier.
13. Quant à sa sœur, elle a perdu son petit parapluie vert et bleu sur la place du marché il y a deux jours.
14. Les riches dépensent beaucoup d'argent dans les voyages organisés de toutes sortes.
15. Je ne peux pas supporter cette comparaison tirée par les cheveux faite par ce jeune écrivain finlandais.
16. Je me demande si la semaine à 35 heures est une bonne chose.
17. La dame blonde que j'ai vue par une belle journée ensoleillée marchait le long d'un large pont en bois.
18. Elle est bronzée car elle passe son temps à la plage.
19. C'est une histoire interminable ! Quand se terminera-t-elle ?
20. Un bon gâteau au chocolat fait maison, c'est un vrai délice !

23. Le comparatif et le superlatif des adjectifs

1. L'Empire State Building (381 mètres) est bien plus élevé que la Tour Eiffel (324 mètres).
2. Il est de plus en plus difficile de trouver un emploi de nos jours.
3. Plus il grandit, plus il est intelligent.
4. Un fauteuil est bien plus confortable qu'une chaise.
5. Le comité de surveillance était d'autant plus surpris par la démission de l'un de ses membres qu'il s'était très bien adapté à sa nouveau poste.
6. L'honneur est aussi important que le courage.
7. Une voiture qui roule au sans plomb est moins cher qu'une voiture Diesel.
8. Il a voyagé en classe affaires car c'est bien plus confortable que la classe économique, même si c'est bien plus cher !
9. Il a eu la même augmentation de salaire que son collègue avait obtenu l'année précédente.
10. Il y avait deux fois plus de monde le jour de la fermeture du salon automobile qu'à l'ouverture.
11. De nos jours, les gens voyagent trois fois plus que dans les années 1980.
12. Plus il travaille, moins il voit sa femme et ses enfants.
13. Ne t'inquiète pas ! C'est bien le billet le moins cher que j'aie pu trouver sur Internet.
14. *Hamlet* est la pièce la plus longue que j'aie jamais vue.
15. Si jamais tu as besoin de plus d'informations, n'hésite pas à me contacter !
16. Cette récompense est d'autant plus justifiée qu'il avait passé des heures à travailler sur son projet.
17. Plus il mange, plus il prend du poids.
18. L'arbitre est plus découragé que les joueurs, qui sont moins déprimés.
19. La maîtrise de soi dans n'importe quel sport est aussi importante que l'entraînement.
20. Les panneaux solaires sont bien plus économiques que l'ampoule électrique en matière d'énergie.

24. Les mots composés

1. Cette jeune fille blonde de seize ans vient de casser ses lunettes à monture en argent.
2. Le gardien de but et l'entraîneur se rencontrent régulièrement dans cette région viticole.
3. Tout le monde sait que la bannière étoilée est le drapeau américain, n'est-ce pas ?
4. De la confiture maison, c'est un régal !
5. C'est la première fois qu'il raconte cette histoire à vous briser le cœur.
6. C'est une erreur commune en anglais : une tasse de thé n'est pas la même chose qu'une tasse à thé !
7. Ils vont faire installer un manège en face de l'école primaire, ce qui a provoqué un tollé général.
8. Nous pouvons considérer que la machine à laver et le traitement de texte sont des inventions utiles.
9. Je ne peux pas venir ce soir parce que ma belle-mère et mon beau-frère sont chez moi.
10. N'oublie pas d'apporter ta brosse à dents si tu envisages de rester à la maison.
11. Le professeur de physique s'est acheté une magnifique voiture de sport rouge.
12. Les cambrioleurs sont rentrés par effraction dans la caisse d'épargne lundi dernier.
13. Le professeur de maths me conseille de rencontrer le conseiller d'orientation.
14. Dans ce magasin de vêtements, tu peux prendre emporter les cintres quand tu achètes des vêtements !
15. Je n'aime pas passer mes vacances de Noël dans les stations de sports d'hiver car il y a trop de monde.
16. Les trains de marchandises sont beaucoup moins rapides que les TGV, c'est évident !
17. Il a eu une crise de nerfs quand il a appris la nouvelle.
18. Les comptoirs enregistrement de l'aéroport viennent d'être fermés.
19. Il y avait certains passants qui étaient complètement indifférents.
20. Je n'ai pas le temps de cuisiner aujourd'hui. Je prendrai un plat à emporter.

25. *As or like*

1. Tu n'es pas obligé de suivre mes conseils, tu peux faire comme tu veux.
2. Il a raté son permis de conduire, comme il s'y attendait.
3. Cet exercice est aussi difficile que le test d'anglais que nous avons eu hier.
4. Ce phénomène peut être considéré comme une avancée technologique.
5. Je préfère le deuxième appartement : il est deux fois plus grand !
6. Il ressemble à son père physiquement. Il travaille comme architecte, comme son père ! Tel père, tel fils !
7. Comme je l'ai dit, je ne pourrai pas rester ce soir.
8. Il parlera en tant que témoin oculaire au tribunal car il a vu toute la scène.
9. Pendant la tornade, cette école avait été utilisée comme abri.
10. Comme il devrait me contacter aujourd'hui, je vais attendre son coup de fil.
11. En tant que responsable des ventes dans ce magasin, j'essaie de conseiller mes clients à la fois sur les avantages et les inconvénients des derniers appareils.
12. Le caramel anglais n'est pas la même chose que le chocolat !
13. Elle est secrétaire dans cette entreprise internationale. Comme le directeur, elle doit parler deux langues étrangères.
14. Il parle allemand couramment. J'aimerais pouvoir parler comme lui.
15. J'aimerais bien avoir un vélo comme le tien.
16. Je lui passerai un coup de fil comme d'habitude.
17. Comme je n'ai pas beaucoup de temps en ce moment pour rattraper le travail, je vais annuler ce voyage.
18. Il est directeur adjoint de cette école privée, mais il parle comme le directeur.
19. En tant que directeur de cette école, c'est lui qui signe tous les contrats.
20. Il aime bien tous les sports, comme le tennis, le football ou la natation.

26. Le génitif

1. La vision personnelle de Steve Jobs fut au cœur du succès d'Apple.
2. Le responsable des ventes de Walmart a été promu il y a deux ans.

3. L'exposition met en avant les paysages d'Afrique du Sud.
4. Les parents de Pierre et ceux de Valérie se sont mis d'accord pour partager les frais.
5. Le chiffre d'affaires de l'entreprise ne cesse de baisser.
6. Tous les étés, elle passe ses vacances chez sa tante en Bretagne.
7. Si tu pars à Londres, n'oublie pas de visiter la cathédrale de St Paul !
8. Que penses-tu des prévisions de Thomas Malthus concernant la démographie ?
9. Jim Cooper représente le parti démocrate du Tennessee.
10. Quand eut lieu le voyage de Christophe Colomb ?
11. À qui est cette voiture bleue ? C'est celle de Patrick !
12. Un de mes amis vient de m'envoyer le magazine du mois dernier.
13. Veux-tu ranger ta chambre et ramasser les jouets des enfants qui sont tout éparpillés par terre !
14. En France, un locataire doit envoyer un préavis de trois mois à son propriétaire s'il veut déménager.
15. La maison des Martin vient d'être cambriolée de nouveau !
16. De cet endroit, nous avons une vue à vol d'oiseau du paysage.
17. Le secret de Zara réside dans la vente de vêtements à la mode. C'est évident !
18. Pour l'amour de Dieu, n'oublie pas d'apporter tous les passeports à l'aéroport !
19. Nous nous reverrons dans quatre semaines.
20. Les parents de Brian et Jenny viennent d'acheter une nouvelle maison.

27. Discours direct et discours indirect

1. Il a dit à son collègue qu'il ne viendrait pas à la réunion le lendemain.
2. Il a dit qu'il avait réservé trois places pour ce concert-là.
3. Elle m'a demandé de l'accompagner au théâtre.
4. Ils ont dit qu'ils venaient de rentrer d'Australie et qu'ils allaient désormais se reposer.
5. Le Premier ministre a déclaré que le pays avait besoin de réformes urgentes si l'on voulait mettre fin aux inégalités.
6. Elle a dit à son avocat qu'elle avait reçu la lettre de licenciement deux jours auparavant.

7. Elle a dit qu'elle devait travailler le lendemain et qu'elle ne pouvait pas venir.
8. Il a dit qu'il ne se sentait pas bien et qu'il restait là-bas.
9. Le responsable des ventes a dit à son associé qu'il avait rencontré deux anciens clients ce jour-là.
10. Ils m'ont demandé pourquoi je n'avais pas accepté cette proposition.
11. Ils m'ont conseillé d'appeler mon notaire avant de prendre une décision.
12. Il m'a demandé de garder la fenêtre fermée car il y avait quelques moustiques.
13. L'agent immobilier a prévenu l'acheteur que le prix de l'immobilier risquait de baisser.
14. Il a suggéré de faire un pique-nique en fin d'année.
15. Thomas a proposé de réexaminer le dossier.
16. Tout le monde était d'accord pour dire que c'était une idée intéressante.
17. L'entraîneur a persuadé ses joueurs de continuer à jouer malgré la pluie.
18. Il a dit à sa fille qu'il allait acheter un nouvel ordinateur ce mardi-là.
19. Il m'a dit qu'il était fatigué car il venait de travailler deux semaines sans s'arrêter.
20. Elle m'a demandé de l'attendre.

28. Les prépositions

1. Il devrait assister à cette réunion, même s'il désapprouve le projet.
2. Tu peux compter sur moi. Je respecterai la règlementation.
3. Méfie-toi des pickpockets si tu pars à Milan.
4. Le juge l'a accusé d'avoir menti plusieurs fois pendant le procès.
5. Elle n'est pas d'accord avec lui et lui reproche de ne pas avoir dit la vérité.
6. Le travail des enfants est synonyme d'exploitation dans les ateliers clandestins.
7. Tu devrais t'abstenir de fumer quand tu es dans un bureau.
8. Le frère de Tom est différent de lui. Il n'est pas intéressé par la musique.
9. Je ne me moque pas de toi. Je te dis juste que tu devrais croire à ton jour de chance !
10. Je m'excuse d'être en retard cette fois-ci. Je n'ai pas l'habitude d'être en retard.
11. Il aime bien les langues étrangères, c'est pourquoi il est intéressé par une carrière internationale.

12. Félicitations pour ton succès ! Je suis très satisfait de tes résultats excellents.
13. Il me parla d'une voix haute, comme si j'étais responsable de cette annulation.
14. Elle trembla de peur et remonta la rue en courant.
15. Selon Peter, elle n'est pas intéressée par ce poste à l'étranger.
16. Quand nous sommes arrivés à la gare, nous étions entourés par des voyageurs effrayés car la gare était en feu.
17. Il l'a demandée en mariage durant les vacances d'été.
18. Vous ne devriez pas vous mêler de cette affaire. Le juge n'approuverait pas cette décision.
19. Cela dépend de la situation actuelle, qui est différente de celle de l'année dernière.
20. Regarde cette belle maison ! Elle appartient aux parents de Sophie.

29. Les particules adverbiales

Traduire en employant un verbe à particule

1. Ne marche pas trop vite, j'ai du mal à te rattraper.
2. Les enfants ont été renversés par un chauffeur qui était ivre.
3. N'oublie pas de réviser ta grammaire anglaise régulièrement !
4. Elle inventa toute cette histoire pour essayer de résoudre le problème.
5. Ne le laisse pas tomber ! Il t'a épaulée quand tu étais malade.
6. Ma voiture est tombée en panne sur l'autoroute.
7. Éteins ta cigarette tout de suite !
8. Quand la guerre éclata, les gens se demandaient s'ils allaient s'en sortir.
9. J'attends de vos nouvelles avec impatience.
10. Je ne peux pas supporter ce bruit terrible.
11. Il quitta l'école et renonça à l'idée de travailler dans la Marine.
12. Elle raccrocha le téléphone, puis rappela son ami tout de suite.
13. Soudain, il trouva une idée brillante.
14. Attention ! Ramasse le maintenant !
15. Réveille-toi ! Dépêche-toi ! Mets ce T-shirt !

16. Elle a élevé ses enfants à la campagne pendant sept ans.
17. Je serai fier si je réussis à mener à bien ce projet.
18. Elle va essayer de les réconcilier, mais ce sera difficile.
19. L'avion décolla de la nouvelle piste.
20. Cela fait cinq minutes que je cherche ce mot dans le dictionnaire.

30. Tableau des verbes irréguliers

1. Il rembobina la vidéo, puis en fit une copie.
2. Si son mari était étendu sur le canapé toute la journée, elle deviendrait folle.
3. Le royaume avait été renversé par les nouveaux conquérants.
4. Les programmes diffusés par Arte sont parfois intéressants.
5. Il paria qu'ils ne viendraient pas à la remise des diplômes.
6. Le chien avait été battu par ce fou.
7. L'eau avait gelé, et la température continua à baisser.
8. Elle pardonna, mais dit qu'elle n'avait pas oublié ce qui s'était passé.
9. Ce n'était pas la première fois qu'il montait à cheval.
10. Le soleil brilla, puis fut caché par les nuages.
11. Il a été fusillé pendant la guerre.
12. Elle avait accroché le tableau qu'elle avait choisi dans sa chambre.
13. Il mangea, puis s'assit dans le fauteuil et dormit.
14. Je suis allé à Londres en avion parce que j'avais gagné un billet gratuit.
15. Le nombre de chômeurs a augmenté (*to rise*) depuis janvier.
16. Je l'ai vu il y a cinq minutes.
17. Il glissa sur un rocher et se cassa la jambe.
18. Elle avait écrit une lettre, mais l'avait déchirée aussitôt.
19. Je savais qu'elle avait enseigné en Angleterre.
20. Il quitta la salle et partit en courant vers l'ascenseur.

VI. 100 phrases de thème grammatical proposées aux concours

Notez que ces 100 phrases ont été extraites d'annales des concours BCE IENA et ECRICOME de 2013 à 2017 LV2.

IENA LV2 2013

1. C'est la première fois que les Jeux Olympiques accueillent autant d'athlètes féminines.
2. Elle faisait ce métier depuis des années lorsqu'on lui proposa une augmentation.
3. Il consacra les cinq premiers mois de son mandat à relancer l'économie.
4. Les hommes sont beaucoup plus susceptibles d'accéder à un poste à responsabilité que les femmes.
5. Sais-tu combien de personnes ont participé bénévolement à sa campagne ?
6. On dit que la législation sur les armes à feu risque d'être modifiée.
7. L'ouragan qui a frappé les États-Unis ne prouve-t-il pas que le climat change ?
8. Il faudra qu'un nouvel accord soit signé dans les cinq ans.
9. Les syndicats savaient depuis longtemps que l'entreprise serait rachetée.
10. Tous les matins, elle prenait le train de Londres à sept heures et demie.

Corrigé

1. It's the first time that the Olympic Games have included so many female athletes.
2. She had been doing this job for years when she was offered a pay rise.
3. He spent the first five months of his term in office kick-starting the economy.
4. Men are much more likely than women to land top jobs.
5. Do you know how many people volunteered during his/her campaign?
6. People say that gun legislation may be reformed/is likely to reformed.
7. Doesn't the hurricane that hit/struck the United States prove that the climate is changing?
8. A new deal will have to be signed within the next five years.
9. The trade unions had known for a long time that the firm would be taken over.
10. Every morning she would catch the 7.30 London train.

ECRICOME LV2 2013

1. Il travaillait comme journaliste indépendant depuis dix ans quand il a été embauché par le *Sun*.
2. Plus vous étudierez le rapport dont je vous ai parlé, mieux vous verrez combien les enjeux sont importants.
3. À peine le gouvernement de coalition a-t-il été formé en mai 2010 que des divergences sont apparues.
4. La plupart des Britanniques soutiennent la politique éducative du Premier ministre depuis les dernières législatives.
5. Ce que les Européens préfèreraient, c'est que le Royaume-Uni choisisse entre l'UE et ses intérêts.
6. Vous feriez mieux de ne pas leur en parler tout de suite. Ils n'ont qu'à attendre.
7. Je passerai vous voir dans votre bureau quand j'aurai fini de traiter ce dossier urgent.
8. Je regrette que l'analyste n'ait pas été plus précis dans ses réponses la semaine dernière.
9. Jamais je ne comprendrai pourquoi tant de gens dépensent autant d'argent pour des téléviseurs à écran plat.
10. Le long voyage que nous avions entrepris était d'autant plus fatigant que le train était bondé.

Corrigé

1. He had been working as an independent/freelance journalist for ten years when he was hired/employed by The Sun.
2. The more you study the report I talked to you about, the better you will understand how high the stakes are.
3. No sooner had the coalition government been formed in May 2010 than differences of opinion arose.
4. Most British people have backed up the Prime Minister's education policy since the last general election.
5. Europeans would rather the United Kingdom chose between the EU and its own interests.
6. You had better not tell them about it straight away. Let them wait.
7. I will come and see you at your office as soon as I have finished dealing with this urgent file.
8. I wish the analyst had given more accurate answers last week.
9. Never will I understand why so many people spend so much money on flat-screen television sets.
10. The long journey we had undertaken was all the more tiring as the train was overcrowded.

IENA LV2 2014

1. D'importants progrès ont été accomplis dernièrement dans la lutte contre la corruption.
2. Les grévistes étaient prêts à continuer leur mouvement, lorsqu'un accord fut trouvé.
3. Quelle nouvelle incroyable que la démission du premier ministre !
4. Cela fait plus de quarante ans que le Royaume-Uni est membre de l'Union européenne.
5. Ne devrait-on pas donner à tout citoyen la possibilité de reprendre ses études ?
6. Les ventes en ligne permettront-elles à cette marque d'améliorer son image ?
7. Il est à craindre que nous manquions de pétrole plus tôt que prévu.
8. Grâce à la détermination de leurs avocats, la plupart des clients ont été remboursés.
9. Il est évident qu'on écrit beaucoup moins de lettres depuis l'arrivée d'Internet.
10. Les loyers londoniens ont toujours été parmi les plus élevés au monde.

Corrigé

1. Significant progress has been made over the last few years in the fight against corruption.
2. The strikers were ready to keep on protesting when an agreement was reached.
3. What an unbelievable piece of news the Prime Minister's resignation is!
4. The United Kingdom has been a member of the European Union for more than forty years.
5. Shouldn't every citizen be given the opportunity to take up their studies again?
6. Will online sales allow this brand to improve its image?
7. It is to be feared that there will be a shortage of oil sooner than expected.
8. Thanks to their lawyers' determination, most of the clients were paid back.
9. It's obvious that people are now writing far fewer letters since the advent of the internet.
10. Rents in London have always been among the highest in the world.

ECRICOME LV2 2014

1. Selon les toutes dernières estimations, la catastrophe ferroviaire aurait coûté la vie à une cinquantaine de personnes.
2. Tant que l'aide sociale restera généreuse, les pays européens ne pourront freiner efficacement l'immigration clandestine.
3. Pourquoi s'attaquer à la pornographie sur Internet ? Il n'y a aucun moyen d'empêcher les jeunes d'y avoir accès.
4. Depuis 1952, depuis plus de soixante ans donc, la reine Élisabeth règne. Quel sens du devoir !
5. Les Britanniques sont d'autant plus attachés au NHS que c'est une institution vieille de près de 70 ans.
6. N'est-il pas grand temps que les Écossais divorcent du Royaume-Uni ? Les Gallois devraient leur emboîter le pas.
7. Les salariés dont le compte Facebook dévoile la vie privée feraient mieux de le fermer au plus tôt.
8. Plus tôt l'Afrique du Sud démantèlera les dernières enclaves réservées aux seuls Blancs, mieux elle se portera.
9. Trop peu de vacanciers sont conscients des dégâts causés par le tourisme de masse.
10. On publie trop d'informations sans vérifier leur exactitude. Cela nuit à la crédibilité des médias. Qu'on les en informe !

Corrigé

1. According to the very latest estimates, the train crash is said to have caused some fifty casualties.
2. As long as welfare remains generous, European countries will not be able to curb illegal immigration efficiently.
3. Why tackle pornography on the Internet? There is no way of preventing young people from having access to it.
4. Queen Elizabeth has been on the throne since 1952, that is to say for more than sixty years. What a sense of duty!
5. The British are all the more attached to the NHS as it is an institution which is almost 70 years old.
6. Isn't it high time the Scots divorced the United Kingdom? The Welsh should follow in their footsteps.
7. Employees whose private lives are revealed in their Facebook accounts had better delete their accounts as soon as possible.
8. The sooner South Africa dismantles its last whites-only enclaves, the better it will become.
9. Too few holidaymakers are aware of the damage brought about by mass tourism.
10. Too much information is published without being checked for accuracy, which is detrimental to the credibility of the media. Let's inform them about it!

IENA LV2 2015

1. S'ils avaient eu plus de temps, ils auraient pu faire leurs achats avant de venir.
2. Y aura-t-il autant de monde à cette réunion que l'année dernière ?
3. D'après les experts, la reprise sera facilitée par la baisse des prix du pétrole.
4. Si votre société devait embaucher un jeune diplômé, quel profil choisirait-elle ?
5. Très peu d'électeurs ont déjà décidé pour quel député ils voteront.
6. La plupart des Européens ont cru que l'Écosse deviendrait une nation indépendante.
7. Cela fait des mois que les compagnies aériennes cherchent un accord.
8. Ce n'est pas la première fois qu'un écrivain français reçoit le prix Nobel, non ?
9. Aucun des investissements promis par ces deux entreprises n'a été réalisé.
10. Si riche et puissant soit-il, il n'a pu empêcher la faillite de son empire immobilier.

Corrigé

1. If they had had more time, they would have been able to do their shopping before coming.
2. Will there be as many people at this meeting as last year?
3. According to the experts, the economic recovery will be made easier by decreasing oil prices.
4. If your firm had to hire a recent graduate, what type of person would they choose?
5. Very few voters have already decided which MP to vote for.
6. Most Europeans believed that Scotland would become an independent nation.
7. The airline companies have been trying to find an agreement for months.
8. This isn't the first time a French writer has been awarded the Nobel Prize, is it?
9. None of the investments promised by these two firms has been carried out successfully.
10. However wealthy and powerful he may be, he was unable to prevent his property empire from collapsing.

ECRICOME LV2 2015

1. Il leur conseillait depuis des années de changer de stratégie, mais ils ne voulaient rien entendre.
2. Si tu m'avais demandé d'appuyer ta candidature à ce poste clé, je l'aurais fait volontiers, crois-moi !
3. Lorsqu'on pourra ne plus avoir d'empreinte numérique, le respect de la vie privée gagnera du terrain.
4. Vous feriez mieux de garder votre calme : la situation actuelle est assez compliquée comme ça.
5. Il est grand temps que le Royaume-Uni se transforme en fédération car le nationalisme écossais est toujours là.
6. Les émeutes de Ferguson nous rappellent que les États-Unis n'ont pas encore réglé la question raciale.
7. Je regrette que le gouvernement ne fasse pas davantage pour protéger les classes moyennes de la crise.
8. La plupart des Français que je connais ne sont pas encore habitués à pratiquer le covoiturage.
9. Le président veut une loi permettant aux contribuables dont le revenu est modeste de ne pas payer d'impôt.
10. Nous préférerions que tu ne nous dises pas si tu as voté pour ou contre l'indépendance de l'Écosse.

Corrigé

1. He had been advising them for years to change their strategy but they wouldn't listen.
2. Believe me, if you had asked me to back your application for this key job, I would have done so without any problem!
3. When it is possible to delete digital traces, respect of privacy will gain ground.
4. You had better keep your self-control: the current situation is complicated enough as it is.
5. It is high time the United Kingdom turned into a federation because Scottish nationalism is still developing.
6. The Ferguson riots remind us that the United States has not sorted out the racial issue yet.
7. I wish the government did more to protect the middle classes from the economic crisis.
8. Most French people I know are not used to car-pooling yet.
9. The president wants a law which enables low-income tax-payers not to pay tax.
10. We'd rather you didn't tell us whether you voted for or against the independence of Scotland.

IENA LV2 2016

1. La conférence sur le réchauffement climatique aura attiré plus de monde que prévu.
2. Il lui restait quelques meubles dont il souhaitait se débarrasser au plus vite.
3. Il a promis à ses collègues de les inviter chez lui lorsqu'il prendra sa retraite.
4. Ce journal du soir perd beaucoup de ses lecteurs depuis quelque temps.
5. À moins d'un miracle, cette entreprise ne trouvera pas d'acquéreur.
6. Comment peut-on laisser des gosses de six ans jouer avec des armes à feu ?
7. Si vous manquez de clients, il vous faudra faire de la publicité sur Internet.
8. Fallait-il empêcher les militants les plus radicaux de manifester ?
9. Si habile soit-il, il ne convaincra personne en dehors de son parti.
10. Les Britanniques n'ont guère envie de voir leur pays quitter l'Union européenne, non ?

Corrigé

1. The lecture on global warming turns out to have attracted more people than expected.
2. He still had some pieces of furniture that he wanted to get rid of.
3. He promised his colleagues that he would invite them to his place when he retired.
4. This evening newspaper has been losing a great many readers for a while.
5. Unless there is a miracle, this firm is not going to find a buyer.
6. How can people let six-year-old kids play around with firearms?
7. If you don't have enough customers, you'll have to advertise on the Internet.
8. Was it a good idea to prevent hard-line activists from demonstrating?
9. However skilled he may be, he will not convince anyone outside his own party.
10. Britons don't feel like seeing their country leave the European Union, do they?

ECRICOME LV2 2016

1. Depuis la victoire inattendue des conservateurs en mai 2015, David Cameron gouverne sans l'aide des libéraux-démocrates.
2. Plus le temps passe, plus les écarts de salaire hommes-femmes se réduisent, sauf pour les hauts revenus.
3. Trop d'informations et de conseils empêchent les étudiants de devenir autonomes. Laissons-les libres d'apprendre à leur rythme.
4. Je regrette qu'il n'y ait pas plus de femmes dans les parlements européens, mais que peut-on y faire ?
5. Quand le pays aura surmonté la crise économique, peut-être le gouvernement s'attaquera-t-il aux inégalités ?
6. Si vraiment ils avaient voulu réussir ce concours, ils se seraient davantage investis dans leurs études.
7. La crise des migrants est d'autant plus aiguë que l'Europe s'est saisie du problème assez tardivement.
8. L'actionnaire britannique, dont j'ignore la ville d'origine, s'est fait parfaitement comprendre en français lors de la réunion.
9. La Réserve fédérale américaine nous a suggéré d'attendre quelques semaines avant d'annoncer la bonne nouvelle.
10. Il travaillait autrefois dans le textile dans le nord du pays. Sa femme aussi, n'est-ce pas ?

Corrigé

1. Since the unexpected victory of the Conservatives in May 2015, David Cameron has been governing without the help of the Liberal Democrats.
2. The more time passes, the more the male-female pay gap is narrowing except for high incomes.
3. Too much information and advice prevents students from becoming independent. Let them choose to learn at their own pace.
4. I wish there were more women in European parliaments but what can be done about it?
5. When the country has overcome the economic crisis, perhaps the government will deal with inequalities.
6. If these students had really wanted to pass this competitive exam, they would have worked harder.
7. The migrant crisis is all the more serious as Europe has only recently begun to tackle the problem.
8. The British shareholder, whose home town I do not know, made himself understood clearly in French during the meeting.
9. The Federal Reserve has suggested that we should wait for a few weeks before breaking the good news.
10. He used to work in the textile industry in the north of the country. So did his wife, didn't she?

IENA LV2 2017

1. Depuis combien de temps les étudiants manifestent-ils contre l'augmentation des frais de scolarité ?
2. La majorité des Écossais s'interroge désormais sur la place de leur nation au sein du Royaume Uni.
3. Plus les électeurs craignent pour l'avenir, plus ils ont tendance à soutenir des candidats radicaux.
4. Dans quatre cas de fraude sur dix, les enquêteurs n'ont pas assez de preuves.
5. La légalisation des drogues douces permettra-t-elle d'accroître les recettes fiscales ?
6. Le parlement britannique n'a jamais été aussi divisé sur la question européenne.
7. Malgré l'optimisme des cadres dirigeants, l'avenir de l'entreprise demeure incertain.
8. Il pourrait y avoir une autre manière d'envisager les transports urbains.
9. Ces pays ne connaîtront pas la croissance sans investir davantage dans les universités.
10. Même si beaucoup la critiquent, peut-on vraiment dire que sa carrière est finie?

Corrigé

1. How long have [the] students been protesting against the increase of tuition fees?
2. Most Scottish people are now concerned about their nation's place within the UK.
3. The more voters fear for the[ir] future, the more they tend to vote for radical candidates.
4. In four out of ten cases of fraud, investigators have insufficient evidence.
5. Will the legalisation of recreational drugs help increase tax revenue?
6. The British parliament has never been so divided on the European question.
7. In spite of [the] managing directors' optimism, the company's future remains uncertain.
8. There might/may/could be another / an alternative way of considering urban transport.
9. These countries won't see [any] growth unless they invest more / without investing more in universities.
10. Even if many people criticise her, can we / you truly say her career is over?

ECRICOME LV2 2017

1. Nous regrettons ne pas vous avoir accompagnés pendant la visite. Nous aurions beaucoup appris sur l'entreprise.
2. Le PDG doit rencontrer le conseil d'administration après-demain, mais il se peut que le rendez-vous n'ait pas lieu.
3. Pourquoi ne pas apprendre le chinois ? Cela te serait tellement utile dans ta future carrière, tu sais.
4. Plus la technologie devient sophistiquée, plus la vie de tous les jours est censée se simplifier.
5. Si vous aviez suivi nos conseils à la lettre, vous ne vous retrouveriez pas dans cette situation délicate.
6. Les patrons feraient mieux de dialoguer avec les syndicats. Les risques d'une longue grève sont élevés.
7. Peu de gens ont assisté à la conférence. J'espère qu'il y en aura davantage lors de la prochaine.
8. À peine sortie de son école de commerce, elle s'est mise à chercher du travail à l'étranger.
9. Il est grand temps que les autorités reconnaissent le rôle des médias sociaux dans la vie du pays.
10. Depuis longtemps, le personnel réclamait une augmentation de salaire. La direction a fini par la lui accorder.

Corrigé

1. We wish we had accompanied you during the visit. We would have learnt a lot about the firm.
2. The chairman is expected to meet the board of directors the day after tomorrow, but the meeting may not take place.
3. Why not learn Chinese? It would be so useful for you in your future job, you know.
4. The more sophisticated technology gets, the easier everyday life is supposed to become.
5. If you had followed our advice by the book, you would not find yourself in that delicate situation.
6. It would be better for the business managers to talk with the unions. There is a high risk of a long strike.
7. Few people attended the conference. I hope there will be more at the next one.
8. No sooner had she left her business school than she started looking for a job abroad.
9. It is high time the authorities recognized the role of the social media in the life of the country.
10. For a long time, the staff had been asking for a wage increase. Eventually the management has agreed to it.

Chapitre 6
Civilisation

I. Les fiches culturelles

Britain

Factsheet 1 Big and Small Government
Factsheet 2 Mr Cameron's Big Society
Factsheet 3 The Lessons of the 2011 Riots in Britain and their historical context
Factsheet 4 The Fourth Estate:Press freedom, its abuses and censorship
Factsheet 5 Crime and Punishment, Law and Order in Britain

Britain and the USA

Factsheet 6 Health in Britain and in the US
Factsheet 7 Extremism in the Political Landscape - The far right in the UK the US
Factsheet 8 Racism and Multicultural Society in Britain and the US
Factsheet 9 Security and freedom - the fight against terror and the aftermath of 9/11 on civil liberties in the US and the UK
Factsheet 10 British and American Foreign: Policy international relations
Factsheet 11 The Subprime Crisis and the Euro Crisis

The USA

Factsheet 12 Money in US elections
Factsheet 13 Religion and Politics in the USA
Factsheet 14 The polarization of US politics
Factsheet 15 States' rights and the rise of the Tea Party
Factsheet 16 The US Constitution and the Supreme Court
Factsheet 17 Self Reliance and the Ownership Society
Factsheet 18 Discrimination and sexual minorities in the US
Factsheet 19 Occupy Wall Street
Factsheet 20 American music, culture and politics: Bob Dylan, in the heyday of social protest

Current affairs

Factsheet 21 The Ageing Society
Factsheet 22 Whistleblowing
Factsheet 23 Food Security and Sustainable Growth
Factsheet 24 Globalisation and its detractors
Factsheet 25 Technology and Power
Factsheet 26 Advertising: the art of seducing millions
Factsheet 27 Overpopulation: the great divide
Factsheet 28 Bioethics: defining what a human life is

Factsheet 1

Big and Small Government

Small Government Ideology and Practice Past and Present

To "roll back the frontiers of the State", with this radical statement of intent, the British Conservative Prime Minister, Margaret Thatcher, advocated a "hands-off" policy for central government especially as far as the economy was concerned. Rightly or wrongly, "Thatcherite politics*" came to be synonymous with a decline in society's Welfare State provision and the rise of the individualistic market based economy.

As the recent film *The Iron Lady* clearly shows, back in Thatcher's turbulent eighties, this concept of the greedy society was pilloried by the Opposition and the Trade Union movement who resented mass privatisation leading to the sacrifice of whole communities such as the coal miners or the steel workers. Though hailed as a courageous, economic visionary by staunch Tory supporters, Thatcher begat social division through her dogmatic public refusal to negotiate: "This lady's not for turning" she once remarked at a Conservative Party conference.

In the current context of economic recession, others on the political right, be it Mr Romney or Mr Cameron, have espoused the guiding principle behind Thatcher's economic policy, namely that the State cannot afford to step in and foot the bill[1] for a failing industrial sector. With rapid globalisation, competitiveness for industry revolves around increased cost—effectiveness, cost—cutting and not repeated bail-outs from central government. Both David Cameron and Mitt Romney recently lambasted their left—wing opponents for profligate spending. Running at approximately 16 trillion dollars the state budget deficit in the US leaves the country teetering on the brink of a financial cliff. Mr Romney's alternative to Obama's stimulus plans is to eliminate "every non-essential expensive government programme" which would include repealing the controversial healthcare reform dubbed "Obámacare". Similarly David Cameron lamented a past of totally irresponsible financial management during Gordon Brown's term of office. According to the Conservatives, Labour squandered public money in futile government schemes helping to finance Big Government "quangos" or government think-tanks. Far from improving the quality of citizens' lives, this centralised power back in Westminster and increased redtape[2].

The Small government solution favours laissez-faire capitalism: the principles Milton Friedman laid out back in 1962. The world of business is a "dog eat dog" world and with "social Darwinism" society, too, has to adapt or perish. Even left-wing governments have toyed with small government policies. In search of excellence, Mr Blair introduced privately-run "Trust hospitals" and extended the Thatcherite grant-maintained school, thus circumventing Local Education Authority controls.

Big Government Ideology and Practice

When television viewers witnessed the gruesome spectacle of Hurricane Katrina back in 2005, the world realised there had been an appalling leadership breakdown as government failed to rescue those afflicted by this natural disaster. America was shocked and the first helpers on the scene were Hollywood actors. The inept administration of a lame duck President was eventually shamed into action but it was a case of too little too late. It would later turn out that government administrations such as FEMA[3] had mismanaged funds and warnings of impending floods had been ignored. The silence of the most powerful government on Earth was chilling to behold[4].

* *Under Thatcher spending on health was stable*

This painful incident came to embody "small Government" based on individualism and minimal government intervention, quite the opposite of the Obama dream. When he came to power and since his reelection Obama has reaffirmed his controversial belief in Big Government. Unlike Reagan, who claimed "government is not the solution to our problem government IS the problem", Obama boldly took on Congress to push through[5] groundbreaking legislation, such as on health. Though his big government bills have been fought tooth and nail[6] by the Tea Party and the Republican right, Obama's stimulus plan for the American economy seems to be paying off. On the brink of bankruptcy five years ago American car manufacturers like "Jeep" have been saved thanks to billions of dollars of federal funds. The Jeep plant in Detroit is now working around the clock, a boon in a city dreadfully affected by the recent economic slump in which over 10 % of the population are on the dole.

Similarly, Big government ideology places social justice firmly on the agenda. Whereas in the past Americans benefited from health insurance merely through their jobs, the Obamacare policy aims to provide comprehensive health care for all, regardless of their employment status. Granted, Obama's bill for the program could amount to a trillion dollars and will complicate the nation's tricky financial situation further, still it was long overdue as health inequality used to be rife[7] since only wealthier inhabitants could afford private health insurance offering better quality care.

Despite Romney's reference to the 47 % of scrounging Obama voters, Obama's principle is not to create a nation of parasites. Big Government fosters equal opportunities like Affirmative Action in order to make society more inclusive, to curb institutional racism. The basic tenet is that a healthier, more just and less cutthroat society will be more productive and competitive. In a nation in which the pursuit of individual happiness is inscribed in the Declaration of Independence, Big Government entails guaranteeing basic rights and opportunities. It transcends mere economic concerns.

Vocabulary

1. ***to foot the bill*** : payer
2. ***redtape*** : paperasse
3. ***Federal Emergency Management Agency***
4. ***to behold*** : voir
5. ***to push through*** : faire adopter
6. ***tooth and nail*** : bec et ongles
7. ***widespread*** : répandu

Factsheet 2

Mr Cameron's Big Society

Back in 2006, picking up on the words of his illustrious predecessor as head of the Conservative Party, Mrs Thatcher, when she referred to "rolling back the frontier of the State", David Cameron promised to "roll forward the frontiers of society". Indeed, as head of a political family often branded the "nasty party" for its lack of a social agenda ever since the Iron lady reportedly claimed there was no such thing as society, Mr Cameron had to pull out all the stops[1] in order to rebrand the Tories as people-friendly.

His plan was to continue the Thatcherite process of fostering people power through localism. This involved disbanding expensive Labour quangos and replacing large government bodies with smaller locally administered groups based as far as possible on volunteering. Reduced government involvement entailed enhanced local democracy whilst enabling the Prime Minister to implement much needed budget cuts. Criticised as a measure of expediency or populism pandering to the right wing voters who increasingly tend to favour fringe parties like UKIP[2], Mr Cameron believes his plan would heal a nation broken by almost twenty years of 'labour mismanagement.'[3]

Concrete measures included locally elected police commissioners as of December 2012 to restore public confidence in a beleaguered police force and the ill fated referendum on the issue of european membership. Despite securing reelection with an enhanced majority in 2015 just one year later people power led to Cameron's humiliating downfall. The PM being forced to resign when Britain voted to leave the EU.

The Bad News

Recent events may well have both dispirited and encouraged the P.M. at the same time. In August 2011, Britain witnessed some of its worst riots for decades. Widespread vandalism and looting took place and the Metropolitan police were overwhelmed, there was a breakdown in basic law and order. The government even had the British army standing by, bringing back memories of the troubles in Northern Ireland. Coming just one year after the election, this was hardly the manifestation of Big Society that N° 10[4] had in mind. Whilst many of the rioters were hell bent on causing gratuitous trouble, more worrying were the genuine grievances voiced about Cameron's social plan.

Indeed The Big society plan favours volunteering instead of direct government funding in order to provide certain vital public services. Local libraries for example were manned by non-paid staff which sometimes led to downsizing, shorter opening hours or even complete closure of certain facilities. Funding to non-essential services like youth clubs was slashed[5] leading to unemployment among youth workers and increased idleness among youth already prone to anti social behaviour.

The Good News

Despite the tricky economic climate, Mr Cameron can rely on an undercurrent of goodwill and humanity fostered by the Christian tradition of the nation but also by the relatively harmonious multicultural make-up of British society. This cohesion became evident in the aftermath of the riots in 2011 during the Royal Wedding and the Queen's Diamond Jubilee and the Olympic Games.

In one scheme, for example, an entrepreneur originally from China, Natt Wei, launched a young enterprise scheme to motivate young people into getting involved in their local communities, a far cry from the binge drinking lager louts we normally read about

1. *to pull out all the stops* : faire tout son possible
2. *right-wing anti Europe party*
3. *Unfortunately a very low turnout at the first elections*
4. *N°10 Downing Street* : résidence du Premier ministre
5. réduit massivement

in the media. The "Riot Wombles" is another heart-warming example of Big Society in action. Responding to a plea from a bereaved Muslim shopkeeper after the riots, Britons from all walks of life spontaneously turned up armed with brooms and rubbish bags in order to clean up, themselves, the mess left by the rioters in their towns.

Carefully orchestrated or "branded" events like the Jubilee celebrations or the Olympics have restored a national feel-good factor in Britain. Interestingly the debate about Scottish independence has been rather forgotten as English and Scottish alike bask in the glory of Olympic champions like Chris Hoy and Andy Murray (both from Scotland) or Mo Farrah, originally from Somalia. Big society is also about the inclusion of those who are different as shown by the very successful promotion of the Paralympics in London 2012 and the triumph of RIO which witnessed unprecedented success for a diverse Team GB which fielded no fewer than 9 openly LGBT sportsmen and women or Cameron's softening stance[1] towards Gay marriage. Ex-drug addicts can prove excellent unpaid administrators of drug rehabilitation clinics.

Mr Cameron hoped to inspire a beleaguered nation thanks to the example of Olympic champions, the royal family, celebrities, the police and armed forces so that each Briton can make his own the sentiment made famous by one John Fitzgerald Kennedy in the sixties: "don't ask what your country can do for you but rather what you can do for your country."

One Bradley Wiggins[2], for example, can incite Britons to take up safe cycling and thus lose weight. His example of human endeavour is reminiscent of past British greats such as Jackie Charlton or Sir Edmund Hilary. For Mr Cameron, the Big Society heralds a return to Greatness for a Britain which has lost most of its former glory and clout[3] on the world stage. The British model is one of an inclusive, diverse and tolerant society but based on a firm foundation of a traditional shared identity. This is all well and good provided the "feel-good factor" persists. One threat to the Big Society resides in increasing nationalism, as Brits have increasingly to tighten their belts they tend to look for scapegoats[4] for their economic woes[5] amongst foreigners.

This was borne out in striking fashion by the astounding Brexit vote on June 23rd 2016 which witnessed a xenophobic campaign based largely on regaining control of immigration.

Mr Cameron's successor in 10 Downing Street, Theresa May, gave her own version of Big Society in January 2017 when she evoked the need for a "Shared Society". Basically this conception of modern Britian insists on the need for the State once more to play an active role in regulating markets to guarantee fairness for all in society, so there are no losers. This is a departure from the Big society based on the voluntary sector and perhaps a reaffirmation of the principle of "Caring Conservatism" or One nation Conservatism.

Vocabulary

1. ***stance*** **:** opinion
2. ***Bradley Wiggins Olympic cycling champion***
3. ***clout*** **:** influence
4. ***scapegoat*** **:** bouc émissaire
5. ***woes*** **:** problèmes

Factsheet 3

The Lessons of the 2011 Riots in Britain and their historical context

One year into his term of office[1], in August 2011, David Cameron, the freshly elected Prime Minister of the British coalition government, had to tackle a full- blown crisis in domestic affairs. With the police forces overstretched, the government were compelled to place the armed forces on standby, lest law and order should break down utterly. One may well wonder whether this sudden, often violent demonstration of public discontent is a new phenomenon and whether it symbolises a sea change in the conventional British trait known as stiff-upper-lip.

A brief glance at history will tell us that from time immemorial and as early as the Roman occupation, different sectors of the British population have always resisted. Queen Bodicea and the Picts, William Wallace from Scotland or the first trade unionists, like the Tolpuddle martyrs, to name but a few, resented the imposition of often tyrannical power in the name of the Crown arbitrarily confiscating land or goods or denying basic rights and a decent standard of living to workers.

More recently Hyde Park witnessed riots in 1866 when, after a disappointing election result, peaceful protestors were barred entry to a park reserved for the Upper Class. Brixton, a predominantly West Indian quarter of south London, witnessed clashes with the police back in 1981 leading to a government enquiry into the grievances of ethnic minorities in Britain. In the ensuing report, Lord Scarman, chairing the enquiry, concluded that Britain was riddled[2] with institutional racism which inevitably led to racial tensions and riots. What has been a feature of British political life is the setting up of official enquiries to try to fathom[3] the causes of unrest.

The different causes of unrest. In a class-ridden society like Britain, enmity[4] between lower and upper classes has always fuelled tensions. For Mr Cameron, the perceived failure of multiculturalism by which different faith communities tend to bond together in distinct groups without linking with the majority culture needs to be addressed if Britain aspires to a truly harmonious melting pot. Often based on calls for more democracy and better respect of human or animal rights, demonstrations have, by and large, rarely led to significant bloodshed. British environmental anti-nuclear or other protestors have tended to be of a peaceful ilk[5] preferring human chains, chanting and singing to outright destruction. At a recent gathering of dairy farmers for example demonstrators lamented the fact they remained "frightfully[6] well-behaved". Perhaps the Big Brother society, policed by 4.5 million CCTV cameras helps to contain the majority of would-be trouble-makers[7]. Yet, the events of summer, apparently sparked off by a police blunder[8], have raised fears of a breakdown in law and order.

Mushrooming from a local protest in Tottenham North London after the accidental shooting by the police of Mark Duggan, the protest developed into a mini insurrection as mostly young demonstrators set fire to emergency vehicles and premises[9] and widespread looting broke out. Despite reinforcements from other police forces, the new secret weapon the police were facing was the mobile phone network. Dubbed[10] the "blackberry revolution" these were the first British riots to witness increasingly organised mobs able to communicate on the ground disperse and regroup very quickly playing a sort of cat and mouse game with the police. The police were criticised for being slow to intervene yet they were clearly hampered[11] by racial sensitivities not wanting to be too heavy-handed especially in racially sensitive inner city areas.

Notwithstanding, the extensive damage and televised pictures of desolated town centres as the movement spread nationwide prompted a swift and some felt kneejerk[12] reaction from Cameron's government. Blaming a "slow-motion moral collapse" Mr Cameron ordered a "get- tough" approach toward offenders. Courts sat around the clock and custodial sentences were meted out[13] to even young first-time offenders. In one infamous case, a woman was sentenced to two weeks' imprisonment for receiving a pair of stolen underwear. Britain had returned to the short, sharp shock tactics of the Thatcher era, maybe an overreaction in order to curb this sudden unexplained blossoming of criminal violence.

Indeed, coming just weeks after the triumphant harmonious celebrations of the Royal Wedding and just twelve months before the Olympic Games came to town, the Riots gave a very sharp reminder that despite extensive camera surveillance, security issues persist in Britain. The police force still needs to mend fences with public opinion after accusations of racism, corruption and incompetence. Mr Cameron's government, though widely supported for its intransigence with arsonists and looters, doubtless failed to address some of the genuine grievances of some of the demonstrators:

Firstly, a lack of bridging between different communities that bond together in tight- knit exclusive groups. Secondly, anger about cuts brought about by the speculation of rogue bankers, the dwindling purchasing power of many middle class households and especially for young people the utter lack of prospects due to soaring university tuition fees. This last point particularly riled young protestors as Mr Clegg, the Deputy Prime Minister, had personally pledged not to increase tuition fees. Coming in a context of uprising worldwide and clement weather, the 2011 riots illustrated that Britain was not immune to social unrest itself, and that issues of social and economic justice and inequality clearly need dealing with there, too.

Vocabulary

1. ***term of office*** : mandat
2. ***riddled*** : infesté
3. ***to fathom*** : comprendre
4. ***enmity*** : haine
5. ***ilk*** : sorte
6. ***frightfully*** : terriblement
7. ***trouble-makers*** : fauteurs de troubles
8. ***blunder*** : bévue
9. ***premises*** : locaux
10. ***dubbed*** : surnommé
11. ***hampered*** : gêné
12. ***kneejerk*** : exagéré
13. ***custodial sentences were meted out*** : des peines de prison ferme ont été prononcées

Factsheet 4

The Fourth Estate : Press freedom, its abuses and censorship

In 2012, there was public outrage in Britain after revelations of phone-hacking involving national newspapers and even members of the police. In the aftermath of these events the all—powerful press baron from Australia, Rupert Murdoch, took the unprecedented step of closing down his popular tabloid The News Of The World as it had broken the law by invading the privacy of vulnerable citizens. The ensuing public outcry[1] led to one of the most serious official independent enquiries into the activities of the media being entrusted to the eminent Lord Justice Leveson.

The subsequent long-awaited report raised considerable misgivings[2] about how the media are regulated in the UK. Whilst reaffirming it was imperative for the press to remain independent of government in order to continue holding it to account, Justice Leveson admitted that the current self-regulatory body, The Press Complaints Committee, was unfit for the purpose[3] as it lacked the teeth to punish improper behaviour in journalists. The general public, Leveson concluded, have very little faith[4] in the PCC to protect citizens, be they celebrities like Hugh Grant or mere commoners. Self-regulation has struggled in the internet era of round the clock newscasting. Even prestigious broadcasters such as the BBC, whose hallmark[5] for sixty years has been impartiality and accuracy, has been embroiled in scandals as a result of sloppy journalism. Indeed, it has become tempting for news channels and newspapers in order to survive, to engage in newsmaking rather than newsgathering. To ensure healthy ratings or boost circulation, priority is given to sensational stories which are beefed up or "sexed up," in other words exaggerated to satisfy the public thirst for scandal. Despite court injunctions against the press, recent topless photos of the Duchess of Cambridge, Kate Middleton, sold for a fortune to even hitherto[6] reputable press companies. Needless to say, certain responsible newspapers, all to their credit, refused to engage in such unethical practices. Yet irresponsibility on the part of the media recently led to tragedy when a British nurse caring for Kate Middleton was hoodwinked[7] by a hoax call from an Australian radio presenter, into divulging sensitive private information. The nurse involved committed suicide shortly thereafter due to the pressure.

These examples serve to illustrate a simple concept that press freedom, whilst remaining an essential element in the protection of democracy and free speech, should never serve as a pretext for the often criminal invasion of privacy. The News of the World phone hacking scandal dismayed[8] the whole nation as the most vulnerable in society were targetted by unscrupulous paparazzi out for a fresh scoop.

Few would deny, however, that a free press remains a vital bulwark[9] against tyranny. Just as President Charles de Gaulle used BBC radio to broadcast his message of defiance to Vichy and Nazi Germany back in the forties, so radio and television and social networks like Twitter have recently proved invaluable[10] in countering modern dictatorships. The BBC has prided itself on its independence from government despite receiving it's funding directly from the tax payer via the licence fee[11]. Paradoxically though, an integral part of the Establishment, it has a reputation for questioning those in authority and holding them to account. In a bid to preserve impartiality, it aims to spur true debate not hesitating to open its airwaves to people of all persuasions, creed[12] or colour. When Tony Blair was reelected with a landslide majority in 1997, the BBC felt obliged to fill the vacuum left by a beleaguered opposition Tory party and crossed swords with[13] the Labour government over the Irak war controversy. This is quite surprising when one considers the corporation was once dubbed[14] the

"Bolshevik Broadcasting Corporation" by Conrad Black of the right-wing Daily Telegraph during the Thatcher years. Censorship of the press is still regrettably rife[15] throughout the world. The BBC itself has been banned from many closed countries in which dictators fear the free circulation of information. Unbridled[16] access to the truth is crucial to combat tyrants like Robert Mugabe in Zimbabwe or president Assad of Syria who endeavour to muzzle the free press as much as possible. The foreign press and the Internet are enabling Chinese dissidents to make their countrymen aware of their plight, instilling a desire for greater freedom in the country as a whole and empowering oppressed peoples.

The life-saving, world-changing work of the press is only possible thanks to the humbling commitment of reporters and photographers who risk life and limb, imprisonment or torture for the sake of freedom of information. Often soft targets for terrorists, many journalists perish in the course of their missions and yet their sense of duty spurs them to return into risk zones time and again. We only have to consider the graphic photographs of the 1976 Sharpeville massacre in Soweto, South Africa or the heart rending one of the children, victims of napalm burns in Vietnam, to know that reporters can help change the course of history. Though George Orwell's Big Brother claimed that "ignorance is strength" it is patently clear to all and sundry[17] that empowerment truly stems from free access to accurate information and knowledge. It is no surprise Oscar Wilde once quipped[18] that the British rarely rioted or demonstrated as their education system was "quite unsound". To conclude, the press does indeed play a vital role in preserving democracy. It is high time therefore that government acted to regulate it efficiently and thus restore public faith in a profession beleaguered by accusations of scandals and improper even illegal practices.

Moving in the right direction ?

Leveson did lead to the setting up in 2014 of the Independent Press Standards Organisation, an independent regulator officially with the power to force newspapers to print prominent corrections and adjudications. It was seen by many as the impetus the industry needed to change for the better but many remain sceptical. Indeed IPSO has never fined a newspaper, muckraking behaviour has hardly improved since the phone hacking scandal and many doubt that the ominous threat of punitive damages for papers that refuse to sign up to a government funded regulator will acually become reality.

Trump's election in the US was attributed in part to the proliferation of false information by bogus news sites. Other commentators refered to the expression 'broken press' to assert that the media did not inform voters properly. However few people could ignore the inflammatory and misogynist statements made by the President- elect during the campaign as they were widely reported and lambasted by the free and liberal press. The press reports criticising Trump, clearly had little effect on influencing voters, possibly because they were discredited by Trump himself and refered to as part of a crooked and corrupt establishment.

Vocabulary

1. ***outcry*** : tollé
2. ***misgivings*** : doutes
3. ***unfit for purpose*** : qui ne remplit pas sa fonction
4. ***faith*** : confiance
5. ***hallmark*** : marque de fabrique
6. ***hitherto*** : jusqu'à présent
7. ***hoodwinked*** : trompé
8. ***dismay*** : attrister
9. ***bulwark*** : rampart
10. ***invaluable*** : précieux
11. ***licence fee*** : redevance
12. ***creed*** : religion
13. ***to cross swords with*** : croiser le fer avec qqn
14. ***dubbed*** : appelé
15. ***rife*** : répandu
16. ***unbridled*** : sans borne
17. ***all and sundry*** : tout un chacun
18. ***to quip*** : blaguer

Factsheet 5

Crime and Punishment, Law and Order in Britain

The recent riots throughout mainland Britain, during the summer of 2011, might lead to a misconception that crime is on the increase. Broadcast on prime time television, scenes of looting, wanton[1] destruction of private property and vandalism might suggest that law and order has completely broken down. The latest statistics tell a different story, namely a ten per cent drop in all types of crime in England and Wales from 2011 to 2012. Though police records seem to underestimate the number of offences committed, which according to the public crime survey still lies at around 9 million, the general feeling is that people are becoming more law-abiding[2] than they used to be, especially locally. Obviously the general public's perception will be coloured by their personal experiences, which can be deceptive. Recent media coverage of the trial of a racist killer, led to increased fears that racist crime was soaring despite official evidence to the contrary.

One may well wonder what could have triggered this apparent abatement[3] in the crime wave that Britain experienced in 2011, especially as criminologists had dreaded an upsurge[4] in law—breaking as a result of the hardships spawned[5] by the current economic crisis. Indeed, charities such as the Joseph Rowntree Trust have always highlighted the link between social deprivation and crime. The main factor might be the improvement in crime prevention thanks to a tougher criminal justice system, enhanced technology and greater public awareness and vigilance. The police can snoop on would—be criminals night and day, thanks to several million CCTV cameras. High Definition cameras can enable culprits[6] to be singled out in a crowd. Credit card use can be monitored and mobile phone communications can enable the authorities to track suspects and their victims down. Once an offender[7] has been located, DNA evidence, cameras and databases allow a police force to establish guilt more effectively. Furthermore, neighbourhood watch schemes have been created to maintain a surveillance of communities by the inhabitants themselves. Though they are not allowed to take the law into their own hands, the theory is they are the eyes and ears of the police force. Some shopkeepers have equipped themselves to deal with delinquents or thieves. Thus private security or alarms and other devices[8] in order to deter[9] potential thieves are commonplace. One device, called the Mosquito, keeps young people at a distance from a shop thanks to the emission of a high frequency sound inaudible to other age groups. If this were not controversial enough already, amateur internet detectives have been employed by some retailers. Via a web cam they snoop on shoppers in a bid to locate shop lifters[10] then they send a text message to the owner to warn him. While this must reassure fearful shopkeepers, it also raises major issues over the risk of Britain developing into a Big Brother state.

In the aftermath of the 2011 riots in which police forces appeared overstretched[11] and ill-prepared for the scale of the violence they encountered, David Cameron's government favoured the get-tough or zero tolerance approach. The thinking behind clamping down[12] on criminals was simple. The "short sharp shock" method which involves short custodial sentences[13] even for first time offenders, aimed to frighten young people back onto the "straight and narrow way[14]." This method, previously employed by Mr Blair's labour administration, incarcerates offenders for minor offences. Unfortunately, sending more people to prison, whilst reassuring a nervous general public and pleasing many from the right wing, merely exacerbates the huge problem of overcrowding[15] in many penal institutions.

Official reports frequently deplore the inhumane conditions of confinement in British prisons due to lack of capacity. Ageing establishments dating back to the Victorian age have to accommodate six inmates[16] in cells designed for just two or four at the most. Furthermore, a prison sentence, far from teaching convicted criminals the error of their ways, often leads to further offences. The reoffending rate[17] in Britain is currently running at approximately two thirds. A hard core of criminals commit most crimes, around 45 % of people convicted in 2011 had already committed a massive fifteen offences in the UK! The prison population is steadily increasing partly because minimum sentencing regulations have led to stiffer[18] sentences, therefore offenders serve longer sentences.

The blatant inefficiency of the criminal justice system has sparked a call for alternative measures to be applied. Minor offences such as shop-lifting can be dealt with via "on the spot fines[19]" which are left to the discretion of police officers. More radical still are the experiments in local justice which rely heavily on community service orders. The island of Jersey has piloted a parish court system in which those who have committed minor offences have to face a panel of local dignitaries such as the mayor, to explain their actions (often in front of red—faced parents.) They then have to redeem themselves by carrying out repair or clean up jobs for their victims whilst remaining under supervision. This method, whilst costly, has proved very effective in reducing the reoffending rate. It would seem rather obvious to state that the punishment should fit the crime, and that community sentences, though on the increase, remain inappropriate for violent crime. One major challenge for the British police forces is the growing sophistication of criminals'modus operandi. The Internet has paved the way for[20] a plethora of cyber crimes requiring specialised, highly—trained and costly police units to combat them. As criminals become better equipped and more heavily armed, the future of an unarmed basic police force in the UK has been questioned. The advent of a gun-slinging police would sadden Britons, who are proud of the relationship they enjoy with their local "bobby" and fear the level of bloodshed which occurs in the USA.

Vocabulary

1. ***wanton*** : gratuit, injustifié
2. ***law-abiding*** : honnête
3. ***abatement*** : réduction
4. ***upsurge*** : recrudescence
5. ***to spawn*** : susciter
6. ***culprit*** : coupable
7. ***offender*** : délinquent, contrevenant, agresseur
8. ***device*** : appareil
9. ***to deter*** : dissuader
10. ***shop-lifters*** : voleurs à l'étalage
11. ***overstretched*** : débordé
12. ***to clamp down*** : sévir
13. ***custodial sentence*** : prison ferme
14. ***the straight and narrow way*** : le droit chemin
15. ***overcrowding*** : surpopulation
16. ***inmates*** : prisonniers
17. ***reoffending rate*** : taux de récidive
18. ***stiffer*** : plus sévère
19. ***fines*** : amendes
20. ***to pave the way for*** : ouvrir la voie

Factsheet 6

Health in Britain and in the US

Seldom off the agenda in the developing world, the burning issue of health has long been troublesome for successive governments on both sides of the Atlantic. An essential element of the Welfare State provision ever since the Beveridge report in 1942, access to free healthcare has been a defining right for all citizens. Britain and America have not been exempt from the spiralling costs of maintaining a comprehensive national health service though their governments'solutions have differed somewhat.

The British National Health Service, once the pride of the nation, has tended to make the headlines recently for the wrong reasons. With multi-million pound deficits the current government has been obliged to implement budget restraint (some would say cuts) in order to keep struggling hospital trusts afloat. This leads to the "postcode lottery" phenomenon whereby residents of urban and mainly southern locations receive enhanced care compared to people living elsewhere in the country. The process of decentralisation means that local hospital trusts can decide not to pay for more expensive treatments available elsewhere. In recent high profile cases, cancer patients considered moving to Scotland where expensive drugs were covered by the local health authorities. Other newspaper headlines refer to the scandal of inhumane treatment of elderly patients in care homes or hospitals or MRSA infections[1] caught in dirty hospital wards once more attributed to cuts in ancillary[2] staffing levels. The NHS has always suffered from top heavy bureaucracy often hampering[3] access to vital care facilities and money seemingly wasted in an inefficiently run system.

In recent years heavy government investment under the Labour Party has made it possible to to shorten the waiting lists for routine operations such as hip replacements from eighteen to six months for example. However, health care remains patchy[4] and Northern areas of the British Isles continue to suffer from poorer health than the national average: heart disease, lung cancer or liver disease or obesity related illnesses are still more common in these often underprivileged[5] areas. The shocking case of Baby P, a toddler who died tragically as a result of long abuse from his parents despite frequent hospital visits revealed a blatant[6] lack of, communication between the health profession and government child protection services. Other challenges for the NHS stem from the evolving lifestyles: binge-drinking plagues British town centres—despite Cameron's attempts to introduce a continental-style drinking culture, people are drinking more and at a younger age. 70 % of hospital admissions at weekends are alcohol-related, and young people including an increasing number of young women are suffering from liver disease or other health complications related to excessive alcohol intake[7].

The day the Obamacare health reform bill was approved by an initially hostile US House of Representatives on March 23rd 2010, may well prove to be the defining moment of Barack Obama's presidency. As a true Democrat, well acquainted[8] with social ills, he abhored[9] the inequality that was rife in the previous health system. Healthcare entitlement was previously reserved for those in gainful employment and those insured suffered at the hands of unscrupulous private health insurance companies out[10] to make profits at the expense of genuine health care. Michael Moore's film Sicko reminded us that 47 million Americans were not covered by medical insurance and therefore had little or no access to treatment. Moore even made very unflattering comparisons with the comprehensive health service provided in neighbouring Cuba or enjoyed by detainees in Guantanamo Bay. Originally estimated at 1 trillion dollars, the Obama system was slightly watered down[11] due to Republican opposition but the vital principle remains, namely mandatory universal solidarity by which all citizens who can afford it are compelled to pay contributions towards everyone else's healthcare. This is a revolutionary notion for some Americans, who are staunch believers in self help principles. Some state legislatures fought the bill on an individual rights basis, arguing that federal government could not constitutionally force citizens to pay for (consume) health products.

Compared to Britain (8 % of GDP), the US spends almost twice as much on health care (around 16 %) yet it lags behind[12] five other industrialised nations including the UK for life-expectancy. Obama's Patient Protection and Affordable Care Act hopes to redress this imbalance by making healthcare available to all, regardless of racial background, employment situation or social class. Obama extended the existing health provision by raising the age of eligibility enabling children to be covered by their parents'health insurance up to the age of 26. The mandatory healthcare element compels all citizens to subscribe to a health policy, but they are free to negotiate the deal they prefer through local health exchanges. Despite the fearmongering[13] assertions of Sarah Palin during the run—up to the new legislation, there is no provision for so—called "death panels" denying access to crucial treatment for life-threatening conditions. A certain flexibility has been built into the system, enabling states to opt out of the extension to the Medicaid programme, for example.

As in the US, the Conservative government in Britain remain firmly committed to maintaining an efficient National Health Service. It is the one public service that has proved a sacred cow: no Prime Minister has ever really intended to dismantle it. Despite frequent economy drives, Thatcher's rhetoric in favour of private health insurance and accusations of creeping privatisation, funding in the NHS has remained stable or rather increased since its inception. The Healthcare issue is far too politically sensitive for it ever to be side-lined.

Civilisation 6

Vocabulary

1. ***MRSA*** : maladies nosocomiales
2. ***ancillary staff*** : personnel non soignant
3. ***to hamper*** : gêner
4. ***patchy*** : inégal
5. ***underprivileged*** : défavorisé
6. ***blatant*** : flagrant
7. ***intake*** : consommation
8. ***to be acquainted with*** : connaître
9. ***to abhor*** : détester
10. ***to be out to*** : être décidé à
11. ***to water down*** : rendre moins radical
12. ***to lag behind*** : être distancé par
13. ***fearmongering*** : alarmist

Factsheet 7

Extremism in the Political Landscape – The far right in the UK the US

Although still very much a fringe[1] party with just a handful of elected representatives (Nick Griffin, its leader, was recently elected as an MEP) the British National Party has seduced certain disaffected white voters willing to cast a vote of discontent against the established mainstream political parties. On issues such as immigration they advocate a slightly more moderate stance than the traditional National Front which favours compulsory repatriation of all non-white immigrants to their native countries, the restoration of capital punishment for terrorists and paedophiles and the criminalisation of homosexuality. Though these policies are highly reprehensible to the great majority of tolerant Britons, the BNP's groundswell[2] of public support stems from the anger of what Richard Nixon might have termed the "silent majority".

These often ill-educated, low-skilled and deprived angry white inhabitants claim government turns a blind eye[3] to their housing or health needs, preferring to favour more needy families from abroad. Indeed, in inner city quarters with high immigrant populations, the latter tend to have large families and therefore qualify for council housing as priority cases. Some indigenous whites also engage in fearmongering, asserting that a tolerant multicultural society endangers their traditional values. They will narrow-mindedly claim their children are no longer learning English and in an evolving society might one day be forced to wear a veil at school alongside their Muslim peers. A lack of bridging between different communities coupled with a bonding of like-minded individuals can constitute a social time bomb erupting in low-level racist incidents or indeed racially motivated attacks, as in the Stephen Lawrence case.

In the context of low election turnouts[4] for the mainstream parties, politicians often attempt to woo[5] voters from the far-right. Mr Cameron recently seemed to be pandering to BNP supporters when he publicly disavowed Britain's multicultural heritage. He pledged[6] a return to British identity and British values and stressed that immigrants had to accept the former as prerequisites to successful integration. The influence of the far right agenda can also be felt in the current government's hard line on what have been dubbed problem families or "scroungers". Though thanks to legislation outlawing "incitement to racial hatred" the days of Edward Mosley and the British fascist party are ancient history, the British far-right movement still organises rallies and makes inflammatory speeches. Policing the clashes between far-right demonstrators and anti-racist groups is a constant headache for local authorities.

Ever since he became a front-runner for the presidency, Mr Obama has been frequently the target of thinly-veiled racially motivated attacks from the American right. The National Association for the Advancement of Coloured People has called on the Tea Party to sanction outspoken right-wing members who have slandered[7] Obama and other African Americans, not hesitating to use slurs[8] like the N-word even in Congress. Sarah Palin and her cronies on the far right have built up a reputation for incompetence and breathtaking duplicity. Palin in particular has shown little restraint in her speeches or common sense in choosing her allegiances, backing corrupt or tactless candidates. In the 2012 elections the far right's intransigent attitude to abortion and minority rights led to ill-judged, off-the-cuff[9] comments. The Tea Party Republican candidate Tod Aitken for instance controversially reiterated his opposition to abortion even in cases he referred to "legitimate rape".

The Tea Party, a popular conservative movement spawned[10] in response to the 2008 Democrat election success, has campaigned on all the traditional issues: abortion, taxation, immigration, defence, employment and advocated an individualistic, anti-government, anti-tax stance. Too extreme for some Republicans, the Tea Party movement nevertheless gained momentum and manage to oust several moderate party favourites in congressional primaries and in some cases went on to win congressional seats in the 2010 mid-term elections, ushering[11] in young, inexperienced and extreme congressmen like Florida senator Marco Rubio. Yet some commentators hold the Tea Party responsible for the Republicans'failure to win back the White House in 2012. Indeed, many established, internationally recognised moderate Republican politicians like Richard Lugar, Senator from Indiana, were defeated in the Republican primaries. The heavy defeat in the 2012 elections ofTea party candidates would tend to confirm that moderate America has rejected the politically more extreme ideas. Mr Romney himself scored an own goal[12] when employing a typically far right leitmotiv, he castigated the 47 % of Obama—voting scroungers in America.

In fact much like the BNP in Britain, the far right and Tea Party support hails from a predominantly white group of angry young males of working class background. What John McCain had referred to as the "Joe the Pumber" America, rejected Obama's America as being discriminatory. For them Obama runs America for an intellectual Ivy League elite symbolised by Supreme Court Judge Sonia Sotomayor. According to their remorseless logic it is an America to which the ordinary hardworking Joe the Plumber American cannot belong. These divisive sentiments are regularly aired through channels such as Fox News and some commentators fear inflammatory speeches might lead to violent acts like the Oklahoma city attack back in 1994 perpetrated by so—called "patriots". Mr Obama may well have swept back into the White House for "four more years," and yet the increasingly racially divided vote bodes ill[13], and though the Tea Party has run out of steam, the far right are still waiting in the wings.

Vocabulary

1. ***fringe*** : marginal
2. ***groundwell*** : vague de fond
3. ***to turn a blind eye to*** : ignorer volontairement
4. ***turnout*** : participation
5. ***to woo*** : séduire
6. ***to pledge*** : promettre
7. ***to slander*** : insulter
8. ***slurs*** : insultes
9. ***off the cuff*** : irréfléchi
10. ***to spawn*** : naître
11. ***to usher in*** : introduire
12. ***to score an own goal*** : marquer contre son camp
13. ***to bode ill*** : être de mauvais augure

Factsheet 8

Racism and Multicultural Society in Britain and the US

Any visitor to London or New York cannot help noticing the extremely cosmopolitan make-up of the population. Indeed these melting pots of various cultures and languages (over 200 different native languages are spoken in London) has helped to create a vibrant and dynamic communities open to the wider world. If London was chosen to host the 2012 Olympics games it was principally because it based its bid on its global culture and inclusive cultural policies. In the aftermath of the successful 2012 games, British people with foreign roots expressed their pride in belonging to a nation which values difference.

This optimism about social cohesion belies[1] a feeling of insecurity among certain ethnic groups who fear a backlash[2] from the majority white populations as the proportion of inhabitants of immigrant origin steadily grows. The Latino community in the US is growing exponentially and according to official US census data is predicted to represent 30 % of the global population by 2050, or about 133 million inhabitants. Economists like Samuel Huntington have prophesied conflict between opposing cultures due to the shifting[3] demographics. Similarly, in 1968, the British Conservative MP Enoch Powell famously evoked "rivers of blood" in Britain, should nothing be done to remove the immigrant populations.

A half a century later, two recent events on both sides of the Atlantic have renewed fears of interracial conflict and have tended to lend credence to the claims, made recently by David Cameron, that the melting pot is a myth and the multicultural experiment a failure. In Britain, in the spring of 2012, a judge used new evidence to sentence two white Britons to life imprisonment for a racially motivated murder of a black youth, Stephen Lawrence. At just about the same moment in the US, a million Americans participated in the million Hoodie March to pay tribute[4] and protest against the murder of Trayvon Martin, an unarmed black teenager gunned down by a white vigilante. In each case, commentators have remarked, the incident most likely escalated[5] because of the racial factor. In Britain, the two killers were heard to issue racist jeers[6] and threats, whilst in the Martin case, the killer, George Zimmerman, had a history of clashes[7] with African Americans. Zimmerman, who was released after only 5 hours of detention by the local police, has yet to be tried[8] and has argued he acted in self-defence. According to Florida's "stand Your Ground" law, he was subsequently acquitted of all charges in July 2013. Commentators have observed that African Americans are victims of a tacit law by which they have to justify their presence in the public space, in some respects the Jim Crow mindset has not completely disappeared from Obama's America.

The more diverse society becomes, the greater the challenge for equal opportunities and social cohesion. Granted, Britain and America have enforced racial discrimination legislation for over forty years. Still official statistics prove a disproportionately high number of blacks are affected by educational failure or are sent to prison. The policy of Affirmative Action, which enforces quotas to foster[9] employment among the ethnic minorities, is increasingly criticised as being discriminatory against the white majority. Opponents such as Linda Chavez, head of a right-wing think tank in the US, have argued that society has to remain "colour-blind" in the name of equality. A colour-blind society is in fact a meritocracy. It would be unthinkable, Chavez contends[10], to reject a candidate merely on account of their skin-colour; similarly, racial criteria should be proscribed when deciding which candidate to select. By favouring one ethnic group over another, society runs the risk of fostering resentment and racial tension.

The credit crisis and ensuing recession have spawned discontent among those who hold immigrants responsible for unemployment or dwindling resources. Sociologists have long warned British society against the propagation of ghettos in which whole communities of like-minded individuals gather and bond together around a similar belief system. Whilst affording a feeling of security against racism, this division of society down ethnic lines may well heighten[11] tensions in society as a whole. The Muslim community in the UK and America is a case in point. After 9/11 and the 2005 London terrorist attacks and the wave of new anti-terrorist legislation limiting traditional practices such as the observance of Zakat, they have become increasingly isolated and introspective. They fear a backlash from the majority as illustrated by the campaign against the ground zero mosque.

The challenge for Britain and America in order to move forward is to instigate a process of bridging rather than bonding. Sociologists explain that initiatives to spur community spirit, by bringing different faith communities, ethnic groups or social classes together, are vital to preserve a cohesive society. National events like the Diamond Jubilee or the Olympics provide excellent opportunities for bridging to occur. After the recent riots in London, a melting pot of Londoners gathered spontaneously thanks to social networking sites in order to clean up a neighbourhood damaged by nights of violence. These "Riot Wombles" sent out a strong symbol of unity and collaboration and gave insight into Mr Cameron's dream of a more responsible society which he has dubbed the "Big Society." Barack Obama's second term of office is a fresh opportunity to attempt to heal the rift[12] between rich and poor and black and white. Though racism still rears its ugly head from time to time, the new incumbent[13] at the White House is a powerful sign that societies can evolve for the better. The public outcry over the Lawrence and the Martin cases proves that racial harmony is a goal cherished by Americans and Britons alike.

Vocabulary

1. ***to belie*** **:** donner le démenti à
2. ***backlash*** **:** repercussions
3. ***shifting*** **:** en évolution
4. ***to pay tribute*** **:** rendre hommage
5. ***to escalate*** **:** empirer
6. ***jeers*** **:** quolibets
7. ***clash*** **:** affrontement
8. ***tried*** **:** jugé
9. ***to foster*** **:** encourager
10. ***to contend*** **:** prétendre
11. ***to heighten*** **:** accroître
12. ***rift*** **:** fossé
13. ***incumbent*** **:** occupant

Factsheet 9

Security and freedom – the fight against terror and the aftermath of 9/11 on civil liberties in the US and the UK

The horror of the attacks on the World Trade Centre in September 2001 and more recently on the London transport system on the 7th July 2005 ushered in[1] an unprecedented raft of security measures aimed to protect citizens from the terrorist threat. Britain had already been accustomed to mindless and indiscriminate killing on the part of the IRA, which carried out a mainland bombing campaign almost killing Prime Minister, Margaret Thatcher in the Brighton bomb attach on October 12th 1984. During her time at N° 10, Mrs Thatcher refused to negotiate with Sinn Fein or the IRA, and thus famously aimed to deprive terrorists of the "oxygen of publicity". Thatcher's tough line on those fighting for Irish independence involved internment and apparently letting the hunger-striker Bobby Sands die in prison. Exactions of the British security forces such as the incident immortalised by U2 in the song Bloody Sunday, illustrate how overreaction to protest can lead to civilian casualties.

In 2001 civil rights groups such as the ACLU in America expressed grave concerns about new anti -terrorist legislation rushed through[2] in the wake of the terrorist atrocities. The Patriot Act brought in sweeping new police powers including physical surveillance with or without legitimate suspicion and financial controls. The former has been called a Pandora's box open to interprÉtation and abuse. The latter, originally conceived to prevent terrorist money-laundering[3], has led to a bonanza of suspicious activity reports. Banks are required by law to inform the authorities of suspicious financial transactions. The number of such reports has increased fivefold and today numbers 1.3 million. Clearly, the vast majority of these alerts have nothing whatsoever to do with dangerous terrorist activities. Furthermore, the clamp down on financial transactions affected legitimate activities such as Muslim disaster relief charities. Genuine, devout[4] donors wanting to do Zakat or give to the poor according to the principles of their faith were hampered by federal agents who suspected them of raising funds for terrorist activities.

Muslims being prevented from the free exercise of their faith is just one of the consequences of beefed-up[5] security legislation. The Terrorist Screening Centre set up after 9/11 to protect American soil issued a "no-fly list" of persons to be barred[6] from flights to and from the US. This list is open to abuse as it is very difficult to assess the level of risk individuals represent. Only very short at its inception, the no fly list is today alleged to include no less than 1 million names according to the ACLU. Independent immigration analysts have pointed out that stricter border controls have deterred many bright brains whose vital know-how has thus been lost to America.

Post 9/11 witnessed a sea-change in attitudes to policing and the Big Brother society. Traditionally wary[7] of bossy authorities, the British have long resisted the introduction of identity cards as an infringement of personal freedom. Due to frequent harassment from an essentially white police force, members of ethnic minorities campaigned against the "stop and search" laws which authorised police officers to apprehend any person they suspected of criminal intent. Similarly, there had been an uproar[8] in Parliament in 2005 when the Labour Home Office minister, Charles Clarke, aimed to implement indefinite house arrest and unlimited stop and search powers against terrorist suspects their friends and their families. Despite this resistance, according to some human rights activists, since 2001 Britons have sleepwalked into a near police-state scenario. The UK deploys no fewer than 4.5 million CCTV cameras at present, added to the tracking of mobile phones and bank cards, making it possible to spy on most people's movements around the clock. Number plate recognition technology is routinely used and high performance CCTV cameras already enable would-be[9] troublemakers to be singled-out in a large crowd. An internet security bill hopes to pass parliamentary scrutiny in December 2012. This would compel internet providers to keep a record of all the web activity of each of their customers for a year and make it available for subsequent investigation by the police.

The crackdown[10] has been widely supported by the general public as such measures as the mushrooming security cameras have obvious advantages, enabling more efficient crime prevention and crime solving. Within two weeks of the London bombings, for example, the authorities were able to identify the culprits[11] and establish the modus operandi of the killers. Heightened surveillance has been a valuable tool in the fight against terror as the authorities claim to have foiled[12] several major plots including an attack on a Scottish airport.

Yet CCTV is no miracle cure for crime and terror. Human rights issues do remain with the use made of CCTV images and relatively few cases of street crime have been solved. A definite shift has occurred in British society, which now regularly engages in "naming and shaming". Previously only the tabloids would publish the names and addresses of "wanted" people. Today the British government itself, has published the mugshots of the most wanted tax evaders in a bid to mobilise public support in tracking them down. One cannot help but worry about the human rights implications of measures that seem fairly reminiscent of the Far West with its posses and arbitrary justice. Despite the elimination of Bin Laden by US marines, the Post 2001 era has brought home the notion that our countries are living in a permanent state of alert. This was at no time more apparent than in August 2012 when London was transformed into a fortress in order to host[13] the Olympic Games!

Vocabulary

1. ***to usher in*** : introduire
2. ***to rush through*** : faire adopter d'urgence
3. ***money laundering*** : blanchiment d'argent
4. ***devout*** : pratiquant
5. ***beefed up*** : renforcé
6. ***barred*** : interdit d'accès
7. ***wary*** : méfiant
8. ***uproar*** : tollé
9. ***would-be*** : potential
10. ***crackdown*** : répression
11. ***culprits*** : coupables
12. ***foiled*** : déjouer
13. ***to host*** : accueillir

Factsheet 10

British and American Foreign Policy: international relations

Open any dictionary and you will learn that foreign policy consists in adopting policies and strategies towards other nations in a bid to further[1] one's own agenda. This became blatantly clear in January 2013, when David Cameron, the British Conservative Prime Minister, issued a severe warning to the European Community. Hard pressed by Eurosceptics in his party, Mr Cameron, as his illustrious predecessor, Margaret Thatcher, raised the possibility of an in out referendum on Britain's membership of the EU within five years unless the community agreed to comply with his demands. Showing firmness towards Brussels has been a trademark[2] of successive governments of all political persuasions fed up with Europe's perceived interference in British sovereign affairs. In the eighties it was the British rebate and the Common Agricultural Policy that led to angry exchanges between Britain and its European allies. Later Britain isolated itself further by using its veto to opt out[3] of the social chapter brought in by Maastricht in 1992. When the single currency was adopted in 2001, once again Britain sat on the fence[4]. For continentals this stubbornness and lack of cooperation could doubtless be explained by the British being an island people and secondly by the "special relationship" they enjoy with the United States of America. What is perplexing about Mr Cameron's posturing over Brussels, is that Britain has lost a great deal of its former clout[5] and Europe could provide a springboard through which it could regain a certain influence worldwide. In past centuries British foreign policy could be summed up in the term "gunboat diplomacy". The might[6] of the British Navy enabled them to impose their policies and world view globally. Those days are now long gone. The G22 summits show that developing countries, with their gargantuan economic potential, may be the ones calling the shots[7] in the world of tomorrow. As American hegemony also continues to wane[8], European countries are increasingly stepping into the breach to maintain world order. Britain did recently manage to work hand in hand with one of its allies, France, in the recent conflict in Libya, helping to oust[9] the despot Gaddafi. Similarly, Britain was quick to offer France logistical support for its campaign against Islamic militants in Mali. These examples of close cooperation demonstrate that Europe can be a force to be reckoned with, and the European dream is much more than simply a large market for trade and commerce. Britain and France have seemingly proven that the Entente Cordiale is not dead and buried and that they are not condemned to remain at loggerheads[10] forever. Inevitably, foreign policy is a tricky issue and every leader aims to avoid blundering. Appearing to be open yet firm with foreign nations, is a vital skill embodied by the statesman Barack Obama.

From the inception of his presidency, Obama strived[11] to convey a fresh image of Uncle Sam to the world. The warmongering past under George W. Bush was to be supplanted[12] by the peacemaker. Bush will indeed be remembered by many for the thousands of civilians slain[13] in Irak as collateral damage for what some consider to be an oil war. His attitude came across as imperialist arrogance and was greeted most often in the Arab world by burning American flags. As he pledged to withdraw[14] the troops from Irak and close down the infamous Guantanamo bay prison, Obama for his part, earned the Nobel Peace Prize. Yet, he was perhaps just as surprised as honoured at this gesture and he promptly renewed his commitment to fighting Al Qaeda in Afghanistan by sending more troops. One of the most controversial achievements of his first term was the planned assassination of Osama Bin Laden, an act of war carried out on foreign soil[15]. Importantly for Obama his stature as a world statesman has preserved the good name of America abroad. His Cairo speech, back in 2010, in which he greeted the audience in Arabic, was emblematic of his more open approach, favouring dialogue over conflict. It was widely acclaimed and the popularity of America in Europe soared as a result. He would seem to be living out Churchill's maxim that "Jaw Jaw is better than War War" By making overtures to the Arab world, however, Obama risked isolating himself from the influential Jewish community in the United States and incensing his detractors on the American right. More extreme members of the Tea Party went so far as to accuse him of being a Muslim and call into question his American citizenship. His middle name is Hussein, after all!

Another explanation for Obama's reduced ambitions, as far as foreign intervention is concerned, lies in the credit crisis. Huge spending on the stimulus plan and Obamacare have plunged the country even further into the mire[16] of debt. Congress voted the Budget Control Act in 2011 which limits spending even on defence, a hitherto preserved domain. As a result America has urged[17] its allies within NATO to stand up and be counted in the fight against terror and help Uncle Sam bear some of the load[18]. Granted, the military role may be decreasing; still, American diplomacy continues to be active, especially towards crucial trading partners like China and India. Obama knows only too well that he must maintain good relations with Bejing as it is America's major creditor. On the aid front, Americans and Britons and most Western democracies, continue to dole out[19] millions of dollars to the developing world in order to relieve poverty and suffering. This bolsters their image as benefactors but also fosters empowerment and development in order to make the world a fairer place. The challenge is how to foster sustainable development and empower the local population rather than maintaining them in a state of dependence through 'sticking plaster aid[20]."

Vocabulary

1. ***to further*** **:** faire progresser
2. ***trademark*** **:** marque de fabrique
3. ***to opt out*** **:** jouer son joker
4. ***to sit on the fence*** **:** adopter une politique attentiste
5. ***clout*** **:** influence
6. ***might*** **:** pouvoir
7. ***to call the shots*** **:** régner en maître
8. ***to wane*** **:** décroître
9. ***to oust*** **:** évincer
10. ***at loggerheads*** **:** en conflit permanent
11. ***to strive*** **:** s'efforcer de
12. ***to supplant*** **:** remplacer
13. ***slain*** **:** tué
14. ***to withdraw*** **:** retirer
15. ***on foreign soil*** **:** à l'étranger
16. ***mire*** **:** marécage
17. ***to urge*** **:** conseiller vivement
18. ***to bear the load*** **:** porter le fardeau
19. ***to dole out*** **:** distribuer avec largesse
20. ***sticking plaster aid*** **:** l'aide d'urgence

Factsheet 11
The Subprime Crisis and the Euro Crisis

In the Fall of 2007 the US saw the beginning of a seismic financial crisis that Alan Greenspan, former chairman of the Federal Reserve Bank, called a "once in a century" crisis. The crisis was set off by the bursting of a **real estate** bubble, so it came to be known as the **subprime crisis**—named after the high-risk home loans that had been massively granted to insolvent households and whose **default**[1] triggered the collapse of stock markets. By 2010 the contagion had spread to Europe, where a deeply flawed monetary system, huge and unequally distributed budget deficits and disagreement among member states would severely compound the trouble. As the epicentre of the financial crisis crossed the Atlantic, Federal Reserve Chairman Ben Bernake famously quipped to Jean-Claude Trichet, the then President of the European Central Bank: "Now it's your turn."

To explain the American subprime crisis, economists have pointed to the period from the seventies to the nineties as an era of unprecedented deregulation of markets, including the removal of the **Glass-Steagall** act that had prohibited the mixing of commercial and investment banking. During this period the strict state regulation of financial markets put in place after the Great Depression was seen as an antiquated obstacle to economic growth. Successive administrations, Democrat and Republican, set about stripping such laws away.

As hoped, a deregulated playing field created greater competition. Commercial banks encroached on the territory of big investment firms, forcing the latter to innovate in order to survive. Sophisticated algorithms were deployed to create complex **securities**, the most notorious being **CDOs**, or Collateralized Debt Obligations. These financial instruments allow banks to convert credit risk (such as home loans) into derivatives sold on the stock market. This practice, known as **securitisation**[2], enables banks to grant home loans and pay out high dividends on investments without having the necessary equity (capital or liquidity) to back up the loan because the risk has been "sold" to investors.

In 2001 the US economy was struggling in the wake of the dotcom boom and bust, barely emerging from recession and reeling from the attacks of September 11th. In an attempt to boost spending and stimulate the sluggish economy, the Federal Reserve Bank began slashing interest rates, reaching 1% by 2003. Cash flows were further bolstered by foreign investments from a rapidly growing China. Americans began borrowing, buying and spending their way out of the economic slump. They turned massively to the real estate market, simultaneously driving up housing prices and creating a housing boom. Many homeowners **leveraged**[3] their assets heavily against the future high value of their homes, hoping to refinance after a few years and thus turn a profit. The combination turned out to be too successful, leading to what Greenspan called "irrational exuberance": the economy began to overheat, but profits were so high for so many sectors that there was no will to try and slow down the trend.

Meanwhile, President Bush welcomed and encouraged the spending spree: in June of 2002, he issued *America's Homeownership Challenge* to private real estate and mortgage finance industries to encourage them to join the effort to close the gap between homeownership rates of minorities and non-minorities. The Federal National Mortgage Association (**Fannie Mae**) and the Federal Home Loan Mortgage Corporation (**Freddie Mac**), government-sponsored initiatives dating back to 1938 and 1970 respectively, had long financed housing loans for low-income families by providing government guarantees. Now the private sector was encouraged to do so, on the implicit assumption that the federal government would also guarantee banks against future losses. Indeed, when the mortgage insurance giant American International Group (**AIG**) was threatened with bankruptcy in the midst of the crisis, the federal government bailed out the company to the tune of $85 billion because it was deemed "too big to fail."

With a government mandate and guarantee, lax regulation, high demand, low interest rates and a cash flow, banks soon ran out of solvent debtors. To continue fuelling the credit boom they turned to less-than-reliable buyers who could scarcely afford the homes they acquired and often failed to understand the terms of their loans. These buyers were offered "teaser rates" or adjustable rates mortgages (**ARMs**) to entice them with initially low monthly payments that would then skyrocket after three or five years. The likelihood that these homeowners would default on their loans was extremely high, but the immediate incentives for bankers were greater. Such loans were dubbed **NINJA** loans, after the buyers' profiles: no income, no job and no assets.

With the complicity of poorly regulated ratings agencies, the much higher risk of these "subprime" loans was repackaged, given "AAA" ratings and sold on the world's stock markets. These CDOs found their way into investor portfolios as well as into public and private retirement pension funds both in the US and abroad. The "toxic" financial instruments had **seep**ed[4] deep into the world market, so that when insolvent homeowners massively defaulted on their "liar loans," not only did many Americans experience **foreclosures**,[5] but investors everywhere in the world saw their savings evaporate with the value of homes.

Nevertheless, the link between the subprime crisis and the European **sovereign debt crisis** is less one of cause and effect than one of analogy. Thanks to investment in the euro zone, the poorer Southern European countries also experienced a credit boom; the real estate and construction industries especially flourished there as a result. As in the United States, lax regulation and poor oversight allowed unsustainable debt to accumulate: the EU'S **Stability and Growth Pact**, which places caps on sovereign debt relative to GDP, was simply not enforced. In addition, Europe had no mechanism by which to monitor a nation's relative competitiveness or external imbalances, no stabilisation mechanism and no banking union.

So like the poor households in the US who borrowed heavily with no assets to back up their loans, these countries had no productivity gains to back up the debt they were accumulating. Sorely lacking in competitiveness, businesses dried up when the credit did, along with jobs and high wages. Suddenly these countries' status changed overnight, from member-countries on an equal footing within the European Union to debtor nations with respect to richer Germany, in effect their "creditor" now in a position to set the terms of their "**bail-out**[6]." Because they had signed up to a currency that they could no longer adjust to alleviate pressure on their own economies, they had little choice but to apply harsh, corrective austerity measures dictated by what has been called the "troika": the European Commission, the European Central Bank and the International Monetary Fund.

The political fallout from the crisis has been the rise of anti-euro parties in both camps. Many Germans resent and resist financial solidarity with what they see as their **profligate**[7] neighbours. Meanwhile, those neighbours are **chafing**[8] under austerity measures that cut deficits but depress the economy by shrinking incomes, spending and jobs. Most experts agree that there are two stark choices facing Europe: either a stronger union or a re-nationalisation of some, if not all, member states.

Vocabulary

1. ***default*** : le non-paiement
2. ***securitisation*** : la titrisation
3. ***to leverage*** : s'endetter pour investir
4. ***to seep*** : pénéter
5. ***foreclosure*** : saisie
6. ***bail-out*** : sauvetage
7. ***profligate*** : prodigue
8. ***to chafe*** : s'exaspérer

Factsheet 12

Money in US elections

When Gerald Ford and Jimmy Carter ran for the US presidential election in 1976, they were allowed to spend $35 million each by the Federal Election Commission. The nonprofit Center for Responsive Politics that tracks money in politics estimates that the 2016 Clinton-Trump presidential contest has cost more than $2.65 billion – the total cost of the 2016 federal election being just under $7 billion. Though the role of money in US elections has been a controversial issue for many years, leading to numerous unsuccessful attempts at legislative regulation, the current source of unprecedented sums of money is in direct relation to the US Supreme Court's 2010 "*Citizens United v. Federal Election Commission*" decision. In order to understand the role of money in US elections, it is thus important to go back to this Supreme Court ruling.

"Citizens United"

Before 2010, individuals could make a financial contribution directly to a campaign and it could not exceed $1,000. In addition, candidates could benefit from public financing. Finally, in order to qualify for these public funds, each candidate had to agree to a cap on how much they could spend.

However, the 2010 Supreme Court decision ruled that corporations should also have the right to give contributions to fund elections. Indeed, the justices declared that giving money for political purposes amounted to a form of free speech and thus any limit imposed on that spending could be read as a violation of the 1st amendment. This has led to the rise of "Super PACs" (Political Action Committees) that are now allowed to collect hundreds of millions of dollars from corporations, unions and other big-dollar donors to fund advertising and polling provided they do so independently of the candidate's campaign. Those "Super PACs", as they are known due to the staggering amount of money they collect, have thus contributed to flooding the political landscape with money, even though the dissenters had been quick to point out that this could well corrupt the democratic process.

The consequence on the campaign trail

Although other courts' decisions prior to Citizens United had paved the way, there is now growing evidence that corporations, interest groups and wealthy donors have more clout in US elections and this has had direct consequences on the campaign trail. Indeed the candidates to any elective position in the US have to spend most of their time fund-raising and wooing wealthy donors. They often have to adapt their campaigns around fund-raisers – sometimes attending several of those events in a single day – instead of playing the democratic game and going out to press the flesh with undecided voters. According to the Washington Post, some ten mega-donors were especially generous in the 2016 presidential race, among them casino-magnate Sheldon Adelson, former New York mayor and media tycoon Michael Bloomberg or billionaire George Soros.

The consequence on the media

In the 2016 presidential election, as the candidates were vying to collect funds, their Super PACs spent time and enormous sums of money canvassing swing states trying to determine who exactly the swing voters were, i.e those swayable voters who had not yet made up their minds. They then tailored ads on TV or online in order to fit the demands of those undecided voters. Those political ads often amounted to mudslinging as they discredited their political contenders with hateful comments. For the Americans, and especially those living in swing states, it meant constant bombardment (some would say harassment) on TV, the radio and online, which tended to tune them out instead of really drawing them into playing a role in the democratic process.

What this system means for the media is big money, though. The funds collected by the "Super PACs" go directly their way in the form of advertising dollars, thus creating a source of huge profits.

Can a politician win without big donors?

The question remains whether this deregulated system is being enforced to the detriment of democracy. After "Citizens United," is it still possible to win elections without appealing to the "1 %" of the population, that is to say the wealthiest donors, those who can donate unlimited funds to Super PACs?

It seems that those who can pour millions into a political campaign have a disproportionate advantage in comparison with the average citizen. It is easy to imagine how those large corporations can try to influence any campaign by injecting millions into the game. There is thus a risk of corruption in a system that benefits big donors. Even though small donors are still pivotal in US elections—for example they made up roughly 50 % of Barack Obama's financial base in 2012—it seems obvious that in the name of free speech, the Supreme Court has given more power to the rich and has contributed to opening the floodgates of money in US elections.

Many scholars thus advocate solutions to restore some balance and boost the voices of the "99 %". For example, if the government matched the first $250 of every donation, it could enhance the contribution of less-wealthy individuals. This system of public financing with matching funds would also be a way to encourage politicians to go after those donations and focus more on the interests of those citizens as well. No doubt it would also decrease the risk of corruption and promote a democratic debate. Many on the political scene advocate a constitutional amendment to reform the financial campaign system. Vermont senator Bernie Sanders who was H. Clinton's primary rival made overturning "Citizens United" a priority during the primaries. Hillary Clinton also said that she wanted to scrap the Supreme Court decision. According to a Gallup poll, a majority of Americans also believe this deregulated election process is not working well. A case in point was the election of Donald Trump whose main appeal for many voters was his personal wealth as he portrayed himself as an anti-establishment candidate who would not take money from special interest groups, corporations and other wealthy donors.

Factsheet 13

Religion and Politics in the USA

It is a truth almost universally acknowledged that the United States of America is one of the most deeply religious countries in the world today. 90 % of Americans claim to be believers in God. Indeed, references to the Christian God are quite common in everyday life. "God Bless America" is both an unofficial national hymn, and the closing salutation in most politicians' speeches. Moreover, the Pledge of Allegiance, recited daily in public schools across America, also makes explicit reference to "one nation, under God." Politicians, too, are outspoken about their faith, religious experiences and habit of prayer. A self-proclaimed atheist in the Oval Office would be unthinkable.

And yet as a political entity, the US is unquestionably secular, as guaranteed by the US Constitution (ratified in 1791), which—unlike the Declaration of Independence—does not make a single reference to God. The First Amendment emphatically states, "Congress shall make no law respecting an establishment of religion, or prohibiting the free exercise thereof."

The nation was therefore founded on religious freedom and the clear separation of Church and State. Thomas Jefferson even called it a "wall of separation." This does not mean that the Constitution rejects religion in political life, only that it refuses to officially favour any creed over another. Still, there is something of a paradox worth noting here. In Britain, where the Church of England enjoys the status of official state religion, event devout politicians strictly avoid making references to faith. Conversely, in the officially secular United States, voters expect politicians to openly acknowledge the central role that faith plays not only for the vast majority of Americans, but also in their own lives.

Founding Fathers vs Pilgrim Fathers

On the American side this paradox has been explained by Denis Lacorne, a French scholar of the US. In his seminal work, *De la religion en Amérique,* (2007) he identifies the co-existence of two warring traditions over the role of religion in the history of America's origins.

One strand of thought sees the birth of the United States as the fruition of Enlightenment philosophy. The **founding fathers**, who penned the US Constitution, were inspired by the humanist values of the age. They embraced rationalism and rejected obscure, religious tradition wed to state power. It is in this spirit that the Supreme Court ruled in 1962, in the landmark case Engel v. Vitale, that school-initiated prayer in the public school system violates "the Establishment Clause," as the opening line of the First Amendment is called.

However, a fundamentally different view of the place of religion in American society began to emerge in the 19th century. This narrative romanticises and lays claim to an older foundational myth, one that venerates the "**Pilgrim Fathers**" who set sail across the ocean in search of religious freedom in the early 17th century. Persecuted for their faith in the Old World, these fervent believers thought and spoke of their new home as God's chosen "City on a Hill," meant to be a shining example to a decadent Old World alienated from God. In this "neo-Puritan" vision of the country's origins, the nation's very identity is bound up in Protestant Christianity.

These two competing visions of the nature of the relationship between religion and "the public square" have persisted side by side ever since, which can make America look schizophrenic at times. Prayer is forbidden in schools, where children still sing "God Bless America." At inaugural ceremonies presidents swear on the Bible to uphold a constitution that enshrines the secular principle of separation of Church and State. The truth of the matter is that Jefferson's wall is porous. American secularism is a relative term, subject to constant revision and negotiation over time. And politicians have always tapped into the deeply held religious beliefs of Americans in order to woo voters.

With God on our Side

Socio-political movements throughout American history, such as temperance, abolition and women's suffrage, have all drawn moral authority from religion. Throughout the 19th century in particular, progressive calls for economic fairness and social justice were often wed to Christian ideals and preached from the pulpit. William Jennings Bryan is the best-known example of a leftist politician who conflated Protestant and working-class values in his late 19th century populist movement within the Democratic Party.

Given this solid tradition, Catholic Democrat John F. Kennedy faced a considerable hurdle to election. He was able to overcome this obstacle by appealing to the alternative narrative of America's foundation, grounded in State neutrality and religious freedom. In 1960 to a gathering of the Greater Houston Ministerial Association (Texas) he proclaimed,

> "I believe in an America that is officially neither Catholic, Protestant nor Jewish... where no religious body seeks to impose its will directly or indirectly upon the general populace or the public acts of its officials; and where religious liberty is so indivisible that an act against one church is treated as an act against all."

But it was in the late sixties that God's political affiliation began to shift radically. Against a backdrop of wild college kids taking drugs, repudiating authority and engaging in anti-American rant, Republican Richard Nixon (US president 1969-74) successfully called on a "silent majority" of hard-working, God-fearing patriots to cast their votes against godless hedonists who scorned country and family.

For a very brief moment it looked as if Jimmy Carter's (1977-81) quiet brand of humble, prayerful Christianity might be the best antidote to the disillusionment wrought by the cynical, earthly ambition of the Watergate affair (1974). But it turned out to be Ronald Reagan (1981-89) who was able to forge an effective political alliance with Christendom, this time between socially conservative evangelicals—Jerry Falwell's "Moral Majority"—and traditionally fiscal-minded Republicans, utterly reversing the previous century's trend. God abandoned the working class to side with Big Business: school prayer and deregulation, abortion bans and corporate tax cuts, creationism and union-busting now all figured on the same political agenda. It was a formula that would continue to work well for Republicans into the 21st century.

Yet the Democrats, too, have reaped the benefits of historically faith-informed political movements. As the birthplace of the Civil Rights movement, Black Christian churches paved the way for Obama's candidacy—little wonder that his rhetoric and vision remind us of Reverend Martin Luther King's.

And Obama clearly understood the need to appeal to "values voters" in order to win the presidential election in 2008. He recognized that Democrats were largely perceived as intellectual elites with little or no use for religion, and set out to reclaim faith for the Democratic platform. In the spirit of reconciliation that he cultivates on all fronts, in 2006 he intoned that secularists were wrong when they asked believers "to leave their religion at the door before entering into the public square." Upon election he duly pursued his predecessor's policy of working with religious volunteer organisations by signing an executive order establishing the new White House Office of Faith-Based and Neighborhood Partnerships. It is interesting to note that David Cameron's "Big Society" can be seen as a secularised version of this policy.

Factsheet 14

The polarization of US politics

During his 2016 victory speech, Donald Trump vowed to unite the country: "It is time to come together as one united people". Likewise, when Barack Obama ran for office in 2008, he pledged to "woo a purple America," thus promising to heal the nation's wounds by reaching across the political divide that deeply separates Red (Republican) and Blue (Democrat) states in the USA. However, Barack Obama quickly realized that his push for bipartisanship would seldom translate into cooperative governance in Washington. Christopher Hayes, an American political commentator, used key polling data to demonstrate the failure of bipartisanship in Washington. To the question, "Would you rather elect a representative who stands on principle or who compromises to have things done?", Democrats tended to answer that they believed more in compromises whereas Republicans were more likely to value sticking to one's principles.

The polarization of politics is in no way a new phenomenon in the USA with the existence of the two-party system which throws the differences of both parties into sharp relief. Yet, it has been exacerbated with Congressmen now consistently voting only along party lines, thus turning negotiations and dialogue into a thing of the past. This deadlock has had dire consequences for the political process.

The 2008 economic crisis first clearly triggered major political changes. People have been increasingly concerned with the ever shrinking American middle class and the motor of the American economy that has been in flux for the past 30 years was the worst hit during the 2007-08 economic crisis. This could have led politicians to focus even more on bread-and-butter economic issues, and, true enough, polls show that the vast majority of the American people would prefer to see politicians concentrate on these. Instead, Americans have seen their politicians spending a great deal of their energy talking about divisive and often controversial social issues, also known as wedge issues, such as gun control, gay marriage, religion or the right to abortion. This "culture war" strategy is nothing new in American politics, as it allows the politicians from both parties to bring the agenda to side issues rather than to what is most vital. For instance, back in 1968, Richard Nixon built his Southern Strategy on wedge issues in order to turn the predominately Democratic South to the Republican Party. Today, the three G's, "Gays, Guns and God", are typical wedge issues used by the Republicans to lure single-issue voters away from the Democratic Party. As Thomas Frank puts it in *What's The Matter With Kansas?*, people have come to vote for the candidate who fits their own moral convictions and not – and even if it goes against – their economic interests.

Second, there has been a growing and pervasive atmosphere of fear, doubt and incivility across the board that has harmed the political process, radicalized politics and alienated voters. A case in point were the heated exchanges between Donald Trump and Hillary Clinton during the most vitriolic presidential campaign to date. The candidates indulged in fierce personal attacks and the threat of violence seemed to hang overhead at all times. This was the result of years of gridlock in Washington that even led to the partial shutdown of the government in 2013. Most functions then ground to a halt and 800,000 civil servants were furloughed. A similar crisis in 2011 had already had dire consequences with the rating agency Standard and Poor's downgrading the US credit rating. This situation is unlikely to change after the wave of populist hostility towards the elite in Washington. In the 2016 election and in Donald Trump's administration, moderate politicians were thrown out by ultra-conservative right-wing candidates who have vowed to erase Barack Obama's legacy.

In addition, the US is not only polarized in its politics. It has also become divided geographically. The defining feature of our time thus seems to be the clear divide between rural and urban communities, the midwest versus the coasts.

Republicans and Democrats are now further apart ideologically than at any point in recent history. With the ubiquitous media, one-sided news has flourished, which has resulted in mass polarization. The ultra-partisan news and social media have thus contributed in ideologically isolating partisan voters and made the possibility of bridging the divide between Republicans and Democrats even more remote.

Factsheet 15

States' rights and the rise of the Tea Party

The Tea Party is not a political party. It began as a loose coalition in 2009 among various protest groups whose common complaint was that under the Obama administration the federal government was becoming all too powerful and invasive. Its members claim that the federal State is making dangerous inroads into individual freedoms guaranteed in the US Constitution.

Although the Tea Party is vehemently critical of the current political system in the US, its members cast themselves as America's true patriots. The name is an allusion to the Boston Tea Party, a protest in which American colonists revolted against a tyrannical British monarchy by dumping British-taxed tea into Boston Harbor. The event became a symbolic moment in the run-up to the American Revolution of 1776.

The Tea Party thus sees itself as defending the true spirit of American independence. The movement claims to be politically unaffiliated, but the Republican Party has reached out to its supporters. Tea-partiers are often dissident or "de-branded" Republicans who consider that the GOP has abandoned its commitment to small government and ideological purity. They coined the expression RINOs (Republicans in Name Only) to designate those politicians they consider too moderate or too centrist, and figure at the heart of an identity crisis that is currently roiling the GOP in the wake of its defeat in the 2012 presidential election.

In several states Tea Party hopefuls successfully mounted takeovers in Republican primaries and ousted the GOP establishment candidate. Some of the former even went on to win congressional seats in the 2010 mid-term elections. Among them are Florida Senator Marco Rubio and Kentucky Senator Rand Paul, both seen as serious presidential contenders for 2016.

Tea Partiers tend to be "white, bright and right." Many are well-educated and see themselves as being on a cultural mission. At the same time, the movement is populist and anti-intellectual. It portrays Washington as a haven of elite Ivy League graduates who look down on average Americans, so the movement has had blue-collar appeal, too. The Tea Party's mission is to re-educate the whole country, change the way Americans think about their relationship with government, and move them back to an independent, self-reliant mentality. It aims to change the hearts and minds of people by making them more suspicious of Big Government.

Tea Party favourites are socially conservative and outspoken about their opposition to abortion and gay marriage. Nevertheless, official Tea Party websites and spokespersons have been careful to define its core values as being limited to small government, strict constitutionalism, fiscal responsibility and free market economics.

The Federalist debate

Tea Partiers are not wrong to see themselves as champions of a vision of America at its inception. In many ways their complaints echo and reflect the concerns of the Anti-Federalists in the public debates that took place over the nature of the relationship between government and the governed during the ratification process of the Constitution.

The Declaration of Independence (1776) stipulated that governments, which derive their power from the consent of the governed, are created to protect the natural, inalienable rights of the people to "Life, Liberty and the Pursuit of Happiness": "Whenever any Form of Government becomes destructive of these ends, it is the Right of the People to alter or to abolish it, and to institute new Government."

That new government was first set up by the Articles of Confederation, a loose set of treaties among sovereign states, drafted by the Continental Congress and adopted by all thirteen states by 1781. But soon the need for a strong, centralized government became evident, so a Constitutional Convention gathered in 1787 to draft a Constitution that would specify the structure of a new federal government. The debate among the states was on: how much power should be given to a national government? How to elect a single executive? How should states be represented in national legislative and presidential elections: proportional to population, or one state, one vote?

In the debate over the nature and functions of government and of society, Thomas Jefferson advocated a society based on the small farmer. Jeffersonians opposed the strong centralized government advocated by Alexander Hamilton, and were suspicious of urban commercial interests. Their ideals were based in large part on faith in the virtue and ability of the common man and the limitation of the powers of the federal government.

These Anti-Federalists initially opposed the adoption of the new Constitution. They argued for the enumeration of specific rights for states and individuals, without which they feared an unchecked federal government could become a tyranny. In the end, concessions were made to the Anti-Federalists, and the Bill of Rights was enshrined in the Constitution of the United States.

Thus the US Constitution, and so the federal government itself, was born in the context of controversy over the distribution of power between national and state governments and the question of how best to protect citizens from arbitrary authority and tyrannical over-reach. In many ways this is an ongoing and time-honoured debate in the United States, springing from a strong need for centralization and a deep-seated antipathy toward it.

The Tea Party is the only most recent resurgence of such anti-federalist sentiment. Like abolitionists, secessionists and civil rights activists before them, Tea Partiers invoke the Constitution's explicit constraints on federal power (as reflected in the limited list of powers granted to Congress in Article I and reserved to the states and the people the 10th Amendment) and on government power generally (the Second Amendment's guarantee of gun rights, the Fourth Amendment's protection against unreasonable searches, the Fifth Amendment's limits on the government's taking of private property). In this sense the Tea Party is a manifestation of what scholars have called "popular constitutionalism": the idea that the final authority on the interprÉtation of the constitutional law lies always with the people.

Factsheet 16

The US Constitution and the Supreme Court

The Constitution of the United States is a wholly remarkable document for its brevity, flexibility and longevity: it is the oldest written constitution in the world still in effect.

It establishes the US as a republic, with power in the hands of the people through democratically elected representatives.

It organizes the structure of federal government into three distinct and separate powers: a **legislative** branch that makes law (Congress = House of Representatives + Senate), an **executive** branch that enforces law (an elected president and his or her cabinet members), and a **judiciary** branch that interprets law (the court system).

This **separation of powers** allows for a system of **checks and balances**: the powers of one branch are limited and constrained by those of another. Congress makes laws, but the president can veto legislation. Congress may override a presidential veto with a two-thirds majority vote from both Houses. While the president appoints Supreme Court justices, they can be rejected by Congress, which exercises the power to give "**advice and consent**." A president or a Supreme Court justice may be removed from office through **impeachment**[1] proceedings initiated by the House of Representatives followed by a trial in the Senate.

The Constitution also lays out the scope of congressional powers by specifically listing 17 of them. These are known as the **enumerated** or **delegated** powers, mostly dealing with taxation, domestic and foreign trade, coining and borrowing money, the creation of courts and appointing of judges, the army, diplomacy and the federal budget. More importantly, three fundamental principles are established:

- Congress can make any laws that it deems "**necessary and proper**" in order to carry out its delegated powers (this is known as the "**elastic clause**").
- All powers not delegated to Congress are explicitly left to the states' jurisdiction.
- The US Constitution, federal laws and national treaties are the supreme law of the land.

At the time of the first Constitutional Convention (1787) many felt that the proposed document gave away too much power to a controlling, centralized government. Anti-federalists campaigned for the inclusion of a **Bill of Rights** that would protect individual freedoms from an encroaching, tyrannical state. Article V of the Constitution provided that amendments to the Constitution may be made if ratified by 2/3 of the states, so in 1789 the Constitutional Convention proposed 12 amendments, 10 of which were approved by 3/4 of the states, allowing for the ratification of the Constitution in **1781**.

The most crucial and best-known amendments are the following:

- 1st: prohibits state religion, establishes freedom of the press and of speech, the right to assemble and to petition for redress of grievances
- 2nd: guarantees the right to keep and bear arms
- 4th: protects against unreasonable searches and seizures
- 6th: establishes the right to a speedy trial and the confrontation of witnesses
- 7th: guarantees a trial by jury in civil cases
- 8th: prohibits excessive bail and cruel and unusual punishment.
- 9th: stipulates that the Constitution does not deny any rights not specifically mentioned
- 10th: gives the states or the people any power not granted to Congress or denied to states

1. To impeach means to charge with a crime. A president may be impeached by the House and acquitted by the Senate and thus remain in office, as happened to Bill Clinton.

- 13th: (1865): abolished slavery
- 14th (1868): guarantees "due process and equal protection of the law" for all United States citizens in all states of the Union
- 15th (1870): prohibits any denial of suffrage on the basis of race: "The right of citizens of the United States to vote shall not be denied or abridged by the United States or by any State on account of race, color, or previous condition of servitude."
- 19th (1920): extended voting rights to women
- 26th (1971): set the voting age at 18 years

The Supreme Court and the "penumbras" of the Constitution

The Supreme Court is the highest judiciary body in the land. It is primarily an appellate court, meaning that it decides cases that have already been tried and appealed in lower state and federal courts. Any state or federal law struck down in the Supreme Court establishes Constitutional law. As the final arbiter of the law, the Court's duty is to ensure equal justice under the law for all American citizens. It is the guardian of the Constitution.

But the language of the Constitution is often deliberately general, leaving the door open to broad interprÉtation. The Founding Fathers wanted a flexible document that would endure through the ages. During the Federalist debates one of the arguments against the inclusion of a bill of rights was that it could give the impression of limiting civil rights to only those rights specifically listed. To assuage such fears, the 9th amendment, known as the "implied rights" clause, states that "the enumeration in the Constitution of certain rights shall not be construed to deny or disparage others retained by the people."

So in addition to defending constitutional rights, the Supreme Court also interprets the meaning of the Constitution as social conditions and attitudes evolve over time. For example, no "**right to privacy**" is specifically mentioned in the Constitution. This is a concept that the Supreme Court has discovered in the "penumbras" of the Constitution—ambiguous passages that admit new understandings of civil freedoms.

Originalism, or Strict Constructionism v Judicial Review

The process of interpreting the Constitution with a view to articulating individual rights with ever greater precision has come to be known as **judicial review**.

The Supreme Court has invoked judicial review numerous times in recent years in a way that has radically expanded civil liberties, notably under Chief Justice Earl Warren. The Warren Court (1953-1969) put an end to racial segregation in schools (Brown v the Board of Education, Topeka, Kansas 1954), established the right to contraception (Griswold v Connecticut 1965), and struck down state bans on interracial marriages (Loving v Virginia 1967). It thus paved the way for the historical and still controversial right to an abortion (Roe v Wade 1973), as well as the abolition of sodomy laws that stigmatized homosexuals (Lawrence v Texas 2003). In June of 2013 the Court declined to rule on a challenge to a ban on homosexual marriages (California's proposition 8) but decisively struck down a federal law that defined marriage as being between a man and a woman (DOMA), suggesting that the Supreme Court is poised to recognize marriage equality for gays as a constitutional right.

But the Court has been accused of not exercising **judicial restraint**. Conservative critics accuse Supreme Court justices of overstepping their constitutional authority in order to advance a left-wing agenda, becoming **judicial activists** rather than defenders of the law of the land. Originalists, or **strict constructionists**, contend that role of the Supreme Court is to determine the "original intent" of the framers of the Constitution. Today there are more strict constructionists among the Supreme Court justices than in the recent past.

Factsheet 17

Self Reliance and the Ownership Society

More than half a century after achieving political independence from Great Britain, the United States of America was still quite culturally deferential to Europe. By the 1830s, Ralph Waldo Emerson (1803-1882), an American philosopher, had set out to theorize a distinctly American identity.

Emerson co-founded a school of thought called Transcendentalism, both a literary and a religious movement that represented a particularly American strain of Romanticism. Like their European Romantic counterparts, Transcendentalists emphasized the need to throw off the shackles of tradition and institutions. Just as the young country had refused the arbitrary authority of the King of England, so individuals were exhorted to seek out and obey only the authority of their own consciences. "Society everywhere is in conspiracy against the manhood of every one of its members," wrote Emerson. "The virtue in most request is conformity. Self-reliance is its aversion." (*Self-Reliance*, 1841)

Emerson's philosophy not only defined but also actively shaped the American spirit of independence and entrepreneurship. It continues to inform political discourse even today. "Self-Reliance" is a cultural touchstone for Americans.

If Self-Reliance is about taking intellectual risks, the American Dream is about taking personal risks. Anyone who seizes opportunities and works hard enough will move up the socio-economic ladder no matter what their background or level of education. Such is the promise that keeps immigrants **flocking to** American shores and that has buoyed up American optimism even in times of economic recession and depression.

Throughout American history real and fictional stories have served to fuel this myth of the self-made American entrepreneur. **Horatio Alger** (1832-1899) was a widely read 19th century novelist whose single theme was the tale of young men who rose from **rags to riches** thanks to hard work. Like Alger's fictional characters, **Andrew Carnegie** (1835-1919), son of Scottish immigrants, was born dirt poor yet grew up to build a commercial empire and amass an unprecedented fortune by sheer dint of hard work and determination. Like Emerson's ideal Man Thinking (*The American Scholar* 1837) Carnegie lacked formal schooling, was self-taught and derived his world-view from experience and his own mind.

The list of exemplary self-made men stories is long, and includes former slave Frederick Douglass (who coined the term "self-made men"), Benjamin Franklin, Abraham Lincoln, J.-D. Rockefeller and Henry Ford. Such stories continue to inspire and to inform not only the way Americans think of themselves but also political discourse in the United States.

Income inequality v equality of opportunity

The myth of the self-made man is key to understanding why Americans have proven so tolerant of high levels of income inequality. Indeed, if there were no wealth gap, there would be little incentive to work hard to better one's lot in life. Wealth is seen as the just reward for risk-taking and innovation. Rather than emphasizing social and economic justice, as European-style socialism does, the American model places a premium on equal opportunity. But it is entirely up to the individual to seize the economic and educational opportunities that are, in theory at least, available to all.

So in spite of great disparities in wealth distribution, Americans are likely to consider their system as fair as long as there is no overt discrimination against individuals on the basis of class, race, gender or sexual orientation. This explains why even government programs and businesses that practice "affirmative action" in an effort to bring about greater social justice cast themselves as "equal opportunity employers."

This emphasis on individual responsibility and reward has also meant that Congress has been historically reluctant to impose very high taxes on the wealthiest Americans. In a strictly meritocratic society, individual hard work is rewarded by wealth and status. Anything that would significantly or symbolically diminish such rewards is anathema to the American spirit of self-reliance.

At least, that is how the Republican Party has successfully integrated the narrative of rugged American individualism into its conservative political philosophy. Taxes may be a necessary evil, but they should be kept as low as possible so as not to undermine the innovation, entrepreneurial spirit and creative risk-taking that drive the country's economic growth. Indeed, the entrepreneurial creator of jobs and wealth has become an iconic figure for the GOP, very often to the detriment of "average Americans." In the hands of the current Republican Party, the bold, ambitious risk-taker has gone from being an ideal that anyone can strive for to being a rare species in need of protection from an encroaching, regulating, taxing government.

The flipside of the coin is the denigration of the Welfare State, which is seen to create dependency and parasitism. The notion of "the undeserving poor," of course, is not confined to the United States, but the rhetoric of Emerson and Douglass gives the conservative position a particularly American resonance. Dismantling entitlement programs can be cast not only as a matter of deficit reduction, but also of restoring American values: an ethic of hard work and self-reliance.

As an alternative to the Welfare State, George W. Bush envisioned what he called the **Ownership Society**. The philosophy behind the policy is about having individuals assume both risk and responsibility for their lives in the largest sense. In the particulars, it involved initiatives like "zero-deposit-down" loans to make home ownership more accessible to more people, as well as the privatization of the federal pension program known as Social Security.

While Congress did ultimately reject the privatization of the federal pension scheme, the ideology behind the proposals was appealing: "If you own something, you have a vital stake in the future of our country. The more ownership there is in America, the more vitality there is in America, and the more people have a vital stake in the future of this country." (2004). In many ways Bush's formulation was merely a repackaging of conservative rhetoric from the early 1980s, a period that witnessed a rapid expansion and implementation of free market principles across the globe. Britain's Margaret Thatcher was one of the most vocal proponents of "a property-owning democracy," as well as the idea that the free market was virtually synonymous with individual freedom.

Barack Obama famously stigmatised the concept by calling it an excuse to dismantle state welfare programs: "In Washington they call this the ownership society, but what it really means is, you're on your own." (2008) But it is important keep in mind this ideology of individualism in order to understand continued resistance in America to things like universal healthcare and gun control. With opportunity and freedom come personal risk and responsibility. Property owners have not only the right but the responsibility to protect their homes, and with firearms if need be. Similarly, health and healthcare are often depicted as personal risk and responsibility issues: if I have exercised and eaten well, why should I be made to fund a system to pay for the high health costs of those who smoke and over-eat?

Of course, **a safety net** does exist. Medicaid, Medicare and now Obamacare are government programs that do pay for the health needs of Americans who cannot afford medical care or private insurance. Low-income families can qualify for public aid. But such programs are costly, and one of the biggest debates in Congress is over how to manage these entitlements while reducing federal debt. It is a debate in which terms are often borrowed from the distinctly American tradition of self-reliance, freedom and individual responsibility.

Factsheet 18

Discrimination and sexual minorities in the US

Although they are well-represented today, sexual minorities were largely invisible in American politics until well into the 20th century. Since the creation of the USA, "sodomy laws" inherited from English common law, have outlawed not only homosexual relations but all types of non-reproductive sexual acts. World War II helped in the creation of homosexual communities: gender roles were overturned; women were called to take men's place in the American economy and industry, and the trauma of the war reshaped the concept of virility.

We could say that the existence of a political gay cause dates back to the post-war period, which saw the creation of the first political gay and lesbian associations such as the Mattachine Society (in 1950) and the Daughters of Bilitis (in 1955) which began their political work through magazines and meetings. Yet, these were attacked by other political movements (Betty Friedan, a prominent feminist, described lesbian groups as a "lavender menace.") Tension built up against a more and more vocal homosexual community, and culminated at the Stonewall Riots of June 28th, 1969 when the police raided the Stonewall Inn, a New York gay bar. Patrons fought the police back and the riots lasted a few days, ending in the creation of the Gay Liberation Front, the first of the eight hundred gay and lesbian associations created between 1969 and 1973.

The 1970s saw gay issues take the spotlight: homosexuality was removed from the list of mental disorders of the American Psychiatric Association in 1973. A legal battle also raged: an ordinance in Florida was passed in January 1977 to make discrimination on the basis of sexual orientation illegal in housing, jobs and access to social services in the state, only to be repealed3 in June due to strong anti-gay pressures. In November 1978, California sought to prevent gays and lesbians to work as teachers in public schools for fear they would recruit pupils to become homosexuals. This proposition was defeated thanks to intensive campaigning by activists such as Harvey Milk.

In the 1980s, the AIDS epidemic turned the public opinion against homosexuals once again. The Reagan administration failed to respond because they saw AIDS as a "gay disease", and Reagan's director of communication Pat Buchanan pronounced that "homosexuals have declared war on nature and now nature is extracting an awful retribution." In 1986, the *Bowers v. Hardwick* decision of the Supreme Court reasserted that constitutionality of sodomy laws and the illegality of homosexual behavior. Sodomy laws weren't repealed before 2003: the *Lawrence v. Texas* decision of the US Supreme Court overruled *Bowers*, stating in the majority opinion that "the petitioners are entitled to respect for their private lives. The State cannot demean their existence or control their destiny by making their private sexual conduct a crime."

With the Democrats in power in 1992, the gay community expected a lot. Ironically, Clinton had to pass the discriminatory measures that limited gay rights until recently. After promising to allow gays and lesbian to serve in the armed forces, President Clinton backed off in front of military and Congress opposition. Thus was created the policy known as "Don't Ask Don't Tell." It only allowed gays and lesbians to serve in the military as long as they were closeted4. Should any evidence of homosexuality be found, homosexuals were discharged from their military duty. The same applied to military academies from which out5 gay students were expelled. In the mid-2000s, the Government Accountability Office established that replacing the discharged soldiers had cost more than $360 million since 1993. A repeal of DADT was signed by the President in July 2011, effectively ending the policy in January 2011. Nevertheless, same-sex couples in the military didn't receive the same benefits as heterosexual couples, until February 11th 2013 when the Pentagon extended almost all benefits to same-sex couples, except those blocked by the Defense of Marriage Act such as survivor benefits or sponsored visa to accompany their spouse abroad. On July 1. 2016, the pentagon lifted the ban on transgender individuals in the military.

The Defense of Marriage Act (DOMA) was another legacy of the Clinton era. Signed in September 1996 and partly invalidated on June 26th 2013, it stated that "the word 'marriage' means only a legal union between one man and one woman as husband and wife." It took another Supreme Court decision, Obergefell v. Hodges, for the Supreme Court to declare hat all states had to issue and recognize marriage licenses for same-sex couples

As for job discrimination, no federal law exists to prohibit discrimination on grounds of sexual orientation which remains legal in 29 states. An Employment Non-Discrimination Act has been introduced to Congress repeatedly since 1994 but to no result so far.

As a Secretary of State Hillary Clinton asserted that "gay rights are human rights" at a United Nations meeting, and thus her campaign garnered significant support among LGBT people (though not as much as Obama before her.) Yet, Donald Trump's victory in November 2016 has the LGBT community worried, as he is already hiring cabinet members who have voiced anti-LGBT views or who support religious associations that fight against LGBT rights.

Vocabulary

1. ***LGBT*** **:** Lesbian, Gay, Bisexual and Transgender
2. ***to dub*** **:** surnommer
3. ***to repeal*** **:** abroger
4. ***closeted*** **:** dans le placard
5. ***out*** **:** ouvertement homosexuel(le)

Factsheet 19

Occupy Wall Street

Occupy Wall Street (OWS) is a protest movement that was born in Manhattan's Central Business District, in New York City. On September 17, 2011, protesters started setting up a tent village in Zuccotti Park, in Wall Street. They were heeding a call to a peaceful protest initiated by the Canadian-based organization Adbusters on their website. Police forced them out of it on November 15, 2011. On December 31st, they attempted to occupy the park again but were prevented from doing so by police forces. From then on, they have been occupying various public and private spaces such as banks, college campuses or board meetings. The Wall Street movement has gained momentum and become the flagship protest, paving the way for Occupy movements worldwide.

"Occupiers"—as Occupy Wall Street activists are dubbed—have various claims and aims, one of their core concerns being to denounce the power of corporations and big business over government. They consider the world of finance corrupt and largely responsible for the global economic crisis, while arguing it only represents the wealthiest 1 % of the population. As highlighted by their slogan, "We Are the 99 %", activists wish to speak for the majority of citizens against wealth and income inequalities. Protesters also defend student rights and advocate forgiveness for student loan debts, and more generally stand for public causes such as education, housing, and care for minorities. Therefore, they reproach the government for bank bailouts, arguing that tax money should be used for the people.

On their website, activists define the movement as follows: "Occupy Wall Street is a leaderless resistance movement with people of many colors, genders and political persuasions. The one thing we have in common is that We Are The 99 % that will no longer tolerate the greed and corruption of the 1 %. We are using revolutionary Arab Spring tactics to achieve our ends and encourage the use of nonviolence to maximize the safety of all participants."

These Occupy advocates indeed come from varied backgrounds—ranging from radically anarchist or clearly anti-capitalist positions to more moderate, socially liberal views—and their claims seem to transcend generation, religion and politics. Most Occupiers would rather qualify themselves as politically independent, and the average age is around thirty years old, regardless of gender. From the onset, the movement was backed by public relations organisations and various left-wing associations, such as Adbusters or Anonymous and received funding from many sources, granting them financial support that proved crucial in their successful media exposure.

The first demonstrations were clearly inspired by other recent popular uprisings for democracy, notably the Arab Spring protests with the Tahrir Square occupation and the Spanish Indignados ("the Outraged") Movement. Yet the idea of peacefully occupying space to protest for human rights and equality is also strongly rooted in a long tradition of American counterculture, the most striking model of which is the Poor People's Campaign instigated by Martin Luther King, Jr. and developing in the wake of his assassination, in 1968. Protesters established a tent city on the Washington Mall, which they occupied for six weeks.

A modern version of such historical protests, Occupy Wall Street has been using Internet technologies to draw awareness, just as the Arab Spring had, and largely owes its success to these new means of communication. Both websites Occupy Together and www.occupywallst.org voice the activists'concerns, and the Occupy Wall Street Facebook page provides protesters with up-to-date information on the assemblies and actions carried out by fellow "Occupiers". Social media like Facebook and Twitter are particularly used by OWS both to gather and inform.

The Occupy Wall Street activists meet in assemblies, or General assemblies when important decisions are at stake. The organisation of the latter has become a hallmark of the movement: during these assemblies, which are open to the public, followers seek to reach consensus. If no consensus is reached, they strive to reach a 9/10 majority. This method favours direct democracy, and is in keeping with the Occupiers'concern with equality, even in their own way of dealing with decision-making. Participants are organized in working groups, which play a specific part in the overall movement. These groups can also take part in councils, called "spokes councils", but they do not imply any specific leader—instead, "facilitators" ensure the smooth functioning of the debates. Distrust in leadership is linked to distrust in hierarchy and authoritativeness. Therefore, the movement does not have any spokesman, and asserts its self-organisation as an alternative model. The absence of any leader is one of the rare points on which a majority of Occupiers agree.

Although the movement gained momentum in the first few months following the initial occupation in Wall Street, both its six-month and one-year anniversaries turned out to be failures. On March 17, 2012, protestors tried to occupy Zuccotti Park again to celebrate the six-month anniversary of the initial occupation in Wall Street, but were pushed back by police. Similarly, the one-year anniversary of the movement, on September 17, 2012, was marked by police arrests and violent repression.

Limits to Occupy Wall Street can first be found in its lack of focus and clear demands. Many protesters argue that defining a clear set of demands would bridle the movement in its freedom and distinctive claims. Yet both government and people need to be given precise guidelines to react to this movement and fully grasp its concerns. Internal disagreements as to whether actually occupy space or not, and on the organisation—or lack thereof—are yet another hindrance to the concrete development of the cause. Its participatory democracy system, based on consensus, has proved an obstacle to the assemblies as well, thus revealing how hard it is for such a movement to strike a balance between idealism and pragmatism.

Factsheet 20

American music, culture and politics: Bob Dylan, in the heyday of social protest

Even though the birth of the modern American protest song is traced back to 1904 with the rise of the IWW (International Workers of the World), music and songs as both tools and agents of change with their intrinsic power to propagate, have always been part and parcel of American society. A climax was reached in the sixties, the "decade of social change". According to definition, a protest song has a specific cognitive content and aims at initiating change while protesting against the intolerable status quo. The protest in protest songs means an opposition to a policy, an action against the powers-that-be that is grounded in a sense of injustice. The decade encapsulated a number of issues that mobilized people across the country, with rebellious idealistic youth at the forefront of each of these movements. Among those issues were the anti-Vietnam war movement, the Civil Rights Movement, the Native Americans' fight for recognition, women's emancipation, ethnic and sexual minorities (Hispanics, Chicanos, gays and lesbians) clamouring for equal treatment, the demand for free speech by students, the fear of a nuclear holocaust. One of the artists most commonly associated with protest songs is Bob Dylan, the "iconic folk protest musician", even though he adamantly refused to be thus labelled. The connection between social protest and popular music is probably best expressed in these lines: "Popular songs are the only form that describes the temper of the times... That's where the people hang out. It's not in books. It's not on the stage. It's not in the galleries." (Bob Dylan 1965). And indeed, his huge corpus of over four hundred songs contains the most emblematic moments and decisive events that marked the history of his country. We shall concentrate on four of his songs which focus on history, politics, social injustice and economics.

The first is **With God on Our Side**, first released in 1961. This caustic indictment of American imperialism is both an illustration of the concept of Manifest Destiny (the moral and religious justification for America's westward expansion) and a philosophical reflexion on the notion of "just war". The first four lines evoke the narrator's implicit experience drawing on Calvinist orthodoxy and pioneer religiosity to show that the country he comes from has its claims upon him. His sense of history and therefore of identity are shaped by the intellectual and moral pressure of his upbringing. It is not so much an anti-war song as an ironical meditation on the relationship between Americans and religion.

The second is **Masters of War** (1963). In this terribly pessimistic and disillusioned text, Dylan echoes President Eisenhower's warning when leaving office in 1961 against the emergence of a "military industrial complex" that would relegate politics to the background. This merciless condemnation of all the "lords of war" denounces the hypocritical anonymity and deceitfulness of the merchants "hiding behind desks, behind walls" to perpetrate their shameful deeds: "you fasten the triggers for others to fire" "you hide in your mansions as young people's blood flows out of their bodies". The song equally voices the doubts and distress felt by his generation at an impending nuclear conflict as well as the fear to bring children into the world "threatening my baby unborn and unnamed".

The third is **Only a Pawn in their Game** (1963). It has been labelled a Civil Rights song as it deals with the murder in June 1963 of a black activist, Medgar Evers, who was field secretary of the National Association for the Advancement of Colored People, NAACP, in Mississippi. In the early sixties in the south, the crusade for voting rights had increased tenfold the murderous reprisals of the Ku Klux Klan (Ever's murderer was a Klan member). However, it is also a bitter and disillusioned lament on a twisted system that traps blacks and whites alike. Both blacks and whites are merely "pawns" in some higher "game". Dylan's sympathies have always been with the underdog, the outcast, the peon whose low economic status ("poverty shacks") makes him prey to any corrupt system. Southern politicians manipulated and stirred up racial hatred to stay in power: "you got more than the blacks, you were born with white skin, don't complain". Nevertheless, for all the explicitly political content of the message, the hammered out refrain, "it ain't him to blame, he's only a pawn in their game," gives the song an almost Christlike undertone.

The fourth song **Union Sundown** (1983) was released well after the sixties and illustrates the vitality and the longevity of the protest song tradition. It is Ricardo's comparative advantage turned upside down through the mephitic ill-effects of unchecked globalisation. It starts with an enumeration of places and countries where most of the objects we use daily, from clothes and furniture to cars and food, are being made in today's global village by underpaid and exploited people "made in Brazil where a woman, she slaved for sure". Interestingly, some of these countries (Taiwan, Singapore, and Malaysia) have since jumped on the global bandwagon and are even praised as models of development (Tigers, and Baby Tigers). The song, which has often hastily been deemed "overtly patriotic and protectionist," is in fact a scathing diatribe against corporate greed "capitalism is above the law," "It don't count less it sells" and its consequences in terms of high unemployment and the increasing precariousness brought about by outsourcing and relocation.

Factsheet 21

The Ageing Society

"Will you still love me, will you still need me, when I'm 64?"

These Beatles lyrics could well describe the plight[1] of old age pensioners in Western society and especially in Britain. Increasingly isolated, victims of ill-treatment or violence, struggling to make a meagre pension last until the end of the month, living has become an ordeal[2] for many elderly persons and the context of government cuts after the credit crisis has merely compounded[3] the problem.

Financial survival has been made trickier for pensioners as many private pension plans fail to deliver the necessary dividends: those unfortunate senior citizens living off the basic state pension alone are limited to around £80 per month. The double whammy for old people has been that lower incomes have gone hand in glove with the higher cost of living. Despite government safeguards[4] to limit the impact of mounting fuel bills, pensioners' budgets have been squeezed, and many have had to spend their life-savings or sell their own homes in order to cover the cost of going into care. These financial straits are hardly the hallmarks of a civilised society but more alarming still has been the neglect of old people's basic human rights.

The recent Southern Cross scandal in 2010 underlined the extreme vulnerability of senior citizens within the British health service. Private care homes have proved guilty of criminal neglect, some of their staff abusing patients, resulting in such harrowing[5] stories of suffering that the whole nation was ashamed. To the plight of elderly and infirm persons may be added that of the caretakers, often elderly persons themselves, valiantly endeavouring to battle with conditions such as Alzeihmer's disease. In Britain cash-strapped social services rely heavily on the local community and family to share the burden of caring for the elderly.

Charities like Age Concern have pointed out several failings in society's attitude toward senior citizens. Recent governments have tried to implement a mandatory retirement age at 67, allowing employers to make older employees redundant without having to justify their decisions. A minority of able-bodied senior workers are thus dumped prematurely onto the scrap heap[6] when they still have invaluable experience to share with younger colleagues. It is not uncommon to witness OAPs resorting to menial jobs in supermarkets as they attempt to scrape together a few more pounds to make ends meet. The overall effect would seem to be one of degrading personal dignity. Indeed, in a sick society instead of being revered as elders as in other cultures, senior citizens become easy targets for muggers or rip -off merchants keen to raid their bank accounts or desperate burglars ready even to kill for a few pounds or a necklace.

The ageing population presents the government with a considerable dilemma. The relatively low birth rate and tighter immigration laws mean the median age of the population is growing. According to statisticians the proportion of over-sixties in Britain is growing faster than any other group in society and better health means the numbers of over eighty-fives is set to double within the next decade or so. This explosion of OAPs will inevitably place a greater burden on already overstretched[7] services such as the NHS. With unemployment running at record levels the tax burden on the current workforce is climbing steadily. Britain has already pushed back the retirement age to 66 and yet this will probably prove insufficient to cover the spiralling cost of pensions. For pensioners who have sought a more relaxed lifestyle abroad, the Eldorado days of living comfortably off of British pensions in sleepy French or Spanish villages seem to be well and truly over. Fluctuations in the housing market in France, the bursting of the real-estate bubble in Spain and the diminishing value of pensions have compelled many British expats to sell out and wend[8] their weary way back to Blightey[9].

Among those who remain in Britain, the most underprivileged and isolated can be exposed to life-threatening risks such as malnutrition, bitter cold or falls. Thus a major charity, Age UK, estimates in 2012 at 25,000 the number of OAPs who die of cold in 2012 for fear of paying their fuel bills. The older you become, the lees likely you are to be well-treated by the NHS. Some elderly cancer patients are refused access to life-saving treatment on account of their age under the principle of cost-effectiveness, younger patients being favoured as their health is deemed[10] to be a priority Alzeihmers is "a time bomb waiting to go off", James Hunt Government minister, recently announced whilst earmarking[11] 22 million pounds for research and warning that one in three British families are already affected by dementia. Problems arising from the ageing population are likely to dominate the British political agenda for the next decade.

Such announcements by government would at least appear to show that the powers that be[12] are slowly waking up to the need to look after senior citizens. Indeed, community schemes have been set up in order to encourage intergenerational contact. One housing scheme enables elderly homeowners to provide affordable accommodation to young students in return for services rendered. Modern housing projects have old people's homes living close to nurseries: the close contact with children stimulates and entertains old people and fosters intergenerational understanding. All is not doom and gloom for the elderly in Britain: life expectancy is higher; retired persons are more active and healthier than ever before and yet wider issues of lack of consideration, isolation and the feeling of being a second class citizen remain a serious concern for many.

Vocabulary

1. ***plight*** : situation précaire
2. ***ordeal*** : épreuve
3. ***to compound*** : empirer
4. ***safeguards*** : mesures de protection
5. ***harrowing*** : bouleversant
6. ***to dump on the scrap heap*** : jeter aux oubliettes
7. ***overstretched*** : débordé
8. ***to wend their way back*** : retourner
9. ***Blightey*** : (fam) Angleterre
10. ***deemed*** : considéré
11. ***to earmark*** : consacrer
12. ***the powers that be*** : les autorités

Factsheet 22

Whistleblowing

Whistleblowing is the action of exposing illegal or immoral practices in society in order to sound the alarm and raise public awareness to injustice. In 2004, a British court acquitted a government translator, Katherine Gunn of all criminal charges after she had been prosecuted for breaking the official secrets act. Her crime had been to leak[1] information to the public about alleged illegal phone tapping[2] of UN officials by the US government in the run up[3] to the Irak war. She was hailed[4] by celebrities as a courageous defender of justice who had been persecuted for simply telling the truth. More recently Katharine Bigelow a controversial American film producer caused a stir[5] by including explicit scenes of torture perpetrated by the US army in order to obtain vital intelligence information so as to locate and eliminate Osama Bin laden. Mrs Bigelow, like the infamous Michael Moore, producer of Sicko or Bowling for Columbine defended her actions on the grounds she was serving the public interest. Indeed, though whistleblowers often provoke condemnation from the Establishment, they are usually pillorying, their defence of victims is laudable[6]. The use of modern technology and recent legislation like the Freedom of Information Act enables a much faster more complete access to often sensitive information. The magazine The New Internationalist or the website Wikileaks have sworn to hunt down all sorts of abuses of power or irregularities, be they the work of political parties, multinationals or governments. Julian Assange, the head of Wikileaks, despite legal attempts to muzzle[7] his organisation has rocked the boat on many occasions. One of his major targets is the US government. Sensitive intelligence information about Army operations or prisoner details from the high security Guantanamo bay camp have been published on the Internet for all to see.

Whilst the aims of whistleblowers are often praiseworthy[8], their methods have been frequently called into question. A case in point is the documentary "Super Size Me" by Morgan Spurlock. The film certainly illustrates graphically the risks associated with the consumption of junk food and yet little attempt is made to present a balanced argument. By setting out to accuse Mcdonalds of endangering public health the filmmaker uses the technique of propaganda rather than keeping an open mind. The main character's health is indeed harmed and yet his eating habits are extreme and probably not representative of the majority of the population. Similarly Michael Moore exposes a one -sided argument, as his goal is to put his target (often the US society) on trial. When Whistleblowers engage in the process of "naming and shaming" they may well run the risk of failing to remain neutral so the reader or spectator is not free to make up their own mind. The results of these campaigns can be potentially very damaging.

Vocabulary

1. ***leak*** **:** divulguer
2. ***phone tapping*** **:** écoutes téléphoniques
3. ***in the run up to*** **:** à l'approche de
4. ***hail*** **:** acclamer
5. ***stir*** **:** sensation
6. ***laudable*** **:** louable
7. ***muzzle*** **:** réduire au silence
8. ***praiseworthy*** **:** louable

When Wikileaks disclosed[1] the identities of 100 members of the far- right British National Party, two of them, who were civil servants, were made redundant[2] for their political affiliations. The tabloid press has frequently led hate campaigns, trying to name and shame citizens they have decided are beyond the pale[3] . Paedophile offenders' addresses have been revealed by scaremongering[4] informers leading to attacks and harassment by the general public. In this way it is possible to whip up[5] public resentment to a group, individual or organisation merely by telling tales[6]. In Great Britain in January 2013, a self confessed whistleblower and police captain was jailed for extortion. Her defence was that the information she wanted to reveal to the News of the World about phone hacking was of public interest. The fact she expected to be paid a large sum of money for the information she leaked, totally discredited her cause and broke the law into the bargain[7] . Telling the whole truth can be a perillous business for genuine whistleblowers. They risk being demoted or losing their jobs altogether and, in undemocratic states, suffering emprisonment, torture or even death. In South Africa, as told by the film Cry Freedom, the famous activist, Steve Biko managed to use the arena of a trial to denounce the injustices and inhumanity of the Apartheid system. His reward for embarrassing the Afrikaner government was to be secretly and brutally beaten to death in prison. True whistleblowers need conviction, courage and a great deal of determination in order to see the battle for truth through to the end, overcoming all the hurdles on the way. In Birmingham, England a judge recently vindicated[9] a woman's group who have fought for years to denounce the unjust difference in pay between men and women. Though the women had been previously dismissed as a bunch of troublemakers, this historic victory proves that the truth can be a powerful force for change. Another woman blew the whistle on segregation without speaking a single word. Rosa Parks simply refused to move from a white seat in a segregated bus in the American South, and so helped further the cause of civil rights. The challenge for whistleblowers is perhaps to ensure the truth continues to be told in the future which they can partly achieve by inspiring others to emulate them.

July 2013: Edward Snowden and the Prism affair

July 2013 witnessed whistleblowing on an unprecedented scale when Edward Snowden a young American intelligence officer working for the all powerful NSA, went into hiding after having made damning revelations about routine phone tapping and hacking by American intelligence services against Us citizens and close allies alike. Mr Snowden is being actively sought and an international arrest warrant has been issued, prompting him to seek asylum firstly in Russia. However, his detractors such as Dick Cheney or the Speaker of the House, John Boehner, have dubbed him a traitor who has furthered the cause of America's enemies such as Al Quiada by informing the world of Americas' anti terrorist methods.

Vocabulary

1. ***disclose*** **:** révéler
2. ***Make redundant*** **:** licencier
3. ***beyond the pale*** **:** indéfendable
4. ***scaremongering*** **:** alarmiste
5. ***whip up*** **:** inciter
6. ***tell tales*** **:** dénoncer/mentir
7. ***into the bargain*** **:** en plus
8. ***yoke*** **:** joug
9. ***vindicate*** **:** donner raison à

Factsheet 23

Food Security and Sustainable Growth

The year 2007-08 witnessed the beginning of the worst economic crisis since the Great Depression, and one that has called into question the fundamental principles of the current global financial system. These include the notion that the free market is a self-regulating system that, if left to itself, will generate economic growth ad infinitum, creating wealth that will ensure the current high standard of living in the Western world even as it lifts the world's least fortunate out of poverty.

The same year saw the onset of massive food riots across the Middle East, North Africa, South Asia and in some countries of Sub-Saharan Africa, when a global rice shortage coincided with sharp hikes in the prices of staple crops, leading to widespread hunger. If nothing is done to address the problem, experts say that it is only a matter of time before the pattern repeats itself.

Taken together, these two events have given rise to a legitimate debate over whether or not economic growth measured in GDP is desirable or even sustainable. Citing figures from its 2012 report, "The State of Food Insecurity in the World," the FAO (Food and Agricultural Organization of the United Nations) points out that "there is a wide consensus that strong economic growth can lead to significant improvements in nutrition." Yet three major international food price spikes within five years (2005, 2007, 2011) certainly call into question the assumption that widespread economic development has led to equal gains in the farming industry.

The World Food Summit of 1996 defined **food security** as existing "when all people at all times have access to sufficient, safe, nutritious food to maintain a healthy and active life." Food security depends upon a number of factors, notably the availability of agricultural products (scarcity) and the accessibility of food (poverty and distribution issues). The poor spend a disproportionate amount of their income on food, so a substantial hike in staple food prices can be devastating, even in the absence of significant shortages. Rural populations in developing countries depend on food production for their livelihood, and so are particularly vulnerable to extreme weather due to climate change, such as changing rainfall patterns, higher average temperatures, floods, cyclones and drought that destroy crops.

Human industry and activity, like mass transport, are almost universally recognised as being responsible for climate change. They are therefore largely to blame for bringing about "the new normal" of food crises in the poorest parts of the world. Yet these are the very engines of growth that have for so long been heralded as the remedy to world poverty. Moreover, in a tragic and ironic twist, clean renewable energy in the form of biofuels has exacerbated the risk of food scarcity considerably. UN food agencies have concluded that by diverting as much as 40% of US corn crops to produce ethanol, for example, the effort to reduce the impact of dirty fuels on the climate has instead massively contributed to world hunger.

Urbanisation is also a key component of economic growth and development. But while the rural poor generally grow enough food for their own consumption, the urban poor rely on state provision for basic needs and services. The food riots of 2007-08 were overwhelmingly in countries with high rates of urbanisation. Niger, for example, is still largely rural, and although its population suffers from similar rates of poverty and is as vulnerable to spikes in food prices as Egypt is, rioting did not break out there in 2007. ("Explaining the African Food Riots of 2007-2008: An Empirical Analysis," Cornell University, 2011). Egypt, by contrast, both relies on wheat imports and heavily subsidises bread supplies to a large urban population, making it especially vulnerable to spikes in food and fuel prices.

This suggests other factors in the food security equation: cash-strapped regimes, government ineffectiveness and even corruption compound the question. In some cases foreign food aid may not even reach those in need. The rioting was as much about perceived injustice as it was about demanding access to the most basic of necessities, and it is no coincidence that much of it took place in countries with little political freedom, few outlets for venting grievances and no viable organ for political opposition. Greed and corruption at the highest levels are at least partly to blame.

But greed at the level of global financial markets may be playing an even bigger role. Deregulation of financial markets and complex derivative products developed in the 1980s and 90s have made it possible for banks, hedge funds and pension funds to bet on and profit from hunger. When food shortages loom on the horizon, financial speculators are quick to buy up rare food commodities, further driving up prices of already scarce resources and creating a bubble they then cash in on by selling out before prices drop. The World Development Movement estimates that Barclays makes up to £340 million a year from speculating on foodstuffs. Proposed US regulation that would make the practice illegal has been stalled in the courts, and Europe has been slow to take action.

Yet others (*the Economist*) blame too much regulation, pointing to protectionist policies that place bans on exports. These policies are meant to guarantee stable prices for a country but in practice they keep commodities off the world market, creating scarcity and driving up prices. Government handouts to farmers further distort the system by making farming inefficient and subsidy-dependent.

Clearly, food insecurity in the poorest parts of the world is a vexed and complex problem. Yet what does emerge from this picture are the many ways in which Western lifestyles have contributed to creating hunger and malnutrition in distant lands.

Developed societies are characterized by over-consumption. The current economic model based on GDP can only function properly if people consume: without consumption production drops, jobs dry up and spending power with it, leading to a greater drop in consumption in a downward spiral of recession and unemployment. The problem with this model based on expansion is that it has run up against natural planetary limits. Moreover, once basic needs have been met by production, continued growth brings diminishing returns for consumers.

The global financial crisis has opened up the possibility of considering other measures of prosperity. ***La décroissance***, "de-growth" or downsizing, is one idea that has been floated, though it is a model that is unstable and places downward pressure on employment. Another is "**dematerialisation**" or "**decoupling**," the systematic separation of prosperity from the use of biophysical resources and from production by placing increased value on human services. Prosperity is redefined as a meaningful sense of participation in society rather than the accumulation of private wealth. Indeed, world leaders (UK Prime Minister David Cameron, for instance) increasingly speak about "well-being" as a more accurate measure of a country's prosperity. And any sustainable economic model must include the concept of "ecological investment" and provide for research and development of renewable energy to meet the needs of a growing world population.

As for developing countries, strategies for sustainable economic growth must be pursued. These must include not only development but also greater equality in the distribution of assets (land and water) and services (health and education). Boosting productivity through intensive but sustainable farming (such as micro-dosing fertilizer) will be key, as will diversification of crops and of food-producing countries. Long term investments in technology, risk-management tools and climate change adaptation measures are also needed.

Factsheet 24

Globalisation and its detractors

The word "globalisation" is tossed about in casual conversation and politics alike, but it is a term that warrants unpacking. Generally speaking, it refers to a recent, sharp increase in the interplay and interdependence among nation-states. The most obvious manifestation of a globalising world is the increased movement of goods and services across national boundaries since the mid-twentieth century, thanks to multilateral agreements slashing tariffs and trade barriers (notably the Bretton-Woods and GATT agreements).

Yet another globalising force is the perceived shrinking of distance through information and communications technology (ICT), or what journalist Thomas Friedman has called the flattening of the world (*The World is Flat*, 2006). Thanks to advanced telecommunications and the Internet, many white-collar jobs (accounting, for example) can now be off-shored or outsourced to faraway places where labour comes cheap. As early as 1962—well before the advent of the World Wide Web—Canadian Communications professor Marshall McLuhan coined the term "global village" to describe the impact of the electronic age on human communications. But beyond technology, the Internet has had a globalising impact thanks to what economists call a network effect: some products gain in influence and usefulness once many other people are also using them.

But "globalisation" can also refer negatively to the homogenisation of culture that is largely assumed to result from such increased integration across the globe, as local cultures and languages are said to give way to uniform, Americanised McCulture and mass consumer culture.

Still, a positive spin can be given to globalisation by portraying it as the spread of ideas of democracy and capitalism across the planet. According to this vision, the free market forces of production, consumption, free trade and competition can then begin to "spontaneously" work for the common international good, notably through the mechanism of comparative advantage (David Ricardo, *On the Principles of Political Economy and Taxation,* 1817). The wealth thus generated will have a "trickle down" effect even in the poorest countries and among the poorest populations; that is to say, economic growth will raise the purchasing power and the overall standard of living even of the world's least wealthy inhabitants. Another way to put this is to say that "a rising tide lifts all boats."

Globaloney[1]! cry its adversaries.

Who are the critics of globalisation? Who are its representatives?

One of the best-known theorists of anti-globalisation or alter-globalism is Canadian Journalist Naomi Klein, whose bestseller *No Logo* (1999) became something of a manifesto for the movement. Some global organisations seen as representing corporate interests and targeted by the movement have been: the WTO, the IMF, the World Bank, the G8 summit, and the OECD (Organisation for Economic Co-operation and Development), a pro-free market think-tank that is something of a club for rich countries.

The first large-scale anti globalisation protest was launched at the World Trade Organisation conference in Seattle, Washington in 1999 (some estimates are as high as 100,000 protestors). There have been other notable public shows of dissent, some turning violent as they did in Seattle and at the 2001 G8 summit in Genoa, where demonstrations degenerated into riots, looting and police brutality, leaving one activist dead.

One decade on, in the wake of a severe and global economic crisis, the anti-globalisation movement had all but[2] run out of steam. Then,

1. *baloney* : balivernes
2. quasiment

the publication of Stéphane Hessel's now famous pamphlet *Indignez-vous* (translated into English as *Time for Outrage*) relaunched the struggle against what he called the "international dictatorship of the financial markets." In many ways the movement that began in Seattle was the precursor of Occupy Wall Street in the United States and its European counterpart, *Los Indignados*. All are based on revolt against the establishment and against capitalist orthodoxy, yet lack the formal organisation of a political party or movement.

Critics of globalisation have charged Big Business with conspiring hand in hand with governments to exploit cheap labour and raw materials in poor countries in order to cut costs and boost profits. They claim that by "putting profits before people," the juggernaut that is globalisation worsens poverty, entrenches the use of child labour, worsens the plight of women, erodes democracy, imperils local cultures and despoils the environment. For these activists, the existing economic divide between the haves and have-nots is being systematically widened by free market forces.

Proponents of free trade counter that developing countries have benefited greatly from the lifting of trade barriers; in fact, in recent years economic growth in these countries has outstripped growth in the rich world. Longer-term development prospects for the developing world look even better, they say. Such thinkers claim that globalisation is in fact an engine of social progress in that it has enabled hundreds of thousands to escape squalor in the developing world through job creation. FDI (*Foreign Direct Investment, i.e. foreign-controlled operations*), they argue, injects capital into poor economies and brings technology and skills from abroad. With the resulting windfall poor countries can invest in infrastructures and public services, like transportation and schools.

Domestic backlash

These days, however, globalisation's loudest critics are more likely to be found on the domestic front. In spite of net growth in the rich world, the gains of such prosperity are not being equally distributed—income inequality has risen sharply within developed countries. Corporate bosses now make more than 110 times the salary of the average worker, up from 40 times the average 25 years ago. At the same time, that average wage earner sees his wages growing less than half as fast as productivity.

That is, if he manages to hold onto his job. There has also been a sharp backlash against outsourcing, a practice facilitated by free trade agreements that allow companies to hunt for cheap labour overseas. Entire sectors have seen surges in unemployment, from blue-collar work such as in the textile industry to white-collar jobs in ICT. Many workers in the rich world cannot keep decent wages, health benefits and pensions and still be competitive with overseas labour. And because these workers are also voters, noises are made in legislatures that sound like job and trade protectionism, mostly in the form of anti-China legislation.

Champions of globalisation point out that the low-paid unskilled jobs that have disappeared are being made up for by the creation of higher paying skilled work in different sectors (a process known fondly as "creative destruction"). Instead of caving in to protectionist pressure, governments would be better off investing in higher education that equips citizenry with transferable skills on the job market.

It is worth pointing out, too, that as emerging economies accrue wealth and raise their own standards of living thanks to the global market, the cost of labour there is also rising. Some outsourced manufacturing jobs are now beginning to return "home" to the US, where wages have been depressed and transportation is cheap.

Factsheet 25

Technology and Power

Empowered citizens?

There is no question but that information and communication technology has defined and transformed the age in which we live. And it is just as clear that governments in power across the globe are still struggling to catch up with the changes it has wrought. But some argue that ICT in general and social media in particular have ushered in a paradigm shift, utterly transforming the nature of power itself.

The universal nature of social media, their low cost and ease of use have made them the preferred tool for political activists of all stripes. Because it is organized horizontally, the Internet undermines traditional hierarchy. Information has become a valuable, marketable commodity that anyone can now generate and publish cheaply. Experts agree that such breakthroughs have significantly widened the scope for political action at the grassroots level, and have perhaps even fundamentally altered the balance of power.

For example, one online campaigning organisation, Avaaz, harnesses the Web's power first by raising awareness in the free world, linking concerned citizens to causes, then enabling them to make their voices heard, changing the world "one click at a time." It also actively contributes to empowering people through technology by distributing the necessary hardware: in 2012 donations to the organisation paid for satellite internet modems and smart phones that were then smuggled into Syria, helping to break the news blackout.

Indeed, the way in which Facebook and Twitter sparked and fuelled the Arab Spring of 2011, when traditional media outlets were shut down, is the primary example of the way in which social media have empowered individuals to challenge state power effectively, and even topple dictators. And there were precursors to the phenomenon: the so-called Saffron revolution in Myanmar (2007) was given a boost by photographs taken on cell phones and published on the web that even the government's media blackout could not censor. Thus ICT and the enforced transparency it has brought about have done almost as much as protest itself to pave the way for the democratic reform now underway in Burma.

Even Western, democratically elected governments have felt the impact of internet-driven protest and publicity, finding themselves embarrassed by the leaking of damaging documents, as when photographs of US military abuse of prisoners in the Iranian jail Abu Ghraib went viral on the net (2006). More recently, the online publication *Wikileaks* picked up information incriminating the US government after the *New York Times* and the *Washington Post* failed to respond to the whistleblower, Private Bradford Manning. The film footage of the slaying of unarmed civilians in a Bagdad helicopter raid, the Afghan Diaries (2010) and a diplomatic cables leak (2011) put the US government under intense public scrutiny.

However, digital activism can just as easily foster terrorism as it can freedom of the press, human rights advocacy or legitimate political protest. Ill-intentioned hackers can wreak havoc in no time and at little cost. It is also worth pointing out that peaceful protest enabled by technology fails as often as it succeeds; when it does fail it triggers off harsh government crackdowns, as in Iran and Tibet. Chinese dissident and Nobel Peace Prize winner Liu Xiaobo may have been enabled to organize an anti-government petition (Charter 08) thanks to on-line access, but those same technological tools in state hands allowed him to be tracked down and imprisoned for subversion.

Beyond the double-edged nature of social media lies the question of how radically these tools are changing the balance of power between state and citizenry. Citing the Civil Rights movement, Malcolm Gladwell has observed in *The New Yorker* (October 2010) that meaningful, even revolutionary, political protest and social change effected from the bottom up certainly did not wait for social media to develop. Others denounce online campaigns for creating the illusion of political activism without the hard work and risk, calling it *slackivism*. And certainly the strife-filled aftermath of the Arab Spring, in Egypt in particular, also gives one pause. It has become abundantly clear that in the absence of civil society, social media and technology alone cannot bring about enduring social change. According to Clay Shirky, the true political power of social media resides in the space they open up for public discourse and the slow and gradual change this can bring to a community's mind-set. (*Here Comes Everybody: The Power of Organizing Without Organizations,* Penguin 2008)

Empowered consumers?

But dictators are not the only powerful figures that can be toppled. Open forums, social media and on-line consumer information can also expose companies that sell shoddy or overpriced merchandise. Satisfied or disgruntled consumers now routinely connect and share information that can make or break a company. Such close, public scrutiny serves as effective quality and price control as retailers compete to produce the best goods at the lowest prices under the watchful gaze of technologically empowered consumers.

Moreover, ICT puts more power in the hands of consumers to influence *how* their goods and services are produced. Aid agencies have even jumped on the consumer revolution bandwagon by pooling or centralising data about big companies and rating them for consumers. Oxfam, for example, has launched an online drive called "Behind the Brands" to influence the food industry to produce and market goods ethically. The agency assesses food companies in terms of transparency and ethical standards, publishes the results on its website and actively encourages consumers not only to buy ethically, but also to put direct pressure on Big Food companies to monitor and hold their suppliers accountable for human rights abuses or for polluting the earth.

Empowered creators?

Many are those who have heralded the advent of the Internet as the beginning of an "open culture" in which individual artists, musicians, authors and journalists can instantly share their work without enriching Hollywood, the recording industry and media moguls. Indeed, the massive sharing of digital files on the Web has cut deeply into record and movie studios' profits, and big media corporations continue to search for a viable business model that will retain a paying readership when so much news is available for free.

Chanting the collective mantra "information wants to be free," advocates of the open model massively and successfully staged both online and public protest against enhanced copyright protection, notably the US house bill SOPA (Stop Online Piracy Act) in January of 2012. Actions included a 24-hour blackout on *Wikipedia*. The open culture victory was hailed as a blow to industry giants in favour of free speech and people power.

Yet the concept of **crowd sourcing**, where anonymous contributors provide free content for general public consumption (as on *Wikipedia* and Facebook), does little to reward creators. Indeed, it undermines the very notion of intellectual property and turns artists and authors into "digital peasants," compelled to give away the fruit of their labour to the "lords of the cloud." Jaron Lanier, a digital pioneer who coined the term "virtual reality" and who once sang the praises of open culture, now condemns what he calls "digital Maoism."

Indeed, he argues that by insisting that information should be free, the architects of the open culture society guaranteed that online profits would be derived almost solely from private information services and advertising. This in turn has given rise to "proprietary social networking." By making e-commerce more about services than content, he contends, users are now powerless to control their own content. (*You Are Not a Gadget*, 2010)

Factsheet 26

Advertising: the art of seducing millions

Advertising is a communication process. Its aim is to persuade targets to take some kind of action. They can be made to purchase products, to identify a brand with an image, to support a charity and send money to sponsor it, or even to back an ideology, such as in the case of political parties'advertising campaigns.

Communicating about products, events or ideologies has existed for centuries, be it through papyruses, engravings, posters or printed papers. In the 19th century, in the US, auction sales were advertised on posters or in newspapers, and informed readers about the products to be sold (cotton, rice, or books and needles), as well as the slaves to be let or sold, giving details about their personalities, skills and health conditions. In addition, national newspapers also provided advertising pages and a lot of classified ads. However, it was not until the 20th century that modern advertising as we know it began to flourish.

The 20th century was the century of technological progress. New media appeared, starting with the radio. By the end of the 1920s, every American had access to a radio, though not everyone owned one. It represented an interesting means by which to reach a huge number of listeners and therefore potential customers. The radio was far more popular at that time and people were fascinated by this brand new medium. Advertising developed and fueled the economic boom of the "Roaring Twenties". Songs praised products and slogans were easy to remember. Americans were bombarded with advertisements encouraging them to buy products.

Newspapers retaliated and published colourful ads with appealing slogans. However, they stood no chance of competing with the radio, and actually sponsored radio ads inviting listeners to read their newspapers. Companies understood the importance of the mass media, and ever since they were created, American radio stations have been mainly funded by sponsors paying for ads to be broadcast.

Things were actually different in Britain. The BBC (the British Broadcasting Corporation) was founded in 1922, first as a private company, before becoming public. Advertising was rejected for fear of lowering the standard of its programmes. Instead, a system of licensing fees was established. Ever since then, listeners and TV viewers have been paying for a licence fee every year to support the BBC (roughly £145 in 2012). Thus, one of the most important broadcasters in the world is funded mainly by its listeners and viewers and never broadcasts a single ad, except for its own programmes.

In the 1950s, television sets appeared in most American households and advertising became even more creative. Advertisers invented sketches, most of which featured women performing household chores. Ads aimed at convincing women that buying the latest household appliance (a vacuum cleaner, a washing machine or a cooker) would help them have more leisure time, and since these women were presumed to be the TV viewers that ads targeted, they were also expected to convince their husbands to offer them these items. TV ad sketches were mainly based on conservative stereotypes: a family with a breadwinner husband, a housewife who looks after her children, cooks for her family and cleans the house. Stereotypes have always been used in ads because they enable viewers to easily identify the different features. They make the message clear to understand, which is quite important, in so far as the aim of an ad is to convince potential customers to buy the product, and not to be puzzled by the ad.

In this way, companies represent characters in different situations and contexts according to the people they target. If they want to reach teenagers, they represent them as the only wise members of the family and their parents appear old-fashioned or unaware of today's world. Conversely, if advertisers want to target adults, they can show teenagers as lazy, stupid and irresponsible individuals. Hence, stereotypes will always be an important weapon for advertisers when making their message clear to customers. Advertisers also re-create scenes inspired by society as it is. Since the beginning of this millennium, ads have been showing blended families and interracial families as well as same-sex couples. People identify less and less with traditional families and advertisers need to adapt.

For an ad to be successful, it needs to be widely and clearly understood and seen by as many people as possible. The most striking example is the US Super Bowl. The National Football League final takes place in late January or early February every year. The event is broadcast on a national TV channel all over the US, and even abroad, and watched by more than one hundred million viewers, a critical mass of potential customers. Contrary to other programmes, which may be recorded and then watched by fast-forwarding the ads, the Super Bowl is a live event that loses all interest if watched later. Therefore, it is a crucial moment for advertisers to spread the right message. In 2012 the average cost of a TV ad spot reached $4m. Companies have long said that such expense is sometimes so high that the sales of products might not cover it all. Nevertheless, every year, companies compete to be allowed at least one commercial during the game. Nearly 30 % of these TV ads are related to food and drink. In 2012, McDonald's decided to give its thirty-second commercial, to be broadcast before the first kick of the game, to its philanthropic charity RMDHC (Ronald McDonald's House Charity). This is also a bright advertising strategy, since viewers will associate McDonald's with a positive image and this will help the company sell more hamburgers and seduce more customers.

To avoid misdemeanour, regulation processes have been implemented, like the Advertising Standards Authority (ASA) in the UK, and the Advertising and Marketing Law in the USA. They see to it that ads are not untruthful or misleading, that they are suitable for the audience watching them and that they do not promote items banned from any advertising campaign on TV (like cigarettes).

Advertising is a powerful weapon for companies. Ever since the beginning of the 20th century, successful companies have understood the importance of mass media. Logically enough, the Internet has also become home to advertising campaigns, which actually fund almost all websites.

Factsheet 27

Overpopulation: the great divide

In 2012, the global population reached seven billion people. In fact, it has grown from one billion to seven billion in only two centuries. The world population should reach more or less 9 billion individuals by 2050, according to UN projections. Thereafter, it should plateau at around 10 billion. The world population started expanding at a breathtaking pace in the 19th century in industrialized Europe and North America. In the 20th century, the growth accelerated as medical progress helped populations to live longer, also helping mothers to give birth to viable children, without endangering their own lives. In poorer countries, the population has actually been growing faster. In the early 19th century, the number of inhabitants of rich and poor countries was quite similar. In 2000, there was one inhabitant of a rich country for every 5 in a poor country, and the ratio should reach 1 to 8 in 2050.

In 1798, Thomas Malthus published *An Essay on the Principle of Population* and stated that the "power of population is indefinitely greater than the power in the earth to produce subsistence for man". For him, the notion of overpopulation is linked to available resources. Since he considers that the population increases faster than production capacities, the logical consequence should be starvation on a large scale. He suggests two possible solutions: either let things go on without any intervention and rely on nature to get rid of the human surplus, or implement birth control and cancel aid assistance to the poor so as to make them more responsible and inclined to get married and have children only when they can afford to feed a family. Ever since, Malthusians have claimed that there is a limit to the number of people the Earth's resources can sustain. In their opinion, there is a definite line that should never be crossed.

In the mid-19th century, Karl Marx and Frederich Engels wrote a lot of essays claiming that the problem of starvation has nothing to do with overpopulation, but with private property that unfairly provides too much power to a few people over the rest of the population. For them, the poor represent a reserve army of labour or a valuable asset necessary to produce goods and wealth.

The aforementioned theories have been pitted against one another ever since the 19th century, though. In 1960, the world population reached 3 billion people. In 2000, it reached 6.1 billion. During all that time, pro-birth advocates denied the notion of overpopulation, whereas their rivals denounced their deadly madness, dooming millions of people to starvation.

American sociologist Jack A. Gladstone published an essay entitled *The New Population Bomb* (in *Foreign Affairs,* 2010) in which he highlights four major issues to be dealt with in the 21st century: "1. the decrease in the relative demographic weight of developed countries; 2. the aging and declining workforce in these developed countries; 3. the substantial increase in population in the poorest, youngest and most heavily Muslim countries; 4. and the continued urbanisation of the world with the majority of the population living in urban areas." The main risk lies in wealth disparities between highly populated, underprivileged areas and the ageing and declining population of the wealthy North.

But instead of the population explosion that Malthusians have long forecast, statistics show that the world population will instead go through a demographic transition. To date, the birth rate has been high and the mortality rate has been reduced, thanks to better hygiene, and medical and agricultural improvements in technique. Today, the world birth and mortality rates are dropping. Between 1960 and 2010, the global fertility rate dropped from 5 to 2.5 children per woman. In Africa, it dropped from 7 to 4.5, in Europe from 3 to 1.5, and even in Morocco it fell from 7.5 to 2.4. During that same period, women gained greater access to education and work, and also tended to get married at an older age, while at the same time, means of contraception became more and more easily available. As a consequence, a lot of countries cannot ensure the replacement of generations (an average of 2.1 children per woman is required for that).

By 2050, 20 % of the world population will be over 60. In 2011, sixty year olds were 11 % of the population and only 8 % in 1954. Today, in Japan, Germany and Italy, already 20 % of their population is over 60. The real issue is finding a working population able to sustain an unprecedented number of retired people. Other countries, like Russia or Portugal, are already facing a population drop birth rates are low and the mortality and emigration rates high. Even China is considering ending its one child policy in order to deal with its ageing population that is bound to slow its economic growth.

In 2008, for the first time in history, the urban population of the world outnumbered the rural one. Currently, the entire world population could fit inside Texas with a density of population similar to New York City (10,500 inhabitants per square kilometre). Most people now want to live in cities where they can find jobs, housing and facilities. The real issue is coping with the environmental impact of such a phenomenon.

According to the World Wildlife Fund (WWF), any increase in the world population will decrease the world's capacity to produce natural resources. The Optimum Population Trust claims that birth control policies are less expensive than any possible solution to reducing greenhouse-effect gas emissions. A 2009 Oregon University Study stated that in the United States "the carbon legacy and greenhouse gas impact of an extra child is almost 20 times greater than some of the other environmentally sensitive practices people might employ their entire lives." China and India are increasing their carbon footprint as they attain better standards of living. The developing world is also increasing both its population and carbon emissions. The researchers want to raise people's awareness about the impact of reproductive choices on the environment.

The United Nations Population Fund adopted a programme of action in 1994 aiming at supplying universal access to health and procreation services by 2015. The ultimate goal is to reduce extreme poverty, the real danger of 21st century demographic changes.

Factsheet 28

Bioethics: defining what a human life is

Before the second half of the 20th century, medical research was not open to public debate. But a lot of breakthroughs raised moral, cultural and political concerns. The pill for contraceptive use was adopted in 1960 in the US, in 1961 in the UK. It was not used for healing ill patients but for people's comfort. Contraception did exist before, but it was not a medical act. Starting from this first example, medicine had changed its traditional approach to the patient. Now patients would not go to the doctor's only to fight diseases. Additionally, medicine now had a real impact on social change. Since women could have control over their bodies, they could plan pregnancies, and stepping into the working world was easier for them.

In its 1973 Roe v. Wade decision, the Supreme Court legalized abortion in the USA. Abortion was also legalized in many Western countries in the same period (France in 1975 and the UK in 1967). This decision raised one of the first and fiercest public bio-ethical debates. Pro-life activists have always claimed that abortion was murder, while numerous scientists kept explaining that a foetus was not a baby. Feminists have been asserting that women's bodies are their own property and that they themselves can decide what to do with them without it being a public debate. However, abortion has always raised religious, moral and political concerns because what is at stake is the very definition of what a human life is, when it starts and how it can be ended.

In the late 20th century, new debates arose after a special ewe called Dolly was born in 1996. It was the first mammal to be successfully cloned. Some scientists suggested that this was a step toward human cloning. But soon Dolly fell ill and began to age far more quickly than a traditionally-conceived sheep. Human cloning was banned in most countries. But in 2002, Clonaid, a firm belonging to the cult of Rael, declared that they had cloned a human being and that the baby was born and in good health. But they never showed either evidence or the cloned baby.

In 2005, Korea and the UK declared they had achieved the cloning of human embryos for the first time and in 2008 Stemagen and Reproductive Science Center scientists in America claimed they had achieved the cloning of three embryos from skin cells. This research led to ethical debates. Should it be for religious, philosophical or moral reasons, a part of the population and politicians warned against cloning human beings even for therapeutic purposes.

At the same time, stem cell research raised hope for new therapies. Human embryonic stem cells have the capacity to differentiate into any type of stem cell. That is to say, embryonic stem cells can develop into bones cells, skin cells or any other cell. So, scientists expect much from these cells because they can provide more effective treatments mainly against Parkinson's disease. The first embryonic stem cells to be isolated and captured in 1998 provoked ethical controversy and fear of cloning.

The stem cells used for research are taken from human embryos that were frozen for artificial reproduction but which are finally not going to be implanted. Opponents of stem cell research believe that all pre-implantation embryos have a moral standing just like any other human being, should it be in a woman's womb or in a test tube. As a consequence, destroying the embryo for research means murdering a living person. Embryonic research supporters insist on the fact that not all religions claim that embryos are human beings, and that most of them assert that this happens later in the gestation progress. Another objection is that embryos are meant to develop into human beings; thus, they are potential human beings. Research supporters assert that not all embryos, even in women's wombs, become living foetuses because they are poor quality embryos. Actually between 75 % and 80 % of embryos do not develop into foetuses.

In 1995, the Dickey-Wicker Amendment forbade the Department of Health and Human Services to fund the creation of human embryos for research purposes or for research in which human embryos will be destroyed.

In 2001, George W. Bush founded the President's Council on Bioethics, a group of people appointed by the government and whose role was to advise the Administration in biomedical science and technology. This group provided the president with much embryo-protectionist advice and research until the Bush Administration stalled.

When Barack Obama came to power, he replaced this group by a body that, he said, "provided practical policy opinions rather than philosophical guidance". He then he expanded government-funded research using embryonic stem cells. But in 2010 in Washington, a judge ordered the National Institute of Health to stop funding research. One year later, the US Appeal court of the District of Columbia overturned this ban and allowed research on stem cells. In January 2013, the Supreme court confirmed this decision by refusing to hear Dr James Shirley, who filed a lawsuit against the NIH, saying it violated the Dickey-Wicker Amendment and was thus not supposed to fund embryonic stem cell research.

In the UK, research into reproduction-related diseases has been allowed since 1990, and into any other serious illnesses since 2001. In France, embryonic stem cell research is banned.

In recent years, assisted suicide has been a very controversial debate, too. Today, medical treatments can prevent patients from suffering. When patients are incurable, they sometimes ask for their lives to be ended. While euthanasia is illegal in the UK and throughout the US, physician-aid-dying (PAD) is legal in Washington, Oregon and Montana. Today, patients have better knowledge of medical facts than they had a century ago. They are more likely to take part in decisions about their own bodies and lives. If scientific research has no limit, ethical debates help to draw the line between what can be done and what should be done.

II. Les dossiers du monde anglophone

Britain

File 1 The British Monarchy
File 2 Education in the UK
File 3 The Olympic Games
File 4 Ireland – a tragedy ?
File 5 Scotland: from nationalism to independence
File 6 Britain, Brexit, and the future

Britain & the USA

File 7 Landmarks in British and American civilization

The USA

File 8 The American Dream
File 9 Education in the US
File 10 Spanglish America ?
File 11 American presidential elections

Current affairs

File 12 The Glass Ceiling
File 13 Poverty – food stamps and foreclosures
File 14 The Environment
File 15 Business @t the speed of thought

File 1

The British Monarchy

Factsheet

The British political system is a 'constitutional monarchy', where the Sovereign and Head of State of the United Kingdom, referred to as "The Crown", shares power with a constitutionally organized government. Unlike in an absolute monarchy, the power of the King or Queen is restricted under the laws of the nation.

The British have always felt proud of this system. In a recent poll published in the Guardian under the title *Queen Enjoys Record Support* (24 May 2012), 69% of the British **respondents** claimed that Great Britain would **be worse off** without the monarchy against 22% who believed it would **be better off**. Few people then in the **mainstream** political debate believe that the Monarchy should be abolished but the fact is that only a few really know and care about the Monarch's political roles even though the Queen's **royal prerogatives** are not solely symbolic and ceremonial.

The British sovereign holds several critical roles on the political scene:

- The Queen is above all the source of all legislative and executive power. The first scene in the movie *The Queen* by Stephen Frears recalls one of the Queen's main prerogatives. In this scene, where Queen Elizabeth II **appoints** Tony Blair as Britain's Prime Minister, she seems to take pleasure in reminding him that he may just have won an overwhelming majority, but he cannot serve as Prime Minister until she appoints him. The last scene of that movie also illustrates one of the key constitutional roles the Monarch has in Great Britain which consists in a weekly meeting with the Prime Minister in order to "advise, guide and warn" the government.
- As The Queen in Parliament (formal title), she can **dissolve** Parliament and **call for** new elections. She opens parliamentary sessions with The Queen's Speech and announces **forthcoming** legislation (dictated by the Prime Minister). All bills and acts passed must **be assented by** the Crown although no sovereign has imposed a veto since 1708.
- The Queen is the Head of the Armed Forces and can thus alone declare war and peace.
- The Queen is the Supreme Governor of the Church of England and she appoints the Bishops and Archbishops on advice of the Prime Minister.
- As the Fountain of Justice (Formal Title), the Queen is entitled to appoint senior magistrates (on the Prime Minister's advice) and to **issue Pardons and Mercies**.
- She is the Head of the 52 Commonwealth member countries. This position though does not entail any executive power as it is the <u>Commonwealth Secretary-General</u> who is the chief executive of the Commonwealth.

In addition to this actual political power, the Monarchy has offered the story of a dynasty. British tabloids have become obsessed with the Royal Family and their lives. In June 2012, Queen Elisabeth II celebrated her 60th anniversary on the throne, her **Diamond Jubilee, in pomp and circumstance** which was celebrated nationwide and widely broadcast by the media. Prince William and Kate Middleton have also become global celebrities. Some two billion people followed their marriage ceremony on TV and social networks and cheered the births of the Royal Babies, Prince George of Cambridge (George Alexander Louis, born 22 July 2013) and Princess Charlotte of Cambridge (Charlotte Elizabeth Diana, born 2 May 2015). This is a time of record popularity for the House of Windsor and it is a far cry from the 1992 "annus horribilis" as the Queen referred to it when fairytale weddings gave way to the divorces of both Prince Charles and Prince Andrew. Although the conduct of the Royal Family - Prince Harry playing a game of strip billiards - is still highly controversial, the Royal Family benefits today from solid support. For some, Prince William and Kate Middleton clearly contribute to the well-being of the institution as they bring contemporary influence to the royal court and modernize the Monarchy.

The well-being of this **beloved** institution surely depends on its ability to modernize itself. A case in point is the Succession of the Crown Act 2013 which received royal assent after having passed both Houses of Parliament in April 2013. It modifies the laws governing the succession in the UK, allowing girls to succeed to the throne with rights equal to those of boys. It also allows the Monarch to marry a Roman Catholic although the rule that reserves the throne to Protestants has not been abolished.

It seems that the Crown enjoys solid support for now and modernizing it will probably keep it safe for some time, at least until Queen Elizabeth II passes away. Then, since 48% of the British are said to distrust Prince Charles and would rather **skip** a generation perhaps we will see Prince William inherit directly.

Extracts

"Radiant", "gracious", "never puts a foot wrong", "**fount** of British common sense", "unchanging rock in a turbulent world"—these are just a few of the descriptions of the Queen on the airwaves this jubilee weekend.

The Independent, June 3rd, 2012

"Some think the Queen is a jewelled blank, and maybe it is true. I recoil instinctively from a monarchy that insists, by its very existence, that a strict class system is the best way to unite a nation. I deny, utterly, the supposed political neutrality of the monarchy, because it is predicated on its own self-preservation; it is all conservative. But even a republican has to say, in the end - what a performance!"

The Guardian, Tanya Gold, April 1st, 2016

Thème

1. « Nous allons mettre fin à la primauté masculine de manière à ce que l'ordre de succession soit déterminé simplement par l'ordre de naissance », a dit le chef du gouvernement britannique.
2. « Si le duc et la duchesse de Cambridge devaient avoir une petite fille, cette petite fille deviendrait notre reine », a précisé David Cameron.
3. "Le roi ou la reine doit rester protestant puisqu'il ou elle est le chef de l'Église anglicane. Mais il est injuste que le monarque ou l'héritier du trône ne puisse pas épouser un ou une catholique puisqu'il peut déjà épouser quelqu'un d'une autre religion," a ajouté le Premier ministre.
4. Quand le prince William épousa, le 29 avril 2011, Catherine Middleton à l'abbaye de Westminster, la monarchie britannique s'est réinventée en adoptant un nouveau membre roturier propre à relancer l'intérêt qu'elle suscite encore.
5. Si le royaume a profondément changé depuis le couronnement d'Élisabeth II, en 1953, la monarchie sous son égide représente une certaine idée du Royaume-Uni : blanche, protestante, impériale.

Version

1. Queen Elizabeth II became Queen of the United Kingdom and Head of the Commonwealth on February 6, 1952. As of today she has reigned for 60 years and she celebrated the Diamond (60th) Jubilee of her reign in 2012.
2. Every country needs its founding myths for its identity to be rooted in a valiant story although it rarely stands up to scrutiny.
3. The 16 countries that recognize the British monarch as head of state struck a historic blow for women's rights on Friday, abolishing **male precedence** in the order of succession to the throne.
4. With the change in the succession rules, Prince William and his wife's first child, if a girl, would automatically enter **the line of succession** as a future queen, instead of being relegated behind a younger brother as would have occurred under the rules that will now be abandoned.
5. **Blanket coverage** of the wedding of the Duke and Duchess of Cambridge and the Queen's Jubilee produced emotions from excitement to warm indifference to the monarchy to opposition.

Corrigé du thème

1. "We will end the rule of men so that the sequence is determined simply by the order of birth," the head of the British government said.
2. "If the Duke and Duchess of Cambridge were to have a girl, that girl would one day be our Queen," David Cameron added.
3. "The King or Queen must remain Protestant because he or she is the Supreme Governor of the Anglican Church. Yet, it is unfair that the monarch or the heir cannot marry a Catholic as he or she can already marry someone of other faiths," the Prime Minister noted.
4. When Prince William married Catherine Middleton in the Abbey of Westminster on April 29th, 2011, the British monarchy reinvented itself by adding a **commoner** who is able to **rekindle** the interest people have always felt for it.
5. Although the kingdom has profoundly changed since Elizabeth II's coronation in 1953, the monarchy under her authority has represented a certain idea of the United Kingdom as being white, Protestant and imperial.

Corrigé de la version

1. La reine Élisabeth II est devenue reine du Royaume-Uni et chef du Commonwealth le 6 février 1952. Elle règne dorénavant depuis 60 ans et elle a célébré son Jubilé de diamant en 2012.
2. Un pays quel qu'il soit a besoin de mythes fondateurs afin que son identité soit ancré dans quelque histoire vaillante même si, à regarder de plus près, cette histoire ne tient pas.
3. Les 16 pays qui reconnaissent le souverain britannique comme chef d'État ont frappé historiquement fort en faveur des droits des femmes ce vendredi en abolissant l'ordre de préséance masculin qui détermine la succession au trône.
4. Comme les règles de préséance changent, le premier enfant du Prince William et de son épouse, si c'est une fille, pourrait entrer directement dans l'ordre de succession en tant que future reine, plutôt que d'être reléguée derrière un frère plus jeune comme elle aurait pu l'être selon les règles qui seront à présent abandonnées.
5. Le mariage du Duc et de la Duchesse de Cambridge ainsi que le Jubilé de la Reine ont été si médiatisés que ces événements ont suscité des émotions allant de l'enthousiasme à l'indifférence cordiale pour la monarchie jusqu'à un sentiment d'opposition.

Vocabulary

appoint (to) : nommer
be assented by (to) : recevoir le consentement royal
be better off (to) : être mieux loti
beloved : bien-aimé/chéri/adoré
be worse off (to) : être moins bien loti
blanket coverage : médiatisation à outrance
call for (to) : exiger
commoner : roturière
Diamond Jubilee : Jubilé de diamant/60e anniversaire
dissolve (to) : dissoudre
elude (to) : manquer/échapper à
forthcoming : à venir
fount : source
in pomp and circumstance : en grande pompe
issue Pardons and Mercies (to) : grâcier et appliquer des mesures de clémence
line of succession : ordre de succession
mainstream : opinion/courant majoritaire
male precedence : primauté donnée aux hommes
record popularity : popularité qui bat des records
rekindle (to) : raviver
respondent : personne sondée, interrogée
royal prerogative : prérogative royale/droit du monarque
skip (to) : sauter (une génération)

Ideas for discussion

1. **Could the UK manage without its monarchy?** (ECRICOME LV1, 2007)
2. **Can the Monarchy survive in Great Britain?**
3. **The monarchy: useful or useless in 21st-century Britain?** (ECRICOME LV1, 2009)

With the 2008 economic crisis, the British have been struggling just to keep their jobs and houses. In this context, the legitimacy of the British Monarch, since it has become increasingly expensive and is often considered as an old-fashioned institution, can be called into question. Thus to what extent is the British Monarchy still legitimate in an ever-changing and modern society?

I. The Monarchy has become too costly and old-fashioned

II. Yet the British are still attached to traditions and consider the Monarchy as part of their culture

To conclude, the British will probably tip the scales in favor of keeping the Monarchy and its traditions alive in modern Great Britain. The crisis may even have further rekindled the long-lasting attachment of the British to their Monarchy in a last-ditched effort to cling to the old but reassuring values of the past.

File 2

Education in the UK

1. A devolved and rather complex system

In the United Kingdom education is devolved[1] to each of the countries, which operate separate systems.

For England the Department of Education oversees decisions made by local authorities, which are responsible for implementing[2] policy at a local level. Schools need to follow the National Curriculum[3] and are regularly inspected by the Office for Standards in Education (Ofsted), which publishes its conclusions, ranks the schools and may impose special measures to underperforming[4] schools.

Scotland, Wales and Northern Ireland have similar systems with small variations, but all systems are compatible.

a. General structure

State schools[5] are free until the age of 18. Approximately 93 % of English schoolchildren attend such schools. A significant minority of state-funded schools are faith schools, which are attached to religious groups, most often the Church of England or the Roman Catholic Church. There are also a small number of state-funded boarding schools[6], which typically charge for board but not tuition[7].

b. Tripartite system

After the Second World War a tripartite system was set up within the framework of the 1944 Education Act which implemented free secondary education for all and created three types of secondary schools: Grammar Schools, Secondary Schools and Technical Schools.

The number of places in Grammar Schools was limited and an exam called the 11 + determined access. All the other pupils went to secondary schools or Technical Schools with no view to pursuing their studies into higher education but rather with the idea of leaving school early and learning a skill.

The idea was to provide fairer access to intellectual education based on aptitudes rather than on the parents'ability to pay for private secondary education. This system was devised[8] at a time when non—or partially-skilled labour was still in high demand, which is no longer the case today.

The system was challenged as unfair and elitist, and progressively gave way to the non-selective system of comprehensive schools[9].

Today, English secondary schools are mostly comprehensive, except in a few areas that retain a form of the previous selective system, with students selected for Grammar School. There are also a number of isolated fully selective Grammar Schools, and a few dozen partially selective schools.

c. The latest development: Academies

There are a number of funding options for secondary schools involving the state and in some cases religious communities. The great innovation of the current government is to promote Academies. The first Academies were set up in 2002 there were a 100 by 2008, but Academies Act of 2010 promoted the conversion of regular schools into Academies with spectacular results: the number jumping to 2724 by 1 March 2013.

Academies are publicly-funded independent schools that are expected to provide "first-class education". Academies benefit from greater freedoms to innovate in order to raise standards. They are free from local authority control, they can set their own pay and conditions for staff. They are free to choose the delivery of the curriculum and they are even free to the change the lengths of terms and school days.

They often have a sponsor which may come from a wide range of backgrounds including successful schools, businesses, universities, charities and faith bodies. The point is to teach in new ways and focus on success. They get the same funding they would as maintained schools, but have much more freedom in how they use the money they get.

Schools which already select some or all of their pupils will be able to continue to do so if they become academies, but schools becoming academies cannot decide to become newly selective schools. This type of school has no equivalent in the French system

2. Independent schools or former "Public Schools"

Approximately 7 % of schoolchildren in England attend privately run independent schools[10], whilst private sixth forms are attended by around 18 % of students. Independent schools do not have to follow the National Curriculum, and their teachers are not required or regulated by law to have official teaching qualifications. Yet, in actual fact, teachers in the private sector are usually highly qualified. Some of the earliest established independent schools are known for historical reasons as "public schools".

Such schools, some of which are boarding schools, cover primary and/or secondary education and charge between £2,500 and £30,000 per year. Some schools offer scholarships for those with particular skills or aptitudes, to allow students from less financially privileged families to attend.

Traditionally, many private schools have been single-gender, but a growing number are now co-educational[11]. Traditional public schools such as Radley, Winchester, Eton and Harrow, to name but a few, take boys at 13 years of age. Students must pass the Common Entrance Exam at 11 or 13 to gain entry into these highly selective schools.

a. Elementary and secondary school

Key stages

In the UK, legally, children have to attend school from the ages of 5 to 17 as of 2013, and 18 as of 2015(Education and Skills Act 2008).

Compulsory education is split into four "key stages": elementary school features Key stages 1 and 2 (ages 5-11), and secondary school features stages 3 and 4 (ages 11-16), 6th form (16-18), tertiary education comes next (ages 18 and above).

At the end of each stage an assessment[12] is carried out. Stage 4 and compulsory education end with the students sitting for the GCSE (General Certificate of Secondary Education), which tests whether students are proficient[13] in "foundation subjects [14]".

Once students complete their GCSE's they have the choice to go onto further education and then potential higher education, or finish school and go into the working world.

Years 12 and 13 are often referred to as "lower sixth form" and "upper sixth form" respectively, reflecting their distinct, voluntary nature as the A-level years. While most secondary schools enter their pupils for A-levels, some state schools have joined the independent sector in offering the International Baccalaureate or Cambridge Pre-U qualifications instead.

A-Levels and other post GCSE's options

After their GCSE's students can extend into higher education and take their A-Levels, GNVQ's (General National Vocational Qualification), which would be the equivalent to French "Bac Professionnel" or BTEC's (Business and Technology Education Council), which corresponds to the French BTS.

To go on to university one has to pass the A-Levels, which include 3 to 5 subjects that are graded from A* to D/U (failing mark).

b. Higher Education

General organisation

Universities require a Royal Charter in order to issue degrees, and all but the University of Birmingham, which is entirely private, are funded by the state and tuition fees.

There are 166 universities in Great Britain. All of these institutions enjoy total freedom academically and in the choice of their teachers and students according to criteria decided upon by a "Council" or a "Board of Governors" headed by a Vice-Chancellor[15], whose influence on the university's profile and operations is comparable to that of a company CEO[16]. Each university is free to deliver its own diplomas according to its own standards. There is no state intervention.

There are two levels of courses. The "undergraduate level", which leads to a Bachelor's degree or First Degree at the end of 3 to 4 years of study, and the "postgraduate" level which leads to a Master's degree achieved in one year or a "Higher Degree by research", which involves a dissertation and leads to a PhD[17] and can be achieved in a minimum of three years.

Access to university

Admission to British universities are centralised within the UCAS (Universities and Colleges Admissions Service) but each university is free to choose its students according to its own criteria which usually include grades obtained at the GCSE's and A-Level. These, however, are often supplemented with an interview and/or an essay, especially for admission to prestigious universities such as Oxford, Cambridge or the Imperial College, which rank among the top 15 universities in the world.

Some of these establishments are deemed too elitist with extremely low ratios of minority ethnic group representations. Only 18 % of such students enrolled in university. A study published in February 2013 shows that Oxford and Cambridge seem to be institutionally biased. As an example, white applicants to medicine are twice as likely to get a place as minority ethnic candidates even with the same triple A*grade A-Level scores.

More generally the study shows that 43 % of white applicants with triple A* grades got offers last year compared with 22.1 % of students from ethnic minorities. In 2009, it was revealed that a single black Caribbean undergraduate had been admitted to Oxford. From a wider social point of view, in 2010 David Cameron revealed that there were more students from Eton and Winchester alone at Oxbridge than from the entire pool of thousands of students having benefited from free lunches[18].

A controversial reform

In 2010, to address difficulties in funding a fair, competitive and sustainable university system, the coalition government decided on a tuition fee reform which was implemented at the start of the 2012 university year.

The 2010 reform for England and Wales entailed that universities would now be allowed to charge up to £9000 a year for tuition fees which would not need to be paid up-front[19] but could be borrowed from the state and paid back once the student had found a job and had a salary of £21000 or over. Scotland has retained its own state funded system.

The government, made the case that universities needed massive funding if they wished to remain competitive in a global environment; China and India having become serious contenders[20] in the field of highly qualified higher education. In the context of the current economic difficulties, the state could not afford to increase its funding, and raising taxes for that purpose would have been socially unacceptable.

The only solution, if the funding were to increase, was to raise tuition fees. This would make the burden of paying for higher education fall more equitably on the shoulders of those benefiting from it, albeit when they could eventually afford to reimburse their loan.

Violent opposition to this scheme rose when it was first explained, as opponents feared it would discourage students from lower-income backgrounds to venture into higher education.

Facts seem to have proven them right, as the high fees have indeed apparently deterred students from enrolling. The January 2013 UCAS statistics show a drop of 12 % in the number of students starting degree courses. The London Metropolitan University has suffered the biggest losses (−43 %). On the other hand the University of Edinburgh has increased its intake by 11 %. Pundits fear that the drops in student numbers in cities such as Manchester and Leeds could have "devastating economic impact".

Another January 2013 study shows that investment in higher education produces a rate of return of more than 10 % for the Treasury. Thus seemingly vindicating the point made by Shabana Mahmood MP, shadow minister for universities and science, that "the need for the government to launch a campaign to promote the value of higher education is now all too obvious."

c. What next ?

There are fears that the growing number of Academies will eventually make the entire state system implode.

In *The Guardian*, Mortimore laments in 2010 that "[...] the downgrading of local government and the creation of new types of schools have fashioned a deeply fragmented English education service."

In 1961, in his book *The Long Revolution*, Raymond Williams already argued:

"It is only a question of whether we replace them[educational patterns] by the free play of the market, or by a public education designed to express and create the values of an educated democracy and a common culture."

It seems that some feel today in Great Britain that the government have chosen the market, yet the counter argument is that education is a means to an end and that, in fine, being adapted to the market and its needs is precisely what is expected of a relevant institution.

Vocabulary

1. ***devolved***: décentralisé
2. ***to implement***: mettre en place
3. ***national curriculum***: programme scolaire national
4. ***underperforming***: aux résultats insuffisants
5. ***state schools***: écoles publiques
6. ***boarding schools***: internats
7. ***tuition(fees)***: frais de scolarité
8. ***to devise*** : concevoir
9. ***comprehensive schools*** : l'équivalent des collèges et lycées d'État en France
10. ***independent schools*** : écoles privées hors contrat
11. ***co-educational*** : mixte
12. ***assessment*** : évaluation
13. ***proficient*** : de bon niveau
14. ***foundation subjects*** : équivalent du socle commun de connaissances
15. ***Vice-Chancellor of a university*** : président de l'Université
16. ***CEO (Chief Executive Officer)*** : Directeur Général
17. ***PhD*** : Doctorat
18. ***free lunches*** : équivalent d'élèves boursiers
19. ***up-front*** : tout de suite
20. ***contenders*** : concurrents

File 3

The Olympic Games

Today's summer Olympic Games feature a variety of competitions and are the world's most important sports competition with thousands of athletes and over 200 nations participating. Every four years each nation's best athletes **vie with one another** for gold, silver, and bronze medals. Originally these **baubles** were **tokens** of their sport **achievements** which gave the receivers fame and national gratitude but for years, they have turned into passports to ephemeral media **stardom** and easy money. Besides, becoming host to the Games brings a country not only glamour but international exposure as well, and it has turned into an economic good deal in the long run. In olden times, athletes competed for national pride and gratitude; but, what with the development of sophisticated, practically uncontrollable doping, and a general spreading of both individual and national corrupt moral standards, it is—with very few exceptions—getting more and more difficult for spectators to take athletes and their performances seriously.

Sporting events have always somehow reflected nations'political options and cannot stand apart from the general way of the world: everybody has heard about the 1936 Games in Berlin, and two wars caused the event to be cancelled in 1916, 1940 and 1944. 28 years later, political intrusion brutally **turned up** again on the Olympic Games in Munich in 1972. Just after Mark Spitz, the swimming hero of those Games had piled up gold medals, Palestinian fedayeens attacked and assassinated Israeli athletes in the Olympic Village. The 1980 Moscow Olympics were boycotted by sixty nations to protest the Soviet invasion of Afghanistan, and **retaliation** came four years later when the Soviets and some of their allies declined to take part in the 1984 Games in Los Angeles. The implosion of the USSR and the symbolical fall of the Berlin wall have since eliminated a major source of political conflict, even though Islamic terrorism and other **rogue states** have now taken over and **rekindled** the dangerous torch of international tensions. Besides the horizon is not morally clear: big clouds **laden** with suspicions of illegal drug-taking, shadow arrangements and **referee bribery** and corruption are now hanging over the Games, and Beijing and London have not helped to clear them.

The evolution of the Olympic Movement during the 20th and 21st centuries has resulted in several changes to the Olympic Games. Winter Games for ice and winter sports have been organized since 1924, the Paralympic Games for athletes with a disability were started in 1988, and the Youth Olympic Games for teenage athletes were held for the first time in 2010. Those events and others, like the Goodwill Games, prove that friendly athletic competition between nations is still possible and that, despite some black sheep, the great majority of sportsmen and women are honest people. Sports remain a refuge for dreams and a healthy example for the young.

Extraits

With Oscar-winning director Danny Boyle at the **helm** of a creative team that also includes filmmaker Stephen Daldry, the London 2012 Olympic Games Opening Ceremony was always likely to be both pop-culturally impressive and pleasingly **off-the-wall** but we admit to being surprised when details of the July 27 ceremony were announced. Along with picnicking families and a village cricket team, **livestock**–including ten chickens, ten ducks, nine geese, thirty sheep, three cows and two goats–looks set to play a role in Boyle's pastoral vision for the ceremony.

TimeOut London, Friday July 27, 2012

Much attention has been paid to the security in place in the event of an attempted terrorist attack on London during the Olympics. But a war or **coup** abroad could also be a serious complication at a time when up to 120 heads of state or heads of the government will be in the UK over the same few days. While the focus in the London Olympic stadiums and arenas will be on medals and world records, there will be a team on the ninth floor of Canary Wharf **poised** for a quite different Olympic challenge: what to do if Israel decides to bomb Iran or some other sudden global crisis **erupts** in the course of the Games.

The Guardian, Sunday 15 July 2012

There is just so much going on, so many different events in so many different places, all at the same time. Victory ceremonies are **squeezed in** between long jumps; a **fencer**'s dream is dashed while three other bouts are going on around her; the javelins sail toward the high jumpers.

The Olympics seem like a giant, ultra efficient sports factory, **churning out** triumph and disappointment on a **stunning** scale. Considered this way, they are still routinely electrifying. It is hard to beat the thrill of being in a crowd of spectators, many of whom are there because it was the only ticket they could get, **roaring for** a weight lifter from Guatemala as if the **fate** of humanity **hinged** on Christian Alberto Lopez Bobadilla's battle against the law of gravity.

The New York Times, August 12, 2012

The first post-London 2012 opinion poll shows a massive 69 per cent say we were right to host them. The mayor said London has already received a massive boost from the sensational event, which cost £11billion to stage but is expected to generate £13billion. West End shops expect to see their takings rise by £250 million, spending in restaurants and nightclubs is said to be up by about 25 per cent, while theatre ticket sales leapt by 114 per cent.

The Sun, Monday, November 05, 2012

Version

1. According to myth, it was Heracles who first called the Games "Olympic" and established the custom of holding them every four years after building an Olympic Stadium as a tribute to Zeus. Another one associates the first Games with the ancient Greek concept of Olympic **truce**.
2. The most widely accepted inception date for the Ancient Olympics is 776 BC; this is based on inscriptions, found at Olympia, listing the winners of a footrace held every four years starting in 776 BC. The Ancient Games featured running events, a pentathlon (consisting of a jumping event, discus and javelin throws, a foot race, and wrestling), boxing, wrestling, pankration, and equestrian events.
3. Originally the Greek officials wanted Athens to be the permanent site for the event but the IOC imposed rotation. For the host country and city, the Games provide a unique opportunity to display their touristic resources and the various pleasures they have to offer.
4. The IOC has had to adapt to the varying economic, political, and technological realities of the 20th century. As a result, the Olympics shifted away from pure amateurism, as envisioned by Coubertin, to allow participation of professional athletes. The growing importance of the mass media introduced the issue of **corporate** sponsorship and commercialisation of the Games.

Thème

1. L'histoire de l'olympisme est inséparable des événements politiques. Les guerres mondiales ont causé l'annulation des Jeux Olympiques de 1916, 1940 et 1944 et le terrorisme arabe a endeuillé les Jeux de 1972. L'arrivée des professionnels a permis l'amélioration des performances mais le prestige qu'apporte une médaille a aussi encouragé des pratiques douteuses. Même les nouvelles technologies sont prétexte à polémique : les célèbres prothèses de Oscar Pistorius ont fait couler beaucoup d'encre, comme les combinaisons des nageurs.
2. L'enjeu était important : qui de Paris ou de Londres accueillerait l'événement pour la 3e fois ? Le choix de Londres s'est fait dans une atmosphère de suspicion. B. Delanoë, le maire de Paris, a accusé Tony Blair et le comité anglais présidé par Sebastian Coe d'enfreindre les règles des votes et un film de la BBC avait montré que les choix du CIO étaient loin d'être toujours très clairs.
3. Il semble d'une part que les atouts historiques de la capitale britannique ont primé sur le réalisme économique et environnemental du projet français : 2012 était l'année du jubilé de la reine. Mais il faut aussi reconnaître que l'Angleterre a été outrageusement favorisée, aussi bien par les votes du CIO que par les décisions arbitrales de toutes sortes. De même la réhabilitation des quartiers de taudis, attendue depuis une éternité, n'a été possible qu'avec les diverses aides reçues. Les anglais auraient-ils osé (une fois encore) inventer hypocritement l'expression « fair-play » à l'usage exclusif de leurs hôtes ?

Corrigé de la version

1. Selon le mythe, c'est Hercule qui baptisa les jeux « olympiques » et établit l'usage de les organiser tous les quatre ans après avoir bâti un stade olympique en l'honneur de Zeus. Une autre tradition du mythe associe les premiers Jeux avec l'ancienne notion de « trêve olympique ».
2. La date d'origine largement admise des anciens Jeux est 776 avant Jésus-Christ, selon les inscriptions trouvées à Olympie, donnant la liste des vainqueurs d'une course à pied qui avait lieu tous les quatre ans depuis l'an 776. Les Jeux antiques comprenaient des courses, un pentathlon (avec des épreuves de saut, de lancer de disque et de javelot, de course à pied et de lutte), des épreuves de boxe, de lutte, de pancrace et d'équitation.
3. Au départ, les responsables grecs voulaient qu'Athènes soit le site permanent de l'événement, mais le CIO institua le choix d'un nouveau site tous les quatre ans. Pour le pays et la ville hôtes, les Jeux sont une occasion privilégiée de présenter leurs ressources touristiques et les différents plaisirs qu'ils proposent.
4. Le CIO a dû s'adapter aux réalités économique, politique et technologique changeantes du XXe siècle. Par conséquent, à partir du pur amateurisme, tel que le concevait Coubertin, les JO se sont ouverts aux athlètes professionnels. L'importance de plus en plus grande des moyens d'information a posé la question du sponsoring de marques, et de la commercialisation des Jeux.

Corrigé du thème

1. The Olympic history is bound up with political events. World wars led to the cancellation of the 1916, 1940, and 1944 Games, and Arab terrorism plunged the 1972 Games into mourning. With the entry of professional athletes, results improved but the new status of an Olympic medallist incited unfair practice. Even new technologies can give rise to debates: a lot of ink was spilled about Oscar Pistorius's famous artificial legs, as well as about competitive **swimwear**.
2. The **stakes** were high: which of the two capitals Paris and London would be host to the event a third time? London was chosen in an atmosphere of suspicion. Paris mayor B. Delanoë accused Tony Blair and the British committee presided over by Sebastian Coe of breaking the voting rules, and a BBC film had shown that the choices of the OIC were far from being always absolutely clear.
3. On the one hand it seems that the British capital's historical **assets** had precedence over the economic and environmental realism of the French project: 2012 was the year of the Queen's **jubilee**. But on the other hand, one must also admit that England has been outrageously favoured by the IOC's votes as well as by a number of **referee**'s decisions. Similarly, the long-awaited for rehabilitation of **slum** areas was only made possible by various helps. Could the English have (once more) hypocritically invented the word "fair-play" to be used by their guests only?

Vocabulary

achievement **:** prouesse, réussite, succès
asset **:** atout, avantage
assets **:** biens, possessions, patrimoine, actif(-s)
bauble **:** babiole ; syn. : *trinket, knickknack*
bribery **:** corruption, subornation
bribe (to) **:** corrompre, acheter, suborner
coup **:** coup d'État, beau coup
churn out (to) **:** produire en série
a churn **:** une baratte
corporate **:** d'entreprise, qui concerne une entreprise
corporate culture **:** culture d'entreprise
erupt (to) **:** entrer en éruption, ici, éclater
fate **:** sort ; *to fate* : destiner
fencing **:** escrime
helm **:** barre, gouvernail, commandes
hinge **:** charnière, gond ; *to hinge* : dépendre de, reposer sur
jubilee **:** jubilé
Silver Jubilee, Gold, Diamond or Platinum Jubilee**:** a celebration of respectively 25th, 50th, 60th or 75th, 70th or 75th anniversary of the reign of a monarch. **The Jubilee** is an underground line, baptised to commemorate Queen Elizabeth II's 1977 Silver Jubilee.
laden **:** chargé – past participle of verb *to lade*, charger
livestock **:** bétail, élevage
off-the-wall **:** excentrique
pankration **:** pancrace, sport de combat grec où tous les coups étaient permis, même ceux qui pouvaient entraîner la mort. On ne pouvait pas, malgré tout, arracher les yeux ni mordre.
poise **:** assurance, aisance, maintien
referee **:** arbitre (football, rugby) ; *umpire* : arbitre (cricket, tennis)
retaliation **:** vengeance, représailles
rogue state **:** État voyou
rekindle (to) **:** raviver, rallumer, ranimer (un feu)
roar (to) (for) **:** rugir, vrombir ; avec *for* : réclamer à grands cris
slum **:** taudis
stardom **:** vedettariat (statut galvaudé, accessible à n'importe qui, fait d'être reconnu dans la rue parce qu'on vous a entrevu sur le petit écran)
squeeze (to) **:** presser, comprimer ; *to squeeze in* : caser de force
stunning **:** éblouissant, stupéfiant, renversant
spill (to) **:** renverser, répandre
swimwear **:** combinaison de natation
stakes **:** enjeu(x), pari ; *to raise the stakes* : faire monter les enchères
taking (-s) **:** prise (-s), prélèvement (-s)
token **:** témoignage, gage, matérialisation d'un succès ou d'une victoire
truce **:** trêve, voir *lull, respite*
turn up (to) **:** arriver, apparaître, augmenter
vie (with) (to) **:** lutter avec quelqu'un ou quelque chose pour, rivaliser

Miscellany

Sport and sport practice have inspired numerous sayings and proverbs: a dozen of them have been sewed up into the following text. Before checking the answers, find their meaning, look up for some more in a dictionary, and make a list of them for later use.

When I was young **I had a ball**[1] playing football and later as I was still good at it, I got free training from the Federation. Finally I decided **to paddle my own canoe**[2] and I was hired by a professional team: I thought it was **my innings**[3] then and **the ball was in my court**[4]. But after a few good seasons I started **to skate on thin ice**[5]; I was getting a lot money, girls **trailing along**[6] so I went out and skipped some training sessions. One Saturday in December, I got a severe injury and after a long recovery, the club decided not to renew my contract. **It took the wind out of my sails**[7] but I managed to get hired by another Football League club. Though inferior to those of Premier League, the wages were still good and I had a promise from my agent to be put to probation in a Premier League club. As time elapsed and no news came, I understood the man had **taken me for a ride**[8], so I forced him **to give the game away**[9]. I was tired of **swimming against the tide**[10] and **I hung up my boots**[11] and **hit the trail**[12].

There are to-day 26 official Olympic sports (possibly 28 in 2016) and 38 disciplines: for instance gymnastics includes artistic, rhythmic and trampoline, wrestling has freestyle and Greco-Roman, like diving, swimming, synchronised swimming and water polo are swimming disciplines.

---

1. ***to have a ball :*** s'amuser, fam. s'éclater
2. ***paddle one's own canoe :*** mener une vie indépendante
3. ***innings :*** tour de batte. Expression du jeu de cricket. « *my innings now* » → « à moi de jouer »
4. ***the ball is in (my) court :*** la balle est dans (mon) camp
5. ***to skate on thin ice :*** s'aventurer en terrain glissant
6. ***to trail along :*** suivre partout, être pendu aux basques (de qq.)
7. ***to take the wind out of so.'s sails :*** déstabiliser qq., faire perdre confiance à qq.
8. ***to take so. for a ride :*** mener qq. en bateau, tromper, abuser
9. ***to give the game away :*** dévoiler la vérité, fam. cracher le morceau
10. ***to swim against the tide :*** nager à contre-courant, s'épuiser pour rien
11. ***to hang up one's boots :*** arrêter, raccrocher les crampons (chaussures de football, de ski : *boots*)
12. ***to hit the trail :*** se barrer, se tailler, mettre les voiles

File 4

Ireland – a tragedy?

When the Romans conquered England in the first century A.D. they never attempted to risk the westward journey to Ireland. The Irish therefore remained firmly entrenched in traditions which were only disturbed by the arrival of the Vikings in the 9th century.

The Viking invaders were finally defeated at the battle of Clontarf, when Brian Boru was crowned High King of Ireland. The country continued to look to Rome, the seat of Christianity, for guidance. When the English Pope Adrian IV decided to make a gift of Ireland to King Henry of England, no-one found reason to complain.

The Irish faithfully followed the positions dictated by Rome which created a tension which was exacerbated during the Reformation of the 16th century. Such was the resistance to the new direction imposed by the Protestants, that James I decided to confiscate lands belonging to Irish rebels and redistribute these to Scottish Presbyterians and Episcopalians.

William of Orange, following his victory over the Catholic James of Scotland, chose to leave Ireland in the hands of Protestants, and these new rulers took steps to insure their supremacy and reduce the rights of the Catholics. The "Penal Laws" of 1695 were described by Edmund Burke as "well-fitted for the oppression, impoverishment, and degradation of a people, and the debasement in them of human nature itself."

Gradually, Catholic resistance began to rear its head. In 1795 two organizations were founded: the "United Irishmen" who wished to establish a republic, independent from Britain, and the "Orange Society", which today remains extremely influential. That year, a Protestant by the name of Wolfe Tone, mounted an unsuccessful insurrection. In response, the British passed the Acts of Union, which meant that those elected would have to take seats in a new Parliament in London, thereby reducing the rights of the Irish to determine their own future.

Determined to resist

The consequences of this decision were horrendous for the Catholic population. The great landowners left Dublin, which had now been decapitated of its parliament, and became absentee landlords. The great estates were divided up into smaller and smaller lots, obliging the tenant farmers to become dependent on the potato as a means of sustenance. The potato blight of the 1840's caused what has been described as a famine in Ireland, responsible for over a million deaths, and encouraging almost four million Irish to emigrate, principally to America. These new Americans maintained an attachment to the mother country and created, in 1856, on St Patrick's Day, the "Fenian" movement, which was to arrive in Ireland two years later as the "Irish Republican Brotherhood", determined to free the country from the yoke of England. Over the next few years different organizations were founded, among them the Irish Land League, which aimed to protect tenants from indecent rents and to combat the changes in the law which prevented tenants from becoming landowners. Charles Parnell, who had become leader not only of the Land League, but of the nationalist Members of Parliament in Westminster, campaigned to obtain an Irish parliament or "Home Rule."

However, for the predominantly Protestant population of the north-eastern corner of the country, "Home Rule would mean

Rome Rule." Protestants massively joined the new "Orange Lodges" and began to see themselves as a besieged people. Sir Edward Carson, leader of the newly-founded Unionist Party, organized the "Ulster Volunteer Force", as a protection against Catholics. In 1912 he called on all Protestants to take power in the six counties of the north-east of Ulster, inspiring over 470,000 people to sign the 'solemn League and Covenant", thereby refusing to accept the authority of an Irish government.

In the south of the country, however, the opposite had been happening. Already in 1884, the "Gaelic Athletic Association" had been created, with the aim of promoting Irish sports and games. The "Gaelic League" soon followed, to fight against the decline of the Irish language. The Education Bill of 1831 had forbidden the teaching of Irish literature, Irish history and the Irish language itself, in schools. The Gaelic League opened its first teacher-training school in 1903, and by 1915 controlled 19 of these institutions with some 2,000 students.

In 1900 "Cumann na nGael" was founded by Arthur Griffiths. This movement, both literary and political, which included in its members W.B. Yeats, united with the "Dungannon Clubs" in 1905, to become "Sinn Féin", a political party whose name in Irish means "Ourselves".

These groups were to play a leading role in the "Easter Rising" of 1916. This rebellion, in Dublin, was a military disaster, and it must be noted that the vast majority of the population was opposed to the fighting. However, the British government was very heavy-handed in the way they dealt with the insurrection. Over 3,400 people were arrested, with 90 being sentenced to death. Finally only fifteen went before the firing squad, but this was enough to persuade the Catholics that never could they expect justice from the hands of the British. From the other side of the Atlantic, enormous sums of money arrived to support the downtrodden Irish.

The 1918 electoral campaign saw Sinn Féin winning 73 of the 105 seats, with the Unionists claiming 26. The country was geographically, demographically and politically divided, with little chance of compromising on the important choices facing them. On 21 January 1919, the War of Independence broke out. The Protestants of the north were not convinced that the struggle was in their best interests. The terms "republican" and "Catholic" became, for them, synonyms. In 1920, the Government of Ireland Act was passed, which established two separate entities, each with its own parliament. In the ensuing election, the Unionists won 40 of the 42 seats in the new Northern Ireland parliament.

The Irish Republican Army (the I.R.A.), the mainly Catholic paramilitary organisation, refused to recognise the existence of these two countries and skirmishes broke out all along the border. In the north, with a Protestant government in power, laws were passed which discriminated against the Catholic minority. As Prime Minister James Craig insisted, "We are a Protestant parliament and a Protestant state."

The Troubles

The discrimination which followed led many young Catholics to join the I.R.A. Employment in the Civil Service remained around 95 % Protestant. From 1942 on, the I.R.A. targeted Protestant members of the security force, with the U.V.F. (the Ulster Volunteer Force) killing Catholics. The scene was set for an escalation of violence in what was to become known as the "Troubles."

The wave of unrest which tarnished the reputation of the region began in 1968. The year was already marked by protest movements throughout the globe and Northern Ireland was no different. In the city of Derry the Civil Rights Association began a series of protest marches which led to street battles between armed policemen and youngsters. The British government decided to deploy troops in the province which was, at first, perceived as a victory for the protesters. Everyone felt that the genie had escaped from the bottle and that soon, the Unionist system would come crashing down.

The honeymoon, however, quickly turned sour. It soon became clear that a peaceful solution to a deeply divided country would be almost impossible to broker. Harold Wilson, the British Prime Minister, admitted later that, "if men of moderation have nothing to vote for, men of violence will have something to shoot for."

By 1972, largely due to the oppression of the Catholic community by both the local police and the British Army stationed in the province, the I.R.A. had succeeded in becoming the only hope for a good many youngsters. The events of Bloody Sunday would accelerate this process. Thirteen men, all civilians without any link with paramilitary movements, were shot dead during a peaceful march.

The subsequent press coverage and sympathy the world over for the Catholic population led to young men and women flocking to join the ranks of the I.R.A. From then on, violence erupted on both sides with over 3,000 dead.

By 1981, world opinion pointed towards a retreat of the British presence in Northern Ireland as the hunger strike by Republican prisoners left Bobby Sands a hero and a martyr in the eyes of the world. He had, along with a dozen others, begun a hunger strike in the hope of gaining recognition by the UK government of the "special status" of the I.R.A. political prisoners. Mrs. Thatcher, British Prime Minister, impassively watched them die, refusing to budge. No solution was possible. And so the troubles continued until 1998 and the Good Friday Agreement, which allowed some hope for the future. Finally, the Irish and the British governments agreed to make concessions. Since then, despite occasional flare-ups, things have quietened down. The two communities live in relative peace and the future is, at last, bright.

The early years of the Republic

In the Republic of Ireland, however, the country remained much as it had been during the struggle for independence. One of the leaders of the movement for independence, Eamon de Valera, was to dominate political life in the country for the next fifty years. His party, Fianna Fail, won the election of 1932 and rewrote the constitution of the country in 1937, striving for greater autonomy. De Valera was to be elected Taoiseach (Prime Minister) three times and President thereafter. He reinforced the power of the Catholic Church and encouraged Gaelic as the national language. Relations with the North were at best strained and the country progressed neither socially nor economically until the end of the eighties.

Up to then primarily an agricultural economy, the Republic opened its doors to outside investors and became a knowledge based economy. Having joined the EEC in 1973, at the same time as Britain, the Republic of Ireland benefitted enormously from investment from Europe. In 2002, Ireland chose to adopt the euro and completed the economic split from Britain.

From 1980 to 2008, Ireland earned the nickname "The Celtic Tiger," due to its startling economic performance reminiscent of the growth rates observed in South-East Asia several years previously.

In 1988 Ireland had a GDP only 64 % of the European Community average. In 1997 it was at about average and getting richer all the time. How had a country with a more than sluggish growth rate been transformed into one where a rising budget surplus and near full employment had become the norm?

Most contend that globalization was the spark that ignited Ireland's remarkable period of sustained growth. Perched on the western limit of Europe, it is also the closest geographical link with the USA. When one considers that over 40 million Americans still view themselves as Irish, it is easy to comprehend why investment from the States flooded into Ireland in the late 80's. In 2000, Ireland was the second-largest exporter of computers in the world, and all of the most profitable American pharmaceutical companies had set up plants in Ireland.

From Boom to Bust

How this happened is perhaps due to the fact that Ireland had lagged behind industrialized Europe for so long. Hence, when investment was necessary, and tax breaks were used to attract overseas companies, there was no obsolete industrial base. There was also little resistance from unions.

During its first ten years of independence, Ireland had continued its free trade arrangements with the UK Although the Irish pound or "punt" was created in 1927, it was indexed on sterling. Irish labour and capital was free to move back and forth from the UK However, when De Valera took the reins in 1932, the openness of the Irish economy was abandoned. He sought to reserve the Irish economy for the Irish. Foreign ownership became illegal, but strangely, the Irish were free to invest in Britain. The result was a stagnant economy which missed out on the economic boom of the fifties.

Joining the EEC, and perhaps more importantly the decision to join the European Monetary System in 1978 was to be crucial. The creation of the Single Market meant that many multi-national corporations, particularly in the US, were now on the lookout for ways to pierce the armour of the new market. Ireland became an attractive proposition because of the possibility to provide a well-educated workforce, but especially a very attractive corporate tax rate. Due to its lack of an industrial base, Ireland could afford to tax manufactured goods at 10 %—after an initial period at 0 %!

Contrary to the UK, Ireland was fully committed to Europe and therefore it seemed a no-brainer for American companies to invest there rather than be tarred with the same Eurosceptic brush as Britain. In 1997, Ireland ranked fifth in the world as a destination for US direct investment. Although 10 % may seem low by European standards, tax revenues totaled £2.1 billion in 1998. No other European country could compete, and Ireland was able to thrive on this new-found wealth.

Growth was at an average of 0.2 % from 1982 to 1987, unemployment at 18 % and debt at 125 % of GNP. From 1995 to 2000, growth was a startling 9.4 %, and the economy continued to expand, albeit at a slower rate, (5.9 %) until 2008.

So what went wrong? Up until 2000, exports had been the motor of growth, underpinned by wages which had not increased sufficiently to render the country less competitive.

However, this new wealth gave the population new found cravings for the good life. Workers felt justified in their desire to negotiate wage increases. Their international competitiveness was, certainly, eroded, but growth remained at levels comparable with those up to 2000. In fact, as wage demands became more ambitious, a property bubble took hold. This boom, in both new and old housing was sufficient to maintain employment and output growth until the outbreak, in 2007, of the financial crisis

Property prices increased three-fold in the space of twelve years, the highest increase of any advanced economy in recent history. Although this seemed unsustainable, banks continued to loan money on more and more risky investments. Not only did they demonstrate blind confidence in the Irish building sector, they also invested heavily abroad, in Northern Ireland, Britain, continental Europe and North America.

House prices in Ireland peaked in late 2006, at more or less the same time as in both Britain and the US. When demand began to fall, the construction industry, which had employed over 13 per cent of the workforce, was forced to contract.

The slump throughout the developed world was felt more fiercely in Ireland, due in part to the fall in tax revenues in 2008-9. The rate of corporation tax may have been lower than most European countries, but this represented almost 4 % of GDP at the end of the nineties. With international demand dwindling, Ireland began to have serious liquidity difficulties.

The years of boom had produced an era of full employment, with wage rates as much as a third above those of competitive countries. The resultant lack in competitivity made the shock of the financial crisis all the harder for a generation of those under 35 that had never experienced anything other than a wealthy, comfortable Ireland. They had grown up seeing people around them getting rich fast. Overnight, this disappeared. The years of artificially bolstering the economy by selling houses to each other were finally shown to be a sham.

Ireland may currently be in low spirits, but the future is far from bleak. Every cloud may well have a silver lining. The Irish are becoming more frank, and more demanding of their leaders. Because of the sex scandals involving the Catholic institutions, the Taoiseach, Enda Kenny, has clearly chosen to separate church and state, announcing "this is not Rome, this is the republic of Ireland."

What of the North?

Since 1998, and the signature of what has come to be known as the Good Friday Agreement, Northern Ireland has had a degree of autonomy in its day-to-day political affairs. The majority of the paramilitary groups involved in an armed struggle commonly referred to as The Troubles, have agreed to abandon their campaign and work together to govern this war-torn province.

Even though Northern Ireland had always been the most industrialized region of the island of Ireland, with the advent of peace, the region has seen a boom, due largely to investment possibilities being seen to be less risky now that the peace process has taken firm root.

Thankfully today the anti-Catholic discrimination in employment, policing, housing and electoral procedures which had been the source of the Troubles, is no longer. A recent investigation has shown that British forces, and to an even greater extent the local police force, the R.U.C. (the Royal Ulster Constabulary) colluded with Loyalist paramilitary groups. The two enemies of the past seem to have put this behind them and look forward to a brighter future. Northern Ireland will remain part of the United Kingdom until such times as a majority of the population decides otherwise. In 2009, only 21 % preferred the option of a united Ireland.

The largest political parties today are the Democratic Unionist Party, who currently hold the position of First Minister, with Peter Robinson, and Sinn Féin, who had historic links to the I.R.A. They hold the position of Deputy First Minister in the person of Martin Mc Guinness. Politicians from the province are also elected to the British parliament at Westminster, although Sinn Féin M.P.s refuse to take the oath of allegiance to the Queen, and therefore cannot take their seats. But, at long last, after centuries of strife, all the lights seem to have turned to green.

File 5

Scotland: from nationalism to independence

Timeline

The Scottish independence referendum, 18 September 2014

The 2014 referendum on Scottish independence saw Scotland vote to remain part of the United Kingdom (UK), with 55.3% voting against the proposal for Scotland to become an independent country and 44.7% voting in favour. Uncertainty over Scotland's European Union (EU) membership was a topic **in the run-up** to the referendum vote. The British government and some mainstream political parties argued that remaining in the UK was the only way for Scotland to remain part of the EU.

Though the proposal for Scotland to become an independent country was voted down in 2014, the referendum did result in more responsibility being passed on to the Scottish Government. The latest move in the devolution process that began in 1999, the UK Government's passage of the Scotland Bill in 2015 increased the **devolved** powers held by the Scottish Government.

From Alex Salmond to Nicola Sturgeon : the SNP

Following the defeat of the "Yes" campaign in the 2014 Scottish independence referendum, Salmond announced that he would be resigning as party leader at the SNP party conference that November, and would resign as First Minister after a new leader was chosen. No one else was nominated for the post by the time nominations closed, leaving Nicola Sturgeon, former Deputy First Minister and Cabinet Secretary for Health and Wellbeing to take the party leadership unopposed at the SNP's annual conference. She was formally elected to succeed Salmond as First Minister on 19 November 2014. She is the first woman to hold both positions at the same time.

SCOTLAND AND BREXIT

Formally speaking, it is the UK that enjoys EU membership and the EU would negotiate with the UK for **withdrawal**, both the terms and any subsequent relationship. Scotland is not an independent state, so it does not formally have a direct relationship with the EU - that occurs through the UK. So, it seems Scotland would have to follow the procedures of becoming an independent state first, and then apply for accession to the EU.

May 2011: Landslide victory for the Scottish National Party

The 2011 victory was a **milestone** hardly possible a few decades previously, when the Scottish Nationalist Party languished on the fringes of Scottish politics. Mr Salmond, a former oil economist managed to eclipse a succession of **lackluster** opponents in the "pro-union" parties: Labour, Lib-Dem and the Conservatives. **Emboldened** by his victory, Mr. Salmond is **pinning** the hopes of Scottish independence on a "Bannockburn" fervor celebrated in 2014.

October 15 2012 and the "Edinburgh agreement"

The signature between Alex Salmond, First Minister of Scotland and David Cameron, the Conservative Prime Minister of Great Britain, will give the Scottish parliament the legal power to stage a historic referendum on independence before the end of 2014. **The bone of contention** between both leaders lies in the wording of the referendum text submitted to the Scots. Mr Salmond favours the following question: "Do you agree that Scotland should be an independent country?" David Cameron would rather have the Scots answer the following one: "Should Scotland become an independent country, or should it remain part of the United Kingdom?" On 31 January, Ipsos-MORI asked voters to choose based on the former question, and found: 37 % said yes, and 50 % no.

Extracts from the texts

English voters say they have received a **raw deal** from devolution—with Scots pocketing more than their "fair share" of public funding. The finding comes in a report that says people living in England—who have an average of £1,600 a year less spent upon them than the Scots—have become more assertively "English". They place much greater emphasis on their English rather than their British identity, according to a study by the IPPR think-tank and Edinburgh and Cardiff universities.

Daily Mail, 01.22.2012

"England does not have any veto in the debate on independence, and I suspect that the vast **bulk** of the people of England freely recognise Scotland's right to determine its own future. This week's research from the Institute for Public Policy Research certainly suggests that people in England are waking up to the **unsustainability** of current constitutional arrangements. They are not sustainable because they are not fair. Not fair to Scotland, and not fair to England. Most importantly, these relationships will be more positive and stronger when our nations are clear and equal partners"

Alex Salmond
BBC online, 12.08.2012

"We walk taller, stand prouder, shout louder together..." That's why not only can you love Scotland and love the United Kingdom, not only can you drape yourself in the **Saltire** and the Union Jack, but you can be prouder of your Scottish heritage than your British heritage—as many in Scotland are—and still believe that Scotland is **better off** in Britain... "And all this is why this prime minister and this party is going to fight for the United Kingdom with everything we've got".

David Cameron, 04.12.2012

The new parliament, known as Holyrood, is up and running, a model of participatory democracy with an excellent system of committees, one of which even hears individual petitions. It has passed laws giving free personal care to the elderly, free nursery places to three—and four-year-olds, free bus travel to pensioners—and central heating, too. At the same time it has abolished tuition fees for university students, brought in a fairer voting system for local government, reformed **land tenure** and set up a mental-health system that could never have emerged from Westminster, where time for Scottish legislation was always in short supply.

The Economist, 05.18.2006

Thème

1. Le Premier ministre britannique, David Cameron, a signé à contre-cœur un accord autorisant la tenue d'un référendum historique sur l'indépendance écossaise à l'automne 2014.
2. L'Écosse, rattachée depuis 1707 à la couronne d'Angleterre, jouit depuis 1997 d'une autonomie accrue au sein du Royaume-Uni, qui comprend également l'Angleterre, le pays de Galles et l'Irlande du Nord.
3. En cas de victoire du oui, l'Écosse sortirait du Royaume-Uni, ce que Cameron veut éviter à tout prix pour ne pas rentrer dans l'histoire comme le responsable d'une telle fracture politique.
4. Une fois indépendante, l'Écosse garderait la livre sterling comme devise nationale à moins qu'elle ne rejoigne la zone euro. Cela l'obligerait à perdre tout contrôle sur la politique monétaire et les taux d'intérêt de la Banque d'Angleterre.
5. Si le SNP gagne le référendum de 2014, l'indépendance de l'Écosse ne se fera pas immédiatement. Une foule de points essentiels tels que la part de l'Écosse dans la dette du Royaume-Uni, le partage des champs de pétrole de la mer du Nord, la possibilité d'une devise commune, la reprise des bases militaires et des bureaux du gouvernement Britannique devraient faire l'objet de négociations.

Version

1. David Cameron has since announced the UK government will be staging a series of events to commemorate the 100th anniversary of the start of the First World War, believing that will help shore up support for the UK and counter Salmond's pro-Scotland initiatives.
2. The new parliament, known as Holyrood, is up and running, a model of participatory democracy with an excellent system of committees, one of which even hears individual petitions.
3. Under the SNP's plans, Scotland would retain Queen Elizabeth as head of state and remain within the Commonwealth.
4. The Scottish government believes Scotland is entitled to a 90 % geographical share of the North Sea's oil and gas fields, giving it 81 % of all the oil and gas produced in 2010. This has not been tested and the UK government refuses to confirm this.
5. Many critics believe the question is loaded towards a yes answer because it does not mention leaving the UK and asks voters just to agree. Salmond has now agreed to bring in the Electoral Commission to judge whether that question is neutral enough, signaling he is prepared to amend it.

Corrigé du thème

1. British Prime Minister has half-heartedly signed off an agreement allowing a historic referendum on Scottish independence to be held in the fall of 2014.
2. Scotland—which has been part of the British Crown since 1707—has since 1997 benefited from ever greater autonomy within a UK also comprised of England, Wales and Northern Ireland.
3. A victory for the "yes" side would see Scotland break free from the UK, something Cameron intends to avoid at all costs for fear he should go down in history as accountable for such a political divide.
4. Once it has won its independence, Scotland would keep the sterling pound as a national currency, unless it voted to join the euro. That would mean it loses control over monetary policy and interest rates to the Bank of England.
5. If the SNP wins the 2014 referendum, Scotland will not declare its independence straightaway. A host of key issues such as Scotland's share of UK debt, dividing up North Sea oil fields, a possible currency union, taking over military bases and UK government offices, would need to be negotiated.

Corrigé de la version

1. Depuis, David Cameron a annoncé que le Gouvernement Britannique mettrait en place une série d'événements pour commémorer le centième anniversaire du début de la première guerre mondiale, dans l'espoir de consolider tout soutien envers la Grande-Bretagne et de contrecarrer les initiatives de Monsieur Salmond en faveur de l'Écosse.
2. Le nouveau Parlement, plus connu sous le nom de Holyrood, est opérationnel et représente un modèle de démocratie participative avec son excellent système de commissions, dont l'une d'elles est même chargée de recevoir des pétitions individuelles.
3. Conformément aux prévisions du SNP, l'Écosse devrait maintenir la Reine au sommet de l'état et rester à l'intérieur du Commonwealth.
4. D'après le gouvernement écossais, l'Écosse aurait le droit de posséder 90 % des champs de pétrole et de gaz de la Mer du Nord grâce à sa position géographique, bénéficiant ainsi de 81 % de toute la production de gaz et de pétrole en 2011. Cela reste encore à être démontré et le gouvernement britannique refuse de le confirmer.
5. De nombreux critiques s'insurgent contre la question piège en faveur du oui, parce qu'elle élude la possibilité pour l'Écosse de quitter le Royaume-Uni et se contente de demander l'approbation des électeurs.

Vocabulary

be better off (to) : se porter mieux
bone of contention : pomme de discorde
bulk : une grande partie
demand (to) : exiger
devolved : décentralisé
emboldened : encouragé, enhardi
in the run up : en vue de, avant
First Minister : Premier ministre (ici en Écosse, le terme courant étant *Prime Minister*)
Holyrood : Parlement Écossais
lackluster : terne, sans éclat
landslide victory : raz de marée électoral
land tenure : propriété foncière
milestone : étape
MSP : Membre du Parlement Écossais
resign : démissionner
receive a raw deal (to) : être mal traité
unsustainability : non durabilité
up-and running : opérationnel
withdrawal : retrait

Ideas for discussion

Holyrood in numbers

- **140 bills** have been passed in 10 years
- There have been almost **2 million** visitors to Holyrood, including the Queen, the Dalai Lama and Sir Bob Geldof
- The Holyrood building has won **nine** major architectural awards
- **1,244 petitions** have been lodged by members of the public
- The oldest sitting MSP is **74-year-old** John Farquhar Munro.
- The youngest is Aileen Campbell, 28.
- The Scottish parliament website has received **92,934,142** views since it launched in 1999

Pros and Cons on Scottish Independence

Option	Arguments for	Arguments against
Status quo—the UK government responsible for most taxation, welfare and economy	The UK is currently the most successful economic and political union—change needs to be slow and careful. The UK brings security and shared risk, and common values.	It fails to acknowledge Scotland's unique needs, values and aspirations; Scotland's interests are always secondary to England's. The UK is run by parties which Scotland rejected.
Devo plus—makes sure that Scotland has to raise the taxes it spends while keeping defence, pensions and foreign affairs at UK level.	Scotland needs to take responsibility for the taxes it spends, and mould policies to its needs and raise the taxes to match its spending.	Giving Scotland control over taxation and welfare would heavily impact all parts of the UK, require reform of the UK parliament and undermine internal unity.
Independence—giving Scotland full command of all taxes, laws and North Sea oil while keeping sterling and the Queen	There is no reason why Scotland cannot control its own destiny, become equal to England, and take its full place in the world. Scotland and England would remain solid friends.	Scotland would face greater financial risks, lose the security of UK, and gain little that further devolution would give. It would rely on a foreign bank and be in damaging competition with its closest, larger neighbour.

File 6

Britain, Brexit[1], and the future

"We must build a kind of United States of Europe. ... If Europe is to be saved from infinite misery, and indeed from final doom, there must be an act of faith in the European family and an act of oblivion against all the crimes and follies of the past."
Winston S. CHURCHILL, speaking in Zurich, September 19th 1946.

Despite what had been expected, even by those who were firmly in favour of Britain leaving the European Union, almost 52% of voters (more than 30 million people voted in all) decided that Britain should "leave." This news was received as a shock by many Britons who never thought that Britain would take such a stance having been a part of Europe since 1973, but especially by the many Britons living in European states and indeed by those European states themselves. Nations such as France and Germany had urged Britain not to leave the European Union, since it was in the interest of both sides for Britain to remain, they argued. The result of the June 23rd 2016 referendum was met with both astonishment and anger by those who had never imagined that Britain would pull out, but also by enthusiasm by eurosceptics who had campaigned hard to persuade the British public that Europe was too costly and was affecting their national sovereignty. One of the major immediate consequences was the resignation of the British Prime Minister, David Cameron, who tearfully said that he respected the choice of the British people although did not feel it was the right decision. Britain would always be stronger by remaining within the Union, he said.

The 2016 referendum was not the first time that the British people had been called to express themselves on the possibility of remaining within Europe. Already back in 1975, the then Labour Prime Minister, Harold Wilson, had also summoned the public to decide on whether Britain should stay within the "Common Market". At the time, a little over 67% of voters decided that Britain would be better off "in" rather than "out". Interestingly though, the stances adopted by political parties then compared with the 2016 referendum were quite different - not the same parties wanted "in" or "out" at that time compared with this latest ballot.

Britain had not signed the Treaty of Rome back in 1957, which effectively saw the creation of what would become "Europe" in the political sense of the word in subsequent years. It did not therefore join the common market straight away, even though it was requested to do so. Twice afterwards, though, first in 1963 and then a second time in 1967, Britain did request membership of the Common Market, only to see its requests rejected by the French president of the time, Charles De Gaulle, for whom Britain would act as the American Trojan Horse in Europe, and who was particularly wary of Britain's "Special Relationship" with the United States[2]. He also criticized a number of aspects of the British economy, claiming that they "made Britain incompatible with Europe"[3]. Britain finally became a member of the Common Market, also known as the EEC (European Economic Community) on January 1st 1973, upon its third attempt, after De Gaulle's retirement and subsequent death.

In the current context of uncertainty that BREXIT has caused and is causing, we need

1. The term "BREXIT" is the result of putting the words "Britain" and "Exit" together. The BBC web site claims it is similar to "a possible Greek exit from the Euro... dubbed Grexit in the past." Source: http://www.bbc.com/news/uk-politics-32810887

2. The term "Special Relationship" is used to describe relations between the United Kingdom and the United States. It was coined in the aftermath of World War II by Winston Churchill, who, when he spoke of Britain's ties with the rest of the world, placed the United States in first position, the British Empire in second, and Europe only in third place. Interestingly though, it was Churchill who used the expression "United States of Europe" for the very first time also. (See above)

3. "1967: De Gaulle says "Non" to Britain - again" BBC News, 27 November 1976. Quoted by Wikipedia.

to analyse what has really happened between 1973 and the present day to make the British people want to leave a Union which has, despite its shortcomings in many domains, brought about some change in British society. What were the reasons put forward by both sides during the agressive media campaign? And equally as important, how will BREXIT affect Europeans living in Britain and Britons living in European states?

I. What has happened since 1973 to make the British people feel like leaving Europe?

As we have already noted, it was a Briton, Winston Churchill, who first used the expression "United States of Europe" in September 1946, in a context where he was trying to state what would be necessary to stop another conflict like that of World War II from taking place again. He was especially interested in stopping the spread of communism across the European continent. Despite this, there was, and has always been a certain degree of euroscepticism in Britain, and it is certainly not the first time that calls to leave either the single market or the European Union have been formulated. The first attempt to seek approval or not of Britain's being a member of the Common Market came in 1975, but again in 1983 the Labour Party – in opposition at the time – claimed that it would pull out of Europe without a referendum if it won the general election that year. It did not, and the idea was withdrawn from the Labour Party pledges.

Britain had joined the EEC since it believed it could gain economically; there would be a phasing out of trade barriers, and common policies would be established meaning that each member state would be on an equal footing. When only after two years of membership the then Prime Minister, Harold Wilson, put Britain's membership up for referendum, deep political divisions were already apparent: while there was continued support for membership within the Conservative party (interestingly enough this party would appear much more divided in the 2016 referendum) and among the press, the ruling Labour Party was far more divided on the question. Since that party had voted 2:1 in favor of leaving in April 1974, Wilson allowed his ministers to disagree on the question rather than force them to stand together and speak in the name of the government. Almost a third of his cabinet was in favor of leaving the EEC. And although there was strong division within the Conservative government in 2016, the cabinet division was not as pronounced.

European ambitions were always going to be problematic since Britain's attachment to its colonial heritage and its former leading position in the world were still in the forefront of the minds of many British people. Moreover, its "Special Relationship" with the United States was strong, even though there had been periods during which the two nations were in disagreement, and many politicians did not wish to see such a relationship potentially damaged by an ever increasing participation in European affairs. De Gaulle had also noticed this and had used this argument (among many others) to initially veto Britain's applications. One may also say, therefore, that the more or less on-going antagonism between France and Britain would also have its weight in the final balance against Europe lately. The United States, however, far less enthusiastic about the "Special Relationship" than Britain, felt that Britain should play more of a role in the affairs of its continent, as former American President Barack Obama also said.

A certain number of transfers of power would steadily start to provoke fear among British politicians and among the British public in general. Indeed, many felt that as European construction was in full swing, too much was being transferred, too quickly (and too soon if it had to be at all), reducing the power of the national parliament and thus taking away sovereignty from Britain. Some questions caused deep division within the leading parties, and notably that of the currency, which had already been decimalized back in 1973 and which had led to a sharp increase in prices. People feared, therefore, that should Britain adopt the single currency the same phenomenon would happen again.

One of the British politicians who is seen as the most eurosceptic of her time was Margaret Thatcher, who did indeed have strong reticences about just how much power the European Parliament should have in comparison with national parliaments. While Britain did ratify the Single European Act in 1985 with Thatcher's support, there was much more reticence when it came to joining the ERM (European exchange rate mechanism) which put the pound sterling on a level with the German mark. (Well before then Thatcher's chancellor Nigel Lawson had been in admiration of Germany's capacity to keep inflation at bay, and thought it was a result of its strong currency.) Barely two years later in 1992, Britain was forced to leave the ERM after what was known as Black Wednesday, resulting in the British tax payer having to pay out more than £3 billion.

Another of the major reticences, however, as far as the British public was concerned, was to do with regulations which people believed were unnecessary and were quite simply imposed by what they saw (and still see) as unelected bureaucrats in Brussels. The public believed that Britain was no longer a part of a single market developed to enhance trade, but was being swallowed up by a federal machine which it could not control. Moreover, the different regulations being imposed on Britain were not necessarily important to many people's eyes. Indeed, how could a common agricultural policy really be implemented when Britain's agriculture and that of another member state were already fundamentally different? It was therefore a mixture of political, economic and defense policies which would enter the balance as Britain decided whether or not it would be better off alone.

II. What were the arguments put forward by both sides during the campaign?

After the referendum results were declared, Nigel Farage, the then eminent leader of the UK independence party (UKIP) jeered in the European Parliament. He declared:

"Funny, isn't it? When I came here 17 years ago and I said that I wanted to lead a campaign to get Britain to leave the European Union, you all laughed at me. Well, I have to say, you're not laughing now, are you?"

This remark from the floor of the European Parliament on June 28th 2016 showed just how political and how passionate the arguments both in favor of leaving or remaining were.

The referendum campaign was extremely virulent and media cover was total, especially when it came to showing how the question would tear a hole in the Conservative party: hardly a day went by when the differences between former Prime Minister David Cameron (who wanted to stay in the European Union) and Boris Johnson (who was a firm Brexiter and is the current foreign minister) were not either reported in the national press and/or shown on national television. As one would expect, the two sides in the referendum put forward arguments which focused either on the purely nationalist front (something which would appeal to many who did not necessarily reap the fruits of being a member of the EU), or the benefits that Britain would have by remaining within the union. One of the most virulent campaign groups in favor of BREXIT was "Vote Leave" which argued quite clearly how Britain might be financially better off by being out of Europe; their argument was quite clear: "We send the EU £50 million every day. Let's spend it on our NHS instead[1]."

It is easy to see how this sort of argument would appeal to many Britons. For many years the NHS has been faced with considerable difficulties, and the extra money needed to improve the service (provided that it is used correctly) is definitely necessary. Thus, people of a certain age would be in favor of redirecting their money to something which would benefit themselves, since they do not necessarily benefit from the European Union directly. According to many Brexiters, the excessive fees that Europe required from Britain every year were a likely hold-back

1. Caption which could be read on a "Vote Leave" poster. (Photograph visible on the internet)

on any domestic development like that of improving the NHS.

Other arguments in favour of leaving the European Union included the excessive number of rules and regulations that the Union imposed on businesses. According to many business leaders, it should be the role of a national parliament to control business law and not the role of a European Parliament, especially since the European Parliament cannot put common rules on countries which already do not have the same business legislation. Furthermore, many other rules and regulations have been the object of great debate as to their usefulness, and have even been mocked. According to some "leave" campaigners Europe should surely have more important matters to consider than to decide on font sizes for food labels or what the standard size for fruit and vegetables ideally should be. Europe clearly has its priorities wring for these campaigners.

The most poignant argument, however, is the question of the freedom of movement and controlling borders. One of the main principles behind the European Union is the free movement of people; a citizen of one EU state does not require a visa to go and live in another member state. This was (and is) seen by many Brexiters as a push towards Churchill's United States of Europe, which endangers as such British identity in the strictest sense of the word. Indeed, giving way to a melting pot means it becomes more and more difficult to define what it is to be British. But also, Europe has been hit over the last two years by different waves of terrorism, and such phenomena can also spread to Britain. (This has been seen very recently in the Manchester attack). Also, some see Britain's being an island as an advantage since it is harder to arrive in the country, while others see its insularity as a weakness: airports and seaports necessarily become the targets for terrorists wanting to affect the freedom of movement of people and goods. Britain should therefore have full control of its borders, something which the European Union prohibits, and should not have to expose itself to greater potential terrorist threats by simply applying legislation from Brussels.

The remain campaign was supported in particular by David Cameron, but also by many other leading politicians and groups. The official campaign was "Britain Stronger in Europe" and it put the emphasis on the fact that progressing as just one nation was not as efficient as moving along as a coherent group. The Conservative party was clearly split on the question, and officially chose to remain neutral. Both the Labour Party and the Liberal Democrats largely allied to the "remain" groups, followed by the environmentalists and even a scientist group. Big businesses were also generally in favor of remaining in the European Union since it was easier to transfer funds, import and export, and delocalize if necessary.

Big business thus saw the advantages of remaining in Europe, and since the referendum result some have clearly said that they are prepared to leave Britain to relocate in other EU member states to continue benefiting from the advantages Europe provides. This will of course be to the detriment of Britain in the short term. Moreover, the same businesses also argued that while the flow of migrants can sometimes be seen as problematic, it is impossible to generalize, and having a steady flow of migrants (especially specialized ones who can bring a degree of know-how to British industry) is advantageous for economic development. As a result, public services also benefit.

The education sector also represents another key argument, since many students benefit from the opportunity to spend a year in another country, learning another culture and promoting their own, something which normally should lead to more tolerance and a better understanding of neighboring countries. These up-and-coming workers will in turn be able to bring their expertise to the service of British industry and British services, so by imposing a certain number of restrictions on freedom of movement,

Britain is in fact isolating itself and harming its economic development at the same time according to the remain campaign. Indeed, according to many such campaigners, while Europe is perfectible, and some parts of the agreements or treaties do need to be reexamined, pulling out of Europe is not the answer if Britain is to move forward.

III. How will BREXIT affect EU citizens in Great Britain, and British citizens in the EU?

It is extremely uncertain as to how BREXIT will affect both UK citizens living in Europe and EU citizens living in the UK. Since Britain has been involved in the EEC (and since then the EU) since 1973, it will be a long process for either side to renegotiate more than forty years of agreements, treaties and laws. And even though it is said that two years are needed after Article 50 is invoked, the current Chancellor of the Exchequer, Philip Hammond, has suggested that up to six years may be needed in reality, because the national parliaments of the twenty-seven other member states of the European Union need also to agree on the terms of BREXIT. Given the electoral mandates and deadlines currently in force in some of the leading countries of the Union, the question of BREXIT might not necessarily be of the utmost emergency . Moreover, since no country has ever sought to leave the European Union so far - one should remember that Article 50 was only created in 2009 - it is more than unclear as to how the BREXIT negotiations will be conducted; both sides will understandably want to get the best deal for themselves. Yet until negotiations have ended and all sides have agreed, Britain remains a full member of the European Union and is still bound to abide by EU regulations. Britain will not take part in any further EU decision making, however.

Many of the questions haunting both EU citizens in Britain and British citizens living and working in the European Union englobe their freedom of movement as the campaign clearly showed, capacity to work in and retire to another EU state/ in Great Britain, and also how they will be able to gain access to health care should they need it. These questions depend, of course, on the agreements reached by both sides. Those in favour of what is known as a "Hard Brexit" seem to want to refuse any sort of compromise with Europe, and as such will want to impose strict limitations on the number of people who can gain access to employment in Britain. In response to this, the European Union may impose similar restrictions on British citizens wanting to live and work within the EU, and may even exclude them from certain categories of employment. For example, France allows EU nationals access to its civil service - will the same be possible for British citizens after Britain has left the European Union? Especially if it really is a "hard Brexit", which some leading British politicians do not seem in favor of. Interestingly, BREXIT secretary David Davis has stated that as BREXIT approaches, EU nationals might not be allowed to stay in Britain if too many applications are received at that time. Whether or not work permits will be required is yet to be agreed on (since there is to be more of a "hard Brexit", and Prime Minister Theresa May has made statements in this direction), although it seems that those EU nationals with a right to permanent residence - a person must have lived in the United Kingdom for five years to receive this - will be allowed to stay. It is, therefore, pure speculation for the time being as to what the future of old and new residents is likely to be.

There is just as much uncertainty as to what will happen about receiving treatment for British nationals abroad. Within the European Union, if a traveller requires urgent treatment for either injury or illness, the EHIC ensures that host states provide the necessary treatment which is then normally paid for by the NHS. Once again, it is hard to say whether such arrangements will still be in place, although interestingly the EHIC is not a European Union initiative. It was put in place within the European Economic Area, which Britain is not forced to separate itself from. Much in the same way, passports will not need to be replaced, even though they are on a European model. This is because there is no such thing as a European passport; passports remain the property of the state which issues them, and as such there is no call to change them.

To conclude, it would be fair to say that Britain's future is therefore far more uncertain than previously thought even though there are some elements of relative stability. Negotiations have not yet begun since Article 50 has not long been triggered, and nobody can tell whether or not the staunch "hard Brexit" supporters will have as much influence as they did during the referendum campaign. Moreover, the referendum needed to be ratified by Westminster before any action could be taken. Prime Minister Theresa May, however, said that "Brexit means Brexit" and she intended pulling Britain out of the European Union, even though she herself was a supporter of the "Remain" camp. She informed the President of the European Commission in March 2017 by letter of Britain's request to leave, thus invoking Article 50.

However, another delicate question concerns those parts of the United Kingdom which voted to remain within the European Union. While England and Wales predominantly voted out, Scotland and Northern Ireland clearly wanted to remain. The very future of the existence of the United Kingdom could be called into question as such - Scotland has already held a referendum to decide on whether or not to break away from the United Kingdom, eventually voting to stay. However, many Scots have argued that Westminster should not force Scotland to leave the European Union when it chose not to. Another referendum is therefore likely to be called in Scotland, which could this time see the United Kingdom fall apart. Once again though, Theresa May has said that the timing for a second referendum on independence for Scotland is not right, and it should only be considered once the Brexit has become effective.

Only the good will of the British Parliament and that of the twenty-seven other member states will tell if BREXIT is going to be damaging or not to Britain in the long term. It is often argued that Britain has a capacity to survive and to fight back in times of hardship and need, although its dependence on Europe in many domains will be hard to supplant. Likewise, Europe is also losing a key partner if Britain pulls out plain and simple, which would be damaging to the rest of Europe. In the wake of BREXIT, movements in other countries have also started, and the French National Front also alluded to the idea of a FREXIT and wanted a referendum on the question if it had been elected to power in May 2017. Nationalist feeling, especially given the economic hardships of these last few years and in particular since the terrorist attacks which a number of European states have fallen victim to in the last two years, is growing, making it more and more difficult to achieve Winston Churchill's dream of a "United States of Europe."

File 7

Landmarks in British and American civilisation

A. Important landmarks in the history of Britain

1509 **Tudor Britain: Henry VIII acceded to the throne and began his 38-year reign.**

1513 The English defeated the Scots at the battle of Flodden.

1534 Henry VIII established the "Church of England" to become "supreme Head of the Church of England"

1536 The Act of Union united England and Wales.

1536/39 Destruction or closure of 560 monasteries and religious houses.

1542 Mary, Queen of Scots laid claim to the English throne

1558 **Elisabeth I began her 45-year reign**

1570 *Sir Francis Drake set sail on his first voyage to the West Indies*

1587 Queen Elisabeth executed Mary, Queen of Scots

1588 The Spanish Armada was defeated by the English fleet.

1591 First performance of a play by William Shakespeare

1600 First British involvement in India (East India company formed)

1603 **Stuart Britain: James VI of Scotland became James I of England, ruling over the two kingdoms thus united.**

1604 Guy Fawkes was checkmated when trying to blow up the Parliament

1605 The Union Jack was adopted as the National Flag.

1620 *The Pilgrim Fathers set sail to New England from Plymouth, aboard the "Mayflower"*

1624/30 War with Spain

1626/29 War with France

1629 The Parliament was dissolved by King Charles

1642/51 Civil War: armed conflicts between the Round Heads (for the Parliament) and the Cavaliers (royalists)

1649 **King Charles was executed. The monarchy was replaced with "the Commonwealth of England" led by Cromwell**

1649/50 Cromwell's conquest of Ireland

1650/52 Cromwell's conquest of Scotland

1652 Tea arrived in Britain from China (via Portugal)

1653 Cromwell was proclaimed Lord Protector

1660 **Restoration of the Monarchy under King Charles II**

1664/65 The Great Plague: 100,000 Londoners died.

1666 The Great Fire of London.

1689 **The Bill of Rights** (Monarchs would govern in agreement with the Parliament. All Catholics were barred from the English throne)

1692 The Jacobites, in favour of the Stuarts, were massacred at Glencoe by William III.

1707 The Scottish parliament was dissolved. England and Scotland became one country.

1714 **George of Hanover from Germany succeeded Queen Anne to the throne.**

1721 **Sir Robert Walpole became the first Prime Minister.**

1776 *America declared Independence from Britain.*

1780's The Industrial Revolution.

1788 Convicts were sent to Australia for the first time.

1800 **Act of Union with Ireland.**

1801 The first census: Population of Britain (Ireland included) 8 million.

1805 Lord Nelson defeated Napoleon at the Battle of Trafalgar.

1806 *Abolition of slave trade.*

1815 The Duke of Wellington defeated Napoleon at the Battle of Waterloo.

1825 World's first railway opened between Stockton and Darlington.

1834 The first workhouses opened (The Poor Law).

1837 **Queen Victoria acceded to the throne at the age of 18 and reigned for 64 years.**

1842 The Mines Act ended child labour.

1845 *Ireland suffered the Great Potato Famine. A large number of people migrated to the United States, Canada and Australia.*

1851 The Great Exhibition

1863 The London Underground opened.

1870 The Education Act: school for everyone

1876 Bell: the telephone/1877 first public lighting/1883 first electric railway.

1891 Free education for every child.

1901 The population of Britain reached 40 million.

1902 Britain defeated the Dutch settlers in the Boer War in South Africa.

1914/18 ***First World War***

1920 **The Republic of Ireland gained independence**

1939/45 ***World War II. The role of Churchill***

1945 Victory of the Labour Party (Prime Minister Clement Attlee)

1947 India gained its independence.

1948 The National Health Service (the NHS) was set up.

1948 *British and American aircraft airlifted supplies to West Berlin.*

1948 The Olympic Games were held at Wembley stadium.

1950 The Labour Party won. Attlee: social programs and decolonization.

1950 *British troops supported Americans in the Korean War*

1951 Festival of Great Britain opened by George VI.

1951 The conservatives under Churchill won the elections.

1952 **Elizabeth II became Queen** (following her father's death: George VI).

1953 Churchill retired. Conservative Prime Minister Eden took over.

1954 *Great Britain and France invaded Egypt after the nationalisation of the Suez Canal by Nasser but withdrew because of US pressure.*

1957 Eden resigned and was replaced by Macmillan.

1962 The Beatles—from Liverpool—(John Lennon, Paul McCartney, George Harrison, Ringo Starr, a.k.a. The Fab Four) released their first single, *Love Me Do*

1963 France vetoed Great Britain's entry to the European Common Market.

1964 The Labour Party won: Wilson.

1965 Abolition of death penalty.

1969 Concorde, World's first supersonic airliner created by Sud-Aviation (Aérospatiale, France) and British Aircraft Corporation (Aerospace). End of commercial flights in 2003 after the crash from Paris to NYC on July 25th 2000.

1970 The Conservatives were back: Heath

1971 The first decimal coins were minted in Great Britain.

1973 **Great Britain joined the European Community**

1976 Wilson resigned and was replaced by Callaghan/Economic crisis: Great Britain was forced to borrow money from the IMF.

1978/79 Strikes paralysed the country ("the Winter of Discontent").

1979 **Conservative Margaret Thatcher became Britain's first woman Prime Minister. She was re-elected three times in a row.**

1981 Racial tensions triggered off riots in Brixton and other areas.

1982 *British victory over Argentina in The Falklands War. The US helped.*

1986 Major national industries were privatised.

1990 Introduction of the "poll tax", a local tax, which sparked riots in London. Thatcher had to resign.

1991 *Liberation of Kuwait as allies launched Operation Desert Storm during the Gulf War*

1994 Channel Tunnel linked Britain to the European continent. A new feeling!

1997 **Labour won: Tony Blair re-elected three times in a row.**

1997 Britain handed Hong Kong back to China.

1997 Princess Diana, ex-wife of Prince Charles, died in a car crash in Paris.

1998 The Good Friday Agreement established devolution in Northern Ireland.

1999 Devolution: The Welsh National Assembly and The Scottish Parliament.

1999 Britain decided not to join the European Single Currency.

2001 Foot and Mouth disease: 7 million sheep and cattle were killed.

2001 *Britain joined the US in strikes on Taliban-controlled Afghanistan.*

2002 Queen Mother died at the age of 101.

2003 *The second Gulf War. President Bush and Tony Blair cooperated tightly*

2005 Suicide bombers killed 52 people in London

2007 Labour Prime Minister, Gordon Brown, was elected.

2010 Conservatives and liberals formed a coalition under Cameron.

2012 The summer Olympic Games were held in London.

2012 Queen Elisabeth's Diamond Jubilee: 60th year of accession to the throne.

2013 February: opening of the Shard in London: the tallest European building, designed by Renzo Piano.
July 22nd Birth of Prince William and Kate Middleton's son, George, Alexander, Louis (third in line to the throne after Prince Charles and Prince William).

2013 July – The Duchess of Cambridge gave birth to a son George, who is third in line to the throne after the Prince of Wales and the Duke of Cambridge.

2013 August – The House of Commons voted to block UK military involvement in Syria, in what was seen as a major political embarrassment for the government.

2013 December - Government revised its growth forecast for 2014 up from 1.8% to 2.4%, in what was considered new evidence that Britain was pulling out of the post-2009 economic crisis. Critics accused the government of risking a new housing bubble.

2014 January - Transitional controls on the right to work in the UK for citizens from Romania and Bulgaria - in place since those countries became EU members in 2007 - lapse, amid media fears of a potential mass migration.

2014 May - Support for the anti-EU UK Independence Party (UKIP) surged in local and European elections. UKIP emerged ahead of Labour and the Conservatives after achieving a 27% share of votes cast for the European elections, the first time in over 100 years that a national election was won by a party other than the two main parties.

2014 June - Former News of the World editor and Downing Street director of communications Andy Coulson was found guilty of conspiring to hack phones, following a major investigation. His predecessor as editor, Rebekah Brooks, was cleared of all charges.

2014 July - The Church of England voted to allow women to be ordained as bishops.

2014 August - UK Independence Party (UKIP) leader Nigel Farage was chosen by his party to fight the South Thanet seat at the 2015 election.

Publication of a major inquiry into child sexual exploitation concluded that at least 1,400 children in the Yorkshire town of Rotherham were subjected to sexual abuse, predominantly by gangs of British-Pakistani men, between 1997 and 2013.

2014 September - Voters in a referendum in Scotland reject ed independence, with 55% opting to remain part of the United Kingdom and 45% favouring independence.

2014 October - UKIP won first parliamentary by-election when Conservative MP Douglas Carswell won his Clacton seat back for the anti-European Union party. Number rose to two in November when fellow Conservative defector Mark Reckless won Rochester and Strood for UKIP.

2015 May - Conservative Party confounded opinion polls by winning majority in the general election for the first time since 1992. Liberal Democrat coalition partners lost all but eight seats. UK Independence Party won nearly four million votes, but retained only one seat.

The Scottish National Party won all but three seats in Scotland, becoming the third largest party in parliament and dealing a heavy blow to opposition Labour Party.

2016 February - Prime Minister Cameron scheduled a referendum on continued membership of the European Union for June, after negotiating a new deal with other EU members.

2016 June - Political crisis after voters in the referendum opted to quit the European Union.

2016 July - Theresa May became prime minister and appointed Boris Johnson, former mayor of London as Secretary of State for Foreign and Commonwealth affairs. Boris Johnson who was a leader of the Brexit movement was criticised for refusing to become prime minister.

2017 January: Sir Ivan Rodgers, Ambassador to the European Union resigned as he opposed a quick withdrawal of the UK.

2017 March 29th: Theresa May triggered article 50 to leave the European Union. This gave Great Britain 2 years to negociate an exit deal which must be approved of by a 'qualified majority ' of EU member states and can be vetoed by the European Parliament

B. Important landmarks in the history of the United States

1565 First permanent Spanish settlements in St Augustine (now Florida).

1607 Jamestown, Virginia founded by English settlers. Began growing tobacco.

1620 **Landing of the Pilgrim Fathers' Mayflower near Cape Cod, Massachusetts.**

1636 Foundation of Harvard College.

1647-63 Witchcraft hysteria (Salem)

1763 *Britain gained control of territory up to the Mississipi river, following its victory over France in the Seven Years' War (13 colonies)*

1765 The Stamp Act sparked colonists' rebellion.' No taxation without representation'.

1773 *The Tea Act angered the colonists. The Boston Tea Party: £18,000's worth of tea was dumped at sea.*

1774 *The First Continental Congress was formed, as Britain closed Boston harbour and sent troops to Massachusetts.*

1775 **The American Revolution**: George Washington led the Patriots or the Loyalists. American Victory of Bunker Hill. Lafayette and Rochambeau.

1776 ***July 4th Thomas Jefferson's Declaration of Independence endorsed by Congress.*** "Life, liberty and the pursuit of happiness".

1781 The states formed a loose Confederation after their victory at Yorktown.

1783 ***King George III recognised US independence: Treaty of Paris***

1787 **The Founding Fathers drew up the Constitution (took effect in 1788).**

1789 **George Washington was elected first president of the United States.**

1791 **The Bill of Rights (first 10 amendments): Individual Freedom**

1803 Jefferson bought Louisiana from France (the Louisiana Purchase).

1808 *The Atlantic slave trade was abolished.*

1810/30 First steamboat between Pittsburg and New Orleans via St Louis.

1812/15 War between the US and Britain over British restrictions on US trade.

1819 Florida purchased from Spain.

1823 The Monroe Doctrine. "America for Americans". A non-intervention policy.

1845 Texas was annexed.

1848 The Gold Rush to California.

1846/48 The Mexican War. Mexico ceded California and New Mexico.

1854 Opponents to slavery (abolitionists) set up the Republican Party

1860 Republican candidate Abraham Lincoln was elected President.

1860/61 **Eleven pro-slavery Southern states seceded from the Union to form the Confederate States under Jefferson Davis, starting the Civil War.**

1863 Lincoln issued the Emancipation Proclamation: slaves were to be freed

1865 **Confederates defeated. Slavery abolished Lincoln assassinated**.

1866 The Ku Klux Klan terrorised coloured people.

1869 Union Pacific Railway between New York City and San Francisco

1898 "Manifest Destiny": US gained Puerto Rico, Guam, the Philippines and Cuba after the Spanish-American War. The US annexed Hawaii. Theodore Roosevelt: "speak softly and carry a big stick".

1909 Henry Ford and his model T mass production.

1917/18 ***World War 1. Despite an isolationist spirit, Wilson entered the War. The US emerged from the war as N° 1 economic power.***

1920 The jazz age. Big Business. Prohibition and rival gangs (Al Capone)

1929/33 The "Crash": 13 million jobless people. The Great Depression.

1933 President F.D. Roosevelt launched the "New Deal Recovery program".

1941 ***World War 2*****: Pearl Harbour attacked by Japan. The US declared war on Japan and Germany declared war on the US.**

1944 *Allies landed on the Normandy beaches*

1945 **The US dropped atomic bombs on Hiroshima and Nagasaki. End of the War.**

1947 **The Truman Doctrine: beginning of the Cold War with the USSR.**

1948 *The Marshall Plan to help European reconstruction after the war.*

1949 *Creation of the North Atlantic Treaty Organization (NATO)*

1950/54 Senator McCarthy's crusade against alleged communists at home.

1950 **The US got involved in Vietnam.**

1950/53 *The Korean War* against North Korean and Chinese troops.

1953/4 **ML King's civil disobedience. Segregated schools: unconstitutional.**

1960 Democratic candidate J.F. Kennedy elected President. "The New Frontier"

1961 The Bay of Pigs: unsuccessful invasion of Cuba, financed by the US.

1962 The US compelled the USSR to withdraw nuclear weapons from Cuba.

1963 **President JF Kennedy was assassinated. Lyndon Johnson became President. "The Great Society"**

1964 US intervention in Vietnam increased

1968 Black Civil Rights leader Martin Luther King was assassinated.

1969 **Republican candidate Richard Nixon was elected President. US astronaut Neil Amstrong: first person to walk on the moon.**

1972 **Nixon re-elected: recognized communist China. Visited the country.**

1973 **Vietnam ceasefire agreement signed.**

1974 Nixon resignation after the Watergate scandal. G. Ford, his successor.

1976 Democratic candidate Jimmy Carter was elected President.

1979 US embassy in Tehran, Iran, seized by radical students. Carter's failure.

1980 Republican candidate R. Reagan elected President. Tax-cutting policy and anti-communist foreign policy. Large federal budget deficit.

1981 Iran freed the 52 US embassy hostages on Reagan's inauguration day.

1984 Reagan re-elected President

1988 Reagan's vice-president G. Bush elected President.

1991 ***The first Iraqi War:*** S. Hussein's invasion of Kuwait was stopped

1992 Democratic Bill Clinton elected President. Era of prosperity.

1992 North American Free Trade Agreement: US, Canada and Mexico.

1996 President Clinton re-elected.

1998 Scandal over Clinton's affair with Monica Lewinsky. Impeachment proceedings.

1999 *US played leading role in NATO bombardment of Yugoslavia.*

2000 Republican GW Bush elected President with the majority of electoral vote but not the popular vote. Recount of the votes in Florida.

2001 **The World Trade Centre and part of the Pentagon in Washington were destroyed by Al-Qaeda hijackers on airplanes.** (09/11)

2001 October. *Air-strikes against Afghanistan as retaliation.* USA Patriot Act: eavesdrop on communications. Suspected terrorists detained.

2002 Creation of the Department of Homeland Security against terrorism. Guantanamo Bay Detention Camp: a detainment and interrogation facility for opponents in Afghanistan and Iraq.

2003 GW Bush declared the main part of the Iraqi War was over.

2003 Mars exploration rover mission.

2004 Scandal over pictures showing abuse of Iraqi prisoners by US custody. Senate reported flawed information about Iraqi weapons of mass destruction/November: GW Bush re-elected President.

2005 Hurricane Katrina swept New Orleans and surroundings.

2006 Congress renewed the Patriot Act against terrorism/Protests against plans to criminalise illegal immigrants. Democratic party won control of the Senate and House of Representatives

2007 A new Iraqi strategy: more US troops dispatched.

2008 **Wall Street Investment Bank Lehman Brothers collapsed. Financial crisis.**

2008 **Democratic senator Barack OBAMA became the first black President. Biden: vice-president. Hillary Clinton, Secretary of State.**

2009 First Tea Party rally in protest to Obama's plan to bail out banks and introduce health care reform.

2010 **Congress passed a bill on Health Care Reform: the Affordable Care Act:** dubbed 'Obamacare by Republicans.

2010 Republicans regained control of the House of Representatives in mid-term elections.

2011 May. US forces killed Al-Qaeda leader Osama Bin Laden.

2012 President Obama was re-elected.

2012 December: Newton tragedy: a man killed 20 children and 6 adults in a school in Newton, Connecticut raising one more debate over gun control.

2013 February: Obama's State of the Union speech. Agenda: the economic crisis and the nation's debt, economic incentives and higher taxes for the very rich, a new immigration policy, environment-friendly measures, education and gun control propositions. Abroad: ending of US presence in Afghanistan, Iran's nuclear problem, Syria's massacres, the Israeli-Palestinian conflict, North Korean aggressive nuclear policy, China's increasing power and US presence in Asia etc.

2013 April 15: **Boston Marathon bombings**: Two pressure cooker bombs exploded during the **Boston Marathon**.

June **Global surveillance disclosures**: The revelations of the **NSA**'s **PRISM**, **Boundless Informant** and **XKeyscore** domestic surveillance programs were first published by **The Guardian** and **Washington Post** newspapers.

2014 April 16: **Flight MH370 of Malaysian airlines went missing and was never found over the months and months of searching even with the modern technology and thousands of not just Americans but people around the world.**

2014 May 23: **Isla Vista killings** occurred, killing 6, and wounding 14 others, perpetrated by elliot rodger.

2014 June: **President Obama ordered the return of a small number of troops to Iraq** to help bolster Iraqi and Kurdish military forces in their war with the **Islamic State of Iraq and the Levant**.

2014 August 9: **Michael Brown was shot and killed**, in what was ruled by a **grand jury** to be self-defense, by police officer Darren Wilson in **Ferguson, Missouri**, igniting **protests and riots** in the following months.

2014 November 3: **New building, 1 World Trade Center**, opened in New York City.

2014 November 4: **In national elections, Republicans took control of the U.S. Senate** and maintained a majority in the **House of Representatives**.

2014 December 17: **President Obama announced a restoration of full diplomatic relations with Cuba** for the first time since 1961.

2015 April 27: **Baltimore protests**: Protests and rioting occurred in **Baltimore, Maryland** after the death of **Freddie Gray** in police custody.

2015 June 17: **Charleston church shooting**: A gunman killed 9, including a state senator in a church in **Charleston, South Carolina**.

2015 June 26: **Obergefell v. Hodges**: **Gay marriage** was fully legalized in all 50 states.

2015 July 20: **Restoration of relations with Cuba.**

2015 December 2: **San Bernardino attack**: **Rizwan Farook and Tashfeen Malik**, a married radical Muslim couple, killed 14 people at a center for the developmentally disabled.

2016 January 2: **Occupation of the Malheur National Wildlife Refuge**: an armed standoff in Oregon between armed anti-government militants and county, state, and federal law enforcement agencies took place.

2016 April 21: "**Prince**" Rogers Nelson died at his home in Minnesota.

2016 June 11: **Orlando Nightclub Shooting**: An Islamic State soldier[, Omar Mateen, killed 49 and injured 53 at a gay nightclub in Orlando, before being shot and killed by an officer.

2016 November 8: **presidential election, 2016**: **Donald Trump** won the 2016 presidential elections, and will be the forty-fifth president of the United States.

2016 December : The Electoral College confirmed Donald Trump was President-elect

2016 **President Obama** struck back at **Russia** on December 29th for its efforts to influence the 2016 election, ejecting 35 suspected Russian intelligence operatives from the United States and imposing sanctions on Russia's two leading intelligence services.

2017 January: President Trump signed several executive orders which included a travel ban on anyone arriving from seven Muslim-majority countries, a four-month suspension of the US refugee programme, pulling out of the Trans-Pacific Partnership trade deal and strenghtening border security.

April: Trump invited Chinese Xi Jinping at his Florida's beach resort: a warm welcome but little in the way of concrete outcomes concerning North Korea or US trade deficit vs China. Meanwhile, the US military launched 59 cruise missiles at a Syrian military air force base in retaliation for a chemical attack supposedly carried out by the Assad regime, and killing scores of civilians, thus exposing the US to heightened risks of direct confrontation with Russia and Iran, both backing Assad.

File 8

The American Dream

Factsheet

In 1776, in the Declaration of Independence, the Founding Fathers wrote down what they believed to be **unalienable** rights for any American citizen:

We hold these truths to be self-evident that all men are created equal, that they are endowed by their Creator with certain unalienable rights, that among these are Life, Liberty and the Pursuit of Happiness.

American philosopher Jacob Needleman explains that, in line with the classical education of the Founding Fathers, happiness could not **be granted** without virtue. Happiness then did not mean being rich and enjoying **material goods** but rather being your true self and living a virtuous life. According to Jacob Needleman, the word "happiness" has changed over time. It has now come to stand for the rather egotistical pursuit of pleasure. Although the US founding myth of the American Dream is rooted in the US Declaration of Independence, it seems then to have evolved to mean the opportunity to **thrive** in the US and to rise in society.

In the 19th century, Horatio Alger, an American author, popularized **"rags to riches"** stories in which young boys, normally immigrant children, from **deprived backgrounds** would climb the social ladder to the top and **strike it rich**. The necessary principles to achieve such success were to be hard-working and industrious, honest and truthful, **deserving**, and determined. With some luck on top of those principles, anyone in America could make it regardless of gender, race and social class. Those stories had a profound impact on the national psyche and came to be known as the "American Dream" as coined by US writer and historian James Truslow Adams in his 1931-bestseller *Epic of America*:

"[...] that dream of a land in which life should be better and richer and fuller for everyone, with opportunity for each according to ability and achievement [...] regardless of the fortuitous circumstances of birth or position."

Following the Great Depression and after the Second World War, the economic hardship and the war toned down the dream to a simpler version of being able to break into the middle-class, owning a home and providing a better life for one's children.

The American Dream has contributed to the founding myth that the USA is a land of opportunity for everyone, from the Pilgrims who were eager to pursue happiness in the unknown wilderness to the immigrants who were determined **to try their luck** in the United States. American writer Thomas Wolfe **reenacted** the American Dream at the beginning of the 20th century: *"...to every man, regardless of his birth, his shining, golden opportunity... the right to live, to work, to be himself, and to become whatever thing his manhood and his vision can combine to make him."*

Yet, some say that the American Dream is no longer attainable by all Americans and that for a majority in the country, it is **beyond their grasp**, regardless of their determination and hard work. The working poor who must work two jobs to **make ends meet** and support their families have lost faith in the American Dream. For others, the American Dream can only become true for those in Wall Street, the 1 % of the population, who no longer have to wait for their **deferred gratification** and can thrive thanks to **rugged individualism**. Others finally look toward a new American Dream focusing less on earning more money and more on living a more fulfilling life, thus re-enacting the original "Pursuit of Happiness".

"The past is always being manipulated and [...] is often a collection of myths, popular conceptions, and fanciful images. But it is precisely these things—the stories that are repeated, the images that are represented, the music and lyrics that play in our heads—that contribute to a sense of a nation's character; not its constitution, or its charters, or its laws."

Arthur Krystal, literary critic

Who can oppose the American Dream? No one. It captures our faith in progress, opportunity and **striving**. It reflects hopes for a large and stable middle class. Everyone would go to college, become a homeowner. Children would always live better than their parents. [...]

But the phrase **languished**, probably because it seemed contradicted by experience. For most Americans, life had always been a struggle. Little was guaranteed.

The Washington Post, September 23rd, 2012

"It doesn't matter who you are or where you come from or what you look like or where you live. It doesn't matter whether you're black or white or Hispanic or Asian or Native American or young or old or rich or poor, able, disabled, gay or straight. You can make it here in America if you're willing to try."

Barack Obama's victory speech, 2012

Thème

1. Obsolète le rêve américain ? La promesse qu'un homme de rien puisse, aux États-Unis, plus que nulle part ailleurs, nourrir des espoirs de richesse des plus délirants, n'est-il plus qu'une chimère ?
2. Avant d'atterrir ici il y a deux ans avec sa femme et leurs six enfants, Terry, 42 ans, était directeur commercial dans une PME. Quand il a été licencié pour raisons économiques, sa vie a volé en éclats.
3. Ils sont en majorité originaires du Mexique ou d'un autre pays d'Amérique Centrale et ils étaient des milliers à se ruer dès l'aube dans les bureaux destinés à recevoir leur candidature. Ce qu'ils veulent : le sésame qui leur permettra de régulariser temporairement leur situation.
4. Touchée de plein fouet par le chômage, déçue par Obama, confrontée pour la première fois à la peur de l'avenir, la jeunesse américaine se rebelle et troque les aspirations de prospérité de ses parents contre l'espoir d'une qualité de vie où l'argent n'est pas tout.
5. Une pancarte sous le bras, une assiette à la main, Wayne King se fraye un chemin dans la foule pour s'installer et manger par terre. « Wall Street–Washington : vous avez tué le rêve américain », lit-on sur son écriteau.

Version

1. The American Dream is a national **ethos** of the United States in which freedom includes the opportunity for prosperity and success, and an **upward social mobility** achieved through hard work.
2. In his 2013 **inaugural Address**, Barack Obama will speak to a nation whose American Dream is under profound economic and cultural pressure.
3. The American way of life is based on the consumer society which is the symbol of capitalist prosperity. It was what so many Europeans were yearning for from the 1920s to the 1960s.
4. Who can oppose the American Dream? No one. It reflects hope for a large and stable middle class. Everyone could go to college, become a homeowner. Children would always live better than their parents.
5. The perennial conviction that those who work hard and play by the rules will be rewarded with a more comfortable present and a stronger future for their children **faces assault** from just about every direction. That great enemy of democratic capitalism, economic inequality is real and growing.

Corrigé du thème

1. Is the American Dream out of date? Is the promise that a nobody can, in the United States, more than anywhere else, cherish the craziest hope of becoming wealthy no more than **a pipe dream**?
2. Before ending up here with his wife and six children two years ago, 42-year-old Terry was a sales manager in an SMB. When he **was made redundant**, his life **was shattered**.
3. They mostly come from Mexico or some country in Central America and they came at dawn in their thousands to rush to the offices that received their applications. What they want is the key that will allow them to sort out their situation, even if only for a short time.
4. Young people in the United States have been directly affected by unemployment and have felt disappointed by Obama. They have, for the first time, been confronted with an uncertain future and have thus felt rebellious, willing to **swap** their parents' dream of prosperity for a hopeful standard of living that would not revolve solely around money.
5. With a sign under his arm and a plate in his hand, Wayne King is making his way through the crowd to find somewhere to sit and eat on the floor. His sign says: "Wall Street—Washington have killed the American Dream".

Corrigé de la version

1. Le rêve américain est l'idée répandue aux États-Unis selon laquelle il ne peut y avoir de liberté sans la possibilité de réussir, de s'élever dans l'échelle sociale et de devenir prospère quand on travaille dur.
2. Lors de son discours d'investiture en 2013, Barack Obama s'adressera à une nation dont le rêve américain est soumis à de fortes tensions économiques et culturelles.
3. Le style de vie américain est fondé sur la société de consommation, le symbole de la prospérité capitaliste. C'est ce style de vie qui a été si envié par les Européens à partir des années 1920 jusqu'aux années 1960.
4. Qui pourrait s'opposer au rêve américain? Personne. C'est l'espoir d'une large classe moyenne stable. Tout le monde pourrait aller à l'université, devenir propriétaire. Les enfants vivraient toujours mieux que leurs parents.
5. La certitude vivace que ceux qui travaillent dur et jouent le jeu seront récompensés en profitant plus confortablement du présent et en étant assuré d'un avenir plus serein pour leurs enfants prend l'eau de toute part. L'ennemi juré du capitalisme démocratique, c'est l'inégalité économique et elle est réelle et croissante.

Vocabulary

be granted (to) **:** être accordé, concédé
beyond grasp **:** hors de portée
deferred gratification **:** gratification non immédiate, tardive
deprived backgrounds **:** milieu social défavorisé
deserving **:** méritant, digne de respect
ethos **:** philosophie, une culture
face assault (to) **:** être attaqué
Inaugural Address **:** discours d'investiture
languish (to) **:** s'étioler
make ends meet (to) **:** joindre les deux bouts
make redundant (to) **:** être licencié pour raisons économiques
material goods **:** biens matériels, possessions
pipe dream **:** chimère, illusion
"rags to riches" **:** faire fortune en partant de rien
reenact (to) **:** rejouer, reconstituer
rugged individualism **:** vision farouchement individualiste
shatter (to) **:** briser, faire voler en éclats
strike it rich (to) **:** faire fortune
strive (to) **:** faire tout son possible
swap (to) **:** troquer
thrive (to) **:** prospérer
try their luck (to) **:** tenter sa chance
unalienable **:** inaliénable
upward social mobility **:** ascension sociale

Ideas for discussion

1. **In the light of your knowledge, what are the similarities and differences between the "British Dream" and the "American Dream"?** (CCIP LV1, 2006)

2. **Has the American Dream become a myth ?** (ECRICOME LV2, 2012)

Problématique : The notion that anyone can make it in the USA has become associated with American culture and history and yet it is being jeopardized by social and racial inequalities.

1. The American Dream is a set of national ideals for the USA:

a. It is a myth in the sense that it is rooted in a "sacred" document, the Declaration of Independence

b. It was then popularized by Horatio Alger who helped to flesh out this myth

- "Rags to riches" stories
- the principles necessary for achieving the American Dream were:
  - Industry → being hard-working, industrious, tenacious
  - Honesty → being truthful, reliable, dependable
  - Meritocracy → earning one's place
  - Self-reliance → being self-taught

2. Yet, the American Dream can also be considered as a myth, that is to say a half-truth

a. The belief in a meritocratic society is being endangered by social and racial inequalities

- For Main Street, the American Dream or the belief that you can live better than your parents no longer feels true.
- Minorities are more affected by the recession and unemployment and Horatio Alger's principles are not enough to ensure that they reach the top.

b. The 1 % in the population can make the Dream come true through rugged individualism

File 9

Education in the US

1. General organization: local control of the institution

The American education system differs from the French system in many ways. School, unlike in France, is compulsory[1] until the age of 18 in most states even though some states allow students to leave school earlier with parental consent.

Most students attend public schools[2] (85 %) but 10 % are enrolled in private schools and nearly 3 % are home-schooled[3] (mostly for religious and moral reasons).

Public schools are funded[4] by a combination of local, state and federal government subsidies[5]. A large proportion though comes from local property taxes[6], which implies that resources vary greatly from one district to another, which gives an advantage to schools located in richer areas. Private companies or individuals can also contribute.

Contrary to France, private schools get no state or federal subsidies and rely entirely on tuition fees[7] and donations. Yet, parents can apply for school vouchers. These are certificates given to tax-paying parents, whose children attend private schools or are home-schooled to compensate for funding the public school system through their taxes without benefiting from it. Private schools can be non-profit or for-profit and may or may not have a religious orientation.

Also contrary to what is the case in France, there is no federal curriculum[8] in the USA, school districts determine the curricula. The local school board[9] is elected by the people of the locality and does not require its members to be anything other than willing, active members of society without any specific education or credentials[10]. This means that what is taught in schools reflects local mainstream ideas[11] and beliefs. In strongly religious states of the Bible Belt[12], for instance, creationism[13] is taught alongside evolution in science classes.

Since the **No Child Left Behind Act (NCLB)** of 2001, there have been goals to be met in core skills[14] which are assessed yearly through standardized tests. However, the content and teaching methods to reach those goals are left to the school districts. In private schools, curricular decisions are made by the school's board of trustees[15] and they generally do not take into consideration NCLB standards, because they are considered as not being advanced enough. The act's aim is to assess the public school system and ensure steady progression in schools'and students'performances each year. The NCLB mandates that remediation through summer school and/or tutoring be made available for those who need it.

Teacher certification is determined by individual states.

2. High school: extreme versatility in individual possibilities

a. more personal development than academics

High school graduation[16] requisites[17] are defined by the schools. They include mandatory classes[18] and a wide choice of "electives[19]". Each class provides a number of "credits", and the total sum of those credits determines graduation. Students are encouraged to experiment and work towards personal development and versatility rather than purely academic performance. Even in mandatory classes, a broad spectrum of choices qualifies for the acquisition of credits. For example, if 4 years of "English" are required to graduate from a specific high school, the nature of the English class can be very different from one student to the next. Classes like journalism, creative writing, literature, composition, oral language, etc. at different levels could all qualify.

Electives can include anything from different types of sports and artistic pursuits to career and technical education, foreign languages, computer science, agriculture, child development, cooking and so on.

For those who are more academically oriented, Advance Placement classes can be taken, which enables students to be exempted from introductory courses in college.

All high schools encourage extra-curricular activities[20], which are supervised by the school but do not fall within the scope of the curriculum. They include all kinds of clubs and societies and are aimed at developing initiative, self-reliance and confidence.

b. A diversified public offer

Admission to **public school depends on residency**[21], yet there are different ways to avoid being forced to go to a school from which one wants to stay away.

Public schools: are free and available to all children living in a given area.

Magnet schools: provide enrolment to a specified number of non-resident students, and the enrolment usually results from a lottery[22]. Some magnet schools cater to specific categories of students (specially gifted, wanting to specialize in performing arts or science...)

Charter schools: these are publicly funded but independently managed schools that were especially created in 1990 to cater to poor neighbourhoods with underachieving children. They enrol 4 % of the country's public school students, except in New Orleans where post-Katrina reconstruction increased the popularity of these schools which 2/3 of the children now attend.

3. Higher education

a. A prestigious and internationally recognized system

Access to higher education depends on high school GPA[23] (Grade Point Average) performance in standardized tests such as the SATs[24] and other criteria such as commitment[25] to extracurricular activities, a personal essay and an interview.

The US Census Bureau reports that 58 % of high school graduates enrolled in colleges or universities in 2006.

The US ranks 10th among industrial countries for the percentage of adults with college degrees.

Among the top 200 universities worldwide 60 are American, the UK comes second with half that number, France has none among the top 25 and only 3 in the top 50. Among the top 20 are 6 of the 8 "Ivy League" universities[26] (The eight Ivy League universities include Brown University, Columbia University, Cornell University, Dartmouth College, Harvard University (the oldest, 1634), Princeton University, the University of Pennsylvania, and Yale University) and 4 of the 10 universities belonging to the University of California system.

b. A privilege, not a right

The most prestigious colleges are private rather than public, and tuition fees in both types of universities are much higher than what is found in France, even in business schools. The fees reported by the collegeboard.com website for 2010 consider that for public universities an average of $28,000 per year over 4 years is to be expected, and an average of $40,500 per year for private universities. Financial aid and scolarships[27] are available but individual contributions remain very high.

The issue of extremely high, and soaring, tuition fees has taken a new turn in recent years as the extensive debts young people with degrees start out in life with are deterring[28] many high school graduates from enrolling in higher education.

c. General organization

After high school, if one wishes to go into higher education there are several possibilities, much like in France.

One can attend a two-year community college (or junior college) before applying to a four-year university. Admission to community college is easier, tuition is lower, and class sizes are often smaller than in a university. Community college students can earn an Associate's degree and transfer up to two years of course credits to a university. These two years enable students having set aside academics during high school to acquire the required skills. Students with more academically oriented curricula in high school can enrol directly.

University students pursuing a Bachelor's degree are called "undergraduates", whereas students pursuing a Master's or Doctoral degree are called "graduate students".

Most universities give undergraduate students a liberal education, which means students are required to take courses across several disciplines before they specialize in a major field of study. Graduate and professional programmes (such as medicine or law) are specialized.

4. Affirmative action

Starting at the beginning of the 70s, affirmative action programmes[29] were set up to promote ethnic minority young people's access to schools and universities.

Nonetheless, these programmes were called into question over the years, and on June 28 2007, the Supreme Court banned affirmative action altogether from the admissions process to American public schools and universities.

Affirmative action may have been deemed[30] efficient on the short term, but many experts believe that the quick demographic growth of "minority groups" will eventually render racial and ethnic difference issues obsolete through sheer numbers.

Vocabulary

1. ***compulsory*** **:** obligatoire
2. ***public school*** **:** (attention : aux USA, école publique, mais en GB, école privée (e.g. *Eton is a famous British public school!*), une école publique en GB : *state school*)
3. ***home-schooled*** **:** scolarisés à domicile
4. ***to fund*** **:** financer
5. ***subsidies*** **:** subventions
6. ***property taxes*** **:** impôts locaux
7. ***tuition fees*** **:** frais de scolarité
8. ***curriculum*** **:** programme
9. ***school board*** **:** commission des affaires scolaires
10. ***credentials*** **:**compétences spécifiques reconnues
11. ***mainstream ideas*** **:** idées du courant dominant
12. ***Bible Belt*** **:** very religious south eastern states
13. ***creationism*** **:** *an explanation of life on earth based on the Book of Genesis, refuting Darwin's theory of evolution*
14. ***skills*** **:** compétences
15. ***Board of trustees*** **:** Conseil d'administration
16. ***graduation*** **:** remise de diplômes
17. ***requisites*** **:** exigences
18. ***mandatory classes*** **:** cours obligatoires
19. ***elective classes*** **:** cours optionnels
20. ***extra-curricular activities*** **:** activités extrascolaires
21. ***residency*** **:** lieu de résidence
22. ***lottery*** **:** tirage au sort
23. ***GPA (Grade Point Average)*** **:** moyenne des notes
24. ***SAT (Standard Admission Test)*** **:** épreuve d'évaluation standardisée pour l'entrée à l'université
25. ***commitment*** **:** engagement
26. ***Ivy League universities*** **:** *oldest and most prestigious universities, dubbed "Ivy League" because ivy is supposed to be growing on their walls*
27. ***scholarship*** **:** bourse
28. ***to deter*** **:** dissuader
29. ***affirmative action*** **:** discrimination positive
30. ***to deem*** **:** considérer

Factsheet

1. Timeline

1870 all states provided with **free elementary schools**

1910 72 % of children attended school and the **first true high schools** were set up. [in France 12 first lycées in 1802 (Napoléon) compulsory elementary education 1882 (Jules Ferry)]

1954 **Brown vs Board of Education**: the Court declared state laws establishing separate public schools for black and white students unconstitutional.

1965 Higher Education Act = > Creation of **Pell grants,** which are money the US federal government provides for students who need it to pay for college, enabling students from unprivileged backgrounds to consider higher education.

1975 Federal law in favour of **special education** for disabled children.

70s & 80s **Desegregation busing** consisted in transporting students to schools from other districts to redress prior racial segregation of schools, or to overcome the effects of residential segregation on local school demographics. The movement of large numbers of white families to suburbs of large cities, so-called white flight, reduced the effectiveness of the policy. By the early 1990s, most school districts had ceased using mandatory busing.

2001 **No Child Left Behind Act** is a United States Act of Congress. NCLB supports standards-based education reform based on the premise that setting high standards and establishing measurable goals can improve individual outcomes in education. The Act requires states to develop assessments in basic skills. States must give these assessments to all students at select grade levels in order to receive federal school funding. The Act does not assert a national achievement standard; standards are set by each individual state.

2. Statistics and miscellaneous facts

- 2010: +/- 4 million teachers for 55 million students enrolled in 132,652 schools.
- In 2006: 47% of children left school at 16 without having achieved basic level of functional maths, 42 % of functional English.
- 85% of Americans have a secondary diploma.
- 30% have a post secondary diploma (Bachelor's degree or higher)
- Nearly 6.2 million students dropped out of high school in 2007, including 3/10 Hispanics.
- Incarceration rate for African-American high school dropouts is 50 times national average.
- University graduates: 4.9% unemployment for a $+51,000/year average income
- High school dropouts: 10.8% unemployment for a $23,000/year average income

- Average college graduates earn $130,000 more over a lifetime than high school dropouts.
- Over the next decade, the US will need 22 million college graduates but the number is expected to fall short by 3 million in spite of 8% unemployment rate.
- Functional illiteracy: people can read but do not understand what they are reading and cannot act upon it. (Source: US Department of Education, Institute of Education Sciences)
- Increase in functional illiteracy by 2.25 million people a year.
- 25% of high school graduates are functional illiterates
- 70% of prisoners are functional illiterates
- 2/3 of children who can't read by 4th grade will end up in jail or on welfare.
- 43% of lowest literacy skills live in poverty vs 4% of higher level of literacy
- 3/4 of people who are on food-stamps read on 2 lowest levels of literacy
- 16-19 year-old girls below average reading skills have 6 times more chance of having a child out of wedlock than others.
- "Let's Move!"– February 28, 2013: First Lady Michelle Obama back in Chicago to celebrate "Let's Move" third anniversary, a programme whose goal is to bring physical activity back to schools to fight child obesity

File 10

Spanglish America?

Nowhere in the American constitution is it mentioned that English is the official language. Any attempt at amending the Constitution is resented by the majority as a threat to freedom. The United States is a nation of immigrants, of cultural and linguistic diversity. Spanish is the second most used language in the US. **Hispanics** who represent 16.7% of the US population are forecast to account for about 30% of the nation's population in 2050. Over half of the Hispanic population lives in just three states: California, Texas and Florida. In those regions as well as in NYC a mixture of English and Spanish is sometimes spoken, called Spanglish. In 2010, 25.2 million people with Limited English Proficiency (LEP) lived in the US, about two-thirds of them Hispanic. Hence the attention paid to Hispanics and their language.

Ever since the 2004 presidential elections, Hispanics have been courted by both parties. The debates and electoral ads have been broadcast in Spanish on their channels, Univision and Telemundo, and **ballots** written in Spanish. In 2012, 71% of Hispanics voted for Obama who supported a new immigration program and emphasised the importance for Hispanics to both learn English quickly and maintain their mother tongue.

On the other hand, twenty-eight states have declared English their official language. Most states require the use of English in their public and judicial institutions-while providing LEP people with linguistic help. Furthermore, English is a **pre-requisite** for naturalisation and citizenship. But different attitudes can be observed. The "English Only Movement" aims to reduce the political **clout** of immigrants by **downgrading** the role of their language. For instance they supported laws, which would prevent Hispanic children from attending **integrated schools**. Conversely the "English Plus Concept" group wishes **Latinos** to speak English while retaining their command of Spanish.

A big issue **at stake** is bilingual education which now tends to be replaced by immersion programs, thought to be more effective. Proposition 227, mainly ruling out bilingual education in California is still fuelling controversies.

Contemporary Hispanic immigrants are learning English faster than previous waves. According to the Pew Centre survey, among the first generation of Hispanics, 61% are Spanish dominant. Among the second generation, Spanish dominance falls to 8%, 53% are bilingual and the share of "English dominant" rises to 40%. By the third generation, almost all Hispanics are either bilingual (29%) or English dominant (69%).

While the first generations of immigrants believed they had to learn English the hard way to survive, many Hispanics now wish to keep their cultural heritage. But under-educated Hispanics with language problems—mostly of Mexican origin—remain isolated, in so-called linguistic ghettoes, which may create difficulties in the future. On the other hand, the role of Spanish is an incentive for non-Hispanics to learn a second language. In any case, English will remain the key to success.

Extracts from texts : bilingual education or immersion?

Children shifted rapidly to regular classes taught in English scored far higher on standardised tests than those allowed to spend more time learning in their native languages. If the trend continues, it would suggest hundreds of thousands of children in California were enrolled into **flawed** bilingual programs. (www.lulac.org)

When Roberto Feliz came to the USA from the Dominican Republic, he knew only a few words of English. Education soon became a nightmare. He could not understand anything at school. Then a bilingual educator began to work with him. Given the chance to demonstrate his ability in his mother tongue, he regained confidence and succeeded. He is now a prominent medical doctor and runs his own clinic. (www.nationaljournal.com/thenextamerica)

A Michigan doctor, a **staunch advocate** of the restriction of immigration founded the ProEnglish movement. But Critics say that the intense English–only immersion programs often fail to teach academic English in one year and as a result ELL's languish in segregated classrooms, sometimes deprived of the academic content necessary to graduate from high school. (www.languagepolicy.net)

In programs called Structured English immersion, the students are taught **the 3 R's** in English. To help students, the teacher uses ESL (English as a second language) techniques. Once exited from the program, students no longer receive any second language services. (www.eagle.tamut.edu)

Transitional Bilingual Education is offered to ELL's in the elementary **grades** for up to three years. President Obama favours this program, meaning that he believes teachers should transition children to English as quickly as possible, building up from students' knowledge of their native language. Students should become literate in two languages, not one. Skilled bilingual teachers are crucial in such programs. (www.eagle.tamut.edu)

California recently created a "seal of Bi-literacy" to affix to the diplomas of high school graduates who have demonstrated academic **proficiency in** two or more languages. The **upshot**: Students are recognised for their foreign language prowess which makes them feel more valued and their immigrant parents feel more American.(nationaljournal.com/thenextamerica.)

In Dual Language or Two-Way Immersion programs English speaking students and ELL's are **enrolled in** the same classroom. The goal of the instruction is for both groups to become fluently bilingual. Those who speak more than one language earn more. Only 10% of the native born Americans reported speaking a second language, according to the 2010 census. When immigrants were included that percentage increased to 20.1.% (www.census.gov)

Thème d'application

➲ Corrigé en fin d'ouvrage

1. À cause de la couleur de leur peau, les Mexicains sont pris pour des noirs ou des mulâtres ; à cause de leurs origines aztèques, ils sont considérés comme des Indiens et donc méprisés.
2. On exhorte les hommes d'affaire américains à apprendre l'espagnol pour attirer l'énorme marché potentiel, encore inexploité, des consommateurs hispaniques.
3. On encourage les médecins et infirmières à devenir bilingues pour favoriser la fidélisation et la satisfaction de leurs patients hispaniques.
4. Les entreprises qui offrent stages et services en espagnol ont un taux de rotation du personnel plus bas. Ils connaissent un niveau de productivité supérieur.
5. Dans les restaurants, les chefs pensent qu'il leur est important de maîtriser suffisamment l'espagnol pour former leurs apprentis qui sont souvent hispanophones.
6. La capacité de parler une autre langue est une compétence manifeste qui peut aider ceux qui recherchent un emploi à se démarquer.
7. La Californie n'est pas comme le Canada où partout dans le pays, les biens de consommation sont tous étiquetés à la fois en anglais et en français. Mais on trouve des panneaux publicitaires écrits en espagnol dans les quartiers.
8. À Miami, les annonces dans les aéroports sont faites en anglais et en espagnol. Dans certains restaurants, les serveurs ne savent pas un mot d'anglais
9. Certains élèves qui ne maîtrisent pas assez bien l'anglais, prennent du retard en classe, ce qui risque de leur faire abandonner leurs études définitivement, avec à la clé dans le futur, chômage, dépendance des services sociaux et de l'aide médicale, et un taux plus élevé d'emprisonnement.
10. En Californie, les élèves qui apprennent l'anglais et sont inscrits dans des programmes d'immersion, peuvent demander une dispense et choisir d'en sortir.

Vocabulary

at stake/what is at stake **:** ce qui est en jeu
advocate (*synonym* :supporter) : partisan
ballot **:** bulletin de vote
clout **:** influence, poids
downgrade (to) : dévaloriser
drop out (to) : laisser tomber ses études
enrol in (to)/enroll in (to) (US) : s'inscrire à/ inscrire à
fall behind (to) : être à la traîne, décrocher
flaw/flawed : défaut/défectueux
grade **: 1.** (=*mark* (a) (GB)) : note ;
2. (= *form* (a) (GB)) : classe
(K-12 est le cycle depuis le jardin d'enfants (*Kindergarten*) jusqu'aux 4 dernières classes du lycée (*High School* : *freshman* (= *9th grade*), *sophomore*, *junior* and *senior years*)
graduate (to) : obtenir le diplôme de fin d'études
Hispanic/Latino : terme officiel pour désigner un Américain d'origine hispanique
integrated school **:** école où l'on pratique le bilinguisme pour aider les enfants d'immigrants. À l'origine ce terme désignait les écoles qui accueillaient les Noirs et les Blancs
mainstream : courant, dominant, dans la ligne du courant dominant
pledge allegiance to (to) : prêter serment d'allégeance à
pre-requisite (to) : condition préalable, enseignement nécessaire pour accéder à un niveau de compétence plus élevé, prérequis
principal **:** directeur de lycée
proficiency (noun)/proficient (adj) : aptitude, compétence/très compétent, apte
3 R's (the) (Reading, Writing, Arithmetic) : lire, écrire, compter. Les 3 bases de l'enseignement
standardised test : test de connaissance commun à tous les établissements
staunch : fervent, inconditionnel
upshot : résultat
waiver/waiver (to) : dispense/dispenser

Chronology
2010 : The hispanic population in the USA

US census bureau

16.7% of the population was of Hispanic origin, the second ranking Hispanic community worldwide after Mexico.

People of Mexican origin comprised the largest Hispanic group, representing 63% of the total Hispanic population in the US. (Puerto Ricans: 9.2%; Cubans 3.5%)

More than three fourths of the Hispanic population lived in the West or South. Hispanics accounted for 46.7% in New Mexico.

12 million—mostly illegal—Mexicans entered the US from 1970 to 2011. But this incoming flux has come to a standstill.

The percentage of foreign born Hispanics who completed at least High School was 48% compared with 89% of the native born population at large.

15.1% Americans lived "in poverty" as compared with 26.6% for Hispanics

2012: the unemployment rate of Hispanics was 10% compared with 7.9% in the US.

California's Hispanic background

16th century explored by Spaniards

Between 1769 and 1823 Spanish missions were established

1822 California **pledged allegiance** to newly independent Mexico

1848 By the treaty of Guadeloupe Hidalgo ending the Mexican War, Mexico ceded California to the United States

1986 Proposition 63: English became California's official language

1984/94 fierce debates between proponents of bilingual and immersion programs.

1998 Proposition 227 was voted in California

2002 The No Child Left Behind Act was voted

2010 Hispanics formed 38.1% of the Californian population and 97% of that of the East Los Angeles County (the highest percentage in the US)

Most of the border between California and Mexico is now fenced.

20th century American literature in Spanish

Spanish poet Frederico Garcia Lorca wrote his collection of poems *Poeta en Nueva York* and 2 plays in NYC. Nobel Prize-winning author Juan Ramon Jimenez was exiled to the US and taught at the University of Maryland. Puerto Rican G. Braschi wrote post modern poetry. The Latino theatre has been very successful (*Zoot Suit* by Juan Valdez etc.)

Ideas for discussion

1. **Comment upon the figures given by the US Census Bureau in 2010 (see the Internet)**
   - What do they say about Hispanic culture in the USA? (take into account: geography/dates of immigration/education/economic and social backgrounds)
   - To what extent do such data reflect a real desire for Spanish-speaking Americans to keep their mother tongue, or an inability to master English, or both?
   - Is English still a cement?

2. **Study the making of California and/or a Southern state**
   - Show the influence of Spanish and Mexican cultures
   - What is the state policy concerning Spanish and bilingual education?
   - Hispanic culture and American democracy.
   - To what extent is keeping Spanish as one's mother tongue likely to have an impact on American democracy? Think of the influence of religion, traditions, the role of the family etc.
   - Compare the presidential elections in 2010 with those of 2006, focusing on the impact of the Hispanic vote and the linguistic issues.

2. **The influence of Hispanics and of Spanish on the US economy:**
   - the economic status of Hispanics (the percentage of Hispanics who are unemployed, on Medicaid etc. but also the percentage of small Hispanic entrepreneurs who are thriving despite the current economic difficulties etc.)
   - the use of Spanish in business

3. **Bilingual education versus English immersion:**
   - Read all the excerpts (find others on the Internet) and list all the arguments for and against each option. Express your own opinion. Organize a debate: "For or Against Bilingual Education, in the context of Hispanic integration".
   - Role playing: imagine an end of the school year meeting of the Board of an integrated High School composed of the **Principal**, parent representatives, (conservative parents, new Mexican parents, well integrated Cubans...) students'representatives, teachers, (a teacher of Spanish, a teacher of English, of history, of science...). Questions which can be raised: the difficulties for new immigrants to adapt to a new environment/their desire or not to integrate into **mainstream** America/how should students be tested and how to assess which is better for them: bilingual education or English immersion/Should parents choose for their children or should it be the Principal's and teachers'duty to decide?

File 11

American presidential elections

After the failure of *The Articles of Confederation* between the thirteen first colonies, **the Founding Fathers**, sitting in the Constitutional Convention, presided by George Washington in 1787, drafted the Constitution. It was a compromise between Federalists like Madison or Hamilton, who believed in a strong or big federal government and anti-federalists, like Jefferson, in favor of a small federal government. The result was a system of **checks and balances** to secure the republic. The Bill of Rights, composed of 10 amendments, was added in 1789 to protect individual rights. This constitution still holds nowadays, adjusting to changes thanks to a list of further 17 amendments i.e. 27 in total so far. Americans' reverence for their Constitution can be referred to as a "civil religion".

The federal government is responsible for foreign policy, the US military, the currency etc. but it has expanded its authority over major economic and social problems. The states take on everything else, such as education, justice, local taxes etc.

The Constitution

The Constitution provides for three equal branches- the Executive, the Legislative and the Judicial - each being to some extent dependent on the other two, thus restricting and checking their respective power.

The President, who should be a native-born citizen, at least 35 years old and at least a 14-year resident of the United States. is elected for a once renewable term of four years. He heads the Executive branch, and is Commander in Chief of all Armed Forces. Only the Congress can declare war but the President has 90 days after introducing troops onto hostilities to obtain congressional approval. After World War II, US presidents have demonstrated greater initiative to wage war. The President is at the Head of a vast federal bureaucracy which changes at each presidential election due to the **spoils system.** His power has grown along the years as he is the only member of the Federal Government elected to represent all the people. Besides with the power of the media he is the most visible member of the government, imparting a personal style to his policy. And of course with globalization, the evolution and extension of economic, social and societal problems, as well as international issues, the President of the United States cannot but shape US domestic and international policies. It is a presidential form of government as the president is not responsible to the Congress and his **term of office** does not depend on a **vote of confidence.** On the other hand, he can belong to a different party from the majority party in the Congress, which often results in ineffective government. For instance, President Obama had great trouble voting and enforcing the Affordable Care Act in 2010 because of a republican majority in the House.

The Congress, which can impeach the President, is made up of the House of representatives, the number of which is proportional to the population of each state (435 nowadays) and the Senate, with its two members per state (100 in total), in order to strike a fair balance of power between small and big states. It votes on the federal budget and passes laws which the President can veto, a veto that the Congress in its turn can override by a two third votes in both Houses- not an easy achievement, though. In addition to suggesting legislation to Congress and issuing executive orders, rules and regulations, the President appoints heads of federal departments and agencies as well as representatives to foreign countries and the Supreme Court's Justices, all of whom must be endorsed by the Senate.

The Supreme Court is composed of one Chief Justice and eight Justices holding a lifelong mandate whose role is both to interpret the Constitution, confirm the constitutionality of a law and deal with all conflicts involving the federal government with individuals or states. As the president appoints the justices, he can greatly weigh on the evolution of society. For instance Southern school desegregation resulted from Chief Justice Warren's interprÉtation of the law. President Obama would have liked to appoint a liberal justice after conservative justice A. Scalia died in February 2016 but the Senate would veto any justice appointed by Democratic President Obama.

Which are the main parties?

Even if there were and are many political parties in the US, American political life has been dominated by two main parties, the Democratic party and the Republican Party, or Grand Old Party (GOP), respectively identified as **Blue** and **Red**, or as the donkey and the elephant after a cartoon published in the *Harper's weekly* in 1874. Both parties have been able to attract many **interest groups**. They have alternated in the presidency ever since 1853. Pragmatically-minded as Americans are, the two parties, until recently, have had a tradition of cooperating to achieve some major common goals. But both parties went through radical shifts along the years: at first, the Republican party which was anti-slavery and represented big business was for big government which could ensure law and order and thus prosperity while the democratic party initially representing rural America was for small government. The democratic party though, extended the prerogatives of the federal government during the New Deal and then with President Johnson's Great Society which gave blacks civil rights and voting rights. Contrariwise, the Republican party is now for small government as big companies are in favor of economic "laissez-faire" and against taxation. The Democratic Party has become more and more liberal in the American sense of the word, i.e. more open to abortion rights, gay marriage, political correctness, or the legalization of some drugs, all **wedge issues** which working class America especially in **flyover states** could not care less. On the other hand, the Republican party has become more conservative ever since Reagan, appealing to those people. The two parties have become antagonistic. In the past decade **Tea Party** members within the Republican party have become more and more influential. As a result, an unhealthy political polarization has developed

Third parties cannot make it to the top mainly because **of the winner-take-all system** which will be explained later, and thus they do not receive a lot of media coverage. Moreover the presidential campaign is very costly. Still third parties may influence elections. In the late 1900's the socialist party popularized the women's suffrage movement. The most successful of the third parties was the Reform Party, which in 1992 nominated Texas billionaire Ross Perot as its candidate for president. He got 19% of the votes and was able to put pressure on Bill Clinton so that he might take action in order to decrease the deficit. Ralph Nader, an independent candidate in the 2004 Presidential race, made his name as a consumer advocate and as the two-times presidential nominee of the Green Party. Democrats blamed him for causing Gore's defeat by siphoning off 2 million votes. In the 2016 presidential elections, Gary Johnson from the **Libertarian** party and Jill Stein from the Green Party appealed to young voters. Third parties remain influential locally though.

How do parties choose their Presidential candidate?

All political action and party activities culminate in presidential elections. Every four years, presidential campaigns and nomination conventions are frenzied, colorful events and dramatic episodes in American political life. Then the great bulk of the voters forget about politics for another 4 years.

In order to win the support of voters and party delegates, campaigning for a party's nomination means delivering speeches, participating in debates, and making public appearances covered by the media, let alone having scores of volunteers in charge of door to door and/or telephone **canvassing**. This part of the campaign is called the nomination campaign. In 2016, for example, the Democratic party had two main candidates, Hillary Clinton and Bernie Sanders while the Republican party had more than ten candidates. Traditionally candidates have always been vice-presidents, senators, governors, or generals... but in 2016 neither Ben Carson, a retired neurosurgeon, nor Trump, a businessman, had held official offices.

The nomination process which was not specified by the Constitution has been finalized over time by the states and the political parties through caucuses or primary elections - according to each state - held between February and June. Caucuses are the older and more traditional method to select candidates. A caucus is a state gathering of political party members who discuss before voting for the best candidate. On the other hand, primaries are open or closed depending on the state. In an open primary, any voter can vote in any party's primary. In a closed primary, only voters registered with a party, may vote in that party's primary and in semi-closed primaries, independent voters can choose their party primary. In all these systems voters may participate in only one primary. The **staggered** nature of the nomination campaign inclines candidates to concentrate on specific areas of the country which have a major impact on the electoral race- one at a time- such as Iowa and New Hampshire where the first primary and caucus respectively take place. Equally important is Super Tuesday in February or March, when the greatest number of states hold primary elections or caucuses. In contrast, California and other large states which traditionally hold their primaries in June do not greatly influence the nomination. As a result more states vie for early or "front-loaded" primaries or caucuses to gain more clout in the process.

The nomination process is an indirect election in which voters of a given state **cast ballots** for **a slate** of a party's delegates. The parties allocate the respective number of delegates per state who will sit at the National Party Convention in July or August. Some delegates are pledged delegates meaning they are to vote according to the state's final caucus or primary results at the National Convention, and unpledged delegates who are independent. Democrats have a more expansive group of unpledged delegates called superdelegates who are party leaders and elected officials. But there is no suspense. The nominee is the one who got the majority of votes at the various caucuses and primaries. At the National Convention, a lot of speeches are delivered to publicize **the platform** made up of different **planks** and the party's nominee is officially elected while the name of the possible vice president is made public. Both form **the ticket**. In 2016, the Republican ticket was composed of Trump and Indiana Governor Mike Pence and the Democratic one of Hillary Clinton and US senator from Virginia Tim Kaine. Both conventions are widely covered by the media and launch the political campaign for the presidency. Cities compete to host these events, watched by millions. In 2016, Philadelphia hosted the Democratic National Convention and Cleveland the Republican one.

On Labor Day, on the first Monday of September, the official presidential campaign starts. In order to better understand how it unfolds, it is worth noting the presidential election is a two-step process and again an indirect election. The common man or woman **casts** his/her **ballot** in his own state but does not elect the future president directly. He/she votes for a slate of **electors** whose names are most of the time not mentioned on the ballot. The electors are state officials or senior party figures. Originally the framers of the Constitution were divided. Some thought the Congress should elect the President as congressmen knew legislation better and as it would prevent big states from dictating their will to small ones. Others favored popular election and wanted the President to have electoral

accountability. But the popular vote was vetoed for fear than people should vote for their favorite local candidate. Eventually the **Electoral College** was a compromise. On the other hand, the system keeps the legislative selection by the House of Representatives as a backup plan in case the Electoral College did not have a majority.

Each state is allotted a number of electors equal to the number of senators (2) plus the number of representatives in the state. The Electoral College comprises 538 electors. In order to become president, a candidate must win half the electoral votes plus one i.e. 270. The number of votes for each party's candidate is counted in each state. The candidate who obtains the majority of votes in a given state wins all the electors of his own state. This is called **the winner-take-all** system. For instance in 2016, Hillary Clinton who got roughly 61% of the votes in California while Donald Trump obtained 31% and Gary Johnson 3%, won all the 55 electoral votes. The system tends to give small states an advantage, which was one of the Founding Fathers' objective.But criticism has arisen and some argue that for instance in 2012, the 13 million Californians who voted out of the 39 million Californian residents, determined the fate of 55 electoral votes whereas Wyoming which had 249,000 voters out of a population of 570,000 inhabitants got 3 electoral votes, meaning that each Wyoming voter was worth 2.87 Californian voters in terms of the share of the respective state's electoral votes. If the President were elected by a popular vote stricto sensu, the ratio between the largest and smallest states would be 70 to 1. In the Electoral College, though, the ratio is 18.3 to 1 nowadays.

The Electoral College meets in each state capital in December to elect the President of the United States. In fact it officially confirms the already known results as most of the electors are pledged to vote for the winner of their own state. The system is a reminiscence of the past when electors were thought to be wise men. The Founding Fathers were somewhat afraid that crowds could make bad choices and gave electors the legal right to vote following their conscience. To this day the Electoral College has never overturned an election result. Only Maine and Nebraska allow their electoral-college votes to be proportionally split among candidates. Twenty one states do not require their Electors to vote for their party's chosen candidate while the other 29 (plus the District of Columbia) penalize faithless electors with a fine. On December 2016, the Electoral College officially elected Trump as 45th President with 304 electoral votes against 227 for Clinton. Seven electors voted for someone other than their party's candidate. But Trump lost the popular vote (46%) to H. Clinton (48%) by roughly 3 million votes. This has happened 5 times: the previous time was in 2000 when Bush became president although losing the popular vote to Al Gore by 500,000 votes. Proponents of the system argue that it reinforces a two-party nation, thus securing political stability and that it acts as an amplifier of the gap between the winner and the loser. They also claim that with congressional districts drawn to benefit one party, because of **gerrymandering,** the popular vote in each state, would simply replicate the House. Opponents feel that in a democracy one voter should equal one vote. Democrats are trying to push states to join the "National Popular Vote" compact. It would require the signatory states to throw their electoral votes to the winner of the national popular vote, instead of giving their votes to the winner of their state. But small states would probably resent it and anyway it would be extremely difficult to change the constitution.

As a consequence, the role of the big states like California, New York, Texas, Illinois, Ohio, Michigan, Pennsylvania and Florida is paramount. Twelve of them represent 50% of electors! So the candidates mostly campaign in the states which have the most electoral votes, and also in those which do not always vote for the same party i.e. the **swing states**. Very often the margin of victory in those states is razor thin, around 3%. Candidates flood these states with advertising and visit them as often as possible. On the contrary, California, for instance, which has a lot of electors but has been Democratic for so long will not attract the candidates who virtually know the outcome of the election. The key for either party to win the presidential election is to target specific **battleground states**. The major swing states in 2016 were Florida, Ohio, and Pennsylvania. The first two, constantly swinging back and forth between parties have had near perfect records of picking the president over the five decades. No wonder Trump and Clinton channeled a great deal of time and resources on Ohio and Florida, both of which were won by Trump.

Election Day

Election day is always the second Tuesday in November of an even year because America was predominantly an agrarian society and November was the quietest period for rural laborers. It is on a Tuesday as it allowed people living in rural areas time to travel to towns and cities to vote while respecting the Sabbath. Besides the date does not clash with All Saints Day. Nowadays it is harder for working people to vote on a Tuesday. That's why some states have declared Election Day a civic holiday. In others, companies give their employees paid leave to vote. Finally most states allow early voting by post, from 4 to 50 days prior to the election according to states, which is becoming more and more popular. Eligible voters should be above eighteen and register, well ahead of time and produce some type of an ID with or without a photo, which is not always easy task for minorities. States decide which regulations to follow. On that day voters are also electing all 435 members of the House of Representatives who are elected every 2 years as well as about one-third of the 100 Senators who are renewed by third every 2 years. But they also vote for a medley of local and state officials like governors, members of the state congress, sheriffs, mayors, local judges, Board of Education members, and in some states support or kill referendum-amendments to the state constitution such as the legalization of marijuana, bilingual education for immigrants, gay marriage... In each **precinct**, an **election board** is appointed to manage the election and **tally** the votes. **Voting booths** are provided. The **ballot,** translated into Spanish in some states, is several pages long, which is one reason among others why the rate of **vote turnout** is so low in the United States, even if it is higher than for **mid-term-elections**. Minorities, in particular, seldom vote except for the surge of blacks for Obama in 2008. Young people very often feel unconcerned. All in all income and education are positive incentives to vote. Indeed many Americans are more interested in local affairs, and feel that whoever they will vote for, will not change their lives, and that Washington is very far away... It is estimated that 57.9 per cent of eligible voters participated in the 2016 election, down from 58.6 per cent in 2012 and from 61.6 per cent in 2008 - which in fact represented less than 45% of the total population- a peak due to the election of the first African-American president and thus to the high participation of blacks and young people.

Americans have voted with an array of various machines designed for multiple question ballots over the years: the **lever machine**, no longer in use, the punchcard machine which ended up in a fiasco in the 2000 presidential election when a recount took place as president Bush had won Florida by a very narrow margin. It led to nearly 200,000 votes being rejected as unreadable since the machines proved unable to properly punch through the ballot cards. Nowadays the **Direct recording electronic voting system** has replaced the others. As computers are susceptible to hacking, votes were counted again in Wisconsin, Michigan and Pennsylvania in 2016 but no fraud was detected.

What it takes to become president

It requires exceptional **stamina** both physical – as candidates criss-cross the country, delivering speeches, and chairing events – and psychological in order to withstand personal attacks, **mud slinging**, **negative advertising** and investigation by the Press, let alone the stress of TV covered public debates.

It is also necessary to have staggering amounts of money for the primaries and for the presidential election itself. Over the years budgets have been sky-rocketing, now of the order of $ 1 billion. The money comes from four broad categories of sources. One of them is self-financing. Millionaire Ross Perot spent $ 64 million in 1992 for his own campaign. Small individual donors also contribute. President Obama devised a new tactic: small popular contributions via Internet which eventually represented 32% of his total $700 million spending. Fund-raising dinners at outrageous prices or fabulous honoraria for lectures ($100,000) help fund the campaign. The Clinton Foundation, aimed at charities, was suspected of raising too much money for H. Clinton's campaign, which undermined her popularity. The third source comes from Special Interest Groups such as bankers, the oil industry, weapon traders, unions... Money is collected by Political Action Committees as Political parties are the fourth category of donors through **PAC**s and **super PAC**s. Generally speaking the candidate who raises more funds wins. Trump has been the first "budget loser" to reach the White House since Jimmy Carter in 1976. But Trump was a former reality TV star- launching the series *The Apprentice*- who knew how to talk to the American public. Besides he attracted the media by uttering politically incorrect sexist or racist remarks which were commented upon at length. He also advertised for his own campaign via twitter, attacking Clinton and speaking directly to the public. Thus he did not have to spend so much on negative ads.

The media

The **media** called **the fourth estate**, play a key role. It all started with Kennedy who was visionary, recognizing TV's potential. The candidates are in the limelight at each public meeting but mostly during the nationwide debates, which can be compared to boxing matches. In 2016 more than ever before, the three public debates were indecisive shows of finger-pointing and name-calling interspersed with spells of rhetoric, each party eventually claiming victory. All in all Clinton did better, showing she had deep knowledge of all dossiers.

Eventually most famous newspapers like *The New York Times, USA Today, the Atlantic Magazine*, endorsed Hillary Clinton and forecast her victory but for the first time proved wrong. The problem is that not many people read these intellectual papers but rather watch Fox News or other sites on Internet. Besides the public at large was fed up with mainstream media and the traditional political system, feeling that promises were never kept. In fact neither candidate was viewed favorably. Clinton was not very charismatic and embodied all the failures of previous presidents. Whites in the "rust belt" or coal regions felt jobs were lost despite Obama's promises, black demonstrations against the police proved antagonism between whites and blacks still existed, shootings evidenced gun laws were not enough, the Iraqi war and its aftermath, the Syrian deadlock and ISIS made it plain that the US could no longer be the policeman of the world'. They believed Clinton had connections with Goldman Sachs, pointed at after the sub-prime crisis. Globalization, immigration, a deteriorating education system, incompetent and short-sighted politicians at all levels, and political correctness seen as mere hypocrisy had spread an overriding sense of disgust. The middle-class whites felt that, thanks to affirmative action, minorities were better off entering well-known universities and getting jobs. They felt the American dream was dead and that the USA was about to lose its sway over the rest of the world. This explains why they eventually voted against Clinton, thought to stand for the establishment, and voted for Trump, who was an outsider even if he might have shocked them. They opted out just like most British people did when voting for the Brexit. As the political campaign had been harsh, Americans were starkly divided after the elections. It is worth noting that as more and more people interact with social networks, they live in their own circles or "bubbles", finding it hard to reach out to others.

Studies showed that Trump coalition was overwhelming white, and leaned toward male and older voters. He won whites without college degrees. His support from rural voters was nearly twice as high as Clinton's. H. Clinton appealed to women, urban voters and those with more education. She also got the votes from people who formed the backbone of Obama's coalition although in lesser number: blacks, hispanics, unmarried women and young voters.

Inauguration Day

Between election and **Inauguration Day** on January 20th when the **President- elect** is sworn into office and delivers his **Inaugural address**, the **incumbent** President is in charge of current office, but takes no initiative. Hence his name of **lame duck.** During this period the President- elect chooses his future cabinet composed of **secretaries** in the various **departments** and his future **aides**. but has no say in the policy of the United States.

In theory Obama retained all of his powers until noon on January 20th 2017. However when deciding what becomes law or not, his power was reduced all the more so as Republicans held the majority in Congress. Obama and Trump were unfailingly polite toward each other but president Obama did his utmost to protect his legacy both at home and abroad: he announced a permanent ban on offshore oil and gas drilling in the Arctic, reassured US allies in Europe and Japan that the same strategy would be maintained, attended the Asia-Pacific Economic Cooperation in Peru... On the other hand Trump shirked his duty of reserve, publicly demanding that Obama veto the UN vote that condemned Israel for Jewish settlements, contradicting the president in office. On Twitter he said the US must greatly "strengthen and expand its nuclear capability".

Eventually Obama ordered his lawyers to amend the executive order, specifically giving himself and his successors the authority to issue travel bans and asset freezes on those who "tamper with, alter, or cause misappropriation of information with a purpose or effect of interference with election processes or institutions" He struck back at Russia for trying to influence 2016 elections with the publication of Clinton's public emails she had sent from her private server , ejecting 35 intelligence operatives from the US. Obama was aware of hacking via Wikileaks among others but did not respond for fear of a Russian retaliation ahead of Election Day. But it is believed it would not have changed the outcome of the elections.

Vocabulary

Accountability **:** responsabilité
An aide **:** conseiller du président
A battle-ground state **:** État où les candidats doivent se battre car le résultat est incertain
Blue and red states **:** États démocrates et républicains. Ces couleurs furent choisies par les média pour l'élection de W. Bush en 2000, très serrée, afin de clairement démarquer les États à la télévision. R est la 1re lettre de « red » et de « republican »
Canvas (to) **:** faire du démarchage politique
Cast a ballot (to) **:** voter (jeter son bulletin de vote)
A caucus **:** réunion de membres d'un parti pou élire un candidat à la présidentielle
Checks and balances **:** système de poids et contre poids
A department **:** ministère
An elector **:** un grand électeur qui fait partie du Collège Electoral
Election board **:** commission électorale
Flyover state ou America's Heartland **:** un État qu'on ne fait que survoler : l'Amérique profonde
Founding Fathers **:** Pères Fondateurs
The Fourth Estate **:** le quatrième pouvoir (celui des médias)
Gerrymandering **:** découpage des circonscriptions électorales dans le but de favoriser un candidat ou un parti ; manipulation ou truquage électoral (e)
Impeachment **:** mise en accusation en vue d'une destitution
The incumbent **:** le président sortant
Inaugural address **:** discours d'investiture
Interest groups **:** groupement d'intérêts un peu semblables aux « lobbies »
A justice **:** un juge de la Cour Suprême
A lame duck / un « canard boiteux » **:** le président en place qui n'est pas réélu et n'a plus beaucoup de pouvoir entre fin décembre et le 20 janvier, donc un pouvoir dont les jours sont comptés
A lever machine **:** machine à leviers : pour voter, il faut tourner le levier selon la réponse voulue
Libertarian **:** libertaire, qui ne reconnaît pas de limitation à la liberté individuelle
mid-term elections **:** élections de mi-mandat des sénateurs et représentants
mud-slinging **:** attaques injurieuses
negative advertising **:** attaques télévisées ou sur la presse écrite
PAC's / Super PAC's **:** Comité d'Action Politique : groupe qui collecte et distribue les fonds provenant de groupes d'intérêts ou syndicats à tel ou tel parti.
A platform **:** un programme politique
A plank **:** point d'un programme politique
A precinct **:** circonscription
A president-elect **:** président qui vient d'être élu mais qui ne gouverne pas encore
A primary **:** une primaire
A punch-card machine
A running mate **:** colistier
A secretary **:** ministre
A slate **:** une liste
The spoils system **:** système des « dépouilles » i.e. employés publics perdent leur emploi si leur parti perd l'élection
Staggered **:** échelonné dans le temps
Stamina **:** endurance
Tea Party **:** parti conservateur contestataire aux États-Unis à partir de 2009, qui s'oppose à l'État fédéral et aux impôts : Sarah Palin du Tea Party était la colistière du Républicain Mc Cain en 2008. Ce parti est pour une baisse d'impôts d'où son nom. Le Boston Tea Party s'était rebellé contre les impôts anglais en 1773
A swing state **:** État pivot, État-charnière, au vote indécis, qui peut donc voter démocrate ou républicain selon les scrutins
A term of office **:** mandat
Tally (to) **:** tenir le compte, compter les votes
A ticket **:** la liste Président et Vice Président d'un parti
A vote of confidence **:** un vote de confiance
Voter turnout **:** participation électorale
A voter **:** un électeur
A voting booth **:** isoloir
Voting right **:** droit de vote
Wedge issues **:** les questions controversées
winner-take-all system **:** « le gagnant rafle la mise » i.e. il suffit d'un vote de plus d'un candidat dans un état donné pour remporter les voix de tous les électeurs de l'État.

File 12

The Glass Ceiling

Factsheet

All over the world, women owe their freedom and opportunities to pioneering women who had come before them to fight against overt gender discrimination in order **to reduce the gender gap**, and to obtain equal opportunities for men and women. A leading figure in the Women's Movement in the United States, Betty Friedan with her 1963 book *The Feminine Mystique* and many other women's rights activists after her aimed to **debunking** cultural stereotypes that cast women primarily in the roles of **stay-at-home mothers** in **a male-dominated society**. Yet, it is precisely thanks to the progress that women have made to fill the gender gap and to overcome discrimination that a different issue can be raised. Women are indeed still prevented from making it to the top and those in leadership positions recognize that there must be some kind of "Glass Ceiling". The "Glass Ceiling" metaphor refers to this invisible barrier ("Glass") in the work place which prevents women—the metaphor was later extended to minorities—from gaining access to top positions and to the highest **rungs** of the social ladder ("Ceiling"). Since this expression was coined in 1984, scant progress to break this "Glass Ceiling" has been made: out of a hundred and ninety heads of state, only nine are women; of all the people in parliament in the world, a mere 13 % are women; in the corporate sector, the percentage of women at the top remains less than 16 %. Many reasons can explain this phenomenon.

In an article published in July 2012 in the magazine "The Atlantic", Anne-Marie Slaughter, a mother of two teenage boys who served as the director of policy planning at the US State Department from 2009 to 2011, explains "why women still can't have it all". She examines how women and especially those with a family have a hard time getting access to the most prestigious positions at the top of the social ladder. She explains that there are three **half-truths** that are commonplace to explain this "Glass Ceiling". The first one is that women lack the sort of **commitment** that makes a real difference and enables them to climb the social ladder to the very top. It is indeed often said that this **"ambition gap"** could be bridged by encouraging women to go further and by presenting them with female role models who have made it. Yet, Anne-Marie Slaughter looks at some telling numbers; a simple measure, she says, is how many women in top positions have children compared to their male colleagues: every male Supreme Court justice has a family while two of the three female justices are single with no children and the third one began her career when her youngest child was almost grown-up. If we study these figures, it would seem unlikely that the lack of ambition and commitment are to be blamed. Instead, it would appear that the work environment in the highest spheres is hostile to women who are discouraged from obtaining the most powerful and prestigious jobs.

Second, society still values a **breadwinner dad** and a **caregiver mom**. It is often acknowledged that if men shared half the **parenting load**, women would find it possible to break the "Glass Ceiling" and fully engage in a demanding professional career. Although it seems essential for both men and women to share the household chores and the education of the children, this is clearly not sufficient to help women climb the last rungs of the social ladder. It is society and mentalities that must change to allow both parents **to combine work and family**.

Third, Anne-Marie Slaughter refers to the "culture of face time", that is to say the "relentless competition to work harder, stay later" that most see as the key to success.

The Center for American Progress reports that nationwide, the proportion of men and women working more than fifty hours a week has increased since the late 1970s, making it impossible for men and women to enjoy professional success and a true commitment to their family. Therefore the "Glass Ceiling" seems more real than ever for women who want to make it to the top and still find a **work/family balance**. Many women have started to fight this phenomenon. As a case in point, Hillary Clinton ran for the presidency, which must surely be seen as the highest "Glass Ceiling" that exists in the USA. Women demand a greater flexibility of work schedules, allowing women—and men—to do some of the work **off-site** and move away from a culture that only values the **"always-on"** mode of working.

Allowing women to reach the top positions would not only be fair to them, it would also benefit society at large as it would increase the **talent pool** in the workforce. Instead, women still find it a **gruelling** process to break through the barriers to reach the top. For women, and especially minority women, the "Glass Ceiling" has even turned out to be a **"Concrete Ceiling,"** that is to say an **unyielding** obstacle on their way up, as they face both sexism and racism in the labour market.

Extracts

[...] at the top levels of companies, many women continue to face a glass ceiling **hindering** their progression up the career ladder. Currently, company boards are dominated by one gender: 86.3 % of **board members** and 96.8 % of the boardroom chairs are men, while women make up 13.7 % and 3.2 % respectively. In the UK, 16 % of board members are women—this is above the EU average of 13.7 %.

The Guardian, November 19th, 2012

Women still make up less than one-third of American lawyers, even though they have made up almost half of new law-school graduates for the last two decades. In law firms, women make up 45 percent of associates but only 15 percent of equity partners and 6 percent of equity partners at the 200 largest firms.

The New York Times, September 29th, 2012

Thème

1. Le point de départ habituel, qu'on le dise explicitement ou pas, est de déclarer que les femmes ne s'impliquent pas suffisamment dans leur carrière et ne sont pas prêtes à faire les compromis et les sacrifices que les hommes qui réussissent font tout au long de leur carrière.
2. Les problèmes très terre-à-terre de ces postes de haut-vol comme des horaires inflexibles, le besoin de devoir voyager constamment pour réussir, le fait que tout doit se faire au bureau, ne pourront pas être résolus en exhortant les femmes à plus d'ambition.
3. Les femmes qui ont des enfants ont encore plus de mal à gravir les échelons supérieurs dans les cabinets d'avocats. Elles ont d'ailleurs deux fois moins de chances d'être recrutées que des femmes sans enfant ayant les mêmes qualifications.
4. À 30 ans, les femmes qui sont diplômées de l'enseignement supérieur, sont susceptibles d'avoir des enfants. Ce n'est pas une coïncidence si l'augmentation des revenus de ces femmes commence alors à fléchir. Pendant ce temps, celle des hommes se maintient.
5. La première femme à accéder au poste de juge à la Cour Suprême des États-Unis en 1981 s'appelait Sandra Day O'Connor et beaucoup pensait alors que sa nomination allait permettre aux femmes de briser le plafond de verre en mille morceaux. Malheureusement, il n'a été que fissuré.

Version

1. Condoleeza Rice is a **telling** example. She has been the first and only woman national-security adviser but when comparing with the other national-security advisers since the 1950s, she is also the only one not to have children.
2. Many women who hold **high-responsibility jobs** feel guilty to be dependent on **round-the-clock nannies** and many are very clear that although they did not want that life, they could not figure out a different way to combine their career and a family.
3. Men are still socialized to believe that their primary obligation is to be the breadwinner whereas women are meant to believe that their primary family obligation is to be the caregiver.
4. Being able to work from home—in the evening after children are put to bed, or during their sick days, and at least some of the time on weekends—can be the key.

Corrigé du thème

1. The usual starting point, whether it is expressed explicitly or not, is to declare that women are not committed enough and are not ready to make **the trade-offs** and sacrifices that successful men make throughout their career.
2. The **mundane** issues of those high-flying jobs such as inflexible schedules, the need to travel constantly to succeed, the insistence that work be done entirely in the office, won't be solved by exhorting women to close the ambition gap.
3. Women with children are having an even harder time climbing the highest rungs in law firms. They are actually half as likely to be hired when compared with childless women with similar qualifications.
4. At age 30, college-educated women are likely to start having children. It is no coincidence if that's also the moment when growth in women's earnings starts to slow down. Meanwhile, men's earnings continue to grow steadily.
5. The first woman to become Supreme Court Justice in the United States was Sandra Day O'Connor in 1981 and many thought then that her appointment would allow women **to shatter** the glass ceiling. Unfortunately, it only **cracked**.

Corrigé de la version

1. Le cas de Condoleeza Rice est éclairant: elle a été la première et la seule femme à devenir conseillère à la sécurité nationale mais quand on la compare avec les autres conseillers à la sécurité nationale depuis les années 1950, elle est aussi la seule à ne pas avoir d'enfants.
2. Beaucoup de femmes qui ont des postes à haute responsabilité culpabilisent de dépendre de nounous qui s'occupent des enfants 24 heures sur 24 et même si beaucoup disent rejeter ce mode de vie, elles avouent ne pas avoir trouvé d'autres solutions pour concilier carrière et famille.
3. On socialise encore les hommes en leur faisant croire que leur obligation primordiale est de subvenir aux besoins de leur famille alors que l'on éduque les femmes pour qu'elles croient que leur obligation primordiale est de prendre soin de leur famille.
4. Pouvoir travailler chez soi - le soir, une fois les enfants couchés ou les jours où ils tombent malades et au moins une partie du weekend - peut être la solution.

Vocabulary

"always-on" : qui ne s'arrête jamais
ambition-gap : décalage dû au manque d'ambition
board member : membre du conseil d'administration
breadwinner dad : père qui soutient sa famille financièrement
caregiver mom : mère qui s'occupe de sa famille
combine work and family (to) : concilier travail et vie de famille
commitment : implication
concrete ceiling : plafond de béton
cracked : fissuré
debunk (to) : déboulonner
hinder (to) : faire obstacle
fill the gender gap (to) : combler le fossé entre les sexes
gruelling : éprouvant
half-truth : demi-vérité
high-responsibility job : poste de haute volée
male-dominated society : société dominée par les hommes
mundane : terre à terre, prosaïque
off-site : à l'extérieur du bureau
parenting load : charge parentale
round-the-clock nanny : nounou qui reste 24 heures sur 24
rung : échelon
shatter (to) : faire voler en éclats
stay-at-home mother : mère au foyer
talent pool : des professionnels de talent qui ne sont pas embauchés
telling : révélateur
trade-off : concession
unyielding : qui ne cède pas
work/family balance : équilibre entre travail et famille

Ideas for discussion

1. **"A woman's place is in the boardroom." Discuss.** (ECRICOME LV1 2012)
2. **Is now a better time to be a woman than it used to be?** (ECRICOME LV2 2010)
3. **The "glass ceiling": a feminist myth?** (ECRICOME 2009 LV2)

Women's rights activists won fame through radical actions, like the Suffragettes carrying out violent actions in order to achieve equal rights with men. When feminists now argue that there is an invisible barrier in the work place that prevents women from getting access to top positions, one might wonder whether it is another exaggeration of theirs. Yet, the "Glass Ceiling" can actually be felt by women and minorities alike in their professional careers.

I. Women are discriminated against at the highest rungs of the social ladder

II. Minorities are also the victims of this underhand discrimination

To conclude, women have been discriminated against and prevented from having access to the highest positions in the work market for too long now. It does seem that although they have the same legal rights as men, they do not have the same opportunities on their way up and, indeed, other minorities have been subjected to the same unfair treatment. It might well take a woman in the White House to break this "Glass Ceiling".

File 13

Poverty – food stamps and foreclosures

Poverty and poverty policy can be traced back to the period when the majority of people began to become workers, losing control over the means of producing material support and becoming dependent on wages from paid labour. The notion of poverty was defined by Lisa Harker and Carey Oppenheim, both former co-directors of the Institute for Public Policy Research in the UK until June 2010, as "going short materially, socially and emotionally. It means spending less on food, on heating and on clothing than someone on an average income" adding it "takes away the tools to build the blocks of the future—your "life chances". It steals away the opportunity to have a life unmarked by sickness, a decent education, a secure home and a long retirement."

Poverty and politics

Mitt Romney (Oct 2012): "*There are 47 % who are with him (B. Obama), who are dependent upon government, who believe that they are victims, who believe that government has a responsibility to care for them, who believe that they are entitled to health care, to food, to housing, to you name it*[1]."

Despite the current economic predicament[2], where Western countries have to come to grips with[3] heavy debts while still ensuring social justice and cohesion through state help, poor people's problems are sometimes seen as largely the product of their own idleness[4] or inability, drawing a clear distinction in people's representation of the "deserving[5]" and "undeserving" poor[6] despite the widely-spread notion of the working poor. The poverty issue is turned into a long history of minimizing the struggles of the poor, repeatedly questioning the very idea of government assistance for those who need it, going as far back as the *Poor Law Amendment Act of 1834* in Britain in which it was stated that "(a) no able-bodied person was to receive money or other help from the Poor Law authorities except in a workhouse[7]; (b) conditions in workhouses were to be made very harsh to discourage people from wanting to receive help". More recently, during last year American Presidential campaign, a Mitt Romney campaign ad[8]—let alone the 47 % of Americans "dependent upon government"—was shown on US television blasting[9] President Obama on the issue of welfare. The ad claimed Obama ditched[10] the requirement in the 1996 welfare reform law that recipients[11] look for work in exchange for government support—in fact, fewer than 30 % of welfare recipients are actually engaged in the so-called work activities that are required by law. Newt Gingrich, the former speaker of the House and candidate for the Republican ticket in the primaries this year, railed against[12] food stamps and lambasted[13] President Barack Obama calling him "the food-stamp president" stretching it to[14] "We've had people take their food stamp money and use it to go to Hawaii." Even some beneficiaries who would willingly[15] argue that people often abused the program, claiming it was just morally wrong, no longer object to food stamps that can be up to $623 a month for a family of four while still struggling on

1. Et je ne sais quoi encore
2. difficulté
3. s'attaquer à
4. paresse
5. ***to deserve*** : mériter
6. http://feedingamerica.org/hunger-in-america/hunger-facts/working-poor.aspx
7. asile pour indigents
8. http://www.mittromney.com/forms/right-choice
9. décrier
10. passer à la trappe ; abandonner
11. bénéficiaire
12. s'élever contre
13. étriller
14. allant jusqu'à
15. bien volontiers

odd jobs[1]. Benefits[2] average about $130 a month for each person in the household, but vary with shelter and childcare costs.

Like those who, in the UK, regarded the *Poor Law Amendment Act of 1834* as jeopardizing "the bonds of society", the Labour leader, Ed Miliband, in November 2012 called for new rules to be introduced in the country to ensure every worker would be paid a "living wage", at least £7.20 an hour throughout the country—£8.30 in London—the minimum rate for an acceptable standard of living and keep them out of benefits as it appears that today one in five workers, the vast majority in catering[3], cleaning and retail[4], is paid below the living wage. Naming and shaming[5] employers not paying the living wage would be the key incentive[6] for the path towards the "One Nation" Mr Miliband advocated during the party conference a month before.

Food stamps

Facts and figures about the supplemental nutrition assistance program (SNAP[7]) formerly known as food stamps

People struggling with basic needs, include single mothers and married couples, the newly jobless and the chronically poor, long-time recipients of welfare checks and workers whose reduced hours or slender wages[8] make it harder to put food on the table and use food assistance for staples[9] like milk, bread and cheese. Almost 90 % of beneficiaries nationwide live below the poverty line (about $22,000 a year for a family of four, a little more than $1,800 a month). Officially, the food stamp program is now formally known as the Supplemental Nutrition Assistance Program (SNAP), which is administered by the US Department of Agriculture. It is broadly available[10] to almost all households with low incomes, though most of the benefits go to families with children.

Since 1996, welfare has been administered through block grants to states through a program called Temporary Assistance to Needy Families (TANF). It limits how long families can get aid and requires recipients to eventually go to work. It includes requirements for states to show they are successfully moving people off welfare[11] and into the workforce. In July 2012, the US Department of Health and Human Services, or HHS, allowed "states to test alternative and innovative strategies, policies, and procedures that are designed to improve employment outcomes for needy families", such as jobs, job training, internships[12] or school, to name a few. In the mid-1990s, critics of the food stamp program, likening[13] the benefit to cash welfare, won significant restrictions and sought even more. But after use plunged for several years, President Bill Clinton began promoting the program, in part as a way to help the working poor. President George W. Bush expanded that effort, a strategy Mr Obama has embraced[14].

The revival was crowned last year with an upbeat change of name. What most people still call food stamps is technically the Supplemental Nutrition Assistance Program, or SNAP. Since the benefit buys only food, it draws less suspicion of abuse than cash aid and more political support. And the federal government pays for the whole benefit, giving states reason to maximize enrolment[15]. States typically share in other programs' costs.

1. petits boulots
2. aides ; allocations
3. restauration
4. commerce de détail
5. dénoncer publiquement
6. une mesure incitative majeure
7. http://www.fns.usda.gov/snap/
8. maigre revenu
9. produits de première nécessité

10. largement accessible
11. faire sortir des programmes d'aide sociale
12. stage
13. assimiler à
14. approuver ; adopter
15. inscription

Millions of Americans receiving[1] food stamps report they have no other income. In declarations that states verify and the federal government audits, they described themselves as unemployed and receiving no cash aid—no welfare, no unemployment insurance, and no pensions, child support or disability pay. Their numbers were rising before the recession as tougher welfare laws made it harder for poor people to get cash aid, but they soared[2] by about 50 % between 2008 and 2010. In 2010, about one in 50 Americans lived in a household with a reported income that consisted of nothing but a food-stamp card. In 2010 one in eight Americans now received food stamps, including one in four children.

Recipients typically report a small rise in earnings just once every six months, so some people listed as jobless may have recently found some work. New York officials say their numbers include some households with earnings from illegal immigrants, who cannot get food stamps but sometimes live with relatives who do.

The expansion of the food-stamp program, which will spend more than $60 billion this year, has so far enjoyed bipartisan support. But it does have conservative critics who worry about the costs and the rise in dependency.

The Department of Agriculture, which administers the program, contracts with a computer firm to analyse food stamp purchases to root out fraud[3], such as trading food stamps for cash or using that money to buy beer and other inappropriate goods. Fraud remains a significant problem, costing taxpayers millions of dollars. The rate of fraud has continued to decline over the last decade, dropping by 56 % from 1999 to 2009, to a record low, according to the GAO (Government Accountability Office). The problem also lies within states, each of which has a different requirement for who receives such benefits.

1. http://www.nytimes.com/interactive/2009/11/28/us/20091128-foodstamps.html
2. grimper en flèche
3. lutter contre

The number of people on food stamps has reached an all-time high[4], following the economic downturn[5], before Obama took office, has a lot to do with that fact. Food stamp participation and costs have thus risen, from 28.2 million participants at a cost of $37.6 billion in 2008 to 46 million[6], at a cost of $75.3 billion in 2011, an increase of 65 %, according to federal data[7].

Figures from 2009 show the counties of northwest Ohio, where car parts are made, food stamp use is up by about 60 % in Erie County, 77 % in Wood County and 84 % in hard-hit Van Wert. In sheer numbers[8], growth has come about equally from places where food stamp use was common and places where it was rare. Since 2007, the 600 counties with the highest percentage of people on the rolls added 1.3 million new recipients. The richest counties are often where aid is growing fastest. Use has grown by half or more in dozens of suburban counties from Boston to Seattle, including California's Orange County, where the rolls are up more than 50 %. Food stamp use there has more than doubled. The program reaches deep in places of chronic poverty. Across the 10 core counties[9] of the Mississippi Delta, 45 % of black residents receive aid. In a city as big as St. Louis, the share is 60 %.

Foreclosures

In the wake of[10] the subprime crisis and with the end of soaring home prices, foreclosures helped accelerate the fall of property values, bringing about more foreclosures. The losses they created brought the financial system to the brink of collapse[11] in the fall of 2008. Defaulting[12] homeowners who lost their jobs often lost their homes. Tens of millions of others found themselves in homes worth

4. chiffre record
5. récession économique
6. http://www.fns.usda.gov/pd/34SNAPmonthly.htm
7. http://www.fns.usda.gov/pd/SNAPsummary.htm
8. en s'en tenant simplement aux chiffres
9. principaux comtés
10. suite à
11. au bord de l'effondrement
12. en défaut de payement

less than their mortgages[1], unable to sell or refinance.

Mr McCain surprised Mr Obama during their second debate in October 2008 when he proposed investing $300 billion in a programme to buy and refinance mortgages, echoing prominent Democrats. Convinced the government should help only "responsible borrowers," the Obama administration offered aid to fewer than half of those facing foreclosure pouring vast amounts of money into the financial system, the auto industry and the economy. Mr Obama said in Arizona a few weeks after taking office in 2009 that the government would help "as many as three to four million homeowners to modify the terms of their mortgages to avoid foreclosure," following some economists argument that debt reduction would hasten recovery[2] not just by preventing foreclosures, but by spurring[3] consumer spending, the nation's primary economic activity. Besides there were good grounds to believe[4] that even in the depths of the crisis, most Americans resented[5] rescuing their neighbours at public expense (the rise of the Tea Party in 2009 was proof that they were wise not to do more). Eventually, some economists and political allies say the cautious response to the housing crisis was the administration's most significant mistake, something Mr Obama later conceded despite a slight improvement in housing prices.

Collateral damages

As of May 2012, 4.3 million people had applied for aid, but only one million had received government-sponsored modifications (through the Home Affordable Modification Program-HAMP). The Center for Responsible Lending[6] estimates that Americans have lost $7 trillion in equity (the value of a mortgaged property after deduction of charges against it) during the foreclosure crisis inducing equity lost by the neighbours from homes ($2 trillion) that entered the foreclosure process between 2007 and 2011. More than half that $1.95 trillion in lost equity came from minority[7] homeowners; the average loss of equity from nearby foreclosures is $21,000, or 7 % of median home value. In minority neighbourhoods, the average loss was $37,000, or 13 % of median home value. Studies also show that foreclosures entail[8] a loss of tax revenue, a higher crime rate, lower school performance by children and a decline in health (anxiety or suicide attempts - 100 more foreclosures in a given zip code equalled about a 30 % increase in attempted suicides).

Measures

The Consumer Financial Protection Bureau in July 2010 was created to rectify and prevent lending abuses and ensure consumer protection as a central priority in a sound banking system. Foreclosure files slowed down after evidence that foreclosures had taken place based on forged[9] or un-reviewed documents. The result has been potentially millions of wrongful foreclosures, in which troubled borrowers have not been given the opportunity to modify their loans[10] and keep their homes. Roughly one million expected to have their mortgage debt reduced by lenders or to be able to refinance their homes at lower rates. Another 750,000 people who lost their homes to foreclosure from September 2008 to the end of 2011 would receive checks for about $2,000. In September 2010, before the documentation crisis, nearly 1,500 New Yorkers lost their houses as a result of foreclosure. The average over the first half of 2011: 286. That is far lower than at any point since the recession had begun. Similar foreclosure cases can have different fates. To increase their odds of staying put[11], the

1. l'emprunt immobilier
2. accélérer la reprise
3. stimuler
4. il y avait de bonnes raisons de croire
5. voyaient d'un mauvais œil
6. http://www.responsiblelending.org/mortgage-lending/research-analysis/collateral-damage.html
7. population issue de la diversité (hispanos, noirs)
8. entraîne ; a pour conséquence
9. fausse déclaration
10. prêt immobilier
11. pour augmenter leur chance de rester là où ils sont.

foreclosed who can afford it are hiring lawyers, a move that can drastically slow down a case. In Feb 2012, after months of negotiations between the Justice Department and five mega-banks (Ally Financial, Bank of America, Wells Fargo, Citigroup, and JPMorgan Chase) a legal settlement over fraud in the mortgage servicing and foreclosure processes was reached, which providing "substantial financial relief to homeowners and establishing significant new homeowner protections for the future[1]".

1. http://www.justice.gov/opa/pr/2012/February/12-ag-186.html

Vocabulary — Poverty – Homelessness

***bag lady* :** clocharde
***bare necessities (the) (of life)* :** le strict nécessaire
***beg (GB) (to)/ panhandle (to) (US)* :** mendier, tendre la main
***beggar (GB)/ a panhandler (US)* :** mendiant
***be hard up (to)/ broke/skint* :** être fauché
***be homeless (to)* :** être sans abri
***benefit (GB)/ welfare (US)* :** l'aide sociale
***be poverty-stricken (to)* :** être dans la misère
***be short of money (to)/strapped for cash/ penniless* :** être à court d'argent, manquer d'argent
***better distribution of wealth* :** meilleure répartition des richesses
***charity* :** association caritative
***destitute (the)* :** les indigents, les pauvres
***destitution* :** clochardisation, le dénuement
***dire poverty/grinding poverty* :** la misère noire, la misère extrême
***eradicate poverty (to)* :** éradiquer la pauvreté
***haves (the) and the have-nots* :** les riches et les pauvres
***hit rock bottom (to)* :** toucher le fond
***homelessness* :** le fait d'être sans-abri
***live below the poverty line (to)* :** vivre en dessous du seuil de pauvreté
***live from hand to mouth (to)* :** vivre au jour le jour, tirer le diable par la queue
***live on a dollar a day (to)* :** vivre avec un dollar par jour
***live on handouts (to)* :** vivre de la charité des autres
***live on the streets (to)* :** vivre dans la rue
***precariousness* :** la précarité
***redistribute wealth (to)* :** redistribuer les richesses
***scrimp and save (to)* :** faire des économies de bouts de chandelle
***shanty towns/slums* :** bidonvilles, taudis
***sink into poverty (to)* :** sombrer, basculer dans la pauvreté
***sleep rough (to)* :** dormir à la dure
***soup kitchen/a breadline* :** soupe populaire
***staple food* :** aliments de base
starvation wages (*to starve* – mourir de faim) : salaire de misère
***street people* :** les sans-abri
***tramp (GB)* :** clochard
***underprivileged (the)* :** les défavorisés
***vagrancy* :** vagabondage
***vagrant/a wanderer* :** vagabond
***voluntary organisation* :** association de bénévoles

File 14

The Environment

Global warming and consequences

The fact global warming is due to emission of greenhouse gases[1] and consequently man-related is now acknowledged worldwide; it is not only the concern of radical environmentalists[2] as Al Gore's documentary An Inconvenient Truth showed in 2006. The 1980s and 1990s were the hottest years in four centuries and 11 of the past 12 years are among the dozen warmest since 1850.

In 2001 the Intergovernmental Panel on Climate Change (IPCC)[3] had already issued warning on the consequences of such change in global climate: drought[4] and shortages[5] of water, extinctions of endangered species[6] like polar bears, biodiversity loss[7] (bleaching of 70% of coral reef in some areas), spreading of tropical diseases, and lower yields[8] from agriculture with more pest[9] infestation of crops[10].

Truly heat waves cause more fires (as in Australia where hundred thousand hectares of bush and forest are destroyed every year). Rising sea levels[11] caused by the melting of glaciers and polar icecaps[12] may drown some South Pacific islands while the frequency of tropical storms[13] and tsunamis is likely to increase. Fallouts will be far-reaching for the living conditions, fair access to water resources and survival of hundreds of million people worldwide who might be flooded out of[14] their homes and become relocated eco refugees.

> "Some parts of the world will be rendered unpleasant or uninhabitable by sea level rise, temperature increase, droughts and storms. But people use a fairly small portion of the earth's available land area, and climate change (initially, anyway) will have relatively moderate or even benign effects on some places. In assessing the cost of warming, then, much depends on how easily people, firms, and whole cities can move from one place to another."
>
> *The Economist*, Dec 6th 2012

Energy

In 1997 the Kyoto Protocol established the link between greenhouse-gas emissions, fossil fuels and resources (gas, oil and coal) and global warming.

The current boom of shale gas[15] raises many issues. It is supposedly less polluting than other fossil fuels but its extraction means fracturing the ground and it consumes millions of litres of water containing various chemicals[16] contaminating aquifers[17].

> "Shale gas is highly controversial, in part because of the fracking process. Fracking has already resulted in two small earthquakes[18] in Lancashire, and the process uses vast quantities of water, involves pumping chemicals deep underground[19] and can lead to methane leaks. This has led to serious concerns in the US, where fracking has boomed from Pennsylvania to Texas. Water supplies have been contaminated, toxic chemical cocktails used, and the industry attacked as operating under 'wild west' conditions."
>
> guardian.co.uk, Dec 13th 2012

Yet in the USA shale gas extraction is a bonanza[20] leading to energy independence and job creation. In countries like France where exploitation is prohibited, oil companies campaign to lift the ban[21].

Sustainable sources of energy such as solar panels[22], windmills[23] or geothermal facilities[24] are still expensive and cannot yet meet the needs of the growing global population.

Nuclear energy is a debated alternative: indeed it doesn't produce green house gases but the waste[25] produced is to be dealt with in the long term. Moreover nuclear accidents as those of Chernobyl in 1986 and Fukushima in 2011 recall the dangers it can represent for populations.

Corn[26] and palm-trees[27] issued ethanol and biofuel[28] could be a solution. But their use causes food prices to skyrocket[29]. 350 million people could be fed by the 40% of the corn used for cars.

> "With or without biofuels, many regions are, and will remain, highly reliant on imports to feed their citizens. But if scant productive resources are to be diverted to bioenergy, it should first be asked to what extent local communities are food insecure, whether local resources could not be better used to service local food needs (thus reducing import dependence), what modes of agriculture will be favoured, and whether the current users of this 'marginal' land, rather than being evicted, could be helped to become less economically marginal through the development of local markets."
>
> *The Guardian*, Dec 22nd 2012

The gap is widening between the haves and the have-nots[30]

Some innovations are being implemented[31] such as hybrid electric vehicles and energy-efficient appliances[32] but those are costly. Consequently, the gap between the green rich and the polluted poor is widening[33] within cities and worldwide at a larger scale, regarding developed and developing countries. This is also true within Europe.

> "The warning came in the latest report from the European Environment Agency (EEA). The divide between Europe's rich and poor nations could deepen as poorer countries in the south were hit by spiralling costs[34] for natural disasters such as flooding[35], storms, and extreme heat waves[36], it said. Existing socio-economic gaps between countries could widen because poorer countries had more limited resources to cope with and adapt to the effects of climate change, it said."
>
> (AFP- Nov 21st 2012)

The Doha Summit[37]

All those dangers are well-known but the world has so far failed to address them. However environmental awareness might lead- thanks to international summits and despite apparent failures- to at least more accountability[38]. After the 2010 poor results in Copenhagen, negotiations were launched in Durban in December 2011 and went on in Doha in December 2012 to reach a global agreement by 2015 that would commit all countries and would become efficient in 2020.

The Cop 21

The conference held in Paris from November 30th to December 12th 2015 was a diplomatic success since its 195 participants, including the USA and China, agreed to ratify the treaty. Hailed by President Obama as a turning point, it aims at keeping temperature increase under 2°C by 2100 and was officially implemented on November 4th 2016. Yet many environmentalists and indigenous communities expose the fact it entails no sanctions and mainly relies on states' goodwill. On June 1 2017 President Trump's withdrawal from the Paris climate agreement came as a shock. His decision, in the wake of his previous repeal of the Clean Power Plan, is a reversal of Obama's efforts on climate change, prompting a furious backlash all over the world. Indeed, he has appointed Scott Pruitt, a climate change denier and a close ally of the fossil fuel industry, to run the Environmental Protection Agency.

A question of life and death for some nations

The example of the Philippines is telling: they are plagued with more and more numerous typhoons, as Philippine negotiator emotionally pleaded in Doha. But China, India, the USA and Russia prove reluctant to sign binding treaties[39].

Yet, if we go on like this according to experts of the IPCC global warming won't be held within the limits of a 2°C increase to reach at least 3°C, a temperature that has not been observed on the Earth for 3 million years.

Decisions

After days of deadlocked talks[40] no decision was made on carbon dioxide cuts but an agreement was reached to curb[41] short lived pollutant[42] such as soot[43] and to work on the 2015 platform[44] which will prorogue[45] the Kyoto protocol (come to an end on Dec 31st 2012). Another positive point was the Climate and Clean Air Coalition (CCAC)'s victory to get the support of the US and the World Bank to secure a 5 billion dollar fund to help the poorest countries fight the effects of global warming.

> Unlike batteries based on cells, flow batteries can be made very large indeed, so they can store vast amounts of energy. Hence the idea of using them to collect surplus power from wind turbines and solar panels for use later. [...] A battery-driven world, then, would electrify parts of the economy, such as transport, that have been recalcitrant, and would encourage the shift from costly (and polluting) fossil fuels to "fuels" such as sunlight that cost nothing.
>
> The Economist Feb 2nd 2013

Prospects

Public opinions

Environmental change seems irreversible and the wisest attitude might be first to adapt to it. Yet there is hope: public opinions grow more supportive of environmental policies. Thus more than 51% Americans state they fear the effect of climate change and 80% are worried about water pollution. The Chinese government has to face an increasingly upset population in towns like Beijing confronted with an acute pollution which threatens public health.

> "On January 12th [...] the public outcry[46] over Beijing's atrocious air quality was putting pressure on officials to release more data about more kinds of pollutants. We also noted that Chinese authorities had already embarked on a wide range of strategies to improve air quality, and that they probably deserve more credit than either foreign or domestic critics tend to give them. But we concluded with the sad reality that such work takes decades, and that Beijing residents will need to wait before seeing improvements."
>
> *The Economist*, Jan 14th 2013

Innovation

Scientific breakthroughs[47] could help adapt to or slow down climate change. Thus nanotechnology[48] researches may achieve to produce more cost efficient photovoltaic panels or energy storage.

Oceans' waves and hydrokinetic[49] energy could also be exploited. Farmers in developing countries may be offered a wider and easier access to education, training and modern technologies. All those solutions require massive investment from international funds but the price to pay would be outweighed by the greater long term cost of doing nothing.

Environment and business

The protection of the environment might prove profitable[50] in the short term too. Indeed powerful international firms such as Ikea, MacDonald or Total now insist on their websites and in their advertising campaigns on their environmental commitment, aiming to improve their brand image[51].

Some innovating companies invest directly in green business and ecotourism[42] which become a more and more popular trend. Those strategies could not only be means to protect the environment but also to create sustainable growth[53]. Thus, in Toledo (Belize), the Cotton Tree Lodge is a successful eco-resort aiming at environmental sustainability. It implemented solar power, an organic[54] garden and a reforestation program of teak[55] and mahogany[56] trees. Waste is sorted out[57]. It also uses a composting system and recycles water.

Traduction : Thème

« Le chemin qu'il reste à parcourir après le sommet de Durban »

Ce résultat – le lancement d'un processus de négociation pour un accord global d'ici 2015 incluant des engagements de tous les pays –, est du a plusieurs facteurs. La plupart des pays, y compris les plus émetteurs, prennent conscience de façon de plus en plus marquée des risques climatiques. Or les émissions de gaz à effet de serre ne cessent de croître – elles augmentent aujourd'hui plus vite que la croissance économique ; tout délai dans l'action augmente le stock de GHG dans l'atmosphère et engage, du fait de l'inertie du système économique, la tendance des émissions futures. Enfin les perspectives de croissance sobre en carbone apparaissent de plus en plus attractives.

La plate-forme élaborée à Durban permettra d'ici 2020 d'engager tous les pays dans un accord juridiquement contraignant dont la forme reste à déterminer. Les obligations de chacun sont encore à négocier et devront prendre en compte les questions d'équité et de pauvreté essentielles pour beaucoup de pays. Mais quelque soit la forme choisie c'est le niveau d'ambition et la crédibilité de ces engagements qui en seront la clé.

En effet, au sommet de Cancun en 2010, les pays ont entériné l'objectif de stabilisation de la hausse moyenne de température à l'échelle du globe à un maximum de 2 degrés, pour éviter une aggravation des risques climatiques qui serait très dangereuse et très coûteuse. Mais les engagements pris pays par pays ne sont pas cohérents avec l'objectif de stabilisation des températures.

d'après *Le Monde* 4 janvier 2012

Proposition de traduction

Still a long way to go after Durban Summit

A negotiation was launched[58] to reach a global agreement by 2015 that would bind[59] all countries. Many reasons account for such a result. Most countries, including the biggest emitters are increasingly becoming aware of climatic hazards[60]. In the meantime, greenhouse gas emissions have continued to grow; indeed, they are expanding at a quicker pace than economic growth. Procrastinating any further increases the concentration of GHG in the atmosphere, and since the economic system is slow to implement change, this takes a toll on[61] the trend of future emissions. Additionally, the prospects of a carbon sober growth appear more and more enticing.

By 2020 the platform set up in Durban will make it possible to pledge all countries to a legally binding agreement but its specifics are yet to be determined. Each country's duties are still being negotiated. Issues of fairness and poverty that are critical to many countries will require consideration. But whatever the final agreement, its efficiency[62] will only depend on how ambitious and credible it will be.

In reality, at the Cancun Summit in 2010, the attending countries confirmed the objective was to steady the average[63] global increase of temperature at a maximum of 2 °C, in order to avoid worsening[64] climatic threats; trespassing this threshold[65] would indeed prove both extremely dangerous and costly. Nevertheless, countries' individual commitments have belied[66] this objective.

Vocabulary

1. ***a greenhouse gas*** **:** un gaz à effet de serre
2. ***an environmentalist*** **:** un écologiste
3. ***The Intergovernmental Panel on Climate Change (IPCC)*** **:** Le groupe d'experts intergouvernemental sur le réchauffement climatique (GIEC)
4. ***drought*** **:** la sécheresse
5. ***a shortage*** **:** une pénurie
6. ***an endangered species*** **:** une espèce menacée
7. ***the biodiversity loss*** **:** la perte de biodiversité
8. ***a yield*** **:** un rendement
9. ***pest*** **:** insecte nuisible
10. ***a crop*** **:** récolte
11. ***the rising of sea levels*** **:** la montée du niveau de la mer
12. ***a polar icecap*** **:** une calotte polaire
13. ***a storm*** **:** une tempête
14. ***to be flooded out of*** **:** être chassé de chez soi par les inondations
15. ***shale gas*** **:** le gaz de schiste
16. ***a chemical*** **:** un produit chimique
17. ***aquifers*** **:** la nappe d'eau phréatique
18. ***an earthquake*** **:** un tremblement de terre
19. ***underground*** **:** en sous-sol
20. ***a bonanza*** **:** une aubaine
21. ***to lift the ban*** **:** lever l'interdiction
22. ***a solar panel*** **:** un panneau solaire/ photovoltaïque
23. ***a windmill*** **:** une éolienne
24. ***a facility*** **:** une installation
25. ***waste*** **:** les déchets
26. ***corn*** **:** le maïs
27. ***a palm-tree*** **:** un palmier
28. ***a biofuel*** **:** un biocarburant
29. ***to skyrocket*** **:** monter en flèche
30. ***the haves and the have-nots*** **:** les riches et les pauvres
31. ***to implement*** **:** mettre en place
32. ***an appliance*** **:** un appareil
33. ***the gap is widening*** **:** l'écart se creuse
34. ***a spiralling cost*** **:** un prix qui s'envole
35. ***a flooding*** **:** une inondation
36. ***a heat wave*** **:** une canicule
37. ***a summit*** **:** un sommet
38. ***accountability*** **:** responsabilité
39. ***a binding treaty*** **:** un accord contraignant
40. ***deadlocked talks*** **:** des pourparlers/ négociations dans l'impasse
41. ***to curb*** **:** diminuer
42. ***a pollutant*** **:** un produit polluant
43. ***soot*** **:** la suie
44. ***a platform*** **:** un programme
45. ***to prorogue*** **:** prolonger
46. ***an outcry*** **:** une vive protestation
47. ***a breakthrough*** **:** une percée, une avancée
48. ***nanotechnology*** **:** nanotechnologie
49. ***hydrokinetic*** **:** hydro-cinétique
50. ***profitable*** **:** rentable
51. ***a brand image*** **:** une image de marque
52. ***ecotourism*** **:** tourisme vert
53. ***sustainable growth*** **:** croissance durable
54. ***organic*** **:** bio
55. ***teak*** **:** teck
56. ***mahogany*** **:** acajou
57. ***to sort out*** **:** trier
58. ***to launch*** **:** lancer débuter
59. ***to bind*** **:** lier
60. ***a hazard*** **:** un risque
61. ***to take a toll on*** **:** peser/avoir des conséquences sur
62. ***efficiency*** **:** efficacité
63. ***average*** **:** moyen
64. ***to worsen*** **:** aggraver, empirer
65. ***to trespass a threshold*** **:** dépasser/franchir un seuil
66. ***to belie*** **:** contredire, aller à l'encontre de

File 15

Business @t the speed of thought

According to Bill Gates in his book *Business At The Speed Of Thought,* life is going to change more in the next ten years than it has changed in the last fifty years. Business on-line is about communication. In fact, communication *is* the economy. 'A manufacturer that responds to sales in hours instead of weeks is no longer at heart a "product company" but "a service company" that has a product offering'. Gates' concept of "the digital nervous system" implies that companies can now offer prompt responses to competitors' challenges and customers' needs.

But this raises the question: what matters more?—*How* we communicate or *what* we communicate? How fast we make others enforce a decision we have taken? Or which decision we have made?

This new type of business has ignited the economy, sped up productivity and enriched the lives of many. All sorts of **dot.com companies** have **sprouted**. **Business on-line** is all the craze now, but is it only a flash in the pan?

Land's End began in 1963 as a traditional clothing **mail-order company.** The first major improvement they introduced was an *800 number* in 1978. The second was express delivery in 1994 and the third, a website in 1995. The first 2 innovations cut the average time between ordering and delivering from 3 weeks to 4 days. The 3rd cut the transaction time from 4 days to, well, 4 days! Payment also changed over the years. Customers first wrote and sent a cheque—later, they would phone and pay by credit card. With the Internet, they now order on-line and pay by credit card, risking fraud more than ever before. Although the company thought it could save money by displaying the goods on the screen, the consumers still want a small catalogue to look at, as well as palpable **fabric** samples. They even request personal advice over the phone.

Of course, Internet Shopping can prove very convenient for busy **yuppies**, the elderly and/or handicapped people. They can try on clothes with a virtual mannequin their own size. The new motto is that production should be **customized.** In addition, price comparison sites make it possible to get the best **deal** on a given item. Travel sites offer **bargains** and make your dreams come true. The recording industry is adapting to the new fashion. Their goal is to provide consumers with **tailor-made** selections of music **downloads**, while at the same time protecting the artists' rights.

During the "**IT** Bubble", companies saw their stock prices shoot up when they simply added an "e" prefix to their names, or a "com" to the end. It was called "prefix investing"! Many investors started speculating, regardless of the **P/E ratio** of the company. The collapse of the bubble in 2000/2001 caused many dot-com companies **to go bankrupt**.

The relation between "**bricks and mortar**" and e-commerce is complex. Starbucks, the popular US specialty coffee company, lost its entire $20.6 billion investment in "living.com", an on-line furniture **retailer** that laid off 275 workers. On the other hand, companies that did not invest online have had financial problems, like Virgin stores. Online companies sometimes need to open up stores, whereas fewer and fewer people buy books, DVD's or newspapers in shops.

Business on-line certainly heralds the dawn of a new age. And yet the dark side of this is that e-commerce has triggered some hard-to-solve problems: how can governments or telecom operators force Google to pay them taxes or duties? How can the privacy of individuals be preserved? How can fraud be deterred? All the while, High-Tech is **gluing us to** our computers, making us more individualistic than ever—even if new trends lure us into believing that we socialize when buying through Facebook or Twitter. Add to this the fact that **m-commerce** urges us to save even more time and money! Even if e-commerce is here to stay, a few executives are seeking a simpler life, finding solace in nature, and going to the local shops with their families. A new trend called "**downshifting**"!

How it all started

1960's and 1970's

Electronic Data Interchange (EDI)—still in use—allowed companies to exchange electronic data, such as formatted orders or invoices, etc. In agreement with the set of standards in North America Accredited Standards Committee (ASCx12), banks and military departments (during the Cold War) also used this system

1979 Michael Aldrich, an English entrepreneur, was credited with developing EDI into online shopping. He connected a television set to a transaction processing computer with a telephone line and created what he coined "teleshopping"

1982 **B2C** required consumers'access to new technology. In 1982, France launched the precursor to the Internet, called Minitel. It was free to telephone subscribers and connected around twenty-five million users to a computing network. It peaked in 1991 and was shut down in 2011 due to the success of the Internet.

1990/1 Tim Berners Lee, a CERN scientist, published a proposal to build a "Hypertext project" called "**WorldWideWeb**". Lee created the first **web** server and wrote the first **web browser**. It became a publicly available service on the Internet in 1991. He developed HTML and HTTP.

1994 The Secure Socket Layers (SSL), an **encryption** certificate by Netscape, provided a safe means to transmit data over the Internet.

1995 Credit card payment services became available to the still small online community. Amazon and Ebay took their first steps into e-commerce. 1995 also saw the inception of Yahoo, followed by Google in 1998, two leading **search engines** in the US.

Some statistics

It is worth noting that both in the US and in the European Union, e-commerce has grown much faster than the total of overall economic activity. Moreover, manufacturers and wholesalers rely far more on e-commerce than retailers.

US census: In 2010, total US shipments, sales and e-commerce amounted to $25,600 billion, up from $24,000 billion in 2009, an annual increase of 6.7%, while the e-commerce fraction of the above US economic activity ($14,000 billion) increased by 16.5%.

In 2012, according to the "Fédération E-commerce et Vente A Distance", e-commerce related to retail business amounted to €280 billion in the US, compared with €305 billion in Europe, which ranked first.

European Union (www.fevad.com) In 2012, online retail sales grew by 20% in France and by 25/30% in South and East Europe. France and Great Britain represented 70% of the total European retail e-commerce.

The new trends

M-COMMERCE: (www.bits.blogs.nytimes.com and mcm.cs.cmu.edu) In 2012, people spent $25 billion on purchases made from phones and tablets, an increase of 81 per cent from the year before, according to eMarketer. M-commerce accounts for 11% of e-commerce and is forecast to reach 25% in 2016 ($87 billion). "The shift is significant for a type of shopping riddled with challenges like small screens that make it hard to view items. Mobile shoppers spend an average of $329 per order when on tablets and $250 when on phones". Big e-commerce companies like Amazon or eBay cash in on m-commerce more easily than small shopping sites.

Tomorrow, mobiles may replace wallets and credit cards. They make it possible to look for a nearby restaurant or pay for items in a store. Key issues of security and privacy still need to be addressed. (www.oracle.com) The **cell-phone** has proved an invaluable tool for accelerating online and in-store purchases. More and more consumers buy from the palm of their hands. This success has encouraged organisations to continue investing in it, hiring more employees with skills in this domain. Mobile marketing is definitely the future communication, allowing companies to target customers directly. And yet, when customers were asked how well they could navigate a brand via multiple **touchpoints**, the results indicated that there was still much work to be done.

FACEBOOK: (bits.blogs.nytimes.com) "Facebook has long promoted the value of social ads, saying that word of mouth amongst friends is more valuable for users and marketers alike than generic marketing messages. A purchase shared on Facebook generates more purchases from friends. For instance, Giantnerd.com, a shopping site for outdoor gear, saw a doubling in **turnover** within two weeks of adding the "Like button". Of course, what's good for commerce sites that embrace social features is also good for Facebook, as they will advertise and spend money on Facebook."

TWITTER: A tweet is a short sentence, generally with only one piece of information. It is clear and concise, which Internet users love! So e-commerce companies can launch a simple offer, which will be seen by millions of people—a fast way of reaching potential buyers and multiplying the sales **at the click of a button**. People can access "@earlybird" account on Twitter to be informed of the deals. The **retailers** will determine the price and how many items are available. Twitter will earn money from the sales.

THE MARKETPLACE:
(www.ecommerceanswers.co.uk) Formerly, consumers used to go to the market to find all sorts of items, from food to clothes, etc., for bargain prices. On the Internet, the marketplace refers to sites such as Amazon, eBay, Craigslist, etc., which offer different kinds of products at the best prices. In an online marketplace, consumer transactions are processed by the marketplace operator and then delivered by the participating **retailers** or **wholesalers**. The key to a marketplace's success is either a high volume of traffic or quality traffic. One of the most common features of a marketplace is its consumers' rating system.

A few problems

FRAUD:(www.sophos.com; www.internetretailer.com) The fraud rate per order for online merchants in the United States and Canada decreased in 2011 from 0.9% to 0.6%, according to Cybersource, a provider of electronic payment and risk management services. It is the lowest rate of fraud in the thirteen-year history of the survey. However, criminals stole an estimated $3.4 billion from US and Canadian e-retailers in 2011, compared with $2.7 billion in 2010. Criminals are stealing more expensive items. The best-known **scam** is "phishing", a hackers' term that comes from "fishing", with fake emails and websites acting as "**baits**", and the victims being the online "phish". In phishing attacks, scammers spam out authentic-looking emails that claim to come from well-known legitimate institutions. The graphics and logos of the genuine emails are reproduced. Messages often include an urgent call to action, claiming that "the recipient has won a prize" etc. The recipients are encouraged to click on a website link in the email. On doing so they are taken to a **bogus site** that is virtually indistinguishable from the real one. Only relatively few victims are needed to turn the trick profitable. The average length of time for a phishing site to remain **online** is four days. A report by IBM reveals that US-based businesses are the most targeted organizations, accounting for 71.37% of all phishing email. Thus, despite **encryption**, online shoppers may fall victim to **swindles.**

PRIVACY: Each consumer's visit to an **online** shopping site leaves a trail of the consumer's choices. Afterwards, consumers may be swamped with ads. Facebook Gifts is a new service which profits from what the company knows about its users—their tastes and friendships—to encourage them to buy and send each other gifts. Insurances or other institutions might get to know consumers' habits and/or health problems (when buying medicines online, etc.), thus impinging on the consumer's privacy.

TAXES AND DUTIES: Google is thriving with revenues of $50 billion in 2012, 90% of which comes from ads. The problem is that Google uses its telecom partners' networks for free and does not pay taxes to the countries where it operates. Their asset is that they invest in activities—such as Gmail, Google Maps, Android, YouTube, Google +, etc., which are free, thereby appealing to **cybernauts,** while controlling the world market. For instance, Google only pays €5 million taxes in France with **sales** of €1.2 billion coming from ads while TF1 pays €90 million with **sales** of €1.5 billion. To retaliate, Free said that it would allow its customers to block online advertising. Google is currently being investigated by an antitrust committee of the European Commission. In 2013, Telecom-Orange signed a financial agreement with Google, while some French editors, like Hachette, talked Google into granting them €60 million to **digitise** books and finance new projects. Of course, Google is eager to find compromises rather than precluding the possibility of getting useful contents.

M-COMMERCE AND CHILDREN (symantec 2011) 23% of parents who let their children shop with their credit card online say their children overspent on it.

Vocabulary

bait : appât
bankrupt (to go) : faire faillite
bargain : bonne affaire
B2B : Business to business e-commerce (B2C : business to consumer ;B2E business to employee etc.)
bogus : faux, « bidon »
brick and mortar : entreprise traditionnelle « en dur » et non en ligne.
brick and click : entreprise qui a des services en ligne tout en restant une entreprise traditionnelle (opposée à "*pure click*" ou "*pure player*" : entreprise seulement en ligne)
(web) browser, browse (to) : navigateur, naviguer sur la toile
business on-line = e-commerce : le commerce en ligne
cell(ular) phone : téléphone portable, un mobile
click (at the click of a button/a mouse) : d'un seul clic (de bouton ou de souris)
customise (to) : personnaliser
cybernaut : internaute *cybershopper* cyberacheteur
deal, to strike a deal : marché, conclure un marché
delivery, deliver (to) : livraison, livrer
digitise (to) : numériser
dot.com company : entreprise sur le net (point.com)
download (to) : télécharger
downshift (to) : rétrograder (véhicule) vivre une vie plus simple
encryption : cryptage
glued to (to be) : être collé à (un écran) (fam.)
inroad : incursion
I.T. intelligence technology : l'informatique
log onto (to) : se connecter à
mail-order company : entreprise de vente par correspondance
m-commerce (mobile) : commerce sur téléphone portable
online : en ligne, connecté au réseau
on-site, : sur un site web
perk : avantage en nature
P/E ratio : *Price over earnings ratio* coefficient de capitalisation des bénéfices
platform = hub : plate-forme de commerce électronique
retailer : un détaillant
revenues/sales : chiffre d'affaires en américain
scam : arnaque
search engine : moteur de recherche
sprout (to) : pousser comme un champignon
swindle : escroquerie
tailor-made : sur mesure, à la demande
touchpoint : point de contact entre une entreprise et le consommateurs (sur mobile, courriel, réseau social etc.)
turnover : chiffre d'affaire en anglais GB mais roulement du personnel en anglais USA
web (the) w.w.w. (the world wide web) : la toile, la toile mondiale
wholesaler : grossiste
yuppie, a young urban professional : jeune cadre dynamique et ambitieux

Ideas for discussion

1. **The advantages and disadvanges of e-commerce**

   List all the advantages and disadvantages of: **B2B** commerce (90 % of all e-commerce): which started with Electronic Data Interchange—still in use nowadays (www.edibasics.co.uk and wikipedia): the system saves companies money and time, as document storage and processing does not require any personnel. It eliminates possible sources of errors, etc. But the initial set-up is very costly. Companies have to assess their needs very carefully and managers have to understand the underlying business process to use it effectively, etc. **B2C** commerce: Businesses have to decide whether they should be "**pure click**" or "**brick and click**". Explain why. Try to distinguish between the advantages of B2C for businesses—a global market, no middlemen, a decrease of marketing costs and overheads, 24H hour a day transactions etc—and those of the consumers—cheaper prices, a wider range of products, better delivery options, no queuing up in department stores, the importance of the customers' feedback and ratings etc. In the same way, list the disadvantages for businesses—not everyone has an Internet connection, not suitable for perishable goods, etc—and those for consumers: some people do not trust the Internet for financial transactions, problems of privacy, difficulties in returning the product or in getting a refund, lack of personal contacts and advice, etc. Study in the same way **C2B, B2E** and **C2C**.

2. **Comment upon Bill Gates' opinion**

   "The Internet is reshaping the relationships of companies with their customers".

3. **The various jobs created by e-commerce**

   (ww.buzzle.com, etc.) (Online marketing, **SEO** expert, website designer, online consultant, etc) List the jobs and the **perks** often offered to employees. Would you like to work in this field? Why or why not? Do you think e-commerce creates or kills jobs? Explain.

4. **The history of one of the biggest online firms**

   Choose Apple or Google or Amazon, etc. How did they grow? What is the originality of each of them, what helped them to become so powerful? Why is it still profitable for Amazon not to always make a profit? Study their fierce competition: IBM and Apple in the 80's, Microsoft and Netscape in the 90's, and nowadays Apple and Google (over operating systems of smartphones and tablet computers), Google and Facebook (over social networking, etc.) Show how the different activities of these giants are now blending and overlapping. Study their competition over music and e-books. What are the problems involved?

3. **New e-commerce inroads in India and China**

   (BBC video: India's e-commerce rapid expansion; China's Taobao Marketplace: Wikipedia etc)

4. **Tips to avoid fraud on the Internet**

   What can businesses, online inspectors and customers do to avoid fraud?
   (www.fbi.gov, www.ecommercetimes.com, www.intrenetretailer.com, www.sophos.com, www.csoonline.com, etc.)

III. QCM de civilisation (40 questions)

➲ Corrigé en fin d'ouvrage

1. The "Flapper" is the nickname given to
   a. Sexually liberated women in the 1920s in the USA
   b. Sexually liberated women in the 1920s in Canada
   c. Sexually liberated women in the 1960s in Australia
   d. Sexually liberated women in the 1980s in the UK

2. Black Thursday, October 1929 refers to
   a. the collapse of The Securities and Exchange Commission
   b. the collapse of the Wall Street Journal
   c. the collapse of the Wall Street Stock Exchange in London
   d. the collapse of the Wall Street Stock Exchange in New York

3. Until January 31st 2005, Alan Greenspan was at the head of
   a. The IMF
   b. UN
   c. The Federal Reserve
   d. The WWF

4. In the USA, the conflict between the free states of the North and the slave states in the South is called
   a. The Secession War
   b. The Civil War
   c. The USA war
   d. None of the above answer

5. The "Roaring Twenties" in the USA is a reference to
   a. The 1620s
   c. The 1820s
   b. The 1720s
   d. The 1920s

6. Why do tourists visit Ellis Island?
   a. For its museum
   b. For its zoo
   c. For its theme park
   d. For its park

7. The Supreme Court in the USA
   a. stands as the highest court represented in each city
   b. stands as the highest court in the land
   c. has 8 Chief Justices
   d. has no Chief Justice

8. Native Americans who represent 2 million people in the USA are
   a. American Indians
   b. American Hispanics
   c. African Americans
   d. Pacific islanders

9. The NHS is an acronym for
   a. The National Historical Society
   b. The Nation's Honorable Society
   c. The National Health System
   d. The National Health Service

10. Which of the following is not true?
    a. The Republic of Ireland was declared in 1949
    b. The Sinn Fein is Gerry Adams' political party
    c. Orangemen are Unionists

d. The 1998 Good Friday Agreement did not allow Northern Ireland to elect its own Assembly

11. The Silicon Valley in the USA is ....
   a. The biggest electronics area
   b. The biggest car industry area
   c. The biggest clothing industry area
   d. The biggest food industry area.

12. The translation of the "*League of Nations*" is ....
   a. Les Nations Unies
   b. La Société des Nations
   c. La Ligue des Peuples
   d. Le Legs des Nations

13. *Halloween* (with the *witch* and *Jack O'lantern*) in both Britain and the US, *Thanksgiving* in the US only, and *Bonfire Night* in Britain only take place in ....
   a. Winter
   c. Summer
   b. Autumn/Fall
   d. Springtime

14. What city do you associate the "Tea Party" with? ....
   a. Philadelphia
   b. Boston
   c. Baltimore
   d. New York City

15. Bob Woodward and Carl Bernstein are known for their role ....
   a. In the Monica gate
   b. In the Iran gate
   c. In the Watergate
   d. In none of the these

16. Segregation was banned in the United States ....
   a. In 1920
   b. After the Civil War
   c. In 1964
   d. In 1974

17. The decentralisation process in the United Kingdom is known as ....
   a. Regionalism
   c. Devolution
   b. Federalism
   d. Autonomy

18. The "Fourth Estate" refers to ....
   a. One of the branches of government
   b. Pennsylvania
   c. The media
   d. The Church

19. What decade was hit by the Great Depression? ....
   a. The 20s
   c. The 40s
   b. The 30s
   d. The 50s

20. Who was Malcolm X? ....
   a. A KKK member
   b. A Black Muslim Leader
   c. A German American spy
   d. The first man to walk on the moon

21. The Houses of Parliament in the UK are made up of ....
   a. The House of Representatives and the Senate
   b. The House of Commons and the House of Lords
   c. The House of Commons and Whitehall
   d. The House of Commons and the White House

22. In Britain they call him/her ...... while in the US he/she is called ....
   a. The Lord (High) Chancellor/the Attorney General
   b. The Chancellor/the Justice Secretary
   c. The Lord Justice/the Secretary of Court
   d. The Chancellor of the Exchequer/the Secretary of State

23. CIA is an acronym for ....
   a. Central Investigation Agency
   b. Central Intelligence Agency
   c. Central Investigation Administration
   d. Central Intelligence Administration

24. The "Pilgrim Fathers" ....
   a. Wrote the Constitution of the USA
   b. Founded the Commonwealth of Massachusetts in the 1620s
   c. Started the War of Independence
   d. Founded the USA

25. Whitehall is ....
   a. The street in London where many governments' offices are
   b. The British Home Office
   c. The Queen's summer home
   d. Princess Diana's residence

26. Habeas Corpus means ....
   a. That you are free to dispose of your body
   b. That you cannot be kept in jail indefinitely without a trial
   c. That you cannot be jailed until proven guilty
   d. That you have the right to be defended by a lawyer

27. Which of the following are all Ivy League? ....
   a. Harvard, Columbia and Yale
   b. Stanford, UCLA and Penn State
   c. Berkeley, Princeton and Dartmouth
   d. Georgetown U. CalTech and Cornell

28. Tony Blair was first elected in ....
   a. 1997
   c. 2001
   b. 1998
   d. 2005

29. The Union Jack is the flag of ....
   a. Ireland
   c. Great Britain
   b. England
   d. None of these

30. The Roe v. Wade ruling in the USA (1973) deals with ....
   a. Segregation
   b. Affirmative action
   c. Guns rights
   d. Abortion

31. In the American education system "Grades 1-6" correspond to ....
   a. Elementary School
   b. Secondary School
   c. College
   d. University

32. Abu Ghraib, Katrina, Jack Abramoff, Scooter Libby and Guantanamo stained ....
   a. The Reagan administration (1980/1988)
   b. The Clinton administration (1992/2000)
   c. The Bush administration (2000/2008)
   d. None of the above

33. The American Congress is composed of ....
   a. The Senate and the Governors
   b. The Supreme Court and the Senate
   c. The Senate and the House of Representatives
   d. The House of Representatives and the Supreme Court

34. In England, Eton is ....
   a. One of the oldest and best-known public schools for girls, at Windsor, Berkshire, on the river Thames
   b. One of the oldest and best-known public schools for boys and girls, at Windsor, Berkshire, on the river Thames
   c. One of the oldest and best-known public schools for boys, at Windsor, Berkshire, on the river Thames
   d. A weekly magazine

35. Which country is not part of the Commonwealth? ....

a. New Zealand
b. Canada
c. Ireland
d. Malta

36. Under the Act of Union with Scotland (1707), the Scottish Parliament voted for ....

a. Union with England
b. Union with Wales
c. Union with Ireland
d. None of the answers above

37. British women won the right to vote in ....

a. 1945
b. 1928
c. 1918
d. 1935

38. Margaret Thatcher became Prime Minister in ....

a. 1979
b. 1985
c. 1972
d. 1968

39. Ireland was divided into two: Northern Ireland (Ulster) and Southern Ireland (Eire) in ....

a. The 1920s
b. The 1930s
c. The 1940s
d. The 1950s

40. In the US the granting of the suffrage to women dates back to ....

a. The 1920s
b. The 1930s
c. The 1940s
d. The 1950s

Chapitre 7
Mieux écrire l'*essay*
Writing a better essay

I. The opening: laying out the context

When the essay question is linked to a written text (CCIP, IENA), your job is an easy one: the context of the exam topic has already been laid out in the article. You may skip this step. When your question stands alone (ECRICOME), however, you must devote your first sentence to outlining a general background for your reader before moving on to your specific thesis.

A very common error is to over-generalise, sometimes to the point where "the economic crisis" or "globalisation" can become a catch-all context for any topic. Be as precise as possible, even here, where the essay is at its most general.

You can do this in a number of ways, for instance by:

1. Characterising the context with rich adjectives and specific nouns

Instead of: "Immigration is a difficult problem."

Write: "Unchecked immigration poses the thorny problem of integration."

2. Avoiding overused and empty expressions

Instead of: "Nowadays global warming is a topical issue/a hot topic." (Hot, indeed! The juxtaposition of this tired and meaningless expression with the idea of actual warming is certain to make the exam board members laugh, but it won't improve your essay.)

Write: "Once the terrain of scientists and ecologists, climate change and what to do about it have become genuine public concerns."

3. Using definitions and suppositions to specify a general or over-used term

Instead of: "Globalisation has become a controversial issue."

Write: Once hailed as the means of lifting developing countries out of poverty, the globalised free market has come under harsh criticism in recent years.

4. Using and adapting an appropriate proverb

"The globalisation of free trade was supposed to be a win-win proposition—**a rising tide lifts all boats**, as they say—but clearly some have been **shipwrecked** along the way."

5. Introducing other elements that are closely linked to a general topic

Instead of: "Education is important."

Write: "In an age when job mobility is increasingly the norm, educating youngsters to acquire transferable skills is crucial."

Or: "Education is all the more important today as low and medium skilled jobs have been mechanised or sent abroad."

6. Briefly outlining the history of an idea

Instead of: "Women and men should be equal."

Write: "In spite of women's lib and changing attitudes toward women's roles, there is still much progress to be made in terms of gender equality."

II. The thesis statement

The key to writing a good essay is generating a good thesis statement. Writing a thesis statement forces you to analyse the exam topic so that you fully understand the question. It will also keep you focussed and on track as you develop your ideas.

But coming up with your own thesis statement can be challenging. It cannot be the same statement as the one found in the exam topic, even slightly modified. At the same time it must address all the key issues raised by that topic, and ONLY those issues. Your thesis cannot be so unrelated to the exam statement (*l'énoncé*) that you go completely off-topic.

So how can you make the question entirely your own without stepping outside its implicit limits? By looking for the debate.

Remember that an essay is an exercise in persuasion. It is not a test of how much you know, but rather **how well you can use what you know to build a case for your point of view**. This means you must take a position on a particular subject. So the best way to write an essay is to imagine a sceptical reader, then try and convince him or her of what you believe about the given topic.

All this implies that your position is not self-evident. There are necessarily different, competing points of view on the issue. Don't give your answer or opinion right away. Instead, **identify the underlying debate.**

First, write down everything that comes to mind about the topic, without any structure: ideas, examples, names and dates—brainstorming is an essential step in the process. Make use of your knowledge in all subjects: lessons in history, philosophy and literature as well as what you have learned about English-speaking countries and cultures.

One word of caution, however, is in order here: resist the temptation to reproduce whole lessons that you have learned. Invariably such a strategy fails to address the specificities of the question at hand. Pick out only relevant ideas, information and examples.

Then, read through your notes with a view to identifying and mobilizing **sets of principles** that define particular positions. Another way of putting it is this: ask yourself, **what is at stake**?

Such principles are higher-order categories of thought that are often only implicit in the exam topic, or only one principle may be mentioned, but no counter-principle. **By identifying, naming and placing such principles side by side you will frame the debate in such a way that taking a position will follow naturally**—either in the form of a clear statement or in the form an open question—to be answered in your conclusion.

In many debates positions are polarised. For this reason it can often be useful to think in terms of dialectical pairs of principles. Some examples of such dialectical pairs are:

- quantity/quality
- form/content
- theory/practice
- degree/kind (*degré/nature*)
- global/regional or local
- universal/specific
- cause/consequence
- individual/society
- individual/state
- private/public
- citizen/consumer
- progress/precaution
- rights/regulation
- laissez-faire/interventionism, etc.

Take for example the question:

> Public help, individual generosity or both? Which approach would you support to help those in need? (IENA LV2 2011)

Here, two opposing philosophies of government are more or less explicitly in play: a left-wing model emphasizing the role of the state and a right-wing one emphasizing individual responsibility. Your thesis statement should mobilize one or both of these pairs: public/private or individual/state.

Less obvious, however, are the higher order stakes in a question like the following:

> Some City bankers are now earning much more than Prime Minister Gordon Brown. Is this tenable? (ECRICOME 2010 LV 1)

But this, too, is a debate about the nature of the public and private spheres. What are the motivation and rewards of public service? Should they be the same as rewards in the private sector?

Only by identifying such principles or higher-order notions will your essay take the form of an argument. Without them, the answer to this essay question would be little more than a series of anecdotes about how President Sarkozy moved to boost his own salary by 150 % shortly after his election, or how New York Mayor Michael Bloomberg has waived his own salary, accepting only a dollar per year as a token salary.

While thinking in dialectical pairs can be useful for addressing some kinds of topics, other kinds of questions can be brought to the meta-level using a **series of higher-order notions or categories**. Consider the following question:

> To what extent can the United Kingdom retain its influence in the world? (CCIP 2011 LV1)

This question followed an excerpt from *The Financial Times* (October 22, 2010) that on the whole argued that Britain's influence in the world is set to shrink, and this largely because of necessary spending cuts in defence and diplomacy (and perhaps also because post-imperial Britain has been on the decline for decades).

The question posed by the exam board thus invited candidates to examine this proposition in light of their own knowledge. It was important, then, to move beyond the impact of spending cuts to the Foreign Office and the Defence Ministry cited in the text.

As students of English as a foreign language, candidates might be expected to see the prevalence of English as the world's *lingua franca* as a major vector of the UK's influence in a number of spheres. **Naming** those spheres of influence will give shape and structure to an essay:

Intellectual/cultural (from Nobel Prize winning literature to the BBC to pop music)

Scientific (from world-class research universities to peer-reviewed scientific journals)

Financial (from the City to the fact that English is the language of finance)

Historic (from the Commonwealth to the "Special Relationship" with the US)

At another level, there is room here for a dialectical opposition as well: all of the above spheres of influence participate in what international relations expert Joseph Nye has called "soft power." They contrast with the "hard power" of the military, and to that extent may compensate for the loss of some direct British influence due to austerity budget cuts.

Finally, be ready to modify your thesis statement after the writing process. Writing out your ideas will clarify them and may even lead you in new directions. Adjust your thesis so that it reflects this intellectual journey. In this way your introductory paragraph will clear a path toward your destination and set up clear road signs for the reader to follow.

III. Developing ideas

Very often candidates come up with relevant and interesting ideas, yet fail to develop them adequately. Here are three typical examples.

1. All description and example

Sometimes students cite good examples without clearly explaining how these examples support the idea or principle they are supposed to illustrate. Consider one student's paragraph in response to the question, "In your opinion, what are the current prospects for young Europeans given the current economic situation?" (CCIP LV1 2012):

> Moreover, most European countries are in debt, so governments have taken austerity measures to reduce public spending. Then, governments have also taken fiscal measures to balance the budget and citizens see their taxes rising, as in France. But such measures are very unpopular. So people have taken to the street to protest, in Spain and Greece in particular. Sometimes protests turn violent. These demonstrations show that young people in Europe are very worried about their future. The current situation doesn't give them hope for the future.

This paragraph does mobilize specific supporting evidence, but relies almost solely on description. It moves forward like a story, a chain of events: this happened, then this and so this. An argument, on the other hand, entails a hierarchy involving a key idea and supporting evidence. The key idea—the paragraph's topic sentence—must therefore be clearly stated and given prominence:

> Moreover, **European governments' measures to address their debt crises have contributed to a general sense of despair among youth.** Cuts in public spending as well as tax hikes have met with public protest that have on occasion spilled over into violence. In Greece, for instance... Similarly, in Spain...

2. Great idea—but where is the beef?

Too often a key idea is formulated then abruptly abandoned without examining its full potential—its causes, consequences and logical extensions. At other times a key idea is introduced and even elaborated on, but lacks specific examples to strengthen the case:

> First, the changing nature of the economy has caused a shortage of what could be called "traditional jobs", many of which are low-skilled. This implies new needs for businesses, but also for research. New skills are needed, and the high-level education that European schools can provide is a real asset for young people, allowing them to focus on new job prospects offered by what the new economy requires.

The higher-order idea here is a welcome one: a changing economy creates new and different opportunities for young Europeans. But the reader is left wondering: what has brought about this change? Technology? The globalisation of the workforce? What is the nature of the "new" economy? Is this what some have called the knowledge economy? And what are some examples of these new skills and new jobs?

3. Too much of a good thing

Finally, a paragraph is a self-contained unit of thought. Dividing up an essay into visual "chunks" or blocks on the page helps the reader anticipate twists and turns in the road on the way to your intended destination. A change of paragraph is a visual signpost to the reader that tells him or her to prepare to entertain a new idea.

By the same token, a single paragraph cannot contain several key ideas vying for a reader's attention, sending him in several different directions at the same time. Consider the following paragraph:

> The economic situation in Europe isn't getting any better. Most countries are in recession. Public debt levels are astronomical, therefore governments are implementing austerity measures. The National Health Service is hurting badly in Britain, where university tuition fees have also tripled. However obtaining a degree is essential nowadays is essential to start a career. In Spain, 25 % of youth are jobless. France lacks competitiveness and Greece is an economic mess. Indeed, our future looks gloomy.

Too many complex ideas are competing and overlapping here. Some of these elements are characterised as causes (public debt), others as consequences (joblessness, lack of competiveness), some as both (austerity and the high cost of getting a higher education). Is the reader meant to focus on reasons for austerity measures, their consequence on tertiary education or the causes of joblessness among youth? The result is almost as messy as the economy itself.

IV. Presenting ideas

Often students feel the need to announce exactly what they intend to do in their essays, along the lines of, "First I will examine X, then I will look at Y and Z and finally I will conclude"; or worse, they employ a sort of imperial "we": "We will begin by asking if..."

A skilled essayist, on the other hand, has learned how to give subtler signals to the reader as to the shape and direction his or her thought will take.

Similarly, novices often feel as if they must underline the fact that they have come to the thesis or "*problématique*" by using the fixed and artificial formula: "*We can wonder if* the American Dream has been undermined by increasing income inequality." The remedy here is simply to do away with the artifice and pose the question directly: "Has the American Dream been undermined by income inequality?" or even phrase the thesis as an affirmation that the essay will test against the facts: Income inequality has significantly undermined the American Dream.

But how can you underscore the meta-structure of your thought and draw attention to the most important ideas?

1. Use specific structures that "announce" an idea

What is at stake here is...

What this amounts to is...

There is little doubt that...

There is no question that...

The question is that...

The answer is that...

The trouble/problem is...

The issue at stake is...

The point is that...

There is a good case to be made for (→ *de bons arguments défendent la thèse selon laquelle*)

There is good/ample reason to believe that...

There is scant evidence of (→ *il y a peu de preuves que...*)

It can be argued that...

It comes as no surprise that...

No wonder/Little wonder (→ *il n'est pas surprenant que...*)

2. Ask rhetorical questions

Would it make any difference if... ?

Is it really surprising that... ?

What if... ?

How different is X from Y ?

How likely is it that... ?

3. Begin with a phrasal adverb (*adverbe qui porte sur toute une proposition*)

Ultimately, (→ *en fin de compte*)

Significantly, (→ *il est significatif que*)

Interestingly,

Paradoxically,

Oddly, (→ *curieusement*)

Ironically,

Actually, (→ *en réalité*)

Admittedly, (→ *il faut bien reconnaître que*)

Arguably, (→ *on peut soutenir que...*)

Presumably,

Understandably,

4. Make a concession

True,...

Granted,...

While it may be true that...

Though/Although...

However + adjective (However important boosting the economy *may* be)

No matter how + adjective (No matter how committed he claims to be/may claim...

There is, however, one "presenting" expression you should avoid. Writing "it is obvious that..." is either an insult to the reader's intelligence or to that of the exam board members who have proposed the exam topic. If your statement were truly obvious, then there would be no need to make the case for it. Nothing about this exercise is obvious. All aspects of the question deserve your close analysis.

V. Authentic and appropriate language

However rich the content or clear the structure, your essay will be assessed primarily on the quality of the English. Keep in mind the four "Cs": **correctness**, **coherence**, **clarity and concision**. To this basic list can be added a more ambitious goal: the use of **collocations**.

1. Correctness

Track your mistakes throughout the school year. Budget your time during the exam so that you have five or ten minutes at the end to check against your mental list of these errors.

Remember that an essay on current events and social questions will force you to make proper use of the present perfect: the very nature of the exercise requires you to take stock (→ *faire un bilan*) of events, trends and their consequences. Such stocktaking must be differentiated from historical examples, situated in the past thanks to the preterit.

This exercise also requires you to mobilise general notions (man – society – education – ecology – technology – *but*! – the environment – the economy – the law – the internet). A mastery of the use of article Ø and the definite article is imperative.

Finally, the essay is a piece of formal writing. Just as your structure should be rigorous and sophisticated, so should your language level. Banish transcriptions of informal speech (gonna) and eliminate contractions (can't, doesn't etc), which are markers of speech. Avoid all informal speech patterns such as, "way better" (write: "far better"), "really" (write: "much") and "for sure" (write "certainly" or "surely"). Use the informal, general pronoun "you" sparingly—"one" is more formal and therefore preferable.

2. Coherence: link words and subordination

The internal coherence of your larger argument should be made evident through the judicious use of link words and transitional expressions between paragraphs.

But your paragraphs and sentences, too, must adhere together logically. Linking structures, pronouns, proper subordination and relative clauses can effectively combine two or more ideas that are related and thus move an idea forward in a logical, coherent way. Without such subordination, paragraphs can sound like mere lists. Take a look at the following student paragraph:

> Yet young Europeans can change the downward trend. They fully master the Internet and social media and are more committed than previous generations to larger social issues. They are much more concerned about climate change and sustainability. Better educated than ever, they could do their utmost to develop new industries that could lead Europe back to growth.

A few well placed linking expressions and pronouns, together with some relative and subordinate clauses can help better connect and expand on these ideas:

> Yet young Europeans *are the very ones who* can change the downward trend. *Because they are technology savvy,* they are in a position to wield the Internet and social media to improve *not only* their own prospects *but also* those of their country. Compared to previous generations they *also* tend to be *both* better educated *and* more committed to ecology and sustainable development. *These* trends make them well equipped to innovate and develop new green industries that could grow the European economy.

3. Clarity and concision

Unfortunately many candidates imagine that peppering (→ *saupoudrer*) their essays with a number of set phrases learned by heart will make their essay sound more authentically English. Nothing could be further from the truth. Moreover, expressions like *last but not least/first and foremost/to put it in a nutshell/there's no denying that/X is a topical issue/etc.* are empty of meaning and lengthen an essay without adding anything in the way of information.

Space is quite limited for this exercise: you must be scrupulous about respecting the given word limit. An essay of "*environ 250 mots*" cannot reasonably be over 300 words! As a rule of thumb, a 10 % margin is acceptable. Flagrant offenders will see their mark sanctioned.

This also means that every word must count. Saying exactly what you mean—no more, no less—requires building up specific vocabulary over the school year. Learning words in their contexts thanks to the in-depth study of authentic documents, coupled with casual reading to reinforce such acquisition, is indispensible for clarity and precision in essay writing.

In addition to weeding out useless and lengthy expressions (first and foremost = > first; last but not least = > finally; be that as it may = > nevertheless) you can also write tighter, more concise sentences by using modals, which are dense in meaning. "One always has the possibility of doing X" can be shortened to "one *can* always do X"; "there are perhaps other reasons" = > "other reasons *may* exist."

And where formal French tends to include lengthy verbal expressions (*il a fait preuve de persévérance*), even very formal English is more likely to use verbs in direct structures. While "he demonstrated perseverance" is grammatically acceptable, "he persevered" is pithy, to the point, and more powerful.

Similarly, using the active voice can tighten your prose and make a point more effectively.

4. Collocations

Then, if you want to make your English sound even more authentic, strive to identify, learn and reuse **collocations**. A collocation is a linguistic term used to describe the way in which some words are systematically used together, often in specific contexts.

For example, South Korean UN General Secretary Ban Ki-moon is not a native speaker of English. Yet his English sounds authentic because he regularly uses collocations, as in this statement (heard on the BBC): "There is no question that Saddam Hussein committed *unspeakable* atrocities and *heinous* crimes." While there are many different adjectives that he could have selected to describe crimes and atrocities, he knew and used the adjectives that are most commonly used in such a context. In the same way, media reporting on a gun massacre will always generate the use of the same sets of fixed pairs: a *mass* shooting/a *wholesale* slaughter/a *lone* gunman.

VI. Example essays

1. CCIP LV2 2012

In traveling to the soft hills of Osawatomie, in eastern Kansas, on Tuesday, to the small town where Theodore Roosevelt laid out an agenda for advancing American civilization through the 20th century, President **Obama tried on the words of a Republican president who committed Republican heresy in the same place in 1910.**

And though Obama gave a good speech, one that framed the coming campaign as a "make or break moment for the middle class," he is no Teddy Roosevelt. Nor, for that matter, is the Republican party of today anything close to the one that T.R. led through nearly two terms.

In a century's time, the two parties have switched roles. Roosevelt, with his plea for an income tax, child labor laws, health care and conservation, his call for worker protections, control of corporate abuse, and "a square deal for the poor man," would be booed out of the room of any Republican gathering today.

Consider just one tine from the 1910 speech. "There can be no effective control of corporations while their political activity remains," Roosevelt said. "To put an end to it will be neither a short nor an easy task, but it can be done."

Try getting a member of *either* party to say such a thing today.

In attempting to show himself as the man who would ensure Roosevelt's progressive legacy, **Obama showed only the timidity of modern political discourse**. Roosevelt's speech was a manifesto; most of his ideas eventually became part of American life. Obama's Osawatomie oration was **a rear-guard action, defensive** of a governing philosophy under fresh fire.

Still, if the president can frame the election in the people-versus-the-powerful mode articulated by Roosevelt, he will win in 2012. He will win whether he faces a candidate easily cast as a corporate tool, in Mitt Romney, or if he faces an influence peddler, a man who epitomizes what's wrong with Washington, in Newt Gingrich.

"That's not politics," Obama said. "That's just math." He was referring to why the country could not make investments in its future without the rich paying more in taxes. But his words also apply to **the electoral calculation—a play for a majority that feels it is being left behind in an insider's game**.

So while there were no policy specifics in Obama's address, what we saw in the Kansas high school gym was the clearest vision yet of the Democratic strategy for 2012. "This isn't just another political debate," Obama said, in introducing his **theme of class fairness**: "This is the defining issue of our time."

[...] [The audience] at Osawatomie in 1910 heard a far-reaching vision from Roosevelt.

On the rich; "The right to regulate the use of wealth in the public interest is universally admitted."

On labor: "We need comprehensive workmen's compensation acts, both state and national laws to regulate child labor."

On the environment: "Conservation is a great moral issue, for it involves the patriotic duty of ensuring the safety and continuance of the nation."

On corporate power: "The Constitution guarantees protection to property and must make that promise good. But it does not give the right of suffrage to any corporation."

Today, Gingrich has called child labor laws "truly stupid," and has suggested that poor grade school students do the work of janitors at schools. The Supreme Court has elevated corporations to full citizenship, freeing them to use their power to dominate elections. Forget about conservation–virtually every major Republican presidential candidate denies the basic science of a potential global climate catastrophe. And Glenn Beck, a leading voice for the Republican crazy caucus, calls Roosevelt-style progressivism "a cancer on our Constitution."

But it's a shame that Obama, in channeling T.R. from a long ago summer's evening, could not reach for anything more stirring in his proposals than a call for the approval of his consumer protection bureau appointee, and the continuance of tax cuts for wage-earners.

So it is, **a curse of the modern political age: no one from our times is even a distant candidate for Mount Rushmore**.

Timothy Egan, in *The New York Times* December 7, 2011

Répondre en ANGLAIS aux questions suivantes : (environ 200 mots pour chaque réponse)

1. According to the journalist, why is Barack Obama no Teddy Roosevelt? Answer the question in your own words.
2. In your opinion, what characterizes political discourse in the US today? Use examples to support your point of view.

Question 2 analysis :

There are two dangers for candidates in this question. First, as always, there is the danger of allowing oneself to be overly influenced by the argument found in the article. For this reason it is advisable to read the second question before even reading the article, and to jot down any ideas that come to mind.

Here, the journalist's main point is that American politicians today lack the kind of leadership qualities that allowed Teddy Roosevelt to buck the party line and push forward with a vision that was in the best interest of the country.

This means that an answer cannot merely repeat and elaborate on the theme of Obama's timid and defensive discourse. Nor can it merely observe that Republican discourse has completely shifted from Roosevelt's position: the article has already demonstrated this point in great detail.

At the same time your answer must take into account the general context of the article. References to points brought up can and should be made. Relevant passages have been highlighted in bold typeface in the text.

Another common mistake would be to fail to give full weight to the key terms of the question. Here the operative word is ***discourse****, which necessarily limits the topic to speech and representations: the vision that different political parties lay out for the country. Any essay that tackles measures and legislation that politicians actually enact or endorse would therefore be off-topic.*

Republican Roosevelt rose above party politics to endorse progressive values. More recently Bill Clinton successfully crossed party lines by embracing free market principles. Today, however, it is hard to imagine either mainstream party opening up to the other's ideology. Indeed, American political discourse has become polarised and partisan.

Such political extremism is rooted in what has been called the Culture Wars, the idea that America is sharply divided into white, rural, religious traditionalists on one hand and diverse urban progressives on the other. Even Clinton was brought down by the religious right over his "immoral" sexual behaviour. Today the rise of the ultra conservative Tea Party movement has exacerbated this trend by pushing moderate Republican candidates out of primary contests.

Other sharp contrasts came into play during the 2012 presidential campaign as well. Obama's theme of "class fairness" was portrayed by Republicans as divisive class warfare because it pitted the "haves" against the "have-nots." Indeed, his campaign was largely successful because he managed to depict his opponent as an uber-rich corporate raider out of touch with a struggling middle class.

To a certain extent electoral campaigning depends upon drawing clear ideological distinctions. These days, however, political discourse on both sides of the aisle has become so polarised that it precludes any pragmatic, bipartisan compromise. The result is chronic, dysfunctional gridlock. (220 words)

2. ECRICOME 2012 LV1 essai

"A woman's place is in the boardroom." Discuss. *(de 225 à 275 mots)*

Analysis of the question:

This essay topic poses two difficulties. First, a good grasp of the very specific term "boardroom" is absolutely necessary: it designates not just the workplace but the highest levels of executive responsibility.

Then, at first glance the topic does not seem to present any controversy in our day and age. Few would deny that women have their rightful place in positions of responsibility. A candidate might be tempted to catalogue the names and positions of well-known and powerful female executives like Carly Fiorina, former CEO of Hewett-Packard, Marissa Mayer, CEO of Yahoo! or Sheryl Sandberg, Facebook's chief operating officer and first female board member. Such a list, however detailed and impressive, would not qualify as an essay. A debate must be identified and a position taken.

Barriers to women's achievement in the professional world have undeniably fallen. Young women in the West are now better educated than men. Some, like Yahoo!'s Marissa Mayer and Facebook's Sheryl Sandberg, have demonstrated leadership at the head of giant companies. Yet in spite of such a wealth of ready talent, women are still sorely underrepresented at the top of the corporate ladder: only 15 % sit on executive boards in America and 10 % in Europe. What obstacles remain and how can these be best overcome?

Persistent sexism and the old buddy network are no doubt partly to blame for the glass ceiling. With so few female role models and mentors in positions of power, professional women are handicapped in the competition to get to the top. One way of redressing the balance is to impose quotas on executive boards, as Norway and France have done. Yet this solution brings its own set of problems. It forces companies to give out power on the basis of gender rather than on merit alone, a policy that can reflect negatively on women who do get promoted.

Another culprit is family. Women are still far more likely than men to interrupt their careers to raise children or to care for ageing parents, making it difficult to gain the experience needed to fill top positions. They are more apt to choose career paths that do not require long hours and travelling, or where their skills will not become obsolete during breaks.

So the best way to improve women's professional prospects is to make businesses family-friendly. Companies should offer telecommuting and in-house childcare if they want to cash in on untapped female talent. (276 words)

3. IENA LV1 2012

Question d'expression personnelle :

In your opinion, are Western governments in a position to address the social consequences of the current crisis?

(300 mots + ou –10%; *sur 20 points*)

Question d'expression personnelle

The financial crunch[1] the West has been going through since 2007 has ignited[2] anxiety and social unrest. Austerity programmes, job cuts in the civil service[3] and corporations, a lack of confidence in the future have driven citizens out in the streets to demonstrate peacefully or violently.

We saw Indignant People's peaceful marches in Spain, Occupy Wall Street activists' sit-ins in New York—the 99 %—who calmly denounced the diktat of finance embodied by Wall Street—the 1 %. But we also saw violent riots and looting in London and Birmingham where young idle British urbanites took to the streets[4] for several reasons: youth unemployment, social exclusion, racism, class distinction.

Western governments are facing a dilemma. Given their unprecedented level of indebtedness, should they set up austerity programmes to refill their coffers or kick-start[5] the economy by increasing public spending? I truly believe that every nation-state should act in a more responsible way. No more cooking the books[6] like Greece, deregulating the financial sector British-style, or borrowing foreign sovereign funds as the US does. It is high time they cleaned up their acts[7]. The question is: how? Social inequalities will be alleviated only if they reform welfare, investment and tax policies. The priority should be an attack against vested interests[8] like bankers' indecent bonuses. To avoid a waste of money, welfare entitlements[9] should be subject to means-testing[10] potential beneficiaries. Raising retirement ages to make up for[11] population ageing would give welfare states a new lease on life[12]. Public funds ought to be invested in education and Research and Development. Eliminating tax deductions that benefit the better-off[13] could help too. All in all, we need a new form of centrist politics, half-social, half-liberal, to tackle inequality without hurting economic growth.

It will take a great deal of pragmatism and political acumen[14] for Western politicians to fix their economies while providing social justice and satisfying the voters' expectations from both sides of the political spectrum[15]. (314 words)

Vocabulary

1. ***a financial crunch :*** une crise financière
2. ***to ignite :*** déclencher/allumer
3. ***the civil service :*** la fonction publique
4. ***to take to the streets :*** descendre dans la rue
5. ***kick-start :*** relancer
6. ***to cook the books :*** falsifier les comptes
7. ***to clean up one's act :*** s'amender/corriger le tir
8. ***vested interests :*** intérêts privés
9. ***welfare entitlements :*** prestations d'aide sociale
10. ***to means-test :*** examiner les ressources de
11. ***to make up for :*** compenser
12. ***a new lease of life :*** un nouveau souffle/un nouvel élan
13. ***the better-off :*** les nantis/les plus fortunés
14. ***political acumen :*** flair/perspicacité politique
15. ***political spectrum :*** échiquier politique

4. IENA LV2 2012

(Voir sujet page 50, *No such thing as a free lunch?*)

Question d'expression personelle :

In your opinion, should the labour market be ruled by the law of supply and demand alone?

(250 mots + ou - 10%)

Question analysis

Any answer must clearly define the key term "the law of supply and demand," a concept that applies to goods and services in a free market, not only to the workforce.

The article is already an answer to the question: it makes the case that the labour market should NOT be ruled by the law of supply and demand alone in the specific context of work placement. The difficulty is therefore how to distinguish your own argument if you happen to agree with this assessment. It is essential to find new examples and analogies, and to extend the discussion beyond internships.

Though you may choose to refute it, the case for strictly respecting the law of supply and demand—which is missing in the article—should be made, however briefly. The underlying debate is an old one between advocates of free market forces and proponents of government regulation and oversight.

In a strictly laissez-faire economy, Adam Smith's invisible hand would insure the equitable distribution of jobs among the workforce, with workers offering skills in exchange for gainful employment and labour unions to ensure collective bargaining power. However in practice governments do intervene to ensure safe working conditions, fair hiring and firing policy and a minimum wage.

Indeed, when unemployment runs high government safeguards are necessary to compensate for the downward pressure on wages, thus ensuring decent living conditions for low-wage earners. But too large a hike in the minimum wage can actually reduce employment for the least well-off by making such work appealing to jobless skilled workers.

Moreover, imposing high wages drives up firms' costs and makes them less competitive on a global market. Strict regulation that makes it difficult to fire employees discourages companies from hiring in the first place. Indeed, many Western businesses have outsourced jobs to emerging economies with laxer labour laws and a cheaper workforce, so that government policy meant to protect employees has actually worked to counter purposes by shrinking job offers.

In view of this trend, some rich countries are moving to free up the job market. David Cameron's coalition, for example, has made it easier for British companies to fire underperforming employees. The IMF has urged European countries to reform burdensome labour laws. Even the French government—notorious for its strict regulation in hiring and firing—has commissioned a report on France's competitiveness that proposes slashing social charges for employees.

It seems clear that while worker protections should not be scrapped altogether, at least the principle of free-exchange must apply to jobs in a free market system. (274 words)

5. CCIP LV1 2013

Despite high youth voter turnout in 2008—48.5 percent of 18 to 24-year-olds cast ballots that year—levels are expected to return to usual lows this year, and with that the usual hand-wringing about disengagement and apathy among young voters.

Colleges and universities are supposed to be bastions of unbridled inquiry and expression, but they probably do as much to repress free speech as any other institution in young people's lives. In doing so, they discourage civic engagement at a time when debates over deficits and taxes should make young people pay more attention, not less.

Since the 1980s, in part because of "political correctness" concerns about racially insensitive speech and sexual harassment, and in part because of the dramatic expansion in the ranks of non-faculty campus administrators, colleges have enforced stringent speech codes. These codes are sometimes well intended but, outside of the ivory tower, would violate the constitutional guarantees of freedom of speech. From protests and rallies to displays of posters and flags, students have been severely constrained in their ability to demonstrate their beliefs. The speech codes are at times intended to enforce civility, but they often backfire, suppressing free speech instead of allowing for open debate of controversial issues.

Last month, Christopher Newport University in Newport News, Va., forbade students to protest an appearance by Representative Paul D. Ryan, the Republican vice-presidential nominee. Why? According to university policy, students must apply 10 business days in advance to demonstrate in the college's tiny "free speech zone"—and Mr. Ryan's visit was announced on a Sunday, two days before his Tuesday visit.

Also last month, a student at Ohio University in Athens, Ohio, was blocked from putting a notice on her door arguing that neither President Obama nor Mitt Romney was fit for office. (She successfully appealed.) And over the summer, a federal judge struck down the University of Cincinnati's "free speech zone," which had limited demonstrations to 0.1 percent of the campus.

In a study of 392 campus speech codes last year, the Foundation for Individual Rights in Education, where I work, found that 65 percent of the colleges had policies that in our view violated the Constitution's guarantee of the right to free speech. (While the First Amendment generally prohibits public universities from restricting non-disruptive free speech, private colleges are not state actors and therefore have more leeway to establish their own rules.)

Some elite colleges in particular have Orwellian speech codes that are so vague and broad that they would never pass muster at state-financed universities. Harvard is a particularly egregious example. Last year, incoming Harvard freshmen were pressured by campus officials to sign an oath promising to act with "civility" and "inclusiveness" and affirming that "kindness holds a place on par with intellectual attainment." Harry R. Lewis, a computer science professor and a former dean of Harvard College, was quick to criticize the oath. "For Harvard to 'invite' people to pledge to kindness is unwise and sets a terrible precedent," he wrote on his blog. "It is a promise to control one's thoughts."

Civility is nice, but on college campuses it often takes on a bizarre meaning. In 2009, Yale banned students from making a T-shirt with an F. Scott Fitzgerald quotation—"I think of all Harvard men as sissies," from his 1920 novel "This Side of Paradise"—to mock Harvard at their annual football game. The T-shirt was blocked after some gay and lesbian students argued that "sissies" amounted to a homophobic slur. "What purports to be humor by targeting a group through slurs is not acceptable," said Mary Miller, a professor of art history and the dean of Yale College.

Elsewhere, rules that aim for inclusiveness do more to confuse students than to encourage debate. Earlier this year, Vanderbilt prohibited student groups (if they wished to receive university support and financing) from barring students from leadership positions based on their beliefs. The apparent goal was to prevent evangelical Christian groups from excluding gay students from leadership positions—but the policy also means that a Democrat could be elected as an officer of the College Republicans.

A 2010 study by the American Association of Colleges and Universities of 24,000 college students and 9,000 faculty and staff members found that only 35.6 percent of the students—and only 18.5 percent of the faculty and staff—strongly agreed that it was "safe to hold unpopular positions on campus."

For reasons both good and bad—and sometimes for mere administrative convenience—colleges have promulgated speech codes that are not only absurd in their results but also detrimental to the ideals of free inquiry. Students can't learn how to navigate democracy and engage with their fellow citizens if they are forced to think twice before they speak their mind.

The New York Times, October 24, 2012

Answer the question in your own words (*environ 250 mots*):

In your opinion, should political correctness limit freedom of speech? Justify your answer with relevant examples drawn from the U.S. and/or the U.K.

Preliminary remarks:

The whole of the article is meant to demonstrate some of the abuses of the notion of "political correctness," which has already become a pejorative term. A key step in problematizing the question must therefore include a working definition of this notion, one that takes into consideration its connotations and evolution over time.

The danger to guard against here is that you may be over-influenced by the tenor and argument of the article. Even if you agree with the columnist, it is important to consider counter arguments, if only to nuance your own approach. Then, be sure and find your own examples of "political correctness" abuses, if that is your position.

Because the article itself is already an example of a critique of PC, don't waste space making a similar argument (PC sounds like Orwellian 'Newspeak, etc.) Rather, a more effective approach would be to characterise this kind of critique, showing how it works on a rhetorical level. Here, a style / substance dichotomy has been mobilised to define the terms of the debate.

Critics of political correctness claim that style is substance, that insisting on respectful, non-discriminatory language **amounts to**[1] imposing a world-view. The very term "PC" has come to denote an authoritarian attempt to police thought and dictate conformity to a left-wing agenda.

Yet from the beginning, excessive attempts to reshape language to reflect sensitivity sounded ridiculous and were easily parodied. Children's bedtime stories were re-written in "inclusive" language" for comic—and subversive—effect. And certainly the public debate over the extent to which PC may **muzzle**[2] free speech already has a long history: witness the drawn-out controversy over changing the name of the Washington Redskins football team because Native Americans feel offended by the **moniker**[3]. This suggests that critics continue to enjoy their right to express themselves openly.

Unfortunately, the **backlash**[4] against PC has been so strong that worrisome abuses of language may indeed justify **curbing**[5] free speech. Since the nineties, American "shock jocks" on radio talk shows have specialized in making racial and gender **slurs**[6], invoking their first amendment rights. More recently, social media have **joined the fray**[7]: Facebook has notoriously refused to take down pages that openly promote physical abuse and rape of women, and Twitter has been the object of lawsuits over hash-tags that include slogans like, "the only good Jew is a dead Jew."

So critical distinctions must be made. Individuals should certainly be free to decide if they prefer non-gender specific words like "police officer" to the more traditional "policeman." But speech that, **wittingly**[8] or no, targets groups in a degrading, derogatory or humiliating manner **crosses a red line**[9]. Hate speech must not be protected in the name of free speech. (275 words)

Vocabulary

1. ***to amount to*** : revenir à
2. ***to muzzle*** : museler
3. ***a moniker*** : appellation
4. ***backlash***: résistance
5. ***to curb***: limiter
6. ***a slur*** : insulte, atteinte
7. ***to join the fray*** : entrer dans la bataille
8. ***wittingly*** : sciemment
9. ***to cross a red line*** : franchir la ligne rouge

If you are more inclined to agree with the columnist, the challenge will be to expand the argument against « political correctness » beyond the examples and principles put forward in the article, which focuses on the pedagogical advantages for democracies of promoting a culture of free speech. But do be careful to limit your examples to the US and the UK, as the question stipulates!

Though sometimes taken to absurd extremes, the point of political correctness is respect for others. After all, **civil**[1] speech is the necessary condition for the existence of **civil society**[2]; without **mutual**[3] respect there can be no constructive dialogue. But this civic virtue often comes into conflict with the democratic principle of free speech, so the question arises: to what extent can fundamental ideals be sacrificed to preserve the social cohesion that political correctness **fosters**[4]?

There is a strong case to be made for refusing to compromise democratic ideals like the freedom of the press, religion or speech. Indeed, the US Constitution guarantees these rights for all citizens: they are the very foundation of the nation. But advocates of the rigid application of such ideals must enforce these rights even when they find the speech **despicable**[5]. US decision-makers were quick to defend the rights of the American filmmaker responsible for the controversial *Innocence of Muslims*, a 2012 film that greatly offended believers in Islam. But lawmakers are often much more divided when it comes to speech aimed at other communities. For instance, several US state and federal laws severely restrict anti-gay protest at military funerals. Nevertheless, the Supreme Court has protected the rights of these demonstrators on principle, **striking down**[6] such legislation whenever it is legally challenged (Snyder v Phelps, 2011).

Without this kind of rigorously equal treatment, **strife**[7] is sure to arise, undermining the spirit of community that political correctness is supposed to promote. So the true test of a democracy may be its willingness to enforce civil rights for all citizens, even in the face of pressure to show greater sensitivity toward historically oppressed communities. (276 words)

Vocabulary

1. ***civil*** **:** poli
2. ***civil society*** **:** la société civile
3. ***mutual*** **:** réciproque
4. ***to foster*** **:** nourrir
5. ***despicable*** **:** abject
6. ***to strike down*** **:** abolir, invalider
7. ***strife (non-count)*** **:** conflit, tension

I would like to thank my 2012-2013 ECS class (whose writing samples have been used here) for their enthusiasm, ideas and questions throughout the year, with special thanks to participants in the writing workshop for their contributions: Anne-Laure, Charles-Antoine, Clementine, Emilie, Hugo and Zoé. —Laura Killian.

6. ECRICOME LV1 2013 (de 225 à 275 mots)

Do wealthy firms have social responsibilities?

Preliminary remarks:

The answer to this question may seem self-evident in an era of corporate social responsibility. You may be tempted to answer 'yes,' and merely list off examples of companies that have gone green or that contribute to humanitarian causes.

A more sophisticated answer would define corporate social responsibility and analyse the philosophy behind the concept, but still might miss the underlying debate. To take a genuine position on the question (that is to say, find the debate), you need to examine the limits of CSR, too.

Old school economists used to hold that the "business of business is business," that if corporations have a social mission it is only indirect: to generate wealth, create jobs and raise society's overall standard of living. But these days, ethically-minded shareholders insist on corporate social responsibility. CSR is the philosophy that beyond profit-making, businesses must also take into account 'externalities,' the fact that wealth is generated thanks to the "commons"—environmental and human resources that belong to everyone.

Pioneered by Nobel Prize winner Muhammad Yunus, a self-styled 'social business entrepreneur,' CSR has been adopted by many firms hoping to **burnish their image** in the eyes of consumers and investors. Gucci has **teamed up with** UNICEF to improve education for the poorest in Africa, and jewelers like Chopard now advertise that their gold is "green," (from small-scale mines). "Fair-Trade" labels and eco-tourism are examples of ways in which companies are **jumping on the** CSR **bandwagon** to show that people and the planet matter as much as profit.

Such corporate activism is laudable and just, given the economic disparities and environmental damage that **unbridled** capitalism has wrought. Nevertheless, caution is in order. Firms may be tempted to "**greenwash**" their activity as a form of advertising. Consumers may be **lulled into complacency**, imagining that buying ethical products amounts to political activism. Governments may assume that the free-market is successfully self-regulating, and neglect to pass and enforce stringent safety and social regulation to protect people and planet.

Sadly, the 2010 BP oil spill and the tragic collapse of a garment factory in Bangladesh, killing over 1,000 workers in 2013, are poignant reminders that businesses must be **held accountable**, too. (275 words)

7. IENA LV1 2017

Do you think public opinion can have a significant impact on companies' policies?
(300 mots + ou - 10%, *sur 20 points*)

While Abraham Lincoln took the rather extreme view that "Public opinion in this country is everything", it is undeniable that consumer demand - what customers want or need in a product - is a key influence on product design. Good brand reputation also tends to equal healthy profit margins, giving both endusers and consumer organisations a great deal of power.

Moreover, the rise of social media and democratization of information means that, whether good or bad, news about a company's products and practices now resonates on a much vaster scale. The advent of the internet and cellphone communication has undeniably given consumers a louder voice, especially if an individual has enough social media followers to gain traction or publishes a blog post, video or tweet which then goes viral.

So, vocal protesters can shout out way beyond the pages of the local newspaper, which goes towards explaining why American retail giant Walmart now evaluates the potential risk associated with local protest movements before deciding to open a new superstore. Consumer action also undeniably tarnishes a brand's image, like the "Support breasts, not dictators" campaign against Triumph's bra factory in Burma.

Therefore, in a process comparable to lobbyists seeking to sway politicians and public decision-makers, the 'soft power' of PR is increasingly used to influence public perception of a given brand. Of course, savvy consumers know that companies pay for TV, press or social media-based advertising, and therefore prefer 'authentic' user feedback or customer testimonies, believing, sometimes naively, that this is more objective and more reliable. Big-name companies like Star-bucks and Levi Strauss even actively cultivate positive brand identity by investing in issues like water scarcity and HIV/Aids.

Such a preemptive moral stance means that there is a further challenge for shoppers, who must distinguish between the companies that truly push for positive social change and those that just cynically pay lip service to it. (312 mots)

8. IENA LV2 2017

Would you say that the Uberisation of the economy is creating a new underclass?

(250 mots + ou - 10%, *sur 20 points*)

The digital revolution raises new challenges every day for governments, companies and individuals alike. Start-ups such as Uber, Amazon, Facebook and Airbnb have revolutionised the way services are marketed, to such an extent that pundits talk of the Uberisation of the economy, with salaried workers morphing into contractors paid by the task.

This self-employed status and seamless collaboration via apps has created many openings for both skilled and unskilled workers: being one's own boss is appealing and the absence of commitment definitely fits the Z generation's thirst for freedom and independence, while easy sign-up processes make it quicker and easier to get started. All in all, the Uberisation of the economy offers unprecedented work opportunities for many who might be just scraping by on waning government handouts or feel they would otherwise be leading frustrating lives.

However, once the thrill of engaging in a new, up-and-coming sector wears off, the freedom that comes with, say, choosing one's schedule, can become a burden. For example, once taxes, social contributions, fuel, vehicle maintenance, etc., are factored in, many Uber drivers find themselves having to drive 60 or even 80 hours a week, just to make ends meet. The same goes for other services such as food delivery and all kinds of low-cost luxuries the middle classes crave, with automated digital apps simply farming out menial tasks to unqualified workers who end up feeling like modern-day slaves.

Ultimately "Uber-like" jobs can be a great stopgap or a fast track from welfare to work. But let's not be fooled, a Uberised job doesn't automatically make for a comfortable, fulfilling existence. (266 mots)

9. Ecricome LV1 2017

How wise were the Brits to vote in favour of Brexit?

Deciding on how wise the Brits were depends on the opinion one has of the European Union. If one considers the arguments put forward by the leave campaign, the British people were very wise to leave the Union since it would give them back their national sovereignty, control over their borders, and hand back power to the British Parliament. These were essential for Britain to protect itself from waves of immigration and from terrorist threats coming from abroad. Moreover, some doubtful European regulations would not need to be applied, meaning that British firms would be free to conduct business on their own terms. It would also open up new trade links with other areas of the world, thus enhancing Britain's balance of trade; being restricted more or less to the European market would be a thing of the past.

However, the Brits were unwise according to the remain campaign. Britain cannot progress as quickly if it stands alone, and the same can be said in the areas of security and defense. Being part of Europe means people can travel freely from one place to another, the same rules apply to all, and the strength of one means the strength of all. Markets were guaranteed, trade rules lead to a simplification of commerce, goods and services moved unhindered. Thus, pulling out of Europe means that Britain's immediate trade arrangements could be jeopardized, and more importantly Britain will become isolated. That makes the country much more vulnerable.

Thus, from a nationalist point of view Britain made a wise decision to leave, although from a more global, commercial point of view the decision was no doubt very unwise. Only Britain's capacity or not to 'bounce back' will tell if the decision was really a wise one or not. (295 mots)

10. Ecricome LV2 2017

1. Will 2017 see the beginning of the end of globalisation? Justify your answer with relevant examples.

Fifty years after President Reagan and PM Margaret Thatcher made occidental economies part of a deregulated global economic system, their successors could very well do the opposite. Indeed, globalization, i.e. the worldwide movement toward economic, financial, trade, and communications integration appears to have lost its attractiveness.

During his campaign, Donald Trump clearly voiced his protectionist views and his aversion to free-trade, which attracted blue-collar workers whose jobs were lost through globalization. Since he was sworn-in, he has cancelled the Trans-Pacific Partnership, scrapped its European equivalent, the Transatlantic Trade and Investment Partnership, and voiced his intention to renegotiate the North American Free Trade Area. He also intends to levy a 35% tax on goods imported from Mexico and a 45% tax on products from China, accused of price dumping, and thus of unemployment.

In Europe, candidates to several elections in 2017 often want to bring back trade barriers to reduce offshoring. In June 2016, the United Kingdom voted in favour of Brexit, thereby showing its intention to leave the European Union. Such a vote, triggered by the resentment towards Brussel's meddling in what many British citizens considered their own affairs, may lead to fewer global economic exchanges and more individualism. In France, some political parties favour bringing back borders and regulations. As unemployment is rampant, many accuse an interdependent world with unhindered movement of labour of hurting the job market.

Though globalization appears to be losing steam, with a drop in global trade, a slowdown of the Chinese economy and a weak European growth, yet, an increasing number of developing countries now take part in international trade, boosted by international relations and stability. (272 mots)

Essay

2. How would you explain the rise of populism in Great Britain and in the United States? Illustrate your answer with pertinent examples.

Populism, i.e. the offer of policies that appeal to the common person rather than proceed from traditional party ideas, has been on the rise for several years in democratic countries such as the USA or the United Kingdom. Although it chiefly comes into being where mainstream political institutions are perceived to have failed to deliver, no identifiable economic or social set of conditions give rise to it, and it is not confined to a specific social class.

When Great Britain organised its referendum over Europe in 2016, many citizens felt that the EU had too much power over their lives and traditions. Their resentment, fuelled by several politicians like the leader of UKIP, Nigel Farage, by a cheap press that systematically put forward the failings of the Brussels bureaucrats and the challenge of migration, led to the No Remain vote and to Article 50.

In the USA, after years when the two-party system was mostly immune to third party challenges, the Tea Party movement grew from the dissatisfaction of the ordinary citizens towards the elites. Holding large outdoor rallies, using patriotic symbols, it recalled the historical legacy of the American revolution. During the 2016 campaign, both Bernie Sanders (D) and Donald Trump (R) voiced the populist idea of economic protectionism. Steel-workers, laid-off because of the cheaper Chinese steel, car-factory workers suffering from the competition of imports from Mexico, adhered to such ideas. Attacking trade deals and the global economy, scapegoating undocumented immigrants and vowing to deport migrants were all populist views that led to Trump's election.

Some voters in France (FN), Germany (AfD) as well as Spain (Podemos) or Greece (Syriza) share such ideas. (274 mots)

11. ELVi LV1 2017

Do you believe an anti-establishment parallel can be drawn between the American election and Brexit?

In English-speaking countries, the establishment refers to a specific group or elite that wields power or authority over a country: in the UK, the monarchy, Parliament and the established Church; in the USA, the Republicans, the Democrats and the media.

In both countries, voters have recently rejected what they were expected to endorse. Brexit revealed the split of the British population between those wanting to remain attached to Europe, to its symbols of economic association and peace, and those who resented the erosion of sovereignty and the loss of control on issues like immigration. Likewise, the US campaign was simplistic, hinging on emotional issues like nationalism, illegal immigrants, revealing a lack of trust in politicians' promises.

In both countries, the electorate disregarded the wishes of influential political figures. Both David Cameron who campaigned to remain in the EU, and Hillary Clinton, - by far the more experienced candidate –, lost. Both embodied the typical establishment: Cameron through his highly traditional education (Eton, Oxford) and career; Hillary Clinton with her consummate knowledge of the workings of the administration, of international relations, of America's role in the world acquired during her husband's presidency. Their establishment status did contribute hugely to the great mistrust they both suffered.

In both countries, the surveys carried out by reliable polling agencies showed a narrow lead for "Remain" and a likely victory for Hillary Clinton. The results have led to a rise in anger and resentment. To this day, many British citizens wish a new referendum was organised, while in the USA, numerous demonstrations are regularly held to show the world the hostility of US citizens towards the president. (272 words)

12. ELVi LV2 2017

In the current political context, to what extent is the idea of "energy democracy" a valid prospect?

Climate change is by far the most crucial issue facing future generations. It is already affecting human lives and could get much worse if nations do not cooperate efficiently. But each of us can also make a significant difference. How achievable is "energy democracy" in today's US and UK?

Clearly, a transition towards consumer-owned energy production is not Theresa May's priority. There has been hardly any mention of the environment in her general election campaign. Since May 2015, green policies have been slashed, leading to a sharp drop in green investment. Even if back in 2008 the UK had committed to cutting its greenhouse gas emissions by 80 per cent by 2050, the fall has had more to do with warmer winters than with political will. As for Donald Trump, he rejects the scientific consensus on global warming and has pushed forward his "America First Energy Plan", focusing on fossil fuels to the detriment of renewables.

Having said this, Conservative and Republican governments are known to favour entrepreneurship and individual initiative. Recently, May recognised that the quasi-monopoly of the Big Six British energy suppliers had failed customers. She therefore promised a reform of the entire system, which could mean more input from individual consumers. During his campaign, Trump often described environmental regulations as an impediment to business. He might therefore keep an open mind about empowering individual consumers (or cooperatives) and allowing them to control their energy consumption.

However, the road towards energy democracy seems a long and windy one. Large companies will be very reluctant to abandon their dominant position. Besides, the oil and gas lobby is powerful in the US and can count on Trump's support. Last but not least, one could argue that such an uberization of peer-to-peer energy services would be too open to abuse and might even jeopardize customers' safety. (305 words)

Chapitre 8
L'oral aux concours

Vous trouverez dans ce chapitre les cinq types de sujets de concours pour vous entraîner à l'oral. Le logo indique qu'il s'agit d'un **document écrit**, alors que précise que le support est un **document sonore**.

Doc. n° 1 – Type ESCP

Performance-related pay will mean yet more emphasis on results

Teachers stand up in arms[1] against performance-related pay, for two main reasons. Firstly, knowing Michael Gove all too well, this is going to be payment by results, not prowess[2]. Aren't they the same thing, I hear you ask? Not at all, I say. There are many things taught and learned that do not lend themselves to being measured by an end-of-term exam but this move has the potential to trigger a stampede[3] to the exam grade line, which will ultimately lead to a narrower curriculum and masses of revision to pass tests. Next we'll have "hot-housing[4]" to get a pay rise. Anything not related to an exam will become of little value or importance. Mr Gove will like this because he is fixated with end-of-term exams. Oddly enough this hot-housing is exactly what currently happens in Singapore where January to April is pure "past-papers" and revision. Mr Gove also seems fascinated by Singaporean education.

Didn't we realise long ago that a narrow curriculum, based purely on passing exams, is an archaic notion? Over the past few years we have seen, particularly in primary schools, a real decline in focus on the foundation subjects. Children are no longer developing skills and knowledge in art, design technology at the rates they were before league tables[5]. Children are not all the same and some will excel in these areas and become our future designers or engineers.

Will the day come when primary schools teach merely numeracy and literacy? It is far from impossible if pay relies on it. Will a teacher pay anything but lip-service to other subjects when a much needed pay rise is needed? In an ideal world, yes, of course. In a world where mortgages[6] need to be paid and rising costs are squeezing household budgets? Perhaps not.

Bear in mind teachers start on a salary of around £21,588. After recent pension increases and so forth, that figure loses roughly a third. Many young teachers also have to pay back student loans. This means that some young teachers already lose up to 50 % of their wage. Is this prospect likely to attract top graduates, especially if they believe they have a possibility of staying on that salary if they don't hot-house their students? This certainly can't be a motivation for would-be[7] teachers. Many potentially high performing teachers will be lost.

Which brings me to point two: who decides what is good performance? The answer is the headteacher of course, who can set the teacher's targets without agreement, decide on the quality of teaching through observation and withhold[8] a pay rise if the targets are not met. And what will the department heads' targets be? No doubt based on the results obtained by junior staff. The head will expect results and the junior staff will be pressured into getting them: not for the student's education, but for money.

I am convinced that the incentive[9] will be to give increasingly more difficult targets and rely on sheer financial pressures to make teachers hot-house their students to pass exams. Because Mr Gove believes exams are all and everything. Oddly enough, that's what they believe in Singapore too.

By Joe Waddle, *primary school teacher in Wallsend*
Adapted from ***The Guardian***, 10 December 2012

Vocabulary

1. ***to stand up in arms :*** faire une levée de boucliers
2. ***prowess :*** prouesse
3. ***to trigger a stampede :*** déclencher une ruée
4. ***hot-housing :*** le bachotage
5. ***a league table :*** un palmarès, un classement
6. ***a mortgage :*** un crédit immobilier
7. ***would-be :*** potentiel
8. ***to withhold :*** suspendre
9. ***an incentive :*** un encouragement, une mesure incitative

Introduction

Confronted with global competition, governments around the world have been trying to find new, efficient ways to improve their education systems. One of them is the introduction of performance-based pay, which is what the British Government have decided to set up[1]. The author of the article—a teacher—thinks the new scheme[2] will have negative effects on pupils'skills and teachers' motivations. The author puts forward two reasons to explain why teachers are against the plan—because it will trim down[3] the curriculum and because it will have a deterring effect on teachers.

1. Outline

a. First reason: it will reduce the curriculum to what can be measured

With a performance-based system, merit will be defined according to quantifiable results and restricted to what can be mathematically measured to the detriment of the qualitative aspect of education, of the efforts the children make and the self-confidence they gain. The whole school work will be focused on taking tests, and as a consequence the curriculum will tend to be restricted to easily measurable subjects. This race for higher exam results will thus paradoxically lead to a dumbing down of education[4] the level of pupils in subjects that are not directly assessed[5] in the tests, like art and design technology, will drop, as core subjects[6] like literacy, numeracy and science, which are assessed through national standardised tests, will prevail over[7] foundation subjects like art and design technology, which are assessed by individual teachers. This is a loss of competence for the country.

b. Second reason: it will have a deterring effect on teachers

The author thinks the Education Minister is a fierce admirer of the Singapore education system, the basis of which is "hot-housing". Also called teaching-to-the-test[8], it consists in restricting teaching to training pupils for a final exam, thus focusing only on what is useful for it and forgetting everything else. Teachers will be enticed[9] to do the same. In a context of economic crisis and a loss of purchasing power, teachers will be tempted to have a utilitarian attitude and do their utmost[10] get a pay rise, even to the detriment of the interest of pupils. Moreover, considering the low, unattractive wages and the student loans they have to pay back, students will be deterred from choosing the teaching profession, all the more so as headteacher will be given more power to fix targets and put pressure on teachers, money becoming the sole motivation.

2. Commentary

a. Context: a pro-market conception of education

The introduction of performance-based pay is to be understood in a wider context of education reform. It is one among several elements that refer to a market-based approach of education, which is something like a bipartisan[11] policy both the Conservatives and Labour have resorted to[12]. The foundation stone[13] of such a policy is school choice: families become increasingly less constrained by catchment areas[14] and are increasingly given the choice of the school they send their children to. This has led to the evaluation the performance of schools and teachers to allow families to choose with all due knowledge, as well as to the introduction of competition between schools, materialised by league tables, and the creation of new types of schools, like free schools. All this is based on the assumption that the private sector is run more efficiently and more cost-effectively than the public sector. This kind of policy has been implemented to various degrees in many countries, for example France, where school catchment rules have been made more flexible and where the government publishes its own league tables, or the US, with the 2001 No Child Left Behind Act or more recently when Wisconsin Governor Scott Walker decided to put an end to collective bargaining for public sector workers and replace it with individualised merit pay.

b. Discussion: is the focus on performance an incentive or a threat?

The idea behind this pro-market policy is that evaluation is supposed to act as an incentive—the focus on results is supposed to encourage pupils and teachers to do their best in a competitive, survival-of-the-fittest[15] environment. Knowing that they are competing against one another, the members of the educational community will be forced to work harder and thus to improve the quality of education. Conversely, a system where families have no choice and where teachers' pay doesn't depend on their pupils' results is thought to be bound to fail, out of lack of motivation.

Standardised tests used to evaluate performance are also the best way to ensure equality of treatment between pupils and to ensure that they reach the required level.

One could reply that education is not a product, teachers are not service providers and their pupils are not consumers. A school should not and cannot be run like a company. The role of school is to develop pupils'skills and culture, to make free individuals and responsible citizens, and not to produce test-taking robots. The stress on performance is going to format education, which is in contradiction with the desire for a more individualised, pupil-centered kind of teaching. With this method, testing and learning become mechanical—students no longer think, they react mechanically to exercises they have been trained to take. But learning is not being able to do a certain type of exercise or to pass a particular kind of test, it means being able to apply one's knowledge to an infinite number of different situations.

Such a utilitarian system puts too much pressure on students, so instead of motivating them, it can have a destructive effect. It also completely ignores other dimensions of education, for example the development of creativity or the psychological and social development of the child. What about the pleasure of learning? Ignoring this is exactly what Peter Gumbel, an American journalist and lecturer at Sciences-Po Paris, reproached the French system with in his book published in 2010.

c. Wider perspective: the cult of performance

Performance-based pay in education may be seen as yet another symptom of the obsession with performance that prevails in western societies. Sociologist Alain Ehrenberg shows how the cult of performance results from the advent of the sportsman as the symbol of excellence rather than retardation and consumption as a source of self-fulfillment rather than alienation. The cult of performance thus affects all sorts of domains, not only sports, work or education, but also personal relationships (How many friends have I got on Facebook?), cooking (a TV program like Come Dine With Me shows that conviviality and sharing have been replaced with competition and peer assessment), and health care (a patient can now find out the ranking of a hospital and even sometimes of a service or even a doctor according to their so-called survival rates!).

Conclusion

Such a pro-market, performance-based policy is not limited to schools but may also affect higher education, as well as other areas like health care, police work or the judicial system.

Vocabulary

1. ***to set up :*** mettre en place
2. ***a scheme :*** un projet
3. ***to trim down :*** réduire, tailler dans
4. ***a dumbing down of education :*** le nivellement par le bas
5. ***to assess :*** évaluer
6. ***a core subject :*** une matière principale/fondamentale
7. ***to prevail over :*** prévaloir contre qqch
8. ***teaching-to-the-test :*** le bachotage
9. ***to entice :*** encourager, inciter
10. ***to do one's utmost :*** faire de son mieux
11. ***bipartisan :*** consensuel
12. ***to resort to :*** recourir à
13. ***the foundation stone :*** la première pierre
14. ***a catchment area :*** la carte scolaire
15. ***the survival of the fittest :*** la loi du plus fort, la loi de l'évolution

Doc. n° 2 – type ESCP

Ecuador will care for Julian Assange in embassy if WikiLeaks founder falls ill

Ecuador prepared to set up operating theatre in London embassy if necessary, says foreign minister

Ecuador is prepared to set up an operating theatre[1] in its London embassy if Julian Assange needs urgent medical attention and the UK is not prepared to give him a safe conduct to go to hospital and come back to the embassy, according to the Ecuadorean foreign minister.

As the WikiLeaks founder spent his 100th day in the Ecuadorean embassy, where he has sought refuge[2] from extradition to Sweden, where he faces allegations of sexual crimes, the country's foreign minister met his British counterpart[3], William Hague, to ask about contingency plans[4] should Assange need medical treatment.

Hague told Ricardo Patino that he would consult officials and lawyers and give his response within a few days, but a British official commented: "Maybe the Ecuadoreans should have thought of that before they granted him asylum[5]." The official added that British police were under obligation to arrest Assange as soon as he stepped out of the embassy.

"One thing we have proposed is to have an ambulance parked outside," Patino told *The Guardian* in an interview in New York. "What we have said, if such a case should happen, we should be ready to install an operating theatre inside the premises[6], unless Mr Hague responds, as he promised in the next few days, that Assange would be authorized to go to a hospital without being arrested."

The Ecuadorean foreign minister said that the Australian government had offered to help organise Assange's healthcare during an indefinite stay in an embassy apartment, given the diplomatic dead-end over his fate. Ecuador offered him asylum last month, saying he faced political persecution in the US, but the UK insists it is legally bound[7] to arrest him and extradite him to Sweden to face questioning in an investigation about sexual abuse. Australian officials have not confirmed Patino's claim that Canberra had offered medical help.

When Assange addressed diplomats at the UN general assembly this week, via a satellite link from the London embassy, he appeared pale, with dark rings under his eyes. His voice was hoarse[8] and his sniffed frequently.

Patino said he had no information about any health problem concerning Assange but added: "We know that anyone who lives in these conditions of confinement[9] may easily suffer from health issues, not only physical but also psychological. Imagine you have to stay in a room for three months. What if you are going to live in these conditions for five years?"

In November 2010, a Swedish court ordered Assange be detained for questioning after allegations by two women that what had started as consensual sex had turned non-consensual.

This week, Amnesty International called on Sweden to provide a guarantee that if Assange travelled there to answer questions over the sex-crime allegations, he would not be sent on to the US for charges connected to WikiLeaks' publication of thousands of US diplomatic cables[10].

A spokeswoman for the Swedish foreign ministry said the country's legislation did not allow any judicial decision like extradition to be predetermined. The UK, which would also have to permit an extradition to the US, has given the same response but Hague stressed to Patino at their New York meeting that extradition is strictly regulated and limited by the European Convention on Human Rights, which forbids them, for example, if the charges in question carry the death penalty[11].

Adapted from *The Guardian*, 28 September 2012

Vocabulary

1. ***an operating theatre :*** un bloc opératoire
2. ***to seek refuge :*** se réfugier
3. ***a counterpart :*** un homologue
4. ***a contingency plan :*** un plan d'urgence
5. ***to grant asylum :*** accorder l'asile
6. ***inside the premises :*** sur place
7. ***to be legally bound to :*** avoir l'obligation légale de
8. ***hoarse :*** enroué
9. ***confinement :*** enfermement, confinement
10. ***a diplomatic cable :*** un télégramme diplomatique
11. ***to carry the death penalty :*** être passible de peine de mort

Introduction

Since the publication of thousands of classified documents from the US Army and State Department by Wikileaks, Julian Assange has been in the limelight[1] and considered as a criminal by the US. On the verge of[2] being arrested in London, he took refuge in the Ecuadorean embassy, where the situation now seems inextricable. The article discusses the main healthcare issues relevant to Julian Assange's confinement. The journalist examines the solutions proposed by Ecuador and Australia, presents the point of view of the British Government, and finally evokes the extradition issue.

1. Outline

a. The solutions proposed by Ecuador and Australia

If Julian Assange needs an operation and the British Government refuse to allow him to go to hospital without being arrested, the Ecuador government is ready to have him operated in the very embassy. Of course a diplomatic solution is preferred, but they claim the Australian government have offered medical help for Assange, who is an Australian citizen. The reason why these solutions are envisaged is that, on his last TV appearance, Assange didn't look well and, more fundamentally, anyone living in such conditions of confinement may be one day confronted with health issues.

b. The point of view of the British Government

The British foreign minister says that he needs to have the legal issues examined. But an anonymous official source has a stronger view on the matter—the police are legally obliged to arrest Assange if he gets out of the embassy, adding that the issue was easily predictable. It remains that the official position of the British government is that Assange is to be arrested and extradited to Sweden.

c. The extradition issue

If he faces extradition, it is because the Swedish police want to hear him in the context of charges of sexual abuse. For Amnesty International, a solution would be that Assange be given the assurance that he would not be extradited to the US, but the Swedish government claim they cannot legally do that. This is also what the UK claims, adding that he may be protected by the European Convention on Human Rights.

2. Commentary

a. Context: what can explain the current situation

Why is Julian Assange wanted? He is the founder of Wikileaks, a whistle-blowing[3] website, which published classified Pentagon and State Department documents in 2010. The documents are thought to have been supplied by Private[4] Bradley Manning, who was arrested and is still waiting for his trial. Assange is now considered an enemy of the State by the American Government. He fears extradition to Sweden be he fears that Sweden may then deport him to the US, where he could face life imprisonment or even the death penalty.

Why Ecuador? For Assange, it was necessary to find a country that would not hand him over to the US. For Ecuador, granting him asylum is first a way to appear as a defender of freedom. Ecuador is anxious to support freedom of expression and protect Assange from political persecution. This is paradoxical for the country is rather known for practicing censorship, dissenting voices in the media being often muzzled[5]. Supporting Assange is also a way for President Correa to promote his anti-imperialist, anti-colonial, anti-American rhetoric.

b. Prospects: the possible outcomes

One may wonder how long Julian Assange could stay in the embassy. For months? For years? The situation is reminiscent of[6] the cold war, when Jozsef Mindszenty, a Catholic bishop[7] and an opponent to communism, sought refuge in the US embassy in Budapest, where he had to stay for 15 years before being allowed to leave the country.

If Julian Assange stays in the embassy in the long term, he might face health issues, especially psychological ones, as the embassy is a small, confined space. There could indeed be a humanitarian issue. If he tries to escape, he may be caught and extradited, which is what he fears the most. The British Government might also decide to break into the embassy, which is very unlikely, for it would be a breach of the inviolability of embassies and would jeopardize all the British embassies in the world. So the only solution seems to be political. But that will be difficult for the moment as public opinions in Europe and the US are diverging—in the US, he is rather thought to be a terrorist, whereas in Europe he is more often seen as a defender of freedom.

c. Discussion: Is Assange right to escape justice?

On the one hand, Julian Assange is considered as a terrorist by the US, because he published secret, stolen documents that put at risk the lives of many soldiers or diplomats. He is thought to use international law to escape justice.

On the other hand, Assange presents himself as a defender of freedom of expression who is persecuted for political reasons. He merely wanted more transparency in international relations, which is a perfectly legitimate ambition. He is right to escape justice, for he would not face a fair trial in the US.

d. Wider perspective: the notion of extradition

The purpose of extradition is to prevent criminals from escaping the law by fleeing to another country. It is in the interest of nations to cooperate to fight against crime. Usually extradition is possible only when a treaty was signed between two countries, with some restrictions, such as the possibility of death penalty or political crimes. But the role and duty of governments is to protect their citizens' rights and so they might be entitled to refuse to surrender a suspect. These two goals are difficult to reconcile.

Another issue with extradition is whether it should be a political or a judicial decision. A legal process involving court hearings is more neutral, as the rule of law[8] doesn't depend on public opinion or political considerations, but looks at the matter from a purely formal perspective. A political decision made by the executive, on the contrary, may be more clearly motivated and accountable to public opinion, but is less impartial and subject to the changing political or economic interests of the government at a particular time.

Conclusion

In conclusion, one may stress the role of public opinion or the difficulty to conciliate national sovereignty and international law or the contentious relationship between justice and politics.

Vocabulary

1. ***to be in the limelight :*** être sous les feux de la rampe
2. ***on the verge of :*** sur le point de
3. ***a whistle-blowing site :*** un site de révélations
4. ***Private Manning :*** le Soldat Manning
5. ***to muzzle the press :*** museler la presse
6. ***to be reminiscent of :*** rappeler qqch
7. ***a bishop :*** un évêque
8. ***the rule of law :*** l'État de droit

Doc. n° 3 – type ESCP

"After the Fall: The End of the European Dream and the Decline of a Continent" by Walter Laqueur

A review by William Drozdiak

Just a few years ago, a spate[1] of books trumpeted the ascendancy of a uniting Europe as the new global superpower that would run the 21st century. Europe's mastery of soft power seemed destined to eclipse military might[2] in the post-Cold War age. The building of a continent "whole and free" following the collapse of the Soviet empire would finally put an end to ethnic and nationalist conflicts. And the historic creation of the euro, as the coin of the realm in the world's biggest trading bloc encompassing 500 million prosperous citizens, foreshadowed the demise[3] of the dollar's supremacy.

These days the European dream seems to be turning into a nightmare. The prospect of the euro's collapse—caused by a sovereign debt crisis among its southern tier or "Club Med" members—threatens to unravel[4] the elaborate construction of a peaceful, prosperous and united Europe that stands as one of the West's greatest achievements in the wake of the devastation of World War II. The failure of the European project would not only cause catastrophic problems for the global economy, it would also imperil the foreign and security interests of the United States by destabilizing our nation's closest allies.

How did it happen? How could Europe's enviable progress toward building a zone of perpetual peace and prosperity suddenly detour toward the brink of disaster? In this book, historian Walter Laqueur explains how Europe's recent success in constructing a harmonious community of states actually masked serious vulnerabilities in political institutions that proved too fragile to bear the impact of the world's most severe financial crisis since the Great Depression.

[...] Laqueur describes in detail the demographic crisis that lies at the root of many of Europe's troubles. Decades of low birth rates have resulted in ageing populations that have placed a huge strain on pensions and health care largely covered by Europe's generous social welfare systems. These problems are now affecting many key policies. Indeed, in the current euro crisis, German government officials say their reluctance to bail out[5] Greece, Spain, Italy and Portugal is driven largely by fears among its own taxpayers that the bill will become so onerous as to jeopardize their retirement.

The flipside[6] of Europe's population problem is its growing difficulty of integrating large immigrant communities, which in turn has fueled a xenophobic backlash[7] among populist ideologues who want to expel or reduce the number of foreigners, especially from North Africa. Yet in many countries, the troubles stem from[8] second or third-generation offspring[9] who, while born and raised in Europe, have not been properly integrated but left abandoned in a cultural no-man's land outside mainstream society. In places as dispersed as the Paris suburbs and the British Midlands, large concentrations of unskilled and disaffected Muslim youths become potential recruits for criminal gangs or Islamic radicalism. According to demographers' predictions "major European cities, including Birmingham and Marseilles [...], will have a non-native majority in the not-too-distant future."

Yet demography and immigration represent only part of Europe's pathology. The continent at large has failed to respond effectively to the competition posed by cheap-labor nations such as China and India. Except in a few isolated industries, Europe has lacked the entrepreneurial spirit to find ways to stay ahead of the rest of the world. As Laqueur suggests, a marginalized Europe may simply be the latest example of the inevitable rise and fall of great powers throughout the course of history [...]

Can Europe manage to rejuvenate itself and become once again a powerful influential force in world affairs? Laqueur sounds doubtful. He suggests, rather, that Europe's fate may become that of a cultural theme park, "a kind of sophisticated Disneyland for well-to-do visitors from China and India." As the birthplace of the Renaissance, Europe guided Western civilization out of the Dark Ages into a new era of enlightenment. In the modern age, the Old World banished centuries of nationalistic conflicts through ingenious statesmanship[10] that created a community of states. It would be a tragedy for the world if this achievement in supranational governance should fall victim to myopic leadership and parochial[11] impulses[12] in the global financial crisis.

By William Drozdiak,
Adapted from *The Washington Post*, 7 January 2012

Vocabulary

1. ***a spate :*** une recrudescence/ une série
2. ***military might :*** la puissance militaire
3. ***demise :*** la disparition/ la fin
4. ***to unravel :*** défaire
5. ***to bail out :*** renflouer
6. ***flipside :*** le revers de la médaille/le mauvais côté
7. ***a backlash :*** un contre-coup/ un retour de manivelle
8. ***to stem from :*** provenir de
9. ***offspring :*** la descendance/ la progéniture
10. ***statesmanship :*** qualité/ envergure d'homme d'État/diplomatie
11. ***parochial :*** étroit d'esprit/ sectaire
12. ***an impulse :*** une impulsion/ un élan

Introduction

In times of economic and financial troubles all over the world, it comes as no surprise that Europe's situation is described as critical despite the deeply ingrained[1] belief that this united continent could only experience success throughout the ages. In this article from the Washington Post, the journalist wishes Europe kept its leading role in the world for three reasons: its glorious achievements in the past, its diplomatic ingenuity in the present and its historical alliance with the US, both political and economic.

1. Outline

a. The journalist's stance

According to the journalist, Europe, the pioneer of enlightenment supranational governance, must survive and prevail if it is to smother[2] ultra-national influences or check regional domination that could rekindle[3] territorial conflicts and wars. He wonders why Europe is losing its might and influence in the world and finds some answers in an essay by W. Laqueur entitled: "After the Fall: the End of the European Dream and the Decline of a Continent".

b. The American historian's viewpoint

In Laqueur's view, if Europe is on the verge[4] of imploding, it is due to the frailty of its social, economic and political institutions, its demographic crisis entailing[5] population ageing, and tensions between southern European countries and German decision-makers. The latter are averse to[6] bailing out the former countries, derogatorily called PIGS, as they fear it might deprive their own population of retirement provisions. What's more, the world's greatest financial crisis since the 1930s Great Depression has pushed Europe to the brink of disaster.

To him, Europe's shrinking[7] and ageing population is not the sole concern. Massive immigration brings about a host of collateral damage:

- The failed integration of second and third-generation immigrants
- The proliferation of misfits[8], criminal gangs, Islamic fundamentalists
- The prospect of soon seeing great European cities submerged with a non-native population

He also points out Europe's incapacity to keep up with the economic growth of China and India and its shortage of entrepreneurial spirit. He believes Europe may be entering the second stage of the inevitable cycle of the rise and fall of empires.

2. Commentary

a. A multi-speed Europe

Now I share the journalist's viewpoint when it comes to diagnosing Europe's pathology. It is very true that the Europe of twenty-seven member states is increasingly lopsided[9] with core countries managing their economies much better than the so-called "Club Med" countries finding it difficult to weather the storm[10] of the debt crisis. Is a two-tier Europe sustainable in the long term? Will healthier countries like Germany and France indefinitely accept to bear the burden[11] of refunding their ailing partners like Greece or Spain?

b. Immigration as a boon or a bane?

However, I do not see eye to eye with Laqueur's argument positing that immigration is the chief cause for Europe's troubles. Immigration is more often than not rejuvenating and invigorating a country (or a continent) and cultural diversity often turns out to be a real asset for creativity and entrepreneurship. May I remind you that the EU's official motto is "unity in diversity"?

Similarly, Obama often puts forward the Latin phrase inscribed on the Seal of the US: "*E pluribus unum*" in his political speeches. And everyone knows that it best translates into "Out of many we are truly one", meaning that out of many peoples, races, religions and traditions has emerged a single people and nation that has been able to rule the world ever since its inception[12]. So, I believe both Europe and the Unites States have had and will have more to gain than lose from welcoming immigrants.

c. Europe as a beacon for democracies in spite of the Euro-crisis

It would be a pity to witness the end of the European model whose project from day one was based on great expectations: peace, democracy, stability. Unlike Laqueur, I do not think Europe will collapse like former empires because, for one thing it already encompasses[13] 500 million citizens, for another it conveys humanistic values that are unashamedly being trampled upon[14] in some parts of the world. Ever since the end of World War II and Churchill's 1946 call for a strong European Family in his Zurich speech, Europe has been a beacon, a light, an inspiration for all. The US, sharing similar values bar[15] a generous social safety net, has understood that its own security depends on a strong Europe and therefore a stable Euro, which is what the journalist explains. As for Laqueur, his equating Europe to a theme park for Chinese and Indian tourists to enjoy visiting is far-fetched[16] and rather disparaging[17] in my opinion.

Conclusion

From Laqueur's viewpoint, Europe is on the wane[18]. However, the political commentator's prophecy of doom[19] sounds excessive on two counts. First, Europe's economic performance has not been significantly worse than America's over the past few years. Second, Europe may be burdened with a few ailing economies like so-called PIGS, but it can still boast of some of the world's most competitive economies such as Germany or Scandinavian countries. That is why I believe cohesion will prevail over fragmentation in the long term, even though David Cameron has recently announced that an in-out referendum would be held in the UK if the Conservative Party were to be reelected in 2015.

Vocabulary

1. ***ingrained :*** enraciné
2. ***to smother :*** étouffer
3. ***to rekindle :*** raviver
4. ***on the verge of :*** au bord de/sur le point de
5. ***to entail :*** entraîner/impliquer
6. ***averse to :*** réfractaire à/défavorable à
7. ***to shrink :*** rétrécir
8. ***a misfit :*** un marginal/un inadapté
9. ***lopsided :*** asymétrique
10. ***to weather the storm :*** survivre en temps de crise/tenir le coup
11. ***to bear the burden :*** porter le fardeau
12. ***inception :*** origine
13. ***to encompass :*** inclure
14. ***to trample upon :*** piétiner
15. ***bar :*** excepté, sauf
16. ***far-fetched :*** improbable/tiré par les cheveux
17. ***disparaging :*** désobligeant/peu flatteur
18. ***to be on the wane :*** être en déclin
19. ***a prophecy of doom :*** une prédiction de malheur

Oral 8

Doc. n° 4 – type ESCP

Women to Serve In Combat Units

And I'm guessing the protests will be minimal.

Today, acting on the recommendation of the Joint Chiefs of Staff[1], Secretary of Defense Leon Panetta announced that he is lifting the ban, in place since 1994, on women serving in combat roles in the United States military. One has to wonder how much longer this would have taken had we not had the Iraq and Afghanistan wars, but the reality on the ground—that women have been fighting and dying alongside their male colleagues for the last decade—made this almost inevitable. What changes now is that women can serve in units like infantry that are designated as combat units. [...]

When it comes to the physical differences between men and women, this doesn't seem like it ought to be an issue. Yes, *on average* men are bigger and stronger than women. But the military shouldn't accept average people, or if it does it ought to whip them into shape[2] until they're above average, because right now the average American consumes four Big Gulps a day to wash down his six Taco Supremes. As it happens, the services[3] have slightly different fitness standards for men and women (not radically different, but women have to do a few fewer push-ups, have a bit more time to complete a 1.5-mile run, etc.). Although I confess I don't know much about how the standards were developed, on their face[4] I think it's kind of silly. Presumably the fitness standards exist because they have some kind of relationship to what a person might be called on to do in a combat situation. You'll need to pull yourself up over obstacles, or run from one place to another, and that will be the same for men and women.

So they ought to just make them the same for both genders. Equalizing the standards would mean that the women who make it will be drawn from a slightly smaller part of the female bell curve of physical capability than the men who do, but that's OK—they'll just be a more select group. Girls' participation in sports has increased in recent years, so I'm sure there are plenty more women who could meet those standards if they wanted to than there were a couple of decades ago, and nobody but the most troglodytic[5] congressman thinks that women are constitutionally incapable of running around shooting people and blowing things up. Nevertheless, even after they open them up to both genders men are probably going to outnumber women for some time in the real elite units like Army Rangers and Navy SEALs[6]. Which is also probably OK; change will come there too.

My guess is that the protestation that greets this move will be minimal and half-hearted[7]. The same people who are likely to object already lost the argument about gays in the military, after all their talk about "unit cohesion" was exposed[8] as nothing more than ridiculous fear and prejudice. So they probably know that having gone through that debate, they aren't going to win this one either.

By Paul Waldman

Adapted from *The American Prospect*, 23 January 2013

Vocabulary

1. ***a Joint Chief of Staff [in the US army] :*** un membre de l'état-major interarmées
2. ***to whip into shape :*** remettre en forme en employant des méthodes radicales
3. ***the services :*** l'armée
4. ***on their face :*** à première vue
5. ***troglodytic :*** rétrograde [sens figuré]
6. ***the Navy SEALs :*** commandos de marine (unité d'élite)
7. ***half-hearted :*** peu enthousiaste
8. ***to expose :*** démasquer

Introduction

After nearly two decades during which women were not allowed to take part in any fighting action in the US army, the Secretary of Defense has declared that this restriction is finally about to be lifted. Published on the day following this decision in an American liberal magazine, the article shows that the wars waged[1] by the US in recent times have entailed[2] female casualties all the same, so that there is no justification for the ban. The journalist then contends that male-female physical discrepancies are insignificant, so that the standards should be the similar for each gender, before seeing any professed difference as, in fact, a form of prejudice.

1. Outline

a. Women have always been in the firing line[3]

Since the early 1990s, the United States has been involved in various armed conflicts. Without discussing the reasons or trying to evaluate the grounds for these actions, the writer shows nevertheless that at least in the preceding ten years, women have lost their lives even though they did not take part in active combat. If a woman can die while serving in one branch of the army, then naturally she should be allowed—even expected—to be in the front line, along with her male fellow[4] servicemen.

b. There are no major differences between men and women

In this context, the journalist sees no need to stress what sets apart a woman's body from a man's. This does not stem from[5] any philosophical notion but merely from the fact that the army is looking for people with exceptional abilities[6]. Indeed, whatever their physical differences, typical Americans are in fact all too similar because of their unhealthy lifestyle and would not therefore be selected by the army. Efficient service personnel of any gender will have to face the same hurdles[7] so that the standards set for training should, according to the journalist, also be the same, unlike today. In any case, more women do sport than previously and mindsets have evolved enough to acknowledge[8] that the word soldier should no longer be gender-specific even if for obvious reasons, there will still be more men than women in the army, at least in its crack units.

c. Prejudice

Building on the idea of opinions which gradually change, the journalist does not anticipate significant opposition to the measure. In fact, he likens it to past rejection of homosexuals in the US army and points out that the reasons given to prevent the latter from serving were unsound[9] and derived from[10] unjustified fear and narrow-mindedness. Now that there are openly gay soldiers, there is less chance of opponents to women in combat units making themselves heard.

2. Commentary

a. Context: past and present restrictions in the US army

The debate about women in the US army echoes what was heard concerning homosexuals. Back in the 1940s, homosexuals were being targeted as a security risk. With the rise of various gay-rights movements, some of which were concurrent[11] with the Vietnam War, questions started to be raised. However, it was only in the 1990s, following Bill Clinton's campaign promise to allow anyone to serve no matter what their sexual orientation was, that his administration introduced the so-called "Don't ask, don't tell" policy in 1993, whereby homosexual or bisexual personnel could not be barred[12] provided this remained concealed. This was only a compromise, as there could be no formal admission of homosexuality. Following a lengthy process of court challenges and Congressional debates, the policy was finally repealed in 2011.

This example which the writer alludes to serves to show that trying to keep bans in place when they may be seen as unjustified, ineffective or both cannot be permanent. In other words, since gays can make good soldiers, so women will turn out to be just as efficient as men, even for the army's more demanding and dangerous actions.

b. Discussion: the position of women in the US army

Of course, discrimination on the grounds of sexual orientation in the army is not the central topic here and therefore the question arises of the extent to which it should be compared with the ban on women in combat. The writer uses this parallel to say that after all, gay soldiers do not in fact pose a threat and so there was no need to single them out[13] as was the case until recently.

Yet it might seem just a little too easy to equate one injustice with another: the fact that women were banned from dangerous forms of combat may indeed have amounted to a form of discrimination on the face of it but that could be justified, albeit weakly, on some grounds of safety. Admittedly, the ban has now been overturned but even if women do perform physically as well as men—something training requirements do not recognise as of now—perhaps the main aspect to explore is whether women do in fact want to belong to these fighting units at all. Unless the answer is an unequivocal "yes", then the journalist's dismissal of different interpretations of the topic as prejudice is unfair.

This then begs the much wider question[14] of women's role in modern Western society.

c. Wider perspective: women in society

"A woman's place is at home" is one of the silliest mantras around and yet it has been used for centuries to prevent women from climbing the social ladder—and still does so in some societies. More occupations are now open to them in several different activities, be they intellectual or manual. Symbolically, women can be found at top-ranking[15] levels in politics (including in developing countries), science, the arts and many other professions for instance, as well as in more mundane[16] contexts.

3. Discussion

All this can only be welcomed and further widening to what has traditionally been seen as male preserves[17] is unavoidable. Empowering[18] women is a major step towards a better society but the American military's recent top-down[19] decision might not be the best example of this, if only because it runs the risk of being hijacked[20] towards more militant ends.

Conclusion

Ideas change over time and the bottom line of the article therefore is that gender differences, even physical ones, are in fact immaterial[21]. Overcoming prejudice is a form of progress.

Vocabulary

1. ***to wage (a war)* :** mener (un combat)
2. ***to entail* :** entraîner
3. ***to be in the firing line* :** être en ligne de mire
4. ***fellow* :** camarade
5. ***to stem from* :** découler de
6. ***ability* :** capacité
7. ***a hurdle* :** un obstacle
8. ***to acknowledge* :** reconnaître
9. ***unsound* :** mal fondé
10. ***to derive from* :** découler de
11. ***concurrent* :** concomitant
12. ***to bar* :** exclure
13. ***to single out* :** singulariser
14. ***to beg the question* :** poser la question
15. ***top-ranking* :** de premier rang
16. ***mundane* :** banal
17. ***male preserves* :** l'apanage des hommes
18. ***to empower* :** valoriser
19. ***top-down* :** venue d'en haut
20. ***to hijack* :** récupérer
21. ***immaterial* :** sans importance

Doc. n° 5 – type HEC

C.C.: Welcome to the audio podcast of CNN'state of the Union for this Sunday January 13th. I'm Candy Crowley. A month after the massacre in Newtown, Connecticut, the Vice-President is expected to present an array of gun control proposals this week. He has publicly mentioned universal background checks for gun buyers and restrictions on high capacity magazines. The White House adds that the President will also push Congress for an assault-weapons ban. A spokesman explained Biden did not mention the controversial ban because the plan focused on consensus proposals. It appears you can count the National Rifle Association out of that consensus. For starters Biden talked about his conclusions before he met with with the NRA. The gun rights lobby said: "We were disappointed with how little this meeting had to do with keeping our children safe and how much it had to do with an agenda to attack the Second Amendment." Joining me now is NRA President David Keen. I'm very glad to see you. Thanks for coming. Let's just set the bottom line here. In that meeting, was anything said by the Vice-President that you could agree with in terms of a proposal and was anything said by you that he could agree with?

D.K.: We went to the meeting on the assumption that the Vice-President and his spokespeople entered this without any conclusions having reached. Of course, as you pointed out, they were reached. We suspected all that we would be able to do was to say "Now you talk to us" and that they would gonna go forward to do what they wanted to do. We made a point that there are things that can be done. One of things that we have pushed forward for a number of years is including those who have been adjudicated to be mentally incompetent and potentially dangerous onto the list of those people who are prohibited from buying firearms. That has not been done.

C.C.: It appears that they positively are in fact doing that. But we know for instance that the NRA fought in one of the states that was trying to prohibit folks that are mentally ill may from having guns, and you wanted to make sure that they had the right to go back and, you know, say, hey I'm O.K. now. And so it seems to people that you put a brake on things like that.

D.K.: What we put the brakes on is anything that simply takes away a person's Second Amendment right for no good reason. You could restrict a constitutional right like the right of free speech—famously you can't yell out fire in a crowded theatre. If there's a very good reason and if there are safeguards. What we will suggest—and this has particularly come up because this administration and the previous one have attempted to bar returning veterans who sought psychological help from owning firearms. We said fine IF there's an adjudication that they shouldn't be doing this, but if that happens and they get better—and after all the whole point of our health system is not to permanently relegate people to inferior status but to cure them. If they are cured there ought to be a way out of that. That's all we've said. We think that's very fair.

C.C.: In so far as the things that we have seen after the universal background checks, assault weapons ban—that is just a non-starter for you.

D.K.: We don't think any of those things work.

C.C.: You know the art of compromise in Washington is somebody to give something up. What are you going to put on the table?

D.K.: You should be willing to compromise on things that accomplish the purpose. Our objection is that they interfere with people's rights without doing anything to solve the problem.

Adapted from CNN, 13 January 2013

Introduction

The right to bear arms and how to restrict it with gun control measures is a recurring topic in the American society, especially every time a tragic event like the Newtown massacre takes place. A CNN journalist discusses the Obama administration's proposals with the President of the powerful NRA, first addressing the method used by the government, then examining some concrete measures.

1. Outline

a. The method

Candy Crowley starts stressing the fact that the Vice-President and the White House are not on the same wavelength[1] as the latter[2] is more cautious than the former and sticks to[3] consensual proposals. But the NRA is sceptical, saying that the proposals aim at thwarting[4] the Second Amendment and that the administration is not willing to have a dialogue.

b. The measures

The NRA proposes that mentally deranged people should be prohibited from owning weapons, underlining such a measure has never been taken. But Candy Crowley points out that it is part of the current plan but that the NRA has precisely tried to limit its scope[5]. Keen agrees that civil liberties can be restricted in some cases, but for mental troubles it would be unfair that people should be excluded from gun ownership forever. Asked whether they are inflexible, Keen replies they are not ready to come up with a compromise that would infringe on[6] people's freedom without solving the problem.

2. Commentary

a. Context: the right to bear arms

The right to bear arms is guaranteed by the Second Amendment to the Constitution voted in 1791, along with the other nine amendments of the Bill of Rights—it is thus considered as a fundamental freedom, and few are those who claim this right should be abolished, especially if one considers the complexity of the process to modify the constitution and the current context of strong partisanship[7]. The real issue is not a wide-ranging[8] weapon ban, but rather control measures. For instance, in 1994 the Clinton administration adopted a 10-year assault-weapon ban. Here the role of the Supreme Court is paramount as the justices may interpret the constitution more or less restrictively. On top of that, the influence of wealthy, powerful lobbies like the NRA makes it very difficult to pass a law in Congress.

b. Discussion: pros and cons of gun control measures

Proponents of gun control argue that the Second Amendment doesn't provide for an individual right to carry weapons but for a collective right through state-controlled militias. Another legal argument is that the Government ought to protect the citizens' lives, which means preventing gun-related crimes, especially in a context of high homicide rates. Imposing restrictive measures would reduce the number of violent deaths, as the US has one of the highest gun-ownership rates as well as the highest homicide rate by guns in the world.

Opponents reply that there is an individual right to gun ownership in order for citizens to resist tyranny. As for the prevalence of crimes, they think it is not the consequence of the right to bear arms, but on the contrary a good reason to justify self-defence, as the police aren't ubiquitous[9] and can't prevent all crimes. Depriving the citizens from their weapons would leave them at the mercy of criminals.

c. Wider perspective: the roots of violence in the American society

Gun control groups say gun ownership is the main cause of violence and the high homicide rate in the US. But many theories have been put forward over the years. Some have stressed the role of drugs and alcohol; others have underlined the influence of the media and ultra-violent video games, especially on young people's minds. The stark inequalities dividing the society have also been stressed, as well as the lack of social support for the most disadvantaged citizens. And Michael Moore, in his film *Bowling for Columbine*, contends that violence doesn't result from gun ownership but from the climate of fear instilled by advertising and the government.

Conclusion

Gun control is only one of the partisan society issues that divide the nation. One could also mention the death penalty, abortion, gay marriage or universal health care.

Vocabulary

1. ***to be on the same wavelength :*** être sur la même longueur d'onde
2. ***the latter/the former :*** cette dernière/le précédent
3. ***to stick to :*** s'en tenir à
4. ***to thwart :*** contrecarrer
5. ***to limit the scope of :*** limiter la portée de
6. ***renowned :*** renommé
7. ***partisanship :*** l'esprit de parti, l'opposition partisane
8. ***wide-ranging :*** vaste
9. ***ubiquitous :*** omniprésent

Doc. n° 6 – type ESSEC

Le Louvre d'Abu Dhabi de nouveau relancé

C'est un véritable « cluster culturel » qu'Abu Dhabi souhaite réaliser sur l'île Saadiyat. Dans le bâtiment où le projet est présenté, on explique au visiteur que ce sera à la fois « un emblème pour l'émirat mais aussi un projet significatif pour le Moyen Orient et même une destination phare pour le monde ». Le Louvre Abu Dhabi est la locomotive de ce quartier dédié à l'art, de par sa notoriété. Si le chantier a pris du retard, il est désormais de nouveau sur les rails, et l'ouverture du musée est prévue en 2015.

Les acquisitions d'œuvres nécessaires à la constitution d'une collection permanente, elles, n'ont jamais cessé, comme le précise Laurence des Cars, directrice de l'agence France Museum chargée de mener à bien ce projet. « Nous disposons d'un budget annuel pour ces achats de 40 millions d'euros par an. C'est à la fois peu et beaucoup compte tenu de nos exigences de qualité : les acquisitions doivent être à la hauteur des prêts effectués par les musées français ». Financée intégralement par les autorités des Émirats Arabes Unis, l'agence France Muséums compte une équipe de 28 experts de haut vol. « Notre ambition est très universelle, avec une collection s'étendant des antiquités à l'art contemporain, présentée selon un parcours chronologique mais thématique, toutes régions du globe et toutes civilisations confondues. Un parcours à échelle humaine, pour un musée qui se veut un outil d'éducation et d'ouverture sur le monde » confirme Laurence des Cars. Le temps que se constitue la collection du Louvre d'Abu Dhabi grâce à des achats auprès de particuliers, marchands d'art, antiquaires, ou de maisons de ventes aux enchères (six pièces ont été acquises lors de la vente Saint Laurent/Bergé par exemple), des centaines d'œuvres vont être prêtées pendant dix ans par les musées français. Chaque acquisition fait l'objet d'une présentation et d'une conférence localement afin d'associer la population.

Dans le cadre de l'accord intergouvernemental signé en mars 2007, l'agence France Museums a conclu un contrat de prestations de services pour une durée de 20 ans avec les Émirats, concernant également la muséographie, les projets multimédia, la politique des publics, l'avancée du projet. Pour Laurence des Cars, si Abu Dhabi s'est adressé à la France pour ce projet emblématique, c'est grâce à son expertise bien sûr mais aussi à la structuration publique de ses collections, permettant d'apporter une réponse à la fois spécifique et universelle à la préoccupation de l'émirat. « Le monde muséal français a profondément changé en 30 ans, depuis les grandes expositions comme Touthamkamon dès la fin des années 1960 et le début des années 1970, en passant par les chantiers majeurs des années 80 à 2000. C'est un des milieux qui a le plus bougé alors qu'on le présente toujours comme poussiéreux ». Et la France est doublement gagnante : en termes de diplomatie culturelle, il y a indéniablement « un effet Louvre Abu Dhabi ».

D'après *Les Échos*, 6 avril 2012

Introduction

The world's most prestigious museums have been increasingly trying to reach out to[1] new audiences by opening new branches, domestically[2] or abroad. That is what the Louvre is doing in the United Arab Emirates with the Louvre Abu Dhabi megaproject. The text analyses the stakes[3] of the cooperation between the two countries, focusing first on the development of the collections and then on museum management.

1. Outline

a. The collections

The Louvre Abu Dhabi is at the core of[4] a major cultural project in the Middle East, meant to become a worldwide attraction. The museum has been purchasing artworks with the help of the purpose-built[5] France Museums agency and its renowned[6] experts. The ultimate goal is to set up an all-encompassing[7] collection, comprising works from all periods and areas. Meanwhile, it will benefit from long-term loans from its mother gallery.

b. Museum management

The French and UAE governments have signed a twenty-year cooperation agreement thanks to which Abu Dhabi will benefit from the expertise of the French agency in various aspects of museum management. France was chosen not only for the competence of its curators[8], but also for its huge public collections, as well as its state-of-the-art[9] facilities in a dynamic museum landscape that has been dramatically[10] modernised since the 70s.

2. Commentary

a. Context: world-class museums opening new branches at home and abroad

Since the 1980s, world-class museums have been opening branches at home and abroad. The purpose could be social—Tate Liverpool, inaugurated in 1988, and the Guggenheim Bilbao, opened in 1997, were both part of urban development projects aiming at revitalising struggling industrial areas and turning them into major cultural destinations. The Louvre has just opened a new extension in a former coal[11] mining town in the north of France. It is supposed to regenerate a poverty-stricken city that has been going through various ordeals[12] over the twentieth century and that hopes to benefit from a wave of cultural tourism. The same can be said of Centre Pompidou Metz that opened in 2010.

But in Abu Dhabi, the strategy is rather financial and political. The French government is intent on[13] using culture to gain market shares for its industry and strengthen political relations, while the UAE hope to benefit from the prestige of the "Louvre" brand to develop their own world-class cultural offer and achieve international recognition.

The role model in this respect is the Solomon R. Guggenheim foundation, which has become a global museum with its flagship[14] in New York, the Peggy Guggenheim collection in Venice, the Bilbao museum, another branch in Berlin and two other extensions in Las Vegas. It is now working on a new branch in Abu Dhabi, next to the Louvre project.

b. Discussion: cultural opening or brandisation?

On the one hand, opening new branches is a way for museums to find new sources of funding in a context of budget restrictions. The Louvre Abu Dhabi is an opportunity for an internationally recognised institution to make money from its collections and expertise and earn with one project more than the French government or private donors would ever be able to give them. It is also a way of spreading French cultural prestige abroad, as well as a response to the internationalisation of the art market and the globalisation of the public.

On the other hand, art historian James Cuno, in *Whose Muse? Art Museums and the Public Trust* (2006), denounces the pro-market[15] approach of the Guggenheim and explains how it is run like a multinational company looking for profits. Another danger is that the major museums around the world may lose their identity by splitting up their collections, the unity and consistence of which is their strength. Museums are no longer institutions inseparably linked with a place and history, but are becoming mere brands that are used to monetise their assets and sell cultural services. The risk is that museums no longer accept to lend artworks to one another—the tradition that has facilitated the broad circulation of works—but increasingly try to rent them out for huge amounts.

c. Wider perspective: the evolution of museums

In addition to internationalisation, museums tend to define policies of democratisation, trying to develop attendance and attract a wider public, notably through the development of education departments and the organisation of huge, profitable exhibitions. Finding new sources of funding—publications, merchandising, corporate and individual philanthropy and even crowdfunding—is a major cause of concern.

Conclusion

These evolutions also affect other domains, like higher education, with the Sorbonne and New York University also opening branches in Abu Dhabi, following a movement that was started years ago by business schools.

Vocabulary

1. ***to reach out to :*** toucher, atteindre
2. ***domestically :*** sur le territoire national
3. ***the stakes :*** les enjeux
4. ***at the core of :*** au cœur de
5. ***purpose-built :*** conçu dans ce but, dédié
6. ***renowned :*** renommé
7. ***all-encompassing :*** universel
8. ***a curator :*** un conservateur
9. ***state-of-the-art :*** de pointe, ultra-moderne
10. ***dramatically :*** considérablement
11. ***coal :*** le charbon
12. ***an ordeal :*** une épreuve
13. ***to be intent on :*** être résolu à
14. ***a flagship :*** un vaisseau amiral
15. ***pro-market :*** libéral

Doc. n° 7 – ECRICOME 2012

Worried parents point students towards degree that enriches more than the mind

Parents worried about high university fees are overseeing their children's degree choices to help them to avoid becoming unemployed graduates with crippling debt.

Many universities will charge students £9,000 a year from next autumn—a threefold increase on the present tuition fees. Figures released last month showed that degree applications from British candidates for next year had fallen by 15 per cent.

However, with the deadline two weeks away, some universities are experiencing a surge of last minute, carefully honed applications from cautious sixth-formers who have taken time to consider their options. Last year candidates adopted more of a scatter-gun tactic, with many desperate to get on to any course before the fees increased.

Parents concerned about the higher costs appear to be hovering over their children at each stage of the application process, and steering them towards career-orientated degrees such as accountancy and law.

Paul Layzell, principal of Royal Holloway, part of the University of London, said: "We're recognising that parents have a very strong vested interest. They're wanting to make sure their children are getting value for money and making the right choices, and will have some sense that there's life after a degree. I think there's been a lot more shopping around. Record numbers attended our open days this year."

Professor Layzell said that parents were particularly anxious about nonvocational courses. "It's about who is doing the teaching, what are they taught, those are the discussions we're having. None of them is saying, 'Why are you charging £9,000 rather than £8,500?'" Ian Blenkharn, head of admissions at Exeter, said: "Students are becoming more particular. Whereas in previous years they made sure they applied to a range of universities, now they're focusing their ambitions. They are more concerned about getting value for money."

More parents have been joining sixth formers at open days, wary of student debt and keen to ensure that their children end up with something to sell in the job market.

Ucas, which handles applications, will release its latest figures next week. Some 158,387 applications had been received by November 21, which is 23,427 or 12.9 per cent fewer than the same point a year ago.

British candidates made up 133,357 of these applications, down 15.1 per cent on last year.

The Times, December 29th 2011

Introduction

In a context of massive budget cuts, governments facing a debt crisis have been trying to find solutions to fund higher education. The British government has decided to triple the tuition fees students and their families have to pay, charging now £9,000. The article tries to assess[1] the various consequences of such a policy, on university applications[2] as well as on parents and students.

1. Outline

a. First consequence: fewer applications

Higher tuition fees seem to have deterred[3] students, as the number of applicants fell by 15 per cent last year. This year, the number is so far down by 12.9 per cent. The journalist, though, qualifies[4] this observation, arguing that students are today carefully weighing the pros and cons before making up their minds, whereas last year they enrolled[5] as early as possible to avoid paying the higher fees.

b. Second consequence: parents and students more involved

As the amounts they have to pay have tripled, parents are getting more involved in their children's education and choices. They want the degree they choose to be more cost-effective and to enable them to find a job afterwards. So they tend to increasingly behave like consumers, suspicious of the more abstract courses. As for students, they are becoming more selective and also more concerned with return on investment.

2. Commentary

a. Context: tuition fees and education as an investment

Tuition fees up to £1,000 were first introduced in the UK by the Blair Government in 1998. The amount was subsequently raised to £3,000 in 2004 and £9,000 in 2011 in spite of massive student protests. The aim was to find a perennial source of funding for universities without crippling[6] the budget of the State. A system of State-guaranteed loans[7] that students have to pay back once they have found a job and earn a certain wage was also set up so that no one should be prevented from going to university.

This kind of policy is based on the idea that education is an investment that a student makes for his future. Fees are supposed to be the market price for a service that they pay for, in the hope of getting a return on their investment later on in the form of a well-paid job. Since not everybody has access to higher education, it is thought that only those who have should pay for it through tuition fees, and not the general population through taxes. Opponents to this system say that education is a right and should be financed by the State through taxes. A free education guarantees universal access and prevents social discrimination, and benefits the population as a whole, contributing to the wealth of the country.

b. Other consequences

Some subjects that are not immediately useful may be increasingly looked down upon[8] by students, for the benefit of practical or vocational[9] courses. As a consequence fundamental research might be hindered[10]. As for students, they may end up having a consumer's attitude. High tuition fees may change the relationship between students and professors, the former considering the latter[11] as employees selling a service. Some may even think that paying the fees means they are buying their degrees and that they have a right to the degree they have paid for. But at the same time, universities will be forced to take into account their students' career prospects and so be more oriented towards employability.

c. Discussion: is the purpose of universities to prepare students for the job market?

In most economies, unemployment is a huge source of concern for individuals and governments. On top of that, the job market is increasingly competitive on a global scale. So it has become all the more necessary for students to be prepared for a job. Graduates need to have the knowledge and skills that makes them directly employable. Higher education can thus no longer be an ivory tower detached from the daily reality of the economy. In such a context, university cannot lose contact with society, whose values now tend to be efficiency, reactivity, and flexibility.

On the other hand, the needs of the society and the economy are constantly changing. The skills that are useful today will become obsolete tomorrow and no one can predict the evolution of the job market. So universities should not focus on immediate technical skills and practical knowledge useful for specific jobs, but teach the general knowledge and provide the intellectual background that will enable students to adapt to variety of specific jobs. University should not be submitted to the immediate material desires of the society, but be a place where students achieve self-fulfillment[12] and develop intellectual abilities.

Conclusion

One may stress the fundamental role of higher education in the so-called knowledge-based economy, or on the contrary, following Matthew B. Crawford in *Shop Class as Soul Craft* (2009), argue that manual skills are not only more useful than a university degree, but also entail intellectual processes that are every bit as complex as those students handle.

Vocabulary

1. ***to assess :*** évaluer
2. ***an application :*** une candidature
3. ***to deter sb from doing sth :*** dissuader qqun de faire qqchose
4. ***to qualify :*** nuance
5. ***to enroll :*** s'inscrire
6. ***to cripple the budget :*** plomber le budget
7. ***a loan :*** un prêt
8. ***to look down upon :*** regarder de haut, mépriser
9. ***vocational :*** professionnel
10. ***to hinder :*** entraver, faire obstacle à
11. ***the former/the latter :*** les premiers, les derniers
12. ***self-fulfillment :*** l'épanouissement personnel

Doc. n° 8 – ECRICOME 2012

Company ban on email gives employees a break

In case you were too busy catching up on email last week and missed the media interest in the news, the French company Atos will, over the next 18 months, ban internal email, as it phases out the tool for its employees. The company's CEO, Thierry Breton, said that because only about 10 percent of the messages his employees receive is worth their time, and because too many of his people spend hours every night sifting through the internal e-mail they get every day, he's getting rid of the stuff. Completely.

And this is not a small company where everyone is seated in offices down the hall from each other. Atos has more than 70,000 employees based in 42 countries and is Europe's largest IT services company. Still, that's not stopping Breton from instead pushing phone calls, face-to-face interactions, text and instant messages, and wiki-like software tools for employees in lieu of email. Email, says Breton, is a "pollutant" and "an instrument to shirk responsibility." He hasn't sent a work email in three years.

He's right, in some regard. We've all felt the perverse sense of accomplishment that comes from sending an email to someone with an introduction, a list of questions or a request for help. We feel like we've gotten something accomplished. We can move onto other things, even if nothing has actually gotten "done." That's only one of email's many problems, of course. People inadvertently send the wrong signals in emails all the time, conveying one tone when they mean another. They write missives, copying in everyone on the planet so there's no way to be accused of not getting the word out on time. They hit the dreaded "reply all" when they shouldn't. And they clog up inboxes with messages that say nothing more than "Ok" or "Got it." Email is also incredibly distracting. Studies have shown that every time you're alerted to a new email, it can take 64 seconds to get your head back on track with what you were doing. If the average person gets close to 100 emails a day, that's an hour and a half of the day wasted on refocusing on work.

But should leaders ban it outright? I don't think so. It does have a time and place, even if it's overused. When a complex set of instructions needs to be conveyed in quick fashion, few things work better. When someone's sending you a request for information you know will need to be reviewed by other people or read again at a later time, there are few things that can be more easily shared or readily referenced. Sure, wiki software can do these things, but for many employees, e-mail is simpler. I applaud Breton for trying to do something that streamlines his employees' workloads. For most professionals working in today's knowledge economy, information overload has replaced safety concerns as the No. 1 issue that affects their working conditions. And yet, it gets woefully little attention. Most leaders just pile on more ways to add to the information deluge, issuing Blackberries and laptops so that their people can be always on, all the time.

The Washington Post, 09/12/11

Introduction

Since the advent of the Internet in the late 1990s, communication has become much faster and easier. The thing is, this has led to an overabundance of sometimes useless information, which is counterproductive. That's why a French company has just decided to ban internal email, which is eating up its employees' time. The journalist first presents the company's plan, then explains why it has been enforced, before showing its limits.

1. Outline

a. Presentation of the plan

French company Atos has decided to gradually ban the use of internal email for its employees and replace it with other means of communication—traditional or new—a major shift[1] for such a multinational company. The CEO is the first proponent[2] of this policy.

b. Reasons

It appears indeed that emails are often devoid of useful content and so don't contribute to solving problems. They also tend to be used in an inappropriate way. All in all, they have a disturbing effect on employees, diminishing their concentration and productivity.

c. Limits

The journalist believes that a ban is not the solution, for email still has a role to play, especially for complex messages. It is true, though, the information overload[3] undermines[4] efficiency.

Oral

2. Commentary

a. Context: the place of email in the new means of communication

Email is a technology that was invented in the 70s and took off in the mid-90s among the general public. Compared with the telephone and snail mail, it immediately appeared as faster, cheaper and more convenient. But new media have appeared since then, which may one day overpass email and make it obsolete—with the development of web 2.0, social networks like Facebook or Twitter emerged, and now with the boom of mobile devices, new applications like Whatsapp are beginning to take over from other ways of communicating.

b. Discussion: why ban email?

It is true that email has its downsides[5], apart from those mentioned in the text. Messages, especially in a professional context, tend to be impersonal and lack subtlety[6]. The tone—ironic, sarcastic, empathetic—is difficult to convey[7] and can lead to misunderstanding.

Emails are also often only a fragment of information that needs to be placed into its context, as it is usually part of a chain of messages. Then there may be technical issues like the security of their storage[8] and the question of their ownership.

On the other hand, for companies, not only is email fast and cheap, but it has become a standard that almost everybody uses, which makes it particularly difficult to ignore. Email has also been an efficient way to dissociate the moment of emission and that of reception, which enables distance rather than immediacy. Finally, email is based on the written word—in our image-based society, email is still a place where you can somehow develop a thought that entails[9] some complexity.

c. Wider perspective: the medium is the message

As Marshall MacLuhan explained in *Understanding Media* (1964), the medium is the message—each medium shapes the form of the message and the way it is perceived, so the medium itself prevails over[10] the content of the message, as it causes structural changes in people's minds and the society. The cinema thus introduced a new perception of the world based on the linear succession of sequences.

If one tries to apply MacLuhan's theory to today's technologies, one can argue that the internet—email but also social networks—has fostered[11] interactivity and so encouraged people to take a more active part in the political, social, economic debates—hence the new notion of participative democracy.

But at the same time, the individual is supposed to permanently remain in contact—with family, friends, co-workers and employers alike. The border between the world of work and private life is blurred[12], as the individual is overwhelmed[13] by the uninterrupted flow of communication and no longer has time to cultivate his mind and spiritual life. The problem won't be solved by replacing email with wikis or social networks—it's a more structural issue.

Conclusion

One could mention the development of anti-tech movements (cf. neo-luddism) and their links with the degrowth[14] movement, or reflect upon the ideological void[15] possibly resulting from the communication overload.

Vocabulary

1. ***a shift :*** un changement
2. ***a proponent :*** un défenseur
3. ***the information overload :*** la surcharge d'information
4. ***to undermine :*** saper
5. ***a downside :*** un inconvénient
6. ***subtlety :*** la subtilité
7. ***to convey :*** transmettre, faire passer
8. ***storage :*** le stockage
9. ***to entail :*** entraîner
10. ***to prevail over :*** prévaloir sur
11. ***to foster :*** encourager
12. ***blurred :*** flou
13. ***to be overwhelmed :*** être dépassé
14. ***degrowth :*** la décroissance
15. ***the void :*** le vide

Doc. n° 9 – IENA 2012

Making destruction creative

A The US economy is creating jobs but it's doing so very slowly. The number of extra jobs last month was little more than two hundred thousand, and unemployment is still above eight per cent.

B Yes, I know, and according to what I've read, the real level of unemployment is even worse than what the numbers show. The official figure has to be doubled to reflect the situation as it really. Twenty-five million Americans are unemployed, underemployed, or only marginally attached to the workforce.

A It's the technology revolution that upset the economy. The shift from an agrarian economy to an industrial economy took centuries. As the industrial economy moved to the information economy, things speeded up. But the pace has become incredibly fast today. Look at the bookstore chain Borders: it was forced into liquidation last July because it couldn't compete with Amazon, and nearly eleven thousand employees lost their jobs.

B Yes, it was a shock when Borders disappeared—it was such a pleasant bookstore, with spots where you could make yourself comfortable and take time choosing the books you wanted to buy. The Borders staff were so knowledgeable too; they'd always help you with the books you needed. In theory, they should have all found new jobs.

A What do you mean, "in theory"?

B Oh you know, you've heard all about creative destruction—the idea that new technology displaces the old, new companies displace the old, and the jobs people lose in the old companies are compensated for by the jobs created in the new ones.

A Yes, that's all very good in theory, but it isn't working that way today. The technology revolution has destroyed masses of jobs, but it isn't providing many new ones. Back in the 1950s, General Motors employed four hundred thousand American workers and in the 1980s hundreds of thousands of people worked for General Electric in the US. What new technology companies employ that many people today? None. There aren't any.

B But have you heard of LinkedIn?

A Yes, one of my friends was telling me about that—she's in marketing. LinkedIn is a social site for professional networking. Like other special sites, you register and load up your profile, and you can keep in regular contact with your business connections. It's a useful place to post your CV too, because recruiters use it systematically, so you may receive some attractive career opportunities. But why do you ask?

B It's just that LinkedIn has some interesting ideas about using hi-tech to fix some of the unemployment problems. It also hopes to accelerate the creative side of the creative destruction process. Do you know how many available jobs there are in the US that aren't fulfilled because companies can't find the right workers?

A No, but I think you're going to tell me.

B There are over three million job opportunities unfilled in the US right now—it's the highest level in three years. And that's just because companies can't find the right workers. Now, LinkedIn has fifty million American members and thanks to the data in their profiles, LinkedIn has been able to publish reliable figures on the industries and job titles that had the biggest gains and losses between 2007 and 2011.

A I get the idea. That information tells you which industries are creating new jobs and where to look for job opportunities. Very useful. A precious guide too for students wondering what subjects to study...

B Yes, that's it. But LinkedIn is going even further. It's imagined a system where every job opportunity is digitally searchable and linked to the skills required as well as the company. So people will be able to search these job opportunities and find jobs corresponding to their skills. They'll also be able to find out what skills they need to develop in order to pursue the careers they're interested in.

A And I suppose this system would also provide educational institutions with the information they need.

B Exactly, schools and universities will find out what skills are required for the jobs of today and those of tomorrow too. So they can link up education to opportunity and create just-in-time professional training programmes for current and future job availabilities.

Introduction

It is a well-known fact that technological innovation threatens old-style manufacturing jobs while creating new job opportunities. But are high-tech jobs compensating for the loss of manual jobs in brick and mortar[1] companies? That is the topic this conversation revolves around in the context of the US.

1. Outline

The US economy is still creating jobs but at a much slower pace than it used to. Unemployment rate is high and when people are not out of work, they may be underemployed. Such a situation is said to result from the shift from the industrial economy to the information economy.

The case of Borders, a Main Street bookstore chain, is quoted. It was unable to compete with Amazon.com, its flourishing e-commerce counterpart[2], and had to close down[3]. According to the creative destruction theory, the dismissed employees should have found new jobs as they were skilled, but they did not, as on-line retailers[4] do not require as much labour as traditional smokestack[5] or manufacturing industries like General Motors or General Electric.

The problem is a great many job offers are not satisfied because companies cannot find the workers tailored to[6] their needs. Enter LinkedIn, a social site for professional networking, where jobseekers can post their profiles and CVs. As recruiters, head hunters[7], human resources managers regularly consult their website, LinkedIn hopes "to accelerate the creative side of the creative destruction process". Therefore, everybody will gain: workers in search of jobs, companies looking for specific skills, and even education institutions that will be able to adjust their vocational training[8] to the corporate world's demands.

2. Commentary

a. Pondering Schumpeter's theory of creative destruction.

As Alan Greenspan, former Chairman of the US Federal Reserve, once said: "The problem with creative destruction is that it is destruction". The age of the knowledge economy and digital technology may be breeding innovation and the creation of new companies, yet the number of jobs available is not as large as it used to be in the manufacturing sector for two major reasons. First, hi-tech and its vast array[9] of digital robots do not require as much workforce as traditional assembly lines did. Second, joint ventures[10] and start-ups are, by definition, risky enterprises that are often cash-strapped[11], under-staffed[12] and short-lived[13].

b. Enlarging on the decline of the US manufacturing industry: Is it here to stay[14]?

From the early 1990s, there was a general exodus to Asia in search of lower production costs. The trend was reinforced by the proximity with customers from new emerging markets. Outsourcing[15] and off-shoring[16] were then the buzzwords. But a growing number of American companies like Caterpillar or General Electrics are now re-shoring[17] their manufacturing operations, or coming back home. Why is it so?

They have figured out that competitive advantage is no longer decisive due to 1) the cost of shipment[18] of raw material and goods from and to Asia, 2) the customs duties[19], 3) the distance between manufacturing operations off-shore and design at home slowing down innovation, 4) poor product quality over time. This is good news for the manufacturing sector that had been ailing for two decades as well as for employment statistics and the Obama administration.

c. The pace of change in the corporate world: positive or negative?

One may find it hard to come to terms[20] with the pace of change in companies. Personally, I have mixed feelings. Always adjusting to the demands of new technologies does stimulate your brain and your cognitive faculties. It is intellectually enriching, socially challenging and helps break the daily routine. However, all those innovations substituting for one another may fuel employees' fear of losing their bearings[21]. The fast pace of change forces workers to constantly adapt to new methods and new tools. As long as companies provide retraining courses to upgrade their blue-collar and white-collar staff's skills, the situation is bearable. Otherwise, it might breed low self-esteem, a lack of motivation, shame, despondency[22] and God knows what else.

Vocabulary

1. ***brick and mortar :*** classique/traditionnel ≠ en ligne
2. ***a counterpart :*** un homologue
3. ***to close down :*** mettre la clé sous la porte/fermer boutique
4. ***a retailer :*** un détaillant
5. ***a smokestack industry :*** une industrie lourde/ traditionnelle
6. ***tailored to :*** adapté à/ répondant aux besoins de
7. ***a head-hunter :*** un chasseur de têtes
8. ***vocational training :*** la formation professionnelle
9. ***an array :*** une gamme
10. ***a joint venture :*** une co-entreprise
11. ***cash-strapped :*** à court d'argent
12. ***understaffed :*** en sous-effectif
13. ***short-lived :*** éphémère
14. ***to be here to stay :*** être bien installé
15. ***outsourcing :*** externalisation
16. ***off-shoring :*** délocalisation
17. ***re-shoring :*** retour au pays d'origine
18. ***shipment :*** transport des marchandises par bateau
19. ***customs duties :*** frais de douane
20. ***to come to terms with :*** arriver à comprendre
21. ***to lose one's bearings :*** perdre ses repères
22. ***despondency :*** découragement/désespoir

Q&A: Thomas Piketty on the Wealth Divide

Income inequality moved with astonishing speed from the boring backwaters of economic studies to "the defining challenge of our time." It found Thomas Piketty waiting for it.

A young professor at the Paris School of Economics, he is one of a handful of economists who have devoted their careers to understanding the dynamics driving the concentration of income and wealth into the hands of the few. He has distilled his findings into a new book, "Capital in the Twenty-First Century," which is being published this week. In the book, Mr. Piketty provides a sort of unified theory of capitalism that explains its lopsided distribution of rewards.

Following is the transcript of an email interview conducted with Mr. Piketty last week, lightly edited for length and clarity.

Q. *Your book fits oddly into the canon of contemporary economics. It focuses not on growth and its determinants, but on how the spoils of growth are divided. In that sense, it reminds us of similar concerns in a book of similar title written 150 years ago: Karl Marx's "Capital." What parallels would you draw between the two?*

A. I am trying to put the distributional question and the study of long-run trends back at the heart of economic analysis. In that sense, I am pursuing a tradition which was pioneered by the economists of the 19th century, including David Ricardo and Karl Marx. One key difference is that I have a lot more historical data.

Q. *For much of the last century, economists told us that we didn't have to worry about income inequality. The market economy would naturally spread riches fairly, lifting all boats. Is this not true? Are you arguing that income inequality could grow forever? How so?*

A. History tells us that there are powerful forces going in both directions. Which one will prevail depends on the institutions and policies that we will collectively adopt. Historically, the main equalizing force – both between and within countries – has been the diffusion of knowledge and skills. However, this virtuous process cannot work properly without inclusive educational institutions and continuous investment in skills. This is a major challenge for all countries in the century underway.
In the very long run, the most powerful force pushing in the direction of rising inequality is the tendency of the rate of return to capital r to exceed the rate of output growth g. That is, when r exceeds g, as it did in the 19th century and seems quite likely to do again in the 21st, initial wealth inequalities tend to amplify and to converge towards extreme levels.

Oral

8

Q. *Inequality declined in the so-called industrial world through much of the 20th century. How did that happen? Does this not argue against the notion of ever-increasing inequality?*

A. The reduction in inequality was mostly due to the capital shocks of the 1914-1945 period (destruction, inflation, crises) and to the new fiscal and social institutions that were set up in the aftermath of the World Wars and of the Great Depression. There was no natural tendency toward a decline in inequality prior to World War I. During the 20th century, rates of return were severely reduced by capital shocks and taxation, and growth rates were exceptionally high in the reconstruction period. This largely explains why inequality remained low in the 1950-1980 period.

Q. *The concentration of wealth and income in the United States seems to follow a different pattern than it does in Europe and other wealthy countries. Why does it look so different?*

A. Historically, and to some extent until the present day, higher population growth is the key force that has reduced the relative importance of inherited wealth in the U.S. as compared to Europe. In contrast, one observes in the recent period an unprecedented rise of top managerial compensation in the United States. This is a new form of inequality, which I attempt to explain in terms of the particular U.S history of the social and fiscal norms over the past century.

Q. *Some economists argue that inequality, in the United States, at least, is a good thing. It acts as an incentive for entrepreneurs to take risks and innovate, thus driving economic growth. Is there anything to that argument?*

A. In theory, yes. But in practice you see inequality everywhere, except in the productivity statistics. The rate of productivity growth has not been particularly good in the U.S. since 1980. Inequality is desirable up to a point. But beyond a certain level it is useless. One of the key lessons of the 20th century is that you can have high growth without the inequality of the 19th century.

The New York Times, March 11, 2014

Introduction

At a time when all countries in the world are still reeling[1] from the 2007-2008 financial crash, some commentators wonder whether capitalism is likely to collapse.

Here is an extract from an e-mail interview of Thomas Piketty by *The New York Times*, published in March 2014. His essay "Capital in the Twenty-First Century" hit the headlines last year. It highlights the growing wealth divide between the haves and the have-nots[2] based on a one century-long historical database.

1. Outline

The imbalance of wealth distribution is the backbone[3] of the book.

But contrary to Karl Marx's *Capital* which was prospective, Piketty's blockbuster is grounded on big data gathered ever since the start of the industrial revolution, a period in history which marked the rise of capitalism.

In the 20th century, the assumption was that laissez faire economics would be self-regulated. The invisible hand of the market would "spread riches fairly", according to Adam Smith. However right it may have been in the 20th century, it turns out that wealth distribution is not as fair in the 21st century.

Why is it so? First, education for all and skill acquisition were instrumental in[4] reducing inequalities. Second, the Great Depression and the two world wars were conducive to[5] new fiscal and social institutions that played an unprecedented equalizing role in society during the reconstruction period. And above all, output growth rates were higher than the rate of return to capital.

Since the beginning of the 21st century and the emergence of financial capitalism, Piketty observes that the rate of return to capital has been exceeding the rate of output growth. That is the core of his theory. To him, it explains why inequalities have been increasing and why wealth has been hoarded[6] by the happy few.

In the US, a new form of inequality is surfacing[7]. The problem is not so much inherited wealth as top managerial bonuses. However some economists keep thinking that income inequality is an incentive for entrepreneurs to take risks and innovate, thus boosting economic growth. But Piketty believes inequality should be kept in check[8] as too unequal a society may be counterproductive.

2. Commentary

1. Is capitalism widening or closing the gap between rich and poor?

Many economists like Joseph Stiglitz and Thomas Piketty indict[9] financial capitalism for its "winner-takes-all" ideology. They debunk the myth[10] of the trickle-down theory[11] which has it that wealth accumulated by the wealthiest will benefit all the strata of society in the long term. Capitalism may have "lifted all boats" allowing BRICS, for instance, to catch up with the most advanced economies while making it possible for an affluent[12] middle-class to emerge from poverty. Yet greed-motivated[13] financial institutions and banks, unregulated by the State, have caused the 2008 Great Recession the world is still shaken by.

Is the capitalist system threatened by increasing inequalities? It is undoubtedly in trouble as the general public is now following in the footsteps of anti-globalisation activists, downshifting[14] followers and de-growth[15] supporters. We may be seeing the demise[16] of unbridled capitalism, not of the free-market economy. It is reassuring to see public opinion calling for widespread wealth distribution in order to save democracy and the world's stability.

2. Need the state not provide some protection to the losers of globalisation?

It seems that the ultra-liberal doctrine has had its day[17]. The subprime crisis and the bankruptcy of so-called "too big to fail" banking institutions have driven governments to better regulate financial and fiscal policies. They have understood there are no natural forces pushing against the steady concentration of wealth in the hands of the 1%. According to Piketty, only inclusive education, technological innovation, Keynesian state intervention, welfare provisions and higher taxes on wealth and speculation can curb soaring inequalities[18] and prevent us from returning to 19th century patrimonial capitalism.

3. Are the winners of globalisation deprived of any sense of solidarity?

In any democracy, the notion of meritocracy should not be downplayed[19]. Risk-taking entrepreneurs like Henry Ford, Bill Gates or Steve Jobs rose to fame and fortune thanks to their efforts and inventiveness, not through the lottery of birth.

One should not forget philanthropy that came to life in the Gilded Age[20] with captains of industry such as Andrew Carnegie and Rockefeller. Through their foundations they pumped part of the wealth they amassed into[21] civilised social projects. It is still the case in the 21st century with the Bill and Melinda Gates foundation for example, striving[22] to fight AIDS and malaria in Africa, not to mention Mark Zuckerberg, Facebook founder, and his wife Chan who decided to give away $45 billion to advance "human potential and promote equality".

If philanthropy may help redistribute income and make the world a better place, governments should however make sure multinationals do not deprive them of their power as it would mean the end of the rule of law[23] and possibly the end of democracy subsequently.

Vocabulary

1. ***to reel :*** être abasourdi, être sous le choc
2. ***the haves and the haves nots :*** les nantis et les démunis
3. ***the backbone :*** la colonne vertébrale
4. ***to be instrumental in + V+ing :*** contribuer à
5. ***conducive tovpropice à***
6. ***to hoardvamasser, thésauriser***
7. ***to surfacevfaire surface***
8. ***to keep in check :*** maîtriser, contenir
9. ***to indict :*** accuser
10. ***to debunk a myth :*** casser un mythe
11. ***the trickle-down theory :*** la théorie économique duruissellement, la théorie des effets de retombée (***wealth created at the top ends up benefiting the poor***)
12. ***affluent :*** aisé, prospère
13. ***greed-motivated :*** motivé par l'appât du gain, la cupidité
14. ***downshifting :*** rétrogradation, concept de décroissance (***downshifters :*** adeptes de la simplicité volontaire)
15. ***de-growth :*** décroissance
16. ***the demise :*** la mort, la disparition
17. ***to have had one's day :*** avoir vécu
18. ***soaring inequalities :*** inégalités croissantes
19. ***to downplay:*** minimiser
20. ***the Gilded Age :*** l'âge d'or aux EU (1870-1901)
21. ***to pump money into :*** injecter de l'argent
22. ***to strive to + V :*** s'efforcer de, s'évertuer à
23. ***the rule of law :*** l'état de droit

The media needs to tell the truth on migration, not peddle myths

Headlines with misleading figures, faked stories and pejorative words for people: refugees deserve the facts to be reported instead of fueling extreme views

Over the past week a lot has been said about the success of the far-right Front National at the French regional elections, while the reaction to Donald Trump's increasingly discriminatory tone has, rightly, been one mostly of disgust.

We are right to stand up to the Le Pens and Trumps of this world. When they splutter remarks that are incendiary and false, we have a responsibility to correct their inaccuracies. The reasons why the ideas of the Front National take hold are plentiful and complicated. There is no single simple explanation.

However, there can be no doubt that misinformation does not help - and we in the media should feel a professional and moral obligation to confront our own industry when it misleads.

The front page of Thursday's Times of London splashed: "EU buckles as Merkel's migrants hit 1 million." The headline topped an article about comments made by the UK Prime Minister, David Cameron, who said that net migration of 300,000 a year was not sustainable in Britain. The piece also referenced demands that Cameron is making to other European leaders to apply restrictions to EU nationals' access to UK's welfare. The Times story pieces together different stories and conflates a range of issues. The result is a distasteful minestrone.

First, the one million figure refers to the number of asylum seekers that have arrived in Germany so far this year. The majority of these are from Syria, Afghanistan and Iraq. They are refugees fleeing wars.

Second, whatever one thinks of Britain's level of migration - whether it is too high or not is beside the point - the number has little to do with refugees. The UK hardly takes any refugees. In fact fewer than 5% of migrants to Britain over the past year were asylum seekers.

Third, we can state with certainty that refugees escaping conflict are not doing so to claim in-work tax credits.

Fourth, the migrants are Angela Merkel's only insofar as Germany is one of a handful of countries that is welcoming refugees instead of putting up fences, turning the other way, or, like Britain, taking in pitifully low numbers.

The problem with the article is more than just a question of interprÉtation or of cavalier use of terms. Facts without humanity are meaningless.

The choice of words we use matters and carries consequences. Behind the use of words like "migrant", "refugee", "asylum seeker", "people", "swarms" and "floods", there is powerful symbolism.

When terms used for people fleeing war, violence and atrocities, or those used for people moving in search of work, or a better life, become pejorative and generate antipathy, we have a problem. We are choosing not to unite around a shared purpose, but to drive a wedge through society. We are taking a "we versus they" view on the world.

There are grave risks when the perception of an issue and facts do not align. It doesn't matter if the misalignment creates the idea of a country that isn't grounded in reality – when untruths are repeated often enough they generate fear among people. In turn this defines and drives behaviour.

Consider these facts:

Britons believe that 23% of migrants are coming to UK to seek asylum while the actual proportion is less than 5%

Most Europeans greatly overestimate the proportion of their country's population that is comprised of migrants.

The Times of course is not alone. Nearly every day we read headlines about the true toll of mass migration on UK life, the crisis in our schools, the swarms on our streets, migrants stealing our jobs, draining the NHS and fuelling a surge in crime – all actual headlines.

The point is this: the likes of Le Pen and Trump are not a product of the media. However, too often the media provides them with the ammunition and fertile ground that they require to thrive.

During a trip to Europe in the 1930s a young John F Kennedy wrote a letter to a friend. In it he said: "It seems so easy to fall into a distorted view of public affairs based more on personal bias than on informed understanding."

The challenge we face is not new. But it is one that remains not only critical, it is one we have mostly failed to meet. If we want to confront the Le Pens and Trumps of this world then we need to change the way we talk about the people that they vilify.

The Guardian, Friday December 2015

Introduction

Against a background of populism seducing a great many voters in France as well as in the US, when migration is getting increasingly critical on either side of the Atlantic, *The Guardian* columnist blames the media for distorting the truth[1] about this universal issue. He observes newspapers are covering it with such bias[2] that citizens irrationally fear the aliens wherever they may come from.

3. Outline

Republican Party leader Donald Trump in the US and Front National leader Marine Le Pen in France are reported to make false comments on migration. Such misinformation from populist politicians is not debunked[3] by the press, which according to the columnist, should have the moral duty to stick to facts[4].

Not only are the media used to publishing a patchwork of deceptive stories and statistics but they also tend to mistake asylum-seekers for EU migrants. A stark example is the Times of London that ran an article[5] where refugees and EU migrants were not differentiated, creating confusion in the reader's mind.

In Britain, the fear of massive arrivals of refugees is unfounded for a number of reasons. First, only 5% of migrants to Britain are refugees. Second, they are not aiming at taking advantage of state benefits. Third, Britain is actually letting in[6] very low numbers unlike Germany.

Above all, it is a semantic problem tied to an indiscriminate use and misuse of words like "migrant", "asylum seeker", "swarms" or "floods". The disparaging[7] nature of some lexicon[8] prevents most of us from empathizing with political refugees as well as economic migrants. We are considering them through the distorting prism of prejudices[9] caused by dehumanised vocabulary.

The more misleading information is, the greater the citizens' fear will be. Indeed, they are brainwashed into believing that all migrants are black sheep[10] to be banned from the country. Far-right leaders cash in on the fear bred by the media's fabricated stories and fake[11] headlines.

If we are to defuse xenophobia and discrimination, vocabulary should not be overblown, misused or hijacked[12]. It should neither be incendiary nor hazy[13].

3. Commentary

1. The "us versus them" paradigm

For centuries migration has been a bone of contention[14] all over the world. There have been times when the most advanced countries opened up their borders and there have been times when they closed their borders. Integration, assimilation, exclusion, segregation, marginalization have been words used over and over again to gauge[15] the impact of migration. Whatever the host country immigration has always been a very controversial issue even in countries renowned for being lands of immigration like the US. Quotas have been enforced, quotas have been lifted depending on economic health and public opinion.

In times of crisis, the divide between natives and newcomers is likely to widen as the latter are often perceived as responsible for the all the ills of society: unemployment, the crisis of the welfare state, urban tensions, ethnic strife, and even terrorism. It is in those periods that the "us versus them" paradigm is at its highest. And it should be the duty of the press not to add fuel to the flame[16] while resorting to careful fact-checking.

b. From "us versus them" to "Them, it is us"

"Eux, c'est nous", a children's book lately released by Daniel Pennac in France is evocative of the efforts made by some humanity lovers to make a difference. Sold for 3 euros, all profits will be going to an organization that has been working with migrants, refugees and asylum-seekers for many years. The book is intended to help children understand the critical situation of refugees they have been hearing of over the past months. It is aimed at telling the story of those people fleeing their countries because of war, political oppression or economic disaster. Prejudices are debunked, humanity hopefully taking centre stage[17].

It proves that not all reactions to asylum-seekers and refugees are racist-tinged[18] or obscurantist. It is also evidence that when politicians fail, the civil society and NGOs may take over with efficiency.

c. Expanding on the immigration issue in western democracies

There is no questioning the evolution of the fabric of society[19] in all democracies. WASPs in the US and the land-owning upper classes in the UK have indeed seen a motley[20] multiracial society emerging alongside natives. Once quoted as role models for less democratic countries, the US melting-pot and Britain's multiculturalism have had their day, so it seems. Did Obama not label the US immigration system as broken? Did Cameron not admit to the failure of British multiculturalism? Both launched reforms to fix that wedge issue[21] but in times of crisis and massive immigration flows, whether legal or illegal, pleasing newcomers and long-time nationals is an uphill struggle[22].

However, one must remain optimistic if one recalls the Latin motto of America "*E pluribus unum*" that Obama often quoted and rephrased in his speeches as "Out of many we are truly one" meaning "unity in diversity", which ironically enough, happens to be the European Union motto too!

Vocabulary

1. ***to distort the truth :*** déformer la vérité
2. ***bias :*** une préférence/un parti pris
3. ***to debunk :*** discréditer
4. ***to stick to facts :*** s'en tenir aux faits
5. ***to run an article :*** publier un article
6. ***to let somebody in :*** laisser entrer/accepter
7. ***disparaging :*** désobligeant/dépréciatif
8. ***lexicon :*** lexique
9. ***a prejudice :*** un préjugé/un a priori
10. ***black sheep :*** brebis noires
11. ***fake :*** faux/mensonger
12. ***hijacked :*** détourné
13. ***hazy :*** flou
14. ***a bone of contention :*** une pomme de discorde
15. ***to gauge :*** jauger
16. ***to add fuel to the flames :*** mettre de l'huile sur le feu
17. ***to take centre stage :*** avoir le beau role
18. ***racist-tinged :*** raciste
19. ***the fabric of society :*** le tissu social
20. ***motley :*** bigarré/heteroclite
21. ***a wedge issue :*** un point de divergence/un facteur de division
22. ***an uphill struggle :*** une tâche ardue/un dur combat

Doc. n° 12

What a Trump presidency means for America's public schools

During the presidential campaign, candidate Donald Trump spoke about education only in very general terms, so that now the intentions of his administration concerning policy questions like standardized testing and school accountability[1] are quite difficult to figure out.

But his unexpected election could very well reverse some key Obama administration policies and push for a federally funded private school voucher[2] scheme[3] and a downsizing[4] of the Education Department, which has arguably[5] exercised more influence under Obama than at any other point.

Trump's most striking campaign proposal on education was a $20 billion program meant to encourage states to develop school choice – allowing parents to choose the school they send their children to – including through vouchers and charter schools[6]. But it is still unclear where the money would come from in the federal budget.

In the run-up[7] to the election, Randi Weingarten – president of the American Federation of Teachers and adviser to Democratic candidate Hillary Clinton – said that Trump's proposal, if enacted, would mean the "decimation of public education." She is not resigning herself, though, and still thinks the President-Elect may change his mind.

"He really never ran on that proposal. He mentioned it a few times and that was it," she said. "Unlike his economic proposals, which were very populist in nature, his education proposal was very ideological in nature, and if one looks at the other results from yesterday, it is in defiance of where the will of the people are."

In Massachusetts, people have recently rejected a proposal aiming at expanding the charter school network, while in Georgia they have overwhelmingly voted against the state takeover[8] of failing schools, which would have amounted to[9] facilitating the creation of new charter schools. "By pretty much equal amounts, by a two-to-one margin, they said 'no, don't touch our public schools,'" Weingarten said.

Gerard Robinson, a fellow at the conservative American Enterprise Institute and a former state education chief in Florida and Virginia, said it will be a priority for the Trump administration to develop school choice because the President-Elect is keen on empowering[10] families and rolling back[11] government control. "He's going to make a push for parental choice," Robinson said.

Analysts assume that Trump is planning to use the federal money appropriated[12] for the education of poor children and redirect it to fund voucher programs. Robinson underscored that Trump never made such a proposal, and that there are plenty of children who are not poor who could benefit from more choice.

"The Trump Administration has a prime opportunity to significantly reduce the intrusion of the Education Department into our local schools and classrooms," a spokeswoman for Senator Lamar Alexander (R-Tenn.), chairman of the senate education committee and major critic of the Obama administration's approach, said. "When the Trump Administration enforces[13] the Every Student Succeeds Act as written, the size of the Education Department will be necessarily and appropriately diminished."

Adapted from *The Washington Post*, 10 November 2016

Vocabulary

1. **accountability :** *la responsabilité*
2. **a voucher :** *un bon,* ici **:** *un chèque-éducation*
3. **a scheme :** *un système*
4. **downsizing :** *une réduction du personnel, un « dégraissage »*
5. **arguably :** *probablement, sans doute*
6. **a charter scool :** *une* charter school *(voir commentaire)*
7. **in the run-up to :** *à l'approche de*
8. **a takeover :** *une prise de contrôle*
9. **to amount to:** *revenir à*
10. **to empower:** *donner les moyens d'agir, responsabiliser*
11. **to roll back:** *faire reculer, réduire*
12. **to appropriate (money, funds):** *affecter, allouer, attribuer*
13. **to enforce:** *appliquer*

Introduction

Since Donald Trump's breakthrough in the Republican primaries and his unexpected victory in the November 2016 presidential elections, the candidate's provocative, often contradictory statements have raised concerns over many issues, from health care to foreign policy. That's also the case for education policy, as many wonder whether the Trump administration, with its focus on choice and private schools, will end up destroying public education. The text first presents Trump's proposals for education before going through the reactions of his opponents and supporters.

1. Outline

a. Trump's proposal for education

Even though Trump's campaign proposal were quite vague and unclear, especially as far as the financing of the measures put forward was concerned, it seems that his plan is to run counter to what the Obama administration did by encouraging school choice and diminishing the influence of the federal government. The expansion of government-funded voucher programs is the corner stone1 of a policy aiming at giving parents more control over education, giving them the opportunity to choose the kind of school they want to send their children to, be they charter schools (state-funded, non-selective schools operated – and sometimes owned – by private organisations) or outright private schools. This policy is supposed to go hand in hand with the scaling down2 of the federal Department of Education.

b. Democratic and Republican reactions

For Democrats, such a policy would destroy public education, even though, says an adviser to Hillary Clinton, there is still hope that Trump comes to his senses3 and eventually doesn't implement this program. Recent local referendums have indeed shown that the people, whose spokesman Trump claims he is, actually stand up to4 the expansion of charter schools. Conservatives, on the other hand, school choice will definitely be on the agenda and will also be beneficial for children from poor backgrounds. A spokeswoman for a Republican senator adds that trimming down5 federal government interference in education is necessary.

2. Commentary

a. A pro-market approach...

The policy that Donald Trump is thought to be planning to enforce is based on a pro-market approach, i.e. applying the methods of the private sector to education. Encouraging choice through vouchers means putting schools in direct competition with one another as they will have to fight to get pupils if they want to balance their books6. The system is outcome7-based and performance-driven as schools are assessed8 through standardized tests. Competition is supposed to compel autonomous operators to improve their performances and thus to lead to rising standards in the education system as a whole.

b. ... which was actually a bi-partisan policy

One must recall, though, that this kind of classical liberal scheme is nothing new: it started out in the early 2000s as a bipartisan policy. The provisions9 of the No Child Left Behind Act, which was voted in 2001 by both Republicans and Democrats, already included most of the features that define Trump's project – school accountability, the conversion of failing schools into charter schools, school choice. It is true that it was repealed10 under President Obama in 2015, also with a bi-partisan majority, but it retained its core principle of school accountability, even if it transferred most of the responsibility from the federal government to states. And Obama followed through in promoting the expansion of charter schools, doubling the percentage of students attending them in the course of his two terms.

c. ... and is typical of Republican contradictions

Actually Donald Trump won't be able to enforce his policy without the help not only of Congress but also of state legislatures and governors. Moreover reducing the interference of the federal government is a recurring motif in conservative thought, so it's not surprising that Donald Trump should want to scale down the Education Department. Paradoxically, however, the implementation of pro-market measures relies on federal subsidies given to states. So his choice-based program is denouncing the very tool it needs to use to carry out its policy.

Conclusion

Not only is this pro-market, choice-based, performance-driven system a bi-partisan in the US, it has also been enforced in the UK with the academies created by the Blair government at the end of the 1990s and more recently by the so-called free schools set up by the Cameron government in 2010.

Vocabulary

1. **a corner stone :** *une pierre angulaire*
2. **to scale down :** *réduire*
3. **to come to one's senses :** *reprendre ses esprits*
4. **to stand up to :** *résister à*
5. **to trim down :** *réduire*
6. **to balance one's books :** *équilibrer ses comptes*
7. **an outcome :** *un résultat*
8. **to assess :** *évaluer*
9. **a provision :** *une disposition*
10. **to repeal :** *abroger*

Chapitre 9

Phonétique et phonologie

A. Symboles phonétiques

VOYELLES	
Voyelles brèves	
[ɪ]	Pig, women, pretty, busy, wishes, fitted, oldest, village, England, the
[e]	Bed, head, (m)any, Thames, bury, says, said, friend
[æ]	Cat, drank, anger
[ʌ]	Cup, duck, Monday, mother, son, some, does, month, money, front, wonder, London, blood, young, country, enough, southern
[ɒ]	Dog, gone, foreign, what, cough, want, wander, wash
[ʊ]	Full, book, wood, would, woman, wolf
[ə]	Better, the, a, of, America, again, forget, cupboard, Oxford, Portsmouth
Voyelles longues	
[iː]	Leave, see, sea, (to) read, evening, receive, believe, people, key, police, machine
[ɑː]	Car, calf, half, heart, laugh, aunt, aren't, clerk
[ɔː]	Door, four, north, wall, walk, law, board, bored, water, bought
[uː]	Fool, blue, move, rule, fruit, youth
[ɜː]	Work, fur, sir, learn, heard, journalist, were, world
Diphtongues	
[eɪ]	Make, great, neighbour
[aɪ]	Fine, sky, height, eye, island, buy, either
[ɔɪ]	Boy, oil, noise
[əʊ]	No, know, road, sew, don't, soul
[aʊ]	Now, count, south, county
[ɪə]	Here, dear, happier, serious, theatre
[eə]	There, pair, heir, where,
[ʊə]	Poor, sure, tour
Triphtongues	
[aʊə]	Hour, our, power, flower, flour
[aɪə]	Fire, higher, iron, lion, science, choir
[eɪə]	Greyer
[əʊə]	Lawn mower

CONSONNES	
[p]	Pot
[b]	Bad
[t]	Tree, stopped, Thames
[d]	Dog
[k]	Car, kill, chemist
[g]	Great, guardian, give, get
[ʃ]	Sheep, sugar, nation, ocean, artificial, Russia, machine, Chicago
[ʒ]	Measure, occasion, prestige, usual
[tʃ]	Cheese, watch, nature
[dʒ]	John, gin, judge, bridge, cage, village, jam, jet, soldier
[f]	Fine, off, laugh, enough, photo, of (*a matter of time*)
[v]	Very, of (*a glass of beer*), Stephen
[θ]	Think, cloth
[ð]	This, though, mother, clothes
[s]	Sing, crisis, disagree, increase, case, face, psychology,
[z]	Easy, nose, scissors, Missouri, Dickens, zoo
[h]	Here, who, whose, whole
[m]	Make, autumn, hymn, damn
[n]	New, sign, foreign, knock, knee
[ŋ]	Ring, drink, young, strength, anxious
[l]	Lip, clean
[ɫ]	Bill, milk, dull
[r]	Rest, write, wrong
[w]	Wear
[j]	Yes, unique, Europe, duty, beauty,
Consonnes sonores (les cordes vocales vibrent) : [b] [d] [g] [v] [ð] [z] [ʒ]	
Consonnes sourdes (les cordes vocales ne vibrent pas) : [p] [t] [k] [f] [θ] [s] [ʃ]	

L'anglais est une langue qui se caractérise par une très grande différence entre ce qui s'écrit (graphie) et ce qui se prononce (phonie). Ce trait, sans équivalent dans les langues communément parlées en Europe, n'est pas sans conséquences sur la maîtrise de son système phonétique par les locuteurs étrangers. Afin d'éviter les nombreux pièges que la graphie peut tendre[1], une connaissance précise de l'Alphabet Phonétique International (API) ci-dessus sera une aide précieuse.

Les mots anglais sont porteurs d'un ou de plusieurs accents qui se produisent en mettant plus d'énergie sur une syllabe. Les accents se marquent comme suit : [ˈ] dans *open* /ˈəʊpən/ pour l'accent principal et [ˌ] dans *hierarchic* /ˌhaɪəˈrɑːkɪk/ pour l'accent secondaire. La syllabe portant l'accent tonique sera en caractères gras dans les mots ci-dessous.

Exercice

1. Transcrivez les mots suivants en API. Attention aux lettres muettes.

away ▪ *city* ▪ *climate* ▪ *comfort* ▪ *could* ▪ *enough* ▪ *half* ▪
home ▪ *measure* ▪ *mountain* ▪ *mustn't* ▪ *often* ▪ *over* ▪
Russia ▪ *(a) tear* ▪ *(to) tear* ▪ *worked* ▪ *women* ▪ *year.*

Noter que l'anglais britannique ne sonnera pas le « r » devant une consonne (*chart*/tʃɑːt/), s'il est suivi d'un *-e* muet final (*care* /keə/) ou en fin de mot (*sir* /sɜː/), hormis si celui-ci est suivi d'un terme commençant par une voyelle. Le « r » sera alors dit « de liaison ». Ex. : *never‿again.*

2. Retrouvez la graphie correcte pour les mots suivants.

/æpl/, /ˈɑːkənsɔː/, /ˈeɪʒə/, /dɪə/, /ˈgʌvnmənt/, /ˈɪʃuː/, /ˈmʌðə/, /ˈɒrɪndʒ/, /paʊə/, /səˈsaɪətɪ/, /səˈdʒest/.

B. L'accent de mot et les formes réduites

Les mots grammaticaux (articles, conjonctions, pronoms relatifs, auxiliaires, etc.) sont généralement inaccentués. Leur réalisation est donc souvent réduite. Le travers majeur des locuteurs francophones est de leur donner trop d'importance, calquant ainsi le schéma intonatif du français qui accorde à peu près la même intensité à chaque syllabe. Voici quelques exemples de réalisations réduites de mots grammaticaux.

GRAPHIE	Forme pleine	Forme réduite	GRAPHIE	Forme pleine	Forme réduite

1. Comment peut-on prononcer les mots *tough, though, thought* sans les avoir entendus au préalable ou sans l'aide de l'API (/tʌf/, /ðəʊ/, /θɔːt/) ?

are	/ɑː/	/ə/	**at**	/æt/	/ət/
him	/hɪm/	/ɪm/	**of**	/ɒv/	/əv/
that	/ðæt/	/ðət/	**them**	/ðem/	/ðəm/

Liste de mots grammaticaux ayant une forme réduite : *a, am, an, and, are, as, at, be, but, can, do, does, don't, -ed, for, from, had, has, have, he, her, -ing, is, it, me, my, not, of, or, our, shall, she, some, than, the, them, there, they, to, us, was, will, we, were, which, who, would, should, could, you, yours.*

Les mots lexicaux (noms propres, noms communs, adjectifs, verbes, adverbes, mots interrogatifs, démonstratifs, etc.) portent un accent tonique qu'il est important de respecter. Il y a une différence notoire entre l'adjectif ***per**sonal* (en français, l'adjectif « personnel »), accentué sur la première syllabe, et le nom *person**nel*** (en français, le personnel, comme dans *personnel department*/service du personnel), accentué sur la troisième. En général, si l'accent est bien repéré, la prononciation du reste du mot ne pose plus guère de problème. Mais comment placer l'accent dans les mots de deux syllabes ou plus ?

Les mots de deux syllabes qui n'ont pas de préfixe sont accentués sur la première syllabe (***fol**low, **bot**tle*[1]). Les mots de deux syllabes qui ont un préfixe détachable sont accentués sur la deuxième syllabe (*il**le**gal*). Les mots de deux syllabes qui ont un préfixe non détachable sont accentués sur la première syllabe si ce sont des noms (***pre**sent, **re**cord*) et sur la deuxième syllabe dans tous les autres cas (*be**hind**, a**way**, un**til**, (to) pre**sent**, (to) re**cord**, be**gin**, to**day***[2]).

La terminaison du mot doit être prise en compte afin de déterminer la syllabe accentuée. En effet, certains suffixes sont neutres alors que d'autres influent sur le schéma intonatif.

Les suffixes suivants n'entraînent aucun déplacement d'accent : *-ing, -es, -ed, -er, -est, -able, -age, -al, -en, -ful, -ish* (adjectifs seulement), *-like, -less, -ly, -ment* (noms), *-ness, -ous, -fy, -wise, -y* (adjectifs ou noms).

Les suffixes suivants portent eux-mêmes l'accent : *-ee, -eer, -ese, -esque, -ette.*

Les mots terminés par les suffixes suivants s'accentuent sur la pénultième (avant-dernière syllabe) **:** *-ial, -ian, -ic, -ics, -ion.*

Les mots terminés par les suffixes suivants s'accentuent sur l'antépénultième (avant-avant-dernière syllabe) **:** *-ety, -ity, -itive, -itude, -logy, -ise/-ize* (verbes de plus de deux syllabes), *-grapher, -graphy.*

1. Des précisions s'imposent toutefois. Il existe des exceptions comme ***ho**tel* ou *la**goon***. Par ailleurs, dans les mots en -ate de deux syllabes, les verbes sont accentués sur la dernière syllabe (*re**late***), les autres catégories sur la première (***se**nate*). Les verbes de deux syllabes en -ment ou -ent sont accentués sur la deuxième syllabe (*la**ment***).
2. Gardez bien à l'esprit les paires suivantes : ***con**trast/to con**trast**; **de**crease/to de**crease**; **ex**port/to ex**port**; **pro**gress/to pro**gress**; **trans**port/to trans**port***.

Exercice

Placez l'accent sur la syllabe qui convient.

advertise, again, always, appreciate, amazing, cigarette, comfortable, commerce, commercial, (a) contrast, (to) contrast, demolish, devilish, economic, economy, hundred, hurriedly, (an) increase, (to) increase, Japanese, morning, otherwise, pacify, perfection, photograph, photographer, political, politics, Portuguese, punishment, refugee, refusal, science, scientific, scientist, sincerity, society, (a) transfer, (to) transfer, unhappy, volunteer, widen.

C. L'intonation de la phrase

1. L'intonation neutre

Lorsque vous voulez transmettre une information sans commentaire particulier, vous accentuez les mots lexicaux contenus dans votre énoncé. Ainsi, la phrase ci-dessous sera accentuée comme suit (syllabes en gras) :

***Greece** is **forced** to **make** more **bud**get **cuts**.* Attention à *to* prononcé /tə/ et à /ˈbʌdʒɪt/.

On peut matérialiser l'intonation par une succession de ronds. Un grand rond signifie une syllabe accentuée alors qu'un petit rond représente une syllabe inaccentuée. Le schéma de la phrase ci-dessus sera donc le suivant : OoOoOoOoO.

Exercice 1

Mettez les phrases suivantes dans la colonne qui convient. Prononcez chaque énoncé en veillant à la mélodie. Commencez lentement puis accélérez.

Mind the step!, Don't tell John!, Pass me a pen, Thanks a lot!, How do you know?, Do you want to?, The time has come, The door is closed.

OoO	OoOo	oOoO	OooO	OOO
Mind the step !				

2. L'intonation non neutre

Le sens de la phrase change si vous choisissez d'accentuer un mot en particulier.

- ***Greece*** *is forced to make more budget cuts*/C'est la Grèce (et pas d'autres pays) qui se trouve dans l'obligation de faire des coupes budgétaires.
- *Greece is* ***forced*** *to make more budget cuts*/Elle n'a vraiment pas le choix.
- *Greece is forced to make* ***more*** *budget cuts*/Ce qui a été fait jusqu'à présent ne suffit pas, il faut encore un effort.

Exercice 2

En quoi l'accentuation des mots suivants modifie-t-elle le sens de la phrase ci-dessous ?

- *The* ***government*** *is doing its best to talk firms into investing.*
- *The government is* ***doing*** *its best to talk firms into investing.*
- *The government is doing its best to* ***talk*** *firms into investing.*

À noter : Lorsque vous êtes confronté à un flot de paroles (conversation ou documents audio du concours), il faut repérer les mots accentués. C'est à partir d'eux que vous tissez des réseaux de sens et accédez ainsi à la compréhension de plus en plus fine du message. Ceci est valable en réception et en expression. Veiller à inhiber les tendances liées aux schémas intonatifs du français : respectez les formes faibles et évitez l'intonation montante caractéristique des francophones (les énoncés déclaratifs, les phrases impératives et les questions en WH—ont une mélodie descendante. Les Yes/No questions ont une mélodie montante ou descendante).

D. Quelques phénomènes de la chaîne parlée

La liaison permet de rendre votre discours plus fluide. Elle se produit lorsqu'un mot se termine par un son consonne et que le mot suivant commence par un son voyelle. La liaison s'étend aussi au cas suivant : *the idea ‿of...* /aɪˈdɪərəv/.

Noter que si le mot *university* commence par la voyelle graphique « u », il commence par le son consonne [j],/ˌjuːnɪˈvɜːsɪtɪ/. Le verbe *know* se termine par une consonne graphique mais par le son voyelle [əʊ],/nəʊ/. On retrouve le même phénomène dans le mot français *petit*.

Voici quelques exemples : *father is here* /fɑːðərɪz hɪə/, *after all* /ɑːftərɔːl/, not at all /nɒtə tɔːl/, **give it to me** /gɪvɪtəmiː/, *This is an extract* /ðɪsɪzən ˈekstrækt/, *and I added* /ənaɪædɪd/.

[w] et [j] apparaissent également entre deux termes pour effectuer une liaison. Ainsi, on aura *just do it* /djʌst duːwɪt/ et *he ate it* /hiːjeɪt ɪt/.

Il y a **gémination** lorsque deux sons consonnes identiques se trouvent en contact. On prononce alors une seule consonne longue, comme dans *what time* /wɒtːaɪm/.

Lorsque les consonnes *t*, *d*, *-s*, *z* se trouvent en contact avec le son [j], elles donnent [tʃ], [dʃ], [ʃ], [ʒ]. On peut donc avoir *won't you* /wəʊntʃə/ et *this year* /ðɪʃjɪə/. Ce phénomène se nomme **coalescence**. Il est utile d'apprendre à le repérer afin de ne pas être surpris.

Conseil : tous ces phénomènes complexes sont mis en œuvre dans les chansons. Les chanter vous aidera à pratiquer dans le cadre contraignant de la mélodie et du rythme. C'est un exercice à ne pas négliger.

E. Rappel de quelques règles de prononciation

A. Prononciation du « -s » en position finale (génitif, pluriel, troisième personne du singulier)

- Il se prononce [s] lorsque le mot se termine par les consonnes sourdes [p], [t], [k], [f], [θ] (*banks, camps, aspects, Jeff's, maths...*).
- Il se prononce [ɪz] lorsque le mot se termine par [s], [z], [ʃ], [tʃ], [ʒ], [dʒ] (*practices, reproaches, fences, crises, taxes, privileges...*)
- Il se prononce [z] après les autres consonnes et après les voyelles (*factories, sobs, grounds, kegs, refusals, platforms, reasons, engineers, alternatives*).

B. Prononciation du « -ed » final (prétérit et participe passé)

- Il se prononce [ɪd] quand le verbe se termine phonétiquement par [d] ou [t] (*landed, sorted*)
- Il se prononce [t] quand le verbe se termine par une consonne sourde – autre que [t] – (*pushed, worked, stopped, cherished, laughed, tossed...*)
- Il se prononce [d] quand le verbe se termine par un autre son (*explained, smiled, showed, advised...*)

C. Les lettres muettes

Nombre de mots anglais contiennent des lettres qui ne prononcent pas. En voici quelques exemples : *bom(b), bus(i)ness, ca(l)m, dum(b), fas(t)en, forei(g)n, g(u)ardian, ha(l)f, (h)eir, (h)onest, (h)onour, (h)our, i(s)land, (k)now, lis(t)en, mus(c)le, (p)sychology, sa(l)mon, thou(gh)t, We(d)nesday, wei(gh), w(h)at, (w)ho, (w)hom, (w)hose, w(h)y, (w)rite, (w)rong.*

VI. Mots anglais communs mal prononcés (phonèmes et/ou accent tonique)

Voici une liste de mots sur lesquels les étudiants achoppent souvent lors des épreuves orales. La prononciation donnée en référence est plutôt britannique. Les phonèmes en italiques sont souvent omis.

access /ˈækses/

actually /ˈæktjʊəlɪ/

(to) analyse /ˈænəlaɪz/

analysis /əˈnælɪsɪs/

apple /æpl/

area /ˈeərɪə/

aren't /ɑːnt/

attend /əˈtend/

Asia /ˈeɪʃə/ – /ˈeɪʒə/

author /ˈɔːθə/

Britain /ˈbrɪtən/ et non /~~ˈbrɪteɪn~~/

can /kæn/

can't /kɑːnt/

capitalism /ˈkæpɪtəlɪzm/

case /keɪs/ et non /~~keɪz~~/

challenge /ˈtʃælɪndʒ/

choke /tʃəʊk/ ≠ ***shock*** /ʃɒk/

climate /ˈklaɪmɪt/

clothes /kləʊðz/

commentary /ˈkɒməntərɪ/

considered /kənˈsɪdəd/

consumption /kənˈsʌmpʃn/

cultural /ˈkʌltʃərəl/

culture /ˈkʌltʃə/

crises (pl.) /ˈkraɪsiːz/ et non /~~ˈkraɪziːz~~/

crisis (sing.) /ˈkraɪsɪs/ et non /~~ˈkraɪzɪs~~/

damage /ˈdæmɪdʒ/

debt /det/

democracy /dɪˈmɒkrəsɪ/

develop /dɪˈveləp/

dignity /ˈdɪgnətɪ/

dynamism /ˈdaɪnəmɪzm/

earth /ɜːθ/

engineer /ˌendʒɪˈnɪə/

environment /ɪnˈvaɪərənmənt/

Europe /ˈjʊərɒp/

European /ˌjʊərɒˈpiːən/

event /ɪˈvent/

fire /faɪə/ et non /~~faɪjə~~/

film /fɪlm/

firm /fɜːm/

flood /flʌd/

future /ˈfjuːtʃə/

guardian /ˈgɑːdɪən/ et non /~~ˈgwɑːdɪən~~/

health /helθ/

hop /hɒp/

hope /həʊp/

ignore /ɪgˈnɔː/

(to) increase /ɪnˈkriːs/ et non /~~ɪnˈkriː~~/

issue /ˈɪʃuː/ – /ˈɪsjuː/

9 Phonétique Phonologie

Microsoft /ˈmaɪkrəsɒft/

migration /maɪˈgreɪʃn/

minority /maɪˈnɒrətɪ/

movement /ˈmuːvmənt/

Nike /ˈnaɪkiː/

our /aʊə/

pressure /ˈpreʃə/

promise /ˈprɒmɪs/

racial /ˈreɪʃl/

reform /rɪˈfɔːm/

republic /rɪˈpʌblɪk/

research /rɪˈsɜːtʃ/

signifies /ˈsɪgnɪfaɪz/

situation /ˌsɪtjʊˈeɪʃn/

suggest /səˈdʒest/

sweatshop /ˈswetʃɒp/

temperature /ˈtemprətʃə/

this /ðɪs/

that /ðæt/

think /θɪŋk/

universal /ˌjuːnɪˈvɜːsl/

vulnerable /ˈvʌlnərəbl/

walk /wɔːk/ ≠ ***work*** /wɜːk/

were /wɜː/ ≠ ***where*** /weə/

weren't /wɜːnt/

whole /həʊl/ ≠ ***wall*** /wɔːl/.

Bibliographie

GINESY Michel, *Phonétique et phonologie de l'anglais*, Paris, Ellipses, Université – Anglais, 2000.

HERRY-BENIT Nadine, *Didactique de la phonétique anglais*, Rennes, Presses Universitaires de Rennes, 2011.

ROACH Peter, *English Phonetics and Phonology*, Cambridge, Cambridge University Press, 2000.

Chapitre 10
Corrigés

Chapitre 2

F. Exercice de version

1. Il traversa le couloir sur la pointe des pieds puis descendit l'escalier à la hâte.
2. À la suite de son échec, il se mit à boire et en mourut.
3. Vous venez d'entendre l'Orchestre National dirigé par Alasdair Munro.
4. Le fort Sumter est situé sur une île à proximité des côtes de Caroline du Sud.
5. Ma mère est épatante : après l'accident, elle a gardé un calme olympien/elle est restée imperturbable.
6. Le portail s'ouvrit en grinçant.
7. Il joua des coudes pour se frayer un chemin à travers la foule.
8. Des jeunes filles s'évanouissaient au passage de l'acteur.
9. La conférencière était une femme d'environ 45 ans.
10. À combien s'élève son patrimoine ?
11. Le train en provenance d'Aberdeen est en retard.
12. Laissez-moi sortir !
13. Il m'a montré un article qui expliquait comment construire un violon à partir d'ordures/un article sur la façon de construire un violon en se servant d'ordures.
14. Un beau jour, des années après son départ, elle est revenue sans crier gare/à l'improviste.
15. Tu n'as pas besoin de me répondre tout de suite. Prends le temps d'y réfléchir, et quand tu auras pris ta décision, tu me le diras.
16. Les enfants adoraient les bandes dessinées, les caramels/bonbons et les chocolats.
17. Mets-toi à sa place ! C'était très difficile pour elle de prendre la bonne décision.
18. Elle alla au bureau en chantant/elle chanta tout le long du trajet jusqu'au bureau.
19. Son pantalon était trempé jusqu'aux genoux.
20. En prenant de l'âge, il devint plus patient.
21. Elle n'avait pas beaucoup de charme/elle était sans intérêt.
22. Le volcan entra en éruption après être resté endormi pendant des années.
23. Elle s'éclaircit la voix et se mit à chanter.
24. Il partit en soupirant.
25. Il a été exclu/renvoyé à juste titre/et il le méritait.
26. Les pompiers furent appelés sur le lieu de l'accident.
27. La vieille femme se contenta de hocher la tête.
28. Une femme vêtue à la mode de 1900 (*NB: King Edward VII reigned from 1901 to 1910*).
29. Prends un autre verre/Ressers-toi.
30. Elle leva les yeux lorsque sa fille entra dans la pièce.
31. D'après certaines sources, le tireur aurait été abattu par la police.
32. Elle trébucha et faillit tomber.
33. C'était un homme à la voix douce et aux yeux verts et rêveurs.
34. Une cliente vint chercher un livre qu'elle avait commandé la semaine précédente.
35. Évidemment, il oublia de m'appeler.
36. Il fit bouillir l'eau puis prit un livre dans la pile qui se trouvait sur la table.
37. Elle s'est endormie en pleurant, mais une fois endormie, elle a dormi comme un loir.
38. Un satané chien ! Et un pékinois par-dessus le marché !
39. Elle prit le chemin le plus court jusqu'à la gare, coupant à travers un dédale de rues.
40. Il traversa des villages endormis (*NB « en voiture » est superflu si le contexte est suffisamment clair*).

Chapitre 3

II. Entraînement à la grammaire par les exercices

1. present simple et present en *be + -ing*

Interviewer: are, **Mr. Thompson**: is, conduct, are creating. are opening.

Interviewer: do you lend... ? **Mr. Thompson**: try, aim, live, default, are always looking, can. owns, charges, has, pays, is taking. is booming.

2. Référence au passé

Interviewer: were, founded. Did you expect...? **Mr. Thompson**: wanted, were turning, didn't represent. believed. died, insisted, changed, were. distributed. needed, received. launched, was experiencing. were becoming, seemed. provided, achieved. consisted, loaned.

3. Le prétérit modal

1. If I were you, I wouldn't be so kind to him!
2. had enough money to buy designer labels.
3. had something to drink.
4. didn't eat that cream cake in front of me.
5. stopped complaining about everything.
6. lived in Canada.
7. he were the boss.
8. spoke to him in Spanish?

4. Les aspects *be* + *-ing* et *have* + *-en*

1. b. ▪ **2.** c. ▪ **3.** a. ▪ **4.** a. ▪ **5.** c.

5. Référence à l'avenir

1. 'll help ▪ **2.** 'll start/will have finished ▪ **3.** 'm spending/leaves ▪ **4.** Are you going to watch/'m going to see/finish ▪ **5.** will/I'll be sleeping

6. Le conditionnel

1. I **would** go on a worldwide tour. ▪ **2.** I **wouldn't** have caught a cold. ▪ **3.** I got the job of my dreams. ▪ **4.** my car hadn't broken down. ▪ **5.** I would ask my parents if I could stay up late.

7. Les modaux (forme simple, modal + base verbale)

1. could/can't ▪ **2.** Shall/might ▪ **3.** will/needn't/would ▪ **4.** should ▪ **5.** must/mustn't/may

8. Les modaux (forme + *have* + participe passé)

1. could have gone/couldn't ▪ **2.** Should I have made/might have felt ▪ **3.** would/needn't have said/would have felt ▪ **4.** should have sent ▪ **5.** must have arrived/mustn't have used/may have left

9. La voix passive

1. wasn't chosen ▪ **2.** was signed ▪ **3.** has been built ▪ **4.** is being interviewed ▪ **5.** will not be repaired ▪ **6.** was still being cleaned ▪ **7.** had never been opened ▪ **8.** will have to be found

10. L'interrogation

1. **How much** is one CO_2 allowance?
2. **When** is the election?
3. **What** did you say?
4. **How many** people died during the 9/11 terrorist attacks?
5. **Who** painted this masterpiece?
6. **Whose light bulb** was invented first?
7. **Which** is the biggest country in the world?
8. **How often** do earthquakes occur in Southeast Asia?
9. **Where** did the 2012 climate conference take place?
10. **Does** she **live** in Sydney, Australia?
11. **Did** you **witness** the accident?
12. **Have** you **ever seen** anything so breathtakingly beautiful?
13. **Can** a solution **be found** to world poverty?
14. **Does** everybody **want** to be rich and famous?
15. **Had** they **arrived** by the time you left?

11. La proposition infinitive

1. to inaugurate a new community centre last week.
2. me to quit smoking
3. her put it in her handbag
4. not to raise the retirement age
5. to be the most famous person in the world
6. developed countries to help
7. him to be best man at my wedding
8. to pay it back
9. them to admit they were wrong
10. the company to hire extra staff

12. La proposition relative

1. **which** functions independently...
2. **who** sang so beautifully was given...
3. **whom** I borrowed the book.
4. **whose** that gorgeous car is.

13. Les structures résultatives

1. The management team have talked the workers out of going on strike.
2. Their story moved me to tears.
3. The football supporters shouted themselves hoarse at the cup final.
4. I will worry myself to death when my daughter goes off to university.
5. The government deluded the populace into believing that they would fulfil their campaign promises.
6. His mother shamed him into returning the jeans he had stolen.

14. Les subordonnées de temps

1. tell ▪ **2.** had they sat ▪ **3.** get ▪ **4.** tell ▪ **5.** meet ▪ **6.** finish

15. Les phrases complexes

1. Nowadays cancer is not necessarily a death sentence provided doctors **catch** it early.
2. Her little brother **would follow** her wherever she went.
3. I've stopped **trying** to understand Contract Law. I'll never get it!
4. I really must remember **to pay** that bill or they'll cut my water off.
5. The manager thought it **was** a good idea insofar as no one had thought of a better one.
6. **Had I** known that I had accidentally friended my boss on Facebook...
7. I can't say I believed him when he declared that I **would** see my investment double.
8. Whether she **gets** the job or not, the interview experience will have been invaluable.
9. How odd that the CEO **should** make the announcement on the same day that 150 workers were let go.

16. For/since/ago

started, **ago**, has already offered, moved, **ago**, rented, **since**, has been living. **For**, has been working, has been taking, **since**.

17. During/for/while

during, has travelled, attended, **for, while,** visited, **during**, did, **for**, found.

18. Had better et would rather

1. had better ▪ **2.** would rather ▪ **3.** had better ▪ **4.** had better ▪ **5.** would (you) rather

19. Traduction de *faire faire*

1. The lawyer requested a copy of the report so I **had** a courier ~~to~~ take it over to her.
2. He **had** his secretary ~~to~~ push the appointment back to three o'clock.
3. I finally **got** her to **have/get** her hair cut.
4. I just don't know how she **makes** her children ~~to~~ keep their rooms so tidy.
5. **I've just had** my car's windscreen replaced.

20. Emploi de l'article défini *the*

the, ø, ø, the, the, the, the, the, ø, the, the, ø, ø, ø, ø, the, the, the, the, the, ø, the, the, the, the, ø, ø, the.

21. Les quantifieurs

1. much, most, some ▪ **2.** a little, all, any ▪ **3.** too many, few ▪ **4.** every, each ▪ **5.** a few, none, too much, little ▪ **6.** either, neither, several, no

22. Place de l'adjectif, l'adjectif composé et l'adjectif substantive

1. hundreds of young East European
2. serious new global
3. 45-year-old, blond-haired/up-coming general
4. heart-felt/severe twenty-year prison
5. environmentally-friendly, electric/pollution-free

23. Le comparatif et le superlatif des adjectifs

hardest, harder, younger, older, smaller and smaller, more and more ancient, oldest, best, most practical, most expensive, happier, bigger, busier, livelier, more exciting, noisier, smellier, scarier, most fascinating, most frightening.

24. Les mots composés

1. A driving licence ▪ **2.** A haircut ▪ **3.** A sportsman ▪ **4.** An eyewitness ▪ **5.** A go-between

25. As or like

1. as ▪ **2.** like ▪ **3.** like ▪ **4.** as ▪ **5.** As ▪ **6.** like, like ▪ **7.** As, like, as

26. Le génitif

1. France**'s** relationship with Britain
2. The very top of the cupboard
3. A fortnight**'s** holiday
4. The government**'s** sustainable development policy
5. My children**'s** toys
6. The university of Eddington
7. Saint James' (church)
8. A gentlemen**'s** agreement
9. An economists' project
10. The bark of a willow tree

27. Discours direct et discours indirect

1. how long I had been working there.
2. they weren't leaving until the next day.
3. to go over the paperwork with me.
4. the contract had been signed the week before.
5. when I/we would be leaving.
6. to stop shouting that very instant.
7. they had had such fun the night before.
8. when he was going to call.

28. Les prépositions

1. of ▪ **2.** in ▪ **3.** for ▪ **4.** of ▪ **5.** of ▪ **6.** on ▪ **7.** with ▪ **8.** to ▪ **9.** for ▪ **10.** to ▪ **11.** on ▪ **12.** from ▪ **13.** with ▪ **14.** to ▪ **15.** with

29. Les particules adverbiales

1. on, off
2. down to
3. on, out
4. down on
5. for, on
6. up against
7. down on
8. through, on
9. out, through
10. of
11. out, along with, off
12. down
13. up against, up to, out
14. down
15. up with
16. down, out of
17. for, around for
18. of, away

30. Tableau des verbes irréguliers

woke, had broken, had slept. sat, became, felt. got, took, lay, crept, swung, had slid, shut, had risen, shone, lit. ran. caught, leapt. had made, had left. was, ate. found, drank. rang, heard, spoke. Hung, came. stood, saw, shook, have fed, said. Had you forgotten? have known, could.

III. QCM de structures grammaticales et lexicales

QCM n° 1

1. b. ▪ **2.** c. ▪ **3.** a. ▪ **4.** a. ▪ **5.** c. ▪ **6.** a. ▪ **7.** c. ▪ **8.** a. ▪ **9.** c. ▪ **10.** b. ▪ **11.** a. ▪ **12.** d. ▪ **13.** b. ▪ **14.** a. ▪ **15.** c. ▪ **16.** c. ▪ **17.** b. ▪ **18.** b. ▪ **19.** b. ▪ **20.** b. ▪ **21.** c. ▪ **22.** b. ▪ **23.** a. ▪ **24.** b. ▪ **25.** a. ▪ **26.** a. ▪ **27.** b. ▪ **28.** d. ▪ **29.** b. ▪ **30.** a.

QCM n° 2

1. c. ▪ **2.** d. ▪ **3.** a. ▪ **4.** c. ▪ **5.** a. ▪ **6.** b. ▪ **7.** d. ▪ **8.** a. ▪ **9.** c. ▪ **10.** a. ▪ **11.** d. ▪ **12.** d. ▪ **13.** d. ▪ **14.** d. ▪ **15.** a. ▪ **16.** d. ▪ **17.** c. ▪ **18.** a. ▪ **19.** b. ▪ **20.** b. ▪ **21.** d. ▪ **22.** d. ▪ **23.** c. ▪ **24.** d. ▪ **25.** c. ▪ **26.** d. ▪ **27.** b. ▪ **28.** b. ▪ **29.** c. ▪ **30.** a.

QCM n° 3

1. c. ▪ **2.** a. ▪ **3.** c. ▪ **4.** d. ▪ **5.** d. ▪ **6.** c. ▪ **7.** a. ▪ **8.** b. ▪ **9.** a. ▪ **10.** a. ▪ **11.** b. ▪ **12.** d. ▪ **13.** b. ▪ **14.** b. ▪ **15.** c. ▪ **16.** c. ▪ **17.** d. ▪ **18.** b. ▪ **19.** c. ▪ **20.** c. ▪ **21.** a. ▪ **22.** c. ▪ **23.** b. ▪ **24.** c. ▪ **25.** a. ▪ **26.** d. ▪ **27.** a. ▪ **28.** b. ▪ **29.** b. ▪ **30.** a.

QCM n° 4

1. a. ▪ **2.** a. ▪ **3.** d. ▪ **4.** a. ▪ **5.** b. ▪ **6.** b. ▪ **7.** c. ▪ **8.** a. ▪ **9.** d. ▪ **10.** a. ▪ **11.** b. ▪ **12.** d. ▪ **13.** c. ▪ **14.** a. ▪ **15.** b. ▪ **16.** d. ▪ **17.** c. ▪ **18.** b. ▪ **19.** a. ▪ **20.** c. ▪ **21.** a. ▪ **22.** d. ▪ **23.** d. ▪ **24.** d. ▪ **25.** c. ▪ **26.** c. ▪ **27.** a. ▪ **28.** b. ▪ **29.** a. ▪ **30.** a

QCM n° 5

1. d. ▪ **2.** c. ▪ **3.** d. ▪ **4.** b. ▪ **5.** c. ▪ **6.** a. ▪ **7.** d. ▪ **8.** b. ▪ **9.** b. ▪ **10.** d. ▪ **11.** b. ▪ **12.** c. ▪ **13.** b. ▪ **14.** b. ▪ **15.** d. ▪ **16.** b. ▪ **17.** c. ▪ **18.** a. ▪ **19.** a. ▪ **20.** a. ▪ **21.** b. ▪ **22.** d. ▪ **23.** c. ▪ **24.** b. ▪ **25.** a. ▪ **26.** b. ▪ **27.** b. ▪ **28.** c. ▪ **29.** b. ▪ **30.** a.

QCM n° 6

1. c. ▪ **2.** d. ▪ **3.** b. ▪ **4.** d. ▪ **5.** d. ▪ **6.** d. ▪ **7.** c. ▪ **8.** a. ▪ **9.** d. ▪ **10.** a. ▪ **11.** b. ▪ **12.** b. ▪ **13.** b. ▪ **14.** a. ▪ **15.** a. ▪ **16.** b. ▪ **17.** d. ▪ **18.** b. ▪ **19.** b. ▪ **20.** d. ▪ **21.** d. ▪ **22.** a. ▪ **23.** a. ▪ **24.** d. ▪ **25.** c. ▪ **26.** c. ▪ **27.** c. ▪ **28.** d. ▪ **29.** a. ▪ **30.** d.

QCM n° 7

1. c. ▪ **2.** a. ▪ **3.** a. ▪ **4.** c. ▪ **5.** a. ▪ **6.** b. ▪ **7.** c. ▪ **8.** c. ▪ **9.** a. ▪ **10.** b. ▪ **11.** d. ▪ **12.** c. ▪ **13.** d. ▪ **14.** b. ▪ **15.** d. ▪ **16.** c. ▪ **17.** b. ▪ **18.** b. ▪ **19.** d. ▪ **20.** d. ▪ **21.** a. ▪ **22.** b. ▪ **23.** a. ▪ **24.** a. ▪ **25.** d. ▪ **26.** a. ▪ **27.** b. ▪ **28.** d. ▪ **29.** c. ▪ **30.** b.

Chapitre 4

IV. Formation des mots : préfixes et suffixes

Exercice sur les préfixes

Mot anglais	Nouveau mot obtenu avec un préfixe	Traduction en français
Exemple : approve	**disapprove**	*désapprouver*
agree	**disagree**	*ne pas être d'accord*
do	**undo**	*défaire*
legal	**illegal**	*illégal*
regard	**disregard**	*ne tenir aucun compte de*
possess	**dispossess**	*déposséder*
handle	**mishandle**	*manier sans précaution*
number	**outnumber**	*être plus nombreux que*
literate	**illiterate**	*illettré*
direct	**indirect**	*indirect*
interpret	**misinterpret**	*mal interpréter*
work	**overwork**	*surcharger de travail*
right	**outright**	*sur le coup, complètement*
lock	**unlock**	*ouvrir*
cook	**undercook**	*ne pas cuire assez*
look	**outlook**	*perspective*
moral	**immoral**	*immoral*
climax	**anti-climax**	*chute*
night	**overnight**	*du jour au lendemain*
break	**outbreak**	*début, déclenchement*

Exercice sur les suffixes

Mot anglais	nouveau mot obtenu avec un suffixe	Traduction en français
Exemple : approve	**approval**	*approbation*
agree	**agreement**	*accord*
license	**licensee**	*détenteur(trice) d'une licence*
legal	**legally**	*légalement*
hinder	**hindrance**	*gêne, obstacle*
sever	**severance**	*séparation*
star	**stardom**	*célébrité*
sharp	**to sharpen, sharpness**	*aiguiser, tranchant*
orphan	**orphanage**	*orphelinat*
address	**addressee**	*destinataire*
seep	**seepage**	*suintement*
Protestant	**Protestantism**	*protestantisme*
citizen	**citizenship**	*citoyenneté*
bitter	**bitterness**	*amertume*
kind	**kindness**	*gentillesse*
short	**shortage**	*manque*
book	**bookish**	*studieux, livresque*
spoon	**spoonful**	*cuillerée*
forget	**forgetful**	*distrait, étourdi*
leaf	**leafy**	*feuillu*

V. Travail sur la richesse lexicale

Exercice 1

1. Appointees will be given **adequate** training before they start work.
2. The subprime crisis had **far-reaching** consequences on the global economy.
3. Stiglitz's latest book was really **thought-provoking**.
4. Many Labour MPs stressed that this measure was **detrimental to** national cohesion.
5. Apple has always been praised for its **well-thought-out** marketing strategy.
6. Providing shelters to homeless people is an **inadequate** solution in the long term.
7. Many experts highlight that hybrid cars are **beneficial to** the environment.

8. Students decided to stage **widespread** demonstrations across the country.
9. Authorities have failed to provide a **suitable** response to the NHS deficit.
10. The implementation of CCTV provides a **noteworthy** example of state surveillance.

Exercice 2

1. Students who fail to **comply** with the rules will be suspended.
2. Same-sex marriage is **sparking** a huge debate in many Western countries.
3. Unemployment figures are expected to be **released** next week.
4. Google will **introduce** new changes in Gmail to improve security.
5. The French government banned vending machines in school in an effort to **curb** childhood obesity.
6. When it comes to immigration, it is essential to **draw** the line between legal and illegal aliens.
7. Sarah Palin was accused of **sowing** the seeds of hatred.
8. Engineers are **devising** new strategies to reduce greenhouse gas emissions.
9. After Hurricane Sandy hit New York City, the President **issued** a statement to reassure the population.
10. In Arizona, authorities have decided to **enforce** strict dress code for voters.
11. The USA and China **narrowed** their differences at the Cancun climate talks.
12. The guide was right to **draw** our attention to the need to protect the site.
13. It is unsure whether the newly elected President will **repeal** his predecessor's reform.
14. Chicago's teachers **staged** a huge rally in order to put an end to the strike.
15. The coalition government's NHS reform would certainly **entail** benefit cuts.

Exercice 3

1. Thanks to the Internet, you can **keep up with** all the latest developments.
2. The USA is increasingly **turning into** a polarized country.
3. People living near Heathrow can no longer **put up with** the constant noise.
4. The governor of Arizona accused to federal government of failing to **come up with** a lasting solution to illegal immigration.
5. Financial analysts do not expect the economy to **pick up** before the end of next year.
6. Student unions encouraged students to **stand up for** their rights.
7. In the US, shale gas should **account for** 35 % of energy production by 2035.
8. The fast food industry is determined to **brush up** its bad image.
9. The Serious Fraud Office will **look into** what happened.
10. The Conservative contender promised that, once elected, he would **set about** reforming the NHS.
11. The earlier you **drop out of** school, the more unlikely you are to find a good job.

VI. L'anglais de l'actualité dans les médias

Exercice 1

1. politicians ▪ **2.** political ▪ **3.** a policy wonk (*conseiller politique, mordu de politique (fam)* ▪ **4.** policy (*une ligne politique, stratégie*) ▪ **5.** politics (*la politique*) ▪ **6.** a policy maker (*décisionnaire, décideur politique*)- policy.

Exercice 2

1. economy ▪ **2.** economics ▪ **3.** economists ▪ **4.** economical (*économe*) ▪ **5.** economic

Exercice 3

1. to outstrip (*dépasser*) ▪ **2.** to lag (*être à la traîne, se faire distancer.*) ▪ **3.** to juggle (*jongler*) ▪ **4.** to deter sb from doing sthg (*décourager, dissuader qq de faire qch*) ▪ **5.** to resume (*reprendre*)

QCM

1. a. ▪ **to judder** : *cahoter, vibrer*
2. b. ▪ **to slash** *: to cut*
   a. ▪ **to dump** : *se débarrasser de*
3. b. ▪ **stalemate** : *impasse*
4. a. ▪ **seed money :** *capital initial, mise de fonds*
5. b. ▪ **reprieves** : *sursis, délai*
6. a. ▪ **to wither on the vine** : *s'étioler, dépérir.*
7. b. ▪ **to hive off** : *transférer, détacher*
8. a. ▪ **to churn out** : *produire à tour de bras.*
9. a. ▪ **to wield** *: brandir*
10. c. ▪ **hike** : *augmentation brusque*
11. c. ▪ **to fade** *: affaiblir*
12. b. ▪ **to duck** : *esquiver*
13. a. ▪ **to sideline** : *mettre sur la touche, écarter*
14. a. ▪ **to jettison** : *abandonner*
15. a. ▪ **a vantage point** : *position privilégiée*
16. b. ▪ **a voucher** : *coupon*
17. a. ▪ **to soft-pedal** : *minimiser*
18. c. ▪ **to blow sb away** : *scotcher, impressionner*
19. b. ▪ **sugar rush** : *coup de fouet*
20. d. ▪ **to urge** : *inciter*
21. a. ▪ **to backtrack** : *revenir sur ce que l'on a dit*
22. a. ▪ **to forgo** : *renoncer à, se priver de*
23. a. ▪ **crackdown :** *mesures draconiennes*
24. c. ▪ **mayhem** : *chaos, pagaille*
25. a. ▪ **downturn** : *déclin économique*
26. a. ▪ **flimflam** : *bêtises, âneries*
27. c. ▪ **wildcat strikes** : *grèves sauvages*
28. c. ▪ **to streamline** : *rationaliser, dégraisser*
29. a. ▪ **demise** : *mort, décès*
30. b. ▪ **to cripple** : *entraver, paralyser*
31. b. ▪ **scrumptious** : *délicieux*
32. c. ▪ **to hawk** : *colporter, vendre*
    a. ▪ **to tout** : *racoler*
33. b. ▪ **to churn out** : *jeter, balancer*
34. a. ▪ **to implement** : *mettre en œuvre*
35. d. ▪ **to sit out the doldrums** : *attendre la fin du marasme*
36. d. ▪ **quandary** : *problème, dilemme*
37. a. ▪ **millstone** : *fardeau*
38. c. ▪ **to nudge** : *donner un coup de coude, encourager.*
39. d. ▪ **a whistle-blower** : *dénonciateur*
40. c. ▪ **to take sb for a ride** : *berner qqn*
41. c. ▪ **lore** : *traditions, coutumes*
42. a. ▪ **devolution** : *décentralisation*
43. d. ▪ **to mint money** : *frapper de l'argent, faire de l'argent*
44. d. ▪ **to feel the pinch** : *subir le contrecoup de la crise*

Chapitre 5

I. Version littéraire

Extrait 6

Lorsque je descendis, Mme Thompson était en train d'étaler de la pâte à gâteaux. La cuisine était spacieuse, propre[1] et lumineuse, équipée[2] d'un four électrique avec un panneau de commandes digne de celui d'un bombardier. Toutes les boîtes, on en était sûr, contenaient exactement ce que mentionnaient leurs étiquettes, tous les couteaux devaient[3] être aiguisés, tous les ustensiles, du fouet jusqu'au presse-agrume, en parfait état de marche. Et cependant la pièce était aussi gaie que le tablier à fleurs de Mme Thompson, et aurait pu servir, telle qu'elle était, de décor de cinéma à n'importe quelle comédie bourgeoise[4].

On ne s'y sentait pas intrus ; elle ne recelait aucun sordide petit secret[5] tel qu'un évier bouché ou des torchons sales.

–Je sors faire des courses, Joan, dis-je. Vous[6] voulez que je vous ramène quelque chose ?

1. Éviter la répétition des « **et** » dans la traduction des « ***and*** »
2. Etoffer le « ***with*** »
3. « ***would be sharp*** » n'est pas un conditionnel mais rend l'idée d'une qualité intrinsèque.
4. « ***middle-class comedy*** » ➜ comédie décrivant la vie de la classe moyenne de l'époque
5. Le singulier est plus adapté en français qui est une langue qui généralise.
6. Joan est sa logeuse d'où l'utilisation du vous

– Non, rien, merci, dit-elle. Les meilleurs magasins sont, pour la plus part, sur[1] la place du marché. Le bus pour[2] Modley vous y conduira – l'arrêt est au bas de la rue. Pour le retour il y a un départ à la demi de chaque heure[3] à la gare des cars[4]. Le Bureau de rationnement est à l'hôtel de ville, pendant que j'y pense. Je suis une sacrée mine de renseignements, non !

Elle sortit un morceau de fromage de son emballage et se mit à le râper.

Extrait 7

Ils contournèrent la ville par le sud. Il n'y avait personne dehors à cette heure, proche de minuit et rien n'était ouvert à l'exception d'une succession de stations services vivement éclairées mais désespérément vides[5].

Dick obliqua à la station service Phillips 66 de Hurd[6]. Un jeune homme s'approcha et demanda : « Le plein[7] ? » Dick hocha la tête et Perry sortit de la voiture, pénétra dans le bâtiment où il s'enferma dans les toilettes des hommes. Ses jambes le faisaient souffrir comme souvent ; elles le faisaient autant souffrir que si l'accident qu'il avait eu autrefois[8] s'était produit cinq minutes plus tôt. Il secoua un flacon, en fit sortir trois cachets[9] d'aspirine qu'il mâchonna avec application (car il aimait leur goût) puis but au robinet du lavabo. Il s'assit sur le siège des toilettes, étira les jambes et les frictionna avec vigueur, se massant les genoux qu'il lui était pratiquement impossible de plier. Dick avait dit qu'ils étaient presque arrivés « plus qu'une dizaine de kilomètres[10] ».

Il ouvrit la poche à fermeture éclair de sa veste coupe vent et en sortit un sac en papier ; à l'intérieur il y avait les gants en caoutchouc qu'il venait d'acheter. Ils étaient fins, collants et recouverts d'une matière visqueuse et alors qu'il les enfilait avec peine[11] un des deux gants se déchira, pas une déchirure bien grave, simplement une fente entre les doigts, mais cela lui parut être un signe prémonitoire. La poignée de la porte tourna, secouée bruyamment[12]. Dick lui dit « Tu veux des bonbons ? Il y a un distributeur de confiserie ici. »

« Non. »

1. En français un magasin donne **sur** la place et non *autour*
2. Variante : *qui va à*
3. Construction semblable à celle des horaires de bus
4. Variante : *gare routière*
5. ***Desolate*** : faux ami → *désert* - *désolé*. La traduction proposée joue sur l'ambiguïté du sens de ce mot.
6. ***Hurd*** est une ville.
7. Le mot à mot est à éviter !
8. Compléter l'information « **old** » veut dire qu'il a eu lieu autrefois.
9. Il faut développer l'image. Variante de traduction croisée : « *Il fit sortir trois cachets d'aspirine en secouant le flacon* ».
10. Ne pas garder la distance en miles.
11. Variante : « *petit à petit* »
12. L'anglais insiste sur le bruit du produit.

II. Version journalistique

Extrait 5

Commentaires

Cet article porte sur les controverses suscitées par le développement des organismes génétiquement modifiés, à l'occasion de l'annonce du ministre de l'environnement britannique du soutien de son gouvernement à ce secteur. Les champs lexicaux les plus riches du texte concernent le vocabulaire agro-alimentaire et celui, plus vaste, du développement. Les termes utilisés sont relativement techniques, mais le plus souvent transparents ; de même, il est également attendu des candidats aux concours qu'ils soient familiers d'abréviations aussi courantes que « GMO » ou « NGO ».

Sur le plan grammatical, on peut remarquer que, comme c'est souvent le cas dans l'introduction d'articles de ce type dans la presse anglophone, les deux premières phrases du texte sont construites à partir d'incises assez longues qu'il est préférable de ne pas maintenir lors du passage au français. Attirons aussi l'attention sur l'utilisation dans le troisième paragraphe du double verbe prépositionnel « *argue against/for* » (le verbe « *argue* » étant placé en facteur commun), dont la traduction doit impérativement donner lieu à deux verbes différents, par exemple « s'opposer à » et « préconiser ». Le lecteur pourra aussi constater l'ambiguïté d'une formulation utilisée par le ministre britannique dans ce texte : dans le deuxième paragraphe « *we also need to go through the rigorous processes* » peut en effet vouloir dire que le ministre constate que l'agriculture et le gouvernement britannique doivent « se soumettre » aux mécanismes de contrôle européens ou qu'ils doivent les « passer au crible », pour éventuellement obtenir qu'ils soient modifiés. Étant donné le propos tenu par le ministre dans le reste de l'article, c'est probablement cette seconde hypothèse qu'il faudra retenir... Quoiqu'il en soit, lorsqu'ils se retrouvent confrontés à de telles ambiguïtés, les candidats doivent avoir le réflexe de réfléchir à la cohérence d'ensemble du texte pour parvenir à inférer la solution de traduction la plus plausible.

Proposition de traduction

Ce jeudi, le ministre de l'Environnement va déclarer aux représentants du secteur agricole du Royaume-Uni qu'il conviendrait de convaincre l'opinion britannique des bienfaits de la nourriture génétiquement modifiée, ce qui est un signal clair de la volonté du gouvernement de développer les biotechnologies agricoles et défendre la cause de la nourriture OGM en Europe.

Le ministre conservateur Owen Paterson, qui, pour son premier discours adressé aux agriculteurs, a choisi de mettre l'accent sur les technologies OGM, va ainsi déclarer à la Conférence Agricole d'Oxford : « Nous ne devrions pas avoir peur de défendre auprès du public les bienfaits potentiels des modifications génétiques pas seulement pour la chaine alimentaire, mais aussi pour réduire l'utilisation de pesticides. J'ai la conviction que les OGM représentent de formidables opportunités, mais je reconnais également qu'il est de notre devoir envers nos concitoyens de les rassurer sur le fait que c'est une innovation fiable. Non seulement nous devons défendre cette cause dans notre pays, mais nous devons aussi passer au crible les mécanismes rigoureux que l'Union européenne impose afin de garantir la sûreté des cultures génétiquement modifiées. »

Le discours du ministre risque de provoquer la consternation de nombreux militants écologistes qui s'opposent au développement des OGM ou préconisent des contrôles plus stricts.

Au nom de l'ONG Friends of the Earth (« Amis de la Terre »), Clare Oxborrow a déclaré : « les cultures OGM ne sont pas la solution aux défis alimentaires auxquels nous faisons face. Ils sont développés au profit de multinationales biotechnologiques qui s'accaparent le secteur des semences, et non pour nourrir les pauvres dans les pays en voie de développement. La production alimentaire mondiale nécessite un remaniement radical, mais il faut que celui-ci se fonde sur des pratiques moins intensives, qui contribuent à la diversité agricole, aident à résister aux impacts du changement de climat et bénéficient aux communautés locales. »

Extrait 6

Commentaires

Le texte porte sur les ventes d'armes record qui ont paradoxalement suivi les dernières tueries perpétrées aux États-Unis, notamment celle de Newtown en décembre 2012, et les projets de durcissement du contrôle des armes dans le pays. Le texte est d'un abord relativement simple sur le plan grammatical, et ne contient pas de phrase particulièrement complexe. On peut néanmoins alerter les candidats sur la récurrence d'emplois verbaux absolus tels que celui de « *sell* » dans le deuxième paragraphe, qui doit être traduit par « se vendre ». Notons aussi que, portant sur des événements en cours, l'article est rédigé au présent (présent simple et « *present perfect* ») et ne peut en aucun cas être adapté au passé.

Le texte est plus riche sur le plan lexical et d'un point de vue culturel. Pour débuter, attirons l'attention sur le jeu de mots contenu dans le titre (« *the most wanted* »), qui fait allusion aux célèbres avis de recherche américains. Plus techniquement, le texte énumère un certain nombre de types d'arme (« *gun* », « *rifle* », « *weapon* », « *handgun* ») dont il faut veiller à préserver les nuances lors du passage au français. Le texte fait également diverses références aux institutions américaines (« *Congress* », « *the Senate Judiciary Committee* », « a *hearing* ») qui ne devraient pas déstabiliser des candidats bien préparés. De même, on conseille aux préparationnaires de se familiariser avec la liste des États américains afin de ne pas être pris de cours par les abréviations qui, par convention, suivent les noms de ville dans la presse américaine (ici, le Connecticut et le Colorado).

Proposition de traduction

L'arme à feu la plus recherchée en Amérique

Le téléphone sonne à nouveau, et c'est toujours la même question qui est posée à l'autre bout du fil : « Vous avez des AR ? »

La réponse est non. Au Pasadena Paw and Gun, magasin d'armes et prêteur sur gages situé à une vingtaine de kilomètres au sud de Baltimore, l'arme à feu la plus recherchée en Amérique, le fusil semi-automatique AR-15, est pratiquement en rupture de stock. Depuis le massacre perpétré à Newtown, dans le Connecticut, en décembre dernier, l'AR-15, l'arme de combat de type militaire qui, selon la police, a été utilisée dans la fusillade, se vend comme des petits pains ici comme partout dans le pays.

Avant les événements de Newtown, ces fusils se vendaient aux alentours de 1 100 dollars en moyenne. Désormais, certains vendeurs font payer le double. Au Pasadena Pawn, sur le mur situé derrière les comptoirs de verre où sont présentées des armes de poing sont exposées environ trois douzaines de fusils de type AR-15. Accrochée à chacun ou presque, il y a une étiquette indiquant « vendu ».

« Les AR-15 sont à la mode, affirme Frank Loane, propriétaire du magasin. La jeune génération aime bien tout ce qui ressemble à un fusil d'assaut. »

D'un certain point de vue, ce à quoi on assiste ici et ailleurs n'est rien d'autre que l'illustration de la loi de l'offre et de la demande. Suite aux tueries d'Aurora, dans le Colorado, et de Newtown, le Président Obama souhaite réduire l'offre. Il a demandé au Congrès d'établir des règles de contrôle plus dures, notamment une interdiction de ce que l'on qualifie habituellement d'« armes d'assaut de type militaire ». La commission judiciaire du Sénat a organisé une audition sur la violence liée aux armes mercredi dernier. Du coup, les adeptes des armes se précipitent en nombre pour acheter l'un de ces fusils immédiatement, au cas où le président obtiendrait gain de cause.

III. Thème littéraire

Extrait 4

Germaine Buge left Mademoiselle Larrisson's flat, where she had just done two hours' thorough cleaning under the critical eye of the spinster. It was four o'clock in December and it had been freezing cold for two days. Her coat did not protect her very well. It was made of thin fabric, a mixture of wool and cotton, but it was so worn that it hardly resembled a coat any longer. The winter wind blew through it as through wire netting. Perhaps it even blew through Germaine who did not seem much thicker or more real than the coat itself. Men did not notice her in the street and seldom did women. Shopkeepers did not remember her name and the people who employed her were about the only ones who knew her.

Germaine walked quickly up the Rue Lamarck. When she arrived at the corner of the Rue du Mont-Cenis, she met a few schoolchildren running down the slope. But the school had only just finished. Outside the school, at the foot of the big, stone stairway which runs up the hill of Montmartre, the liberated children were still standing together in a noisy, compact group. Germaine took up position at the corner of the Rue Paul-Féral, looking out for Antoine.

Extrait 5

It had been raining outside for quite a while. There were only five candles left to light the parlour. Large sections of the room were still in the darkness and people moved restlessly in and out of the sitting-room as if they were in the wings of a theatre. The person who had fired the shot was Maigret's neighbour. And no sooner had the shot resounded than he held out his two wrists towards the inspector, in somewhat theatrical a gesture. The bailiff had bent toward the solicitor whose shoulder he had grabbed hold of.

"What can we do?" groaned the voice of the podgy lawyer. There was a heavy silence. It looked as if, on that side, things were being done sluggishly, as if they were bad actors. Métayer was the only one who belonged to neither side.

He had not managed to do anything other than sit there screwed to his armchair, prey to a growing fit of trembling. The murderer must have prepared his crime in advance, for, once he had thrown the weapon out of the window, he was literally making a declaration, looking Maigret straight in the eyes.

"Hadn't he foreseen that himself? He had to die, didn't he? And since he was too much of a coward to take his own life, I thought I was only doing my duty. The baroness has been avenged."

IV. Thème journalistique

Extrait 7

Health care: at the heart of the battle for the White House

She is smiling hesitatingly like a survivor, but is speaking in the confident tone of those/*is confident in her speech like those/in the confident tone of one who has decided/*those who have decided to fight. "Here is what is saving so many lives!" Alliea Groupp cries out, proudly brandishing her white membership card of Commonwealth Choice. It is one of the health insurance schemes created in Massachusetts in 2006, in the days when Mitt Romney, now a contender for the Republican nomination, was its governor. Without this controversial text, this 39-year-old social worker might even no longer have been with us to tell us her story.

In 2009, when Barack Obama sought models for his bill on health care insurance, he naturally looked into/towards the Massachusetts experience. The reform which had been passed three years earlier in Boston, had been born from an agreement between Democratic Senator Kennedy and the then Republican Governor Romney, with the blessing of doctors and insurers whose omnipotence was strengthened by the supply/provision/availability of formerly insolvent new clients. "Romney should be proud of it. But he can't admit it, at least not until the end of the primaries", a professor of economics at MIT sums up, smiling.

Henceforward, under the pressure of the extremist Tea Party movement, the Republican barons subject/hold Obama's law to public obloquy/contempt. Romney's accomplishment has now turned into a liability. From now on, he who had signed the Massachusetts Act with pomp and circumstance is swearing solemnly that he will repeal "Obamacare" as soon as he takes up his duties in the White House.

Extrait 8

An American Brexit

For a long time the media took him for a clown and mocked his buffoonery, synonymous with hype and high audience. But when they woke up, it was already too late: the Trump rocket had already taken off. The jester had turned into the devil of American politics.

Despite the repeated revelations of sexual misbehaviour and financial fraud, Donald Trump managed to find the right words and tweets to convince angry citizens to vote for him. His campaign, rarely subtle, was frighteningly effective. On that night of November 8th, the appalled faces of the Clinton clan, overwhelmed by a phenomenon that the former First Lady had never been able to understand, said it all. Far from being mere coincidence, Trump's victory was a populist response to the deep malaise within American society, a malaise which had been carefully concealed by decent economic growth and an unemployment rate below 5%.

But the gaping social fractures created by globalisation, the frayed industrial fabric of the country, the legacy of the 2008 recession from which we have not recovered yet, were the powerful motives of popular resentment. This silent anger is similar to the one expressed in the June referendum: before saying "Yes" to Donald Trump, America more importantly said "No" to Hillary Clinton. And now, a dismayed world will have to cope with a recalcitrant America.

V. Entraînement à la grammaire par le thème grammatical

1. Présent simple et présent en *be + -ing*

1. The European Members of Parliament (MPs) are examining a new bill on tobacco.
2. Where is he? Perhaps he is working. Or is he playing in the garden?
3. You are *always* complaining about something! I'm fed up with it!
4. More than four thousand people expect the tax office to send them back their tax returns.
5. I am leaving for London tomorrow afternoon.
6. I don't know where she is exactly, but I think she is working at the library.
7. He should be more careful! He is *always* making mistakes!
8. The children take their piano lessons every Friday afternoon.
9. The editor is wondering if/whether he is going to have this article published.
10. The coach wants me to register in the team that is taking part/intends to take part in the contest next year.
11. I don't like tea, that's why I buy coffee instead when I do the shopping.
12. Is he watching television? I can hear some noise in the living-room.
13. The English don't eat snails, but the French are very keen on them.
14. How often do you go to the hairdresser's?
15. I think that I'm going to buy this singer's latest album.
16. Listen! The dog is eating the leftovers in the kitchen.
17. Job seekers fill in this form every four months.
18. I don't understand why he is *always* complaining about his car! He should buy another one.
19. Are the children sleeping or are they listening to music upstairs?
20. Hurry up, we are taking the plane at 10.

2. Référence au passé

1. The foreign athletes were filing past the Olympic flame when they heard a strange noise.
2. The Olympic Games took place in London in 2012.
3. He walked into/came into the living-room. They were having breakfast, sitting at the table.
4. They left New Orleans in 2009. They eventually settled down in California in 2012.
5. He passed his baccalauréat with flying colours in the high school (*lycée*) of his home town in 2010. After taking a year off, he entered a *Grande Ecole* in Paris In July 2013.
6. When they saw that he was seriously injured/unconscious, they sent for a doctor.
7. The Prime Minister declared that he was going to implement new measures to try and help the jobless.
8. The patrons of this pub were drinking a few pints of beer when a strange man came into/walked into the large room situated next to the bar.
9. Last week the developed countries voted a law in favour of the developing countries at the international summit without taking into account the disagreement of the Chinese leaders.
10. When he arrived in New York, he first visited the Empire State Building before taking the shuttle to go to Ellis Island.
11. The doctor took his temperature, then asked him if/whether he had followed a special diet.
12. This nurse sued his patient for libel five years ago.
13. There used to be more rubbish under the bridges of the town because all the boats sailing by dumped their litter without caring about the environment.
14. She eventually accepted to work overtime when she saw that she had trouble making ends meet.
15. He bought three pieces of furniture and five wicker chairs last Friday.

16. The President disapproved of the decision taken by this NGO last week, even if he finally understood that it did not have the choice.
17. The drawback is that we booked this hotel three months ago.
18. I used to take the bus to go to school because I did not want to walk.
19. The employees of this factory were striking when they received a phone call from their shop steward.
20. As soon as he got his dismissal letter, he called his trade union.

3. Le prétérit modal

1. If the whole staff attended this lecture, the headmistress of this co-educational school would be satisfied with the role played by the new deputy-headmaster.
2. It is time he stopped accusing the others of being responsible for his failure.
3. The witness behaved as if he was hesitating between telling the truth and protecting the defendant.
4. Just imagine that you won thirty million euros, what would you do?
5. Pierre's parents would rather that their son subscribed to a bilingual magazine.
6. I wish they put me in the picture (they kept me posted) as soon as they have taken a decision about this package tour.
7. Don't forget to take an umbrella in case it rained!/*prétérit modal possible ici, mais en concurrence de plus en plus avec la forme* **in case it rains**
8. The Home Office wishes that child labour were/was on the agenda.
9. It is high time developing countries benefitted from the advice of (the) international experts in order to develop their infrastructure.
10. I'd rather he sent me the file by Friday evening.
11. In case we had a little more time after the lecture, we could also talk about the extra points written in the secretary's dairy.
12. If only he were/was able to sort out this problem by the end of the month!
13. I wish I had a big enough house to be able to invite all my friends.
14. I'd rather they complied with the rule we had voted together.
15. If he came today, we would be able to arrange his new accommodation.
16. Suppose your son wrote short stories in English, what would your reaction be?
17. I wish he did not come so late.
18. Imagine that (the) sky-scrapers were destroyed, what would the reaction of the city planner be?
19. We would be interested in this project if he gave us more advice about the cost of the investment.
20. She would be relieved if she heard from her parents.

4. Les aspects *be + -ing* et *have + -en*

1. It had been snowing for half an hour when the wind started to blow/blowing.
2. Since then, he has been working with IBM as an I.T. expert.
3. She has just sent her resignation letter to her boss.
4. She had been studying/reading Spanish at university for ten years.
5. The police have just arrested the culprit.
6. He has been waiting for this promotion for seven years.
7. The strikers had not been happy with their working conditions since this law was passed.
8. He has been ill since last Monday.
9. The IFM has been waiting for the results of the poll for a week.
10. The mountaineers had been climbing the snow-covered mountain for four hours when they heard a frightening thunderbolt.
11. The inner city areas in London had been going through a crisis for a month.
12. Look! The thief has just gone through the trap door which has been open since the plumber came to the house.
13. Those who play truant are worried about the new bill which has been examined for a week.

14. The firemen have been trying to take the injured out of the car for forty minutes.
15. He had been jobless for eight months already when he finally decided to look for a new job in another industry.
16. Listen! The students who disapprove of the new increase in their tuition fees are striking in the street.
17. The boarders of this famous English public school have been visiting Cambridgeshire for a week.
18. Since then, the Members of Parliament have been examining a new text in favour of those who have been unemployed for more than a year.
19. They had been away from their house for a fortnight/for fifteen days.
20. Since he arrived in London, he has been using his international student card.

5. Référence à l'avenir

1. Next Sunday at this time I will be playing tennis.
2. He will study in Japan next year because he has just received a scholarship.
3. Don't forget to give us a call as soon as you arrive in Nice.
4. When they are here, they will be able to explain why the reasons why they are late.
5. I am taking the dog to the vet this afternoon, don't worry.
6. She is going to buy a return ticket at the station as soon as she has received the confirmation of her appointment.
7. When will you come to visit me? When you are at home, we will visit the new museum which has just opened next to the library.
8. The plane lands at 6 o'clock this evening and takes off again at 8 o'clock tomorrow morning.
9. I am seeing the employee who is in charge of restaurant vouchers this afternoon.
10. As soon as the customs officers get the receipt, they will be able to collect their parcel.
11. The fans will leave the concert hall as soon as they have clapped (their hands).
12. The council is going to have a fence built near the stadium so that onlookers cannot enter without paying.
13. I wonder when he will tell me the truth.
14. I will be relieved at last when he tells me the truth.
15. When will you understand that you have to be very patient to reach your goal?
16. The physicists who have been working in this lab for 10 years will be able to retire two years earlier.
17. The mechanic will resign as soon as he has found another better-paid job.
18. The *Rectorat* is going to vote a new law on the academic calendar.
19. The photographer will take advantage of his stay in the Philippines to take a few exotic photographs.
20. As soon as this bill has been voted by the Members of Parliament, it will come into force.

6. *Would* : le conditionnel et autres emplois (fréquentatif et après *wish*)

1. If he had stayed longer in England, he would have spoken English fluently.
2. If he had not abused his lawyer, he would not have been sued.
3. If human rights advocates had not demonstrated opposite the Champ-de-Mars in Paris, they would not have been able to convince the people who were still reluctant to act.
4. After being appointed to the confection counter at the Galeries Lafayette, he would be ready to work at the clothes department if his boss asked him.
5. If the coach knew that there is a compulsory anti-doping test prior to each sporting event during the tournament, he would not take any risks.
6. When he was a child, he would go fishing with his father every other Sunday.
7. I wish he would stop pestering me as if I were responsible for his failure.
8. Suppose you won two million euros at the national lottery, what would you do?

9. I wish she would contemplate taking her driving test again, even if it is her fourth attempt.
10. When I was a child, I would spend hours each summer picking up shells in a seaside resort situated on the French Riviera.
11. We would have been happy to move to France if we had known that our son was going to enter a *Grande Ecole* in Paris.
12. I would have bought my ticket six months before the opening of the Olympic Games if I had been told that the entrance tickets were on sale at WH-Smith.
13. If the epidemic had been eradicated earlier, thousands of people would not have suffered from fever and vomiting.
14. The editor and the publisher would be satisfied with the launching of this new international magazine if the sales amounted to two million copies.
15. If the route to Dover had been well indicated, we would not have got lost.
16. John would be more sensitive to family gatherings if some of his relatives got in touch with him more regularly.
17. He would not have had a changeable nature if he had been taught the art of choosing once and for all!
18. The scientific breakthroughs would not be so wonderful if we got rid of new digital technologies.
19. She would not have been so moved if she had learnt this formidable piece of news before the accident.
20. If the ballot had taken place in February, he would not have been elected.

7. Les modaux (forme simple, modal + base verbale)

1. The customs officer may demand that all the passengers show him their passports again.
2. Strange as it may seem, I can play tennis but I cannot play badminton.
3. You should postpone your departure in order to have more time to sort out all your problems.
4. They will leave for the United States as soon as they have got a visa.
5. You needn't fill in this form.
6. I promise I shall send you my email address as soon as I have logged onto the Internet.
7. You must tell him that the current situation depends entirely on his support/backing so that he does not disappoint you again.
8. I could not understand why the goods had been delivered with so much delay while the order had been sent three months before.
9. It might rain, so if I can give you a piece of advice, don't forget your raincoat!
10. The conductor would cancel the open-air concert if the piano players disagreed with his decision.
11. He will be able to get away with it on condition that he pays more attention to his quarterly expenses.
12. He will have to prove that he is not responsible for the incident which has brought about a dramatic drop in his company's turnover.
13. I might come to Suzanne's birthday party. Having said that, don't wait for me because I am not sure at all!
14. The defendant may be innocent after all.
15. He may call tonight, I don't know!
16. You must leave a 500 euro deposit to book this three-room flat.
17. She will be able to accommodate her best friends as soon as she has a bigger flat.
18. You should not cry because there is still room for hope!
19. His/her application might be examined during the next joint commission.
20. You must absolutely ask your doctor whether he is contemplating sending you to hospital for further examinations.

8. Les modaux (forme + *have* + participe passé)

1. The walls of the barracks would not have collapsed if they had been better built.
2. The appointment may have been postponed.
3. They should have told us that they had decided to spend an extra night in Bath. We would not have worried.
4. He will have finished writing his thesis by the end of the month.

5. You must have come across him at the exhibition—he was wearing a green tie and a red jacket!
6. The burglar can't have broken into the house—all the shutters are still in good condition.
7. You could have warned us that there was a huge puddle of water after the bend.
8. The problems associated with global warming might have been exaggerated.
9. They needn't have worried!
10. The heir, an only son, could have sold the house after his parents' death but he did not do so.
11. Thank you for the beautiful flowers, but you needn't have brought a present.
12. The weather forecast might have said that a new heatwave is brewing up.
13. He can't have seen this film, which is only released next week!
14. They must have been delayed by the new snowstorm, that's why they have not arrived yet.
15. You should have insisted on her coming with her new fiancé.
16. The daffodils may not have been watered by the gardener while you were away, that's why they are withering away.
17. The tornado would not have brought about so much damage if the meteorologists had warned the population.
18. He must have left his key at the cafeteria, he can't find it any more.
19. The evidence/testimony of this executive should have been taken into account in the expert's report.
20. He should not have sent his registered letter without phoning his insurance company.

9. La voix passive

1. The sheets are crumpled. It is obvious that this bed has been slept in.
2. The Palace of Versailles was inhabited by Louis XIV, Louis XV and Louis XVI from 1682 to 1789.
3. He is extravagant. He is said to have spent 500 euros at the casino in one day!
4. The bailiff's car has been stolen, that's the last straw!
5. His request will of course be taken into account as soon as possible.
6. The forger has just been sent to jail.
7. Big Ben may be called by its new name, the Elizabeth Tower, by tourists in the forthcoming years as a tribute to Queen Elizabeth II whose diamond Jubilee was celebrated in 2012.
8. Last week I was given a banknote which is not valid.
9. The boarder is reported to have run away, according to the *New York Times*'s headlines.
10. The report should have been signed by all the witnesses of the accident without any exception.
11. The Statue of Liberty was given by France to celebrate the hundredth anniversary of the Declaration of Independence. The dedication ceremony was presided over by US President Grover Cleveland in 1886.
12. The opening ceremony of the London 2012 Olympic Games was watched by more than 5 million viewers.
13. The injured had to be/*(si sens de forte probabilité)* must have been looked after by the rescuers as soon as the bad news was revealed.
14. He is said to be very clever, but I don't think so.
15. The bank was broken into two weeks ago.
16. The child could have been run over by the driver of the red car which has just been arrested by the police.
17. When the missing part was eventually spotted, we were able to repair the appliance without any problem.
18. This castle was built in the seventeenth century.
19. The soldiers of the foreign army are reported to have surrendered.
20. It cannot be denied that the environment is in danger.

10. L'interrogation

1. Have you seen the latest film by this foreign film-maker?

2. How did he manage to climb such a high mountain?
3. How long ago did the electrician leave?
4. How often do you go to the dentist's?
5. What did you see exactly when you arrived?
6. How long have you been waiting for the bus?
7. How old was he when he started working?
8. Is Paul coming with us or is he staying at home?
9. How far is the tobacconist's?
10. What were you talking about when he came into/walked into the kitchen?
11. How many times did you go to London when you lived in England?
12. Whose mobile phone is this?
13. Do you want me to help you?
14. Do you think you will be able to prepare the meal before the guests arrive?
15. How wide is your swimming-pool?
16. How much money should I take with me when I go abroad?
17. When did you go to the States?
18. Did Vladimir Putin attend the 2012 G8 summit at Camp David?
19. Why is he saying that we have cheated? He is joking, isn't he?
20. Does he know that there are some leftovers in the fridge?

11. La proposition infinitive

1. I want you to come to the preview I will organise next week.
2. She finds it difficult to budget her time between professional life and private life.
3. Let him work in silence!
4. She needs a visa to go to China.
5. He expects his fiancée to call him every day.
6. It is difficult for me to speak Chinese fluently.
7. I would like the children to make less noise.
8. It is unusual for him/her to be late.
9. He advised us not to buy this house because the partition walls are in very bad condition.
10. He has gone to the chemist's to buy some medicine.
11. The coach makes the new gymnasts work with hoops.
12. He wants his parents to tell him the truth.
13. Transit passengers were made to open their suitcases.
14. He has bought an English grammar book to revise his English.
15. We seem to have lost our way.
16. The surgeon would like his secretary to send the report to the patient by Monday.
17. Yesterday he asked me not to wait for him because he is working overtime.
18. The ski instructor has taught the beginners to snowplough on the green slopes.
19. He told me not to worry, even if the firm is going through an unprecedented crisis.
20. He asks me to come with him to his job interview because he is too stressed out.

12. La proposition relative

1. The cars that/which are parked outside the post office belong to the company cars of a foreign firm which/that has just set up a branch in France.
2. The balance sheet, which is an important element in accounting, is made up of assets and liabilities.
3. The woman you are talking about is my brother's neighbor. (langue soutenue = the woman about whom you are talking is...)
4. That's all I can tell you for the time being/for the moment.
5. The fork he has used is a seventeenth century silver fork.
6. The employees, who work from 9 to 5, are complaining about their working conditions which/that have kept on getting worse for a year.
7. The place where the story of *Romeo and Juliet* takes place is very famous—Verona!
8. There was a time when the Capulets and the Montagues were the most famous enemies.
9. What is important to understand is that you must make up your mind quickly.
10. The pensioner, whose wife is in hospital at the moment, is entitled to family allowances from the National Health Service (NHS).
11. The apples that/which I bought at the market this morning are the best apples I have ever eaten.

12. All (that) he needs is a complete change of scenery.
13. In tropical countries, you can find most fruit-trees like the banana-tree, the coconut-palm, the pomegranate-tree or the date-palm, which conjures up the idea of exoticism for a European tourist.
14. The fruit and vegetables (that, which) he grows in his orchard and in his kitchen garden are raspberries and strawberries, blackberries and apricots, as well as artichokes and beans.
15. The watchdog (that) he saw this morning when he came to school is an Alsatian.
16. In the novel by Barry Hines, the bird (that) Billy managed to tame is a kestrel (and not a hummingbird or a green woodpecker).
17. Yet, in *Romeo and Juliet*, the birds (that) the lovers are talking about are the lark and the nightingale.
18. The blue of the sky and the water lilies (that, which) this Swedish artist (has) used in his paintings remind us of the masterpieces by Monet.
19. What he wants is a place to sleep and something to eat.
20. The passengers who arrived late at the airport were not able to take the plane.

13. Les structures résultatives

1. He groped his way out of the room.
2. He flew around the world in 2011.
3. Yet, it is possible to sail around the world. Indeed the Englishwoman named Dee Caffari is the first woman to have sailed around the round in 2006 on a sailing boat sponsored by Aviva.
4. Some Mexicans have swum across the river to enter Texas illegally, that's why they are sometimes called "wetbacks" in English.
5. He ran out of the kitchen.
6. The thief may have broken into the house.
7. The drunkard staggered up the slope.
8. The room was packed with people, so that he had to elbow his way through the crowd.
9. He kicked the dog out of the house.
10. Yesterday they talked him into signing up the contract.
11. The animal has just crawled across the room.
12. They managed to shake him awake.
13. The roof of that house was blown away in June 2013.
14. He read himself blind.
15. He kicked the door open because the lock was broken.
16. The bears starved to death.
17. My neighbour's dog licked the plate clean.
18. It is unbelievable! The hostage has been stoned to death!
19. The babysitter managed to rock the baby asleep.
20. He was shot dead in 2010.

14. Les subordonnées de temps

1. When he phones you/calls you up, tell him not to forget to bring the expert's report.
2. The chief-of-staff of the White House will take a decision as soon as he receives the answer of his German counterpart.
3. I am contemplating taking a gap year as soon as I have completed my second year.
4. He said that he would go to Great-Britain as soon as he had finished his studies.
5. We would be able to leave the ship when the captain gave the go-ahead.
6. Now that you have understood how the washing machine works, you will be able to wash the dirty linen.
7. When he left the Netherlands, he only took a suitcase full of cheese and clogs!
8. No sooner had he arrived in England than it started to rain/Hardly had he arrived in England when it started to rain.
9. The sales would have skyrocketed when he had decided to grant a 30 % discount.
10. When I was child I would do the washing up while my sister cooked the meal.
11. Whenever I go shopping, I don't forget to take a shopping bag as well as a coin to take a trolley.
12. You'd better wash your clothes before it rains.

13. No sooner had we left the village than the car broke down/Hardly had we left the village when the car broke down.
14. Revise your sentences until/till you understand the lesson.
15. He said he would learn Mandarin as soon as he was at the university.
16. Just as he entered the hall, she started to cry.
17. They said that they would take part in the tournament as soon as they had trained a little more.
18. As long as he keeps his head, the interview will go well.
19. We received a complaint letter after we had left the hotel.
20. Once you have arrived, remember to give me a call.

15. Les phrases complexes

1. The domestic and international flights operated by American Airlines have been cancelled, so that thousands of tourists are compelled to spend the night at the airport.
2. The new US president will have to address various problems like unemployment and education in order to/so as to be trustworthy in the eyes of the Americans.
3. The state-of-the-art device in the field of new technologies is both a surprise and a revolution, although it is costly.
4. Some developing countries have defaulted on their debts, whereas other countries are enjoying a thriving economy.
5. I will not be able to come with you to the cinema, unless I finish working earlier.
6. Since he does not need money at the moment, you needn't go to the bank right now.
7. No matter how difficult it is to find a rewarding job, he does his best to write his CV (résumé) and his letters of motivation.
8. The Chancellor of the Exchequer will try to take up a challenge because the British want the current crisis to be sorted out as quickly as possible.
9. He is so cautious that he put an extra spare wheel in his car boot for fear that he might have a puncture/lest he should have a puncture on the motorway.
10. Whatever you may say to him/tell him, he is never happy!
11. The firm will be able to overcome its difficulties, provided/providing/on condition that its bottom-line improves.
12. They were so tired that they immediately went to bed when they arrived home.
13. In case he had/Should he have trouble finding a flat, he could stay at my place for a few days.
14. Whether you like it or not, you will have to wait before you can have access to the Internet.
15. The reason why the deputy-minister did not attend the summit was that his plane was delayed by the bad weather.
16. The CEO wants his staff to be more involved in team work.
17. I regret to tell you that I will not be able to come to your birthday party because I am on duty.
18. As long as the cat is sleeping, you shouldn't worry.
19. Spending cuts are synonymous with discontent in this factory because the employees do not understand the actual situation.
20. Starvation/famine in poor countries is compounded by drought, insofar as rain water provides them with a significant source of drinkable water.

16. For/since/ago

1. He has been working in his study room/office for an hour/since one o'clock.
2. She has been ill since Monday.
3. I saw this film at the cinema two weeks ago.
4. The US presidential election candidates have been travelling across the country for two months.
5. They have been giving lectures since the beginning of the election campaign.
6. He had been jobless for five months.
7. How long have you been learning English?

8. We have been living in Paris since we arrived in France.
9. He has been ill since he's been here.
10. How long has he been living in Lyon?
11. How long ago did you arrive?
12. A senior official of the firm has been studying the file for two days.
13. He has been in contact with the CEO since Tuesday. He arrived four days ago.
14. The entrepreneurs had been attending a meeting for two days. They had been at the Défense in Paris since Wednesday.
15. How long ago did they leave?
16. The farmers have been waiting for the rain since the drought started to damage the crops.
17. A journalist in charge of the US elections has been interviewing the front-runner for forty minutes.
18. How long have they been living in this city?
19. He has been a political figure since he left Harvard.
20. I have been at home for 10 minutes.

17. During/for/while

1. He came across his parents' friends while he was staying in a hotel by the seaside.
2. Their factory hit rock-bottom during the economic crisis.
3. During that time some retailers, who were the most hit by the crisis, had to be bailed out.
4. I was cooking while she was hoovering the carpet in the living-room.
5. The government should announce new measures, such as corporate tax and the dramatic increase in tobacco tax, during the summer.
6. He lived in Bristol for two years before moving to New Orleans.
7. I was asked a lot of questions during the interview.
8. At the theatre I came across a former friend of mine during the interval.
9. I heard my neighbour eating pop-corn during the film.
10. I heard him eating pop-corn while he was watching the film.
11. I worked in England for seven years.
12. We were sleeping in a dormitory while other hikers were preparing their rucksacks.
13. She learnt how to play the guitar for twelve years.
14. The candidates are not allowed to use their calculators during the examination.
15. They waited in the cold outside for forty five minutes.
16. During the rainy season mosquitoes are a real nuisance in tropical countries.
17. During the election campaign the president of a trade union was giving a lecture at the university while his rival was trying to convince those who had not made up their minds yet.
18. During the war this former prisoner was forced to collaborate with the enemy for two years.
19. She spoke English a lot during her stay in South Africa.
20. We got her/his phone call during the meal.

18. Had better et would rather

1. I'd better (I had better) leave now if I don't want to be late.
2. I'd rather (I would rather) go to England this summer than stay at home.
3. You'd better think about your future rather than stay here without any job.
4. I'd rather he didn't come straight away because I'm busy.
5. I'd rather she visited me next week.
6. The European parliament would rather the British Foreign Secretary gave his answer tonight.
7. I'd rather not go to the concert because I'm not feeling very well.
8. You'd better revise your latest lessons before your English test.
9. Hadn't he better buy a bilingual dictionary?
10. Hadn't we better not wait rather than waste time?
11. I'd rather he didn't know the truth.

12. I'd rather fill in the form on the plane than do it at the airport.
13. I'd rather you phoned me tomorrow afternoon.
14. I'd rather the mayor had some child-care facilities built.
15. The president had better seek re-election.
16. We'd better abide by European standards.
17. I'd rather they told me the story.
18. I'd rather not take any risk.
19. This running-mate had better not run for the forthcoming elections.
20. I'd rather my boss kept me posted earlier.

19. Traduction de *faire faire*

1. I had the house painted again two months ago.
2. She had her CV translated into English to be able to apply for a job in England.
3. Don't forget to boil the water before adding the vegetables.
4. He can be influenced easily. His friends made him drink six pints of beer when they went to the pub.
5. The architect had his house decorated by a Dutch interior decorator.
6. He has trouble making himself understood.
7. He had his mother do his translation.
8. As soon as we have our new house, we are going to grow vegetables in our kitchen garden.
9. Someone has knocked at the door. It must be the plumber. Please show him in!
10. He managed to get them to buy ten lottery tickets and five tiercés, which is surprising because they are not used to betting money.
11. The police made him open his car boot.
12. I was made to move my bike because it was not parked properly.
13. During the holidays he showed us round the island.
14. I can't manage to start the car.
15. He didn't want his son to take part in the package tour, but his wife got him to change his mind.
16. The landlord showed me round the flat as soon as I arrived.
17. She is going to the hairdresser's to have her hair cut.
18. I was made to open my suitcase when I arrived in the United States.
19. You make me laugh!
20. She is going to have a new house built.

20. Emploi de l'article défini *the*

1. **The** Internet enables us to keep in touch with Ø people.
2. **The** dog is a faithful animal. So is **the** cat. That's why he likes Ø pets.
3. He is not interested in Ø money. He prefers Ø courage and Ø honour.
4. Ø People should pay Ø attention to what they write on **the** Internet, all the more so as Ø Internet users are more and more numerous.
5. Ø Abortion is a very controversial issue in **the** United States.
6. Ø Doctors must face Ø new diseases.
7. During **the** November 2012 election Ø President Barack Obama had to face his rival, Mitt Romney.
8. She is an expert in **the** England of **the** eighteenth century/an expert in Ø eighteenth century England.
9. She has been playing **the** piano since she was 8.
10. Ø America was discovered by Christopher Columbus in 1492.
11. He is interested in Ø advertising, whereas his wife prefers to defend **the** environment.
12. I don't like Ø tea, but I did like **the** tea that my sister brought from Ø India.
13. He has travelled a lot. He has visited **the** United Kingdom, **the** United States, Ø Australia, Ø France, Ø Belgium, **the** Netherlands, Ø Italy, Ø Greece, Ø Japan, Ø China, Ø Brazil, **the** Ukraine, Ø India and **the** Canaries.
14. Ø Tea and Ø coffee are served in almost all Ø places in **the** world.
15. Ø Gold and Ø silver are very much used by Ø jewellers.
16. You'd better not stay in **the** sun. It may be dangerous for Ø health.

17. I took **the** ferry and we sailed across **the** Channel to go to Ø England.
18. **The** students who are striking will have to catch up on **the** whole work.
19. I am snowed under with Ø work at **the** moment.
20. It's **the** best film I have ever seen.

21. Les quantifieurs

1. He had double glazing fitted in his new flat because there was too much noise.
2. It took us less time. There were few cars on the road.
3. He does not have much money, that's why he wants to move to a less expensive studio flat.
4. Most teachers in France are civil servants.
5. All carpenters have a hammer, a plane, screwdrivers, a saw and nails of course!
6. I'd rather take a little milk in my tea.
7. Some people do not know that one should avoid hiking in the mountain after diving. It's a question of pressure.
8. Which shirt do you prefer? You can take either the blue or the grey one.
9. None of the schoolboys had brought their pairs of compasses and squares for the maths lesson.
10. I don't have any time. I can read neither the novel nor the short story.
11. If you have some time, pop into the stationer's and buy a few rubbers and a stapler. Thank you!
12. A lot of British students take a gap year to travel all over the world.
13. Several cars had not been parked properly outside the police station!
14. He has little time. He wishes he had more time for his hobbies.
15. There are not many seats left in the bus. Hurry up!
16. There are too many mistakes in your letter. You should use a dictionary and a grammar book.
17. In this English public school, each half-boarder has a red digital card.
18. Any hardworking pupil knows that it's better to work on a regular basis rather than panic at the last minute.
19. All students are used to receiving their school reports after the first term.
20. If there aren't enough cherries for the cake, you can put some strawberries instead if there are some left.

22. Place de l'adjectif, l'adjectif composé et l'adjectif substantivé

1. This twelve-year-old child keeps his pocket money in a small red metal box.
2. A thirty-minute break is better than nothing at all.
3. This two-million-euro project has been highly criticized.
4. This ten-year-old schoolboy lost a twenty euro banknote he had saved to buy himself a nice American comic strip.
5. In his/her host family, a big black cat often slept at the foot of the large round English marble chimney.
6. She (has) left her green tennis shoes in the cloakroom.
7. The Russian and Japanese tourists took a picture of that wonderful old red London double-decker bus
8. The unemployed are claiming a rise in unemployment benefit.
9. The poor have trouble making ends meet.
10. He would like to live in a wine-producing area because he is keen on wine.
11. This green-eyed man is bad-tempered. He has been complaining for half an hour/for thirty minutes!
12. This young broad-shouldered Scottish man bought a thirty pound lottery ticket last Thursday.
13. As for his sister, she lost her small green and blue umbrella at the market place two days ago.
14. The rich spend a lot of money on package tours of all kinds.
15. I cannot put up with that far-fetched comparison made by this young Finnish writer.

16. I am wondering whether the thirty-five hour week is a good thing.
17. The fair-haired woman I saw on a lovely sunny day was walking along a wide wooden bridge.
18. She is suntanned because she spends her time at the beach.
19. It is a never-ending story! When will it end?
20. A nice home-made chocolate cake is a real treat!

23. Le comparatif et le superlatif des adjectifs

1. The Empire State Building is much higher than the Eiffel Tower.
2. It is harder and harder/more and more difficult to find a job nowadays.
3. The older he gets, the more intelligent he is.
4. An armchair is much more comfortable than a chair.
5. The watchdog commission was all the more surprised by the resignation of one of its members as he had adapted well to his new position.
6. Honour is as important as courage.
7. A lead-free car is less expensive than a diesel car.
8. He has travelled in business class because it is much more comfortable than economy class, even if it is much more expensive.
9. He had the same pay rise as his co-worker had got the previous year.
10. There were twice as many people on the closing day of the car show as on the opening day.
11. Nowadays people travel three times as much as in the 1980s.
12. The more he works, the less he can see his wife and children.
13. Don't worry! It *is* the least expensive ticket I was able to find on the Internet.
14. *Hamlet* is the longest play I have ever seen.
15. If you need any further information, do not hesitate to get in touch with me.
16. This reward is all the more justified as he had spent hours working on his project.
17. The more he eats, the more he puts on weight/the more weight he puts on
18. The referee is more downhearted than the players, who are less depressed.
19. Self-control in any sports is as important as training.
20. Solar panels are much more economical than light bulbs in terms of energy.

24. Les mots composés

1. This sixteen-year-old fair-haired girl has just broken her silver-rimmed spectacles.
2. The goalkeeper and the coach meet regularly in this wine-producing region.
3. Everyone knows that the Star-Spangled Banner is the American flag, don't they?
4. Home-made jam is a treat!
5. It is the first time he has told this heart-breaking story.
6. It is a common mistake in English—a cup of tea is not the same thing as a teacup!
7. They are going to have a merry-go-round installed opposite the primary school, which has brought about an outcry.
8. We can consider that the washing machine and word-processing are useful inventions.
9. I cannot come tonight because my mother-in-law and my brother-in-law are at my place.
10. Don't forget to bring your toothbrush if you are planning to stay at home.
11. The physics teacher has bought himself a wonderful red sports car.
12. The burglars broke into the savings bank last Monday.
13. The maths teacher advises me to meet the careers officer.
14. In this clothes shop, you can take the coat-hangers away when you buy clothes.
15. I don't like spending my Christmas holidays in winter sports resorts because there are too many people.
16. It is obvious that goods trains are much slower than high speed trains!
17. He had a nervous breakdown when he heard the news.

18. The airport check-in counters have just closed.
19. There were some passers-by who looked completely indifferent.
20. I don't have the time to cook today. I'll have a take-away.

25. As or like

1. You don't have to follow my advice, you can do as you like.
2. He failed his driving test, as he expected.
3. This exercise is as difficult as the English test we had yesterday.
4. This phenomenon can be regarded (considered) as a technological breakthrough.
5. I prefer the second flat—it's twice as big!
6. He looks like his father. He works as an architect, just like him! Like father, like son!
7. As I said, I will not be able to stay tonight.
8. He will speak as an eye-witness in court because he has seen the whole scene.
9. During the tornado, that school had been used as a shelter.
10. As he should get in touch with me today, I'm going to wait for his phone call.
11. As a sales manager in this shop, I try to advise my customers about the advantages as well as the drawbacks of the latest appliances.
12. English fudge is not the same thing as chocolate!
13. She works as a secretary in this international firm. Like the director, she must speak two foreign languages.
14. He can speak German fluently. I wish I could speak like him.
15. I wish I had a bike like yours.
16. I will give him a ring as usual.
17. As I don't have much time at the moment to catch up on work, I am going to cancel this trip.
18. He is the deputy headmaster of this private school, but he speaks like the headmaster.
19. As the headmaster of this school, he is the one who signs all the contracts.
20. He is keen on all sports, like tennis, football or swimming.

26. Le génitif

1. Steve Jobs's personal vision was crucial to Apple's success.
2. Walmart's sales manager was promoted two years ago.
3. The exhibition highlights South Africa's landscapes.
4. Pierre's and Valérie's parents (have) agreed to share the expenses.
5. The firm's turnover has kept decreasing.
6. Every summer she spends her holidays at her aunt's in Brittany.
7. If you go to London, don't forget to visit St Paul's (Cathedral)!
8. What do you think of Thomas Malthus's forecast about demographic issues?
9. Jim Cooper stands for Tennessee's Democratic Party.
10. When did Christopher Columbus's journey take place?
11. Whose blue car is it? It's Patrick's!
12. A friend of mine has just sent me last month's magazine.
13. Will you tidy your room and pick up the children's toys which are all scattered on the floor!
14. In France a tenant must send a three months' notice to his landlord if he wants to move.
15. The Martins' house has just been broken into again!
16. From this place we have a bird's eye view of the landscape.
17. Zara's secret lies in the sale of trendy clothes. It is obvious!
18. For God's sake, don't forget to bring all the passports to the airport!
19. We will meet again in four weeks' time.
20. Brian and Jenny's parents have just bought a new house.

27. Discours direct et discours indirect

1. He told his colleague that he would not come to the meeting the next day.
2. He said he had booked three seats for that concert.
3. She asked me to come with her to the theatre.

4. They said that they had just come back from Australia and were going to have a rest from then on.
5. The Prime Minister declared that the country needed urgent reforms if they wanted to put an end to inequalities.
6. She told her lawyer that she had received the dismissal letter two days before.
7. She said that she had to work the following day and that she could not come.
8. He said he was not feeling well and was staying there.
9. The sales manager told his sleeping partner he had met two former customers that day.
10. They asked me why I had not accepted that proposal.
11. They advised me to call my solicitor before taking a decision.
12. He asked me to keep the window closed because there were a few mosquitoes.
13. The estate agent warned the buyer/purchaser that property prices were likely to decrease.
14. He suggested having a picnic at the end of the year.
15. Thomas offered to reexamine the file.
16. Everyone agreed to say that it was an interesting idea.
17. The coach persuaded his players to keep on playing despite the rain.
18. He told his daughter he was going to buy a new computer that Tuesday.
19. He told me he was tired because he had just worked two weeks without stopping.
20. She asked me to wait for her.

28. Les prépositions

1. He should attend this meeting even if he disapproves of the project.
2. You can rely on me. I will abide by the rule.
3. Beware of pickpockets if you go to Milan.
4. The judge accused him of having lied several times during the trial.
5. She disagrees with him and reproaches him with not having told the truth.
6. Child labour is synonymous with exploitation in sweatshops.
7. You should refrain from smoking when you are in an office.
8. Tom's brother is different from him. He is not interested in music.
9. I'm not laughing at you. I'm just telling you that you should believe in your lucky day!
10. I apologize for being late this time. I am not used to being late.
11. He is keen on foreign languages, that's why he is interested in an international career.
12. Congratulations on your success! I am very satisfied (happy) with your excellent results.
13. She spoke to me in a loud voice, as if I was (were) responsible for that cancellation.
14. She shuddered with fear and ran up the street.
15. According to Peter, she is not interested in this post/position abroad.
16. When we arrived at the station, we were surrounded by frightened travelers because the station was on fire.
17. He proposed to her during the summer holidays.
18. You should not interfere with this business. The judge would not approve of this decision.
19. It depends on the current situation, which is different from that of last year.
20. Look at that beautiful house! It belongs to Sophie's parents.

29. Les particules adverbiales

1. Don't walk too quickly, I have trouble catching up with you!
2. The children were run over by a driver who was drunk.
3. Don't forget to brush up on your grammar on a regular basis!
4. She made up the whole story to try to sort out the problem.
5. Don't let him down! He backed you up when you were ill.
6. My car broke down on the motorway.
7. Put out your cigarette immediately!
8. When the war broke out, people wondered whether they were going to get away with it.
9. I am looking forward to hearing from you.

10. I cannot put up with that terrible noise.
11. He dropped out of school and gave up the idea of working in the Navy.
12. She hung up, then called her friend back at once.
13. Suddenly he came up with a brilliant idea.
14. Look out! Pick it up now!
15. Wake up! Hurry up! Put on this T-shirt!
16. She brought up her children in the countryside for seven years.
17. I will be proud if I manage to bring off this project.
18. She is going to try to bring them together, but it will be difficult.
19. The plane took off from the new runway.
20. I have been looking up this word in the dictionary for five minutes.

30. Tableau des verbes irréguliers

1. He rewound the video and made a copy of it.
2. If her husband lay on the sofa/settee all day, she would go mad.
3. The kingdom had been overthrown by the new conquerors.
4. The programmes broadcast by Arte are sometimes interesting.
5. He bet that they would not come to the graduation ceremony.
6. The dog had been beaten by that madman.
7. The water had frozen, and the temperature kept falling.
8. She forgave, but said that she had not forgotten what had happened.
9. It was not the first time he had ridden a horse.
10. The sun shone, then was hidden by the clouds.
11. He was shot during the war.
12. She had hung the painting she had chosen in her bedroom.
13. He ate, then sat down in the armchair and slept.
14. I flew over to London because I had won a free ticket.
15. The number of unemployed people has risen since January.
16. I saw him five minutes ago.
17. He slid over a rock and broke his leg.
18. She had written a letter, but had torn it up immediately.
19. I knew that she had taught in England.
20. He left the room and ran to the lift.

Chapitre 6

File 9. Spanglish America – Suggested translation

1. Because of the colour of their skin, Mexicans are regarded as blacks or mulattoes, because of their Aztec origin, they are considered as Indians and thus looked down upon.
2. American businessmen are urged to learn Spanish so as to attract the huge, yet untapped potential market of Hispanic customers.
3. Doctors and nurses are encouraged to become bilingual to foster loyalty and satisfaction from their Latino patients.
4. Companies that offer training and services in Spanish have a much lower Hispanic turnover rate. They also experience a higher productivity level.
5. Chefs in restaurants now consider it important to master enough Spanish **to** instruct their kitchen helps, many of whom are Spanish speaking.
6. The ability to speak another language is a tangible skill that can help job-seekers stand out.
7. California is not like Canada where consumer goods are all labelled both in English and in French throughout the country but there are Spanish billboards in neighbourhoods.
8. In Miami, airport announcements are made in both English and Spanish. In some restaurants the waiters cannot speak a word of English.
9. Some English Language Learners (ELLs) who have not mastered English well enough **fall behind** in school, which puts them at risk of **dropping out** altogether, meaning

unemployment, reliance on social services and Medicaid, and higher incarceration rates in the future.

10. In California, ELLs enrolled in Immersion Programs can seek **waivers** and opt out.

III. QCM de civilisation

1. a. ■ **2.** d. ■ **3.** c. ■ **4.** b. ■ **5.** d. ■ **6.** a. ■ **7.** b. ■ **8.** a. ■ **9.** = d. ■ **10.** d. ■ **11.** a. ■ **12.** b. ■ **13.** b. ■ **14.** b. ■ **15.** c. ■ **16.** c. ■ **17.** c. ■ **18.** c. ■ **19.** b. ■ **20.** b. ■ **21.** b. ■ **22.** a. ■ **23.** b. ■ **24.** b. ■ **25.** a. ■ **26.** b. ■ **27.** a. ■ **28.** a. ■ **29.** d. ■ **30.** d. ■ **31.** a. ■ **32.** c. ■ **33.** c. ■ **34.** c. ■ **35.** c. ■ **36.** a. ■ **37.** c. ■ **38.** a. ■ **39.** a. ■ **40.** a.

Chapitre 9

I. Symboles phonétiques

A. 1. /əˈweɪ/ ■ /ˈsɪtɪ/ ■ /ˈklaɪmɪt/ ■ /ˈkʌmfət/ ■ /kʊd/ ■ /ɪˈnʌf/ ■ /hɑːf/ ■ /həʊm/ ■ /ˈmeʒə/ ■ /ˈmaʊntən/ ■ /mʌsnt ■ ˈɒftən/ ■ /ˈəʊvə/ ■ /ˈrʌʃə/ ■ /tɪə/ ■ /teə/ ■ /wɜːkt/ ■ /ˈwɪmɪn/ ■ /jɪə/.

A. 2. apple ■ Arkansas ■ Asia ■ dear ■ government ■ issue ■ mother ■ orange ■ power ■ society ■ suggest.

II. L'accent de mot et les formes réduites

B. La syllabe accentuée est en gras.

ad**vertise* ■ *a**gain ■ ***al**ways* ■ *a**ppre**ciate* ■ *a**ma**zing* ■ *ciga**rette*** (accent secondaire sur la première syllabe) ■ ***com**fortable* ■ ***co**mmerce* ■ *co**mmer**cial* ■ *(a) **con**trast* ■ *(to) con**trast*** ■ *de**mo**lish* ■ ***de**vilish* ■ *eco**no**mic* ■ *e**co**nomy* ■ ***hun**dred* ■ ***hu**rriedly* ■ *(an) **in**crease* ■ *(to) in**crease*** ■ *Japa**nese*** (accent secondaire sur la première syllabe) ■ ***mor**ning* ■ ***o**therwise* ■ ***pa**cify* ■ *per**fec**tion* ■ ***pho**tograph* ■ *pho**to**grapher* ■ *po**li**tical* ■ ***po**litics* ■ *Portu**guese*** (accent secondaire sur la première syllabe) ■ ***pu**nishment* ■ *refu**gee*** ■ *re**fu**sal* ■ ***sci**ence* ■ *scien**ti**fic* ■ ***sci**entist* ■ *sin**ce**rity* ■ *so**cie**ty* ■ *(a) **trans**fer* ■ *(to) trans**fer*** ■ *un**ha**ppy* ■ *volun**teer*** ■ ***wi**den.*

III. L'intonation de la phrase

C. 1

OoO	OoOo	oOoO	OooO	OOO
Mind the step!	*Do you want to?*	*The time has come.*	*Pass me a pen!*	*Don't tell John!*
Thanks a lot!		*The door is closed*	*How do you know?*	

C. 2

- *The **government** is doing its best to talk firms into investing.* / C'est bien le gouvernement qui agit et non une autre institution.
- *The government is **doing** its best to talk firms into investing.* / Les négociations sont actuellement en cours.
- *The government is doing its best to **talk** firms into investing.* / Le gouvernement n'use pas de méthodes coercitives mais favorise les échanges.

Table des matières

Les auteurs 3

Avant-propos 9

Chapitre 1 Présentation des épreuves d'anglais et des banques d'épreuves 11

I. Présentation générale des épreuves écrites 13

A. Les banques d'épreuves 13

Les Banques Communes d'Épreuves Écrites de Langues (LV1 et LV2) à la session 2017 13

B. Les coefficients des épreuves de langue (LV1 et LV2) à l'écrit 14

C. La nature des épreuves écrites d'admissibilité : Banques communes d'épreuves écrites BCE-ELVi, BCE-IENA et ECRICOME pour les Prépas commerciales 17

1. La Banque Commune d'Épreuves BCE-ELVi (ex-CCIP/R) : *HEC, ESSEC, ESCP-Europe, EM LYON, EDHEC* 17
2. La Banque Commune d'Épreuves IENA 18
3. La Banque ECRICOME 19

D. L'approche méthodologique en Classe Préparatoire ESC 21

II. Présentation générale des épreuves orales 22

A. La synthèse ou compte rendu synthétique 23

B. Le commentaire de document 24

C. La qualité de l'expression 25

D. Les coefficients des épreuves de langue (LV1 et LV2) à l'oral 26

Chapitre 2 Méthodologie 27

I. Méthodologie de la version anglaise littéraire et journalistique 29

A. Introduction 29

B. Premiers éléments méthodologiques 30

1. La compréhension du texte 31
2. La restitution : priorité au bon sens 32

C. Les procédés de traduction en version 33

1. La traduction littérale 33
2. L'équivalence 33
3. L'adaptation culturelle 33

4. L'emprunt exolangagier 34
5. La transposition grammaticale 34
6. La modulation ou variation 35
7. La périphrase 35
8. La collocation 35

D. **La relecture** **36**

E. **Exemple d'approche de la version** **36**
1. Élucidation du lexique 36
2. Relecture 37
3. Corrections mineures 37
4. Relecture de la version corrigée 37

F. **Exercice de version** **38**

II. **Méthodologie du thème littéraire et journalistique** **40**

A. **Remarques générales et méthodologie** **40**
Quelques conseils s'imposent avant de vous lancer dans la traduction des thèmes 41

B. **Techniques de traduction** **47**

III. **Méthodologie des questions portant sur le texte écrit :** questions de compréhension sur le texte et phrases à expliquer **49**

A. **Question de comprehension – Banques IENA (LV2 uniquement) et ELVi (LV1 et LV2)** **49**
1. IENA LV2 49
2. ELVi (ex-CCIP/R) 53

B. **Phrases à expliquer – Banque IENA – LV1** **65**

IV. **Méthodologie de l'*essay*** **73**

A. **Définition de l'épreuve** **73**

B. **Lecture attentive du sujet** **73**
1. Prescription ou analyse ? 73
2. Comparer et contraster ou donner un point de vue ? 74

C. **Problématiser un sujet** **75**
1. Mettre au jour l'intérêt du sujet : chercher le débat, définir ses termes 75
2. Dégager un plan : baliser un parcours 76

D. **Rédiger l'*essay*** **77**
1. Introduction : du général au spécifique 77
2. *The body* : le développement 79
3. La conclusion 81

E. **Question liée à un texte (ELVi (ex-CCIP/R))** **82**
1. Bien lire la question 82
2. Rédiger 83

D. **Exemple : ECRICOME 2012 LV2** **83**
1. Lecture et analyse du sujet 83
2. Définir les termes-clés 83
3. Contextualiser le sujet 84
4. Problématiser 84

5. Développer la trame rhétorique 84
6. Marquer le point de rupture, le moment où vous présentez la thèse qui sera retenue 85
7. Conclure 85

V. **Ponctuation et typographie** **86**
1. L'italique 86
2. Les majuscules 86
3. Le tiret 86
4. Les guillemets 86

VI. **Méthodologie de l'oral** **88**
A. **Les épreuves** **88**
B. **Comment se préparer** **88**
1. Comment progresser en compréhension des documents 89
2. Comment progresser dans la recherche des idées de commentaire 89
3. Comment améliorer son expression orale 90
C. **La méthode** **91**
1. Introduction 91
2. Compte rendu 92
3. Commentaire 94
4. Conclusion 97
5. Entretien 97
D. **Conseils pour bien communiquer** **98**

VII. **Les règles du jeu : qu'en disent les jurys ?** **99**
A. **La forme** **99**
1. Rendre une copie propre 99
2. Ne pas économiser le papier 99
3. Avoir une écriture facile à lire 100
4. Bien signaler le nombre de mots 100
5. Votre expression écrite en paragraphes clairement démarqués 100
B. **Le fond** **100**
1. Correction de la langue française 100
2. Correction de la langue anglaise élémentaire 101
3. Vocabulaire 101
4. Civilisation - Culture générale 101
5. Savoir gérer son temps 102
C. **L'esprit des concours** **102**
D. **Ce que disent les jurys épreuve par épreuve** **103**
1. Exercices de traduction 103
2. Questions de compréhension 103
3. Essai 104

VIII. **Barèmes de correction** **106**
A. **Barème de correction de la version** **106**
B. **Barème de correction du thème** **106**

Chapitre 3 **Grammaire** **109**

I. **30 fiches de grammaire** **111**

A. Fiches de grammaire 111

Fiche 1 Le présent simple et le présent en *be + -ing* 112
Fiche 2 La référence au passé – Le prétérit 114
Fiche 3 Le prétérit modal 116
Fiche 4 Les aspects *be + -ing* et *have + -en* 118
Fiche 5 Référence à l'avenir 120
Fiche 6 *Would* : le conditionnel et autres emplois (fréquentatif et après *wish*) 122
Fiche 7 Les modaux (forme simple, modal + base verbale) 124
Fiche 8 Les modaux (forme en modal + *have* + participe passé) 126
Fiche 9 La voix passive 127
Fiche 10 L'interrogation ou l'art de (se) poser des questions 128
Fiche 11 La proposition infinitive 130
Fiche 12 La proposition relative 132
Fiche 13 Les structures résultatives (et leur traduction en français) 135
Fiche 14 Les subordonnées de temps 136
Fiche 15 Les phrases complexes 137
Fiche 16 *For/since/ago* 142
Fiche 17 *For/during/while* 144
Fiche 18 *Had better* et *would rather* 146
Fiche 19 Traduction de *faire faire* 147
Fiche 20 Emploi de l'article défini *the* 149
Fiche 21 Les quantifieurs 151
Fiche 22 Nature et place de l'adjectif, l'adjectif composé, l'adjectif substantivé 153
Fiche 23 Le comparatif et le superlatif des adjectifs 155
Fiche 24 Les noms composés 157
Fiche 25 *As* ou *like* 159
Fiche 26 Le génitif 161
Fiche 27 Discours direct et discours indirect 162
Fiche 28 Les prépositions 163
Fiche 29 Les particules adverbiales 165
Fiche 30 Tableau des verbes irréguliers les plus courants 168

II. **Entraînement à la grammaire par les exercices** (sur les 30 fiches) 173

1. Présent simple et présent en *be + -ing* 173
2. Référence au passé 174
3. Le prétérit modal 174
4. Les aspects *be + -ing* et *have + -en* 175
5. Référence à l'avenir 176
6. Le conditionnel 176
7. Les modaux (forme simple, modal + base verbale) 177
8. Les modaux (forme + have + participe passé) 177
9. La voix passive 178
10. L'interrogation 179

11. La proposition infinitive 180
12. La proposition relative 181
13. Les structures résultatives 181
14. Les subordonnées de temps 182
15. Les phrases complexes 183
16. *For/since/ago* 184
17. *During/for/while* 184
18. *Had better et would rather* 184
19. Traduction de *faire faire* 185
20. Emploi de l'article défini *the* 185
21. Les quantifieurs 186
22. Place de l'adjectif, l'adjectif composé et l'adjectif substantive 187
23. Le comparatif et le superlatif des adjectifs 187
24. Les mots composés 188
25. *As or like* 188
26. Le génitif 189
27. Discours direct et discours indirect 189
28. Les prépositions 190
29. Les particules adverbiales 191
30. Tableau des verbes irréguliers 192

III. **QCM de structures grammaticales et lexicales** (QCM N° 1 à QCM N° 7) **193**
QCM N° 1 193
QCM N° 2 196
QCM N° 3 198
QCM N° 4 201
QCM N° 5 203
QCM N° 6 206
QCM N° 7 208

IV. **Le prêt-à-réviser** **211**

Chapitre 4 **Vocabulaire** **215**

I. **Lexique : mémento des mots utiles et des mots outils** **217**
A. Mots utiles 217
1. Économie 217
2. Lexique communément utilisé par les journalistes 218
B. Mots outils 219
1. L'articulation du discours 219
2. Donner des arguments allant dans le même sens 219
3. Donner des arguments contre ou restrictifs 219

4. Faire des comparaisons 220
5. Exprimer la cause, la conséquence, la condition 220
6. Donner des exemples 220
7. Insister sur un point particulier 221
8. Donner son opinion 221

C. Expressions 221
1. Expressions d'ordre général 221
2. Expressions latines souvent employées en anglais journalistique 222
3. Expressions d'origine biblique 222
4. Expressions d'origine shakespearienne 223

II. Lexique des proverbes et citations 224

A. Expressions et proverbes français et leurs équivalences en anglais 224
B. Expressions et proverbes anglais et leurs équivalences en français 226

III. Liste des faux-amis les plus courants 230

IV. Formation des mots : préfixes et suffixes 238

A. Tableau des préfixes 238
Exercice sur les préfixes 240
B. Tableau des suffixes 241
Exercice sur les suffixes 244

V. Travail sur la richesse lexicale 245

A. Some adjectives to avoid "good", "bad", "big", "interesting" 245
Rappel 245
Exercice 1 246
B. Some specific verbs to remember 247
Rappel 247
Exercice 2 249
C. Use phrasal verbs 250
Exercice 3 250

VI. L'anglais de l'actualité dans les médias : politique, économie et faits de société 252

Exercices 252
Exercice 1 252
Exercice 2 252
Exercice 3 253
QCM 253

VII. Lexique et mémento de civilisation 258

Abortion (= Avortement), Roe v. Wade ruling (1973) 258
Act of Parliament (UK Politics), Public Bills 258
Affirmative Action in the US 259
American exceptionalism, The Declaration of Independence (1776), the American Revolutionary War (1776-83), the US Constitution (1787) 259

American political structures 259
Backbenchers, Private Members, Shadow Cabinet, Party Whips (UK Politics) 260
Battleground states, Stump Speeches (US Politics) 260
Beltway (US Politics), **Westminster Bubble** (UK Politics) 260
Beveridge Report (The), **Clement Attlee, Aneurin Bevan** 260
Bible Belt (US) 261
Bill of Rights, 1689 (UK) 261
Bill of Rights (The first 10 amendments to the US Constitution) 262
Blair (Tony), New Labour, the Third Way 262
Brown v. Board of Education of Topeka (US) 263
Buppies, Yuppies, Dinks, Woofs (US) 263
By-elections, Writ (UK Politics) 263
Cameron, David 264
Caucuses, precinct, county, state-level conventions, national convention, primary elections (US Politics) 264
Checks and Balances (US Politics) 264
CIA (Central Intelligence Agency) 265
Civil List (UK) 265
College (US), **College** (UK) 265
Commonwealth of Nations (The) – **54 members** 266
Congress (US) (= Capitol Hill), **Congressional districts** 266
Conservative (The Conservative party) (UK Politics) 267
Constitution (The US) 268
Convention (US Politics) 268
Creationism, Darwinism, Evolutionism 269
Cronyism, Cronies 269
Declaration of Independence (The American) 269
Democratic Party (The), **the Corporate Democrats and the Progressives** (US Politics) 270
Devolution, Scottish Parliament, Welsh Assembly (UK Politics) 271
Downing Street, Number 10 (UK Politics) 271
Electoral College, Electors (US Politics) 271
Entitlement program (US Politics) 272
E pluribus Unum (US) 272
Evolutionism, Evolutionists (US) 272
FBI (Federal Bureau of Investigation) 272
Filibustering, Talking Out a Bill, Cloture (US Politics) 273
First-Past-The-Post Electoral System (The) (UK Politics) 273
General Elections (US and UK Politics) 273
Great Society (President Johnson's) (US Politics) 274
Gun Rights, The National Rifle Association (US) 274
Habeas corpus 275
Hustings 275
Impeachement (The) (US Politics) 275
Independence Day, the Fourth of July (US Politics) 276
Inner-city 276
Jackson Era (The), **Manifest Destiny** 276
Jim Crow Laws, Brown v. Board of Education of Topeka (US) 277
Labour Party (The), **Ed Miliband** (UK Politics) 277
Liberals, American liberalism (US Politics) 278

The Liberal Democrats (UK Politics) 278
Magna Carta (1215), **King John** 279
Midterm elections, Senators, Governors (US Politics) 279
Monarchy (The British monarchy), **the Queen's powers, the Queen's personal prerogatives** 280
Oxbridge (Oxford, Cambridge) 281
Pork Barrel, Appropriation Bills (US Politics) 281
President (The US President), **22nd Amendment, Veep** 282
Prime Minister (The) (UK Politics) 282
Racial Profiling (US) 283
Republican Party (The), **the GOP** (US Politics) 283
Shadow Cabinet (The) (UK Politics) 283
State legislatures (US Politics) 283
Swing States (US Politics) 284
Supreme Court (The) (US Politics) 284
Thatcher, Margaret (UK Politics) 284
Tory (UK Politics) 285
Wetbacks, Mojados (US) 286
Whips (UK Politics) 286
White Paper (UK Politics) 286

Chapitre 5 Traductions 286

I. La version littéraire 289

A. Versions commentées et corrigées hors annales 289

Extrait 1 - Texte de D.M. Thomas, *The White Hotel* 289
Extrait 2 - Texte de Carson McCullers, *The Member of the Wedding* 292
Extrait 3 - Texte de Graham Greene, *The Man Within* 295
Extrait 4 - Texte de Arnold Wesker, *Roots* 298

Versions corrigées 302

Extrait 5 - Texte d'Elizabeth Bowen, *Friends and Relations* 302

C'est à vous ! Versions d'entraînement 303

Extrait 6 - Texte de John Braine, *Room at the Top* 303
Extrait 7 - Texte de Truman Capote, *In Cold Blood* 303

Versions littéraires – sujets et corrigés d'annales 304

Extrait 8 - CCIP LV1 2012, Jay McInerney, *The Good Life* 304
Extrait 9 - CCIP LV2 2012, Clive James, *Brilliant Creatures*, 306
Extrait 10 - CCIP LV1 2013, Jonathan Coe, *The Rain Before It Falls* 308
Extrait 11 - CCIR LV1 2014, Alice Munro, *Dolly, in Dear Life: Stories* 310
Extrait 12 - ELVi LV1 2015, John Le Carré, *A Delicate Truth* 311
Extrait 13 - ELVi LV1 2016, Harper Lee, *Go Set A Watchman* 313
Extrait 14 - ELVi LV1 2017, Colum McCann, *Let the Great World Spin* 315
Extrait 15 - ELVi LV2 2017, Nick Hornby, *About a Boy* 317

II. La version journalistique 319

A. Versions commentées et corrigées hors annales 319

Extrait 1 - *The Economist*, 27 oct. 2012, sur l'élection présidentielle américaine 319

Extrait 2 - *The Economist*, 17 nov. 2012, *Europe's British problem* 321
Extrait 3 - *The Guardian*, 27 août 2012, *Neil Armstrong's death prompts yearning for* 323
Extrait 4 - *The New York Times*, 1 janv. 2013, *Energy drinks Promise Edge* 325

C'est à vous ! Versions d'entraînement **328**
Extrait 5 - *The Guardian*, 3 janv. 2013, sur les OGM 328
Extrait 6 - *The New York Times*, 2 fév. 2013, *The Most Wanted Gun in America* 329

Versions journalistiques – sujets et corrigés d'annales **330**
Extrait 7 - *The Economist*, ECRICOME LV1 2012, *The magician* 330
Extrait 8 - Newsweek, ECRICOME LV2 2012, *Why I'm becoming an American* 332
Extrait 9 - *The Economist*, IENA LV1 2012, sur l'immigration et ses conséquences 334
Extrait 10 - *The Observer*, IENA LV2 2012, sur les stages en entreprise 335
Extrait 11 - *The Economist*, ECRICOME LV1 2013, sur les salaires des femmes/hommes dans l'entreprise 336
Extrait 12 - *The Economist*, IENA LV1 2015 337
Extrait 13 - *Time*, Ecricome LV1 2016 339
Extrait 14 - Sujet ECRICOME LV1 2017 342
Extrait 15 - Sujet ECRICOME LV2 2017 344
Extrait 16 - Sujet IENA LV1 2017 345
Extrait 17 - Sujet IENA LV2 2017 346

III. Le thème littéraire **347**

Thèmes commentés et corrigés hors annales **347**
Extrait 1 - Texte de Suzanne Prou, *Les Amis de Monsieur Paul* 347
Extrait 2 - Texte de Laurent Gaudé, *Eldorado* 350
Extrait 3 - Texte de Patrick Modiano, *Rue des Boutiques Obscures* 352

C'est à vous ! Thèmes d'entraînement **354**
Extrait 4 - Texte de Marcel Aymé, *Les Bottes de sept lieues* 354
Extrait 5 - Texte de George Simenon, *L'affaire Saint-Fiacre* 355

Thèmes littéraires – sujets et corrigés d'annales **356**
Extrait 6 - CCIP LV1 2012, Anne Wiazemsky, *Mon enfant de Berlin* 356
Extrait 7 - CCIP LV2 2012, Malika Sorel, *Le Puzzle de l'Intégration* 357
Extrait 8 - CCIP LV1 2013, Kéthévane Davrichewy Davrichachvili, *Les Séparées* 358
Extrait 9 - CCIR LV1 2014, Hélène Grémillon, *Le Confident* 359
Extrait 10 - ELVi LV1 2015, Catherine Millet, *Une enfance de rêve* 360
Extrait 11 - ELVi LV1 2016, Joël Dicker, *Le Livre des Baltimore* 361
Extrait 12 - ELVi LV1 2017, Romain Gary, *La promesse de l'aube* 363
Extrait 13 - ELVi LV2 2017, Georges Perec, *Les Choses* 364

IV. Le thème journalistique **365**

A. Thèmes commentés et corrigés hors annales **366**
Extrait 1 - *Le Point*, 21 nov. 2012, *Philip Roth ravi de sa décision d'arrêter d'écrire* 366
Extrait 2 - *Le Point*, 26 nov. 2012, *Catalogne – résultats décevants pour les hommes d'A.M* 368
Extrait 3 - Extrait 3 - *Le Point*, 30 oct. 2012, *Immobilier parisien : nouveau record, mais les prix vont se stabiliser* 370
Extrait 4 - *Le Point*, 23 janv. 2012, sur les relations du Royaume-Uni et de l'UE 371
Extrait 5 - *Le Figaro*, 23 janv. 2013, *Cinéma français* 373
Extrait 6 - *Le Figaro*, 11 fév. 2013, *La Chine met fin à la gratuité de ses universités* 375

B. **C'est à vous ! Thèmes d'entraînement** 377
Extrait 7 - *Le Monde,* 7 janv. 2012, *La santé au cœur de la bataille pour la Maison-Blanche* 377
Extrait 8 - *Courrier International,* 9 nov. 2016, *Un Brexit américain* 378

C. **Thèmes journalistiques** – sujets et corrigés d'annales 379
Extrait 9 - *Le Monde,* ECRICOME LV1 2012, *Le débat sur l'appartenance à l'UE refait surface en Grande-Bretagne* 379
Extrait 10 - *Les Échos,* IENA LV1 2012, sur la situation des traders 380
Extrait 11- *Le Monde,* ECRICOME LV1 2013 381
Extrait 12- *M* le magazine du *Monde,* Ecricome LV1 2014 382
Extrait 13- IENA LV1 2015, Ashford, terre d'élection pour les jeunes Français *Le Monde* 383
Extrait 14- Ecricome LV1 2016, *lefigaro.fr* 384
Extrait 15 - Ecricome LV1 2017 385
Extrait 16 - IENA LV1 2017 386

V. Entraînement à la grammaire par le thème grammatical **387**

1. **Présent simple et présent en *be + -ing*** 387
2. **Référence au passé** 388
3. **Le prétérit modal** 389
4. **Les aspects *be + -ing* et *have + -en*** 390
5. **Référence à l'avenir** 391
6. ***Would* : le conditionnel et autres emplois (fréquentatif et après *wish*)** 392
7. **Les modaux** (forme simple, modal + base verbale) 393
8. **Les modaux** (forme + have + participe passé) 394
9. **La voix passive** 395
10. **L'interrogation** 396
11. **La proposition infinitive** 396
12. **La proposition relative** 397
13. **Les structures résultatives** 398
14. **Les subordonnées de temps** 399
15. **Les phrases complexes** 400
16. ***For/since/ago*** 401
17. ***During/for/while*** 402
18. ***Had better et would rather*** 403
19. **Traduction de *faire faire*** 404
20. **Emploi de l'article défini *the*** 405
21. **Les quantifieurs** 406
22. **Place de l'adjectif, l'adjectif composé et l'adjectif substantivé** 407
23. **Le comparatif et le superlatif des adjectifs** 408
24. **Les mots composés** 409
25. ***As or like*** 410
26. **Le génitif** 410
27. **Discours direct et discours indirect** 411

28. Les prépositions 412
29. Les particules adverbiales 413
30. Tableau des verbes irréguliers 414

VI. **100 phrases de thème grammatical proposées aux concours** **415**

IENA LV2 2013 415
Corrigé 415
ECRICOME LV2 2013 416
Corrigé 416
IENA LV2 2014 417
Corrigé 417
ECRICOME LV2 2014 418
Corrigé 418
IENA LV2 2015 419
Corrigé 419
ECRICOME LV2 2015 420
Corrigé 420
IENA LV2 2016 421
Corrigé 421
ECRICOME LV2 2016 422
Corrigé 422
IENA LV2 2017 423
Corrigé 423
ECRICOME LV2 2017 424
Corrigé 424

Chapitre 6 **Civilisation** **424**

I. **Les fiches culturelles** **427**

Britain
Factsheet 1 Big and Small Government 428
Factsheet 2 Mr Cameron's Big Society 430
Factsheet 3 The Lessons of the 2011 Riots in Britain and their historical context 432
Factsheet 4 The Fourth Estate : Press freedom, its abuses and censorship 434
Factsheet 5 Crime and Punishment, Law and Order in Britain 436
Factsheet 6 Health in Britain and in the US 438

Britain and the USA
Factsheet 7 Extremism in the Political Landscape – The far right in the UK the US 440
Factsheet 8 Racism and Multicultural Society in Britain and the US 442
Factsheet 9 Security and freedom – the fight against terror and the aftermath of 9/11 on civil liberties in the US and the UK 444

Factsheet 10	British and American Foreign Policy: international relations	446
Factsheet 11	The Subprime Crisis and the Euro Crisis	448

The USA

Factsheet 12	Money in US elections	450
Factsheet 13	Religion and Politics in the USA	452
Factsheet 14	The polarization of US politics	454
Factsheet 15	States' rights and the rise of the Tea Party	456
Factsheet 16	The US Constitution and the Supreme Court	458
Factsheet 17	Self Reliance and the Ownership Society	460
Factsheet 18	Discrimination and sexual minorities in the US	462
Factsheet 19	Occupy Wall Street	464
Factsheet 20	American music, culture and politics: Bob Dylan, in the heyday of social protest	466

Current affairs

Factsheet 21	The Ageing Society	468
Factsheet 22	Whistleblowing	470
Factsheet 23	Food Security and Sustainable Growth	472
Factsheet 24	Globalisation and its detractors	474
Factsheet 25	Technology and Power	476
Factsheet 26	Advertising: the art of seducing millions	478
Factsheet 27	Overpopulation: the great divide	480
Factsheet 28	Bioethics: defining what a human life is	482

II. Les dossiers du monde anglophone **484**

Britain

File 1	The British Monarchy	485
File 2	Education in the UK	491
File 3	The Olympic Games	497
File 4	Ireland – a tragedy?	503
File 5	Scotland: from nationalism to independence	509
File 6	Britain, Brexit[1], and the future	515
File 7	Landmarks in British and American civilisation	521
File 8	The American Dream	529
File 9	Education in the US	535
File 10	Spanglish America?	541
File 11	American presidential elections	547
File 12	The Glass Ceiling	555
File 13	Poverty – food stamps and foreclosures	561
File 14	The Environment	567
File 15	Business @t the speed of thought	573

III. QCM de civilisation (40 questions) 579

Chapitre 7 **Mieux écrire l'*essay*** **583**
Writing a better essay

I. **The opening: laying out the context** **585**
1. Characterising the context with rich adjectives and specific nouns 585
2. Avoiding overused and empty expressions 585
3. Using definitions and suppositions to specify a general or over-used term 585
4. Using and adapting an appropriate proverb 586
5. Introducing other elements that are closely linked to a general topic 586
6. Briefly outlining the history of an idea 586

II. **The thesis statement** **587**

III. **Developing ideas** **590**
1. All description and example 590
2. Great idea—but where is the beef? 590
3. Too much of a good thing 591

IV. **Presenting ideas** **592**
1. Use specific structures that "announce" an idea 592
2. Ask rhetorical questions 593
3. Begin with a phrasal adverb (*adverbe qui porte sur toute une proposition*) 593
4. Make a concession 593

V. **Authentic and appropriate language** **595**
1. Correctness 595
2. Coherence: link words and subordination 595
3. Clarity and concision 596
4. Collocations 597

VI. **Example essays** **598**
1. CCIP LV2 2012 598
2. ECRICOME 2012 LV1 essai 601
3. IENA LV1 2012 602
4. IENA LV2 2012 603
5. CCIP LV1 2013 605
6. ECRICOME LV1 2013 (de 225 à 275 mots) 609
7. IENA LV1 2017 610
8. IENA LV2 2017 611
9. ECRICOME LV1 2017 612
10. ECRICOME LV2 2017 613
11. ELVi LV1 2017 615
12. ELVi LV2 2017 616

Chapitre 8 **L'oral aux concours** 617

Doc. n° 1 Performance-related pay will mean yet more emphasis on results (texte, type ESCP) 619

Doc. n° 2 Ecuador will care for Julian Assange in embassy if WikiLeaks founder falls ill (texte, type ESCP) 624

Doc. n° 3 "After the Fall: The End of the European Dream and the Decline of a Continent" (texte, type ESCP) 629

Doc. n° 4 Women to Serve In Combat Units (texte, type ESCP) 634

Doc. n° 5 Gun control (tapescript, type HEC LV1) 638

Doc. n° 6 Le Louvre d'Abu Dhabi de nouveau relancé (texte en français, type ESSEC LV1) 642

Doc. n° 7 Worried parents point students towards degree that enriches more than the mind (tapescript, ECRICOME 2012) 646

Doc. n° 8 Company ban on email gives employees a break (tapescript, ECRICOME 2012) 650

Doc. n° 9 Making destruction creative (tapescript, IENA, 2012) 653

Doc. n° 10 Q&A: Thomas Piketty on the Wealth Divide (type ESCP, 2014) 657

Doc. n° 11 The media needs to tell the truth on migration, not peddle myths (2015) 661

Doc. n° 12 What a Trump presidency means for America's public schools (2016) 665

Chapitre 9 **Phonétique et phonologie** 669

A. Symboles phonétiques 671
Exercice 672

B. L'accent de mot et les formes réduites 672
Exercice 674

C. L'intonation de la phrase 674
1. L'intonation neutre 674
Exercice 1 674
2. L'intonation non neutre 674
Exercice 2 675

D. Quelques phénomènes de la chaîne parlée 675

E. Rappel de quelques règles de prononciation 676
A. Prononciation du « -s » en position finale (génitif, pluriel, troisième personne du singulier) 676
B. Prononciation du « -ed » final (prétérit et participe passé) 676
C. Les lettres muettes 676

VI. Mots anglais communs mal prononcés (phonèmes et/ou accent tonique) 677
Bibliographie 678

Chapitre 10 **Corrigés** 677

Imprimé en France en avril 2020 par l'Imprimerie Maury S.A.S. à Millau (12)
Dépôt légal : juillet 2017 - N° d'impression : C20/59786T